PETER GOTTWALD

Die Revisionsinstanz als Tatsacheninstanz

Schriften zum Prozessrecht

Band 38

Die Revisionsinstanz als Tatsacheninstanz

Von

Dr. Peter Gottwald

DUNCKER & HUMBLOT / BERLIN

Gedruckt 1975 bei Buchdruckerei Bruno Luck, Berlin 65
Printed in Germany
ISBN 3 428 03324 8
D 29

Vorwort

Die Arbeit versucht, die Grenzen aufzuzeigen, die dem Revisionsgericht de lege lata gezogen sind, auch die tatsächliche Seite eines Rechtsstreits zu beurteilen.

Sie lag der Juristischen Fakultät der Universität Erlangen-Nürnberg im Wintersemester 1973/74 als Dissertation vor. Spätere Veröffentlichungen sind bis Oktober 1974 berücksichtigt.

Herr Professor Dr. Karl Heinz Schwab hat die Arbeit angeregt. Seiner Ermutigung und wohlwollenden Förderung gilt mein besonderer Dank. Herrn Professor Dr. Dieter Leipold bin ich für wertvolle Hinweise dankbar.

Dank schulde ich auch dem Verleger, Herrn Ministerialrat a. D. Dr. Broermann, für die Aufnahme der Arbeit in diese Schriftenreihe und der Universität Erlangen-Nürnberg für den gewährten Druckkostenzuschuß.

Erlangen, im Dezember 1974

Peter Gottwald

Inhaltsverzeichnis

Zweiter Teil

DER BISHERIGE TATSACHENSTOFF IN DER REVISIONSINSTANZ — SEINE ÜBERPRÜFUNG UND DIE DAMIT VERBUNDENEN VERÄNDERUNGEN

Dritter Teil

OFFENE ERWEITERUNG DES PROZESSTOFFS IN DER REVISIONSINSTANZ

§ 1. Einführung

I. Aufgabenstellung

1. Aufgabe der Revision und revisio in facto

Aufgabe der Revision ist es, die Entscheidung der Vorinstanz auf Rechtsfehler zu überprüfen. Die Revision ist „revisio in iure, nicht in facto. Die Rechts-, nicht die Tatfrage soll nochmaliger Überprüfung unterworfen werden können. Auf der principiellen Scheidung beider beruht die Möglichkeit der Revision“[1].

Aus dieser verfahrensgliedernden Aufgabenstellung zwischen Instanz- und Revisionsgericht folgt fast selbstverständlich, daß § 561 I 1, II ZPO die Parteien (vorläufig) für die Revisionsinstanz mit weiterem Vorbringen und mit Prozeßhandlungen ausschließt, die mittelbar zu einer Veränderung des Prozeßstoffs führen würden. Ebenso ergibt sich daraus, daß das Revisionsgericht bei seinem Urteil, ob eine Gesetzesverletzung vorliegt, an die tatsächlichen Feststellungen der Vorinstanz gebunden ist und somit unmittelbare eigene Tatsachenfeststellungen und Tatsachenwürdigungen durch das Revisionsgericht ausgeschlossen sind. Für das Revisionsverfahren wird damit die Sach- und Rechtslage scheinbar ausnahmslos auf dem Stand der letzten mündlichen Tatsachenverhandlung festgehalten.

Verbietet daher das Gesetz jede Veränderung des Prozeßstoffs, so erscheint eine Untersuchung zulässiger Veränderungen müßig.

Bei näherer Betrachtung zeichnen sich aber drei Problemkreise ab, deren Lösung Voraussetzung für eine vorhersehbare Anwendung des § 561 ZPO ist und die sämtlich zu einer gewissen „Auflockerung der Revision“ führen. Und zwar handelt es sich dabei um die mögliche Revisibilität tatsächlicher Feststellungen (2), um Zulässigkeit und Grenzen einer teleologischen Reduktion des § 561 I 1, II ZPO (3) sowie um die Fernwirkungen des § 561 ZPO auf die entsprechende Anwendung tatrichterlicher Verfahrensnormen in der Revisionsinstanz (4). Die Untersuchung geht dabei von den in der Rechtsprechung vertretenen „Grenzüberschreitungen“ aus. Ihr Ziel ist es, diese „tatrichterlichen Funktionen“ des Revisionsgerichts darzustellen, ihre Grenzen aufzu-

---

[1] *Wach*, Vorträge, S. 284; vgl. auch *Manigk*, RG-Festgabe Bd. VI, S. 94 (123).

zeigen und sie in das allgemeine System revisionsgerichtlicher Prüfung einzugliedern.

Zur Verdeutlichung sollen die Fragestellungen kurz näher umrissen werden.

2. Revisibilität tatsächlicher Feststellungen

Tatrichterliche Elemente des Prozesses finden in die Revision dadurch Eingang, daß die Grenzen der Revisibilität mit der Beschränkung auf Gesetzesverletzungen nur scheinbar feststehen.

Diese Grenzen werden bereits erweitert, wenn dem Begriff der „Tatsachen" in § 561 ZPO eine vom üblichen Begriffsverständnis, der logischen Unterscheidung zur Rechtsanwendung i. S. der §§ 549, 550 ZPO, aber auch vom sonstigen prozessualen Sprachgebrauch abweichende Bedeutung[2] gegeben wird. Der vom positiven Recht verwendete Tatsachenbegriff ist nämlich Rechtsbegriff wie jeder andere; er kann daher verschiedene Inhalte und nur relative Gültigkeit für einen Problemkreis haben[3].

Weiter führt die konkrete Rechtsanwendung teilweise zu einer Wechselwirkung zwischen Tatsachenfeststellung und rechtlicher Würdigung. Diese Wirkung führt in begrenztem Umfang zu einer Verzahnung von tatsächlicher und rechtlicher Würdigung und damit zu Ansätzen einer „tatsächlichen" Würdigung des Falles durch das Revisionsgericht. Da sich dies praktisch nicht umgehen läßt, wollen andere die Grenze zwischen revisiblen und irrevisiblen Urteilselementen abweichend von dem Gegensatz „Tatsachenfeststellung" — „Rechtsanwendung" durch andere Kriterien ergänzen oder ersetzen.

Vor allem aber kann die Vorstellung von der richtigen Rechtsanwendung soweit ausgedehnt werden, daß sie auch tatsächliche Mängel erfaßt. So kann die Prüfung der Urteilsrichtigkeit über die Prüfung bloßer Rechtsfolgenrichtigkeit zur Prüfung relativer[4] Richtigkeit erweitert werden. Nicht zuletzt führt die Entwicklung methodischer Regeln der Tatsachenfeststellung, deren Verletzung teilweise als materieller Fehler angesehen wird[5], indirekt zu einer erheblichen Überprüfung der tatsächlichen Feststellungen.

Alle diese Tendenzen finden sich bereits in der frühen Rechtsprechung des Reichsgerichts.

---

[2] s. u. § 7 u. 7 VII - IX.

[3] Dafür *Mannheim*, S. 45 ff., 57. Dies ist aber keineswegs nötig; für einen einheitlichen Tatsachenbegriff: *Engisch*, Logische Studien, S. 114; *Scheuerle*, AcP 157, 1 (10); *Kuchinke*, S. 63.

[4] d. h. bezogen auf den überhaupt in das Verfahren eingeführten oder nach Sachlage einzuführenden Tatsachenstoff.

[5] s. u. § 7 II, III.

Aus der zunächst nüchternen Feststellung, die Revision sei auf die rechtliche Würdigung beschränkte Oberberufung[6], wird deshalb schon bald die Kritik, das Reichsgericht maße sich tatrichterliche Befugnisse an und gestalte die wesensmäßig anders konzipierte Revision zur „Oberappelation" oder „Oberberufung" um[7]. Diese Kritik beanstandete, daß das Reichsgericht zu sehr prüfe, ob der konkrete Rechtsstreit richtig entschieden sei und deshalb der Versuchung unterliege, tatrichterliche Feststellungen zu weitgehend und damit unzulässigerweise zu überprüfen.

Die Kritik entzündete sich also daran, wie die Grenze der Revisibilität in zugleich praktikabler und methodisch einwandfreier Weise zu ziehen sei. Dabei befürchteten die Kritiker des Reichsgerichts, bei einer weiten Grenzziehung büße § 561 ZPO seine Wirkung ein, die Bindung des Revisionsgerichts werde zur Ausnahme und es fehle schließlich an jedem festen Halt[8].

Auch heute wird den Revisionsgerichten gelegentlich vorgeworfen, sie überschritten ihre Befugnisse[9] und gefährdeten ihr Bestehen in ihrer jetzigen Form[10].

Zum Problem der Tatfrage neue Lösungen zu entwickeln, ist aber nicht eigentliches Ziel der Untersuchung. Lediglich Ausmaß und Berechtigung gewisser „Grenzüberschreitungen" sollen untersucht werden. Dabei ist auch zu klären, inwieweit „nach" der Aufhebung eines Urteils die tatsächlichen Feststellungen für die reformatorische Entscheidung gegenüber den Feststellungen im angefochtenen Urteil verändert werden können.

3. Ausnahmen von § 561 ZPO

Unabhängig davon kann die Festlegung des Prozeßstoffs durch § 561 ZPO als „künstliche Begrenzung"[11] offen überschritten werden: entweder für das gesamte Revisionsverfahren, oder nur für prozessuale Fragen oder nur für die reformatorische Entscheidung des Revisionsgerichts.

Tatsächlich haben Rechtsprechung und Lehre zahlreiche Ausnahmen von den Bindungen gemäß § 561 ZPO zugestanden. Überwiegend wird neues Vorbringen verfahrensbezogener Tatsachen, aus dem Bereich

---

[6] *Planck*, § 139 (S. 507).

[7] *Hahn*, Materialien zu den Novellen 1898, Reichstagsberatungen, S. 316, 349, 672, 674, 1227, 1229, 1231; *Petersen*, DJZ 1898, 33 (34); vgl. auch *Friedrich*, S. 39 ff.

[8] *Schultzenstein*, ZZP 37, 244 (268).

[9] *Bauer*, Zur Neuordnung der Finanzgerichtsbarkeit, Betrieb 1965, 1414 (1416): BFH als „Quasi-Berufungsinstanz".

[10] Vgl. *H. Schneider*, Ehrengabe f. *Heusinger*, S. 101 (107).

[11] *Bruns*, § 54 VII 1a.

der Prozeßvoraussetzungen und anderer der Prüfung von Amts wegen unterliegender Fragen zugelassen.

Zögernd und nicht einheitlich wurde aber auch über neues materielles Vorbringen, etwa in Patent- und Wettbewerbssachen oder zur Berücksichtigung von Wiederaufnahmegründen im laufenden Verfahren sachlich entschieden.

Schließlich wurde in die Beweiswürdigung eingegriffen, mittelbar durch Prüfung auf vollständige Darstellung und Verwertung allen einschlägigen Erfahrungswissens, unmittelbar durch abweichende Würdigung des Festgestellten oder durch Ergänzung der Würdigung bei neuem beachtlichen Vorbringen.

Je weiter die Grenze der Revisibilität in den Bereich des „Tatsächlichen" vorgeschoben wird, desto geringer ist das Bedürfnis nach offener Veränderung des Prozeßstoffs im Revisionsverfahren. Solange aber die Beschränkung auf Rechtsfragen praktisch erhebliche Bedeutung hat, gehen „offene" Veränderungen des Prozeßstoffs nicht in der Rüge von Rechtsfehlern auf. Teile des Berufungsurteils bleiben daher bindend und der Nachprüfung und Ergänzung verschlossen.

Da die Revision auf die Überprüfung der Rechtsanwendung beschränkt ist, sind vor der offenen Durchbrechung dieser „beinahe funktionellen Zuständigkeit"[12] alle systemkonformen Mittel auszuschöpfen. Sofern daher Tatsachenfeststellungen mittels materieller oder Verfahrensrüge beseitigt werden können, sind die Parteien ausschließlich auf diesen Weg verwiesen.

Deshalb ist zunächst zu klären, ob und inwieweit Tatsachenfeststellungen revisibel sind. Nur dann läßt sich das Bedürfnis für offene Einbrüche klarer feststellen.

4. Auswirkungen auf das Revisionsverfahren

Vornehmlich die Ausnahmen von § 561 ZPO wirken sich darauf aus, in welchem Umfang Vorschriften des erst- oder zweitinstanzlichen Verfahrens im Revisionsverfahren entsprechende Anwendung finden können.

Hierbei spielt die Möglichkeit von Klageänderungen die wesentlichste Rolle. Soweit eine neue Sachlage beachtet wurde, wurden häufig Antragsänderungen zugelassen, um den Streit dem neuen Vorbringen anzupassen. Umgekehrt finden sich aber auch Fälle, in denen eine Ergänzung des sachlichen Prozeßstoffs ermöglicht wurde, weil Anträge aus prozessualen Gründen geändert werden mußten[13].

[12] *Arens*, Willensmängel, S. 68.

[13] Vgl. nur BGH WM 1964, 1173: Der beklagte Testamentsvollstrecker-Miterbe verliert das Vollstreckeramt während des Revisionsverfahrens.

Die Ausnahmen zu § 561 ZPO wirken sich auch auf eine Reihe weiterer Prozeßhandlungen aus, u. a. auf die Zulässigkeit von Beweisaufnahmen, auf das Versäumnisverfahren und die Möglichkeiten der Prozeßbeendigung.

5. Grenzen des Themas

Darüber hinaus wird der Revisionsrechtsprechung noch vorgeworfen, sie greife in den Bereich der Tatfrage dadurch unberechtigterweise ein, daß sie neuen Tatsachenvortrag zu bereits vom Revisionsgericht verworfenen Klagegründen und damit eine Veränderung des Prozeßstoffs in dem zweiten Berufungsverfahren für unzulässig erkläre[14]. Ähnlich ist der Vorwurf, das Revisionsgericht schreibe dem Berufungsgericht durch gezielte *Hinweise*[15], z. B. bei der Überprüfung des Anscheinsbeweises, zu Unrecht die Würdigung von Tatsachen, etwa von Schätzungen — vorbehaltlich neuer Beweise — bindend vor[16].

Diese Kritik setzt am Umfang der innerprozessualen Bindungswirkung gemäß § 565 II ZPO ein. Sie liegt außerhalb des Themas. Geklärt werden soll vielmehr nur, inwieweit das Revisionsgericht selbst in Tatsachenfeststellungen eingreifen darf.

II. Tragweite der Fragestellung

1. Gemeinsame Frage aller Verfahrensordnungen

Die Funktionsteilung zwischen Instanzgerichten und Revisionsgerichten (sowie revisionsähnlichen Rechtsbeschwerdegerichten) besteht in allen Verfahrensarten. Das Beschwerdeverfahren der Zivilprozeßordnung sieht zwar mit der weiteren Beschwerde wiederum eine Tatsacheninstanz vor (§§ 570, 568 II ZPO). Da die weitere Beschwerde aber nur auf neue Beschwerdegründe gestützt werden kann, besteht gleichwohl eine starke Beschränkung neuen Vorbringens[17]. Auf § 561 ZPO verweisen § 72 III ArbGG und § 161 I 1 BBauG, für die Rechtsbeschwerde der freiwilligen Gerichtbarkeit auch die §§ 27 S. 2 FGG, 78 S. 2 GBO, 14 II S. 2 HausratsVO, 27 II 1 LwVG, ferner Art. 60 II REG. Mangels Sonderregelung im BEG gilt § 561 ZPO auch in Entschädigungssachen.

Sachlich übereinstimmende Regelungen enthalten die §§ 137 II VwGO, 118 II FGO und 163 SGG für die Revisionsverfahren, die zudem über

---

[14] *Otto*, Präklusion, S. 61; *Hussla*, Die Bindungswirkung eines gemäß § 565 ZPO zurückverweisenden Revisionsurteils in der Rspr. d. BGH, DRiZ 1964, 33 (35).

[15] Vgl. *Schlüter*, Obiter dictum, S. 180 ff.

[16] *Kollhosser*, AcP 165, 46 (51, 53, 59, 69, 76); *Freitag*, S. 40; vgl. RG JW 1922, 1514; BAG SAE 1973, 96 (99) m. krit. Anm. v. *Sieg*.

[17] Zur Rechtfertigung vgl. OLG Hamm OLGZ 1972, 253 (256).

die §§ 173 VwGO, 202 SGG, 155 FGO durch § 561 ZPO für die Einzelauslegung zu ergänzen sind[18]. Für Rechtsbeschwerdeverfahren ordnen die §§ 41 w II PatG, 10 V GebrMG, 13 V WZG, 75 IV GWB dieselbe Bindung an[19].

Keine ausdrückliche Regelung enthält die Strafprozeßordnung, auf die auch § 79 III OWiG[20] verweist, und das Arbeitsgerichtsgesetz für die Rechtsbeschwerde (§§ 92 ff.). Jedoch ist allgemeine Meinung, daß aus der Regelung der Revisions- bzw. Rechtsbeschwerdegründe z. B. in den §§ 337, 338 StPO, der Bindung an die Revisionsanträge und der sinngemäßen Beschränkung neuen Vorbringens auf Tatsachen zur Begründung von Verfahrensrügen nach 352 I StPO ebenfalls eine Bindung an die festgestellten Tatsachen folgt[21]. Diese Ableitung erscheint zwar zweifelhaft. Auf Grund der geschichtlichen Entwicklung der StPO ist die Bindung aber anzuerkennen.

Lediglich § 41 III MSchG bestimmte für die Rechtsbeschwerde gegen Entscheidungen der Mieteinigungsämter (Amtsgerichte) abweichend, daß „von Amts wegen die Nachprüfung oder Vornahme einzelner tatsächlicher Feststellungen“ angeordnet werden könne[22], ohne daß dagegen der Ausschluß neuen Vorbringens gelockert wurde[23].

Da die Fallgruppen, bei denen eine Veränderung des Prozeßstoffs in der Revisionsinstanz zulässig ist, zumeist im Zivilprozeß entwickelt wurden, hat die Untersuchung hier ihren Schwerpunkt. Jedoch sollen die Argumente, die sich in anderen Verfahrensordnungen finden, mit verwertet werden. Da die Rechtsmittel aller Verfahrensordnungen grundsätzlich die gleiche Funktion haben[24], scheint sich gerade das Revisionsrecht für eine verfahrensvergleichende Untersuchung und eine Vereinheitlichung der Verfahrensordnungen zu eignen[25]. Doch läßt die enge Bindung des Verfahrensrechts an das zu verwirklichende materielle

---

18 *Baumbach/Lauterbach/Albers/Hartmann*, § 561 Anm. 5.

19 Ebenso § 20 II AG z. EWG-Übereinkommen v. 27. 9. 1968; weitere (aufgehobene) Parallelfälle bei *Schultzenstein*, ZZP 37, 244 (246).

20 Vgl. dazu OLG Hamburg NJW 1972, 66.

21 *Jagusch*, in *Löwe/Rosenberg*, § 337 Anm. 2 a; *Duske*, S. 40; *Stein*, Privates Wissen, S. 110 u. JW 1922, 225; *Schmid*, ZStW 85, 360 (366, 368); *Kleinknecht*, Vor § 333 Anm. 1 A. *Meyer*, in *Löwe/Rosenberg*, § 337 I will die Bindung dagegen unmittelbar aus § 337 StPO herleiten.

22 Vgl. *Dräger*, S. 25 ff.

23 *Dräger*, S. 34.

24 *v. Kries*, S. 1; Begründung zum Entwurf des Gesetzes zur Änderung der Revision, S. 1.

25 *Stein*, Privates Wissen, S. 110; *Stahl*, AcP 67 (1884), 94; *Schwinge*, JW 1938, 769; Speyerer Entwurf 1969, Allg. Begründung, S. 81; ablehnend für das Verhältnis Zivil- und Strafprozeß: *Henckel*, Gerechtigkeitswert, S. 18; *Frisch*, S. 251 f.; vgl. auch Denkschrift 1971, S. 19.

Recht auch im Revisionsrecht keine Einheitslösung zu, sondern zwingt zu Unterscheidungen gegenüber dem Zivilprozeßrecht, die jedoch im einzelnen nicht erörtert werden.

2. Bedeutung der Fragestellung

a) *praktisch*

Für den Rechtsschutz ist es von erheblicher praktischer Bedeutung, in welchen Fällen die Tatsachengrundlage im Revisionsverfahren nachträglich besserer Erkenntnis oder Veränderungen der Sach- und Rechtslage angepaßt werden kann. Sind einmal trotz der gesetzlichen Regelung gewisse Ausnahmen zugestanden worden, so erscheint es verständlich, wenn die Revisionsanwälte versuchen, ihren Parteien eine noch so geringe Chance zu wahren. So findet sich im Tatbestand einer großen Zahl von Revisionsurteilen der Hinweis, die Parteien hätten noch dieses und jenes neu zur Begründung ihrer Sache vorgetragen oder versucht, die Sache anders als festgestellt darzustellen[26].

b) *rechtspolitisch*

In welchem Umfang die Revisionsinstanz „aufzulockern", d. h. einer Tatsacheninstanz anzunähern ist oder doch in Ausnahmefällen tatrichterliche Funktionen wahrzunehmen hat, erscheint vor allem als rechtspolitische Frage. Die meisten Vorschläge zur Auflockerung der Revision sind de lege ferenda erfolgt. Um so bemerkenswerter ist es, daß die Rechtsprechung bereits de lege lata über manche Reformvorschläge hinausgegangen ist. Doch ist zu bedenken, daß die Grenze zwischen Rechtsanwendung und -fortbildung durch die Gerichte und dem Gesetzgeber vorbehaltener Reform nur schwer zu ziehen ist[27]. Vor allem bei einer interessengerechten Gesetzesauslegung bleibt die Grenze flüssig und gleichen sich Auslegungs-, Fortbildungs- und Reformargumente, soweit die Lösungsansätze aus bisher anerkannten Wertungen entwickelt werden[28].

c) *dogmatisch*

Inwieweit sich die Revisionsgerichte legitimerweise als Tatsachengerichte betätigen, ist danach zunächst eine Frage der Auslegung und Fortbildung des geltenden Prozeßrechts im Rahmen der den Gerichten eingeräumten Möglichkeiten. Dabei bedarf eine die gesetzliche Rege-

---

[26] Kritisch dazu *Sarstedt*, S. 296 f.

[27] *Esser*, Vorverständnis, S. 71 ff., 128 ff., 151 ff., 174 ff.

[28] Vgl. *Larenz*, S. 342 ff.; *Schwerdtner*, Rechtswissenschaft und kritischer Rationalismus, Rechtstheorie 2 (1971), 67 (84).

lung auflockernde Kasuistik ebenso wie im materiellen Recht der Überprüfung und Ordnung nach Fallgruppen, um Leitlinien für die künftige Rechtsanwendung aufzuzeigen.

Darüber hinaus führt die Frage, wie die Funktionsteilung zwischen Tatsachen- und Revisionsgericht im einzelnen vorzunehmen ist, auch zu einer methodischen Fragestellung. Zu klären ist nämlich, inwieweit Prozeßrecht, speziell Rechtsmittelrecht einer Fortentwicklung de lege lata zugänglich ist.

Eine Lösung dieser methodischen Frage und zugleich der Hauptfrage der Untersuchung läßt sich nur erreichen, wenn man versucht, die Gesetzesratio und die Werturteile der Kasuistik zu verbinden[29].

III. Rechtfertigung der Untersuchung

Dargestellt werden soll, inwieweit der Prozeßstoff im Revisionsverfahren verändert werden darf, das Revisionsverfahren berechtigterweise tatrichterliche Elemente in sich aufgenommen hat. Trotz der genannten Ansätze scheint diese Fragestellung etwas Widersinniges zu enthalten und bedarf daher einer Rechtfertigung.

1. Praktikable Funktionsteilung zwischen Tatsachen- und Revisionsgericht

Ob und inwieweit die Revision „aufzulockern" ist, liegt vornehmlich in der Entscheidung des Gesetzgebers. Gegen eine Untersuchung de lege lata kann deshalb eingewandt werden, es solle doch bereits das Novenrecht in der Berufungsinstanz weiter eingeschränkt[30] und die Revision allgemein zur Zulassungsrevision umgestaltet werden. Sie sei dann stärker auf die objektive Aufgabe der Wahrung der Rechtseinheit und Rechtsfortbildung beschränkt[31]; versehentliche Rechtsfehler, die nicht als Verkennung allgemeiner Grundsätze anzusehen seien, müßten dann unbeanstandet fortbestehen[32]. Für eine vorwiegend im Parteiinteresse liegende Veränderung des Prozeßstoffs sei dann kein Raum.

Außerdem liegt der Einwand nahe, die von den Revisionsgerichten zugestandenen Ausnahmen von den Bindungen des § 561 ZPO seien

---

[29] *Esser*, Vorverständnis, S. 194. Für eine stärkere Auswertung speziell der Revisionspraxis *Henke*, ZZP 81, 196 (202).

[30] Kommissionsbericht 1961, S. 125 ff.; Entwurf 1967 §§ 526 - 529, neu gefaßt 1969 u. 1970; zustimmend: *Kissel*, S. 76 ff.; dagegen: *Baumgärtel/Hohmann*, Rechtstatsachen zur Dauer des Zivilprozesses, Zweite Instanz, 1972, S. 207; *Stötter*, AnwBl 1970, 245.

[31] Vgl. Entwurf zur Änderung des Rechts der Revision 1971.

[32] *Jagusch*, NJW 1963, 565 (566).

dogmatisch unergiebig; sie seien Zugeständnisse an die Billigkeit oder um des ordre public willen, die zwar — besonders in Kriegs- und Nachkriegszeiten — verständlich und um der Gerechtigkeit des Einzelfalles willen hinzunehmen, aber als „Sünden" wider den Geist der Revision besser zu übersehen seien. Nun handelt es sich aber nicht um vereinzelte Fälle, auf die dies zutreffen mag. Da den Revisionsgerichten nicht einfach unterstellt werden kann, sie wichen ohne Not vom Gesetz ab, zeigt sich darin vielmehr eine allgemeine aus der Funktionsteilung zwischen Revisionsgericht und Tatsachengericht folgende Schwierigkeit. Diese läßt vermuten, daß diese Funktionsteilung einer näher zu bestimmenden Modifizierung bedarf, um den an die Rechtsprechung im Rahmen eines Parteirechtsmittels gestellten Anforderungen zu genügen. Jedenfalls lassen sich die Erweiterungen der Revision nicht nur aus dem natürlichen (aber unzulässigen) Bestreben der Revisionsgerichte erklären, ihre rechtlichen Vorstellungen ungehindert von formellen Schranken in möglichst weitem Umfang zu verwirklichen[33].

2. Fehlen umfassender Darstellung

Seit Bestehen des Reichsgerichts sind zahlreiche Möglichkeiten der Erweiterung oder Beschränkung der Revision diskutiert worden. Die Erweiterungen sind bisher aber nur im Rahmen von Untersuchungen über die Grenzen der Revisibilität unbestimmter Rechtsbegriffe, der Nachprüfung der Auslegung, im Rahmen von Untersuchungen zum Beweisrecht, zur Sachentscheidungsbefugnis oder zum Novenrecht erörtert worden.

In umfassender Darstellung hat lediglich *Rimmelspacher* dargelegt, daß der Prozeßstoff der Amtsprüfung der Prozeßvoraussetzungen auf den Stand der letzten mündlichen Tatsachenverhandlung beschränkt sei[34]. Seine Argumentation baut zwar auf der Bindung des Revisionsgerichts nach § 561 ZPO auf. Die Ausnahmen, die von dieser Bindung für den materiellen Streitstoff vertreten werden, würdigt *Rimmelspacher* aber nicht umfassend.

Außerdem war das Thema „Der Revisionsrichter als Tatsachenrichter" erst 1972 Gegenstand eines Referates von *Werner Schmid* auf der Tagung der deutschen Strafprozeßlehrer in Kiel[35].

Bei diesem Stand der Diskussion erscheint eine umfassende Überprüfung — vornehmlich für den Zivilprozeß — gerechtfertigt, zumal die Revisionsgerichte nach wie vor „tatrichterliche" Befugnisse für sich

---

[33] Vgl. *Adickes*, Grundlinien, S. 29; *Oertmann*, Rechtsordnung, S. 508.

[34] *Rimmelspacher*, Zur Prüfung von Amts wegen, 1966.

[35] ZStW 85, 360; vgl. dazu *Hünerfeld*, ZStW 85, 458 und *Regge*, JZ 1973, 184.

in Anspruch nehmen, sich aber anscheinend eine gewisse Zurückhaltung auferlegen.

IV. Gang der Untersuchung

Zur Information über die Breite und Vielfalt der „Einbrüche“ der Revisionsgerichte in die gemeinhin den Tatsachengerichten zugewiesenen Aufgaben sollen zunächst Fallgruppen aufgezeigt werden, bei denen die Revisionsgerichte neue Tatsachen beachtet, Tatsachen neu gewürdigt, Beweise erhoben und Antragsänderungen zugelassen haben (§ 2).

Um zu klären, inwieweit diese Eingriffe der Revisionsgerichte in Tatsachenfeststellungen zulässig sind, ist sodann die gegenwärtige Stellung der Revision im Rechtsmittelsystem unter Einschluß der Reformdiskussion zu überprüfen (§ 3) und Wesen und Zweck der Revision zu erhellen (§ 4).

Erst danach soll dargestellt werden, was die Bindung des Revisionsgerichts an den bisherigen Prozeßstoff gemäß den §§ 561, 562 ZPO im einzelnen bedeutet und ob der Prozeßstoff durch § 561 ZPO für alle Abschnitte des Revisionsverfahrens einheitlich festgelegt wird (§§ 5, 6).

Dem folgt die Prüfung, inwieweit die tatsächlichen Feststellungen im Rahmen der (kassatorischen) Kontrolle der Rechtsanwendung der Prüfung des Revisionsgerichts unterliegen und diese Kontrolle zu einer Modifizierung der logischen Revisionsmethode zwingt (§ 7). Eine Untersuchung, in welchem Umfang das Tatsachenbild durch Verfahrensrügen, „Gegenrügen“ und die Heilung von Verfahrensfehlern, durch die Verwertung der Akten sowie durch die Berücksichtigung offenkundiger Tatsachen verschoben werden kann, schließt sich an (§ 8). Die Prüfung, ob das Revisionsgericht selbst zu einer „tatsächlichen Würdigung“ des vorliegenden Prozeßstoffs befugt ist (§ 9), schließt den Kreis der „systemkonformen“ möglichen Veränderungen des Sachverhaltsbildes durch das Revisionsgericht.

Im folgenden Teil wird zunächst die Frage untersucht, ob neue Gesetze und dadurch relevant gewordene Tatsachen in der Revision zu beachten sind (§ 10) sowie in welchem Umfang die Prüfung prozessualer Fragen von Amts wegen von den Bindungen nach § 561 ZPO freizustellen ist (§ 11).

Daran schließt sich die Prüfung, ob die Garantie lückenlosen materiellen Rechtsschutzes weitere Ausnahmen von den Bindungen nach § 561 ZPO zum materiellen Streitstoff gebietet (§ 12) und inwieweit darüber hinaus neue materielle Tatsachen beachtet werden können, um einen sonst erforderlichen gewöhnlichen neuen Prozeß oder ein zweites

Berufungsverfahren zu vermeiden (§ 13). Ergänzt wird dieser Teil der Untersuchung durch die Überprüfung der Zulässigkeit revisionsgerichtlicher Beweisaufnahmen (§ 14) und die Darstellung der Folgen einer in engen Grenzen zulässigen Tatsachenfeststellung für das Revisionsverfahren und für die Wirkungen des revisionsgerichtlichen Urteils (§ 15).

Die Darstellung der im Revisionsverfahren zulässigen Parteidispositionsakte beschließt die Untersuchung. Dabei werden die Grenzen der Klageänderung und der Parteiänderung (§ 16) sowie die Möglichkeiten der Verfahrensbeendigung und die prozessuale Behandlung des Streites um die Wirksamkeit der Dispositionsakte behandelt (§ 17).

§ 2. Anerkannte Ausnahmen vom Verbot der Veränderung des tatsächlichen Prozeßstoffs

I. Zulässigkeit der Revision und prozessuale Vorgänge im Revisionsverfahren

Kein Revisionsverfahren ist völlig frei von neuen Tatsachen. Zumindest hat das Revisionsgericht Tatsachen, die die Zulässigkeit der Revision[1] oder das Revisionsverfahren selbst[2] betreffen, zu beachten.

Im Grunde war auch niemals zweifelhaft, daß zur Beurteilung der Zulässigkeit und Wirksamkeit der das Revisionsverfahren betreffenden Prozeßhandlungen Hilfstatsachen in das Revisionsverfahren neu eingeführt werden können und sachlich geprüft werden müssen, da nur das Revisionsgericht sinnvollerweise darüber befinden kann[3].

Berücksichtigt wurden daher z. B. Tatsachen zur Begründung eines Wiedereinsetzungsgesuches[4] oder zur Begründung des Rechtsschutzbedürfnisses für die Revisionsinstanz[5]; ebenso Tatsachen, die die Unterbrechung[6], die Aussetzung des Verfahrens nach den §§ 239 ff. ZPO[7]

---

[1] BGHZ 22, 370 (372) (Vorlegung von Wechseln, Entgegennahme der Wechselsumme); RGZ 15, 405 (410 f.) (Revisionssumme, Beschwer); *Hahn*, Materialien zur CPO, S. 371; *Rosenberg/Schwab*, § 146 II 3c; *Hellwig*, System I S. 856; *Wieczorek*, § 561 A II a 1; *Förster/Kann*, § 561 Anm. 4 a aa; *Endemann*, § 524 Anm. III; für die fG-Rechtsbeschwerde: OLG Oldenburg, NdsRpfl 1954, 7 (8); *Jansen*, § 27 Rdnr. 42; SGG: *Peters-Sautter-Wolff*, § 163 Anm. 3 C; *Brackmann*, S. 254 b; *Haueisen*, DOK 1969, 69 (71).

[2] *Rosenberg/Schwab* (Fn. 1); *Stein/Jonas/Grunsky*, § 561 II 2 b; *Wieczorek*, § 561 A II b 1; *Baumbach/Lauterbach/Albers/Hartmann*, § 561 Anm. 3 C; *v. Wilmovsky/Levy*, § 524 Anm. 1; *Hellwig*, System I S. 856 (Tatsachen, die das Prozeßrechtsverhältnis verändern oder erlöschen lassen); *Mattern*, JZ 1963, 649; *Haueisen*, DOK 1969, 69 (70); *Peters/Sautter/Wolff*, § 163 Anm. 3 b, c; *Göppinger*, FamRZ 1960, 253 (259).

[3] Soweit nicht wie in Strafsachen primär der iudex a quo entscheidet, §§ 341 I, 346 StPO. Im Verwaltungsprozeß entscheidet trotz Einlegung beim iudex a quo nur das Revisionsgericht, vgl. §§ 139, 143 VwGO; §§ 120, 124 FGO.

[4] BVerwG 11, 322 (323).

[5] RGZ 160, 204 (209 ff.); BGH NJW 1957, 303; BAG NJW 1961, 1885; *Peters/Sautter/Wolff*, § 162 Anm. 1; *Haueisen*, DOK 1969, 69 (71).

[6] RGZ 64, 361 (362 f.) (in der Berufungsinstanz übersehene Konkurseröffnung); RGZ 71, 155 (Tod des Revisionsbeklagten, ohne Anwalt bestellt zu haben); vgl. BGHZ 17, 69 (72 f.).

[7] Vgl. auch RG JW 1938, 1025 (Anordnung der Nachlaßverwaltung); RG JW 1908, 43 (44) Nr. 18 (Aussetzung wegen Versöhnungsbereitschaft der Klägerin, § 620 I 2 ZPO).

sowie die Aufnahme des unterbrochenen Rechtsstreits[8] begründen oder die Voraussetzungen für die Bewilligung des Armenrechts belegen sollen[9].

Beachtet wurde, daß nach den §§ 162, 48 BBauG zu Unrecht nicht zugezogene Beteiligte einer streitigen Umlegung nach Schluß der Tatsachenverhandlung zugestimmt hatten, der bisherige Verfahrensfehler dadurch geheilt wurde und die Betroffenen im Revisionsverfahren nicht mehr zu beteiligen waren[10].

Schließlich wurden neue Tatsachen bei der Entscheidung über einen Antrag auf einstweilige Einstellung der Zwangsvollstreckung[11] und bei der Wiederherstellung der aufschiebenden Wirkung gemäß § 80 V VwGO[12] berücksichtigt.

Beachtlich sind ferner Tatsachen zur Begründung der Ablehnung eines Revisionsrichters wegen Besorgnis der Befangenheit.

Der Kreis der das Revisionsverfahren betreffenden Tatsachen ist aber keinesfalls eindeutig bestimmt. Zweifelhaft ist die Abgrenzung zu Veränderungen der Sachurteilsvoraussetzungen, etwa der Berücksichtigung des Wegfalls der Prozeßfähigkeit eines Beteiligten oder einer Veränderung der Prozeßführungsbefugnis. Und streitig ist bei einzelnen Umständen gerade, ob sie das Revisionsverfahren berühren oder nicht, so ob ein Verzicht auf die Revision[13], oder ein Widerruf des Verzichts[14], oder ein Klagerücknahmeversprechen[15], ein außergerichtlicher Vergleich[16] sowie eine außergerichtliche vertragliche Verpflichtung zum

---

[8] *Sydow/Busch/Krantz/Triebel*, § 561 Anm. 4.

[9] Vgl. *Haueisen*, NJW 1969, 1049 (1050 Fn. 30).

[10] BGHZ 60, 34 (36 f.) = DRiZ 1973, 131.

[11] RGZ 83, 299 (300).

[12] BVerwG 1, 45 (47); 4, 151 (153).

[13] Bejahend: RGZ 161, 350 (352); 44, 354 (355); *Haueisen*, DOK 1969, 69 (71); RG Warn 1938 Nr. 113 (außergerichtlicher brieflicher Rechtsmittelverzicht; Streit um die Wirksamkeit der Vornahme).

[14] RG SeuffA 97, 36.

[15] Für Unzulässigkeit der Revision zur Geltendmachung: BGHZ 41, 3; RGZ 159, 186; 44, 354 (355); RG SeuffA 77, 108.

[16] Verneinend: RGZ 142, 3; RG ZZP 60, 346 = JW 1936, 3543 m. abl. Anm. v. *Jonas;* RG HRR 1934, 969; RG Warn 1923/24 Nr. 26; RG Warn 1915 Nr. 186; RG SeuffA 77, 173; RG SeuffA 78, 54 = JW 1924, 965 (unter Hinweis auf ältere, den Vergleich berücksichtigende Rechtsprechung); RG JW 1911, 51; *Wieczorek*, § 561 A II a 1 (für einen streitigen außergerichtlichen Vergleich), B I a; *Hellwig*, DJZ 1903, 284 Fn. 1; *Sydow/Busch/Krantz/Triebel*, § 561 Anm. 4; *Stein/Jonas/Grunsky*, § 561 II 2 b; *Barz*, S. 73; bejahend: *Baumbach/Lauterbach/Albers/Hartmann*, § 561 Anm. 3 B (jedoch unter unzutreffender Berufung auf BGHZ 22, 370, wo ein Wegfall der Beschwer abgelehnt wird); *Peters/Sautter/Wolff*, § 163 Anm. 3 C (weil die Beschwer wegfalle und die Revision unzulässig werde); *Schönke/Kuchinke*, § 88 II 3; *Stein/Jonas/Pohle*, 18. Aufl., § 561 II 2 b; *Erythropel*, JW 1912, 991; RG Urt. v. 15. 12. 1933 — III 35/33 zit. bei RG ZZP 60, 346.

Revisionsverzicht[17] — jeweils nach Abschluß des Berufungsverfahrens abgegeben — zu berücksichtigen sind.

Sogar die Rücknahme eines Widerspruchs gegen die Scheidung nach § 48 II EheG[18] soll, obgleich darin eine Verfügung über ein materielles Recht liegt, als Prozeßvorgang des Revisionsverfahrens zu beachten sein.

Schließlich werden Tatsachen zur Begründung einer erst in der Revisionsinstanz erwachsenen Einrede der mangelnden Sicherheit für die Prozeßkosten[19] oder die Erledigung des Rechtsstreits im Falle des § 628 ZPO[20] und alle instanz- und prozeßbeendenden Verfügungen, wie Zurücknahme der Revision, Klagerücknahme, Anerkenntnis, Verzicht auf den Klageanspruch[21] und Erklärung der Erledigung der Hauptsache[22] hier eingeordnet.

Wie die Klagerücknahme im Revisionsverfahren ist daher im Rechtsbeschwerdeverfahren die Rücknahme des Widerspruchs gegen eine Patent- oder Warenzeichenanmeldung zulässig[23].

Der Berücksichtigung der in der Revisionsinstanz neu vorgenommenen Prozeßhandlungen entspricht Recht und Pflicht, sie frei auszulegen[24].

II. Sachurteilsvoraussetzungen und andere von Amts wegen zu prüfende prozessuale Fragen

1. Neue „Alttatsachen"

Lange Zeit war unbestritten, daß das Revisionsgericht verfahrensbezogene Tatsachen, die von Amts wegen zu prüfende Fragen betreffen, ohne Bindung an Feststellungen des Tatrichters zu überprüfen habe und daß die Parteien Tatsachen aus der Zeit bis zur letzten mündlichen Tatsachenverhandlung (Alttatsachen) nachbringen können, spätere Tatsachen aber unbeachtlich sind[25].

---

[17] Dagegen: RGZ 161, 350 (352).

[18] BGH NJW 1968, 1275 = LM Nr. 36 zu § 561 ZPO = LM Nr. 85 zu § 48 II EheG; RGZ 164, 319 (320); vgl. *Meyer*, Die Rechtsnatur des Widerspruchs nach § 48 II EheG, AcP 152 (1952/53), 322.

[19] RGZ 155, 239 (240 f.).

[20] *Stein/Jonas/Grunsky*, § 561 II 2 b; *Baumbach/Lauterbach/Albers/Hartmann*, § 628 Anm. 1.

[21] RG JW 1924, 965; *Rosenberg/Schwab*, § 146 II 3 c.

[22] *Mattern*, JZ 1963, 649 (650).

[23] Vgl. BGH GRUR 1973, 605 „Anginetten" und 606 „Gyromat" m. Anm. v. *Droste;* BGH GRUR 1974, 465 „Lomapect" m. Anm. v. *Utescher*.

[24] Vgl. *Kuchinke*, S. 171.

[25] BGHZ 31, 279 (283) = LM Nr. 26 zu § 561 ZPO m. Anm. v. *Mattern;* BGH FamRZ 1969, 477 (478); *Johannsen*, Anm. z. BGH, LM Nr. 43 zu § 549 ZPO; vgl. *Haueisen*, DOK 1969, 69 (71); *Kuchinke*, S. 216 ff.; *Schwinge*, S. 166 ff.

a) *Prozeßvoraussetzungen*

Überprüft und teilweise unter Verwertung neuen Vorbringens neu festgestellt wurden die Parteifähigkeit[26] bzw. die Antragsberechtigung[27], die Prozeßfähigkeit[28], die Legitimation des gesetzlichen Vertreters[29], die Prozeßvollmacht[30], die Prozeßführungsbefugnis[31], die Zulässigkeit des Rechtswegs[32], anderweitige Rechtshängigkeit[33], entgegenstehende Rechtskraft[34], das Bestehen einer ausschließlichen örtlichen Zuständigkeit[35], das Bestehen der deutschen Gerichtsbarkeit[36], das Rechtsschutzinteresse[37], das Feststellungsinteresse[38], nachträgliches Außerkrafttreten eines Schiedsvertrages[39], sowie die Rechtzeitigkeit des Strafantrages[40, 41]

---

[26] RG JW 1906, 427 Nr. 13 (Heranziehung eines Handbuchs über Gymnasien; da dadurch keine Klärung erfolgt, wird zurückverwiesen); RG JW 1906, 810 Nr. 6 (aufgrund in der Vorinstanz vorgebrachten Materials); RGZ 118, 196.

[27] RGZ 154, 129 (130) (zur Stellung des Entmündigungsantrags).

[28] BGH LM Nr. 3 zu § 80 ZPO; BGH FamRZ 1971, 243 (244); BGH NJW 1951, 441 (442); BGH NJW 1969, 1574; RGZ 86, 15 (16) (erstmalige Beurteilung durch ärztliche Gutachten); RG Warn 1931 Nr. 11; RG Warn 1938 Nr. 113; RG ZZP 55, 142 (143); RG Warn 1943 Nr. 1 (Prozeßunfähigkeit wegen Querulantentums für bestimmte Lebensbereiche); BAG NJW 1958, 1699.

[29] BGH LM Nr. 10 zu § 565 III ZPO; RGZ 27, 183 (187) (Einsicht in Vereinsstatut zur Klärung der Vertretungsbefugnis); RGZ 69, 298 (304); RGZ 148, 225 (227) (Einsicht in Registereintragung); BGHZ 5, 240 (242).

[30] BGH MDR 1951, 732 m. w. N.

[31] BGH NJW 1963, 297 (298); BGHZ 31, 279 (282 f.) = LM Nr. 26 zu § 561 ZPO m. Anm. v. *Mattern;* BGHZ 48, 12 (15).

[32] BGHZ 21, 214 (217); RGZ 82, 126 (128); 17, 176; 96, 74; RG Gruchot 52, 441; RGZ 154, 144 (147); BSG 2, 23 (26); 5, 179 (180); 8, 3 (9) (Durchführung des Vorverfahrens); BSG 11, 63 (64); RG SeuffA 96 Nr. 36 (Sprungrevision).

[33] RGZ 160, 338 (344 ff., 348) m. w. N.

[34] BGHZ 53, 332 (auch eines ausländischen, anerkennungsfähigen Urteils); BAG AP Nr. 1 zu § 322 ZPO.

[35] BGHZ 8, 16 (17); BGH ZZP 82, 297 m. Anm. v. *Baumgärtel* (soweit vor dem Landgericht gerügt); RGZ 130, 53 (jedoch zu Unrecht, da die Einrede der Unzuständigkeit nur auf Verfahrensrüge gemäß § 551 Nr. 4 ZPO zu prüfen ist); BGHZ 49, 99 (106/7); anders bei der fG-Rechtsbeschwerde für die örtliche Zuständigkeit: BayObLGZ 1962, 11 = FamRZ 1962, 164.

[36] RGZ 150, 293; BGHZ 10, 350 (354).

[37] BGH NJW 1957, 303 = LM Nr. 22 zu § 546 ZPO; RGZ 100, 123 (126); 160, 204; BAG NJW 1961, 1885; BAG 8, 228 (233); BAG AP Nr. 4 zu § 611 BGB Lehrer, Dozenten; BVerwG 11, 195 (207).

[38] RG HRR 1928, 468; RGZ 151, 65 (66); gegen neues Vorbringen zur Rechtfertigung des Feststellungsinteresses: BGHZ 34, 110 (121).

[39] RGZ 97, 158 (161); nicht dagegen die Einrede des Schiedsvertrages: BGHZ 24, 16 (19).

[40] BGHSt 22, 290 = JR 1968, 466 m. Anm. v. *Kleinknecht;* zustim. *Kaiser,* ZRP 1972, 275 (276); abl. *Peters,* Nachtrag, S. 35.

[41] Bei der Sprungrevision schließt § 566a III ZPO diese Amtsprüfung nicht aus (RGZ 154, 144 [147]).

Soweit dagegen irrevisibles, insbesondere ausländisches Recht zur Beurteilung der Prozeßvoraussetzung heranzuziehen ist, unterbleibt eine Nachprüfung, sofern eine irrevisible Norm dem Berufungsgericht nicht unbekannt war[42].

b) Prozeßfortsetzungsbedingungen

Auch Prozeßfortsetzungsbedingungen werden in der Revisionsinstanz von Amts wegen geprüft: so vor allem die Zulässigkeit der Berufung[43], die fristgerechte Berufungsbegründung[44], die Zulässigkeit der Wiedereinsetzung bei einer Versäumung der Berufungs- und Berufungsbegründungsfrist[45] oder die ordnungsgemäße Zustellung der Einspruchsentscheidung[46].

Das Revisionsgericht soll befugt sein zu prüfen, ob die Vorinstanz unrichtigerweise angenommen hat, Form und Frist seien eingehalten. Diese Befugnis bestehe indes nicht, wenn eine Feststellung des Berufungsgerichts, Fristen seien versäumt worden, erstmals in der Revisionsinstanz mit bereits früher möglichen Hinweisen oder Beweisangeboten angegriffen werde. Das Allgemeininteresse an Prozeßbeschleunigung und Rechtssicherheit schlössen dann bei nachlässigem Parteiverhalten eine Prüfung von Amts wegen aus[47].

Fehlt es an Feststellungen zu einer Prozeßfortsetzungsbedingung im Berufungsurteil, so soll sie das Revisionsgericht anstelle der Vorinstanz treffen, dazu Beweis erheben und z. B. einem Wiedereinsetzungsantrag stattgeben können[48].

Der grundsätzliche Ausschluß von Tatsachenfeststellungen nach § 561 ZPO wird nur insoweit beachtet, als eine Pflicht zur tatsächlichen Aufklärung der Sachlage geleugnet wird. Im Interesse der Parteien an um-

---

[42] BGHZ 40, 197 (200 f.) = NJW 1964, 203 (204); BGHZ 24, 159 (164).

[43] BGH MDR 1951, 732 (Nachweis der Vollmacht des Prozeßbevollmächtigten durch Vorlage der Handakten); RGZ 112, 141 (142); BSG 2, 225 (226 f.); 3, 124 (126); 4, 70 (72); 15, 65 (67); RG SeuffA 47 Nr. 245 (Rechtzeitigkeit); BAG RdA 1961, 179 = AP Nr. 26 zu § 11 ArbGG 1953 (Einlegung durch eine postulationsfähige Person; Nachweis der Doppelstellung eines Innungsgeschäftsführers durch Bescheinigung des Obermeisters); RGZ 152, 23 (27) (ordentliche Einlegung der Anschlußberufung); RGZ 159, 83 (84); RG ZZP 55, 142 (143).

[44] BAG 17, 278 (282 ff.) = NJW 1966, 74.

[45] BGH VersR 1961, 413 = BB 1961, 494; BGH LM Nr. 1 zu § 234 ZPO; BGHZ 6, 369 (370); 7, 280 (284); OGH NJW 1950, 468; BAG NJW 1962, 1933; BAG NJW 1972, 887 (888) = MDR 1972, 546; BGH LM Nr. 30 zu § 561 ZPO; BSG 1, 227 (230); für fG-Rechtsbeschwerde: KG ZZP 71, 229; BayObLG JZ 1959, 592.

[46] BFH StRK § 118 FGO Nr. 32.

[47] BAG 17, 278 (282) = NJW 1966, 74 (75).

[48] BAG NJW 1972, 887 (888) = MDR 1972, 546.

fassenden Ermittlungen wird vielmehr zur Beweiserhebung zurückverwiesen, wenn dies im Einzelfall zweckmäßig erscheint[49]. Bestehen Verfahrenshindernisse, so soll das Revisionsgericht außerdem das Verfahren im Interesse der begünstigten Partei deswegen sogar dann einstellen können, wenn die Revision wegen Fehler der Anträge oder der Begründung unzulässig ist[50].

c) *Von Amts wegen zu prüfende Verfahrensmängel*

Neben diesen Prozeß- und Rechtsmittelvoraussetzungen wurden weitere Verfahrensmängel ohne formelle Rüge von Amts wegen von den Revisionsgerichten selbständig überprüft, soweit die Verletzung des Verfahrensrechts in die Revisionsinstanz fortwirkte und deshalb unverzichtbare Grundlagen für eine Sachentscheidung des Revisionsgerichts fehlten. *Haueisen*[51] hat diese Fälle näher untersucht und zusammengestellt. Ergänzend zu seiner Übersicht sei auf einige neuere Entscheidungen hingewiesen: Beachtet wurde die Unzulässigkeit eines Teilurteils[52], eines Grundurteils[53], die Unbestimmtheit des Berufungsurteils[54], die Widersprüchlichkeit der Urteilsformel[55], das Ersetzen von Gründen durch Verweisung auf eine andere erst später erlassene und zugestellte Entscheidung[56] und sogar das Übergehen einschlägigen Vorbringens des Klägers[57].

Auch ein Verstoß gegen die Bindung an die gestellten Anträge wurde beachtet und damit begründet, es liege kein Verfahrensmangel vor, sondern § 308 ZPO enthalte „materielles Prozeßrecht", das den Inhalt der Entscheidung betreffe[58]. Schließlich wurde von Amts wegen aufgehoben, wenn der Rechtsstreit völlig verfahren war, etwa weil ein notwendiger Streitgenosse nicht beigezogen wurde[59].

---

[49] BGHZ 24, 15 (20); BGH FamRZ 1969, 477 (478); BGH FamRZ 1971, 243 (244); BAG 17, 278 (285 f.) = NJW 1966, 74 (75 f.).

[50] *Eb. Schmidt*, Revisionsgericht und Verfahrenshindernisse, JZ 1962, 155 (158) (für Strafsachen); *Peters/Sautter/Wolff*, § 162 Anm. 3 (Bl. 44); BGH NJW 1961, 228; ferner: *Pohle*, Zur Rangordnung der Prozeßvoraussetzungen, ZZP 81, 161 (175).

[51] NJW 1961, 2329 (Zusammenstellung 2332).

[52] BSG NJW 1961, 1743; RGZ 107, 350 (Ehesache); BGHZ 16, 71 (74) (unter Beschränkung auf Ausnahmen).

[53] BGH NJW 1969, 2241 (gleichzeitiges Zusprechen alternativer Anträge).

[54] BGHZ 45, 287.

[55] BGHZ 5, 240 (246) = LM Nr. 2 zu § 559 ZPO m. Anm. v. *Johannsen;* BGH NJW 1969, 2241; zustimmend *Rosenberg/Schwab*, § 59 II 2c.

[56] BFH 98, 525 = BStBl 1970 II 494.

[57] BayObLGZ 1966, 8; BayObLG NJW 1967, 57; vgl. auch *Wieczorek*, § 551 Anm. B VII a, b 2, c 2.

[58] RGZ 156, 372 (376); BGH LM Nr. 7 zu § 308 ZPO.

[59] Vgl. *Sydow/Busch/Krantz/Triebel*, § 561 Anm. 2 (Anfechtung der Entmündigung).

2. Neutatsachen

Während in allen diesen Fällen „Alttatsachen“ neu geprüft wurden, ist die Rechtsprechung teilweise darüber hinausgegangen und hat bei einzelnen Prozeßvoraussetzungen auch „Neutatsachen“, die sich erst nach Schluß der letzten mündlichen Tatsachenverhandlung ereignet haben, berücksichtigt, wenn das Urteil sonst nichtig oder völlig wirkungslos wäre[60].

a) Rechtsprechung

Beachtet wurden deshalb neue Gutachten zur Prozeßfähigkeit[61], neue Tatsachen zur Klagebefugnis nach § 13 I UWG[62], der Wegfall der Prozeßführungsbefugnis des gesetzlichen Vertreters gemäß § 19 V WpflG[63], die Genehmigung der Prozeßführung durch den wirklichen Vertreter[64] oder dessen Eintritt in den Rechtsstreit[65], der Wegfall eines Prozeßhindernisses[66], der Wegfall des Feststellungsinteresses[67] oder des Rechtsschutzinteresses[68], insbesondere wegen Erledigung der Hauptsache[69] und das Erlangen der internationalen Zuständigkeit[70].

Nicht beachtet wurden eine neue Tatsache, die das Entfallen des Vorlagegrundes gemäß § 28 FGG und damit der Zuständigkeit des RG zur Folge gehabt hätte[71], der Wegfall der Wiederholungsgefahr[72], sowie ein urkundlich vorgelegter Verwaltungsakt, der den ordentlichen Rechtsweg während des Revisionsverfahrens zuließ[73].

Dagegen wurden Vorbescheide der obersten Aufsichtsbehörde als prozessuale Voraussetzungen für die Geltendmachung beamtenrecht-

---

[60] Zustim. *Rosenberg*, 9. Aufl., § 142 II 2c; *Arens*, AcP 161, 177 (211); für Entscheidung nach der Erheblichkeit gemäß der Natur der einzelnen Prozeßvoraussetzungen auch *Mattern*, JZ 1963, 649 (650).

[61] BGH NJW 1970, 1683.

[62] BGH GRUR 1971, 516 — „Brockhaus Enzyklopädie“.

[63] BVerwG MDR 1971, 246.

[64] BGHZ 51, 27; BGH Urt. v. 23. 5. 1962 — V ZR 238/60; BVerwG 14, 210 (212); zustimmend: *Wieczorek*, § 561 A III b; *Zöller/Karch*, § 561 Anm. 1c.

[65] BGHZ 40, 197 = NJW 1964, 203.

[66] BGH LM Nr. 2 zu Deutsch-Österreichischer Vermögensvertrag = NJW 1962, 1251 (gemäß Art. 99 des Vertrages).

[67] BGHZ 18, 98 (105 ff.) = LM Nr. 2 zu § 423 HGB m. Anm. v. *Lindenmaier*.

[68] BGHZ 19, 98; BVerwG 11, 195 (207); *Bettermann*, DVBl 1959, 308 (312).

[69] BSG 8, 178.

[70] BGHZ 53, 128 ff. (Vorlage einer Einbürgerungsurkunde; Nichtbestreiten der Echtheit) = LM Nr. 38 zu § 511 ZPO m. Anm. v. *Johannsen;* zustim. *Zöller/Karch*, § 561 Anm. 1c.

[71] RGZ 63, 275 (277).

[72] RG GRUR 1940, 293.

[73] RG HRR 1929, 1382.

licher Ansprüche[74] und der Abschluß des Anmeldungsverfahrens nach dem AKG[75] berücksichtigt. Im Verwaltungsprozeß sollen ferner Mängel des Vorverfahrens noch in der Revisionsinstanz behoben werden können[76].

Diese im einzelnen unklare Abgrenzung zwischen zulässigen und unzulässigen prozessualen Neutatsachen wird teilweise ausdrücklich gebilligt[77]. Die meisten Stellungnahmen, die neues Tatsachenvorbringen und eine selbständige Überprüfbarkeit der von Amts wegen zu klärenden Fragen durch das Revisionsgericht zulassen, gehen aber auf die Frage des Präklusionszeitpunktes nicht ein[78], dürften also eher mit der wohl h. M. nur ein Nachbringen von „Alttatsachen" gestatten.

b) Revisionsverhandlung als Präklusionszeitpunkt

Andere[79] verlangen, daß alle Prozeßvoraussetzungen als echte Sachurteilsvoraussetzungen noch in der Revisionsinstanz vorliegen müssen und daher „Neutatsachen", die erst nach der letzten mündlichen Verhandlung in der Tatsacheninstanz eingetreten sind, bei allen Prozeßvoraussetzungen zulässig vorgebracht werden können.

c) Tatsachenverhandlung als Präklusionszeitpunkt

Dagegen meint *Rimmelspacher*[80] die Prozeßvoraussetzungen seien als dem materiellen Streitstoff gleichwertige Urteilserlaßvoraussetzungen den gleichen Regeln wie dieser unterworfen. Es sei daher weder gesetzlich zulässig noch von der Natur der Prozeßvoraussetzungen her nötig, in der Tatsacheninstanz nicht festgestellte oder nachträglich eingetretene Um-

---

[74] RGZ 161, 163 (165); 104, 23 (24).

[75] BGH NJW 1960, 95.

[76] *Bettermann,* DVBl 1959, 308 (312); *Redeker/v. Oertzen,* 3. Aufl., § 68 Anm. 3.

[77] *Arens,* AcP 161, 177 (211); *Mattern,* JZ 1963, 649 (650).

[78] BGH NJW 1951, 441 (442); BGH MDR 1951, 732; BGH NJW 1957, 303; BGHZ 21, 214 (217); BGH FamRZ 1969, 477 (478); *Förster/Kann,* § 561, Anm. 4a, aa; *Haueisen,* NJW 1961, 2329 (2332); *Hegler,* Rechtsgang I, 404; *Klinger,* § 137 Anm. Cb; *Kuchinke,* S. 116 f.; *Peters/Sautter/Wolff,* § 163 Anm. 3 b, c; *Seuffert/Walsmann,* § 561 Anm. 2c; *Baumbach/Lauterbach/Albers/Hartmann,* § 561 Anm. 3 B.

[79] *Rosenberg/Schwab,* §§ 97 V 4 d, 146 II 3 d; *Wieczorek,* § 561 A II b 1, 2; *Zeiss,* S. 277; *Kopp,* § 124 Vorbem. 7 c, § 137 Anm. 5 b aa; *Ziemer/Birkholz,* § 118 Rdnr. 21 b; bereits *Sydow/Busch/Krantz/Triebel,* § 561 Anm. 4; wohl auch: *Sauer,* S. 396.

[80] *Rimmelspacher,* Prüfung von Amts wegen, S. 186, 191 f., 194, 197, 219, 221 u. ZZP 84, 41 ff.; zustimmend: *Lindacher,* NJW 1967, 1389; *Grunsky,* ZZP 80, 55; auch *Stein/Jonas/Grunsky,* § 561 II 2 c; abl.: *Berg,* JR 1968, 257; *J. Blomeyer,* ZZP 81, 20.

stände hinsichtlich der Prozeßvoraussetzungen zu beachten. Lediglich die Gültigkeit eines Rechtsmittelverzichts sei frei nachzuprüfen[81].

Eine erneute Überprüfung dieser Standpunkte steht noch aus. Auch wenn man der Meinung Rimmelpachers im Ergebnis nicht folgt, erscheint eine gemeinsame und vergleichende Überprüfung der Zulassung neuer Tatsachen prozessualer und materiellrechtlicher Natur notwendig, zumal die für die Zulassung bei beiden Gruppen vorgebrachten Argumente teilweise übereinstimmen[82].

III. Doppelrelevante Tatsachen

Wenn auch die Tendenz in Zivilsachen dahin gehen dürfte[83], so ist es doch noch keineswegs gesicherte Rechtsprechung, daß doppelrelevante Tatsachen, die prozessual berücksichtigt werden müssen oder doch können, auch für die Sachentscheidung des Revisionsgerichts maßgebend sind[84].

Im Strafverfahren wurde bislang bei gleichzeitiger materiellrechtlicher Relevanz ganz überwiegend auch bezüglich der prozessualen Seite eine Bindung der Revisionsgerichte angenommen, weil der Freibeweis dem Strengbeweis zum Schuld- und Strafausspruch zu weichen habe[85].

In Zivilsachen ist eine allseitige Beachtung von Prozeßhandlungen, denen nach h. M. Doppelnatur zukommt, wie dem Prozeßvergleich[86], oder bei denen diese doch teilweise angenommen wurde, wie bei Anerkenntnis und Verzicht[87], allgemeine Meinung. Neues Vorbringen und neue Feststellungen zu Prozeßvoraussetzungen legt die Rechtsprechung auch der Beurteilung der materiellrechtlichen Fragen zugrunde[88], was

---

81 *Rimmelspacher*, Prüfung von Amts wegen S. 215; wohl auch *Peters*, Nachtrag, S. 35.

82 Vgl. *Haueisen*, DOK 1969, 69 (71); ferner: *Rimmelspacher*, Prüfung von Amts wegen, S. 197.

83 So *Rietschel*, LM Nr. 19 zu § 561 ZPO.

84 Dafür: *Wieczorek*, § 561 B III a 2, 3; *Mattern*, JZ 1963, 649 (653); *Jansen*, § 27 Rdnr. 42 a. E.; dagegen: *Rosenberg/Schwab*, § 146 II 2; *Rimmelspacher*, Prüfung von Amts wegen, S. 197.

85 Vgl. BGHSt 22, 90 = JZ 1968, 433 m. Anm. v. *Eb. Schmidt* = JR 1968, 467 m. Anm. v. *Kleinknecht* (beide für Freiheit des Revisionsgerichts); *Kleinknecht*, Einl. 6 G, § 244 Anm. 3 B, Vor § 333 Anm. 3; ausführlich *Sauer*, Grundlagen, S. 420 ff., 424 (auch für den Zivilprozeß); *Meyer*, in *Löwe/Rosenberg*, § 337 III 2 b; *Alsberg/Nüse*, S. 466; *Müller-Sax*, § 337 Anm. 4 b (Lücken kann das Revisionsgericht schließen); *Willms*, Ehrengabe f. *Heusinger*, S. 393 (406 ff.) (gegen Bindung, soweit Unterschiede zwischen den Beweisarten irrelevant).

86 Vgl. *Rosenberg/Schwab*, § 132 III 1 c.

87 *Schönke/Schröder/Niese*, § 53 II; vgl. *Nikisch*, § 66 I 2; ablehn. *Rosenberg/Schwab*, § 134 IV 7 d.

88 BGH LM Nr. 10 zu § 565 III ZPO (Legitimation des gesetzlichen Vertreters); vgl. dazu *Mezger*, Prozessual-materielle Doppelrelevanz einer Tatsache

je nach dem Grad der Überschneidung von Prozeßvoraussetzung und materiellen Anspruchsvoraussetzungen auch zu einer Veränderung des materiellen Streitstoffs führen kann.

Während Anordnung und Aufhebung des Konkursverfahrens[89] prozessual beachtet wurden und damit auch neue Tatsachen, von denen die Zulässigkeit der Aufnahme des Verfahrens durch den Konkursverwalter abhing[90], ist doch zweifelhaft, inwieweit die materiellrechtlichen Folgen dieser prozessual beachtlichen Neutatsachen zu berücksichtigen sind[91] und zu einer Sachverhaltsergänzung berechtigen. Zugelassen wurden z. B. neue Tatsachen zur Begründung eines infolge Konkurseröffnung auf Feststellung zur Konkurstabelle gemäß § 146 KO geänderten Klageantrags[92], auch die Anmeldung eines Konkursvorrechts[93]. Beachtet wurden die Folgen der Entlassung des Beklagten als Testamentsvollstreckers[94].

Zugelassen worden wäre auch eine Berücksichtigung des Wegfalls der ausdrücklichen Haftungsbeschränkung zugunsten der Erben nach Aufnahme des Verfahrens durch den Nachlaßverwalter[95].

Abgelehnt wurde es dagegen, ein Absonderungsrecht[96] oder die materiellen Folgen der Einstellung des Konkursverfahrens, z. B. die Erledigung einer Konkursanfechtungswiderklage[97] zu beachten.

Die einheitliche Berücksichtigung doppelrelevanter Tatsachen ist andererseits auch auf Kritik gestoßen. Darin wird der Rechtsprechung vorgeworfen, sie gestalte die Revision als „Oberberufung" aus, was nicht einmal mit der Prozeßökonomie zu rechtfertigen sei[98].

---

im zivilprozessualischen Erkenntnisverfahren, Diss. Tübingen 1908 (der aber auf die Stellung des Revisionsgerichts nicht eingeht).

[89] RGZ 128, 66 ff.; BGH LM Nr. 5 zu § 146 KO; BGHZ 28, 13 = LM Nr. 19 zu § 561 ZPO.

[90] RGZ 11, 398 (401).

[91] Für Beachtung des Konkursverfahrens in jeder Hinsicht: *Wieczorek*, § 561 B III a 2; a. A. nur hinsichtlich § 240 ZPO: *Rosenberg/Schwab*, § 146 II 2; nur prozessual: *Baumbach/Lauterbach*, 30. Aufl., § 561 Anm. 2 B.

[92] BGH LM Nr. 4 zu § 146 KO (Unentgeltlichkeit der Zuwendung; fremde Staatsangehörigkeit); RG WarnJhrb. 1931 § 561 = JW 1932, 168 m. Anm. v. *Kleinfeller*.

[93] BGH NJW 1954, 31 = LM Nr. 2 u. 3 zu § 61 KO; a. A. RG LZ 1912, 400 Nr. 5.

[94] BGH WM 1964, 1173 (Fehlen eines anderen Testamentsvollstreckers; Miterbeneigenschaft des Beklagten; beschränkte Erbenhaftung; Fehlen der Erbauseinandersetzung).

[95] RG JW 1938, 1025.

[96] BGHZ 28, 13 = LM Nr. 19 zu § 561 ZPO (obiter dictum); RGZ 128, 66 ff. = JW 1930, 1493; RGZ 135, 347 (348); zustimmend: *Sydow/Busch/Krantz/Triebel*, § 561 Anm. 4.

[97] RG JW 1932, 168; dagegen *Wieczorek*, § 561 B III a 2.

[98] *Rimmelspacher*, Prüfung von Amts wegen, S. 197.

Hinzuweisen bleibt, daß zur Prüfung doppelrelevanter Tatsachen nicht die Fälle gehören, in denen die prozessuale, von Amts wegen zu prüfende Frage alleiniger Gegenstand der Sachentscheidung ist[99].

IV. Veränderung der materiellen Sachlage

Keine einheitliche Rechtsprechung besteht in der Frage, ob neue den materiellen Streitstoff betreffende Tatsachen zu beachten sind. Als neu wird dabei jede Tatsache bezeichnet, die, gleichgültig aus welchen Gründen, nicht bis zur letzten mündlichen Verhandlung in der Tatsacheninstanz in den Prozeß eingeführt wurde[100].

1. Patentverletzungsprozeß

Eine Sonderstellung nimmt die Rechtsprechung zum Patent- und Gebrauchsmusterrecht ein. Das Reichsgericht hat hier bei Prozessen wegen Unterlassung und Schadenersatz sowie wegen Zahlung von Lizenzgebühren die Nichtigerklärung[101] oder endgültige Versagung[102] eines Patents, die Löschung eines Gebrauchsmusters[103], das Erlöschen des Patentes wegen Nichtzahlen der Verlängerungsgebühr[104], den Wegfall[105] oder jede sonstige Änderung des Schutzrechts berücksichtigt, weil Patent und Gebrauchsmuster als eine Art rückwirkendes *Spezialgesetz*[106] anzusehen seien oder doch eine Gleichbehandlung damit gerechtfertigt sei[107]. Trotz der Kritik daran[108] hat das Reichsgericht diese Rechtsprechung beibehalten und der Bundesgerichtshof[109] ist ihr weit-

---

[99] BGH VersR 1961, 413 (Zulässigkeit der Berufung und der Wiedereinsetzung).

[100] So *Rosenberg/Schwab*, § 140 III 2 a (zum neuen Vorbringen in der Berufungsinstanz; ohne eindeutige Stellungnahme dagegen für die Revision § 146 II 3); vgl. auch *Schrutka v. Rechtenstamm*, S. 8 ff. (zur österr. Berufung).

[101] RG JW 1900, 154; JW 1900, 160; RGZ 63, 140 (142).

[102] RGZ 65, 303 (304); RG Warn 1935 Nr. 121.

[103] RGZ 155, 321 (326).

[104] RGZ 148, 400 (402) = GRUR 1936, 168 (das Erlöschen lag bereits objektiv vor der mündlichen Verhandlung der Berufungsinstanz).

[105] RG DR 1942, 1503 (1504).

[106] Zustimmend: *Manigk*, ZZP 60, 351 (364); vgl. auch *Möhring*, Mitt. 1959, 241.

[107] *Stein*, 10. Aufl., § 561 Anm. II 5; *Schwinge*, 1. Aufl., S. 106; *Förster/Kann*, § 561 Anm. 4 c m. w. N.; ferner *Friedrich*, S. 46.

[108] Vgl. RGZ 148, 400 (402).

[109] BGH GRUR 1951, 70 — Holzverwertung = LM Nr. 1 zu § 1 PatG m. Anm. v. *Lindenmaier* (Patentnichtigkeit, Erlöschen mangels Gebührenzahlung); BGH NJW 1951, 272 (Auskunft des DPA über das Entfallen eines Altwarenzeichens); BGH GRUR 1952, 562 — Gummisohle; BGHZ 3, 365 (368) = LM Nr. 5 zu § 6 PatG m. Anm. v. *Lindenmaier* (Patenterteilung); BGH GRUR 1955, 572 (573) — Kabelschelle = LM Nr. 9 zu § 6 PatG (Teilvernichtung, Klarstellung); BGH GRUR 1962, 577 (578) — Rosenzüchtung (nachträgliche Änderung im Beschränkungsverfahren).

gehend gefolgt. Dadurch wurde § 561 I 1, II ZPO äußerlich umgangen, inhaltlich aber eine teleologische Reduktion vorgenommen.

Nicht berücksichtigt wurden aber eine erst in der Revisionsinstanz der Auslegung des Klagepatents entgegengehaltene Vorveröffentlichung[110], eine neu bekanntgemachte Patentanmeldung[111] sowie die neu vorgetragene Darstellung eines Verfahrens als „technischer Effekt"[112] und vor allem nicht der neu vorgetragene jetzige Stand der Technik[113]. Auch die Verpflichtungserklärung einer Partei, eine bestimmte Ausführungsform zur Vermeidung einer Patentverletzung nicht mehr in den Verkehr zu bringen, wurde nicht beachtet[114].

Mithin wurden neue Verwaltungsakte, der Zeitablauf oder andere unstreitige oder leicht belegbare Neu- und Alttatsachen beachtet, die bei der Endentscheidung des Revisionsgerichts ohne Verzögerung berücksichtigt werden konnten.

Unausgesprochen beruht die teleologische Reduktion gerade in Patentverletzungsstreitigkeiten darauf, daß hier die Gefahr eines besonders hohen, möglicherweise nicht ersetzbaren Schadens besteht, wenn die Parteien etwa bei nachträglicher Patentvernichtung auf die Vollstrekkungsgegenklage verwiesen werden.

Im folgenden ist darzulegen, inwieweit diese Kriterien auch bei anderen Rechtsstreitigkeiten richtungsgebend waren und übernommen wurden.

2. Hoheitsakte

Die Beachtung neuer Hoheitsakte erfolgt nicht einheitlich:

Nicht bei der Entscheidung verwertet wurden — abgesehen von materiellrechtlich nicht beachteten doppelrelevanten Akten — eine erst in der Revisionsinstanz erteilte Genehmigung eines Grundstückskaufs[115], die Anerkennung als gemeinnütziges Unternehmen[116], die Einleitung eines Enteigungsverfahrens[117], eine Genehmigung der Kündigung gemäß

---

[110] BGHZ 40, 332 = GRUR 1964, 196 (199) m. Anm. v. *Moser v. Filseck* = LM Nr. 24 zu § 6 PatG m. Anm. v. *Löscher*.

[111] BGH NJW 1964, 590 Nr. 6 = LM Nr. 31 zu § 561 ZPO = GRUR 1964, 221 m. Anm. v. *Schramm*.

[112] BGH GRUR 1966, 28 (29) — Darmreinigungsmittel = LM Nr. 19 zu § 1 PatG.

[113] BGH GRUR 1964, 199 (200).

[114] BGH, Urteil v. 12. 7. 1955 (I ZR 141/53) zit. bei *Möhring*, Mitt. 1959, 241 (244) (insoweit nicht abgedruckt bei GRUR 1955, 572 u. LM Nr. 9 zu § 6 PatG).

[115] RGZ 118, 230 (233); RG HRR 1929, 449.

[116] RGZ 135, 287 (290).

[117] BGH MDR 1959, 652 (653) = LM Nr. 1 zu § 22 AKG = LM Nr. 25 zu § 561 ZPO.

§ 9 II MuSchG[118], die Leistungsgewährung durch einen Versicherungsträger der DDR[119], Abschluß und Bestätigung eines Zwangsvergleichs[120], sowie — teilweise — die Aufwertung der Währung[121].

Beachtet wurden dagegen neu erteilte oder versagte Devisenverkehrsgenehmigungen[122], eine neu verhängte Vermögenssperre[123], die Aufhebung eines Bescheids einer Besatzungsmacht[124] sowie eine Veränderung staatlicher Zuständigkeiten durch einen neuen Organisationsakt[125], ferner bei der fG-Rechtsbeschwerde neue Grundbuch- und Handelsregistereintragungen[126], wenn dadurch die weitere Beschwerde gegenstandslos wurde.

Obgleich dies in der Lehre vertreten wird[127], kann aus dieser Rechtsprechung nicht gefolgert werden, daß behördlich-hoheitliche Akte abweichend von § 561 ZPO stets berücksichtigt werden[128]. Aus der Sonderregelung von § 171 II SGG wird überdies gefolgert, daß in anderen als *streiterledigenden* Fällen eine Berücksichtigung neuer Verwaltungsakte bei der Sachentscheidung nicht möglich sei[129]. Wenn dagegen die §§ 123 S. 2, 68, 127 FGO vorsehen, daß jeder neue oder geänderte Verwaltungsakt auf Antrag Gegenstand des Revisionsverfahrens wird und der BFH lediglich die Möglichkeit der Zurückverweisung hat, so besteht nur scheinbar ein Unterschied[130].

Auch ist vielfach durch die Begrenzung des Streitgegenstandes auf die Rechtmäßigkeit einer zeitlich in der Vergangenheit liegenden Maßnahme, z. B. im Kündigungsschutzprozeß oder bei der verwaltungs-

---

[118] BAG BB 1956, 563 Nr. 1090.

[119] BSG 9, 266 (270/71) = SozR § 163 SGG Nr. 4.

[120] RGZ 128, 66; a. A. RGZ 113, 246 (250).

[121] RG JW 1923, 983 Nr. 2; a. A. RG JW 1923, 983 Nr. 3 (Beachtung von Amts wegen); RGZ 107, 149 (150) (Festhalten am bisherigen Antrag sei Verstoß gegen § 242 BGB, ohne daß die Aufwertung als Neutatsache beachtlich sei [!]).

[122] BGH, Urteil v. 25. 6. 1953 (IV ZR 135/51) (zitiert bei BGHZ 28, 13 [15] u. BGHZ 53, 128 [131]); RGZ 140, 35 (40 f.); 143, 328; RG JW 1933, 152; RGZ 150, 330 = JW 1936, 1535; vgl. auch RGZ 151, 43 (44).

[123] OGHZ 2, 102 = NJW 1949, 669.

[124] BGHZ 19, 253 = MDR 1956, 413 m. Anm. v. *Pohle* = LM Nr. 6 zu Art. 3 AHKG 13 m. Anm. v. *Pagendarm*.

[125] RGZ 97, 158 (161); a. A. RGZ 134, 17 (24).

[126] Vgl. *Josef*, JW 1928, 1943 m. N.

[127] *Rosenberg/Schwab*, § 146 II 3 i; *Wieczorek*, § 561 Anm. B III a (gleichgültig, wann erlassen!); *Zöller/Karch*, § 561 Anm. 1 c; *Göppinger*, FamRZ 1960, 253 (259); *Möhring*, Mitt. 1959, 241 (244).

[128] BGHZ 28, 13.

[129] Vgl. BSG 8, 164 (165/66); BSG 5, 238 (239); *Peters/Sautter/Wolff*, § 171 Anm. 2.

[130] s. u. § 13 III 2 b cc.

gerichtlichen Anfechtungsklage[131] die Relevanz von Neutatsachen ausgeschlossen.

Die beachteten neuen Verwaltungsakte, insb. auch neue Urteile legt das Revisionsgericht frei aus[132].

3. Gesetzesänderungen

Weitgehend Zustimmung hat die Rechtsprechung gefunden, daß bei einer Gesetzesänderung, auch irrevisiblen Rechts[133], die ausdrücklich rückwirkend erfolgt oder die doch nach ihrem zeitlichen Geltungswillen[134] auch in der Revisionsinstanz anhängige Fälle erfaßt, das neue Gesetz zu berücksichtigen ist und die Parteien Alttatsachen, die nach der bisherigen Gesetzeslage nicht entscheidungserheblich waren, noch in das Verfahren einführen können[135].

Allerdings ist nicht abschließend geklärt, ob das Revisionsgericht diese neuen Tatsachen selbst feststellen oder nur zurückverweisen darf[136].

4. Restitutionsgründe

Alttatsachen sind weiter berücksichtigt worden, soweit Restitutionsgründe im laufenden Revisionsverfahren beachtet wurden. Das Reichsgericht hat dies lange Zeit abgelehnt[137], in einem Urteil aus dem Jahre 1944 aber dann uneingeschränkt zugelassen[138]. Die Beurteilung, ob der behauptete Restitutionsgrund tatsächlich vorliege, wurde aber dem Berufungsgericht nach Zurückverweisung vorbehalten.

Der Bundesgerichtshof ist dieser Rechtsprechung grundsätzlich gefolgt[139], will aber in dem praktisch wichtigsten Fall des § 580 Ziff. 7 b ZPO das Vorbringen nur in Ausnahmefällen zulassen, z. B. wenn

---

[131] Vgl. *Peter Bähr*, S. 84 ff.

[132] Vgl. *Kuchinke*, S. 169.

[133] BGHZ 36, 348 = LM Nr. 61 zu § 549 ZPO m. Anm. v. *Johannsen*.

[134] BGHZ 9, 101 = LM Nr. 17 zu § 549 ZPO m. Anm. v. *Johannsen;* BGHZ 18, 325 (326); BFH BStBl 1953 III 364; *Meiss*, ZZP 65, 114; *Friedrich*, S. 55 ff.; *Brackmann*, S. 240 h.

[135] *Rietschel*, ZZP 66, 299; BVerwG DÖV 1962, 508; RGZ 160, 140 (142); *Mattern*, JZ 1963, 649; *Rosenberg/Schwab*, § 144 VIII; *Wieczorek*, § 561 Anm. B, § 550 Anm. D I; *Schwinge*, S. 73 f.; *Rimmelspacher*, Prüfung von Amts wegen, S. 235 ff. u. Mat. Anspruch, S. 255; zurückhaltend auch OGHZ 1, 386 (398) = NJW 1949, 502; a. A. *Pinckernelle*, BB 1950, 767.

[136] Für letzteres *v. Wallis/List*, § 118 Rdnr. 14.

[137] RGZ 11, 365; 68, 334 (338).

[138] RG DR 1944, 498 Nr. 8 (Liebesbrief an einen Dritten als Urkunde gemäß § 580 Ziff. 7 b).

[139] BGHZ 2, 278 (281); 3, 65 (67 ff.) = LM Nr. 1 a zu § 580 ZPO m. Anm. v. *Conrad;* BGHZ 5, 299 (302) = LM Nr. 4 § 688 BGB m. Anm. v. *Pagendarm*.

höhere Belange der Allgemeinheit berührt werden[140], nicht dagegen um z. B. ein nachträgliches Geständnis einer Partei in den Prozeß einzuführen[141].

Wegen der Geltung der Untersuchungsmaxime tritt das BVerwG für eine stärkere Berücksichtigung ein[142], ebenso das OLG Celle bei Rechtsbeschwerden in Rückerstattungssachen wegen des Bestehens zweier Rechtsinstanzen[143].

Einen Restitutionsgrund enthaltende Urkunden sind sogar dann berücksichtigt worden, wenn sie erst nach der letzten mündlichen Tatsachenverhandlung errichtet wurden, aber vorher eingetretene Tatsachen belegten[144].

Voraussetzung war jeweils, daß die Revision bereits aus anderen Gründen zulässig war[145].

Diese Rechtsprechung ist in der Lehre weitgehend übernommen worden[146]. Teilweise wird aber das Erfordernis vorheriger strafrechtlicher Verurteilung nach § 581 ZPO[147], teilweise auch die Einschränkung im Falle des § 580 Ziff. 7 b ZPO[148] abgelehnt. Andere wollen die Berücksichtigung von der Sachdienlichkeit und dem Ermessen des Revi-

---

140 BGHZ 5, 240 (246 ff.) = LM Nr. 2 zu § 559 ZPO m. Anm. v. *Johannsen;* BGHZ 18, 59 = LM Nr. 11 zu § 580 Ziff. 7 b m. Anm. v. *Johannsen;* BGH VersR 1959, 616 = BB 1959, 461; BGH ZZP 69, 438.

141 BGHZ 38, 333 (341).

142 BVerwG 10, 357 (358 f.) = NJW 1960, 2020 = Buchholz 310 § 137 VwGO Nr. 1.

143 OLG Celle RzW 1958, 59.

144 BSG 18, 186 = FamRZ 1963, 238 m. Anm. v. *Bosch* (Bestätigung der Nichtehelichkeit in einem Randvermerk zur Geburtsurkunde); BGHZ 30, 60 (64 ff.); zustimmend: *Peters/Sautter/Wolff,* § 163 Anm. 2.

145 Vgl. *Peters/Sautter/Wolff,* § 162 Anm. 3 (S. 46); § 163 Anm. 2.

146 *Baumbach/Lauterbach/Albers/Hartmann,* § 561 Anm. 3 D; *Thomas/Putzo,* § 561 Anm. 4 d; *Zöller/Karch,* § 561 Anm. 1 c; *Rosenberg/Schwab,* § 146 II 3 f; *Blomeyer,* § 104 V 2 a; *Bernhardt,* § 51 II 1; *Zeiss,* S. 277; *Keidel/Winkler,* § 27 Rdnr. 43; *Eyermann/Fröhler,* § 137 Anm. 13 c; *Redeker/v. Oertzen,* § 137 Rdnr. 12; *Kopp,* § 137 Anm. 5 c cc; *Brackmann,* S. 254 b; *v. Wallis/List,* § 118 Rdnr. 28; *Ziemer/Birkholz,* § 118 Rdnr. 21 b; vgl. auch *Schuler,* NJW 1953, 1241 (1242); *Arens,* Willensmängel, S. 66 f.; *Grimm,* Festschrift f. d. BFH, S. 126 (132); ablehn. *Kaiser,* ZRP 1972, 275 (277) (für Strafsachen).

147 Dafür: BGHZ 3, 65; 5, 299; *Johannsen,* LM Nr. 2 zu § 559 ZPO; *Baumbach/Lauterbach/Albers/Hartmann,* § 561 Anm. 3 D (s. aber § 581 Anm. 1); *Thomas-Putzo,* § 581 Anm. 1; *v. Mettenheim,* S. 166 f.; für den Widerruf von Prozeßhandlungen: BGH LM Nr. 4 zu § 515 ZPO m. Anm. v. *Johannsen; Arens,* Willensmängel, S. 71 f.; dagegen: RGZ 153, 69; *Rosenberg/Schwab,* § 65 V 2 c; *Henckel,* Prozeßrecht u. mat. Recht, S. 85; *Götz,* Diss., S. 63 f.; *Gaul,* Willensmängel bei Prozeßhandlungen, AcP 172, 342 (352 f.).

148 *Peters/Sautter/Wolff,* § 163 Anm. 2; *Götz,* S. 64; *Schumann,* Anm. zu BAG AP Nr. 20 zu § 133 f. GewO; für allgemeine Zulässigkeit auch: *Bärmann,* § 33 IV 3 c; *Habscheid,* § 35 II 1; *Baur,* § 31 C I 2 a dd (bei echten Streitsachen).

sionsgerichts abhängig machen[149]. Grunsky läßt eine Prüfung von Wiederaufnahmegründen nur zu, soweit sie sich auf Umstände beziehen, die von Amts wegen zu prüfen sind[150]. Gaul[151] und Wieczorek[152] haben sich schließlich generell gegen eine, wie sie meinen, systemwidrige Berücksichtigung von Restitutionsgründen ausgesprochen.

5. Zeitablauf

In einer Reihe von weiteren Fällen wurde der Einfluß des Zeitablaufs auf das streitige Rechtsverhältnis dann beachtet, wenn die jeweiligen Daten bereits in der Tatsacheninstanz festgestellt worden waren[153]. Doch auch hier ist die Rechtsprechung nicht einheitlich: Beachtet wurden — außer in Patentsachen[154] — der Eintritt der Fälligkeit[155], der Ablauf eines befristeten Arbeitsverhältnisses[156], oder eines befristeten Wettbewerbsverbots[157] sowie der Eintritt der Volljährlichkeit[158], nicht dagegen der Zeitpunkt der Wirksamkeit einer Kündigung[159] sowie die Vollendung des 20. Lebensjahres[160].

6. Offenkundige Tatsachen

Damit ist die Grenze zu offenkundigen Tatsachen erreicht, die nach verbreiteter Ansicht[161] ebenfalls vom Revisionsgericht neu zu beachten

---

149 *Mattern*, JZ 1963, 649 (652); für § 580 Ziff. 7 b ZPO auch: *Jansen*, § 27 Rdnr. 39 Fn. 251.

150 *Stein/Jonas/Grunsky*, § 561 Anm. II 2 c.

151 *Gaul*, FamRZ 1960, 323 f.; anders aber *ders.*, Wiederaufnahmerecht, S. 81 und AcP 172, 342 (352 f.).

152 *Wieczorek*, § 578 Anm. A II a. E.; krit. auch *Lent-Jauernig*, § 74 IV A 1.

153 So auch: *Rosenberg/Schwab*, § 146 II 3 g; *Mattern*, JZ 1963, 649 (653); *Schumann*, AP Nr. 20 zu § 133 f. GewO; *Baumbach/Lauterbach/Albers/Hartmann*, § 561 Anm. 2 B, 3 E; zweifelnd: *Stein/Jonas/Grunsky*, § 561 II 2 g; ablehn. *Förster/Kann*, § 561 Anm. 4 c; *Seuffert/Walsmann*, § 561 Anm. 2 c.

154 s. o. IV 1.

155 RGZ 88, 178; BGH LM Nr. 1 zu § 240 BGB; zustimmend *Wieczorek*, § 561 Anm. B III b; a. A. RGZ 57, 46 (47 f.); 88, 373 (375); OGHZ 1, 326; *Sydow/Busch/Krantz/Triebel*, § 561 Anm. 4.

156 BAG NJW 1966, 849; BAG AP Nr. 20 zu § 133 f. GewO m. Anm. v. *Schumann*.

157 BAG AP Nr. 8 zu § 554 a ZPO m. Anm. v. *Schumann*.

158 BVerwG NJW 1959, 736; BVerwG MDR 1971, 246 (allerdings primär prozessual erheblich); BGH Urteil v. 24. 1. 1962 — V ZR 6/61 (zit. bei *Mattern*, JZ 1963 649 [652 Fn. 28] u. BGHZ 53, 128 [131]).

159 OGHZ 1, 347 (349).

160 BGHZ 12, 248 (252 f.) (Rechtsbeschwerde gegen Anordnung der Fürsorgeerziehung); zustimmend *Jansen*, § 27 Rdnr. 38 Fn. 242 m. w. N.; abl. *Staudinger/Göppinger*, Anh. zu § 1666 Anm. 196.

161 *Rosenberg/Schwab*, § 146 II 3 h; *Zeiss*, S. 277; *Stein/Jonas/Grunsky*, § 561 II 2 g (für Neutatsachen); *Staudinger/Göppinger*, Anh. zu § 1666 Anm. 196;

sind. Allerdings wird teilweise zugleich eine Bindung an Feststellungen des Tatsachengerichts bejaht, die sich auf Offenkundigkeit oder Gerichtskundigkeit stützen, und abweichende Feststellungen des Revisionsgerichts nur nach ordnungsgemäßer Verfahrensrüge zugelassen[162]. Nur wenn die berücksichtigungsfähigen offenkundigen Tatsachen auf erst nach der letzten mündlichen Tatsachenverhandlung entstandene Momente beschränkt werden[163], ist beides miteinander vereinbar.

Die Rechtsprechung ist nicht einheitlich: Z. B. hat das RG ein Strafurteil aufgehoben, weil es verkannte, daß Hermann Müller zweimal Reichskanzler war und die Bewilligung des Baus eines Panzerkreuzers — als Beginn des Aufbaus einer Kriegsflotte — in seine Regierungszeit fiel[164]. Ob die allgemein bekannte schwierige Finanzlage des Reiches aufgrund umfangreichen Neuvorbringens neu gewürdigt werden konnte, wurde offengelassen[165], da das RG zur Überzeugung kam, das Berufungsgericht habe bei seiner Würdigung nichts wesentliches übersehen. Überhaupt nicht beachtet wurde die nach der mündlichen Berufungsverhandlung eingetretene Geldentwertung während der Inflation 1923[166].

7. Unstreitige Tatsachen

Die wenigen entschiedenen Fälle, die nicht bereits als Fälle offenkundiger Tatsachen, des Zeitablaufs, des neuen Hoheitsaktes oder der Prüfung von Amts wegen erfaßt sind, beschränken das Neuvorbringen nicht auf Neutatsachen oder formell gerügte Feststellungen[167].

So hat das BVerwG eine erst von ihm für erforderlich gehaltene Präzisierung einer Urteilformel nach Berücksichtigung der bereits in der Vorinstanz feststehenden, aber nicht festgestellten unstreitigen Höhe einer Haftpflichtversicherungsprämie selbst vorgenommen[168].

Mattern, JZ 1963, 649 (652 f.); *Rüthers*, SAE 1969, 48 (49); *Habscheid*, § 35 II 1; *Haueisen*, DOK 1969, 69 (72 Fn. 33); *Hegler*, Rechtsgang I, 401; auch *Ule*, Verwaltungsprozeßrecht, 5. Aufl., S. 253; dagegen: *Jansen*, § 27 Rdnr. 38; *Förster/Kann*, § 561 Anm. 4 c; *Lazarus*, Gruchot 52, 593 (636); *Baumbach/Lauterbach/Albers/Hartmann*, § 561 Anm. 2 B, 4 A; vgl. auch *Thomas/Putzo*, § 561 Anm. 3 und 4 e.

[162] *Rosenberg/Schwab*, § 146 II 2; *Brackmann*, S. 254 b; *Stein/Jonas/Grunsky*, § 561 III; RGZ 143, 175 (184); RG JW 1933, 1655.

[163] *Stein/Jonas/Grunsky*, § 561 II 2 g Fn. 51.

[164] RG JW 1932, 420 (allgemeinkundig!) m. Anm. v. *Scanzoni*.

[165] RGZ 143, 312 (346).

[166] RG LZ 1923, 646 Nr. 4; zustimmend *Sydow/Busch/Krantz/Triebel*, § 561 Anm. 4; s. o. Fn. 121.

[167] OLG Braunschweig NJW 1947/48, 353.

[168] BVerwG 29, 127 = DVBl 1968, 432 unter Berufung auf das Urteil vom 7. 12. 1965 — II c 199/61; zustimmend *Ziemer/Birkholz*, § 118 Rdnr. 12 a; abl. *Eyermann/Fröhler*, § 137 Anm. 13; *Kopp*, § 137 Anm. 5 d; für Zulassung unstreitiger Alt- und Neutatsachen *Mattern*, JZ 1963, 649 (653).

In zwei Entscheidungen, die die Zulässigkeit des Ausschlusses eines Gesellschafters aus einer Personengesellschaft betreffen[169], hat der BGH Erklärungen des Beklagten, die erst in der Revisionsverhandlung abgegeben wurden, zur Beurteilung der Zumutbarkeit des Ausschlusses verwendet.

Dagegen wurden die unstreitige Tilgung einer Forderung[170], eine in der Revisionsinstanz zugestandene Tatsache[171], die Abtretung des Klageanspruchs[172] und die Veräußerung der streitbefangenen Sache[173], ein unstreitiger außergerichtlicher Vergleich als solcher[174] sowie eine neu erhobene vorgreifliche Klage[175] nicht beachtet.

8. Erledigung der Hauptsache

Vielfach wird auch vertreten, daß neue Tatsachen dann zu berücksichtigen seien, wenn sie das Prozeßrechtsverhältnis verändern oder erlöschen lassen[176] oder die Entscheidung dadurch zwecklos[177], gegenstandslos[178] oder wirkungslos[179] würde, die Fortsetzung des Verfahrens gehindert wird[180] oder sich durch das Ereignis die Hauptsache ganz oder teilweise erledigt hat[181]. Diese Gruppe erfaßt offenkundige Tatsachen und Vorgänge, die das Revisionsverfahren betreffen, geht aber doch darüber hinaus.

9. Neue Tatsachen bei Aufhebung aus anderen Gründen

Abweichend von der Revisionsrechtsprechung läßt die ganz h. M. bei der *Rechtsbeschwerde der freiwilligen Gerichtsbarkeit* neue Tatsachen

---

[169] BGHZ 18, 350 (363 ff.) = LM Nr. 6 zu § 161 HGB m. Anm. v. *Fischer* = JZ 1956, 248 m. Anm. v. *Reinhardt* (Ablehnung eines Vergleichsvorschlags des Revisonsgerichts); BGH LM Nr. 6 zu § 142 HGB (Verpflichtungserklärung).

[170] RGZ 57, 46 (48); vgl. auch RG JW 1912, 002 Nr. 21.

[171] RG JW 1899, 92; zustimmend: *Förster/Kann*, § 561 Anm. 4 c; *Kilian*, S. 10.

[172] BGH VersR 1957, 753 (wirksame Wiederholung einer zunächst unwirksamen, erst vom Revisionsgericht als unwirksam angesehenen Abtretung).

[173] RG Warn 1930 Nr. 145; *Förster/Kann*, § 561 Anm. 4 c.

[174] Vgl. o. I Fn. 16.

[175] BGHZ 14, 264 (268).

[176] *Hellwig*, System I, S. 856.

[177] *Jansen*, § 27 Rdnr. 42; *Baur*, fG, § 31 C I 2; *Meikel/Imhof/Riedel*, § 78 Anm. 8 (2); *Göppinger*, FamRZ 1960, 253 (259); *Josef*, JW 1928, 1943; OLG Karlsruhe FamRZ 1962, 197 Nr. 87.

[178] *Keidel/Winkler*, § 27 Rdnr. 52; abl. *Bruns*, § 54 VII 1 a.

[179] Offen gelassen bei *Rimmelspacher*, Prüfung von Amts wegen, S. 222.

[180] *Wieczorek*, § 561 A II a 2.

[181] *Bärmann*, § 33 IV 3; *Keidel/Winkler*, § 27 Rdnr. 52 Fn. 10; vgl. auch *Ziemer/Birkholz*, § 118 Rdnr. 21 a; OLG Köln FamRZ 1964, 524 (Erledigung eines selbständigen und abtrennbaren Beschwerdegrundes genügt); abl. *Sydow/Busch/Krantz/Triebel*, § 561 Anm. 4.

zu, soweit die Beschwerdeentscheidung bereits aus anderen Gründen aufzuheben ist und zur Feststellung keine formelle Beweisaufnahme erforderlich ist[182]. Teilweise beschränkt sie dies auf Tatsachen, die der Aufrechterhaltung der sonst aufzuhebenden Entscheidung dienen[183].

Ebenso verengte die h. M. den Anwendungsbereich von § 41 III MSchG[184]. Auch ohne neues Vorbringen soll das Rechtsbeschwerdegericht der freiwilligen Gerichtsbarkeit berechtigt sein, die bisherigen Feststellungen abweichend tatsächlich zu würdigen[185]. Dies ist um so erstaunlicher, als § 27 FFG auf § 561 ZPO verweist und keine Sonderregelung für die — regelmäßige — eigene Sachentscheidung enthält.

10. Begründung neuer Anträge

Auch zur Begründung zulässigerweise geänderter Klageanträge wurden neue Tatsachen zugelassen[186]. Diese Fälle sind aber weitgehend in den anderen Fallgruppen mitenthalten.

11. Sonstige Fälle

Schließlich bleiben einige Entscheidungen übrig, bei denen, stärker noch als bei anderen Fallgruppen, neben dem Streben nach dem materiellrechtlich richtigen Urteil allenfalls „prozeßökonomische" Erwägungen zur Berücksichtigung führten.

So wurde im Rahmen der eigenen Sachentscheidung bei der Abfassung des Kostenfestsetzungsbeschlusses im Rechtsbeschwerdeverfahren berücksichtigt, daß ein Mandant seine Kostenerstattungsforderung an seinen Bevollmächtigten abgetreten hatte[187]. In einem anderen Fall hat das RG eine Zeugenaussage gewürdigt und nach der Feststellung, daß ihr Inhalt teilweise vom Berufungsgericht nicht festgestellt worden war, aufgehoben und zurückverwiesen[188]. Ferner wurde in einer Strafsache die in der Revisionsverhandlung abgegebene Erklärung des An-

---

182 BGHZ 35, 135 (142 f.); OLG Stuttgart FamRZ 1957, 27; OLG Frankfurt, WM 1952, 122 (WP-Sache); *Baur*, fG, § 31 C I 2; *Habscheid*, § 35 II 1; *Keidel/Winkler*, § 27 Rdnr. 59 (Fn. 5 - 8); *Meikel/Imhof/Riedel*, § 78 Anm. 8 Abs. 2; dagegen: *Göppinger*, FamRZ 1960, 253 (259); OLG Neustadt, WM 1952, 131 (WP-Sache).

183 *Bärmann*, § 33 IV 3 d.

184 *Dräger*, S. 32.

185 OLG Stuttgart FamRZ 1957, 27; BayObLGZ 1952, 306 (312); dagegen: *Göppinger*, FamRZ 1960, 253 (259).

186 BGH WM 1964, 1173; BAG AP Nr. 20 zu § 133 f. GewO m. Anm. v. *Schumann; Mattern*, JZ 1963, 649.

187 BayObLGZ 1954, 1 (4/5).

188 RGZ 57, 358 (363).

geklagten, warum er einen Decknamen gebraucht habe, bei der materiellen Überprüfung beachtet[189].

12. Nicht zugelassene neue Tatsachen

Ein vollständiges Bild davon, in welchen Fällen die Revisionsgerichte eine Ergänzung des Tatsachenstoffes zugelassen haben, ergibt sich nur, wenn wenigstens einige Fälle betrachtet werden, in denen neue Behauptungen *nicht* zugelassen wurden. Diese Fälle überwiegen selbstverständlich, weil sich die Revisionsgerichte im Regelfall an die Grenzen des § 561 I 1 ZPO halten. Sie sind zudem schwer zu erfassen, da sie als Routinefälle meist nicht besonders vermerkt sind.

In Betracht kommen vor allem Fälle, in denen die Parteien die getroffenen Feststellungen bestreiten, ohne Verfahrensrüge, insbesondere nach den §§ 139, 286 ZPO, zu erheben[190]; in denen das Vorbringen den Anforderungen einer subantiierten Verfahrensrüge nicht genügte; die Parteien andere prozessuale Möglichkeiten, z. B. ein Tatbestandsberichtigungsverfahren mangelhaft oder ergebnislos wahrgenommen hatten[191]; oder eine früher mögliche Klage bezüglich einer Vorfrage erst während des Revisionsverfahrens erhoben wird[192].

Nicht zugelassen wurden neue Behauptungen zur Stützung eines bisher lückenhaften Vortrags[193] oder mit neuen Angriffsmitteln[194], wenn Veranlassung und Möglichkeit zum Vorbringen in der Vorinstanz be-

---

[189] RGSt 68, 2; krit. dazu *Lobe*, DJZ 1936, 427.

[190] BGHZ 8, 344 (346) (Fälligkeit); BGHZ 45, 282 (283 f.) (Nichtigkeit eines Schiedsvertrages); BGHZ 46, 268 (272) (Einigung über Rechtsanwaltshonorar); BGH WM 1968, 309 (Abschluß eines mündlichen Kaufvertrages); BAG BB 1961, 1382 (Betriebliche Übung); BAG NJW 1963, 1123 (1124) (tatsächliche Fähigkeit während des Annahmeverzuges Arbeit zu erbringen); BAG 20, 261; BAG AP Nr. 5 zu § 687 BGB (Zeitraum der Provisionsabrechnung); RGZ 81, 257 (258) (Bestehen einer Vollmacht); BSG SozR § 162 SGG Nr. 22 (Bindung auch bei der Schlüssigkeitsprüfung nach § 162 I Nr. 2 u. 3 SGG); RGZ 96, 292 (294) (verspätete Rüge erst in mündlicher Verhandlung); RGZ 137, 324; OGHZ 1, 87 (90).

[191] BAG AP Nr. 2 zu § 7 KSchG; RGZ 149, 312 (317); OGHZ 3, 1 = NJW 1950, 187; OLG München RzW 1951, 137 Nr. 22 (Tatsachen zur nachträglichen Begründung eines Wiedereinsetzungsgesuchs).

[192] BGHZ 14, 264 (268) (Anfechtung einer Stimmabgabe).

[193] BGHZ 34, 216 (221) (Vereinbarung der Ausstellung eines Wiegezertifikats); BAG SAE 1967, 252 (Nebenbeschäftigung in wirtschaftlicher Abhängigkeit); BAG SAE 1969, 75 (Tatsachen zur Umdeutung einer außerordentlichen Kündigung in eine ordentliche) m. Anm. v. *Paul Hofmann;* BAG AP Nr. 2 zu § 70 BAT (Verhinderung des rechtzeitigen Zugangs eines Schreibens); BAG SAE 1973, 96 (97); RGZ 80, 273 (276) (Entgeltlicher Erwerb eines Titels); RGZ 34, 286 (290); RGZ 158, 40 (44); RG GRUR 1934, 605 (608).

[194] OGHZ 4, 165 (166/67); BGHZ 2, 379 (384); RGZ 128, 144 (159) (Verantwortlichkeit eines Dritten); BGHZ 31, 43 (48 f.) (Aufhebungsgründe für Schiedsspruch).

stand; nicht das Bestreiten bisher unstreitigen Vortrags, auch wenn dies erst durch die Rechtsauffassung des Revisionsgerichts veranlaßt wurde[195]; nicht Alttatsachen, von denen die Partei erst nachträglich Kenntnis erhielt[196] sowie streitige Neutatsachen.

Zurückgewiesen wurde Tatsachenvorbringen, das darlegen sollte, daß das Berufungsgericht bei Kenntnis dieser Fakten hätte anders verfahren müssen[197]. Sogar das Ergebnis einer vom Revisionsgericht selbst vorgenommenen Beweissicherung wurde nicht beachtet[198].

Ferner wurden Tatsachen nicht berücksichtigt, wenn die Nachprüfung ihrer Entscheidungserheblichkeit nach Ansicht des Revisionsgerichts mit einer Verwertung von Sachverständigenwissen, etwa zum Stand der Technik[199] verbunden gewesen wäre.

Die Bindung an die getroffenen Feststellungen wurde auch dann bejaht, wenn sie bisher nicht entscheidungserheblich waren[200]. Jedoch haben die Revisionsgerichte häufig hilfsweise zu den neuen Behauptungen, die auf eine Abänderung der Feststellungen des Tatsachengerichts abzielten, sachlich Stellung genommen und sie für unerheblich erklärt[201].

Zweifelhaft erscheinen dagegen Fälle, in denen auch eine Bindung an „juristische Tatsachen" angenommen[202], bei einer Anspruchskonkurrenz die Berücksichtigung des neu vorgebrachten Anspruchs abgelehnt[203] wurde, auch wenn die Revision nur hinsichtlich eines Anspruchs zulässig war[204], oder in denen das Vorbringen weiterer rechtlicher Gesichtspunkte als neues tatsächliches Vorbringen zurückgewiesen wurde[205].

---

[195] RGZ 79, 36 (45) (Beauftragung eines Dritten); RG Warn 1932, Nr. 206 (Handeln ohne Vertretungsmacht); BGH, Urteil v. 17. 12. 1953 — IV ZR 114/53 (Handeln als Vertreter).

[196] RGZ 100, 98 (99) (Ehebruch); BFH HFR 1963, 91 Nr. 88 (durch Betriebsprüfung neu aufgedeckte Tatsachen, die höhere Steuerfestsetzung rechtfertigen).

[197] BGHZ 28, 302 (304) (Material zur Ablehnung eines Sachverständigen).

[198] RG JW 1912, 802 Nr. 22; zustimmend *Sydow/Busch/Krantz/Triebel*, § 561 Anm. 4.

[199] RGZ 138, 320 (235) (Herrenfahrerfall); BGH Mitt. 1965, 172 (Wertung neuer chem. Untersuchungen als technischer Effekt).

[200] BVerwG DVBl 1963, 521.

[201] RGZ 134, 308; BVerwG DVBl 1969, 402 (Einwände gegen die Feststellung fehlender echter Gewissensentscheidung); RGZ 155, 172 (179); RGZ 158, 40 (44) (primäre Feststellung, daß Tatsache nicht vorliegend); BGHZ 2, 379 (384) (keine vollwertige Gegenleistung); BayObLGZ 1952, 17 (22); vgl. auch OGHZ 1, 279 (282).

[202] BGH LM Nr. 1 zu § 260 BGB; abl. *Wieczorek*, § 561 C II b 1.

[203] RGZ 134, 251 (254).

[204] BGHZ 1, 369 (380); *Johannsen*, LM Nr. 4 zu § 565 III ZPO.

[205] Vgl. RGZ 155, 172 (179).

V. Neue rechtsgestaltende Willenserklärungen und selbständige Angriffs- und Verteidigungsmittel

Neue rechtsgestaltende Willenserklärungen werden in der Literatur häufig gesondert behandelt, da ihre Geltendmachung im Prozeß zumeist zu einem neuen selbständigen Angriffs- oder Verteidigungsmittel führt.

Obgleich sie in der Regel unstreitig abgegeben sein dürften, wurden nur vom Parteiwillen abhängige Veränderungen der Sach- und Rechtslage fast ausnahmslos nicht beachtet und die erhobenen Einreden als unzulässig angesehen: so die in den Tatsacheninstanzen nicht vorgebrachte Verjährungseinrede[206], die Berufung auf ein Zurückbehaltungsrecht[207], auf den neugestellten Antrag auf Enteignung eines Grundstücks (mit der gesetzlichen Folge eines Herausgabeverweigerungsrechts)[208], auf das Erlöschen der Klageforderung durch Tilgung oder außergerichtlichen Vergleich[209]. Als unzulässig angesehen wurde es, die Haftungsbeschränkung des Erben oder die Einrede der Unzulänglichkeit (§ 1990 BGB) geltend zu machen, soweit dies bereits früher möglich war[210].

Das neue Vorbringen wurde dagegen beachtet, sofern in den Tatsacheninstanzen dafür kein Anlaß bestand[211], der Erbfall erst in der Revisionsinstanz stattfand[212] oder die Testamentsvollstreckung in der Revisionsinstanz wegfiel[213].

Einzuordnen sind auch hier die Fälle, in denen der BFH neue Anträge[214] oder die Änderung[215] sowie Rücknahme[216] von Anträgen des sachlichen Steuerrechts nicht zugelassen hat. Nicht zugelassen wurde es, eine vom

---

[206] BGHZ 1, 234 (239) = LM Nr. 5 zu § 18 I 2 UmstG m. Anm. v. *Pagendarm;* BayObLG Recht 1905, 227 Nr. 1047; *Stein/Jonas/Grunsky,* § 561 Anm. II 1 b N 7; *Rosenberg/Schwab,* § 146 II 2.

[207] BGH WM 1964, 828; RG Warn 1917 Nr. 201; *Baumbach/Lauterbach/Albers/Hartmann,* § 561 Anm. 2 C.

[208] BGH MDR 1959, 652 (653) = WM 1959, 727 = LM Nr. 25 zu § 561 ZPO u. Nr. 1 zu § 22 AKG.

[209] RG JW 1912, 802 Nr. 21.

[210] BGH NJW 1962, 1250 = ZZP 75, 277; BGH LM Nr. 6 zu § 780 ZPO; BFH 96, 186; RG JR 1927 II Nr. 423; ebenso: RGZ 85, 157 (159/60) (vereinbarte Haftungsbeschränkung auf das Gesellschaftsvermögen).

[211] RG DR 1944, 292 (294); zustim. *Baumbach/Lauterbach/Albers/Hartmann,* § 561 Anm. 2 C.

[212] BGHZ 17, 69 = NJW 1955, 789 = WM 1955, 1127 (1128); zustim. *Zöller/Karch,* § 561 Anm. 1 c; a. A. RG JR 1927 II Rspr. Nr. 423.

[213] BGH WM 1964, 1173 = MDR 1964, 998; zustim. *Thomas/Putzo, § 561* Anm. 4 b.

[214] BFH 92, 333 = BFH-N § 118 Abs. 2 Nr. 1.

[215] BFH HFR 1964, 45 Nr. 44 (Antrag gemäß § 25 ErbStG 1959).

[216] BFH BStBl 1957 III 227 (Rücknahme eines Antrags gemäß § 34 V EStG).

Erblasser eingelegte Revision nur zur Haftungsbeschränkung fortzuführen[217].

Der Ausschluß selbständiger Angriffs- und Verteidigungsmittel wird aber abgemildert, wenn z. B. angenommen wird, ein Zurückbehaltungsrecht sei in der Vorinstanz bereits hilfsweise stillschweigend geltend gemacht worden[218]. Als Wandel dieser Rechtsprechung erscheint es, wenn der BGH eine in der Rechtsbeschwerdeinstanz nachgeholte formgerechte Anerkennung der Vaterschaft beachtet[219].

VI. Neue Anträge

1. Tatrichterliche Zuständigkeiten des Revisionsgerichts

a) *Schadensersatzansprüche aus ungerechtfertigter Vollstreckung*

Soweit das Gesetz in den §§ 302 IV, 600 II, 717 II, III, 1042 c II ZPO die Geltendmachung neuer Ansprüche durch erleichterte Widerklage[220] auch in der Revisionsinstanz ausdrücklich zuläßt, handelt es sich sachlich um eine erstinstanzliche Zuständigkeit, nicht um ein Revisionsverfahren. Wegen der Verbindung mit dem abhängigen gewöhnlichen Revisionsverfahren und der Ausrichtung des Revisionsgerichts auf die rechtliche Überprüfung ist es aber streitig, ob das Gericht über die vor ihm zulässig erhobenen Ansprüche selbst, falls nötig auch nach Beweisaufnahme, entscheiden kann oder ob es allgemein oder doch bei streitiger Sachlage den Rechtsstreit zurückverweisen muß[221]. Jedenfalls wird

---

[217] BGHZ 54, 204 ff. (unter Gewährung der Haftungsbeschränkung für die Kosten der Revision) = LM Nr. 6 zu § 580 ZPO m. Anm. v. *Mattern* (krit. dazu *Baur*, JurA 1971, 17).

[218] BGH WM 1964, 828 (830).

[219] BGHZ 54, 132 (135 f.) = NJW 1970, 2160.

[220] Vgl. *Rosenberg/Schwab*, § 99 II 1; dagegen *Baumbach/Lauterbach/Albers/Hartmann*, § 717 Anm. 3 B (Zwischenantrag).

[221] a) Für volle tatrichterliche Zuständigkeit: *Rosenberg/Schwab*, § 146 II 3 e; *Blomeyer*, § 104 V 2 c; *Mattern*, JZ 1963, 649 (650 Fn. 12; für Zulassung von Alt- und Neutatsachen); *Pecher*, Schadenersatzansprüche bei ungerechtfertigter Vollstreckung, 1967, S. 211; *Förster/Kann*, § 561 Anm. 4 a cc; *Bruns*, § 54 V; BAG NJW 1960, 2211; *Kilian*, S. 11 f.; wohl auch *Zöller/Karch*, § 561 Anm. 1 c.

b) Für Ermessen, hinsichtlich der Durchführung kleinerer Beweisaufnahmen: *Stein/Jonas/Grunsky*, § 561 II 2 f, IV 1; *E. Peters*, Freibeweis, S. 175.

c) Bei Streitigkeit üblicherweise Zurückverweisung: *Wieczorek*, § 561 A IV b, § 717 D III f; *Vockenberg*, Die Schadensersatzpflicht des Vollstreckungsgläubigers, Diss. Göttingen 1966, S. 148; *Baumbach/Lauterbach/Albers/Hartmann*, § 717 Anm. 3 B; RGZ 27, 41 (44); RG JR 1926 eine Prüfung nicht privilegierter, konkurrierender Anspruchsgrundlagen abgelehnt[222].

Bemerkenswert ist immerhin, daß die Erhebung des Anspruchs auch dann zugelassen wird, wenn die Geltendmachung bereits in der Vorinstanz möglich gewesen wäre[223].

b) Wiederaufnahmeklage

In dem Sonderfall einer vor dem Revisionsgericht zu erhebenden Wiederaufnahmeklage (§§ 584 I, 641 i III S. 2 ZPO) ist das Revisionsgericht gemäß § 590 III ZPO[224] hinsichtlich Grund und Zulässigkeit eines Wiederaufnahmeverfahrens auch zur Feststellung bestrittener Tatsachen zuständig. Neuvorbringen ist dabei zulässig[225].

c) Sonderfälle

Hinzuweisen ist ferner auf die erstinstanzlichen Zuständigkeiten des BVerwG gemäß § 50 VwGO, des BFH gemäß § 37 FGO und des BSG gemäß den §§ 39 II, 51 SGG.

Weitere Fälle, in denen oberste Bundesgerichte als Tatsachengerichte zuständig sind, z. B. das BVerwG nach den §§ 80 ff. BDO und §§ 91 ff. WDO oder der BGH nach den §§ 42 ff. PatG oder nach § 62 I DRiG haben keine Verbindung mit Revisionsverfahren und bedürfen daher keiner Untersuchung.

2. Antragsänderungen im ordentlichen Revisionsverfahren

Von den gesetzlich geregelten Fällen abgesehen wurden neue Klageansprüche oder Widerklagen nur selten zugelassen[226].

Doch wurden mehrere Gruppen zulässiger Klageänderungen in der Rechtsprechung gebildet. Ein absolutes Verbot der Klageänderung wird

---

Sp. 635; BGH MDR 1971, 378 = LM Nr. 10 zu § 717 ZPO; *Baumgärtel*, JR 1968, 303; BAG NJW 1962, 1125; RGZ 34, 384 (abschl. Urteil bei vorgelegten, unbestrittenen Quittungen).

d) Gegen eigene abschließende Würdigung: *Vogt*, DRiZ 1968, 30.

e) Gegen jedes neue Vorbringen: *Stein*, ZPO, 10. Aufl., § 561 II 5.

[222] BGH MDR 1971, 378 = LM Nr. 10 zu § 717 ZPO.

[223] RGZ 34, 384; *Mattern*, JZ 1963, 649 (650).

[224] Darauf verweisen die §§ 153 I VwGO, 71 ArbGG, 134 FGO, 179 I SGG.

[225] Vgl. BGHZ 14, 251 (256 ff.); BGH MDR 1974, 307 Nr. 35; RG JW 1924, 908 m. Anm. v. *Krückmann; Gilles*, Zur Systematik des Wiederaufnahmeverfahrens, ZZP 80, 391 (408); *Kilian*, S. 12; *Sydow/Busch/Krantz/Triebel*, § 561 Anm. 3.

[226] Zugelassen in BGHZ 33, 398 (400); RGZ 141, 185 (192) (Wiederaufnahme des Klageantrags als Hilfsantrag); nicht zugelassen in RGZ 126, 302 (Aufnahme eines fallengelassenen erstinstanzlichen Antrags); ebenso OGHZ 1, 72 (74/75); OGHZ 2, 226 (neuer Hilfsantrag auf Rechnungslegung).

danach nicht mehr anerkannt[227], vielmehr wird bei konkreten Fallgestaltungen nach der Zweckmäßigkeit der Klageänderung gefragt. Allerdings blieb es bei diesem Vorgehen nicht aus, daß die Fallgruppen nicht fest abgegrenzt sind und in ähnlichen Fällen unterschiedliche Entscheidungen ergingen. Erstaunlich ist immerhin, daß die Lösungen der Rechtsprechung aller Gerichtszweige etwa in die gleiche Richtung gehen, obgleich die Zivilprozeßordnung ein Verbot der Klageerhebung oder Klageänderung in der Revisionsinstanz nicht ausdrücklich anordnet, während die §§ 142 VwGO, 168 SGG, 123 FGO Klageänderungen und Beiladungen im Revisionsverfahren ausdrücklich ausschließen.

Zugelassen werden neben Klarstellungen[228] und Berichtigungen[229] vor allem Klagebeschränkungen nach § 268 Nr. 2 ZPO[230], der Übergang zum Interesse nach § 268 Nr. 3 ZPO[231], der Übergang von der Leistungsklage zur Feststellungsklage[232] insb. wegen Erledigung der Hauptsache[233], die Anpassung der Anträge an Gesetzesänderungen[234], an einen gesetzlichen Parteiwechsel, an Veränderungen der Prozeßführungsbefugnis[235], wegen Rechtsnachfolge[236], Veräußerung der Streitsache[237], und sogar die Geltendmachung des Folgenbeseitigungsanspruchs wegen Vollzugs des Verwaltungsakts während des Revisionsverfahrens[238].

Weitgehend zugelassen wurden konkursbedingte Veränderungen der Anträge[239]. In Ausnahmefällen wurde auch ein Parteiwechsel gebilligt[240].

---

[227] BGH NJW 1961, 1467 = LM Nr. 27 zu § 561 ZPO = ZZP 74, 383.

[228] BGHZ 11, 192 (195) (Klarstellung unbestimmter Anträge); BGH Urteil vom 22. 11. 1956 — VII ZR 12/56 (Aufteilung einer Gesamtklagesumme auf einzelne Ansprüche); a. A. BVerwGE 3, 150 (153) (Land statt Behörde als Beklagter).

[229] BGH NJW 1962, 1441.

[230] BGH GRUR 1962, 577 (bei Patentbeschränkung); OGH HEZ 1, 313 (315); OGHZ 1, 72 (74/75); BGH WM 1957, 1335.

[231] BAG NJW 1966, 849; dagegen: *Schumann,* AP Nr. 8 zu § 554 a ZPO.

[232] BGH WM 1964, 1052 (neuer Hilfsantrag).

[233] BAG AP Nr. 20 zu § 133 f. GewO m. Anm. v. *Schumann;* BVerwG NJW 1959, 736; BVerwG MDR 1971, 246; BVerwG 8, 59 (60); BSG 8, 178 = NJW 1959, 262; BGHZ 29, 28 (33); BGH WM 1957, 1335.

[234] Dagegen: BVerwG 23, 41 (43); BGHZ 12, 52 = LM Nr. 17 zu Art. 14 GG m. Anm. v. *Pritsch* (Erweiterung der Revisionsanträge); BGHZ 29, 28 (33); BGH WM 1957, 1335 (1338) (neuer Hilfsantrag).

[235] BGH WM 1964, 1173 (Ausscheiden des Testamentsvollstreckers).

[236] BGH WM 1965, 359 (Erbfolge nach der Berufungsinstanz).

[237] Dafür: BGHZ 26. 31 (33 ff.) = ZZP 71, 410 = LM Nr. 4 zu § 13 GmbHG; dagegen: OGH HEZ 1, 313.

[238] BVerwG 22, 314 (315/16).

[239] Vgl. o. III; ferner: RGZ 76, 292; RG JW 1932, 168 m. Anm. v. *Kleinfeller:* BGH LM Nr. 4 zu § 146 KO; BGH LM Nr. 5 zu § 146 KO = ZZP 67, 300; RArbG JW 1933, 1551 Nr. 8; RG LZ 1912 Sp. 400 Nr. 5 (keine Berücksichtigung eines Vorrechts).

[240] BVerwG NJW 1959, 736; BVerwG MDR 1971, 246; dagegen: RGZ 160,

Dagegen hat die Rechtsprechung eine Klageänderung in den Grenzen der bereits in der Tatsacheninstanz festgestellten Tatsachen[241] oder zur Anpassung an Veränderungen der Sachlage nicht allgemein zugelassen.

Klageerweiterungen, etwa der Teilklage auf die volle Summe[242], die Erhöhung eines unbeziffert eingeklagten und zugesprochenen Schmerzensgeldes[243], das Vertauschen von Haupt- und Hilfsantrag und die Erhebung einer Zwischenfeststellungsklage wurden nicht zugelassen[244].

Auch läßt sich nicht sagen, daß die Anträge stets an die aus anderen Gründen berücksichtigungsfähigen neuen Tatsachen angepaßt werden durften[245]. Allerdings dürfte die Tendenz doch dahin gehen.

VII. Eigene Beweisaufnahmen

1. Zu prozessualen Fragen

Zu prozessualen Fragen, insbesondere zum Vorliegen von Verfahrensfehlern, Prozeßvoraussetzungen und Prozeßfortsetzungsbedingungen ermitteln die Revisionsgerichte selbst die tatsächliche Sachlage, sofern sie nicht im Einzelfall zur Klärung zurückverweisen. Dabei gehen sie davon aus, daß diese Ermittlungen formlos, vornehmlich mittels amtlicher Auskünfte, im Wege des Freibeweises durchgeführt werden können[246].

2. Zu materiellen Fragen

Beweisaufnahmen zu materiellen Fragen wurden fast ausnahmslos abgelehnt[247]. Dies erscheint als notwendige Konsequenz aus dem Ausschluß neuen Vorbringens (§ 561 I 1 ZPO) und der Bindung an die getroffenen Feststellungen (§ 561 II ZPO). Ausnahmen finden sich aber, soweit das Revisionsgericht den Sachverhalt aus den Akten durch die Verwertung von Urkunden[248] oder bei den Akten befindlichen Augen-

---

204 (210 ff.); vgl. aber § 566 Entwurf 1967 (dagegen: *Gofferjé*, S. 118 f., 155, 221, 256).

[241] Vgl. *Fischer*, LM Nr. 20 zu § 561 ZPO.

[242] *Fischer* (Fn. 241).

[243] BGH VersR 1971, 1148 (1149).

[244] BGHZ 28, 131 (133, 137) = NJW 1958, 1867 = LM Nr. 20 zu § 561 ZPO m. Anm. v. *Fischer* (Hilfsantrag als Hauptantrag); BGH LM Nr. 29 zu § 561 ZPO (Erweiterung von Auskunftserteilung auf Vorlage von Abrechnungen zulässig); BGH LM Nr. 1 zu § 240 BGB (unzulässig Übergang vom Antrag auf Sicherheitsleistung auf den Zahlungsantrag); vgl. auch: BGH LM Nr. 4 zu § 146 KO; BGH NJW 1961, 777 (779).

[245] RGZ 150, 330 (334) (zulässige Anpassung an Devisengesetze).

[246] Vgl. *Blomeyer*, § 66 II 3; *Rosenberg/Schwab*, §§ 78 V 2 c, 113 II 3; *Schwinge*, S. 166 f., 171 f.; krit. *Rimmelspacher*, Prüfung von Amts wegen, S. 41 ff.

[247] BVerwG JR 1963, 276; BFH WM 1969, 1240.

[248] BFH NJW 1968, 1743 (unstreitiger Zeitpunkt der Zustellung des Steuer-

scheinsobjekten[249] ergänzt oder sich einen selbständigen Eindruck von dem bereits verhandelten Prozeßstoff verschafft.

In einem Fall hat das BAG Konkursakten sogar *neu* beigezogen, um den materiellen Streitstoff zu würdigen, nämlich, ob einer Klage auf Zahlung einer betrieblichen Pension stattzugeben war oder ob die Pensionszusage wegen ordnungsgemäßer Ablehnung des Konkurses mangels Masse aus wichtigem Grund gekündigt werden konnte. Erst unter Berücksichtigung des Akteninhalts kam es zum Ergebnis, die Sache sei weiter aufklärungsbedürftig und verwies zurück[250].

VIII. Eigene Beweiswürdigung des Revisionsgerichts

1. Bei neuem Vorbringen

Soweit neues Vorbringen beachtlich ist, bedeutet dies zugleich, daß das Revisionsgericht insoweit an die Feststellungen des Tatsachengerichts nicht gebunden ist. Die Veränderung der Anträge ist dabei häufig entweder Ausgang für die Berücksichtigung neuer Tatsachen oder deren Folge. Damit sind aber die Fälle, in denen eine Bindung an die festgestellten Tatsachen entgegen § 561 II ZPO entfällt, nicht erschöpft.

2. Bei erkennbar fehlerhaften Würdigungen

Auch ohne formellen Revisionsangriff haben die Revisionsgerichte den festgestellten Prozeßstoff *abweichend* von den Folgerungen der Tatsachengerichte *gewürdigt,* wenn die getroffenen weiteren Feststellungen erkennbar fehlerhaft waren[251]. Abgesehen von den Fällen der Prüfung von Amts wegen[252] wurde eine Bindung an die Feststellungen verneint, wenn diese widersprüchlich[253] waren, auf lückenhaften Erwägungen beruhten[254], gegen Denkgesetze, zwingende Erfahrungssätze[255] oder die Kenntnis des Gerichts[256] verstießen oder aus anderen Gründen offenbar unrichtig[257] waren. Selbst völlig verdrehten, vehementen und

---

bescheids und Durchführung der Betriebsprüfung); BGH NJW 1955, 1070 (Zeitpunkt des Erbfalls); vgl. ferner: RGZ 143, 312 (346) (schwierige Finanzlage des Staates); dagegen: *Förster/Kann,* § 561 Anm. 3; *Jansen,* § 27 Rdnr. 38.

[249] s. u. § 14 III 2.

[250] BAG SAE 1973, 96 (97) m. abl. Anm. v. *Sieg.*

[251] Vgl. *Hempfling,* S. 25, 28, 32, 34, 36, 38 f. (für Strafsachen) m. w. N.

[252] Vgl. oben II; ferner: BGH FamRZ 1971, 243 (244); KG ZZP 71, 229.

[253] RGZ 80, 172 (174).

[254] RGZ 156, 314 (316); OGHZ 1, 161 = NJW 1947/48, 690 (691); vgl. auch RArbG LZ 1932 Sp. 1250 (bei Rüge eines Verstoßes gegen § 286 ZPO).

[255] Vgl. BayObLGZ 1965, 94 (102); *Haueisen,* NJW 1969, 1049 (1050); *Zeiss,* S. 279; *Zemlin,* S. 40 f.

[256] RG JW 1933, 1655 („Farina") m. krit. Anm. v. *Heydt.*

[257] Vgl. oben IV 6; ferner RGZ 143, 175 (183 f.); *Henkel,* Strafverfahren, S. 377; *Schäfer,* BayVBl 1968, 373 (374).

emotionsgeladenen Feststellungen wurde die bindende Kraft abgesprochen[258].

Auch bei „Verkennung von Rechtsbegriffen“ wurden die getroffenen Feststellungen selbständig gewürdigt[259].

Die Revisionsgerichte legen Urteile[260], Prozeßvergleiche[261], Schiedssprüche[262], Grundbucheintragungen und die darin in bezug genommenen Eintragungsbewilligungen[263] und Verwaltungsakte[264] selbständig aus. Schließlich gibt es Fälle, in denen das Revisionsgericht die *Sachentscheidungsreife* durch eigene Anwendung von Regeln des Anscheinsbeweises *herbeigeführt*[265] oder die *Feststellungen* durch tatsächliche Schlüsse aus bisherigen Feststellungen[266] *ergänzt* hat.

Andererseits finden sich mehr Stellungnahmen, die betonen, daß das Revisionsgericht ohne förmliche Revisionsangriffe an die getroffenen Feststellungen gebunden sei und auch mögliche oder naheliegende Kritik daran nicht zu eigenen abweichenden Feststellungen berechtige[267] und daß das Revisionsgericht von eigenen Wertungen der Tatsachen Abstand zu nehmen habe[268].

---

[258] BAG AP Nr. 2 zu § 320 ZPO m. krit. Anm. v. *J. Blomeyer*.

[259] RGZ 133, 308 (309).

[260] RGZ 30, 141; RG JW 1903, 50 Nr. 18; zustimmend *Sydow/Busch/Krantz/Triebel*, § 561 Anm. 5.

[261] BGH WM 1961, 87 (90).

[262] RGZ 110, 50 (51) (nur für Rechtskrafteinwand).

[263] BGH WM 1958, 759; BGH WM 1961, 866; RG JW 1934, 1612; RGZ 136, 232 (234); 142, 156 (159).

[264] BSG 7, 53 (56); RGZ 102, 1 (3); vgl. *Kilian*, S. 20.

[265] BAG 17, 236 = AP Nr. 2 zu § 276 BGB Vertragsbruch m. abl. Anm. v. *E. Wolf;* gegen einen Eingriff des Revisionsgerichts in den Indizienbeweis BayObLGZ 1965, 94 (102).

[266] *Hempfling*, S. 28; vgl. auch: BGHZ 19, 253 = LM Nr. 6 zu Art. 3 AHKG 13 m. Anm. v. *Pagendarm* = MDR 1956, 413 m. Anm. v. *Pohle*.

[267] BVerwG JR 1963, 276; BVerwG 20, 211 (216); BVerwG DVBl 1969, 402; BSG SozR Nr. 6 zu § 163 SGG; RGZ 128, 39 (42) (Anschauungen in Jägerkreisen); *Stein*, Privates Wissen, S. 110 (Bindung auch bei „tollen“ Annahmen).

[268] *Kuchinke*, S. 30; *Hahn*, Materialien, S. 304; vgl. *Rimmelspacher*, ZZP 84, 47 („Das Revisionsgericht darf sich keine Gedanken über die Wirklichkeit der festgestellten Tatsachen machen“).

Erster Teil

Grundlagen

§ 3. Die Entwicklung des Revisionsrechts

I. Rechtslage bis zur Zivilprozeßordnung 1877

Für das letztinstanzliche Rechtsmittel war das Novenrecht zumeist ganz ausgeschlossen oder doch stark beschränkt. Die Reichskammergerichtsordnung von 1495 ließ bei Appelationen gegen Endurteile neues Vorbringen und neue Beweismittel sinngemäß[1], die von 1500 ausdrücklich unbeschränkt zu, soweit sich beides auf das Begehren erster Instanz bezog. Neue Ansprüche konnten jedoch nicht mehr erhoben werden[2] Nach der Reichshofratsordnung von 1654 durften dagegen nur die „gerichtlichen Akten nochmals . . . revidirt" werden[3] Der jüngste Reichsabschied gestattete nova nurmehr bei Leistung des Appellationseides[4].

Die meisten Partikularrechte ließen dagegen neues Vorbringen zu[5]. Die preußische AGO von 1748 schloß neues Vorbringen in letzter Instanz wieder ganz aus[6]. Dem folgten die meisten deutschsprachigen Prozeßordnungen und der französische code de procedure.

Die *preußische AGO von 1793* gestattete neues Vorbringen in einer sehr detaillierten Regelung wieder in engen Grenzen: Außer in Scheidungssachen führte es aber zur Zurückverweisung[7].

Der in dritter Instanz tätige Revisionsrichter (Einl. § 63) sollte seine Entscheidung zwar grundsätzlich nur „nach der in erster und zweiter Instanz ausgemittelten Lage der Sache abfassen" (15 I § 10). Von „Chikane" oder „unverantwortlicher Sorglosigkeit" abgesehen, sollten

---

[1] *Broß*, S. 38 ff., 43, 90.

[2] Vgl. *Menger*, S. 60 f.

[3] Vgl. *Sellert*, Prozeßgrundsätze und Stilus Curiae am Reichshofrat, 1973, S. 383 f.

[4] Vgl. JRA § 64.

[5] *Menger*, S. 66.

[6] *Koch*, S. 597 f.; für die österr. Gesetzgebung vgl. *Menger*, S. 77 ff.; *Schrutka v. Rechtenstamm*, S. 4 ff.; für die franz. Kassation vgl. *Menger*, S. 104; für die meisten Partikulargesetze vgl. *Menger*, S. 114.

[7] AGO 15 I §§ 10 ff.; vgl. *Koch*, S. 598, 649 ff.

aber doch neue „Umstände" oder Beweismittel für eine bereits vorgebrachte, aber unerörtert gebliebene Tatsache vorgebracht werden können (15 I § 11 Ziff. 1; § 12); ebenso neue Beweismittel „zur Unterstützung oder Widerlegung eines ... wirklich zur Instruktion gezogenen Fakti", wenn der Beweis aus Mangel an Beweismitteln nicht erhoben werden konnte (15 I § 11 Ziff. 2; §§ 13 - 15). Hatte bereits eine Beweisaufnahme stattgefunden, so sollte die Partei mit neuen Zeugen zu einem „eigenen Faktum" ausgeschlossen sein, wenn sie sich nicht bereits „allgemein" auf den Zeugen bezogen hatte. In anderen Fällen sollte der Revisionsrichter nach seinem Ermessen zur weiteren Aufklärung zurückverweisen können; ebenso sollte bei „sogleich beigelegten", erheblichen Urkunden verfahren werden (15 I § 14). Das neue Beweismittel durfte aber unter Ersatz der bisherigen Kosten nur verwertet werden, wenn die Partei nachweisen konnte, daß sie kein Verschulden an der späten Abgabe des Beweismittels traf (15 I § 15). Über neue Tatsachen für einen neuen Klagegrund sollte nicht verhandelt, sondern der neue Klagegrund lediglich „zur besonderen Ausführung verwiesen" werden (15 I § 11 Ziff. 3, § 16), d. h. der Partei wurde für diesen Klagegrund lediglich ausdrücklich der Rechtsweg vorbehalten. Neue Tatsachen zur Stützung eines unveränderten Klagegrundes waren dagegen nicht zu beachten, da sie durch zwei Instanzen gegen „Übereilungen von seiten des Richters hinlänglich gesichert" seien und es sich deshalb ohne „grobes Verschulden" nicht denken lasse, „daß erst in der dritten Instanz wirklich gegründete Tatsachen ... sollten zum Vorschein kommen können" (15 I § 11 Ziff. 4; § 17). Auch neue Einwendungen waren unbeachtlich, sofern nicht privilegiert (15 I § 18). Eine Sonderregelung galt für Ehesachen: Um eine Vervielfältigung von Prozessen zu vermeiden, sollte das Gericht nach AGO I § 49 „neue Scheidungsursachen (!), die in der Zwischenzeit entweder entstanden oder erst zu ... Wissenschaft gelangt sind" „födersamt noch instruieren" und darüber gleich mit erkennen, wenn „die Trennung der Ehe durch die bisherige Instruktion noch nicht hinlänglich begründet" erschien.

Da das Obertribunal nach kurzer Zeit überlastet war, wurde mit der VO vom 13. 12. 1833 die Revision zwar beibehalten, in vermögensrechtlichen Streitigkeiten aber weitgehend durch die *Nichtigkeitsbeschwerde* ersetzt, die ganz auf die Prüfung der angegebenen Beschwerdepunkte beschränkt war[8].

Im übrigen sah Art. 12 der deutschen Bundesakte 1806 zwar Gerichte dritter Instanz vor. Ein Recht der Parteien auf drei Tatsacheninstanzen sollte dadurch aber nicht gewährleistet werden. Durch Bundesbeschluß vom 14. 3. 1822 wurde ausdrücklich klargestellt, daß die Bundesakte die

---

[8] PreußGS 1833, 302, §§ 2, 4, 16 I. Vgl. *Schwinge*, S. 11 ff.; *Henke*, Tatfrage, S. 197 ff.; *Schoppe*, S. 5 ff.

Regelung der Appellationen nicht in bestimmter Weise festlegen wollte[9]. Dennoch entwickelte sich der gemeinrechtliche Grundsatz, daß für eine Sache drei volle Instanzen zur tatsächlichen und rechtlichen Prüfung bestehen sollten[10]. Die Reichszivilprozeßordnung brach damit wieder.

II. Entstehung und Motive der Zivilprozeßordnung 1877

Der Entwurf einer Allgemeinen Zivilprozeßordnung für die Deutschen Bundesstaaten von 1866 (*Hannoverscher Entwurf*)[11] sah als zweitinstanzliche Berufung ein Rechtsmittel mit grundsätzlich unbeschränktem Novenrecht (E § 583 II) aber unter Ausschluß der Klageänderung (E § 584) vor. Neue Ansprüche sollten nur zur Compensation, als Nebenforderungen oder dann geltend gemacht werden können, wenn die Partei in erster Instanz schuldlos dazu außerstande war (E § 585 I). Berufungsurteile sollten der Nichtigkeitsbeschwerde (E §§ 609, 611) unterliegen. Der Katalog der Nichtigkeitsgründe enthielt primär Verfahrensfehler, aber auch den Grundsatz der Aktenwidrigkeit (E § 609 Nr. 14), die Möglichkeit, Dunkelheiten oder Widersprüche des Urteils (§ 609 Nr. 15) und schließlich die Verletzung eines Rechtssatzes bei der Beurteilung des Verhandlungsergebnisses und der Beweisführung (Nr. 17) zu rügen. Der zunächst angenommene Vorschlag, die Einführung einer *drittinstanzlichen Oberberufung* oder eine Erweiterung der Nichtigkeitsgründe auf die tatsächliche Grundlage der Landesgesetzgebung vorzubehalten bis für ganz Deutschland ein gemeinsamer oberster Kassationshof geschaffen sei, wurde im Laufe der Beratungen wieder fallengelassen[12].

Dagegen sah der maßgeblich von Leonhardt beeinflußte (Preußische Ministerial-) *Entwurf einer Deutschen Civilprozeßordnung von 1871* nur auf die Rechtsfrage beschränkte Rechtsmittel[13] vor: Revision und Oberrevision (E 1871 §§ 460 ff., 478). Die Regelung der zweitinstanzlichen Revision dieses Entwurfs entspricht fast völlig der ursprünglich 1877 Gesetz gewordenen drittinstanzlichen Revisionsregelung. Neue Tatsachen waren demnach nur zur Begründung der Verfahrensrüge zugelassen (E 1871 § 466 II). Jedoch sah der Entwurf in § 479 vor, daß die (Ober-)Revision zum Ausgleich der fehlenden Berufung auch auf die „unrichtige Auslegung einer Urkunde über ein Rechtsgeschäft" gestützt

---

[9] Vgl. *Wetzell*, System, S. 706; *v. Sternenfels*, Gutachten f. d. 2. DJT, Bd. 1, S. 3 (28).

[10] Vgl. *Planck*, § 139 (S. 506); Protokolle H. E., S. 900 f.

[11] In: Neudrucke zivilprozessualer Kodifikationen und Entwürfe des 19. Jahrhunderts, hrsg. v. *Dahlmanns*, Bd. 2, 1971.

[12] Vgl. Protokolle H. E., S. 901 ff., 910, 3523 f., 3861, 4052 ff., 4306 f., 6120 f.

[13] Dafür bereits *Planck*, Gutachten f. d. 2. DJT Bd. 1, S. 66 (69); *v. Bar*, Recht u. Beweis im Civilprocesse, 1867, S. 86 ff.

werden könne. Insoweit sollte also die Auslegung von Willenserklärungen voll revisibel sein. Außerdem enthielt E 1871 § 488 den Zusatz, daß „jede unrichtige rechtliche Beurteilung der von den Parteien vorgebrachten oder als erwiesen angenommenen Tatsachen als Verletzung des Gesetzes anzusehen" sei[14].

Die Beschränkung der 2. Instanz auf die Rechtsfrage wurde scharf angegriffen. Mit Leidenschaft trat vor allem *Bähr* für eine volle zweite Tatsacheninstanz ein[15]. Besonders wurde auf die Notwendigkeit hingewiesen, nach endgültiger richterlicher Belehrung durch das Urteil, durch neue Fakten die Angelegenheit zurecht rücken zu können und auf die Schwierigkeit, Tatfrage und Rechtsfrage zu trennen. Obgleich diese Gründe grundsätzlich auch für die 3. Instanz gelten könnten, wurde der Ausschluß neuen Vorbringens in der 3. Instanz kaum beanstandet[16], weil damit die Nachsicht gegen die Parteien zu weit getrieben würde[17] und im Gegenteil vorwiegend ein der preußischen Nichtigkeitsbeschwerde entsprechendes Rechtsmittel für die höchste Instanz als allein geeignet angesehen[18]. Bähr sah dabei die Nichtigkeitsbeschwerde nicht als optimales Rechtsmittel an, sondern bezeichnete ihre Beschränkungen als unvermeidliche Opfer, damit *ein* höchstes Gericht die anfallenden Sachen erledigen könne[19]. Lediglich *Sonnenschmidt* trat in einer Streitschrift dafür ein, die 3. Instanz zur vollen Überprüfung der Tat- und Rechtsfrage, d. h. auch zu eigenen tatrichterlichen Würdigungen — unter Ausschluß neuen Vorbringens — zu ermächtigen[20].

Der vom Bundesrat ausgearbeitete und dem Reichstag vorgelegte (dritte) Entwurf führte die Berufung wieder ein und enthielt die beiden Sätze in den §§ 479 und 488 nicht mehr.

In der Begründung zum Entwurf der CPO[21] wird entsprechend ausgeführt, das Revisionsgericht solle auf die rechtliche Würdigung der Sache beschränkt und die „rein tatsächliche" Würdigung des Parteivorbrin-

---

[14] Vgl. *Wunderli*, S. 54 f.

[15] *Bähr*, Das Rechtsmittel zweiter Instanz im deutschen Civilprozeß, 1871; ferner *Eller*, Verh. d. 9. DJT, Bd. 3, S. 305 ff.; Schlußabstimmung des 9. DJT, Bd. 3, S. 336; *Wach*, KritVJSchr 15, 88 (98); *Rau*, Verh. d. 9. DJT, Bd. 3, S. 300 f.; dagegen für Abschaffung des Novenrechts *Brettner*, Gruchot 15, 751 (754 ff.); vgl. *Menger*, S. 169 Fn. 34 m. w. N.; *Gneist*, Verh. d. 9. DJT, Bd. 3, S. 295 ff.; *v. Bar*, Verh. d. 9. DJT, Bd. 3, S. 309.

[16] Vgl. *Menger*, S. 114 Fn. 27.

[17] *v. Sternenfels*, Gutachten f. d. 2. DJT, Bd. 1, S. 3 (26).

[18] Für eine Übereinstimmung von Nichtigkeitsbeschwerde und Revision der ZPO 1877: *Schwinge*, S. 23 f.; dagegen zu Recht *Henke*, Tatfrage, S. 196 ff.

[19] Verh. d. 9. DJT, Bd. 3, S. 323 ff. unter Darlegung aller damit verbundenen Schwächen.

[20] *Sonnenschmidt*, S. 77.

[21] *Hahn*, Materialien, S. 364.

gens und der Beweise ausgeschlossen sein. Da die rechtliche Beurteilung auf der Grundlage des in dem angefochtenen Urteil festgestellten Sachverhältnisses stattfinden sollte, sollten für die Revisionsinstanz „alle neuen die Sache selbst betreffenden tatsächlichen Anführungen" und jeder Angriff gegen die rein tatsächliche Würdigung der Sache ausgeschlossen sein[22].

§ 500 des Entwurfs von 1871, der § 524 der CPO von 1877 und dem heutigen § 561 ZPO sachlich entspricht[23], wurde von der Kommission und im Reichstag unverändert und ohne Debatte angenommen[24]. Die Beschränkung des Reichsgerichts auf die Rechtsfrage war daher in keiner Weise umstritten.

Doch die Abgrenzung im einzelnen bleibt bereits in der Begründung zum Entwurf recht unscharf. Denn der Entwurf sieht das Ziel des Revisionsverfahrens in der abschließenden Sachentscheidung durch das Revisionsgericht, die nur unter Umständen wegen der Beschränkung auf die Rechtsfrage nicht erreicht werden könne[25]. So heißt es zu § 503 (= § 564 ZPO), die „als Regel aufgestellte Ausschließung der tatsächlichen Würdigung" verhindere Sachentscheidungen[26], und zu § 504 (= § 565 ZPO) wird ausgeführt, das Revisionsgericht nehme bei der Sachentscheidung die Stelle des Gerichts ein, an das sonst zurückzuverweisen wäre. Deshalb sei es „nur eine Zweckmäßigkeitsmaßregel, wenn das Gericht von thatsächlichen Ermittlungen durch Beweisaufnahme befreit bleiben soll". Zu den Grenzen der Sachentscheidungsbefugnis führt die Begründung zum Entwurf weiter aus: „Es kann allerdings Fälle geben, in denen eine Ergänzung der Feststellungen durch Einfügung einer als omittiert nachgewiesenen Thatsache wenig bedenklich erscheinen mag, weil nur eine thatsächliche Auffassung derselben möglich zu sein scheint. Jedoch unter anderen Umständen kann selbst die Einfügung einer unbestrittenen und nicht bloß zu dem Gang des Verfahrens, sondern zu den Umständen des streitigen Falls gehörigen Thatsache ein weites Feld tatsächlicher Würdigung eröffnen, z. B. wenn die bezügliche Thatsache nicht unmittelbar und selbständig von Einfluß auf die Entscheidung ist. Eine gesetzliche Sonderung der Fälle zu versuchen, würde zu einer verwirrenden Kasuistik führen. Daß das Revisionsgericht Thatsachen, wel-

---

[22] *Hahn*, Materialien, S. 371.

[23] s. u. Fn. 50.

[24] *Hahn*, Materialien, S. 739, 926, 1016.

[25] *Hahn/Stegemann*, S. 372 (zu § 504). *v. Bar* (Fn. 13), S. 175 f., meint gar, mit der Sachentscheidungsbefugnis werde das oberste Gericht „unfehlbar auch zu einem Richter über die That- oder Beweisfrage", werde das letztinstanzliche Rechtsmittel zur „Oberberufung auf Grund der Acten".

[26] *Hahn/Stegemann*, S. 371.

che nach dem festgestellten Sachverhältnisse streitig sind, nicht selbst festzustellen hat, ergibt sich .... von selbst[27]."

Neues Vorbringen wurde somit nicht ausgeschlossen, weil man es mit dem Wesen und Zweck der Revision für schlechthin unvereinbar gehalten hätte, sondern weil man trotz des Ideals einer Sachentscheidung durch das Reichsgericht meinte, die Zulassung in Einzelfällen würde der Klarheit der gesetzlichen Regelung schaden.

III. Reformen der ZPO und Reformvorschläge

1. Die Zeit von 1871 bis 1945

Sonnenschmidt kritisierte bereits 1880, daß statt der Zurückverweisung die eigene Sachentscheidung hätte als Regel aufgestellt werden sollen und eine Zurückverweisung nur ausnahmsweise vorzusehen sei, wenn nicht nur das Urteil, sondern auch das Verfahren wegen eines Verfahrensmangels aufzuheben oder wenn eine Berichtigung des Tatbestandes oder eine weitere Beweisaufnahme erforderlich sei[28].

Dagegen warnte *v. Bar*, „daß das Erkennen in der Sache selbst leicht dazu führen wird, daß der oberste Gerichtshof unbewußt auch in die Beurteilung der von dem Berufungsgericht allein festzustellenden Thatsachen sich einmische"[29].

Bei dem damaligen Stand der Lehre von der Tatfrage wurden die Beschränkungen der Sachentscheidungsbefugnis des RG bald als zu eng empfunden. *Stein*[30] warnte zwar noch 1893, „jede Nützlichkeitserwägung, jedes argumentum ad absurdum, jede Anrufung des Rechtsgefühls" für die Abgrenzung revisibler und irrevisibler Teile des Berufungsurteils heranzuziehen.

Doch schon 1895 forderte *Bolze*[31], das RG müsse — de lege ferenda — in die Lage versetzt werden, ein Rechtsverhältnis einheitlich zu beurteilen und auch tatsächliche, insbesondere technische Fragen des gewerblichen Rechtsschutzes zu entscheiden, falls es keiner Beweisaufnahme bedürfe, um den Prozeß schneller und billiger zu dem gleichen Resultat wie bei der Aufhebung und Endentscheidung durch das Berufungsgericht zu führen. Dem Reichsgericht müsse dazu *fakultativ die Nachprüfung und Abänderung auch tatsächlicher Feststellungen* übertragen werden. Da die eigene Sachentscheidung nicht mehr Zeit als eine bloße Aufhebung und Zurückverweisung benötige, sei eine Überlastung des

---

[27] *Hahn/Stegemann*, S. 373.

[28] (Obertribunalsrath a. D.), ZZP 2, 421 (465, 467).

[29] Gutachten f. d. 9. DJT, Bd. 2, S. 3 (41).

[30] *Stein*, Privates Wissen, S. 108 f.

[31] AcP 84, 358 (364, 368, 371 f.).

Reichsgerichts nicht zu befürchten. In seinem Vorschlag zur Abänderung des § 524 II CPO[32] stellte *Bolze* klar, daß ihm lediglich eine abweichende *tatsächliche Beurteilung* primär *technischer Fragen* vorschwebte, daß er aber neues, nicht beweisbedürftiges Parteivorbringen keineswegs in der Revisionsinstanz zulassen wollte.

Auch *Wach* beklagte, daß die Sachentscheidung des Revisionsgerichts wegen „einer zu kleinmütigen Praxis" die Ausnahme sei. Da § 528 III Nr. 1 CPO 1877 (= § 565 III Nr. 1 ZPO) aber ein festgestelltes Sachverhältnis voraussetze, dürfe das Revisionsgericht nicht auf Grund eines im Revisionsverfahren klar gestellten oder ergänzten „Tatbestandes" entscheiden[33]. Zwar könne § 524 CPO nicht entnommen werden, daß „über die reine Beweisfrage hinausgreifende Feststellungen bindend für den Revisionsrichter" sind. Doch sei von seinem Sinn auszugehen, als Korrelat zu den Revisionsgründen „das Novenrecht und die Nachprüfung der geschehenen tatsächlichen Feststellungen auszuschließen". Gleichwohl meint *Wach,* allen Sprach- und Denkgesetzen, aller Erfahrung widersprechendes Auslegen des feststehenden Urteilsstoffs, Wissenschaft und Gemeinkenntnis widersprechende Annahmen oder das Verleugnen notorischer Tatsachen könne eine im Dienst der Gerechtigkeit stehende Nachprüfung nicht binden. Insoweit sei die Revision fortzubilden[34]. Schließlich erkenne § 516 Nr. 3 CPO die sog. Aktenwidrigkeit mittelbar als prozessualen Revisionsgrund an[35].

Den Vorschlag Bolzes griff der *Entwurf der Reichs-Justiznovelle von 1898* auf[36]. Um bestehende Unzuträglichkeiten der Beschränkung der Revision auszugleichen, sollte das Revisionsgericht in der Sache selbst entscheiden *können,* „wenn es einer Beweisaufnahme vor der Endentscheidung nicht bedarf". In den Reichstagsberatungen wurde zwar teilweise geäußert, die durch die Neuerung zu befürchtende stärkere Belastung des Reichsgerichts, seine weitere Ausbildung zum „Oberappellationsgericht" sei im Interesse der Parteien nicht zu tadeln[37]. Die Mehr-

---

[32] AcP 84, 358 (372): „Für die Entscheidung des RG sind in der Regel die in dem angefochtenen Urteil gerichtlich festgestellten Tatsachen maßgebend. Jedoch sind die in § 516 Nr. 2, 3 erwähnten Tatsachen zu berücksichtigen. Das Revisionsgericht kann eine von der des Berufungsgerichts abweichende tatsächliche Feststellung treffen, wenn es glaubt, auf Grund des in den Vorinstanzen beigebrachten Materials zu einer nach seiner Überzeugung der Wahrheit entsprechenden Feststellung, ohne daß es einer neuen Beweiserhebung bedarf, gelangen zu können."

[33] *Wach,* Vorträge, S. 294.

[34] S. 289 (anders in der 1. Aufl.).

[35] S. 291.

[36] *Hahn,* Materialien zu den Novellen, Bd. 1, S. 34, 171; zustimmend *Petersen,* DJZ 1898, 33.

[37] Abg. *Träger,* Sitzung des Reichstags vom 11. 1. 1898, *Hahn,* S. 349.

heit des Reichstages lehnte den Entwurf aber ab, weil sie fürchtete, die Neigung des Reichsgerichts, seine Tätigkeit aufs Tatsächliche auszudehnen, werde dadurch sanktioniert und die revisio in iure mit der Einführung des geplanten § 528 a CPO abgeschafft[38].

Die Übergriffe des Reichsgerichts ins tatsächliche Gebiet wurden auch von *Fischer*[39] als Hauptursache unbegründeter Revisionsgesuche beklagt und an Hand von Beispielen zu zeigen versucht, „daß die Revision einer *Oberberufung auf Grund der Akten* ohne Zulassung von neuen Anführungen so ziemlich" gleichkomme[40].

Trotz dieser Kritik wurden die Befugnisse des Reichsgerichts nicht beschränkt. *Boyens*[41] verteidigte das Recht des Reichsgerichts zum eigenen Sachurteil und die Ausgestaltung der Revision als „Oberberufung in iure" nachdrücklich.

Um der entstandenen Überlastung des RG abzuhelfen, erhöhte die *Novelle 1905* die Revisionssumme und führte den Begründungszwang[42] für die Revision ein. Die von Anfang an bestehende Bindung gemäß § 524 CPO an die festgestellten Tatsachen wurde nicht geändert. Doch wurde die Nachprüfung von Verfahrensfehlern zur Entlastung des RG auf die geltend gemachten Rügen beschränkt und so die Möglichkeit einer Abänderung der bisher festgestellten Tatsachen eingeschränkt.

Der 29. DJT 1908, der Mittel zur Entlastung des RG diskutierte[43], wollte ebenfalls nur den Zugang zur Revisionsinstanz erschweren, und damit die Zahl der Revisionen vermindern, nicht aber die freie Entscheidung des RG in irgendeiner Weise einengen[44]. Neben der Schaffung neuer Senate wurde in der Folgezeit lediglich mehrfach die Revisionssumme erhöht[45]. Außerdem wurde versucht, die Belastung des RG durch Tätigkeiten außerhalb der regulären Revision zu vermindern.

Salinger wies zwar darauf hin, daß die mündliche Verhandlung vor dem Revisionsgericht geeignet sei, den Endzweck der Revision zu ge-

---

[38] *Hahn*, Materialien zu den Novellen, Bd. 1, S. 315 f. (*Rintelen*), S. 397 (*Trimborn*), S. 672 (Ablehnung in 1. Lesung), S. 674 (*Fischer*), S. 1227, 1231 (*v. Cuny*), S. 1229 (*Rintelen*).

[39] JJb 38, 265 (333 f., 349) u. JW 1904, 307 (316).

[40] Vgl. bereits *Hahn*, Materialien, S. 303; ferner *Friedrich*, S. 38; *Gilles*, S. 195. Die Vorschläge *Fischers* zur Revisionsbeschränkung wurden von der Kommission der Novelle 1898 mit großer Mehrheit abgelehnt, vgl. *Boyens*, S. 202.

[41] S. 200 f.

[42] Dafür bereits *Petersen*, DJZ 1898, 33 u. *Hagens*, DJZ 1903, 181.

[43] Gutachten von *Hamm*, Verh. d. 29. DJT, Bd. III, S. 39 und von *Syring*, ebda., S. 129; Berichte von *Peters*, Bd. V, S. 700 u. von *R. Schmidt*, Bd. V, S. 732; auch *Salinger*, Die Änderung des Rechtsmittels der Revision 1909.

[44] Verh. d. 29. DJT, Bd. V, S. 732.

[45] Vgl. *Henke*, Tatfrage, S. 209 f., 213 ff., 220 f.; *Schwinge*, S. 22, 226 f.

fährden, weil sie die Gefahr mit sich bringe, den Tatsachenstreit wieder aufleben zu lassen[46]. Konseqenzen wurden daraus jedoch nicht gezogen.

Auch Vorschläge, dem Reichsgericht die Sachentscheidungsbefugnis zu entziehen, seine Tätigkeit ganz auf die Aufrechterhaltung der Rechtseinheit zu beschränken und versehentlich falsche Rechtsanwendung sowie verfahrenswidrige Feststellungen oder Übergehen von Tatsachen von der Revisibilität auszuschließen[47] oder daneben — ähnlich der gemäß ALR Einl. § 47 bis 1833 tätigen preußischen Gesetzkommission — einen „Gerichtshof für bindende Gesetzesauslegung" einzurichten[48], fanden nur wenig Zustimmung.

Durch die *Novelle 1910* wurde § 554 III Nr. 2 lit. c (ursprünglich: § 516 Ziff. 3; seit 1905: § 554 II Ziff. 3) gestrichen, der lautete: „Die Revisionsbegründung muß enthalten ... c) insoweit die Revision darauf gestützt wird, daß unter Verletzung des Gesetzes Tatsachen festgestellt, übergangen oder als vorgebracht angenommen seien, die Bezeichnung dieser Tatsachen". Dabei herrschte bei den Beratungen Einigkeit, daß eine materielle Rechtsänderung nicht beabsichtigt sei, lit. c vielmehr nur deshalb wegfalle, weil er nur prozessuale Rügen betreffe und daher neben § 554 III Nr. 2 b ZPO entbehrlich sei[49].

Zugleich wurde § 561 ZPO nicht nur angepaßt, sondern auch *sprachlich neu gefaßt*. Neuerungsverbot und grundsätzliche Bindung des Revisionsgerichts an die festgestellten Tatsachen sollten dadurch nur deutlicher, nicht aber sachlich verschärft werden[50]. Indem sie die bestehenden Beschränkungen klarer zum Ausdruck brachte, sollte die Neufassung jedoch verhindern, daß sich das RG als „Oberberufungsgericht" konstituierte[51].

Ein Ausschluß der Revisibilität von Verstößen gegen die §§ 139, 286, 287 ZPO, der in dem Regierungsentwurf enthalten war, wurde abgelehnt[52]. Später wurde diese Beschränkung zur Entlastung des RG zwei-

---

[46] *Salinger*, Verh. d. 29. DJT, Bd. V, S. 749 (754); *ders.*, Die Änderung der Revision, S. 28 ff., 32 f.; für Abschaffung der obligatorischen mündlichen Verhandlung auch: *Schwinge*, S. 244; krit. *Wach*, Vorträge, S. 297; für ihre Beibehaltung *Kraemer*, ZZP 57, 395 (409); s. u. Fn. 85.

[47] *Adickes*, Grundlinien, S. 31 ff., 141 ff.

[48] *Zeiler*, Ein Gerichtshof für bindende Gesetzesauslegung, 1911; krit. dazu: *Mannheim*, S. 222 ff.; *Schaffstein*, DStR 1935, 465 (469, 473).

[49] Begründung zum Entwurf, JW 1910, Zugabe zu Nr. 6, S. 7; krit. aber *Goldschmidt*, Festschrift f. *Brunner*, 1914, S. 109 (115).

[50] Begründung zum Entwurf, S. 7/8; sowie JW 1910, S. 538, 541, 550; ferner: *Förster/Kann*, § 561 Anm. 1; *Manigk*, Festgabe f. d. RG, Bd. VI, S. 94 (135); *Kilian*, S. 6.

[51] Vgl. *Hellwig*, Die Notlage des Reichsgerichts, JW 1910, 305 (307).

[52] Vgl. Begründung zum Entwurf, S. 7; dagegen: JW 1910, 422 (Abg. *Bittner*), 425 (Abg. *Wagner*), 443 (Abg. *Seyda*), 450 (Abg. *Junck*), Bericht der Kommission,

mal für eine Übergangszeit eingeführt[53], überwiegend aber als „Revisionsverstümmelung“ beklagt[54] und deshalb wieder aufgehoben.

Die Grenzen der Revision kamen nicht zur Ruhe. *Neukamp* lehnte die freie Überprüfung der Berufungsurteile durch das RG ab und wandte sich vor allem gegen die selbständige Auslegung von Urkunden durch das Revisionsgericht[55]. 1928 klagte *Philippi*[56], das Reichsgericht beschäftige sich vermutlich „mehr mit der Würdigung von Tatsachen als mit der Entscheidung von Rechtsfragen“. Er forderte deshalb eine genauere Fassung von § 550 ZPO und einen *Ausschluß der Revisibilität der konkreten Fallsubsumtion,* der Auslegung von Willenserklärungen, tatsächlichen Würdigungen, von Erfahrungssätzen und Verkehrsanschauungen (§ 550 a seines Vorschlages)[57]. Neues Vorbringen sollte im zweiten Berufungsverfahren nach Zurückverweisung ausgeschlossen sein. Andererseits sah er aber durchaus das Bedürfnis, gerade die Auslegung typischer Geschäftsbedingungen umfassend zu überprüfen. Deshalb forderte er, man solle eine mit der Revision zu verbindende *offene „Oberberufung“* (§§ 566 b ff. seines Vorschlages) einführen, nämlich gegen abweichende Urteile von Oberlandesgerichten, wenn die Partei den Widerspruch ausdrücklich gerügt habe. Diese Oberberufung sollte voll den Regeln der Berufung unterliegen (§ 566 d)[58].

Der *Entwurf einer Zivilprozeßordnung von 1931*[59] ließ das Revisionsverfahren praktisch unverändert, weil „Klagen nicht laut geworden“ seien[60]. In der Begründung wurde zwar ausgeführt, daß eine nachhaltige Entlastung des Reichsgerichts nur durch eine innere Umgestaltung des Wesens der Revision im Sinne eines ausschließlichen Rechtsbehelfs im öffentlichen Interesse zu erreichen sei[61], mögliche Entlastungsmittel wie Ausschluß der Revisibilität der Subsumtion usw., wurden jedoch verworfen, weil man damit Gefahr laufen würde, das Vertrauen der Parteien und das Ansehen des Reichsgerichts zu verspielen[62]. Außerdem

---

JW 1910, 530 f.; ferner Begründung zum Entwurf 1931, S. 364; erneut vorgeschlagen von *Neukamp,* Festschrift f. *Wach* II, S. 153 (163 ff., 195).

[53] Durch VO vom 15. 1. 1924 (RGBl I 29) (mit mehrfachen Verlängerungen, vgl. *Henke,* Tatfrage, S. 218) u. RPräsVO vom 14. 6. 1932 (RGBl I 287).

[54] *Fuchs,* LZ 1928, 731; Begründung zum Entwurf 1931, S. 364; *H. Schneider,* Festschrift f. Heymanns Verlag, S. 197 (200 f.); dafür aber *David* (Senatspräsident am RG), JW 1929, 1625 (1626) u. DJZ 1932, 131 (134).

[55] (RG-Rat), Festschrift f. *Wach,* Bd. II, S. 153 (195).

[56] *Philippi,* Judicium I, S. 103 (132).

[57] S. 136.

[58] S. 146.

[59] S. 359 ff.

[60] Begründung zum Entwurf, S. 359.

[61] S. 361.

[62] S. 365.

trete bei gleichzeitiger Einführung der Oberberufung — nach dem Vorschlag Philippis — keine Entlastung ein. In seiner Stellungnahme dazu meinte *Rosenberg* lediglich, man solle redaktionell einfacher bestimmen, das Reichsgericht sei verpflichtet, bei Entscheidungsreife stets in der Sache zu erkennen[63].

Bestrebungen, die Revision aufzulockern[64] und dem RG die Tatfrage in Grenzen zugänglich zu machen, wurden auch später wegen der Gefährdung des Revisionszwecks einheitlicher Gesetzesauslegung abgelehnt[65]. Aber es finden sich Gegenstimmen: *Philippi*[66] forderte erneut eine *„offene Oberberufung"* für Fälle der Divergenz von Oberlandesgerichtsurteilen bei der Würdigung von Tatsachen von grundsätzlicher wirtschaftlicher Bedeutung. Neues Vorbringen sollte nicht zulässig sein, wohl aber sollte das Reichsgericht zum Verständnis der Tatsachen auch eine Beweisaufnahme anordnen können. *Elster* trat schließlich aus dem Gesichtspunkt der „Ganzheit" — einem Schlagwort, das während der Zeit der nationalsozialistischen „Erneuerung" gern gebraucht wurde — für eine Reform des § 561 II ZPO zur Beseitigung von Fehlurteilen ein[67]. Da sich der Revisionsrichter bei der Frage, ob zurückzuverweisen sei, ohnehin mit der Tatsachenfeststellung befassen müsse, so sei es als Kompromiß zwischen Lebensnähe und nötiger Entlastung am sinnvollsten, dem RG durch eine *Kann-Vorschrift* zu ermöglichen, nach seinem Ermessen die festgestellten *Tatsachen nachzuprüfen* oder nicht[68].

Kraemer[69] wollte neues tatsächliches Vorbringen und *tatsächliche Feststellungen* durch das Reichsgericht ermöglichen, um wenigstens bei *einer zweiten Revision* ein abschließendes Sachurteil des RG erlassen zu können. Da das Revisionsgericht die Befugnis habe, etwa den Kausalzusammenhang bei Unfällen nach § 287 ZPO als Rechtsfrage zu überprüfen, könne man diese Erweiterung auch nicht als systemwidrig ablehnen.

Féaux de la Croix schlug gleichfalls vor, den starren Ausschluß des Revisionsgerichts von Tatsachenfeststellungen aufzulockern und weitergehend — in Anlehnung an das schweizerische Bundesrecht (BV 111, OG 41 lit. c II)[70] — den Parteien eine *unmittelbare Klage vor dem RG* zu

---

[63] *Rosenberg*, ZZP 57, 185 (338).

[64] Die Schrift von *de Boor*, Die Auflockerung des Zivilprozesses, 1939, enthält jedoch keine Ausführungen zur Revision.

[65] *Kilian*, S. 35; *Manigk*, ZZP 60, 351 (413 f.) unter Auseinandersetzung mit *Freisler*, ZAkDR 1935, 90 (s. u. IV 1).

[66] *Philippi*, Judicium 4 (1932), 1 (9).

[67] *Elster*, DGWR 1937, 382 ff.

[68] S. 386.

[69] *Kraemer*, ZZP 59, 314 (317 f.) u. ZZP 60, 49 (66 f.).

[70] i. d. F. vom 16. 12. 1943/19. 6. 1959.

gestatten, wenn der Fall wegen der wirtschaftlichen Tragweite oder anderer Umstände im Interesse des Gesamtwohls einer sofortigen endgültigen Klärung durch das RG bedürfe[71]. Als Regulativ sollte die Zulassung der Klage durch das RG oder eine andere staatliche Stelle dienen. Außerdem wollte er dem RG fakultativ die Möglichkeit eigener Sachentscheidung geben, auch wenn nach rechtlicher Überprüfung noch keine Entscheidungsreife bestand. Das Revisionsgericht sollte entweder das Berufungsgericht um weitere Sachaufklärung zu einzelnen Punkten ersuchen oder den Sachverhalt selbst klären können[72].

Schließlich trat *Reinberger*[73] dafür ein, aus dem österreichischen Recht die klare *Aktenwidrigkeit* als Revisionsgrund zu übernehmen.

Verwirklicht wurden diese Vorschläge nicht. Jedoch wurde durch § 4 Ziff. 12 der 4. VereinfV vom 12. 1. 1943[74] dem Reichsgericht in allen Fällen, in denen es dies für sachdienlich hielt, das Recht zur eigenen Sachentscheidung zugestanden.

2. Entwicklung in der Bundesrepublik

Nach dem zweiten Weltkrieg gab es zunächst kaum eine Diskussion, wie ein letztinstanzliches Rechtsmittel zu gestalten sei. Vielmehr wurde die Revisionsregelung der ZPO i. d. F. v. 8. 11. 1933 sowohl für die Verfahren des Obersten Gerichtshofs der Britischen Zone und des Deutschen Obergerichts[75] wie nach der Gründung der Bundesrepublik für das Verfahren vor dem BGH übernommen[76].

Vor Errichtung des BGH hatte *Möhring* das Berufungsprinzip für das drittinstanzliche Rechtsmittel abgelehnt[77]. Später trat er aber für eine Rückkehr zu dem Rechtszustand gemäß § 4 Ziff. 12 der 4. VereinfV 1943 ein[78]: Bei offensichtlich unvollständiger Tatsachenwürdigung sollte das Revisionsgericht diese Würdigung selbst vornehmen können, um unzweckmäßige Zurückverweisungen zu vermeiden. Der BGH sollte deshalb das Recht erhalten, nach eigenem *Ermessen einzelne Umstände zu ermitteln*, etwa den Inhalt eines Schriftstücks, aber auch — durch ersuchten Richter — Zeugen zu vernehmen.

---

[71] *Féaux de la Croix*, Deutsche Rechtspflege 1936, 238 ff.

[72] *Féaux de la Croix*, Deutsche Rechtspflege 1937, 145 ff.

[73] (RA beim RG), DGWR 1940, 284.

[74] RGBl I 7.

[75] Vgl. § 31 VO v. 17. 11. 1947 (VOBlBrZ 1947, 152) u. VO Nr. 127 v. 9. 2. 1948, Art. X Abs. 1 (b) (VOBlBrZ 1948, 55); ferner *Krumme*, NJW 1950, 321.

[76] *Kraemer*, ZZP 64, 131 (136, 142); vgl. auch *Henke*, Tatfrage, S. 220.

[77] *Möhring*, NJW 1949, 1 (unter Hinweis auf die Beratungen zur Errichtung eines obersten Bundesgerichtes).

[78] NJW 1962, 1 (5).

Ansonsten stehen die Reformvorschläge der Nachkriegszeit einer Erweiterung der Revision in Zivilsachen recht skeptisch gegenüber.

So meinte *Pohle*[79], eine dritte Tatsacheninstanz empfehle sich nicht, weil sie nicht dazu führe, ein zutreffendes Sachverhaltsbild zu geben; deshalb sei auch eine von Verfahrensrügen unabhängige Überprüfung der tatsächlichen Feststellungen abzulehnen, die Verfahrensrevision aber einschließlich der Rügen einer Verletzung der §§ 139, 286, 287 ZPO beizubehalten[80].

Hanack sieht in einem Eingriff der Revisionsinstanz in Tatsachenfeststellungen eine Gefahr für die Güte einer richtungweisenden Rechtsprechung[81].

Auch *Schwinge* erblickt in der Öffnung der Revision i. S. eines novum iudicum eine Gefahr für die Qualität der Rechtsprechung, abgesehen von der zu erwartenden Überlastung des Revisionsgerichts[82].

Eine gewisse „Auflockerung" der Revision sah lediglich der Entwurf 1967 vor, der in den §§ 566, 530 ZPO eine Parteiänderung in der Revisionsinstanz wie in der Berufungsinstanz zulassen wollte[83].

Das Gesetz zur Entlastung des BGH in Zivilsachen 1969[84] erhöhte erneut die Revisionssumme und läßt nunmehr zu, daß die Revision einstimmig ohne mündliche Verhandlung als unbegründet zurückgewiesen wird (Art. 1 Nr. 2)[85]. Die Prüfungskompetenz wurde jedoch nicht eingeschränkt.

Nach dem Entwurf eines Gesetzes zur Änderung des Rechts der Revision 1971[86] soll dies Dauerlösung werden. Der Zugang zum Revisionsgericht soll allgemein von der Zulassung wegen grundsätzlicher Bedeutung oder Abweichung von einer Entscheidung des BGH oder des Gemeinsamen Senates abhängen (E §§ 546, 547, 554b), um die soziale Ungleichheit des Zugangs zum Revisionsgericht abzubauen und das Gericht von nicht „revisionswürdigen" Fällen zu entlasten.

Nachhaltig verändert werden soll die Revision nach den Vorschlägen der Gewerkschaft ÖTV: Auf Rechtsbeschwerde soll das oberste Gericht *nur einzeln begründete materielle Rechtsrügen* prüfen; die Verfahrens-

---

[79] Gutachten f. d. 44. DJT, S. 40.

[80] S. 44.

[81] S. 88 f.

[82] S. 207 ff.

[83] Vgl. Begründung zum Entwurf, S. 128; abl. *Gofferjé*, S. 121, 155, 221 f., 255 f.

[84] BGBl. 1969 I 1141; verlängert durch Gesetz vom 7. 8. 1972, BGBl I 1383.

[85] Ebenso der abgelehnte § 554 c E Novelle 1910 (JW 1910, 534 f.) u. Gesetz vom 8. 2. 1929, RGBl I 19 (bis 31. 12. 32).

[86] BT-Drucksache VI/3252 u. VII/444.

revision, die zum Umstoßen des Tatsachenstoffes führt, soll ganz entfallen[87].

Andererseits tritt *Bender* jüngst für eine Erweiterung der Revision ein[88]: Offensichtliche Mängel des Berufungsurteils ohne grundsätzliche Bedeutung sollen durch sog. *Zugriffsrevision* beseitigt werden können[89]. Um zeitraubende, kostspielige Zurückverweisungen zu vermeiden, soll das Revisionsgericht außerdem die Befugnisse erhalten, einfache lückenschließende Erhebungen selbst oder durch ein ersuchtes Gericht zu treffen und auch dann abschließend zu entscheiden. *Herbert Schneider* will eine ähnliche *Annahmerevision* als alleinige Form der Revisionszulässigkeit einführen[90].

3. Schweizerisches Recht

Dieser Überblick sei abgeschlossen durch einen Hinweis auf die Berufung des schweizerischen Bundesrechts in Zivilsachen, die gelegentlich als Vorbild für die deutsche Revision empfohlen wurde und die — stärker als die österreichische Revision — der Revision zum BGH entspricht. Neue Begehren (Art. 55 I b S. 3 OG), das Vorbringen neuer Tatsachen, neue Einreden, Bestreitungen und Beweismittel sind — wie nach der ZPO — ausgeschlossen (Artt. 55 I c S. 2, 61 I 3 OG); das Berufungsgericht ist an die tatsächlichen Feststellungen der Vorinstanz gebunden, soweit nicht Verletzungen bundesrechtlicher Beweisregeln gerügt werden (Artt. 43 III, 63 II OG). Jedoch sind Ausnahmen vorgesehen: An Feststellungen, die auf einem *Versehen* beruhen, ist das Bundesgericht nicht gebunden (Art. 63 II 2 OG) und in nebensächlichen Punkten kann es den Tatbestand ergänzen, sofern dies auf Grund der Akten möglich ist (Art. 64 II OG). In Streitigkeiten über Erfindungspatente kann das BG die *tatsächlichen Feststellungen über technische Verhältnisse* überprüfen und dazu Sachverständige anhören oder einen Augenschein vornehmen. Berücksichtigt der Sachverständige neue Tatsachen, so kann es dazu weiteren Beweis erheben. Zur technischen Sachlage können auch die Parteien neue oder bisher irrelevante Tatsachen oder Beweismittel in der Berufungsschrift vorbringen. Gerichtlich bestellte Sachverständige können zur Urteilsberatung beigezogen werden (Art. 67 Ziff. 1, 2, 5 OG)[91]. Außerdem ist das BG vielfach einzige Tatsacheninstanz, u. a. bei Beteiligung des Bundes, von Kantonen oder wenn es beide Parteien bei einem Streitwert über 20 000 Franken anrufen (Artt. 41, 42 OG).

---

[87] *Kullmann*, ZRP 1972, 231 (233 ff.).

[88] *Bender*, DRiZ 1973, 377 (378 f.).

[89] Abl. *Meyer-Ladewig*, DRiZ 1974, 121 (122) wegen der Überlastungsgefahr.

[90] Almanach 1974, S. 27 (47 ff.).

[91] BG v. 16. 12. 1943 über die Organisation der Bundesrechtspflege; vgl. dazu *Troller*, *Immaterialgüterrecht*, Bd. II, 2. Aufl., 1971, S. 1187 ff.

IV. Die Revision in Strafsachen

Die Reformdiskussion kreiste bei der Revision in Strafsachen um ähnliche Fragen, wurde aber weitaus leidenschaftlicher geführt. Gerade in jüngster Zeit zielen die Vorschläge auf eine weitgehende Auflockerung und Umgestaltung des letztinstanzlichen Rechtsmittels ab.

1. Die Zeit bis 1945

Meves beklagte bereits 1897, daß versucht werde, durch die Revision eine Änderung der tatsächlichen Lage des Falles herbeizuführen. Deshalb erinnerte er nachdrücklich daran, daß dem RG ein Eingehen auf das Beweisergebnis oder den Akteninhalt verschlossen und eine Umgestaltung der Revision durch das RG über die gesetzlichen Grenzen hinaus unzulässig sei[92].

Die ersten Stellungnahmen für eine Auflockerung der Revision greifen bereits die Fragen auf, die noch heute die Diskussion mitbestimmen.

So sprachen sich der Deutsche Anwaltsverein 1918[93], später auch *Mannheim*[94] und *Alsberg*[95] de lege ferenda für die *Aktenwidrigkeit als Revisionsgrund* aus: Beachtlich sein sollten erhebliche Widersprüche zwischen dem Inhalt von Aussagen (gemäß genaueren Protokollen), Urkunden sowie Augenscheinsmaterial und den Angaben darüber in den Entscheidungsgründen.

Alsberg wandte sich zudem nachdrücklich gegen den Ausschluß der Nachprüfung einer methodengerechten Urteilsbegründung in Strafsachen. Um andererseits nicht auf bloßen Verdacht aufheben zu müssen, wollte er zugleich *materielle Rückfragen* einführen, um zu klären, ob Feststellungen das Ergebnis konkreter Aufklärung oder bloße Hypothesen seien[96].

De lege ferenda trat Pohle für eine Abänderung unmöglicher Feststellungen durch das Revisionsgericht ein, da diese ohne weiteres als fehlerhaft erkennbar seien. Eine Korrektur anderer offenbarer Fehler wollte er dagegen nicht zulassen, weil diese meist nur auf unvollständigen Gründen beruhten. Außerdem trat er für eine Erweiterung der Sachentscheidungsbefugnis einschließlich einer selbständigen Strafzumessung in „entscheidungsreifen“ Fällen ein[97].

---

[92] (RG-Rat a. D.), GA 45, 1 (4, 8 f.).

[93] § 333 lit. a StPO seines Entwurfs, vgl. *Weber*, DRiZ 1929, 90 (94).

[94] S. 191 ff.

[95] Gutachten f. d. 35. DJT, S. 440 (487).

[96] S. 440 (481, 486).

[97] Revision, S. 95, 101, 105.

Stärkere Eingriffe in das Revisionsverfahren wurden nach 1933 im Rahmen der nationalsozialistischen „Rechtserneuerung“ diskutiert[98]. Nur ein paar Stellungnahmen seien herausgegriffen: Bald nach der Errichtung des Volksgerichtshofes kritisierte *Freisler* die Grenzen der Revision. Sie würden von den Rechtsuchenden nicht verstanden, seien höchst verschwommen und der materiellen Gerechtigkeit abträglich. In Schwurgerichtsfällen sollten deshalb die Revisionsgrenzen fallen und das Revisionsgericht nach eigenem freien Ermessen berechtigt, nicht verpflichtet sein, das angefochtene Urteil vollständig auch hinsichtlich der Tatsachenfeststellungen, Gedankenschlüsse und Strafzumessungserwägungen zu überprüfen. Ergänzend sollten die entsprechenden Senate auch mit Laienrichtern besetzt werden. Für die drittinstanzliche Revision wollte er dagegen eine „reine“ Revision ausschließlich durch Berufsrichter beibehalten[99].

Schwarz trat dafür ein, dem RG ohne Festlegung auf Einzelfälle von Amts wegen *Eingriffe in die tatsächlichen Feststellungen* zu gestatten, wenn „das ergangene Urteil nach gesundem Volksempfinden offenbar der Gerechtigkeit widerspricht“[100]. Eingriffe sollten danach u. a. bei Verletzung der Aufklärungspflicht, der Pflicht zu umfassender Beweiswürdigung, bei Verletzung richterlichen Ermessens und bei klarer Aktenwidrigkeit möglich sein. Während die Kommission zur Reform des Strafverfahrens vorschlug, die Sache in diesen Fällen an die Tatsacheninstanz zurückzuverweisen, meinte Schäfer, dem Revisionsgericht sei in Ausnahmefällen zu ermöglichen, wenig umfangreiche, leicht und schnell zu treffende Ergänzungen der tatsächlichen Feststellungen nach eigenem Ermessen selbst vorzunehmen[101].

Andere, z. B. Siegert[102], traten dafür ein, die Revision ganz abzuschaffen, um zu einer „lebendigen, wirklichkeitsnahen“ Rechtsprechung zu gelangen. Die Zulassung der Rüge der Aktenwidrigkeit sollte nicht genügen. Nach eigenem Ermessen sollte das Revisionsgericht vielmehr auch die tatsächliche Entscheidungsgrundlage voll nachprüfen und bei Sachen von grundsätzlicher Bedeutung auch selbst *Beweise* erheben können. Der NS-Rechtswahrerbund wollte gar, daß anstelle des Revisionsgerichts eine politische oder wissenschaftliche Stelle entscheide.

Als Abhilfe gegen Fehlurteile sah der Entwurf einer StPO 1939 schließlich in § 331 Nr. 3 die Rüge vor, daß „ein so schweres Bedenken gegen die Richtigkeit der tatsächlichen Feststellungen besteht, daß eine neue

[98] Vgl. die Nachweise bei *Peters*, ZStW 57, 53 (54 f. Fn. 4 u. 5).

[99] ZAkDR 1935, 90 (92 f.).

[100] DJZ 1936, 209 (214 f.) u. DStR 1936, 24 (32 ff.).

[101] Festschrift f. *Schlegelberger*, S. 139 (156); ähnlich *Schaffstein*, DStR 1935, 465 (476 ff.).

[102] Festschrift f. *Graf Gleispach*, S. 138 (154 f., 167 f.).

Entscheidung notwendig ist"[103]. Ob ein Urteil aufzuheben war, unterlag danach praktisch dem Ermessen des Revisionsgerichts. Hob das RG das Urteil auf, so sollte es auf Antrag des Oberreichsanwalts befugt sein, selbst oder durch einen beauftragten Richter Beweise zu erheben (E § 340)[104]; nicht gerügte, aber *vom Gericht bemerkte Verfahrensfehler* sollten von Amts wegen berücksichtigt werden können (E §§ 333, 341). Schließlich sollte das RG die Wahl haben, zurückzuverweisen oder selbst in der Sache zu erkennen (§ 342).

Daneben sah der Entwurf eine *Nichtigkeitsbeschwerde* gegen rechtskräftige Urteile vor, wenn das Urteil wegen eines groben Fehlers bei der Anwendung des Rechts auf die festgestellten Tatsachen ungerecht war (E § 370), sowie den *außerordentlichen Einspruch* des Oberreichsanwalts zum RG „wegen schwerwiegender Bedenken gegen die Richtigkeit" des Urteils (E § 373)[105].

Verwirklicht wurde der Entwurf nicht. Lediglich die Nichtigkeitsbeschwerde des Oberreichsanwalts wurde 1940 neben der Revision eingeführt[106]. Bei dieser erhielt das RG nach § 35 IV ZVO die Befugnis, als Tatrichter auf der Grundlage der bisherigen Feststellungen zu erkennen.

Kurz darauf forderte Schwarz, dem RG diese Befugnisse auch bei seiner Tätigkeit als Revisionsgericht zuzugestehen, weil es unverständlicherweise Formalismus sei, die Sache nur deshalb zurückzuverweisen, damit der Tatrichter eine von vornherein feststehende Entscheidung treffe. Zur Festsetzung der Strafe sollte das Revisionsgericht zur Klarstellung auch bei den Akten befindliche Urkunden und Beiakten benutzen oder nach seinem Ermessen erst beiziehen dürfen[107].

Auch Bruns trat bei erschöpfenden Feststellungen für eine selbständige Strafzumessung entsprechend § 35 IV ZVO durch das Revisionsgericht ein, die bisher nur „mehr oder weniger verdeckt" im Rahmen der Schuldspruchberichtigung geübt worden sei[108].

Gegenüber dieser von den Nationalsozialisten geförderten Entwicklung äußerte sich *Peters* betont ablehnend[109]: Er lehnte jeden Eingriff des Revisionsgerichts in die Beweiswürdigung sowie die allgemeine Einführung des Revisionsgrundes der Aktenwidrigkeit ab; nur eine

---

[103] Zustimmend *Manigk*, ZZP 60, 351 (413 f.); krit. Denkschrift 1971, S. 39.

[104] Vgl. *Schäfer*, in *Löwe-Rosenberg*, 22. Aufl., Einl. Kap. 4, S. 43.

[105] Vgl. *Schäfer*, S. 40 f.

[106] ZVO vom 21. 2. 1940, RGBl I 410.

[107] ZAkDR 1940, 139 (140).

[108] *(H. J.) Bruns*, ZAkDR 1941, 143. Zum heutigen Meinungsstand vgl. *Kern/Roxin*, S. 282.

[109] ZStW 57 (1938), 53 ff.

Überprüfung urkundlicher Feststellungen und logischen Gesetzen, mathematischen oder sonstigen feststehenden Regeln widersprechender Feststellungen wollte er zugestehen[110].

2. Entwicklung in der Bundesrepublik

Im Dritten Reich sollte die Revision in Strafsachen überwiegend deshalb umgestaltet werden, um die tatsächlichen Feststellungen politisch leichter beeinflussen zu können. In der Nachkriegszeit ist dagegen das Unbehagen an der großen Zahl von Fehlurteilen bei nur einer Tatsacheninstanz in Strafkammer- und Schwurgerichtssachen zunächst ausschließlicher Beweggrund für Vorschläge zur Auflockerung der Revision.

Anders als früher werden heute *unmögliche Feststellungen* und andere „mit den Händen zu greifende Unrichtigkeiten des tatrichterlichen Urteils" aber bereits de lege lata nicht mehr als bindend für das Revisionsgericht angesehen[111]. Gleiches gilt für Widersprüche zu geschichtlichen oder sonst allgemein bekannten Tatsachen[112].

Daneben treten vorsichtige Stellungnahmen, eine „ändernde Sachentscheidung des Revisionsgerichts" bei völlig feststehendem Sachverhalt allgemein zuzulassen. Die Berücksichtigung von Wiederaufnahmetatsachen und die Zulässigkeit von Strafzumessungserwägungen wollte Wimmer allerdings nur als zukünftige Möglichkeit erwägen[113].

Nach den Vorstellungen des Strafrechtsausschusses des Deutschen Richterbundes soll die Revision gegen erstinstanzliche Urteile flexibler gestaltet werden. Neben einer verstärkten Strafmaßrevision soll das Rechtsmittel mittels einer „speziellen Sachrüge" auch darauf gestützt werden können, „daß offensichtliche Tatsachen schwerwiegende Bedenken gegen erhebliche tatsächliche Feststellungen hervorrufen"[114]. In diesen Grenzen soll auch die Akten-, Urkunden- oder Protokollwidrigkeit beachtlich sein[115]. Neue Tatsachen und Beweismittel sollen ausgeschlossen bleiben. Jedoch wurde der Vorschlag erwogen, daß das Revisionsgericht im Einzelfall „im Wege des Strengbeweises lückenhafte

---

[110] ZStW 57, 80 - 83; vgl. auch u. § 7 IX 1.

[111] *Kohlhaas*, NJW 1961, 2346; *Peters*, Strafprozeß, § 75 I (S. 562) (aus sich erkennbare Tatsachen); *Henkel*, § 99 III 2 b, dd (Aufhebung unklarer, unvollständiger, widersprüchlicher tatsächlicher Feststellungen); *Kleinknecht*, § 337 Anm. 6; *Meyer*, in *Löwe/Rosenberg*, § 337 V 2 c, d; *Kern/Roxin*, S. 273; a. A. anscheinend *Schwinge*, Grundlagen, S. 201.

[112] *Kleinknecht*, § 337 Anm. 6.

[113] MDR 1948, 69 - 75.

[114] *Tröndle*, Aus der Arbeit des Strafrechtsausschusses des DRB, DRiZ 1968, 123 (124); zustimmend *Haddenhorst*, Die Einwirkung der Verfahrensrüge auf die tatsächlichen Feststellungen im Strafverfahren 1971, S. 122 ff.

[115] Zur Aktenwidrigkeit s. u. § 8 II.

Feststellungen ergänzen darf, ... um ein Urteil ohne zeitraubende Zurückverweisung zugunsten des Angeklagten ändern zu können“[116].

Ähnlich sind die in der Denkschrift der Bundesrechtsanwaltskammer zur Reform des Rechtsmittelrechts 1971 enthaltenen Vorschläge.

Zur Verbesserung der Einzelfallgerechtigkeit soll eine *allgemeine Verfahrensrüge* dem Revisionsgericht ermöglichen, bei anderweitiger Prüfung entdeckte Verfahrensfehler mit zu berücksichtigen[117]. Wertungen des Tatrichters sollen stets voll nachprüfbar sein[118]. Auch unlösbare Widersprüche zwischen Urteilsfeststellungen und Sitzungsprotokoll, aus den schriftlichen Gründen feststellbare offensichtliche Fehler der Beweiswürdigung, Tatsachen, die ein Wiederaufnahmeverfahren rechtfertigen könnten, ferner sonstige offensichtliche Tatsachen, die zugunsten des Angeklagten *schwerwiegende Bedenken* gegen die tatsächlichen Feststellungen begründen, sollen gerügt werden können[119]. Eine allgemeine Revisibilität der Beweiswürdigung wird aber nicht angestrebt, da dies sinnvollerweise nur bei völliger Umgestaltung des Revisionsgerichts zum Tatsachengericht vertretbar wäre[120].

Ihren Ausgangspunkt finden diese Vorschläge zwar im Fehlen einer zweiten Tatsacheninstanz für die schwerere Kriminalität. Sie werden aber auch für die Revision gegen Berufungsurteile vertreten[121].

Außerdem soll das Revisionsgericht befugt sein, aufgrund *eigener Beweiserhebung* in geeigneten Fällen eine abschließende Sachentscheidung zu treffen[122].

In der Diskussion dieser Vorschläge trat *Jagusch* gleichfalls für die Berücksichtigung in der Tatsacheninstanz übersehener Urkunden und neuer offensichtlicher Tatsachen ein, die eine abweichende rechtliche Beurteilung oder doch schwerwiegende Bedenken rechtfertigen; beides als Ausgleich der fehlenden Berufung[123]. Auch *Pfeiffer-v. Bubnoff* befürworten in ähnlicher Weise eine inhaltliche Erweiterung der Revision: Mit einer erweiterten Aufklärungsrüge sollen auch neue klar erkennbare Tatsachen und liquide Beweismittel in das Verfahren eingeführt werden. Bei schwerwiegenden Bedenken gegen die bisherigen Feststellungen soll das Revisionsgericht befugt sein, diese aufgrund

---

[116] Ebenso *Neidhard,* DRiZ 1967, 106 (108).

[117] Denkschrift, Leitsatz 10, S. 31 ff. Dieses Ergebnis ließe sich aber ebenso gut auch ohne eine besondere, rein förmliche Rüge erreichen.

[118] Denkschrift, Leitsatz 12, S. 34.

[119] Leitsatz 13, S. 37 f.

[120] Denkschrift, S. 35.

[121] Leitsatz 14, S. 42.

[122] Leitsatz 22, S. 50 ff.

[123] NJW 1971, 2009 (2011).

offenkundiger Tatsachen zu ersetzen oder Bedenken durch eigene Beweiserhebung (durch beauftragten Richter) zu klären[124].

Daneben treten unterschiedliche Bestrebungen, das Rechtsmittelsystem des Strafprozesses im Rahmen einer großen *Justizreform* in einen allgemeinen dreistufigen Gerichtsaufbau einzufügen.

So trat der Deutsche Richterbund 1967 für die Einführung eines einheitlichen Rechtsmittels, einer „beschränkten Berufung", „erweiterten Revision" bzw. „Appellation" ein, das eine Nachprüfung in tatsächlicher und rechtlicher Hinsicht ermöglichen soll[125].

Aufbauend auf den Vorschlägen der Strafrechtskommission des Deutschen Richterbundes vom Oktober 1971 tritt *Kissel* — anders als die Denkschrift der Bundesrechtsanwaltskammer — nicht für eine Erweiterung der bisherigen Revision, sondern für eine allgemeine Einführung einer beschränkten Berufung als zweite Instanz eines allgemein dreistufigen Instanzenzuges ein. Sie soll ebenfalls die Prüfung „schwerwiegender Bedenken" ermöglichen. Nur bei dieser „Berufung" genannten, erweiterten Revision sollen „offensichtliche" Tatsachen und teilweise auch Wiederaufnahmegründe neu berücksichtigt werden können[126]. Das „Berufungs"-Gericht soll grundsätzlich zur Sachentscheidung verpflichtet sein und nur bei schwerwiegenden Mängeln der Tatsachenfeststellungen lediglich zurückverweisen können[127]. Die Revision zum BGH soll dagegen — wie in Zivilsachen — als Grundsatzrevision *„reine"* Revision bleiben[128]. Die Ausnahmefälle, in denen zwei Tatsacheninstanzen nicht ausreichten, um die Sachlage erschöpfend aufzuklären, oder bei denen sich die Sachlage während des Revisionsverfahrens verändert, werden dabei nicht bedacht, weil die praktische Möglichkeit, allgemein einen dreistufigen Rechtszug einzuführen, im Vordergrund der Überlegungen steht.

Auch alle anderen Vorschläge, als allgemeines zweitinstanzliches Rechtsmittel im Rahmen eines dreistufigen Instanzenzuges eine „erweiterte Revision" einzuführen, versuchen in erster Linie eine Lösung zu finden, bei der die Vorteile der Berufung erhalten bleiben, eine vollständige Wiederholung der Hauptverhandlung aber vermieden werden kann. So meint etwa *Fuhrmann*, die Berufung passe nicht in unsere Zeit der Rationalisierung[129]. Führe man aber stattdessen die „Appella-

---

[124] DRiZ 1972, 42 (49 f.).

[125] Vgl. *Neidhard*, DRiZ 1967, 106 ff.; ähnlich *Gerner*, Vorstellungen zur Justizreform, Juristenjahrbuch 1969/70, S. 21 (27); krit. dazu *v. Gerlach*, DRiZ 1971, 85 (86 f.).

[126] *Kissel*, S. 128 ff.

[127] S. 132 ff.

[128] S. 142 f., 144 ff.

[129] JR 1972, 1 (4). Diese Kritik ist für den Zivilprozeß unberechtigt, weil hier

tion" ein mit der Befugnis, ein angefochtenes Urteil auch bei offenbaren tatsächlichen Unrichtigkeiten aufzuheben, so werde das Appellationsgericht nicht überfordert. Denn Tatsachenfeststellungen könnten wie Rechtsfragen einer „Vorprüfung" auf offenkundige Mängel oder eine gewisse „Vertretbarkeit" unterzogen werden[130].

Diese Diskussion ist nicht abgeschlossen. So hat *Hanack* eindringlich kritisiert, daß dem Revisionsgericht bei „schwerwiegenden Bedenken" ein allgemeiner Zugriff auf die Tatsachenfeststellungen und die Beweiswürdigung gestattet werden soll[131]. Damit werde ebenso wie durch je nach Art der Kriminalität unterschiedlich ausgestaltete Revisionen Rechtsklarheit und Rechtssicherheit beeinträchtigt[132].

Geerds möchte dagegen die Revision als alleiniges Einheitsrechtsmittel einführen: die Revision zu den Oberlandesgerichten solle — wie bisher — mittelbar Tatsachenfeststellungen nachprüfen, der Bundesgerichtshof dagegen nur die „reine" Rechtsanwendung kontrollieren, wie es für die Revision als typisch angesehen werde[133].

V. Die Revision zu den obersten Verwaltungsgerichten

1. Preußisches Verwaltungsstreitverfahren

Bei der Revision an das Preußische Oberverwaltungsgericht, die — wie nach der ZPO — auf materielle Gesetzesverletzung und Verfahrensfehler gestützt werden konnte, entschied das Oberverwaltungsgericht bei begründeter Revision in der Sache selbst, wenn diese *spruchreif* erschien; in anderen Fällen verwies es an die nach Sachlage geeignete Instanz zurück[134]. Abgesehen von der Freiheit bei der Zurückverweisung scheint dies sachlich der Sachentscheidungsbefugnis bei Entscheidungsreife nach § 565 III Nr. 1 ZPO zu entsprechen.

Das OVG entschied aber nicht nur in Fällen unmittelbarer Entscheidungsreife, sondern auch, wenn die Sache unter *Berücksichtigung unstreitiger neuer Angaben* der Parteien „bei freier Beurteilung" „spruchreif" war[135], so daß die sofortige abschließende Entscheidung

---

der Prozeßstoff erster Instanz wirksam bleibt (§§ 526, 137 III ZPO) und nur ergänzt oder berichtigt wird.

[130] *Neidhard*, DRiZ 1967, 106 (108); *Fuhrmann*, ZStW 85 (1973), 45 (66, 70).

[131] Festschrift f. *Schwinge*, S. 183 (195).

[132] S. 183 (189). Kritisch auch *Meyer*, in *Löwe/Rosenberg*, vor § 333 Anm. 3.

[133] *Geerds*, Festschrift f. *K. Peters*, S. 267 (278, 281 f.).

[134] Gesetz über die allg. Landesverwaltung v. 30. 7. 1883, GS S. 195, §§ 94, 98, 99.

[135] PrOVG JW 1937, 622 (624); PrOVG JW 1937, 2549; vgl. *Reuß*, DVBl 1958, 233 (235 f.); *Friedrichs*, S. 988, 990.

die Regel bildete. Aus dem Gesetz selbst ergab sich dieser „Mischcharakter" der Revision jedoch nicht[136], sondern er beruhte ausschließlich auf der freien Auslegung der „Spruchreife" durch das Preußische Oberverwaltungsgericht.

In der Diskussion um die Errichtung eines Reichsverwaltungsgerichts hob *Schultzenstein* den Vorteil dieser Praxis besonders hervor. Und zwar meinte er, wenn das Reichsverwaltungsgericht schon aus Gründen der Entlastung die Stellung eines Revisionsgerichts erhalten müsse, so sei doch der „Formalismus der Revision" „so sehr als irgend angängig" zu mildern und die Freiheit des preuß. OVG in der eigenen Sachentscheidung beizubehalten[137].

2. Verwaltungsgerichtliches Verfahren

Die Revisionsregelungen der verwaltungsgerichtlichen Verfahrensordnungen nach 1949, des BVerwGG, der VwGO[138] und des SGG wurden dennoch nach dem Vorbild der ZPO ausgestaltet.

Vorschläge, die Oberverwaltungsgerichte allgemein zu Revisionsgerichten umzugestalten und das BVerwG nur in Sachen von grundsätzlicher Bedeutung entscheiden zu lassen, wurden vom Gesetzgeber der VwGO nicht aufgegriffen[139]. Zieht man zum Vergleich die Auseinandersetzung um die Rechtsmittelstruktur des ZPO-Entwurfs 1871 heran, so geschah dies völlig zu Recht.

Neuerdings tauchen derartige Vorschläge aber wieder als Reformziel auf: Das verwaltungsgerichtliche Verfahren soll auf eine Tatsacheninstanz beschränkt werden. Zugleich soll das Oberverwaltungsgericht — nicht das BVerwG — nach seinem Ermessen als Folge der „Breschen" in der „Trennungsmauer Tat- und Rechtsfrage" nach seinem Ermessen berechtigt sein, zurückzuverweisen oder selbst Tatsachen zu ermitteln und festzustellen, „wenn das angefochtene Urteil offensichtlich gegen den Akteninhalt verstößt oder von einer Rechtsansicht getragen ist, die das Revisionsgericht nicht billigt"[140]. Dadurch sollen unnötige Zurückverweisungen vermieden werden.

Der *Speyerer Entwurf* eines Verwaltungsgerichtsgesetzes von 1969 sieht in § 164 II eine den §§ 561 ZPO, 137 II VwGO usf. entsprechende Regelung vor. Klageänderungen und neue Beiladungen sollen wie nach

[136] Anders wohl *Uffhausen*, DÖV 1964, 231 (232).

[137] *Schultzenstein*, Liegt ein Bedürfnis eines deutschen Reichsverwaltungsgerichts vor? Gutachten f. d. 29. DJT 1908, Bd. II, S. 1 (29).

[138] Vgl. Begründung zum Entwurf einer VwGO, BT-Drucksache I/4278, zu § 131.

[139] Vgl. *Ule*, Verwaltungsgerichtsbarkeit, S. 14 m. N.

[140] Beschluß des Bundes deutscher Verwaltungsrichter, AnwBl 1972, 152; *Eyermann* (VGH-Präsident), NJW 1973, 1031 (1032).

geltendem Recht unzulässig sein. Neue ändernde oder ersetzende Verwaltungsakte sollen allgemein, wie jetzt nur im finanzgerichtlichen Verfahren (§§ 123, 127 FGO)[141], auf Antrag des Klägers Gegenstand des Revisionsverfahrens werden (E §§ 169, 109). Da eigene Tatsachenfeststellungen des Revisionsgerichts auch in diesem Fall ausscheiden, soll dann unabhängig von der sonst zu treffenden Entscheidung aufgehoben und zurückverwiesen werden (E § 172)[142].

In jüngster Zeit wird aber — vornehmlich für Verfahren ohne zweite Tatsacheninstanz[143] — vorgeschlagen, das BVerwG solle zur weiteren Verfahrensbeschleunigung nach Möglichkeit auch dann in der Sache selbst entscheiden, wenn zwar weitere Sachaufklärung nötig, diese aber mit keinerlei Schwierigkeiten verbunden ist. Vornehmlich für die Fälle, in denen gesetzlich die Berufungsinstanz ausgeschlossen ist, sollte die Rechtsprechung zur Berücksichtigung neuer Tatsachen weiter ausgebaut, besser noch, durch gesetzliche Regelung eine *eng begrenzte Tatsachenfeststellung durch das BVerwG* zugelassen werden[144].

3. Finanzgerichtliches Verfahren

Das Rechtsbeschwerdeverfahren der AO 1919/1931, das in § 288 AO Gesetzesverletzung, Verstoß gegen den klaren Akteninhalt und Verfahrensmangel als Rechtsbeschwerdegründe vorgesehen hatte, wurde 1966 durch die — nach dem Vorbild der VwGO ausgestaltete[145] — FGO ersetzt, mit dem Willen, den BFH — unter Bruch mit der bis dahin geübten Praxis — nicht mehr im Rahmen eines „verlängerten Veranlagungsverfahrens", sondern als reines Revisionsgericht tätig werden zu lassen[146].

Im Gegensatz zu den Tendenzen, die Überprüfung vor den allgemeinen Verwaltungsgerichten einzuschränken, tritt der Deutsche Anwaltsverein dafür ein, das finanzgerichtliche Verfahren nun doch nach den ursprünglichen Plänen dreistufig auszubauen, weil nur dann ein den anderen Gerichtszweigen vergleichbares Revisionsverfahren möglich sei[147].

---

141 Begründung zum Entwurf, S. 447 f., 452 f.

142 Begründung zum Entwurf, S. 448 f.

143 z. B. gemäß § 34 WpflG.

144 *Pakuscher*, DÖV 1971, 217 (221 f.); *Grave*, VerwArch 64 (1973), 51 (79).

145 Vgl. Begründung zum Entwurf der FGO, S. 35, 56.

146 BT-Drucksache IV/1446, S. 36.

147 Stellungnahme des Deutschen Anwaltsvereins, AnwBl 1972, 150 (152); auch *Ziemer*, StbJb 1973/74, 511 ff.

§ 4 Revisionszweck und Auflockerung der Revision

I. Die Relevanz des Revisionszwecks

Die Bedeutung des Prozeßzwecks für die Gesetzesauslegung und die Lösung prozessualer Einzelfragen darf nicht überschätzt werden. Sicherlich wäre es ein Fehler, dogmatische Einzelfragen aus einem vorweg bestimmten Prozeßzweck abzuleiten, ohne die konkret maßgebenden Wertungsfaktoren sorgfältig zu erhellen[1]. Gleiches gilt für den Revisionszweck. Es genügt nicht, sich auf ihn zu berufen, um ein erwünschtes Ergebnis zu begründen. Der Revisionszweck sagt nämlich — wie sogleich zu zeigen ist — nichts Endgültiges darüber aus, ob und in welchen Grenzen eine Veränderung des Prozeßstoffs in der Revisionsinstanz zulässig ist. Da die Revision aber ein nach einer bestimmten *Idealvorstellung* auf Rechtsfragen beschränktes Rechtsmittel und diese Beschränkung Wesenselement der Revision ist[2], berühren Veränderungen des Prozeßstoffs in der Revisionsinstanz den Revisionszweck. Deshalb läßt sich dem Revisionszweck immerhin entnehmen, ob Veränderungen des Prozeßstoffs in der Revisionsinstanz schlechthin ausgeschlossen sind.

Eine *objektiv* nur auf die Wahrung der Rechtseinheit oder des Rechtsfriedens ausgerichtete Revision führt zu anderen Grenzen der Revisibilität, als wenn Parteiinteressen mitbeachtet werden[3]. Dient die Revision nur der Rechtseinheit und verlangt Rechtseinheit nur ein einheitliches Normverständnis durch die Gerichte, das sich in abstrakten Regeln ausdrückt, nicht aber auch zugleich, daß die vom Recht zu ordnende Wirklichkeit einheitlich beurteilt wird, so ist der völlige Ausschluß der Tatsachenfeststellung aus dem revisiblen Bereich ohne weiteres zu rechtfertigen[4]. Soll dagegen die konkrete Rechtsanwendung einheitlich sein, so wird die Abgrenzung problematisch, weil die unrichtige Rechtsansicht auch die Tatsachenfeststellung beeinflussen kann[5]

---

[1] *Gaul*, AcP 168, 27 (34 f., 38, 62); *Walsmann*, RheinZ 12, 414 (420 f.). *Henckel*, Prozeßrecht u. mat. Recht, S. 63; *Hagen*, JZ 1972, 505 (506).

[2] Vgl. *Bruns*, § 54 II; *Dahs/Dahs*, Rdnr. 43.

[3] *Duske*, S. 47 ff.; *Kuchinke*, S. 48; *Henke*, S. 268; Denkschrift 1971, S. 19.

[4] *Pohle*, Revision, S. 86, 94; *Heinsheimer*, Festschrift f. *Franz Klein*, S. 133 (137); *Bötticher*, Die Gleichheit vor dem Richter, 1953, S. 28 f.; Begründung zum Gesetz zur Änderung der Revision 1971, S. 15; ferner *E. Peters*, Freibeweis, S. 94.

[5] Vgl. *Rimmelspacher*, ZZP 84, 41 (45).

und eine Rechtsnorm — nach freilich nicht unstreitiger Ansicht — auch verletzt ist, wenn sie angewandt wird, obgleich ihre Voraussetzungen nicht vorliegen[6].

Ist jene abstrakte Rechtseinheit dagegen der einzige Revisionszweck, so wäre eine „offene" Auflockerung der Revision anders als möglicherweise bei einer auch oder vorwiegend am subjektiven Rechtsschutz ausgerichteten Zielsetzung nicht zu rechtfertigen.

II. Auffassungen vom Revisions- und Prozeßzweck

1. Meinungen zum Revisionszweck

Überwiegend wird im Zivilprozeß die Meinung vertreten, das oberste Gericht sei zur Wahrung der *Rechtseinheit* geschaffen. Die Aufgabe der materiellrechtlichen Revision liege darin, die Einheitlichkeit der Auslegung und Fortbildung des Rechts zu sichern. Die Verwirklichung des subjektiven Rechtsschutzes für den Einzelfall habe daneben zurückzutreten und sei nur möglich, soweit sie zugleich der Rechtseinheit diene[7]. Dies gelte besonders für die Zulassungsrevision, die allgemein eingeführt werden soll[8]. Sie solle *nur* die Rechtseinheit und die Rechtsfortbildung fördern[9]. Denn zwei Instanzen reichten aus, um „die überhaupt erreichbare sachliche Richtigkeit der Entscheidungen zu gewährleisten"[10], zumindest müsse der Parteienstreit einmal sein Ende haben.

Dagegen wird eingewandt, die Revision sei primär *Rechtsmittel für den Einzelfall*[11], sie sei geschaffen, um den Parteien drei Instanzen zu geben und nur durch die Konzentration auf ein oberstes Gericht trage sie zur Rechtseinheit bei. Auch habe die Schaffung der Zivilprozeßordnung entgegen den Motiven diese Meinung vorgeherrscht. Die Motive seien lediglich einseitig verfaßt[12]. Alle Beschränkungen der Re-

---

[6] *Stein*, Privates Wissen, S. 109; vgl. *Klug*, Festschrift f. *Möhring*, S. 363 (366); s. u. § 5 I.

[7] *Hahn*, Bd. I, S. 364; Begründung zur Novelle 1905, Beihefte zu OLGZ, 1. Heft, S. 5; BGHZ 36, 348 (353); *Fischer*, JJb 38, 274; *Schwinge*, S. 21 ff., 26 ff., 33; *Hanack*, S. 88 f.; *Henke*, S. 191 ff., 268; *Baur*, ZZP 71, 161 (175, 183); *Rosenberg/Schwab*, § 135 II 2; *Arens*, AcP 161, 177 (179 f.); *Kissel*, S. 85 ff.; weitere Nachweise bei *Pawlowski*, ZZP 80, 345 (351 Fn. 26).

[8] *Pohle*, Gutachten f. d. 44. DJT, S. 35 ff.; s. o. § 3 I 2.

[9] *Henckel*, ZZP 76, 356; zu Recht differenzierender *H. Arndt*, Ehrengabe f. *Heusinger*, S. 239 (250).

[10] Kommissionsbericht 1961, S. 155; *Hahn*, Bd. I, S. 141 (dagegen S. 142).

[11] *Seuffert/Walsmann*, Vorbem. 1 zu § 545; *Walsmann*, Iudicium II, S. 58 (64); *Neumann*, JW 1910, 314; *Salinger*, S. 12; *Mannheim*, S. 21, 31; *Möhring*, NJW 1962, 1 (3) (anders NJW 1949, 1); *Fuchs*, LZ 1928, 731 (733); weitere Nachweise bei *Pawlowski*, ZZP 80, 345 (354 Fn. 37); für das österr. Recht: *Fasching*, Probleme, S. 8.

[12] Vgl. *Pohle*, Gutachten f. d. 44. DJT, S. 15, 37; *Wunderli*, S. 53.

visionsprüfung wären dann, wie die Irrevisibilität gewisser Rechtsfragen nach § 549 I ZPO[13], nur Mittel zur Entlastung und zur Erhaltung der Einheit[14] der obersten Gerichte.

Beide Meinungen erscheinen zu einseitig. Aus dem Revisionszweck der gerechten Einzelfallentscheidung allein lassen sich keine praktikablen Regeln für die Beschränkung der Revisionszulässigkeit gewinnen. Nur ein objektiver Maßstab wie z. B. die Wahrung der Rechtseinheit kann daher Kriterium für den Zugang zum Revisionsgericht sein und bestimmt zugleich wesentlich den Revisionszweck[15]. Wie die Revision jedoch durchzuführen ist, ist damit nicht zwingend festgelegt.

Vielmehr soll die einmal zulässige Revision zu einer Sachentscheidung des Einzelfalls führen und muß deshalb wenigstens durch die *Ausgestaltung* des Revisionsverfahrens im einzelnen auch dem Parteiinteresse dienen[16]. Eine Untersuchung der Grenzen der Revision muß deshalb zwar von deren speziellen Zweck ausgehen, weil insoweit eine besondere Wertentscheidung des Gesetzgebers vorliegt[17]. Die Identität der Interessen der Parteien und der Allgemeinheit in Tatsachen- und Revisionsinstanz legen jedoch die gleiche Zweckbestimmung nahe[18]. Dennoch zwingen gleiche Interessen nicht zur gleichen Aufgabenstellung aller Verfahrensabschnitte. Nicht jede Teilregelung des Verfahrens muß ausschließlich auf den Prozeßzweck hin ausgestaltet sein[19]. Eine Differenzierung ist möglich und sinnvoll. Der Zusammenhang mit dem allgemeinen Prozeß- und Rechtsmittelzweck muß aber gewahrt bleiben[20]. Denn die Ausgestaltung des Verfahrens insgesamt dient dazu, den Prozeßzweck zu verwirklichen und darf sich daher nicht in Widerspruch zu ihm setzen[21].

2. Der Prozeßzweck

Alle Versuche, das Revisionsverfahren zur „Oberberufung" umzugestalten, beruhen auf der Meinung, Zweck des Zivilprozesses sei es,

13 *Manigk*, ZZP 60, 351 (355); *Kuchinke*, S. 38 f.

14 Vgl. *Henke*, Tatfrage, S. 211.

15 *Kuchinke*, S. 48; *Paulus*, ZZP 71, 188 (196 f.); Begründung zum Gesetz zur Änderung der Revision 1971, S. 15; vgl. *Rosenberg/Schwab*, § 135 II 2; *Henke*, ZZP 81, 321 (332 f.).

16 *Baur*, ZZP 71, 161 (175); *H. Arndt*, Ehrengabe f. *Heusinger*, S. 239 (245); *Kern/Roxin*, S. 272.

17 *Schwinge*, S. 32 (gegen Mannheim); *Schoppe*, S. 4; allgemein zum Prinzip der Spezialität *Hagen*, JZ 1972, 505 (506 f.).

18 Für ihre Identität *Pawlowski*, ZZP 80, 345 (355, 358, 369); *Eike Schmidt*, S. 34 (einheitliches Verfahren zur Schlichtung sozialer Konfliktfälle); vgl. auch *Grunsky*, Grundlagen, S. 6.

19 *Walsmann*, RheinZ 12 (1922/23), 414 (420).

20 *Pohle*, Gutachten f. d. 44. DJT, S. 10 f.

21 *Walsmann* (Fn. 19).

das materielle Recht durchzusetzen[22]. Unterstellt ist dabei, subjektiver Rechtsschutz sei alleiniger oder doch vorherrschender Prozeßzweck.

Die Verwirklichung subjektiver Rechte ist auch fast allgemein als Prozeßzweck anerkannt[23]. Freilich soll der Prozeß auch weitere Aufgaben erfüllen: das objektive Recht bewahren, Rechtsfrieden und Rechtsgewißheit schaffen, das Recht fortbilden und Rechtseinheit gewährleisten[24]. Sieht man in diesen weiteren Aufgaben nur Kehrseite oder Folge des subjektiven Rechtsschutzes[25], so kann es keinen Streit um die Rangfolge der Prozeßzwecke geben. Theoretisch besteht sicherlich kein Widerstreit der Prozeßzwecke[26]. Dies gilt auch für den „Streit" um den „Vorrang" einer auf Rechtseinheit oder auf Einzelfallgerechtigkeit abzielenden *Rechts*prüfung[27]. Dagegen zeigen die Präklusionsregeln und somit auch die Revision, daß gerechte Fallentscheidung, Rechtssicherheit, Rechtseinheit und Fortbildung des Rechts nicht voll harmonieren. Denn wollte man nur das subjektive Recht durchsetzen und materielle Gerechtigkeit verwirklichen, so ließe sich die grundsätzliche Bindung in der Tatfrage nicht rechtfertigen[28]. Da das Grundgesetz aber umfassenden privatrechtlichen Rechtsschutz garantiert[29], so ist jedenfalls im Zweifel subjektivem Rechtsschutz der Vorrang einzuräumen.

Ob dabei das bestehende Recht nur zu verwirklichen oder erst (subjektiv oder objektiv) zu bestimmen, zu „finden" ist[30], ob in dem gleitenden Übergang von Gesetzesauslegung zur Rechtsfortbildung eine eindeutige Trennung zu finden ist oder nicht, ändert nichts an diesem Vorrang und kann daher offen bleiben. Neuere Bestimmungen des Prozeßzwecks anhand der sozialen Funktionen des Prozesses in der Gesellschaft[31] können unerörtert bleiben, weil sie lediglich die subjektiv erstrebten Ziele des Rechtsschutzes einbeziehen oder verdeutlichen, daß ein geordnetes Verfahren und staatliche Macht Rechtsfrieden und Rechtssicherheit auch bei einem möglicherweise falschen

---

[22] Vgl. *Rimmelspacher*, Prüfung von Amts wegen, S. 195.

[23] Statt aller: *Rosenberg/Schwab*, § 1 III 1; *Stein/Jonas/Pohle*, Einl C I.

[24] *Stein/Jonas/Pohle*, Einl C II - V; *Pohle*, Gutachten, S. 10; *Blomeyer*, § 1 I 4; *Gaul*, AcP 168, 27 (46 ff.); *ders.*, Grundlagen, S. 52; *Walsmann*, RheinZ 12, 414; sowie jüngst *Eike Schmidt*, S. 9 ff.

[25] *Rosenberg/Schwab*, § 1 III 2, 3; a. A. *Rimmelspacher*, Prüfung von Amts wegen, S. 23; für Klagen im öffentl. Interesse *Lent/Jauernig*, § 1 II 3.

[26] Vgl. *Frisch*, S. 247 ff.

[27] Vgl. *Meyer*, in *Löwe/Rosenberg*, Vor § 333 Anm. 2.

[28] *Pohle*, Revision, S. 83; *Hanack*, S. 88 Fn. 60, 90 Fn. 69; *Schoppe*, S. 14.

[29] *Dütz*, Rechtsstaatlicher Gerichtsschutz im Privatrecht, 1970, S. 129 f.

[30] So *Pawlowski*, ZZP 80, 345 (367 ff.); *Gilles*, S. 55 Fn. 91.

[31] Vgl. *J. J. Hagen*, Die soziale Funktion des Prozesses, ZZP 84, 385 (388 ff.); *Luhmann*, Legitimation durch Verfahren, 1969, S. 17 ff., 31 ff., 40 ff.

Urteil garantieren. Für die Auslegung jedenfalls des Revisionsrechts sind sie deshalb weitgehend unergiebig.

Neuerdings wird auch eingewandt, Prozeßzweck sei nur, einer angemessenen Rechtsausübung zu dienen. Der Zweck dieser Rechtsausübung müsse aber wie im materiellen Recht ausgeklammert werden, um die Wechselbeziehung zwischen beiden Gebieten nicht zu verfälschen. Nur so könne verhindert werden, daß spezielle Wertungen, z. B. die Grenzen der Revision, aus dem Prozeßzweck abgeleitet und Prozeßnormen nur nach ihrer Eignung zur Durchsetzung des materiellen Rechts ausgelegt werden, statt die im Einzelfall maßgeblichen Wertungen zu ermitteln[32]. Letzteres ist sicher notwendig, denn jede rein begriffsjuristische Ableitung ist seit langem als Scheinbegründung erkannt[33]. Um dogmatische Fehlschlüsse zu verhindern, ist es daher nicht nötig, den Zweck der Rechtsausübung aus dem Prozeßzweck zu eliminieren. Außerdem verwischen sonst die Unterschiede zwischen Wesen und Zweck des Zivilprozesses; die Definition des Prozeßzwecks wird inhaltsleer[34]. Wird aber eingeräumt, die „angemessene" Rechtsausübung müsse die Ausübung und Verteidigung subjektiver Rechte ermöglichen, so bleibt wohl kein Unterschied zum Prozeßzweck subjektiven Rechtsschutzes in den durch die Rechtssicherheit und die Prozeßökonomie gezogenen Grenzen.

Umschreibt man dieses Ziel des Prozesses als „Verwirklichung der Gerechtigkeit auf der Grundlage der Wahrheit"[35], so wird das *Ideal* beschrieben. Wollte man es uneingeschränkt verwirklichen, so müßte man alle Präklusionen beseitigen und die Revision auflockern. Wahrheitsforschung kann deshalb nur beschränkt erfolgen, nämlich in einem zweckmäßigen, schnellen, nicht zu teueren Verfahren, das zu endgültiger Rechtssicherheit führt.

Man wird sich deshalb damit begnügen müssen, daß das Verfahren seiner Tendenz nach auf Wahrheitsfindung und subjektiven Rechtsschutz ausgerichtet ist, dieses Ziel aber um der Rechtssicherheit willen nur auf beschränktem Wege zu suchen ist[36]. Das Spannungsverhältnis zwischen subjektivem und objektivem Rechtsschutz ist daher im Prozeß als Institution angelegt und beeinflußt Prozeßzweck, Rechtsmittelzweck und Revisionszweck[37] gleichermaßen.

---

[32] *Henckel*, Prozeßrecht u. mat. Recht, S. 63, 409.

[33] *Brecher*, Festschrift f. *Nikisch*, S. 227 (236).

[34] *F. v. Hippel*, ZZP 65, 424 (432) (der dies allen Definitionen vorwirft).

[35] *Gaul*, Grundlagen, S. 53, 64 u. AcP 168, 27 (53); zustim. *Eike Schmidt*, S. 34 ff., 38 (der freilich nur die „ideale" Tatsachenermittlung, nicht die Präklusionsregeln sieht); vgl. ferner *Brüggemann*, S. 50.

[36] *Walsmann*, RheinZ 12, 414 (417 f.).

[37] *Pohle*, Gutachten, S. 11 f.; *Kern/Roxin*, S. 272; vgl. auch *Dahs/Dahs*, Rdnr. 2; für das österr. Recht: *Fasching*, Vor §§ 461 - 528 Anm. 3.

3. Gleichwertigkeit der Revisionszwecke

a) Materielle Revision

Die Revision ist als Parteirechtsmittel ausgestaltet. Anders als etwa bei der Kassation zum Obersten Gericht der DDR oder zum französischen Kassationshof gibt es keine im öffentlichen Interesse bestehende unentziehbare Möglichkeit, für die Rechtseinheit wichtige Fragen zu entscheiden. Vielmehr unterliegt es stets der Parteidisposition, ob das Verfahren fortgeführt wird. Revision kann nur die beschwerte Partei einlegen. Die Parteien haben die Mühe und tragen die Kosten des Revisionsverfahrens. Eine Sachentscheidung ergeht auch, wenn der Fall letztlich doch keine grundsätzliche Bedeutung hat, die Grundsatzfrage inzwischen geklärt wurde oder durch Gesetzesänderung entfiel. Auch wird ein objektiv falsches Urteil nicht aufgehoben, wenn es nur im Ergebnis richtig ist[38].

Daher können Rechtseinheit und Rechtsfortbildung (Rechtseinheitsfunktion) nicht als übergeordnete Prinzipien für die Ausgestaltung des Revisionsverfahrens und die Auslegung der es regelnden Normen gegenüber der Kontrollfunktion im Parteiinteresse angesehen werden[39]. Und zwar gilt dies gleichermaßen für die Wertrevision[40] wie für die Zulassungsrevision[41]. Sicherlich soll die Revision der Rechtseinheit dienen. Der bestehenden Verfahrensgestaltung wird es aber nicht gerecht, die Parteiinteressen nur als „nebensächliche Begleiterscheinungen" zu werten, die sich der Staat um des Gemeinwohls willen nutzbar mache[42]. Trotz aller Beschränkungen sollen die Parteien vielmehr fühlbaren Nutzen von der Revision haben. BVerwG und BSG, die beide vornehmlich die Zulassungsrevision kennen, sehen daher zu Recht die Gewährung von Individualrechtsschutz als ihre vornehmste Aufgabe an[43].

Ob deshalb die subjektive Rechtsschutzfunktion der Revision allgemein für die Verfahrensgestaltung den Vorrang hat[44], erscheint jedoch

---

[38] Anders in der DDR, vgl. *Niethammer/Latka*, NJ 1970, 179 (182).

[39] *Manigk*, ZZP 60, 351 (355); *Mannheim*, S. 29 ff.; *Jesch*, AP Nr. 7 zu § 626 BGB; a. A. *Rosenberg/Schwab*, § 144 V 2; *Henke*, Tatfrage, S. 191 ff., 223 u. ZZP 81, 196 (199); *Hanack*, S. 89 ff.; *Bernhardt*, § 51 II.

[40] *Pohle*, Gutachten, S. 17.

[41] *Gräber*, DStR 1969, 129 (134).

[42] *Schwinge*, S. 34 m. w. N.; zu Recht ablehnend: *Pawlowski*, ZZP 80, 345 (354); *Gilles*, S. 79 f.; *Meyer*, in *Löwe/Rosenberg*, Vor § 333 Anm. 2; *Mannheim*, S. 30; *Zipf*, Strafmaßrevision, 1969, S. 173.

[43] BVerwG 7, 159 (163); BSG NJW 1969, 1579.

[44] So *Stein/Jonas/Grunsky*, Vor § 545 I 2; *Gilles*, S. 62, 75, 79 f.; *Jagusch*, NJW 1963, 1 u. 565; *Reuß*, DÖV 1959, 10; *Schäfer*, Festschrift f. *Schlegelberger*, S. 157; *Holste*, AnwBl 1958, 1 ff.; *Salinger*, S. 12; vgl. auch *Kuchinke*, S. 46 ff.;

zweifelhaft. Denn dann wäre z. B. für eine Entlastung des Revisionsgerichts durch Entscheidung über die Revision ohne mündliche Verhandlung[45] kein Raum.

Grundsätzlich ist davon auszugehen, daß echte Rechtseinheit nur durch das Mittel gerechter Einzelfallentscheidung verwirklicht wird[46]. Daher liegt es auch im öffentlichen Interesse, den Parteien in der Revisionsinstanz ihrem tatsächlichen Fall entsprechend Recht zu sprechen[47]. Über Fälle, die ohne weiteres unter eine Norm und die bisher vorliegenden konkretisierenden Regeln des Richterrechts fallen, wird regelmäßig kein Prozeß geführt. Eine allzu beschränkte Revision führt daher weder zu einer gerechten Rechtsprechung im Einzelfall, noch wahrt sie die Rechtseinheit, sondern führt nur zu einer einheitlichen Verwendung abstrakter Formeln[48]. Objektive und subjektive Rechtschutzfunktionen sind daher im Revisionsverfahren grundsätzlich gleichberechtigt zu berücksichtigen[49].

Daß Rechtseinheit und Gerechtigkeit als Verfahrens- und Revisionszweck einander nicht völlig entsprechen[50], und daher der Streit nicht müßig ist, soll nicht verkannt werden. Die *Gleichwertigkeit beider Revisionszwecke* ist trotzdem kein Spiel mit Worten: Sie bedeutet einmal, daß für das Revisionsverfahren selbst kein allgemeiner „Primat des Rechtseinheitsgedankens über den Individualrechtsschutz" in dem Sinne besteht, daß das Revisionsgericht nur soweit tätig werden müßte und dürfte, als dies im Einzelfall mit Beispielswirkung zur Vorbereitung der Lösung gleichartiger Fälle, d. h. zur Wahrung der Rechtseinheit nötig ist[51], oder daß das Interesse der Parteien gegenüber der Wahrung der Rechtseinheit in jedem Kollisionsfall zurückzutreten hätte[52].

---

ebenso dasjenige strafprozessuale Schrifttum, das die Einzelfallgerechtigkeit als vorrangigen Revisionszweck ansieht, dazu vgl. *Frisch*, S. 292 ff. m. N.

[45] Art. 1 Nr. 2 des Gesetzes zur Entlastung des BGH in Zivilsachen vom 15. 8. 1969 (BGBl I 1141).

[46] *Rimmelspacher*, ZZP 84, 41 (49); *Pohle*, Revision, S. 83; *Esser*, JZ 1962, 515; *Pawlowski*, ZZP 80, 345 (355); *Henke*, Tatfrage, S. 204.

[47] *Kraemer*, ZZP 60, 49 (50).

[48] *Alsberg*, Justizirrtum, S. 45; *Fuchs*, JW 1917, 633 (634).

[49] *Esser*, JZ 1962, 513; *Grussendorf*, NJW 1960, S. 10; *Keim*, S. 30 ff.; *Pohle*, Revision, S. 82 f.; (für den Prozeßzweck: *Martens*, ZZP 85, 79); *Sarstedt*, S. 2; *Richard Schmidt*, Lehrbuch, S. 796 f.; *Kuchinke*, S. 47; auch *Stein/Jonas/Grunsky*, Vor § 545 I 2.

[50] Vgl. *Hanack*, S. 81 f.; *Pawlowski*, ZZP 80, 345 (355 f.); *Henke*, Tatfrage, S. 192 ff.; *Frisch*, S. 243 ff.

[51] *Stumpf*, Festschrift f. *Nipperdey* I, S. 957 (971); *Mannheim*, S. 30; *Hanack*, S. 88; *Mitsopoulos*, ZZP 81, 251 (257); vgl. auch *Bruns*, Rapports, S. 533; a. A. *Henke*, Tatfrage, S. 268 Fn. 44 m. w. N. u. ZZP 81, 321 (331 ff.); *Rosenberg/Schwab*, § 144 V.

[52] So aber *Schwinge*, S. 27.

Das Gegenteil folgt auch nicht daraus, daß die Grenzen subjektiven Rechtsschutzes in der Revisionsinstanz nicht nur aus den immanenten Schranken dieses Prinzips selbst, sondern wesentlich aus dem Prinzip der Wahrung der Rechtseinheit abgeleitet werden. Der Streit um den absoluten Vorrang beider Prinzipien ist nämlich weder notwendig[53], noch wird er der Sache gerecht. Denn Prinzipien haben keinen ausschließlichen Charakter. Besteht ein Prinzipiengegensatz, so muß daher die Lösung nicht in einer allgemeinen Über-Unterordnung bestehen. Es ist vielmehr legitim, in einem Kompromiß jedem Prinzip einen bestimmten Anwendungsbereich durch eine „mittlere" Lösung zu geben[54]. Die Schwierigkeit der Revision besteht gerade darin, weitgehend eine gleichzeitige Befriedigung beider Interessenkreise zu erreichen. Gerade dies macht die Revision zu einer „eigenartigen, feinsinnig, aber freilich auch sehr künstlich ausgebildeten Schöpfung"[55].

Ob der Revision nun de lege lata oder nur de lege ferenda eine Überprüfung und Veränderung des tatsächlichen Prozeßstoffs in Grenzen möglich ist, bleibt damit noch völlig offen. Denn die Abwägung zwischen den Interessen an der Wahrheitsfindung im Einzelfall und übergeordneten Gemeinschaftsinteressen durch den Gesetzgeber hat zur Beschränkung der Revision auf Rechtsfragen geführt[56], d. h. auf Fragen, denen in stärkerem Maße grundsätzliche Bedeutung und damit Beispielswirkung für andere Fälle zukommt. Die bewußte Distanz zwischen „dem Leben" und dem Sachverhalt, über den das Revisionsgericht entscheidet, der durch die tatsächliche Entwicklung überholt sein kann, soll daher typisches Kennzeichen der Revision sein[57].

Der Überblick über den Streitstand zur Auflockerung dieses Grundsatzes[58] zeigt nur, daß Veränderungen des Prozeßstoffs verstärkt zugelassen werden, wenn dies gleichzeitig Parteiinteressen und öffentlichen Belangen entspricht, z. B. bei den Prozeßvoraussetzungen oder etwa bei Devisenverkehrsgenehmigungen.

Andererseits wird im österreichischen Zivilprozeßrecht zwar der Vorrang des Individualrechtschutzes als Revisionszweck vertreten[59], zugleich aber an der strengen Bindung des Revisionsgerichts an den festgestellten Sachverhalt — abgesehen von der gesetzlich vorgesehenen

---

[53] a. A. *Hanack*, S. 89.

[54] Vgl. *Canaris*, Systemdenken, S. 53, 115; ferner *Kuchinke*, S. 47. Freilich kann diese vor allem in Strafsachen zum Schutz des Angeklagten von den sonst üblichen Revisionsgrenzen abweichen.

[55] *Richard Schmidt*, S. 797.

[56] Vgl. *Gaul*, Grundlagen, S. 56.

[57] *Fasching*, Probleme, S. 25.

[58] s. o. § 2.

[59] *Fasching*, Vor §§ 461 - 528, Anm. 3; Vor §§ 502 ff. Anm. 1, 3.

Darlegung von Nichtigkeitsgründen und Verfahrensfehlern — ausnahmslos festgehalten[60].

Die Zweckbetrachtung wird damit aber nicht ad absurdum geführt. Das österreichische Beispiel zeigt nur, daß keine angebotene Lösung zwingend ist. Der Doppelcharakter des Rechtsschutzes in der Revision im Einzel- und Allgemeininteresse und der Widerstreit zwischen Gerechtigkeit und Formenstrenge kann vielmehr unterschiedlich gelöst werden[61]. Trotzdem scheint eine stärkere Betonung der Parteiinteressen Einbrüche des Revisionsgerichts in den Tatsachenbereich eher zu rechtfertigen und zu anderen Fallgruppen zu führen, als eine nur auf das Allgemeininteresse abstellende Betrachtung.

b) Verfahrensrevision

Festzustellen bleibt, daß die Gleichwertigkeit der Revisionszwecke auch für die Verfahrensrevision gilt. Sie unterscheidet sich von der materiellen Revision zwar in der Funktion, nicht aber in der grundlegenden Zielsetzung[62]. Materielle Rüge und Verfahrensrüge sind gleichermaßen nicht nur bei prinzipiellen Verstößen, sondern auch bei bloßer Unachtsamkeit oder Unkenntnis des Untergerichts begründet, auch wenn dadurch keine weitere Rechtsvergewisserung oder -fortbildung eintritt, das Urteil also nicht als neues Präiudiz geeignet ist. Auch in diesen Fällen dient die Korrektur durch das Revisionsgericht einer konkret verstandenen Rechtseinheit und damit nicht nur subjektivem Rechtsschutz, sondern auch einer sorgfältigen Verfahrensweise im Interesse der Allgemeinheit[63]. Bei der zunehmenden Schwierigkeit des Prozeßrechts sind auch sachliche Zweifel hinsichtlich der Auslegung des Verfahrensrechts keineswegs so selten, daß eine grundlegende Unterscheidung zwischen Verfahrens- und materieller Revision gerechtfertigt wäre. Die Rügepflicht für Verfahrensfehler dient lediglich der Entlastung des Revisionsgerichts und der Beschleunigung des Verfahrens durch den Ausschluß verspäteter Rügen; die Rüge ist aber auch ohne gesetzliche Pflicht praktisch notwendig, weil Verfahrensfehler häufig vom Gericht durch eigene Prüfung des Urteils nicht festgestellt werden können.

---

[60] Vgl. *Fasching*, § 406 Anm. 4 (mit einer gesetzlichen Ausnahme für Abstammungsstreitigkeiten).

[61] s. u. § 13 I 2 b.

[62] *Manigk*, ZZP 60, 351 (392); *Stein/Jonas/Grunsky*, Vor § 545 I 2; *Gilles*, S. 76; *Rimmelspacher*, ZZP 84, 41 (49 Fn. 18); *Meyer*, in *Löwe/Rosenberg*, Vor § 333 Anm. 2; dagegen sehen *Schwinge*, S. 34 ff.; *Bettermann*, NJW 1954, 1305 (1308); *Sellke*, S. 37; *Duske*, S. 100 u. *Baur*, ZZP 71, 161 (166) die Verfahrensrevision primär als Mittel der Aufsicht über die Tatsacheninstanz; vgl. auch *Bruns*, S. 456.

[63] *H. Schneider*, Ehrengabe f. *Heusinger*, S. 101 (112).

III. Revisionszweck und Auflockerung der Revision

Der Überblick über die geschichtliche Entwicklung, die Reformen und Reformvorschläge[64] zeigt, daß die Revision im einzelnen vorwiegend anhand praktischer Überlegungen ausgestaltet wurde. Maßgebend war — außer in Strafsachen — die Notwendigkeit, den Zugang zum Revisionsgericht und den Prüfungsumfang des letztinstanzlichen Rechtsmittels so zu beschränken, daß *ein* Gericht die anfallende Arbeit bewältigen konnte. Während zahlreiche Verfahrensregeln als Garantien eines rechtsstaatlich geordneten Verfahrens unerläßlich sind, scheinen die Beschränkungen der Revisionsprüfung vornehmlich von der *Leistungsfähigkeit* des Revisionsgerichts bestimmt zu sein[65].

Je größer die Eingriffsmöglichkeiten des Revisionsgerichts sind, desto größer ist auch die konkrete Rechtseinheit, desto größer aber auch die Gefahr für die Unparteilichkeit der Rechtsprechung, wenn das oberste Gericht parteilich entscheidet. Die Nationalsozialisten, die für eine Auflockerung des Revisionsverfahrens eintraten, wollten dies sicherlich, um aus politischen Gründen Tatsachenfeststellungen beeinflussen zu können. Wegen dieser Gefahr politischen Mißbrauchs erweiterter Befugnisse des Revisionsgerichts ist aber nicht jede Auflockerung des Verfahrensgangs verderblich[66]. Die Beseitigung rechtlicher und tatsächlicher Fehler durch eine am Recht orientierte Rechtsprechung bleibt ein erstrebenswertes Ziel[67]. Dagegen erscheint die Beschränkung der Revisionsinstanz auf eine bloße Rechtsfolgenprüfung doch als recht ungeeignetes Mittel, eine „Politisierung" der Rechtsprechung zu verhindern oder ihr Grenzen zu setzen.

Deshalb kann neu überprüft werden, in welcher Weise die Aufgaben zwischen Tat- und Revisionsinstanz am sinnvollsten im Rahmen der gesetzlichen Regelung abzugrenzen sind, ohne daß dadurch „die" Revision angegriffen würde. Denn einen „allgemeingültigen, von vornherein feststehenden Begriff der Revision"[68] gibt es nicht. Ein auf die Rechtsfrage beschränktes Rechtsmittel liegt auch dann vor und kann berechtigterweise Revision genannt werden, wenn dieses „komplexe Kunstgebilde"[69] in engen Grenzen flexibler gestaltet wird[70]. Daß

---

[64] s. o. § 3.

[65] Vgl. aber *Gaul*, AcP 168, 27 (42 Fn. 70).

[66] a. A. *Tipke*, bei *Niemann*, StbJb 1970/71, 101 (107 Fn. 7).

[67] *Schwinge*, S. 248 ff. (gegen Auflockerung der Revision — aber für außerordentliche Revision); *Manigk*, ZZP 60, 351 (413).

[68] *Mannheim*, S. 33; *Henke*, Tatfrage, S. 195; *Pagendarm*, S. 2; *Ule*, Diskussionsbeitrag, 44. DJT II E 108 (109).

[69] *Pohle*, Gutachten, S. 20; *Arens*, AcP 161, 177 (184); *Duske*, S. 81 ff.

[70] Vgl. Denkschrift 1971, S. 42.

dadurch die Rechtsprechung schlechter würde, erscheint als unberechtigte Übertreibung[71]. Das für die Revision relevante Ideal der gerechten Sachentscheidung kann vielmehr dazu zwingen, entgegen der gesetzlichen Regelung zu beachten, daß ein Urteil wegen seit Erlaß des Berufungsurteils eingetretener Ereignisse doch richtig ist[72], ohne daß eine anderweitige tatsächliche Beurteilung (regelmäßige) Aufgabe und Zweck des Revisionsverfahrens wäre[73].

Der Zugang zum Revisionsgericht kann dabei ohne weiteres zur Entlastung und unter Auswahl grundsätzlicher Rechtsfragen beschränkt werden. Gleichzeitig kann aber jedem zugelassenen Fall Einzelfallgerechtigkeit zuteil werden, ohne daß eine Umbildung der Revision zu einer dritten Tatsacheninstanz vollzogen werden müßte[74]. Sicher hat die aus der Kombination von Amtsprüfung und Sachentscheidungsbefugnis folgende konkrete Nachprüfung der angefochtenen Urteile mit dazu beigetragen, daß sich die Prüfung immer stärker „auf ein mehr tatsächliches Gebiet" erstreckte und zur Überlastung der Revisionsgerichte führte[75]. Diese Entwicklung sollte aber nicht umgekehrt werden, weil sonst das Ansehen der Revisionsgerichte verspielt würde[76]. Die nötige Entlastung ist vielmehr ausschließlich durch eine Drosselung des Zugangs zum Revisionsgericht zu erreichen[77]. Da dies möglich ist, erscheinen die Befürchtungen, das genaue Eingehen auf den Einzelfall gefährde Rechtseinheit und Rechtsfortbildung[78], als unbegründet.

---

[71] Vgl. dagegen *Ule*, Verh. d. 44. DJT, Bd. 2 E, S. 108 (111); *Meyer*, in *Löwe/Rosenberg*, Vor § 333 Anm. 3.

[72] *R. Fischer*, LM Nr. 6 zu § 161 HGB.

[73] *R. Fischer*, LM Nr. 20 zu § 561 ZPO.

[74] Anders aber *Kregel*, Referat f. d. 44. DJT, Bd. 2 E, S. 5 (12).

[75] Krit. dazu *Baumbach/Lauterbach/Albers/Hartmann*, Übersicht vor § 545 Anm. 1 c.

[76] Begründung zum Entwurf 1931, S. 363, 365.

[77] Begründung zum Entwurf zur Änderung der Revision 1971, S. 8. Strafsachen sind freilich anders zu behandeln.

[78] *Fischer*, JW 1904, 307 (316) u. JJb 38, 274 (313).

Zweiter Teil

Der bisherige Tatsachenstoff in der Revisionsinstanz – Seine Überprüfung und die damit verbundenen Veränderungen

§ 5. Die gesetzliche Festlegung des Prozeßstoffs in der Revisionsinstanz

I. Die Bindung an den bisherigen Prozeßstoff

Das Gesetz ist auch verletzt, wenn eine Rechtsnorm angewandt ist, obgleich ihre tatsächlichen Voraussetzungen nicht vorliegen. Daher schließen die §§ 549, 550 ZPO das Revisionsgericht nicht notwendig von der Nachprüfung und Ergänzung des tatsächlichen Prozeßstoffs aus. Die eigentliche gravierende Beschränkung der Revision liegt vielmehr darin, daß § 561 ZPO durch die Bindung an die tatsächlichen Feststellungen die Überprüfung der Urteilsgrundlage einschränkt[1], so daß Rechtsanwendung nicht auf den wirklichen, sondern den vom Tatsachengericht festgestellten Sachverhalt zu überprüfen ist[2].

Zwar läßt sich einwenden, Gesetzesverletzung und tatsächliches Falschurteil seien zu trennen: Eine Gesetzesverletzung könne überhaupt nur auf unverrückbarer Tatsachengrundlage beurteilt werden, weil sonst jede Unterscheidung von revisiblen und irrevisiblen Fehlurteilen aufgehoben werde[3]. Aber diese Unterscheidung ist nur möglich, wenn feststeht, daß die Gesetzesverletzung anhand des bereits festgestellten Sachverhalts, nicht anhand des vom Revisionsgericht selbst festzustellenden zu beurteilen ist. Dies ergibt sich eindeutig erst aus § 561 ZPO, der deshalb § 549 ZPO ergänzt[4]. Erst in § 561 I 1, II ZPO kommt das *revisionsrechtliche Grundprinzip* eindeutig zum Ausdruck, daß die Tatsachenfeststellung den Instanzgerichten obliegt.

---

[1] *Stein*, Privates Wissen, S. 109; *Schultzenstein*, ZZP 37, 244 (278); *Levin*, DJZ 1930, 27 (30); *Duske*, S. 30 ff.; a. A. *Mannheim*, S. 33; *Oertmann*, Rechtsordnung u. Verkehrssitte, S. 505 f.; *Zemlin*, S. 34; *Pagendarm*, S. 2.

[2] Vgl. *Unger*, ZZP 42, 104 (132).

[3] *Oertmann*, S. 506; *Manigk*, ZZP 60, 351 (413); *Pagendarm*, S. 4 f.; *Hempfling*, S. 53; *Brüning*, S. 28; *Planck*, § 148 V A 2; vgl. BFH 91, 213 (216).

[4] *Baumbach/Lauterbach/Albers/Hartmann*, § 561 Anm. 1; vgl. auch *Schmid*, ZStW 85, 360 (368 f.).

1. Grundsätze

a) Begrenzung des Prozeßstoffs

§ 561 I 1 ZPO legt den tatsächlichen Prozeßstoff der Revisionsinstanz durch den Tatbestand des Berufungsurteils, den tatsächlichen Inhalt der mit angefochtenen Entscheidungen (§ 548 ZPO)[5] und das Sitzungsprotokoll der Berufungsinstanz mit seinen Anlagen (§ 560 III ZPO)[6] fest. Dabei wird unterstellt, daß auch der Inhalt der Anlagen vorgetragen wurde[7]. Hinzu kommen alle Schriftstücke, auf die das Urteil ausdrücklich anstelle einer vollständigen Darstellung des Tatbestandes Bezug nimmt (§ 313 II ZPO)[8]; auch eine Bezugnahme auf das Urteil erster Instanz (§ 543 ZPO), erstinstanzliche Protokolle oder auf einzelne Stellen von Schriftsätzen ist zulässig. Tatsachen, die nur in den Entscheidungsgründen enthalten sind, kann das Revisionsgericht ebenfalls beurteilen[9].

Nur der in diesen Schriftstücken enthaltene Prozeßstoff unterliegt der Beurteilung des Revisionsgerichts. Neues Vorbringen tatsächlicher Art ist damit sinngemäß ausgeschlossen. Ob völlig neuer Prozeßstoff vorgetragen wird oder ob lediglich frühere Angaben berichtigt, ergänzt, genauer dargestellt[10] werden sollen, ist gleichgültig, weil sich in jedem Falle das der Beurteilung unterliegende Vorbringen verschiebt.

Ebenso ist generell irrelevant, ob die Tatumstände bereits im Zeitpunkt der letzten mündlichen Verhandlung in der Berufungsinstanz (bei Sprungrevision: erster Instanz) vorlagen oder erst nachher eingetreten sind[11]. Hat das Berufungsgericht ein Zwischenurteil erlassen, so ist der Prozeßstoff für die dadurch erledigten Streitpunkte auf den Tatsachenstoff beschränkt, der in der diesem Urteil vorausgehenden mündlichen Verhandlung vorgetragen war[12].

Das Revisionsgericht darf neues Vorbringen grundsätzlich nicht berücksichtigen; auch nicht deswegen nach den §§ 564 I, 565 I ZPO aufheben und zurückverweisen[13].

---

[5] Vgl. *Schultzenstein*, ZZP 43, 244 (253); *Rocholl*, AcP 67, 94 (112).

[6] Vgl. *Seuffert/Walsmann*, § 561 Anm. 2 b.

[7] Vgl. *Förster/Kann*, § 561 Anm. 2.

[8] s. u. § 8 II 2 a.

[9] RGZ 80, 172 (174); 149, 312 (315); *Rosenberg/Schwab*, §§ 59 II 2 d, 146 II 2; *Baumbach/Lauterbach/Albers/Hartmann*, § 561 Anm. 4 A; *Peters/Sautter/Wolff*, § 163 Anm. 2.

[10] RGZ 149, 312 (317); *Schultzenstein*, ZZP 37, 244 (255); *Baumbach/Lauterbach/Albers/Hartmann*, § 561 Anm. 2 B.

[11] Vgl. *Rietschel*, ZZP 66, 299 (300).

[12] *Sydow/Busch/Krantz/Triebel*, § 548 Anm. 1.

[13] BFH BStBl 1966 III 321; *Ziemer/Birkholz*, § 118 Rdnr. 19; mißverständlich BVerwGE 37, 151 (154) u. *Kopp*, § 137 Anm. 5 c dd; s. aber u. § 8 I 3 b; § 10 II 1.

Das Gesetz läßt neues Vorbringen ausdrücklich nur zu, soweit Verfahrensrügen erhoben werden: Die Tatsachen, die den Verfahrensmangel ergeben sollen, müssen in der Revisionsbegründung angegeben werden und sind dementsprechend zu Berücksichtigen (§§ 561 I 2, 554 III Nr. 2 b ZPO)[14].

b) Bindung an die getroffenen Feststellungen

In diesem Rahmen bindet § 561 II ZPO an alle Feststellungen des Berufungsgerichts zu tatsächlichen Behauptungen der Parteien. Grundsätzlich bindend sind deshalb die Beweiswürdigung des Gerichts, Erwägungen über die Beweiskraft von Indizien[15] und alle tatsächlichen Schlußfolgerungen aus konkret festgestellten Tatsachen[16], z. B. Schätzungen über die Höhe nicht nachgewiesener Verbindlichkeiten[17], die Feststellung, daß ein Verkauf nicht im ordentlichen Geschäftsverkehr erfolgte[18], daß eine USA-Reise betrieblich veranlaßt war[19] oder Prognosen über künftige Entwicklungen[20].

Ob die Feststellungen positiver oder negativer Art sind, ist gleichgültig. Daher bindet auch die Annahme, daß eine Tatsache nicht erwiesen werden kann[21]. Nicht gebunden ist das Revisionsgericht dagegen an bloße *Unterstellungen*[22], sofern nicht die Partei gerade das Fehlen der Feststellungen rügt, die bereits unterstellt wurden[23].

Die Bindung bezieht sich grundsätzlich auf Feststellungen zu Vorgängen außerhalb wie innerhalb des Prozesses[24]. Sie ist genereller Art und deshalb grundsätzlich nicht davon abhängig, ob im Einzelfall eine Nachprüfung schwierig oder ganz einfach vorzunehmen wäre.

Sie bedeutet, daß das Revisionsgericht bei seiner Prüfung davon auszugehen hat, daß die getroffenen tatsächlichen Feststellungen *rich-*

---

[14] s. u. § 8 I 1, 4.

[15] BayObLGZ 1965, 94 (102).

[16] *Hahn/Stegemann*, Bd. II/1, S. 371 zu § 500; zu Ausnahmen für „unmögliche" Schlüsse s. u. § 7 III 2; für die reformatorische Entscheidung s. u. § 9.

[17] BFH 91, 254; *v. Wallis/List*, § 118 Rdnr. 26.

[18] BFH 93, 17 (22).

[19] BFH 102, 85 (88 f.) = DStR 1971, 543.

[20] Vgl. BGH LM Nr. 15 zu § 9 BEG 1956; *Rosenberg/Schwab*, § 159 I.

[21] *Fasching*, § 498 österr. ZPO, Anm. 2 b.

[22] BGHZ 57, 137 (152 f.) = NJW 1972, 36 (40); a. A. BGHZ 12, 308 (316 f.); 37, 79 (85); *v. Wallis/List*, § 118 Rdnr. 26; vgl. auch *Rothe*, Ehrengabe f. *Heusinger*, S. 257 (263 Fn. 8) (Unterstellung bindend, aber keine Grundlage für die eigene Sachentscheidung).

[23] RG LZ 1912, 674 Nr. 4.

[24] *Seuffert/Walsmann*, § 561 Anm. 3.

tig[25] und grundsätzlich *vollständig* sind[26]. Denn das Schweigen des Tatbestandes beweist, daß eine Tatsache nicht behauptet, eine Erklärung nicht abgegeben, ein Beweismittel nicht benannt wurde[27]. Die Bindung bedeutet zugleich, daß ohne Verfahrensrüge eine abweichende Würdigung des Parteivorbringens und des Beweisergebnisses durch den Revisionsführer grundsätzlich unbeachtlich ist[28].

Diese Bindung des Obergerichts ist innerprozessuale Bindungswirkung ebenso wie § 565 II ZPO das Untergericht an Elemente des zurückverweisenden Urteils bindet.

Sie bedeutet negativ, daß auch das Revisionsgericht die getroffenen Feststellungen *nicht abändern* darf, z. B. durch anderweitige Würdigung oder durch ergänzende Feststellungen, und positiv, daß das Revisionsgericht die Feststellungen zu berücksichtigen hat und sie für seine Entscheidung *maßgebend* sind.

c) Verhältnis beider Grundsätze

§ 561 I 1 ZPO und § 561 II ZPO enthalten verschiedene Grundsätze, die sich wechselseitig ergänzen[29]. Denn Ausschluß des Novenrechts und Bindung an die bisherigen Feststellungen sind durchaus voneinander unabhängig und verschieden. Dies zeigt etwa die beschränkte Berufung des österreichischen Zivilprozeßrechts, die zwar ein allgemeines Neuerungsverbot kennt, das Gericht aber nicht auf die rechtliche Nachprüfung beschränkt[30].

§ 561 I 1 ZPO hat nicht nur negative Funktion. Er ergibt positiv, daß jedes im Urteil (oder Sitzungsprotokoll) enthaltene Parteivorbringen der Beurteilung des Revisionsgerichts unterliegt. § 561 II ZPO schränkt diesen Grundsatz nicht in der Weise ein, daß nur vom Gericht gewürdigtes, „festgestelltes" Parteivorbringen dem Revisionsgericht zugänglich wäre[31]. Das Berufungsgericht muß deshalb nicht etwa kumulativ

---

[25] *Stumpf*, Festschrift f. *Nipperdey* I, S. 957 (968). *Scheuerle*, Juristische Evidenzen, ZZP 84, 241 (243) spricht von „Evidenzoktroi".

[26] *Riewald* in *Becker/Riewald/Koch*, § 118 Anm. 4 (1); s. u. § 8 I 3 b aa.

[27] OGHZ 4, 24 = NJW 1950, 696; *Baumbach/Lauterbach/Albers/Hartmann*, § 314 Anm. 1; *Stein/Jonas/Schumann/Leipold*, § 314 I 2.

[28] BGHZ 38, 317 (332) (Verhalten, das eheliche Gesinnung zerstört); BVerwG DVBl 1969, 402 ff. (Gewissensentscheidung des Kriegsdienstverweigerers); BGH GRUR 1968, 86 (90) (Patentrechtsbeschwerde); BGH GRUR 1966, 499 (500) — Merck; BAG NJW 1963, 1123 (1124) (Arbeitsbereitschaft bei Ausnahmeverzug); krit. bereits: *Meves*, GA 45, 1 (9).

[29] *Bähr*, Rechtsmittel zweiter Instanz, S. 35; Begründung zur Novelle 1910, JW 1910, Zugabe zu Nr. 6, S. 7/8; *Dräger*, S. 23 f.

[30] §§ 461 ff., 482 österr. ZPO; vgl. *Fasching*, Vor §§ 461 - 528 Anm. 46 f., § 482 Anm. 1; Materialien zu den österr. Zivilprozeßgesetzen, Bd. I, S. 349.

[31] *Rimmelspacher*, Prüfung von Amts wegen, S. 212.

alle möglichen Gründe erörtern, auf die es nach seiner Entscheidung nicht ankommt, nur um Nachteile für die Parteien abzuwenden.

Wird bei Klagehäufung nur wegen eines Anspruchs Revision eingelegt, so ist der gesamte Prozeßstoff des Berufungsurteils dem Revisionsgericht zugänglich, schon weil eine exakte Trennung häufig nicht möglich ist[32].

aa) Nicht verwertetes Parteivorbringen

Würde das Gericht nur das zur eigenen Subsumtion nötige Vorbringen im Tatbestand beurkunden, so könnte nicht nachgeprüft werden, ob der entscheidungsrelevante Sachverhalt richtig erfaßt und subsumiert ist, ob das Gericht das Vorbringen erschöpfend gewürdigt hat; mangels weiterer Feststellungen wäre eine abweichende rechtliche Beurteilung häufig ausgeschlossen. Das Berufungsgericht hat daher objektiv alle vorgebrachten oder festgestellten Tatsachen aufzuführen[33]. Auch für das angefochtene Urteil unerhebliches Vorbringen unterliegt daher der Beurteilung durch das Revisionsgericht[34]. Dieses soll das Berufungsurteil nicht nur auf Schlüssigkeit (Folgerichtigkeit) überprüfen, sondern kontrollieren, ob der Rechtsstreit nach dem gesamten Parteivorbringen richtig entschieden wurde. Es wird deshalb sogar empfohlen, Umstände in der Berufungsinstanz vorzutragen, die nur bei abweichender Rechtsauffassung relevant sein können[35]. Insoweit läßt sich § 561 I 1 ZPO auch mit der Eventualmaxime in Verbindung bringen[36]. Wegen der Beweiskraft des Tatbestandes (§ 314 S. 1 ZPO) bestehen keine Bedenken dagegen, daß das Revisionsgericht selbständig prüfen kann, ob dieses Vorbringen (un-)schlüssig ist, denn insoweit bedarf es keiner Feststellung durch das Tatsachengericht[37].

Darüber hinaus soll das Revisionsgericht aber auch selbständig beurteilen können, ob Parteivorbringen unbestritten oder zugestanden ist, auch wenn dies vom Berufungsgericht nicht (ausdrücklich) bestätigt wurde[38]. Stimmt man dem zu, so kann das Revisionsgericht dieses Vorbringen im Rahmen der Schlüssigkeitsprüfung wie positive Feststellungen verwerten oder es bei Unstreitigkeit auch der eigenen Sachentscheidung zugrundelegen[39].

---

[32] *Förster/Kann*, § 561 Anm. 3; a. A. *Schultzenstein*, ZZP 37, 244 (254).

[33] Vgl. *Henke*, ZZP 81, 196 (211 f.).

[34] Vgl. *Rosenberg/Schwab*, § 59 II 2 d.

[35] *U. Schneider*, NJW 1972, 1304 (1306).

[36] *Manigk*, RG-Festgabe Bd. VI, S. 94 (123).

[37] *Bötticher*, AP Nr. 11 zu § 565 ZPO; *Lent*, JR 1954, 182; kritisch *Arens*, AcP 161, 177 (190 ff.).

[38] genauer s. u. § 6 IV 2 a (Fn. 120).

[39] *Rimmelspacher*, ZZP 84, 41 (68); a. A. *Arens*, AcP 161, 177 (189 ff.).

bb) „Überflüssige" Feststellungen

§ 561 I und II ZPO gehen grundsätzlich parallel: Soweit Parteivorbringen der Beurteilung des Revisionsgerichts unterliegt, ist dieses auch an die darauf bezogenen Feststellungen gebunden und kann sie verwerten. Hat das Berufungsgericht Feststellungen getroffen, die es nicht zu treffen brauchte, so bleiben die festgestellten Tatsachen bindend, selbst wenn sie das Berufungsgericht nur beiläufig getroffen[40] oder gar ausdrücklich als überflüssig bezeichnet hat[41].

Dagegen wird behauptet, die Bindung des Revisionsgerichts beziehe sich nur auf die Tatsachen, auf denen das angefochtene Urteil beruht[42]. Übernehme man belanglose Feststellungen, so sei deren Richtigkeit nicht mehr gewährleistet.

Doch geht dies als allgemeiner Grundsatz zu weit. Zwar hat das Tatsachengericht einen entscheidungsreifen Fall nicht weiter aufzuklären, nur um dem Revisionsgericht den bei möglicher abweichender rechtlicher Beurteilung erheblichen tatsächlichen Prozeßstoff vollständig vorzulegen. Parteivorbringen und Beweisaufnahmen ergeben aber häufig mehr Tatsachen, als zur Subsumtion nötig gewesen wären. Als sie getroffen wurden, erschienen diese Feststellungen regelmäßig als möglicherweise entscheidungserheblich. Wegen der Sorgfalt, mit der sie getroffen wurden, bestehen deshalb insoweit keine Bedenken gegen eine Bindung des Revisionsgerichts[43]. Gerade weil die rechtliche Beurteilung umfassend erfolgen soll und sich das Tatsachengericht nicht vorzeitig festlegen darf, sind Feststellungen auch dann regelmäßig verfahrensfehlerfrei getroffen und deshalb bindend, wenn sie lediglich ein Hilfsvorbringen der Parteien betreffen, auf das das Tatsachengericht von seinem letztlich eingenommenen Standpunkt aus nicht hätte eingehen müssen[44].

Wollte man anders entscheiden, so müßte das Berufungsgericht absurderweise durch Aufhebung und Zurückverweisung „angewiesen" werden, Feststellungen zu treffen, die es bereits fehlerfrei getroffen hat. Feststellungen zu einem einheitlichen Sachkomplex bei mehreren

---

[40] Vgl. *H. Schneider*, Festschr. f. Heymanns Verlag, S. 197 (202, 6).

[41] *Schultzenstein*, ZZP 37, 244 (276 f.); *Förster/Kann*, § 561 Anm. 3; *v. Wallis*, Rechtsmittel, S. 92; *Herschel*, SAE 1965, 249 (250); s. auch u. § 8 I 3b bb.

[42] BSG 9, 80 (86).

[43] *Stein/Jonas/Grunsky*, § 561 II 1; *Redeker/v. Oertzen*, § 137 Rdnr. 10; *v. Wallis/List*, § 118 Rdnr. 26.

[44] RGZ 166, 263 (267 f.) (hilfsweise Abweisung einer Scheidungsklage); BVerwG DVBl 1963, 521; *Stein/Jonas/Grunsky*, § 561 III a. E.; *Baumbach/Lauterbach/Albers/Hartmann*, § 561 Anm. 4 A a. E.; *Kopp*, § 137 Anm. 5 a; *Schultzenstein*, ZZP 37, 244 (269 f.); *Peters/Sautter/Wolff*, § 163 Anm. 2 a. E.; vgl. auch *Wieczorek*, § 561 C II b 2; Bruns, § 32 I 2.

möglichen Rechtsansichten, auch bei Anspruchskonkurrenz, sind daher bindend.

Auch bei eventuellen Klagehäufungen kann das Revisionsgericht aus dem gleichen Grund Feststellungen zu dem Hilfsantrag verwerten, wenn es — entgegen der Vorinstanz — diesen, nicht aber den Hauptantrag für begründet hält. Dies ist zweifelsfrei möglich, wenn man die Eventualhäufung nur zuläßt, soweit der Hilfsantrag wenigstens wirtschaftlich auf ein gleichartiges Ziel gerichtet ist[45]. Auch ohne diese Einschränkung bestehen aber keine Bedenken, da davon auszugehen ist, daß sich das Berufungsgericht z. Z. der Sachaufklärung zum Hilfsantrag in der Rechtsfrage noch nicht festgelegt hatte.

Zweifelhaft wird erst, ob beim Prozeßurteil auch *Hilfserwägungen zur Begründetheit* nach § 561 II ZPO binden, oder ob sie zwar unschädlich, aber für das Revisionsgericht unbeachtlich sind und als nicht geschrieben gelten[46]. Dies wird meist nur als Frage der Zulässigkeit eines eigenen Sachurteils des Revisionsgerichts erörtert[47], weil dann endgültig über die Verwertbarkeit zu entscheiden ist. Doch muß ein „festgestelltes Sachverhältnis" i. S. des § 565 III Nr. 1 ZPO in vollem Umfang den nach § 561 II ZPO bindend festgestellten Prozeßstoff umfassen. Das Gesetz sieht das Revisionsverfahren als Einheit, die nach Möglichkeit mit einer Sachentscheidung abzuschließen ist[48]. Dies kam in der Parallele zwischen § 565 III Nr. 1 ZPO und § 561 ZPO a. F. auch textlich zum Ausdruck. Deshalb kann der tatsächliche Prozeßstoff, den das Revisionsgericht nach § 561 beurteilen und der unstreitig Grundlage für die Aufhebung des Urteils sein kann, grundsätzlich auch eine neue Sachentscheidung tragen.

Freilich nicht immer[49]. Denn „überflüssige" Feststellungen sind zwar nach § 561 II ZPO bindend, aber dies garantiert nicht in allen Fällen, daß sie tatsächlich sorgfältig vorgenommen wurden und daß ihre Wiederholung nicht zu einer Verbesserung führt[50]. Aus der Bindung an die — nicht mit Verfahrensrüge angegriffenen — überflüssigerweise getroffe-

---

[45] *Rosenberg/Schwab*, § 100 III 3.

[46] So BGHZ 11, 222 ff. = NJW 1954, 310; BGHZ 31, 279 (281); BGHZ 33, 398 (401); BGHZ 46, 281 (284 f.) = NJW 1967, 773; BSG 9, 80 (86); *Arens*, AcP 161, 177 (189 ff.); *Haueisen*, DOK 1969, 69 (70); *Jauernig*, JZ 1955, 235 (237) (Nichtigkeit der Sachabweisung); *Ohndorf*, Die Beschwer u. die Geltendmachung der Beschwer, 1972, S. 127; a. A. *Rimmelspacher*, Prüfung von Amts wegen, S. 201 ff., 210 f., 212 f.; auch *Wieczorek*, § 550 B I a 2, C II b 1 sieht eine (nicht rechtskraftfähige) Hilfsbegründung zur Sache allgemein als zulässig an.

[47] *Rosenberg/Schwab*, § 147 II 1; *Stein/Jonas/Grunsky*, § 565 III 1 a.

[48] *Hahn/Stegemann*, Bd. II/1, S. 372/73; a. A. *Gilles*, S. 196.

[49] So aber *Rimmelspacher*, Prüfung von Amts wegen, S. 213.

[50] a. A. *Rimmelspacher*, ZZP 84, 41 (63).

nen Feststellungen[51] folgt außerdem nicht zugleich Sachentscheidungsreife. Die Lösung, vorhandene Feststellungen generell als unbeachtlich anzusehen, setzt sich andererseits ohne Not über § 561 II ZPO hinweg.

In welchen Grenzen „überflüssige" Feststellungen nun verwertet werden können, ist bei den Grenzen der Sachentscheidungsbefugnis[52] näher auszuführen.

2. Keine selbständige Erweiterung des Prozeßstoffs durch das Revisionsgericht

Über den Wortlaut des § 561 II ZPO hinaus binden alle tatsächlichen Feststellungen des Berufungsgerichts, auch soweit sie keine Parteibehauptungen betreffen. Das Gesetz wollte das Revisionsgericht nicht von der Bindung freistellen, soweit das Tatsachengericht im Rahmen des Untersuchungsgrundsatzes oder durch eine Beweisaufnahme von Amts wegen selbständig Prozeßstoff in das Verfahren einführen darf. Dies zeigt der Vergleich mit den §§ 137 II VwGO, 163 SGG, 118 II FGO, die das Revisionsgericht allgemein an die getroffenen Feststellungen binden und mit § 524 CPO 1877 übereinstimmen. So ist das Revisionsgericht in Ehesachen trotz § 622 ZPO nicht berechtigt, neue Tatsachen zu ermitteln oder zu beachten[53]. Gleiches gilt in Kindschafts- und Entmündigungssachen (§§ 640 I, 640 d, 653 ZPO). Auch in arbeitsrechtlichen Beschlußverfahren ist das Rechtsbeschwerdegericht nicht befugt, von sich aus neuen Prozeßstoff in das Verfahren einzuführen[54]. Die Neufassung von § 524 CPO durch die Novelle 1910 spricht in § 561 I 1 ZPO nur von Parteivorbringen und ist damit lediglich speziell auf die Verhandlungsmaxime ausgerichtet, obgleich damit nicht einmal der Zivilprozeß voll erfaßt wird. Irgendeine Freiheit des Revisionsgerichts kann aus dieser redaktionellen Ungenauigkeit nicht abgeleitet werden.

Auch darf sich das Revisionsgericht über § 561 I 1 ZPO hinaus selbst keinen Tatsachenstoff aus anderen Quellen beschaffen und neu in das Verfahren einführen[55], z. B. keine Gerichtsakten zu anderen Verfahren zwischen den Parteien[56], Konkursakten oder andere einschlägige Verwaltungsakten, etwa Erteilungsakten im Patentverletzungsprozeß[57], neu beiziehen. Auch der Umweg, daß die Parteien etwas vorbringen,

[51] Vgl. *Schultzenstein*, ZZP 37, 244 (271).

[52] s. u. § 6 IV 1, 2.

[53] *Baumbach/Lauterbach/Albers/Hartmann*, § 622 Anm. 1 A; *Thomas/Putzo*, § 622; *Stein/Jonas/Schlosser*, § 622 III 3 a. E.; a. A. wohl *Mitteis*, S. 6 Fn. 9.

[54] BAG NJW 1968, 1399 Nr. 22.

[55] Ebenso: *Jansen*, § 27 Rdnr. 38.

[56] BFH 96, 129 (132) = WM 1969, 1240 (41) (trotz Untersuchungsmaxime); *v. Wallis/List*, § 118 Rdnr. 25.

[57] a. A. BAG SAE 1973, 96 (97) m. abl. Anm. v. *Sieg; Möhring*, Mitt. 1959, 241 (247).

damit das Gericht prüfe, ob es dies von Amts wegen verwerten müsse oder wolle, ist grundsätzlich verschlossen.

Dagegen sind die Feststellungen des angefochtenen Urteils der Auslegung zugänglich. In der (verkürzten) Feststellung, es liege eine Eigentümergrundschuld vor, kann daher die weitere Feststellung liegen, die Hypothek sei bereits getilgt[58].

3. Bindung an die Feststellung unstreitigen Vorbringens

a) Grundsatz

§ 561 II ZPO bezieht sich auf Parteivorbringen i. S. des § 561 I 1 ZPO. Nach seinem Wortlaut regelt Absatz 2 daher unmittelbar nur eine Bindung an Feststellungen zur Wahrheit oder Unwahrheit *streitiger* Behauptungen. Dies ist aber zu eng, da sonst ein großer Teil der tatsächlichen Feststellungen vom Revisionsgericht frei beurteilt werden könnte. Die Bindung nach § 561 II ZPO ist daher nicht auf die Beweisfrage beschränkt[59], d. h. nicht auf Feststellungen, die auf einer richterlichen (Beweis-) Würdigung beruhen.

Auszugehen ist von der ursprünglichen Textfassung des § 561 ZPO, die wie die verwaltungsgerichtlichen Verfahrensordnungen allgemein von der Bindung an die getroffenen Feststellungen ausging[60]. Dazu hatte *Wach* vertreten, festzustellen sei nur Beweisbedürftiges, lediglich nach dem Sinn der Regelung sei die Bindung auf die gesamte Tatsachengrundlage auszudehnen[61]. Das Gericht hat aber alle Tatsachen, die für seine Entscheidung relevant sind, festzustellen, auch wenn sie nicht beweisbedürftig sind oder bei Offenkundigkeit — trotz Verhandlungsgrundsatz — nicht einmal von den Parteien behauptet werden müssen[62].

Die Bemerkung, unstreitige Tatsachen könnten beachtet werden, ohne daß das Revisionsgericht tatsächliche Feststellungen treffen müsse[63], ist

---

[58] *v. Wallis/List*, § 118 Rdnr. 34.

[59] *Mezger*, S. 177; *Otto*, SAE 1973, 221; a. A. *Wassermeyer*, S. 59.

[60] s. o. § 3 I 2.

[61] *Wach*, Vorträge, S. 289.

[62] *Rosenberg/Schwab*, § 117 I 3; *Bernhardt*, Festgabe f. *Rosenberg*, S. 9 (22 ff.); *Lent/Jauernig*, § 49 VI 3; *Dörner*, S. 149 f.; *Nikisch*, § 83 II 2 (für Vorgänge des schwebenden Verfahrens); *Stein*, Privates Wissen, S. 163 ff. (der zu Recht darlegt, daß sich die Partei wegen des Dispositionsgrundsatzes gleichwohl ausdrücklich auf Tatsachen, die selbständige Angriffs- oder Verteidigungsmittel enthalten, berufen muß); *Hellwig*, System I, S. 414, 675 verlangt die Behauptung rechtsbegründender Tatsachen und Einreden; a. A. *Baumbach/Lauterbach/Albers/Hartmann*, § 291 Anm. 2 B; *Stein/Jonas/Schumann/Leipold*, § 291 III (mit Einschränkung für Indizien); *Grunsky*, Grundlagen, S. 418 f.; *Sydow/Busch/Krantz/Triebel*, Vor § 128 Anm. 2.

[63] *Johannsen*, LM Nr. 38 zu § 561 ZPO (Bl. 656 R).

daher ungenau. Durch die Feststellung bestätigt das Gericht, daß diese Tatsachen so von den Parteien vorgetragen wurden oder daß es sie selbst für richtig hält. Unstreitiger Parteivortrag, auf den die Entscheidung gestützt wird, wird dabei zwar primär nur beurkundet. Doch hat das Gericht selbständig zu würdigen, inwieweit Vorbringen der Parteien tatsächlich sachlich übereinstimmt und ob es widerspruchsfrei sowie glaubwürdig ist. Unstreitiges Vorbringen kann deshalb (in Ausnahmefällen) unbeachtlich sein, wenn das Gericht von seiner Unrichtigkeit überzeugt ist[64]. Auch Rechnungen, kalendermäßige oder Feststellungen anderer offenkundiger Tatsachen beruhen insoweit auf einer Würdigung[65], als sich das Gericht mit Hilfe von Erfahrungswissen oder mathematischen Regeln von der Richtigkeit überzeugt. „Würdigungsfreie" Feststellungen, bei denen die Verwendung von Erfahrungswissen ausgeschlossen ist[66], gibt es nicht. Deshalb ist das Revisionsgericht auch an Feststellungen von unstreitigem oder sonst z. B. nach den §§ 138 III, 239 IV, 288, 291, 292 ZPO nicht beweisbedürftigem Vorbringen oder aufgrund anderer gesetzlicher Vermutungen gebunden[67]. Wie der Tatrichter zu der Feststellung gelangte, ist grundsätzlich gleichgültig[68].

Unwesentlich ist ferner, ob das Berufungsgericht ausdrücklich festgestellt hat, daß diese Tatsachen unbestritten oder nicht beweisbedürftig sind. Als bindende Feststellung genügt vielmehr auch, daß Tatsachenbehauptungen eindeutig als unstreitig dargestellt sind[69].

b) *„Juristische Tatsachen"*

Werden geläufige Rechtsbegriffe, sog. juristische Tatsachen, von den Parteien unstreitig verwendet, und als unstreitiges Vorbringen im Tatbestand des Berufungsurteils wiedergegeben, so tritt gleichwohl keine Bindung nach § 561 I 1, II ZPO ein[70]. Zwar wird ein nach § 288 ZPO bindendes Geständnis juristischer Tatsachen zugelassen. Aber daraus kann nicht gefolgert werden, auch die einfache (irrige) Verwendung von Rechtsbegriffen binde wie unstreitiger Tatsachenvortrag. Denn die

---

[64] *Rosenberg/Schwab*, § 65 VIII 7 a; *Grunsky*, Grundlagen, S. 183; *Sauer*, Allg. Prozeßrechtslehre, S. 175.

[65] *Sarstedt*, S. 234 ff., 237 (für offenkundige Tatsachen).

[66] So *Wassermeyer*, S. 59.

[67] *Stein/Jonas/Grunsky*, § 561 III; *Rosenberg/Schwab*, § 146 II 2; *Förster/Kann*, § 561 Anm. 3; *Rimmelspacher*, ZZP 84, 41 (67); *Brackmann*, S. 254 a; *Peters/Sautter/Wolff*, § 163 Anm. 1.

[68] *Pohle*, MDR 1956, 414 (15); a. A. BGHZ 19, 253 = LM Nr. 6 zu Art. 3 AHKG 13 m. Anm. v. *Pagendarm*.

[69] Vgl. *Rimmelspacher*, ZZP 84, 41 (67).

[70] a. A. BGH LM Nr. 1 zu § 260 BGB; *Henke*, Tatfrage, S. 176 u. ZZP 81, 196 (219); differenzierender aber ZZP 81, 321 (348) („in der Regel unverbindlich"); vgl. auch *Scheuerle*, AcP 157, 1 (46 f.).

rechtliche Einordnung des angeblichen „Darlehens“ als Schenkung, des angeblichen „Kaufs“ als Miete ist Teil der Rechtsanwendung. Dies gilt auch bei gebräuchlichen Alltagsbegriffen. Auch bei ihnen sind Irrtümer oder eine falsa demonstratio möglich. Freilich wird regelmäßig kein Anlaß bestehen, die Richtigkeit des übereinstimmenden Gebrauchs „juristischer Tatsachen“ zu bezweifeln. Sobald aber Zweifel an der zutreffenden Begriffsverwendung entstehen, darf den Parteien aus dem abkürzenden Gebrauch eines Rechtsbegriffs kein Nachteil erwachsen. Vielmehr hat das Revisionsgericht auch eine erstmals in dritter Instanz aufgestellte Rechtsbehauptung nachzuprüfen.

4. Weitere Beschränkungen des tatsächlichen Prozeßstoffs

a) Revisionsanträge

Weiter ist das Revisionsgericht in seiner Prüfung durch die gestellten Anträge beschränkt (§ 559 S. 1 ZPO)[71]. Wird nur Teilrevision hinsichtlich eines voll abtrennbaren Sachverhaltskomplexes eingelegt, so wird dadurch der Prozeßstoff weiter beschränkt.

b) Beschränkte Revisionszulässigkeit

Eine Beschränkung kann auch aus einer beschränkten Revisionszulassung für selbständig abtrennbare Ansprüche folgen[72]. Bei einer nach § 162 I Nr. 2 SGG statthaften Revision entscheidet das BSG jedoch nicht nur über die Kausalitätsfrage, sondern prüft das Urteil materiellrechtlich im vollen Umfang[73].

c) Revisionsbegründung

Keine weitere unmittelbare Beschränkung ergibt sich aus der Pflicht zur Begründung der Revision gemäß § 554 ZPO, insbesondere der Beschränkung der Nachprüfung auf die geltend gemachten Verfahrensrügen (§ 559 S. 1 [2. Halbs.] ZPO). Mit der Verfahrensrevision wird überprüft, ob die bisherigen Feststellungen ordnungsgemäß gewonnen wurden. Auf diese Weise werden die Tatsachenfeststellungen *mittelbar* kontrolliert[74]. Dabei kann die Revisionsbegründung zunächst nur Zweifel

---

[71] Ebenso § 352 I StPO; weniger deutlich: §§ 139 II 2 VwGO, 164 II 1 SGG, 120 II 2 FGO. Doch folgt die Bindung aus dem Dispositionsgrundsatz.

[72] *Rosenberg/Schwab*, § 143 I 4 c; vgl. aber *Grunsky*, ZZP 84, 129 (der weitergehend für eine Beschränkung auch auf unselbständige Urteilselemente eintritt).

[73] BSG NJW 1957, 238 m. abl. Anm. v. *Bettermann*, NJW 1957, 479 u. zust. Anm. v. *Langkeit*, NJW 1957, 765.

[74] *J. Blomeyer*, Schadensersatzansprüche, S. 18; *Bruns*, § 54 III 2.

an den bisherigen Feststellungen begründen, nicht aber selbst den Prozeßstoff erweitern[75]. Das Unterlassen möglicher Verfahrensrügen führt deshalb nur dazu, daß der festgestellte Prozeßstoff nach Ablauf der Begründungsfrist endgültig bindend wird, sofern Fehler nicht von Amts wegen zu beachten sind oder formlose Rügen nachträglich zugelassen werden.

Seit der Neufassung des § 554 ZPO ist das Revisionsgericht aber nicht verpflichtet, nicht gerügte Verfahrensfehler zu suchen oder *ohne Rüge erkannte Fehler* zu beachten[76]. Insoweit hat die Novelle 1905 die durch § 561 ZPO begründete Bindung tatsächlich verschärft und zu einer Akzentverschiebung der Revision geführt[77].

Dagegen ermöglichen die §§ 137 III 1 VwGO, 118 III FGO eine erweiterte Prüfung, wenn die Sache zugleich grundsätzliche Bedeutung hat oder ein Divergenzfall besteht[78]. Ist indessen bloße Verfahrensrevision eingelegt, so bleibt es bei der Bindung. Ein Grund für diese unterschiedliche Regelung läßt sich nur schwer finden.

Soweit das Revisionsgericht an die Revisionsbegründung gebunden ist, schränkt diese, auch wenn sie unvollständig ist, den Prozeßstoff selbst nicht ein. Auch wenn nur Verfahrensrügen erhoben werden, wird der Prozeßstoff wegen der Freiheit des Revisionsgerichts in der Sachprüfung im Zivilprozeß nicht beschränkt. Im Rahmen der Amtsprüfung ist daher nach § 554 ZPO zwar wenigstens eine zulässige Rüge erforderlich, die Revisionsbegründung ist aber nicht abschließend, sondern kann durch neue Rechtsausführungen ergänzt werden[79].

Die Pflicht zur Revisionsbegründung schließt ferner nicht aus, daß weitere Tatsachen in der Revisionsverhandlung in das Verfahren eingeführt werden, z. B. daß das Revisionsgericht bei der abschließenden reformatorischen Entscheidung neuen Prozeßstoff verwertet[80].

d) *Irrevisibles Recht*

Der Ausschluß von Parteivorbringen und die Bindung an die Feststellungen gelten nach § 562 ZPO auch für Entscheidungen über Bestehen und Inhalt irrevisiblen Rechts. Nach § 565 IV ZPO ist das Revisionsgericht dagegen bei der eigenen Sachentscheidung frei, auch irrevisibles Recht anzuwenden.

---

[75] *Rimmelspacher*, Prüfung von Amts wegen, S. 199.

[76] Ebenso §§ 352 II StPO, 164 II SGG, 137 III VwGO; s. aber u. § 7 III, VI.

[77] *Rimmelspacher*, ZZP 84, 41 (50 f.); ähnlich bereits: Prüfung von Amts wegen, S. 199.

[78] *Sellke*, S. 53; *Eyermann/Fröhler*, § 137 Rdnr. 16.

[79] a. A. BGH ZZP 84, 443 m. abl. Anm. v. *Schwab*.

[80] a. A. *Rimmelspacher*, Prüfung von Amts wegen, S. 199; s. u. §§ 12, 13.

5. Ausnahmen

Vom Wortlaut her erfaßt § 561 ZPO alle Parteibehauptungen und alle gerichtlichen Feststellungen, gleichgültig, ob sie das Verfahren oder die Sache hinsichtlich Hauptantrag, Nebenansprüchen oder Kosten, oder ob sie Vorgänge innerhalb wie außerhalb des Verfahrens betreffen[81].

Ausnahmen sind jedoch anerkannt:

a) Generelle Tatsachen

Feststellungen des Berufungsgerichts zu den tatsächlichen Grundlagen unbestimmter Rechtsbegriffe, von Erfahrungssätzen, Handelsbräuchen und allgemeinen Verkehrssitten müßten nach § 561 II ZPO bindend sein. Dies würde jedoch weitgehend zu einem Leerlaufen der Revisionskontrolle und der Beschränkung der Rechtseinheit auf ein Gerüst abstrakter Präiudizien führen. Diese Konsequenz des § 561 II ZPO wird daher heute überwiegend abgelehnt. In welchen Grenzen das Revisionsgericht aber in seiner Beurteilung frei ist, wird von den Revisionstheorien teilweise unterschiedlich beantwortet.

Das gleiche gilt, wenn bei der Sachverhaltsfeststellung irrtümlich das Bestehen oder ein anderer Inhalt eines Erfahrungssatzes angenommen oder ein Erfahrungssatz übergangen wurde[82].

b) Prozessuale Tatsachen

Weder hinsichtlich des Novenrechts noch hinsichtlich der Bindungswirkung differenziert die ZPO in § 561 oder sonst generell zwischen materiellrechtlich und prozessual relevanten Tatsachen[83]. Gleichwohl nimmt die h. M. prozessuale Tatsachen, die der Prüfung von Amts wegen unterliegen, von beiden Bindungen (teilweise) aus[84].

Alle diese Fragen lassen sich nicht unmittelbar aus dem Gesetz lösen und bedürfen genauerer Prüfung[85].

II. Hilfstatsachen zur Ermittlung des Inhalts von Rechtssätzen

In der Rechtsanwendung ist das Revisionsgericht frei. Deshalb kann und muß es Hilfstatsachen, deren es bedarf, um Kenntnis von Inhalt

---

[81] *Schultzenstein*, ZZP 37, 244 (252); *Seuffert/Walsmann*, § 561 Anm. 3.

[82] s. u. § 7 V, VI.

[83] Ebenso für den Strafprozeß: *Schwinge*, S. 169; *Stenglein*, GS 46, 1 (6).

[84] s. o. § 2 II, III.

[85] s. u. § 11.

und Auslegung eines Rechtssatzes zu erhalten, auch ohne Rüge der Parteien frei ermitteln, in das Verfahren einführen und würdigen[86].

Aus demselben Grund werden neue Rechtsausführungen der Parteien von § 561 ZPO nicht berührt[87].

1. Formelle Rechtsnormen

Soweit es sich um die Geltung und Auslegung formell erlassener Normen handelt, z. B. bei Tarifnormen[88], Betriebsvereinbarungen[89] oder Satzungen[90], ist dies problemlos, da formelle Rechtssatzquellen, juristische Fachliteratur und Gesetzesmaterialien selbstverständliches Handwerkszeug des Revisionsgerichts sind. Fragen der Gesetzesauslegung sind auch die Allgemeinverbindlicherklärung eines Tarifvertrages[91] oder die Frage, ob ein Vertrag ein Tarifvertrag ist[92].

In entsprechender Anwendung von § 293 ZPO kann sich das Revisionsgericht auch ein Bild von der praktischen Bedeutung[93] und der tatsächlichen Handhabung[94] einer Rechtsnorm verschaffen. Falls dies zweckmäßig erscheint, wird jedoch die erforderliche Beweisaufnahme dem Berufungsgericht überlassen, etwa weil bereits aus anderen Gründen zurückverwiesen ist[94]. Auf die Berechtigung, Erfahrungssätze als generelle Tatsachen zu verwerten, ist noch besonders einzugehen[95].

2. Gewohnheitsrecht

Gewohnheitsrecht hat gemäß § 12 EGZPO, Art. 2 EGBGB die gleiche Rechtsgeltung wie Gesetzesrecht. Auch Handelsbräuche sind Gewohnheitsrecht[96]. Die Revisibilität von Gewohnheitsrecht war auch niemals

---

[86] *Stein/Jonas/Grunsky*, § 549 III B 1, § 561 II 2 d; *Peters/Sautter/Wolff*, § 163 Anm. 2 a. E.; *Wunderli*, S. 63; *Kilian*, S. 14.

[87] RGZ 65, 404; RG Gruchot 41, 97; BGH LM Nr. 1 zu § 260 BGB; BGHZ 55, 162 (174); *Baumbach/Lauterbach/Albers/Hartmann*, § 561 Anm. 1; *Kilian*, S. 8.

[88] BAG NJW 1963, 76 = BB 1963, 43; *G. Müller*, Betrieb 1960, 148; *Sydow/Busch/Krantz/Triebel*, § 561 Anm. 4.

[89] BAG Betrieb 1964, 1342 = AP Nr. 24 zu § 59 BetrVerfG.

[90] *Friedrichs*, S. 982.

[91] Vgl. *Friedrich*, S. 50 m. N.

[92] BAG AP Nr. 115 zu § 1 TVG Auslegung; BAG SAE 1966, 193 m. Anm. v. *Brox*.

[93] BAG NJW 1972, 1911 (L) (Anhörung sachkundiger Personen zur Bedeutung der Heimarbeitsausschüsse); BFH 89, 422 (423 ff.) (Anhörung sachkundiger Stellen zu Folgen der Berücksichtigung der Geldentwertung).

[94] BAG Betrieb 1964, 1342 = AP Nr. 24 zu § 59 BetrVerfG; BAG SAE 1966, 249; BAG AP Nr. 2, 3 zu § 293 ZPO; de lege ferenda auch *Hilger*, Festschrift f. *Larenz*, 1973, S. 109 (119).

[95] s. u. § 7 IV, V.

[96] *Limbach*, Die Feststellung von Handelsbräuchen, Festschrift f. *E. E. Hirsch*,

streitig. Zweifelhaft ist aber bei seiner Ermittlung, ob das Revisionsgericht selbst Tatsachen feststellen kann, aus denen die tatsächliche Übung für die Feststellung des Gewohnheitsrechts zu folgern ist. Anfangs hatte das RG insoweit angenommen, der Ausspruch des Berufungsgerichts über das Bestehen einzelner Übungsfälle sei als tatsächliche Feststellung nach § 561 II ZPO bindend[97]. Aus § 293 ZPO wurde aber bald zu Recht geschlossen, der Revisionsrichter sei auch zur selbständigen Ermittlung der tatsächlichen Grundlage der Normgeltung berechtigt[98]. An Tatsachen, von deren Bestehen und Inhalt das materielle Recht abhängt, kann das „Rechtsrügegericht" deshalb nicht gebunden sein. So hat z. B. das BAG über die Anpassungspraxis von Begrenzungsklauseln durch Pensionskassen nach § 293 ZPO Beweis erhoben[99] und das RG hat die tatsächlichen Feststellungen zur Geltung einer Observanz selbständig gewürdigt[100]. Während das Bundesverfassungsgericht in großem Umfang soziologische Fakten feststellt, behördliche Usancen und andere tatsächliche Elemente der Gesetzesauslegung ermittelt[101], finden sich *Beweisaufnahmen* der Revisionsgerichte *über einzelne Übungsfälle* nur selten. Denn § 293 S. 2 (2. Halbs.) ZPO spricht nur von der Befugnis, nicht der Pflicht, andere Erkenntnisquellen zu benützen. Die Revisionsgerichte beschränken sich daher in der Regel darauf, amtliche Auskünfte einzuholen und Rechtsgutachten zu verwerten[102]. Soweit dagegen umfangreiche eigene Ermittlungen erforderlich wären, wird aus Gründen der Prozeßökonomie, sprich: der Entlastung, die Befugnis zur Zurückverweisung in Anspruch genommen[103], obgleich die Entscheidung nach dem festgestellten Sachverhältnis (§ 565 III Nr. 1 ZPO) entscheidungsreif wäre. Dabei wird betont, daß das Revisionsgericht diese Ermittlungen selbst durchführen

---

1968, S. 77 (80 ff.); anders die h. M.: BGH LM Nr. 11 zu § 249 (D) BGB Bl. 2; *Zöller/Karch*, § 550 Anm. 1.

[97] RGZ 5, 361; ebenso: *Stenglein*, GS 43, 290; *Kilian*, S. 14.

[98] *Stein/Jonas/Grunsky*, § 549 III B 1; *Hegler*, Rechtsgang I, 395 (401 Fn. 1); *Manigk*, RG-Festgabe Bd. VI, S. 94 (128); *Schultzenstein*, ZZP 37, 244 (259 ff.); *Schwinge*, S. 66 f.; *Friedrich*, S. 69; *Reimer/Nastelski*, § 41 q Rdnr. 5; *Haueisen*, DOK 1969, 69 (72); *Stein*, Privates Wissen, S. 174 ff., 188 ff.; *Peters/Sautter/Wolff*, § 162 Anm. 5 (Bl. 79); BGH MDR 1965, 731 = NJW 1965, 1862 = LM Nr. 34 zu § 561 ZPO u. Nr. 2 zu § 36 1 PatG.

[99] BAG 21, 284 = SAE 1970, 89 m. Anm. v. *Gitter*.

[100] RGZ 76, 113 (114).

[101] Vgl. *Philippi*, Tatsachenfeststellung, passim; *Thierfelder*, JurA 1970, 879 ff.; zur Nachprüfung von Erfahrungssätzen im Rahmen der Rechtsanwendung s. u. § 7 V.

[102] BGH NJW 1965, 1862 = GRUR 1966, 50 (52) = LM Nr. 2 zu § 36 l PatG (Verwertung von Beschlüssen des Patentamtes und von Literatur über die Amtsübung zur Unterzeichnung von Schriftsätzen); vgl. *Thomas/Putzo*, § 293 Anm. 2 a.

[103] BAG 3, 174 (179); 4, 157 (166 f.); BAG Betrieb 1959, 575; BAG SAE 1966, 249 (251, II 7) (Bedeutung einer Tarifnorm — „gehobener Toningenieur"); *G. Müller*, Betrieb 1960, 148.

könnte, sie aber dem Berufungsgericht wegen dessen größerer Sachnähe überlasse. Dies erscheint zwar durchaus als sachgemäß, ist aber eine Abweichung vom Grundsatz der vollen Revisibilität der Rechtssätze. Denn diese wird in solchen Fällen nur im Rahmen der *Leistungsfähigkeit* des Revisionsgerichts durchgeführt; sonst wird wie bei mangelnder Sachaufklärung des konkreten Einzelsachverhalts verfahren.

III. Exkurs: Feststellungen zu irrevisiblem Recht

Nach § 549 I ZPO kann die Revision nur auf Bundesrecht[104] und teilweise auf Landesrecht gestützt werden. In dieser Beschränkung sieht die h. M. einen Ausschluß anderer Rechtsnormen, vor allem von ausländischem Recht[105].

Eine Ausnahme macht die Rechtsprechung nur, soweit in den Bundesländern zur Rechtsvereinheitlichung bewußt ein einheitliches Gesetz als jeweiliges Landesrecht gilt[106]; die zufällige inhaltliche Übereinstimmung von revisiblem und irrevisiblem Recht genügt dagegen nicht[107].

§ 562 ZPO bindet das Revisionsgericht an die Feststellungen des Berufungsgerichts zu Bestehen und Inhalt irrevisiblen Rechts und zieht damit — anders als § 561 ZPO — nur eine Folgerung, die sich bereits aus § 549 I ZPO ergibt[108]. Daß sich diese Bindung auch auf die konkrete Anwendung bezieht, war niemals streitig. Äußerlich entspricht diese Bindung der an Tatsachenfeststellungen gemäß § 561 II ZPO. Deshalb wird auch weithin vertreten, irrevisibles Recht sei im Rahmen der kassatorischen Prüfung wie Tatsachen zu behandeln[109]. Doch folgt daraus nicht der Tatsachencharakter irrevisiblen Rechts. Vielmehr soll das Revisionsgericht lediglich in beiden Fällen von einer für die Rechtsein-

---

[104] Ebenso: §§ 137 I VwGO, 162 II SGG, 118 I 1 FGO, 222 BEG; anders: § 73 I ArbGG („Jede Rechtsnorm"); §§ 41 q II 1 PatG, 27 S. 1 FGG, 78 S. 1 GBO, 337 StPO („Verletzung des Gesetzes").

[105] *Rosenberg/Schwab*, § 144 II 2; *Baumbach/Lauterbach/Albers/Hartmann*, § 549 Anm. 2 B; *Friedrich*, S. 60 ff.; für ausländisches Recht a. A. *Schwinge*, S. 70 ff.; *Manigk*, ZZP 60, 351 (392); vor allem rechtspolitisch kritisch: *Dölle*, Festschrift f. *Nikisch*, S. 185 (195) u. Jahrbuch, S. 34 (58 ff.); *Schütze*, NJW 1970, 1584; *Kegel*, Vor Art. 7 EGBGB Rdnr. 120; *D. Müller*, Länderbericht, S. 66 (79 f.).

[106] RGZ 154, 133 (135 ff.) = JW 1937, 1999 (Deutsches Arzneibuch); BGHZ 6, 47 (49 f.).

[107] RGZ 63, 318 (319); BGH NJW 1959, 1873 (HGB als Teil des österr. Rechts).

[108] *Seuffert/Walsmann*, § 562 Anm. 2.

[109] BGHZ 27, 47 (49) = NJW 1958, 830 (831); *Stein/Jonas/Grunsky*, § 562 I; *Baumbach/Lauterbach/Albers/Hartmann*, § 562 Anm. 1; *Thomas/Putzo*, § 562 Anm. 1; *Kegel*, Vor Art. 7 EGBGB Rdnr. 119 Fn. 2; zu Recht gegen einen Zusammenhang von Tatsachencharakter u. Irrevisibilität *Dölle*, Jahrbuch, S. 34 (56 f.). Kritisch gegen eine teilweise Irrevisibilität von Rechtsnormen bereits *Sonnenschmidt*, ZZP 2, 421 (462).

heit weniger wichtigen Aufgabe entlastet werden[110]. Zu Recht wird daher betont, der Tatsachencharakter ausländischen Rechts sei bloße Fiktion, um tatsächlich bestehende Beschränkungen seiner Anwendung zu erklären[111].

Der Unterschied zeigt sich darin, daß die Bindung teils bejaht, wo sie für Tatsachen abgelehnt, teils verneint, wo sie für Tatsachen bejaht wird. So wird ausländisches Recht beweisrechtlich nicht als beweisbedürftige Tatsache, sondern in § 293 ZPO ausdrücklich als Recht behandelt[112]. Ob ausländisches Recht deshalb bezüglich der Revisibilität den Erfahrungssätzen (de lege ferenda) gleichzustellen ist[113], mag dahingestellt bleiben. Die Tendenz, die Irrevisibilität vor allem des ausländischen Rechts einzuschränken, ist aber unverkennbar, zumal die Begründung für den Ausschluß der Nachprüfung, irrevisibles Recht sei ohne größere Bedeutung für die Rechtseinheit[110], bei den verstärkten internationalen Beziehungen, insb. der erleichterten Freizügigkeit, erheblich an Überzeugungskraft verloren hat. Jedoch hat die Praxis nicht den Schritt getan, die Beschränkung des § 549 I ZPO als Ausnahme von der vollen Revisibilität von Gesetzesverletzungen für ausländisches Recht aufzugeben[114].

1. Selbständige Anwendung irrevisiblen Rechts

Streng genommen müßte aus der Bindung des Revisionsgerichts gemäß § 562 ZPO folgen, daß das Revisionsgericht an eine positive wie an eine negative Anwendung irrevisiblen Rechts gebunden ist. Seine Nichtanwendbarkeit wäre dann auch zu beachten, wenn das Berufungsurteil Ausführungen dazu überhaupt nicht enthält. Denn durch die Nichterwähnung könnte zum Ausdruck gebracht sein, daß irrevisibles Recht nicht bestehe oder nicht anwendbar sei[115].

Das Revisionsgericht kann sich aber — anders als bei fehlenden Tatsachen — über das Bestehen irrevisiblen Rechts informieren und ist gemäß § 565 IV ZPO auch zur eigenen Anwendung bei der abschießenden Entscheidung in der Sache berechtigt[116]. Ferner führt auch die Bindung

---

110 *Zajtay*, S. 193 (205 f.); *D. Müller*, Länderbericht, S. 66 (68, 75); *Henke*, Tatfrage, S. 200 u. ZZP 81, 321 (357).

111 *Zajtay*, S. 193 ff.; vgl. *Mitsopoulos*, ZZP 81, 251 (268 f.).

112 *Baumbach/Lauterbach/Albers/Hartmann*, § 293 Anm. 2; *Dölle*, Jahrbuch, S. 34 (39, 46).

113 So *Broggini*, Die Maxime „iura novit curia" und das ausländische Recht, AcP 155, 469 (481); *Dölle*, Jahrbuch, S. 34 (60).

114 Wie dies *Schwinge*, S. 71 und jüngst die Studienkommission für Internationales Recht der Internationalen Vereinigung der Richter, DRiZ 1968, 278 (279, II) vorschlagen.

115 RG JW 1901, 122 Nr. 9; BGHZ 21, 214 (217).

116 Für Anwendbarkeit über § 173 VwGO auch BVerwG 19, 204 (211) = DÖV 1960, 28 (29); abl. *Eyermann/Fröhler*, § 137 Rdnr. 1.

gemäß § 561 II ZPO nicht zur Fiktion, andere als die festgestellten Tatsachen bestünden nicht und die Sache sei stets entscheidungsreif[117]. Trotz der Parallele von § 562 ZPO, die in der ursprünglichen Textfassung gemäß § 524 ZPO noch deutlicher war, führt der Gegensatz von absoluter Bindung „bis zur Aufhebung" und freier Anwendung danach zu einer ersten Einschränkung der Bindung an die „negative" Anwendung irrevisiblen Rechts: Nur wenn das Berufungsgericht einen irrevisiblen Rechtssatz erkennbar angewandt oder seine Anwendbarkeit ausdrücklich verneint hat, soll eine Bindung bestehen. Hat es irrevisibles Recht dagegen nicht erörtert oder übersehen, etwa weil es ihm unbekannt war, übersah es einen nach irrevisiblem Recht zu beurteilenden Tatbestand[118], konnte es aufgrund abweichender rechtlicher Beurteilung ohne irrevisibles Recht urteilen oder wurde irrevisibles Recht nach Erlaß des Berufungsurteils geändert[119], so steht das Verbot der Nachprüfung einer dann erforderlichen selbständigen Anwendung irrevisiblen Rechts nicht entgegen[120]. Aus dem unterschiedlichen Gehalt einer ausdrücklichen und einer rein negativen Entscheidung folge, daß den Parteien eine Bindung des Revisionsgerichts auch nur bei bewußter Anwendung zuzumuten sei[121].

Aus dem gleichen Grunde besteht auch keine Bindung an beiläufige, „überflüssige" Ausführungen zu irrevisiblem Recht[122]. Freilich wäre zu erwägen, ob der Zweck des § 562 ZPO nicht in diesen Fällen zur Zurückverweisung führen müßte, damit das Berufungsgericht irrevisibles Recht erstmals feststellen kann[123]. Das in § 565 IV ZPO anerkannte Parteiinteresse an einer raschen Sachentscheidung steht dem aber im allgemeinen entgegen, wenn der Rechtsstreit durch das Revisionsurteil abschließend entschieden werden kann.

Ist das irrevisible Recht jedoch schwierig zu ermitteln oder ist seine konkrete Anwendung zweifelhaft, so hat das Revisionsgericht entsprechend § 565 IV ZPO die Wahl selbst zu entscheiden oder nur aufzuheben und zurückzuverweisen[124].

---

[117] s. u. § 6 IV 1 a und § 8 I 3 b aa.

[118] Vgl. RGZ 152, 9 (11); BGHZ 24, 159 (164).

[119] s. u. § 10 I 2.

[120] RGZ 158, 362 (365); BGHZ 40, 197 (200) = NJW 1964, 203; BGHZ 49, 384 (387); BGH WM 1968, 309 (310); BVerwG 8, 329 (333); BSG 7, 122 (125); *Zöller/Karch*, § 549 Anm. 1 c; *Rosenberg/Schwab*, § 144 II 4; *Peters/Sautter/Wolff*, § 162 Anm. 5 c (Bl. 83 f.); *D. Müller*, Länderbericht, S. 66 (76 f.).

[121] *Leipold*, ZZP 81, 69 (74); kritisch gegen die logische Trennbarkeit von „unrichtiger" Anwendung und „Nichtanwendung": *Zajtay*, S. 193 (202 f., 211).

[122] *Seuffert/Walsmann*, § 562 Anm. 2; *Sydow/Busch/Krantz/Triebel*, § 562 Anm. 1.

[123] Vgl. *Dölle*, Festschrift f. *Riese*, S. 279 (283).

[124] Vgl. *Kegel*, Vor Art. 7 EGBGB Rdnr. 90.

Da die Bindung des Revisionsgrichts gerade in der rechtlichen Prüfung „systemwidrige“ Entlastung ist und auch durch den Rechtseinheitszweck heute kaum mehr gerechtfertigt wird, haben sich weitere Ausnahmen ergeben. Keine Ausnahme ist es freilich, sondern es entspricht lediglich § 565 IV ZPO, wenn das Revisionsgericht irrevisibles Recht prüft, um dadurch das Berufungsurteil aufrechtzuerhalten (§ 563 ZPO)[125].

2. Verfahrensfehler bei Feststellung irrevisiblen Rechts

Dagegen ist es eine gewisse Einschränkung der gemäß den §§ 549, 562 ZPO bestehenden Bindung, wenn eine Verletzung irrevisiblen Rechts beachtet wird, wo zugleich Verfahrensfehler vorliegen, z. B. wenn für die Anwendung von ausländischem Recht (nach der Auslegung durch das Berufungsgericht) relevantes Vorbringen übergangen oder eine danach erforderliche Aufklärung unterlassen wurde. Insoweit kann auch die sonst bei der Anwendung irrevisiblen Rechts ausgeschlossene Verfahrensrüge nach den §§ 139, 286 ZPO erhoben werden[126].

Ferner wird unterschieden zwischen unrichtiger bindender Anwendung irrevisiblen Rechts und einem revisiblen Verfahrensverstoß gegen die Pflicht zur Feststellung ausländischer Normen (§ 293 ZPO). Hat das Tatsachengericht ausländisches Recht nicht nach allen ihm zugänglichen Erkenntnisquellen ermittelt, so soll eine nach §§ 549, 559 ZPO revisible Gesetzesverletzung vorliegen[127]. Freilich kommt dies nach einem späteren Urteil nur ausnahmsweise in Betracht, weil die Art und Weise, in der sich der Tatrichter vom ausländischen Recht Kenntnis verschaffe, seinem nicht nachprüfbaren pflichtgemäßen Ermessen unterliege[128]. Ob sich Aufklärungsfehler und Ermittlungsfehler gemäß § 293 ZPO voneinander abgrenzen lassen, erscheint aber sehr zweifelhaft, weil in beiden Fällen gemäß § 554 III Nr. 2 b ZPO angegeben werden muß, welche Ermittlungen unterlassen wurden und welche ausländische Norm zu beachten gewesen wäre.

Bindend ist nach h. M. wieder die nicht erschöpfende oder gar widerspruchsvolle Anwendung irrevisiblen Rechts, weil die Rügemöglichkeit auf eine Nachprüfung irrevisiblen Rechts hinausliefe[129]. Diese Gefahr hat

---

[125] Vgl. BGH (Fn. 118).

[126] RGZ 152, 23 (30); BGHZ 3, 342 (347); 24, 159 (164); BGH ZZP 74, 110; *Rosenberg/Schwab*, § 144 II 3; *Peters/Sautter/Wolff*, § 162 Anm. 5 c; *Kegel*, Vor Art. 7 EGBGB Rdnr. 125 Fn. 25; a. A. *Thomas/Putzo*, § 562 Anm. 1.

[127] RGZ 126, 196 (202); BGH MDR 1957, 31 (33) m. Anm. v. *Pohle; Dölle*, Festschrift f. *Nikisch*, S. 185 (195); *Baumbach/Lauterbach/Albers/Hartmann*, § 549 Anm. 2 B; *Kegel*, Vor Art. 7 EGBGB Rdnr. 90 Fn. 123 u. 125; *Rosenberg/Schwab*, § 116 III; *D. Müller*, Länderbericht, S. 66 (78).

[128] BGH NJW 1963, 252 (253).

[129] BGH NJW 1963, 252 (253); BGH WM 1968, 309 (310); *Rosenberg/Schwab*, § 144 II 3; *Kegel*, Vor Art. 7 EGBGB Rdnr. 125 Fn. 26.

aber andererseits nicht davon abgehalten, ein Urteil bei widersprüchlicher oder nicht erschöpfender Tatsachenfeststellung und Tatsachenwürdigung von Amts wegen aufzuheben[130]. Auch ist die widersprüchliche Rechtsanwendung ebenso leicht erkennbar wie die — nach h. M. beachtliche — schlichte Nichtanwendung.

3. Verletzung revisiblen Rechts durch Fehlanwendung irrevisiblen Rechts

a) Kollisionsnormen

Bei der Bindung an Tatsachenfeststellungen wird zwischen unangreifbarem Fehlurteil und revisibler Gesetzesverletzung unterschieden[131]. Dagegen wird zu § 562 ZPO die Auffassung vertreten, revisibles Recht könne in gewissen Fällen durch die unrichtige Anwendung irrevisiblen Rechts in revisibler Weise verletzt werden[132]. Auch hierin zeigt sich, daß irrevisibles Recht als Recht und nicht als Tatsache behandelt wird.

Einmal prüft das Revisionsgericht, ob nach seiner Meinung irrevisibles Recht überhaupt anwendbar ist, vor allem, ob überhaupt ausländisches oder deutsches oder anderes ausländisches Recht anwendbar ist[133].

Sodann kann es zwar nicht prüfen, ob ausländisches Recht hinreichend und zuverlässig festgestellt wurde, wohl aber, ob es gegen den deutschen ordre public verstößt[134].

Auch bei der Frage, ob die Gegenseitigkeit verbürgt ist (§ 328 I Nr. 5 ZPO), ist ausländisches Recht einschließlich der ausländischen Rechtsanwendungspraxis als Vorfrage des deutschen Rechts revisibel[135]. Überprüft wird die Anwendung ausländischen Rechts auch für die Frage, ob dieses auf das deutsche Recht zurückverweist, weil dies Vorfrage der Anwendung von Art. 27 EGBGB sei, nicht aber hinsichtlich einer fraglichen Weiterverweisung[136]. Kaum damit vereinbar ist es aber, daß ausländisches Recht zur Beurteilung der internationalen Entscheidungszu-

---

130 s. u. § 7 III 1, 2, 4.

131 s. o. § 5 I und u. § 7 II.

132 Vgl. *Kegel*, Vor Art. 7 EGBGB Rdnr. 121; *D. Müller*, Länderbericht, S. 74.

133 RGZ 136, 361 (362); *Sydow/Busch/Krantz/Triebel*, § 549 Anm. 3; *Zöller/Karch*, § 549 Anm. 1 c.

134 OGHZ 4, 251 ff.

135 RGZ 115, 103 (104); BGHZ 42, 194 (197); *Rosenberg/Schwab*, § 144 II 2; *Baumbach/Lauterbach/Albers/Hartmann*, § 549 Anm. 2 B; *Kegel*, Vor Art. 7 EGBGB Rdnr. 124; *Stein*, Privates Wissen, S. 176, 187 f.; *E. Peters*, Freibeweis, S. 182 f.; *Schütze*, NJW 1969, 293 (294); a. A. RGZ 70, 435; RGZ 82, 29 (31).

136 RGZ 136, 361 (362); BGH NJW 1958, 750 (751); *Kegel*, Vor Art. 7 EGBGB Rdnr. 122; *Baumbach/Lauterbach/Albers/Hartmann*, § 549 Anm. 2 B; *Rosenberg/Schwab*, § 144 II 2; *D. Müller*, Länderbericht, S. 66 (72).

ständigkeit deutscher Gerichte nach der neueren Rechtsprechung des BGH nicht nachgeprüft wird[137]. Warum die Nachprüfung ausländischen Rechts unterschiedlich gehandhabt wird, je nachdem es für die Beurteilung der Anerkennungsfähigkeit oder für die der Entscheidungszuständigkeit Bedeutung hat, ist nicht einsichtig. Zum anderen führt diese Rechtsprechung dazu, daß es an einer einheitlichen Beurteilung der deutschen internationalen Zuständigkeit zum Ausland fehlt, was besonders in Statussachen unerfreulich ist[138].

b) Prozeßvoraussetzungen

Auch an die Feststellungen des Tatsachengerichts zu den übrigen Prozeßvoraussetzungen soll das Revisionsgericht gemäß § 562 ZPO gebunden sein, z. B. wenn Fragen des Rechtswegs[139], der Parteifähigkeit, Prozeßfähigkeit oder der gesetzlichen Vertretung nach irrevisiblem, insb. ausländischem Recht zu beurteilen sind[140]. Dies ist um so erstaunlicher, als eine Bindung nach § 561 ZPO insoweit wegen der Notwendigkeit einer verstärkten Richtigkeitsgewähr im Rahmen der Amtsprüfung abgelehnt wird[141]. Die unterschiedliche Behandlung soll gerechtfertigt sein, weil § 562 ZPO nur Folge und Erweiterung des § 549 ZPO sei. Aber daraus folgt nur, daß die unmittelbare Anwendung irrevisiblen Rechts bindend ist. Wird in anderen Fällen[142] auch § 549 ZPO aus Gründen des Rechtsschutzes eingeschränkt, so kann aus § 549 ZPO nicht zwingend abgeleitet werden, auch Feststellungen der tatsächlichen Voraussetzungen einer Norm des Bundesrechts nach irrevisiblem Recht seien bindend[143]. Im Gegenteil: Fordert der Prozeßzweck eine tatsächlich „richtige“ Beurteilung der Prozeßvoraussetzungen, so ist auch § 562 ZPO für den Bereich der Amtsprüfung nicht anzuwenden.

Zutreffend ist dagegen, daß irrevisibles Recht nicht stets nachgeprüft werden kann, wenn es Vorfrage für die Anwendung des revisiblen

---

137 BGHZ 27, 47 (48 ff.) = JZ 1959, 411 m. abl. Anm. v. *Zweigert* = LM Nr. 43 zu § 549 ZPO m. Anm. v. *Johannsen* = FamRZ 1958, 216 u. 279 m. Anm. v. *Neuhaus;* ebenso: *Sydow/Busch/Krantz/Triebel,* § 562 Anm. 1; vgl. *Kegel,* Vor Art. 7 EGBGB Rdnr. 123; *Schütze,* NJW 1969, 293 (294); a. A. RGZ 150, 293 (294 ff.).

138 Vgl. *Zweigert,* JZ 1959, 412; *Baumbach/Lauterbach/Albers/Hartmann,* § 606 b Anm. 2 B a.

139 BGHZ 21, 214 (216 f.) = LM Nr. 35 zu § 549 ZPO m. Anm. v. *Pagendarm;* BGHZ 27, 47 (50 f.).

140 BGH NJW 1965, 1666 f.; *Stein/Jonas/Grunsky,* § 562 I Fn. 6; *Rosenberg/Schwab,* § 144 II 3; *Baumbach/Lauterbach/Albers/Hartmann,* § 562 Anm. 1; *Zöller/Karch,* § 549 Anm 1 c; vgl. auch *D. Müller,* Länderbericht, S. 66 (76).

141 s. u. § 11.

142 s. o. III 1.

143 a. A. *Johannsen,* LM Nr. 43 zu § 549 ZPO.

Rechts, z. B. der Auslegungsregeln[144] ist. Da eine selbständige Anwendung irrevisiblen Rechts seltene Ausnahme ist, wäre § 562 ZPO sonst ohne jegliche praktische Bedeutung.

c) *Materiellrechtliche Verweisungen*

Schließlich soll ausländisches Recht nach einer Mindermeinung revisibel sein, wenn es kraft materiellrechtlicher, nicht kollisionsrechtlicher Verweisung gilt und damit der eigenen Rechtsordnung einverleibt wird[145]. Die Feststellungen zu ausländischem Recht sollen dann wie die Auslegung typischer Willenserklärungen, z. B. allgemeiner Geschäftsbedingungen, voll revisibel sein[146]. Die Rechtsprechung hat dies aber abgelehnt und auch die mittelbare Überprüfung der Anwendung ausländischen Rechts durch Überprüfung der Auslegung ausländischer Geschäftsbedingungen oder anderer typischer Erklärungen nicht zugelassen[147].

---

[144] *Sydow/Busch/Krantz/Triebel*, § 549 Anm. 3 a. E., § 562 Anm. 1.

[145] Vgl. *Dölle*, Jahrbuch, S. 34 (43); *Schütze*, Ausländisches Recht als beweisbedürftige Tatsache, NJW 1965, 1652; *Zöller/Karch*, § 549 Anm. 1 c.

[146] *Schütze*, NJW 1970, 1584 (1585).

[147] BGH MDR 1966, 483 Nr. 15 (484); BGH MDR 1968, 474; RG LZ 1912, 857.

§ 6. Der tatsächliche Prozeßstoff der einzelnen „Abschnitte" des Revisionsverfahrens

Da das Revisionsverfahren nach der Vorstellung des Gesetzgebers eine Einheit bildet[1], müßte § 561 ZPO zusammen mit den §§ 554, 559 ZPO den tatsächlichen Prozeßstoff für das gesamte Revisionsverfahren festlegen. Einer besonderen Überprüfung unselbständiger *gedanklicher Abschnitte* des Revisionsverfahrens bedürfte es danach nicht.

Nun wird aber neuerdings die *einheitliche Struktur* des Revisionsverfahrens als Mischung von Anfechtungsmittel und Verfahrensfortsetzung von *Gilles* entschieden geleugnet[2]: Aufhebung und Neuentscheidung seien vielmehr zeitlich und funktional zu trennen[3]. Nur bei Erfolg des Anfechtungsmittels sei der unentschiedene Streit — wie im Wiederaufnahmeverfahren — ersetzend zu entscheiden[4]. Lediglich aus Zweckmäßigkeitserwägungen seien kassatorisches und reformatorisches Verfahren zu einem einheitlichen und gleichzeitigen Prozeß zusammengezogen[5]. Die Richtigkeit dieser Thesen und der anschließenden Folgerungen erscheint zweifelhaft. Sie im einzelnen zu überprüfen, würde jedoch zu weit führen.

Immerhin erscheint es davon ausgehend ohne weiteres als zulässig, die stofflichen Beschränkungen der Neuverhandlung abweichend von denen der Entscheidung über die Anfechtungsanträge festzulegen[6], denn § 561 I 1, II ZPO bezöge sich dann vor allem auf die Entscheidung über das „Rechtsmittel". Ähnliche Überlegungen mögen zugrundeliegen, wenn gelegentlich gesagt wird, erst neue Tatsachen und Beweismittel ermöglichten ein neues Urteil in der Sache selbst[7] oder für die Sachentscheidung werde das Revisionsgericht zur Tatsacheninstanz[8]. Sie mögen auch die Rechtsprechung beeinflußt haben[9]. Das Gesetz selbst differenziert aber

---

[1] *Hahn/Stegemann*, S. 372/73 zu § 504.

[2] *Gilles*, S. 28 ff., 33 Fn. 33, 68 ff. (zur Berufung), 87 ff. (zur Revision) u. passim; krit. dazu *Arens*, AcP 173, 473 ff.

[3] *Gilles*, S. 91 f., 94, 97, 101.

[4] S. 91, 106.

[5] S. 102 Fn. 284.

[6] So ausdrücklich *Friedrichs*, S. 976, 990 für die Revision zum preuß. OVG. *Gilles*, S. 81 Fn. 219, zieht diesen Schluß jedoch nicht.

[7] *Broß*, S. 90.

[8] *Henke*, Tatfrage, S. 271 f.

[9] Vgl. nur o. § 2 IV 9.

nur hinsichtlich irrevisiblen Rechts in § 565 IV ZPO zwischen kassatorischer und reformatorischer Prüfung. Ob eine Unterscheidung dennoch — auch unabhängig von Gilles' Thesen — geboten oder möglich ist, bedarf näherer Überprüfung.

I. Prüfung der Revisionszulässigkeit

1. Grundsatz

Die Zulässigkeit der Revision und von Prozeßhandlungen, die das Revisionsverfahren betreffen, kann offensichtlich nicht nur anhand des nach § 561 I 1, II ZPO zugänglichen Prozeßstoffs beurteilt werden, da sich die Entscheidung notwendig auch auf Vorgänge nach Schluß der letzten mündlichen Tatsachenverhandlung stützt. Insoweit kann daher neues Vorbringen zur Beurteilung vorgetragen werden und ist das Revisionsgericht als Herr über das bei ihm anhängige Verfahren zu selbständigen Feststellungen befugt. Tatsachen, die die Zulässigkeit oder Unzulässigkeit der Revision oder den Fortgang des Revisionsverfahrens betreffen, bleiben daher von § 561 I 1, II ZPO unberührt[10].

Für Vorgänge, die den Fortgang des Revisionsverfahrens betreffen, ist also die Lage zum Zeitpunkt der Entscheidung des Revisionsgerichts maßgebend[11]. Das Revisionsgericht hat daher alle das Verfahren betreffenden Prozeßhandlungen zu beachten und frei zu würdigen. Damit ist ohne weiteres vereinbar, daß eine Prozeßhandlung unbeachtlich ist, wenn sie nicht wirksam vorgenommen wurde, z. B. ein Rechtsmittelverzicht der Partei, der ohne Mitwirkung des Anwalts gegenüber dem Gegner erklärt wird[12].

2. Fälle der Bindung an den bisherigen Prozeßstoff

a) Alttatsachen

Die Beschränkungen des § 561 ZPO sind jedoch für die Revisionszulässigkeit nicht völlig irrelevant. So kann die *Statthaftigkeit der Revision* nach § 162 I Nr. 2 u. 3 SGG nur durch den Inhalt des angefochtenen Urteils dargetan werden, da es sich insoweit um einen gegenüber dem gewöhnlichen Revisionsverfahren vorgezogenen Teil der Begründetheitsprüfung handelt[13].

---

[10] s. o. § 2 I; ferner: BGH GRUR 1971, 516; *Benkard/Rogge*, § 47 PatG Rdnr. 90.

[11] Vgl. *Stein/Jonas/Grunsky*, § 563 II (zum Wegfall der Beschwer).

[12] Vgl. *Rosenberg/Schwab*, § 137 II 5 a.

[13] BSG SozR § 162 SGG Nr. 22; *Peters/Sautter/Wolff*, § 162 Anm. 3 (Bl. 44) u. Anm. 4 (Bl. 74); *Brackmann*, S. 254 a; *Haueisen*, DOK 1969, 69 (71 Fn. 1).

Das Berufungsurteil ist ferner ausschließliche und bindende Grundlage für die Frage, ob die Revision *zugelassen* wurde und diese Zulassung nicht völlig willkürlich und damit unbeachtlich erfolgte[14]. Den Parteien ist es daher verwehrt, eine abweichende Entscheidung des Revisionsgerichts über die Revisionszulassung oder über die Höhe des von der Vorinstanz nach § 3 ZPO festgesetzten *Streitwertes* zu erreichen, auch dies aber nur, soweit die Feststellung nicht offensichtlich unrichtig erfolgte[15].

Auch die für die *formelle Beschwer* neben dem Revisionsantrag vor allem maßgebende Differenz zwischen Antrag und Entscheidung der Vorinstanz wird durch das angefochtene Urteil bindend festgelegt; eine spätere Änderung der konkreten Rechtslage ist für die Beschwer ohne Bedeutung[16].

b) Neutatsachen

Ist die Revision nach dem angefochtenen Urteil statthaft und im übrigen zulässig eingelegt, so beeinflussen Neutatsachen aus Gründen der Rechtsmittelsicherheit und des Vertrauensschutzes die Revisionszulässigkeit nicht mehr. So sind nachträgliche Veränderungen des *Beschwerdewertes* nach § 4 I ZPO irrelevant, sofern der Antrag nicht vom Rechtsmittelkläger willkürlich verändert wird[17]. Auch Gesetzesänderungen des materiellen oder des Prozeßrechts machen die Revision grundsätzlich nicht unzulässig[18].

II. Prüfung der Ergebnisrichtigkeit (§ 563 ZPO)

Die Prüfung revisibler Rechtsverstöße ist Schwerpunkt der Tätigkeit des Revisionsgerichts. § 561 ZPO legt damit zunächst den Prozeßstoff dieser kassatorischen Prüfung bis zur Aufhebung des Urteils (§ 564 I ZPO) fest. Unterstellt man, der Prozeßstoff der eigenen Sachentscheidung des Revisionsgerichts könne erweitert werden, so ist zu klären, ob § 563

---

[14] *Rosenberg/Schwab*, § 143 I 4 e; *Paulus*, ZZP 71, 188 (208); *Baumbach/Lauterbach/Albers/Hartmann*, § 546 Anm. 4; *Thomas/Putzo*, § 546 Anm. 4; krit. *Stein/Jonas/Grunsky*, § 546 VI 3 c; gegen eine materielle Prüfung der Zulassung *Gräber*, DStR 1969, 129 ff.

[15] BAG AP Nr. 20 zu § 72 ArbGG Streitwertrevision m. Anm. v. *Leipold* (unter Angabe von Fallgruppen).

[16] *Rosenberg/Schwab*, § 137 II 3 a; BAG AP Nr. 8 zu § 554 a ZPO; BAG AP Nr. 20 zu § 133 f GewO; *Baumgärtel*, AP Nr. 1 u. 9 zu § 91 a ZPO; vgl. auch RG LZ 1912, 473 Nr. 6; RGZ 109, 152 (154).

[17] *Thomas/Putzo*, § 4 Anm. 1 b aa; *Planck*, § 148 IV 4 a; *Heintzmann*, ZZP 87, 199 (214 f.).

[18] *Kuchinke*, S. 54; *H. Schneider*, Festschrift f. *Schima*, S. 367 (369); a. A. RGZ 110, 160 (162) (Ausschluß des ordentlichen Rechtsweges durch ein neues Gesetz).

ZPO nur „die Umkehrung des § 549" ZPO[19] oder in Wahrheit ein Fall abgekürzter reformatorischer Entscheidung ist[20].

1. Entscheidung in der Sache selbst

§ 563 ZPO verlangt eine Prüfung, ob die angegriffene Entscheidung „aus anderen Gründen" richtig ist. Unter Beachtung des § 561 ZPO bedeutet dies, daß das Revisionsgericht nur befugt ist, den von der Vorinstanz festgestellten Sachverhalt selbständig zu subsumieren. Teilweise wird dazu aber ausgeführt, damit werde nur der Fall angesprochen, daß eine Gesetzesverletzung nicht kausal sei, die Entscheidung also nicht darauf beruhe[21]. Andere sehen aber noch eine weitere selbständige Fallgruppe, bei der Ergebnisrichtigkeit nach § 563 ZPO vorliegt[22], ohne darzulegen, worin sich dieser Fall von dem fehlender Kausalität unterscheidet.

Ein Unterschied ließe sich allenfalls darin sehen, daß in einem Fall ein Rechtsfehler als obiter dictum oder im Rahmen einer Alternativbegründung den übrigen Subsumtionsschluß des angefochtenen Urteils nicht berührt, daß das Revisionsgericht im anderen Fall aber selbst neue rechtliche Gesichtspunkte heranzieht[23], und dabei auch aufgrund zwar festgestellter, aber nicht verwerteter tatrichterlicher Feststellungen „durcherkennt"[24], um zum gleichen Ergebnis zu gelangen.

Anders als die §§ 144 I VwGO, 170 I 1 SGG, 126 II FGO setzt die Zivilprozeßordnung stillschweigend voraus, daß eine Revision, die mangels Rechtsverletzung unbegründet ist, zurückzuweisen ist. Die Parallele zu den §§ 144 III VwGO, 170 I 2 SGG, 126 IV FGO macht aber deutlich, daß sich § 563 ZPO nur auf Fallgruppen beziehen kann, bei denen das Urteil bei rein kassatorischer Prüfung aufzuheben wäre. Erwägt aber das Revisionsgericht bei § 563 ZPO selbst andere neue rechtliche Gesichtspunkte, so ersetzt es insoweit die angefochtene Entscheidung durch eine eigene. Es vollzieht diese neue Subsumtion selbständig anstelle der Vorinstanz danach, wie die Sache nach seiner Ansicht richtigerweise hätte entschieden werden müssen und entscheidet damit in der Sache selbst[25].

---

19 So *Richard Schmidt*, § 126 III.

20 BGHZ 2, 324 (328); BVerwG 17, 16 (19) = MDR 1964, 346 („Durcherkennen gegen den Revisionskläger"); *Bettermann*, DVBl 1961, 65 (74); *Baumbach/Lauterbach/Albers/Hartmann*, § 563 Anm. 1 B, C, § 564 Anm. 1; *Stein/Jonas/Grunsky*, § 563 I 1; *Henke*, ZZP 81, 321 (343); *Rimmelspacher*, ZZP 84, 41 (61).

21 *Rosenberg/Schwab*, § 144 VI; *Nikisch*, § 125 III 1; *Zeiss*, S. 278; *Lent/Jauernig*, § 74 IV B 3, C 2 a; *Gilles*, S. 81, 102 (keine Neuverhandlung, sofern das Rechtsmittel nicht begründet).

22 *Rosenberg/Schwab*, § 147 III 1 d; *Thomas/Putzo*, § 563 Anm. 1 c, d.

23 RGZ 57, 46 (48); *Bruns*, § 54 III 2 b, VII 2; *Kühn/Kutter*, § 126 FGO Bem. 4.

24 Vgl. *Rothe*, Ehrengabe f. *Heusinger*, S. 257 (259); *Kopp*, § 144 Anm. 2.

25 RG JW 1927, 1257 (1258); BGHZ 2, 324 (328) = NJW 1951, 922; *Blomeyer*, § 102 I 2 a. E.; vgl. *Bettermann*, NJW 1969, 170 (171).

In diesem Falle liegt zwar ein kausaler Fehler des Tatsachengerichts vor, der Revisionskläger ist dadurch aber nicht beschwert[26], so daß eine Aufhebung der angefochtenen Entscheidung nicht erfolgt. Die umfassende freie Nachprüfung der Rechtsanwendung ist sicherlich Sache des Revisionsgerichts. Daraus folgt aber nicht, § 563 ZPO sei kein Fall eigener Sachentscheidung[27], sondern nur, daß der Satz: der Revisionsrichter handelt bei der Sachentscheidung anstelle des Tatrichters, nur bedingt richtig ist.

2. Entscheidung nach Meinung des Revisionsgerichts

Offen ist danach noch, ob das Revisionsgericht zu entscheiden hat, wie das Berufungsgericht richtigerweise hätte entscheiden müssen[28] oder wie hic et nunc nach Meinung des Revisionsgerichts zu entscheiden ist[29]. Das Gesetz spricht nur von der Richtigkeit der Entscheidung. Damit weist es keinen Zeitpunkt eindeutig als maßgebend aus. Es fehlt aber an einem einleuchtenden Grund, das Revisionsgericht an ein nicht mehr geltendes Recht zu binden. Das Gesetz verlangt vom Revisionsgericht auch nicht, die Meinung des Berufungsgerichts zu erraten. Aus dem Sinn der eigenen Sachentscheidung, des Rechtsmittelzuges und dem Revisionszweck folgt vielmehr, daß die objektive Gesetzesauslegung maßgeblich sein soll[30] und damit die Auffassung des Revisionsgerichts. Es kann deshalb auch nicht darauf ankommen, ob das Tatsachengericht wirklich anders entschieden hätte[31].

3. Berücksichtigung irrevisiblen Rechts

Daß die Entscheidung nach § 563 ZPO nur Gegenstück zu der dem Revisionskläger günstigen (positiven) Endentscheidung nach § 565 III Nr. 1 ZPO ist, zeigt sich auch in anderer Weise. Einmal soll das Revisionsgericht bei § 563 ZPO — wie nach § 565 IV ZPO — auch irrevisibles Recht[32] berücksichtigen und irrevisible konkurrierende Ansprüche[33] prüfen kön-

---

[26] *Stein/Jonas/Grunsky*, § 563 I 1; *Baumbach/Lauterbach/Albers/Hartmann*, § 563 Anm. 1B; *Bettermann*, DVBl 1961, 65 (74); *Redeker/v. Oertzen*, § 144 Anm. 3; *Brackmann*, S. 254 c/d; *Ule*, Verwaltungsgerichtsbarkeit, § 144 II; dagegen: *Rimmelspacher*, Prüfung von Amts wegen, S. 208.

[27] So wohl *Meiss*, ZZP 65, 114 (117).

[28] So *Bruns*, § 54 III 2 b, VII 2.

[29] So *Gilles*, S. 79; zur Frage der objektiven Richtigkeit s. u. § 7 I 1 baa.

[30] RG JW 1927, 1257 (58); BVerwG 1, 291 (299); *Gilles*, S. 79; zur Beachtung von Gesetzesänderungen s. u. § 10 I.

[31] *Blomeyer*, § 104 III 1 b.

[32] *Stein/Jonas/Grunsky*, § 563 I 1; *Baumbach/Lauterbach/Albers/Hartmann*, § 563 Anm. 1 B; *Kopp*, § 144 Anm. 2; *Rimmelspacher*, Prüfung von Amts wegen, S. 235.

[33] BGHZ 10, 350 ff.; *Blomeyer*, § 104 VI 1; abl. *Eike Schmidt*, S. 65 f. (der § 565 IV ZPO aber wohl zu eng auslegt).

nen. Wäre § 563 ZPO nur Unterfall der rein kassatorischen Prüfung, so könnten zwar im Rahmen der Prüfung der objektiven Richtigkeit neues revisibles Recht, nicht aber neue irrevisible Normen beachtet oder die bisherigen abweichend gewürdigt werden, da dies durch die §§ 549, 562 ZPO ausgeschlossen wäre.

4. Grenzen der Anwendung wie bei § 565 III Nr. 1 ZPO

Entsprechend § 565 III Nr. 1 ZPO soll weiter eine Entscheidung gemäß § 563 ZPO ausscheiden, wenn ein begründeter Verfahrensfehler bei der Gewinnung des Sachverhalts gerügt wird und dadurch eine „Trübung des Tatsachenbildes“ eintritt[34]. Rimmelspacher meint nun, das Revisionsgericht sei bei § 563 ZPO befugt, „den unzutreffend gewürdigten Prozeßstoff selbständig zu bewerten“[35]. Dies kann zweierlei bedeuten: Entweder das Revisionsgericht subsumiert selbständig, prüft also nicht nur kassatorisch, oder: das Revisionsgericht ist berechtigt, auf der festgestellten Tatsachengrundlage durch freie Verwertung von Erfahrungssätzen und selbständige Beweiswürdigung eine eigene Entscheidung zu fällen, soweit dies ohne neues Vorbringen möglich ist. Ein derartiges Vorgehen hat Rimmelspacher freilich früher ausdrücklich mißbilligt[36]. Immerhin zeigt dies die Notwendigkeit, die Beschränkungen des Revisionsgerichts für § 563 und § 565 III Nr. 1 ZPO einheitlich festzulegen. Soweit daher bei der Sachentscheidung des Revisionsgerichts eine weitergehende Prüfung von Rechtsfehlern als bei der kassatorischen Entscheidung, eine selbständige tatsächliche Würdigung und eine Ergänzung des Prozeßstoffs möglich sein sollten, muß dies auch für die Fälle des § 563 ZPO gelten[37]. Deshalb lassen sich auch die Fälle bei § 563 ZPO einordnen, bei denen der kausalen Gesetzesverletzung noch in der Revisionsinstanz abgeholfen werden kann[38].

III. Der Prozeßstoff der eigenen abändernden Sachentscheidung in den einzelnen Prozeßordnungen

Die Zivilprozeßordnung erweitert den Prozeßstoff der reformatorischen Entscheidung gegenüber der kassatorischen Prüfung nur für Rechtsfragen insofern, als dem Revisionsgericht dabei auch die Beurteilung irrevisiblen Rechts zugänglich ist (§ 565 IV ZPO). Daraus kann aber nicht sicher geschlossen werden, der „Sachverhalt“ müßte für die

---

[34] *Bruns*, § 54 III 2 b.

[35] *Rimmelspacher*, ZZP 84, 41 (45).

[36] Prüfung von Amts wegen, S. 197.

[37] *Zöller/Karch*, § 563 Anm. 1; vgl. BGHZ 35, 135 (142 f.): Zurückweisung einer an sich begründeten Grundbuch-Rechtsbeschwerde nach Berücksichtigung neuer Tatsachen.

[38] a. A. *Stein/Jonas/Grunsky*, § 563 II Fn. 6.

gesamte Revisionsinstanz unverändert bleiben. Da die Bindungen des § 561 ZPO in allen Verfahrensordnungen bestehen[39], lassen sich Möglichkeiten und Grenzen eigener tatrichterlicher Befugnisse des Revisionsgerichts beim Erkennen in der Sache selbst am klarsten in verfahrensvergleichender Weise ermitteln.

1. Zivilprozeßordnung

§ 565 III Nr. 1 ZPO beschränkt die eigene Sachentscheidung auf den Fall, daß „die Sache“ nach dem in der Vorinstanz „festgestellten Sachverhältnis“ zur Endentscheidung reif ist[40]. Nach h. M. darf das Revisionsgericht danach selbst nur reine Rechtsirrtümer und Subsumtionsfehler bei der Anwendung des Gesetzes auf das festgestellte materielle oder prozessuale Sachverhältnis abschließend korrigieren[41]. Dies würde auf eine vollständige Parallele von § 561 ZPO und § 565 III Nr. 1 ZPO hindeuten, wie sie nach der früheren Fassung von § 561 ZPO (bis 1910) auch textlich deutlich bestand. Der Prozeßstoff bliebe vollständig unverändert[42], weder neue Alt- noch Neutatsachen dürften in das „festgestellte Sachverhältnis“ nach § 565 III ZPO einbezogen werden.

Wenn gleichwohl für den Regelfall des § 565 III Nr. 1 ZPO von einer *tatrichterlichen Entscheidung* gesprochen wird[43], so ist dies irreführend, wenn es nur bedeuten soll, daß Schranken bei der Prüfung von Rechtsfehlern nur für die kassatorische, nicht aber für die reformatorische Entscheidung gelten. Sollen etwa die sonst angenommenen Beschränkungen der Revisibilität unbestimmter Rechtsbegriffe wegen fehlender Beispielswirkung für künftige Fälle außer Betracht bleiben[44] oder wird dem Revisionsgericht gestattet, unbeschränkt eigene Ermessensentscheidungen zu treffen[45], so wird dem Revisionsgericht zwar wie dem Tatsachengericht eine individualisierende Rechtsfindung ermöglicht: Das Revisionsgericht prüft nicht nur auf Rechtsfehler[46], sondern „subsumiert selbständig, kraft eigener Entscheidungsbefugnis“. Es bleibt jedoch trotzdem vollständig auf die Rechtsanwendung beschränkt.

---

[39] s. o. § 1 II 2.

[40] § 565 III Nr. 2 ZPO kommt daneben keine selbständige Bedeutung zu; vgl. statt aller *Rosenberg/Schwab*, § 147 III 2 b; *Planck*, § 150 III.

[41] *Stein/Jonas/Grunsky*, § 565 III 1 a; *Thomas/Putzo*, § 565 Anm. 3 Nr. 1; *Zeiss*, S. 280; *Nikisch*, § 126 IV 3.

[42] So *Rimmelspacher*, ZZP 84, 41 (61); *Peters/Sautter/Wolff*, § 163 Anm. 1.

[43] So *Henke*, Tatfrage, S. 271 f.; *Rothe*, Ehrengabe f. *Heusinger*, S. 257 (261).

[44] *Henke, Tatfrage*, S. 271 f. u. ZZP 81, 321 (343 ff.); a. A. *Stein/Jonas/Grunsky*, § 565 III 1 a.

[45] *Bettermann*, NJW 1969, 170 (172).

[46] So aber *Stein/Jonas/Grunsky*, § 565 III 1 a (Fn. 51).

Rechtsprechung und Lehre scheinen aber teilweise weiter zu gehen: Sie lassen die Sachentscheidung zu, wenn keine weitere Tatsachenfeststellung mehr nötig ist, eine Verhandlung in der Tatsacheninstanz daher überflüssig wäre[47]. Ob damit lediglich die vollständige Entscheidungsreife umschrieben wird oder ab damit darüber hinaus weitere Fälle erfaßt werden, bedarf näherer Prüfung.

2. Strafprozeßordnung

§ 354 I StPO schließt die Sachentscheidungsbefugnis auch bei bloßen Subsumtionsfehlern aus, wenn die Anwendung unbestimmter Rechtsbegriffe faktisch verschiedene Würdigungen und eine gewisse Entscheidungsbreite ermöglicht. Das neuere Schrifttum geht hier einmal dahin, die Revisibilität unbestimmter Rechtsbegriffe, insb. bei der Strafzumessung zu verstärken[48]. Vorwürfe, die Revisionsgerichte gebärdeten sich als Tatsacheninstanzen, wenden sich insoweit gegen eine (zu) weitgehende Annahme revisibler Rechtsverstöße, wodurch jede erkennbar fehlerhafte Tatsachenfeststellung aufhebbar werde[49]. Zugleich findet sich die Tendenz, die Sachentscheidungsbefugnis auszuweiten, indem in Analogie zu § 354 I StPO ein „Durcherkennen" im Wege der Schuldspruchberichtigung im Rahmen fehlerfreier Tatsachenfeststellungen zugelassen wird[50].

3. Verwaltungsgerichtliche Verfahrensordnungen

Die verwaltungsgerichtlichen Verfahrensordnungen scheinen dagegen weiter zu gehen.

a) *Sozialgerichtsgesetz*

Nach § 170 II SGG soll das BSG über § 565 III ZPO hinaus in der Sache selbst entscheiden. Nur sofern „dies untunlich ist", hebt es das Urteil nur auf und verweist zurück. Mit dieser Abgrenzung ist dem Bundessozialgericht jedoch keine Entscheidungsfreiheit eingeräumt. Vielmehr muß es bei mangelnder Sachaufklärung stets zurückverweisen, während es bei Entscheidungsreife entsprechend der früheren Rechtsprechung des Reichsversicherungsamtes stets selbst zu entscheiden hat[51]. Dabei ist es gemäß § 163 SGG voll an die bisherigen Feststellungen gebunden[52].

---

[47] *Blomeyer*, § 104 VI 1.

[48] Vgl. *Frisch*, passim; *Zipf, Die* Strafmaßrevision, 1969.

[49] Vgl. *Hempfling*, passim; *Fezer*, S. 52 ff.

[50] Vgl. *Frisch*, S. 289 ff.; *Batereau*, Die Schuldspruchberichtigung, 1971.

[51] *Peters/Sautter/Wolff*, § 170 Anm. 3; *Brackmann*, S. 254 d; vgl. auch Begründung zum Speyerer Entwurf, S. 451; *Langkeit*, NJW 1957, 765 (766).

[52] *Brackmann*, S. 254 b.

b) *Verwaltungsgerichtsordnung*

Auch das Bundesverwaltungsgericht ist im Ergebnis nicht freier gestellt. Da es nach § 144 VwGO scheinbar die *Wahl* zwischen eigener Sachentscheidung und Zurückverweisung hat[53], wird häufig vertreten, es sei in der Befugnis zur reformatorischen Entscheidung freier gestellt als der Bundesgerichtshof.

So soll das Bundesverwaltungsgericht auch über § 565 III ZPO hinaus stets bei Sachdienlichkeit und Spruchreife (wegen der Bindung nach § 137 II VwGO) selbst in der Sache entscheiden, dabei aber keine eigenen Feststellungen treffen[54], jedenfalls nicht selbst zur Sache Beweis erheben können. Ule meint, diese Rechtslage entspreche § 4 Ziff. 12 der 4. VereinfV 1943[55], jedoch schwerlich zu Recht, da nach dieser Verordnung bei Sachdienlichkeit der eigenen Sachentscheidung auch einzelne Ermittlungen möglich gewesen sein sollen[56]. Mit Bettermann ist daher davon auszugehen, daß § 565 III ZPO sinngemäß auch bei § 144 III VwGO (über § 173 VwGO) gilt und die dort scheinbar eingeräumte Ermessensfreiheit beschränkt[57].

c) *Finanzgerichtsordnung*

Im Verfahren vor dem Bundesfinanzhof besteht ebenfalls diese scheinbare Wahlfreiheit (§ 126 III FGO). Zusätzlich werden unabhängig davon neue oder geänderte Verwaltungsakte auf Antrag Gegenstand des Revisionsverfahrens (§§ 68, 123 S. 2, 127 FGO).

Bereits bei der Rechtsbeschwerde nach der AO hatte der Bundesfinanzhof gemäß § 296 III AO die Wahl, selbst in der Sache zu entscheiden oder zurückzuverweisen. Dies wurde damals allgemein dahin ausgelegt, der Bundesfinanzhof könne auch dann selbst entscheiden, wenn die Sache *noch nicht spruchreif* sei. Entschied er selbst, so wurde die Revisionsinstanz zur Tatsacheninstanz, konnte der BFH neues Vorbringen berücksichtigen, selbst Beweise erheben, die getroffenen Feststellungen anders tatsächlich würdigen[58], schätzen oder Ermessensentscheidungen treffen und neue Anträge berücksichtigen[59]. Nun enthielt zwar die Abgabenordnung ähnlich wie die Strafprozeßordnung keine ausdrücklich dem § 118 II FGO entsprechende Bestimmung. Jedoch war

---

[53] Ebenso § 171 III Speyerer Entwurf.

[54] *Eyermann/Fröhler*, § 144 Anm. 6; *Redeker/v. Oertzen*, § 144 Rdnr. 6.

[55] Verwaltungsgerichtsbarkeit, § 144.

[56] Vgl. *Möhring*, NJW 1962, 1 (5).

[57] *Bettermann*, DVBl 1961, 65 (73); ebenso *Dräger*, S. 78.

[58] Vgl. die Nachweise bei *Riewald*, in *Becker/Riewald/Koch*, § 118 FGO Anm. 4 Abs. 2; ferner *Grimm*, Festschrift f. d. BFH, S. 134.

[59] *Berger*, Steuerprozeß, § 296 Anm. 3 b m. N.; vgl. auch Begründung zum Speyerer Entwurf, S. 108.

auch die Umwandlung der Rechtsbeschwerdeinstanz in eine volle Tatsacheninstanz für die reformatorische Entscheidung nach Ermessen des Gerichts nicht dem Gesetz zu entnehmen und damit ein Beispiel für eine sehr weit reichende freie richterliche Ausgestaltung des Rechtsmittels.

Seit Erlaß der FGO wird jedoch im Anschluß an die amtliche Begründung zur FGO ausgeführt, der BFH sei nunmehr reines Revisionsgericht und deshalb hinsichtlich des materiellen Streitstoffs gemäß § 118 II FGO voll an die festgestellten Tatsachen gebunden und dürfe sie nicht abweichend würdigen. Riewald verweist dazu ähnlich wie Bettermann für die VwGO auf § 565 III ZPO in Verbindung mit § 155 FGO[60]. Wenn der BFH trotzdem wie das BVerwG bei Spruchreife „durcherkennen" kann und dadurch freier gestellt sein soll als der BGH[61], so bleibt völlig unklar, was damit gemeint ist.

Nach wie vor wird aber teilweise eine nicht unerhebliche „teleologische Reduktion" des § 118 II FGO für die reformatorische Entscheidung vertreten:

So lassen *Kühn-Kutter* eine eigene Sachentscheidung auch zu, wenn die Sache „durch Ermittlungen unerheblichen Umfangs" spruchreif gemacht werden kann; insoweit werde der BFH wieder zur Tatsacheninstanz. In diesem Rahmen könne er auch selbständig die Besteuerungsgrundlagen gemäß § 96 I 1 (2. Halbs.) FGO, § 217 AO schätzen. Sei die Sache dagegen bereits spruchreif, so sei eine Berücksichtigung neuen Vorbringens mit dem Charakter der Revision unvereinbar[62]. Diese Unterscheidung überzeugt freilich nicht recht. Denn eine Ergänzung des Prozeßstoffs etwa durch klare Urkunden belastet das Revisionsgericht in beiden Fällen gleich und hilft gerade in Fällen, in denen keine Zurückverweisung an das Finanzgericht erfolgt, einen neuen Rechtsstreit zu vermeiden. Ähnlich meint Hoffmann, der Bundesfinanzhof sei wie das Bundesverwaltungsgericht nach § 144 III VwGO in gewissen Grenzen zur eigenen Tatsachenwürdigung berechtigt: Soweit Einwendungen wegen mangelnder Sachaufklärung oder wegen eines Verfahrensmangels erhoben würden, sei der Bundesfinanzhof zur Klärung und weiteren Tatsachenwürdigung im Rahmen der mündlichen Verhandlung berechtigt; jedoch sei von eigenen Erhebungen mit Hilfe besonderer Organe abzusehen[63]. Auch v. Wallis/List wollen eine Ergänzung durch unstreitige Tatsachen, die bisher irrelevant waren, zulassen[64], da die Prozeß-

---

[60] *Riewald*, in *Becker/Riewald/Koch*, § 118 FGO Anm. 4 (1, 2, 8).

[61] So *v. Wallis/List*, § 126 Rdnr. 11; kritisch *Gräber*, DStR 1971, 620 (622).

[62] § 126 FGO Bem. 4; § 96 FGO Bem. 1 a. E.; § 217 AO Bem. 9.

[63] *Hoffmann* (Senatspräsident beim BFH), StuW 1963, Sp. 677 (680 f.).

[64] *v. Wallis/List*, § 126 Rdnr. 12.

ökonomie verlange, alle verfahrensrechtlichen Mittel einzusetzen, um einen Streit schnell und endgültig zu entscheiden.

Diese Stellungnahmen zeigen ein Einschwenken auf den Grundcharakter der Revision, lassen aber eine gewisse *Auflockerung* bestehen, die mit diesem Grundcharakter noch vereinbar erscheint. Die Abgrenzung des Eindringens des Revisionsgerichts in den Tatsachenbereich nach der *Leistungsfähigkeit* des Revisionsgerichts wird in beiden Stellungnahmen besonders deutlich. Freilich verfährt der BFH seit Erlaß der FGO eher strenger.

4. Freiwillige Gerichtsbarkeit

Nach ganz h. M. kann das Rechtsbeschwerdegericht bei Aufhebung aus anderen Gründen neue Tatsachen, die ohne Ermittlungen feststehen bzw. festgestellt werden können, berücksichtigen und auch eine selbständige, von der bisherigen *abweichende Tatsachenwürdigung* vornehmen[65]. Die gleichzeitige Feststellung, der Prozeßstoff der Rechtsbeschwerdeinstanz sei allgemein durch die §§ 27 S. 2 FGG, 561 ZPO[66] beschränkt, ist damit jedoch nicht vereinbar. Vielmehr schränkt die h. M. § 561 ZPO für die reformatorische Entscheidung erheblich ein. Obgleich die Rechtsbeschwerdegerichte zwischen Sachentscheidung und Zurückverweisung wählen können[67], also kein Zwang zur eigenen Sachentscheidung besteht, sind sie doch deutlich bemüht, unnötige Zurückverweisungen zu vermeiden, soweit Sachverhaltslücken unschwer zu schließen sind. Dem liegt vor allem die unrichtige Auffassung zugrunde, das Gericht der weiteren Beschwerde habe bei der reformatorischen Entscheidung dieselbe Stellung wie das Beschwerdegericht. *Göppinger* hat dies zutreffend kritisiert[68]. Wegen der Verweisung von § 27 S. 2 FGG auf § 561 ZPO kann für die Rechtsbeschwerde eine vom Zivilprozeß abweichende Lösung auch nicht ohne zwingenden Grund vertreten werden. Wie der Verwaltungs- und Strafprozeß zeigt, berechtigt auch der Untersuchungsgrundsatz nicht zur Ergänzung des Sachverhalts in der Rechtsbeschwerdeinstanz[69]. Göppinger übersieht aber bei seiner Kritik, daß ähnliche, das strenge Rechtsrügeverfahren auflockernde Gedanken auch für die allgemeine Revision vertreten werden und daß insoweit ein verallgemeinerungsfähiger Ansatz vorliegt: nämlich Zurückverweisungen zu vermeiden, soweit dies nach der Leistungsfähigkeit des Revisions- bzw. Rechtsbeschwerdegerichts möglich ist.

---

[65] s. o. § 2 IV 9; zuletzt *Keidel/Winkler*, § 27 Rdnr. 59 Fn. 7.

[66] Weitere Fälle s. o. § 1 II 1.

[67] Vgl. *Keidel/Winkler*, § 27 Rdnr. 65, 66.

[68] *Göppinger*, FamRZ 1960, 253 (260).

[69] s. o. § 5 I 2.

IV. Grenzen der Befugnis zur Entscheidung in der Sache selbst

1. Befugnis zur reformatorischen Entscheidung bei Entscheidungsreife

Eine Sachentscheidung ist nicht davon abhängig, ob der Revisionskläger diese oder nur Zurückverweisung beantragt. Denn die Bindung an die gestellten Anträge (§ 559 ZPO) bezieht sich nur auf Sachanträge. Ob in der Sache zu entscheiden oder nur zurückzuverweisen ist, hat das Revisionsgericht selbständig und objektiv zu entscheiden; an Anträge kann es insoweit nicht gebunden sein[70].

Sofern nicht wie in den §§ 41 x I PatG, 13 V 2 WZG eine eigene Sachentscheidung untersagt ist, um das Revisionsgericht zu entlasten und ihm eine selbständige abschließende Beurteilung technischer Fragen zu ersparen[71], sind die Revisions- und Rechtsbeschwerdegerichte bei Sachentscheidungsreife gemäß § 300 ZPO[72] zur Entscheidung in der Sache berechtigt und verpflichtet. Umgekehrt scheidet bei mangelnder Sachaufklärung grundsätzlich ein eigenes Urteil in der Sache selbst aus, sofern nicht die Klage unschlüssig ist oder die reformatorische Entscheidung keine Endentscheidung ist, z. B. in der Zurückverweisung in die erste Instanz besteht[73]. Zurückverweisung und eigene Sachentscheidung stehen bei begründeter Revision wahlweise zur Verfügung, ohne daß die eigene Sachentscheidung theoretisch als Ausnahmefall gedacht wäre[74].

Ein Unterschied zwischen den einzelnen Verfahrensordnungen[75] kann sich daher nur dann ergeben, wenn unter Entscheidungsreife, auf die § 565 III Nr. 1 ZPO abstellt, etwas Engeres als in den anderenVerfahrensordnungen zu verstehen ist[76], unterschiedliche Anforderungen an die Entscheidungsreife in Tatsachen- und Revisionsinstanz gestellt werden, dem Revisionsgericht entgegen § 561 ZPO gestattet ist, in Einzelfällen selbst die Entscheidungsreife herbeizuführen oder wenn Entscheidungsreife erst dann angenommen wird, wenn die Subsumtion sofort erfolgen kann.

---

[70] BSG 25, 251 (253 f.) (über § 202 SGG); *Wieczorek*, § 559 A II a.

[71] Für Abänderung de lege ferenda: *Löscher*, GRUR 1966, 1 (18); s. auch o. § 3 III 3.

[72] Anwendbar auch über §§ 173 VwGO, 202 SGG, 155 FGO.

[73] *Nikisch*, § 126 IV 3; *Bettermann*, NJW 1969, 170 (171 f.); *Stein/Jonas/Grunsky*, § 565 III 1 b; *Thomas/Putzo*, § 565 Anm. 3 Nr. 1; *Baumbach/Lauterbach/Albers/Hartmann*, § 565 Anm. 3 A; *Planck*, § 150 III; BGHZ 16, 71 (82); BAG NJW 1973, 1630 (1632) (im Beschlußverfahren analog § 538 I Nr. 3 ZPO).

[74] a. A. *Gilles*, S. 88.

[75] Strafsachen ausgenommen.

[76] So *Friedrichs*, S. 988 zu § 98 PreußLVerwG.

a) Selbständige Beurteilung vollständiger Sachaufklärung

Entscheidungsreife wird gemeinhin angenommen, wenn der Untersatz im Rahmen des Syllogismus vollständig feststeht. Das Berufungsgericht muß also den Sachverhalt aus der Sicht des Revisionsgerichts erschöpfend geklärt haben[77]. Da aber grundsätzlich keine Gewähr besteht, daß der Sachverhalt vollständig vorgetragen und bewiesen ist, bedarf die Beurteilung der Entscheidungsreife der richterlichen Entscheidung im Einzelfall[78]. Diese Entscheidung ist in der Tatsacheninstanz nach dem Prozeßstoff zu entscheiden, der zur Zeit der Entscheidung vorliegt[79]. Da § 561 I 1 ZPO eine Erweiterung des Prozeßstoffs nicht zuläßt, kann in der Revisionsinstanz nichts anderes gelten.

Entscheidungsreife besteht aber — auch ohne Verfahrensrüge — nicht immer, wenn das Berufungsgericht alle aufgestellten Behauptungen verwertet hat[80]. Zwar kann das Revisionsgericht nur anhand des Tatbestandes des Berufungsurteils nachprüfen, ob das Parteivorbringen erschöpfend gewürdigt wurde[81]. Vollständige Würdigung und Entscheidungsreife sind aber trotz Bindung an die bisherigen Feststellungen nicht identisch. Beurteilt das Revisionsgericht die Sache rechtlich abweichend, hat insbesondere das Berufungsgericht aufgrund falscher Rechtsansicht weitere Aufklärung und ergänzende Feststellungen nicht als erforderlich angesehen, so fehlen häufig nicht nur die entsprechenden Feststellungen, sondern auch Behauptungen der Parteien. Jedoch kann der auf eine andere Rechtsansicht abgestellte Vortrag die fehlende Behauptung sinngemäß mitenthalten. Wer behauptet, er handle im ausdrücklichen Auftrag seines Dienstherrn, trägt auch konkludent vor, ihn treffe an einer etwaigen Vollmachtsüberschreitung kein Verschulden[82].

Entscheidungsreife fehlt in diesen Fällen aber dann, wenn eine derartige Auslegung ausscheidet[83]. Denn bei abweichender Beurteilung besteht stets eine richterliche Aufklärungspflicht (§ 139 ZPO). Während das Tatbestandsgericht dieser unmittelbar durch Fragen nachkommt, erfüllt das Revisionsgericht diese Pflicht, indem es zur weiteren Aufklärung zurückverweist[84].

---

[77] BGHZ 46, 281 (284) = NJW 1967, 773 (774).

[78] *Pohle*, Revision, S. 101; vgl. auch *Michaelis*, Festschrift f. das OLG Celle, S. 117 (143).

[79] *Stein/Jonas/Schumann/Leipold*, §§ 300 II, III 1; 301 II 2.

[80] a. A. *Rimmelspacher*, ZZP 84, 41 (68, d); *Lent/Jauernig*, § 74 V 3.

[81] *Blomeyer*, § 87 II 2.

[82] *E. Wolf*, AP Nr. 2 zu § 276 BGB Vertragsbruch.

[83] BGH NJW 1967, 293; *Peters/Sautter/Wolff*, § 162 Anm. 2 (Bl. 37), Anm. 3 (Bl. 47).

[84] Unrichtig daher BAG SAE 1967, 252 m. krit. Anm. v. *Herschel*.

Dies ist aber nur nötig, wenn nach Meinung des Revisionsgerichts eine Ergänzung des Prozeßstoffs durch beachtlichen Neuvortrag nicht als ausgeschlossen erscheint[85]. Bei dieser Prüfung besteht keine Bindung nach § 561 I 1 ZPO[86]. Die Parteien können daher formlos (noch in der mündlichen Verhandlung) *auf Lücken der Sachverhaltsfeststellung hinweisen,* um eine Zurückverweisung des Rechtsstreits zu erreichen[87]. Sie können aber auch erklären, daß sie die Sache als entscheidungsreif ansehen, weil weitere denkbare Aufklärung nicht möglich ist. Aber auch wenn sie auf Befragen nichts vorbringen, wird das Revisionsgericht Entscheidungsreife anzunehmen haben[88].

Neues Vorbringen von Alttatsachen ist daher jederzeit möglich, um darzulegen, daß bei begründeter Revision keine Entscheidungsreife besteht. Dagegen sind Alttatsachen grundsätzlich ausgeschlossen, um die Revision, genauer die kassatorische Entscheidung zu begründen.

b) Entscheidungsreife und tatsächliche Schlußfolgerungen

Wann nun tatsächlich Entscheidungsreife vorliegt, ist aber noch nicht endgültig geklärt: Auf unterschiedliche Möglichkeiten deutet eine Bemerkung Drägers, die Beschwerdestelle nach dem Mieterschutzgesetz sei anders als das Revisionsgericht befugt gewesen, den Rechtsstreit auch in tatsächlicher Hinsicht entscheidungsreif zu machen. Deshalb erübrige sich eine Zurückverweisung auch, wenn das Mieteinigungsamt (Amtsgericht) die Beweise lediglich unrichtig gewürdigt habe[89].

Ob dies zutrifft, oder ob dem Revisionsgericht gleichfalls eine selbständige, von der des Berufungsgerichts abweichende Beweiswürdigung, z. B. unter selbständiger Anwendung der Regeln über den Anscheinsbeweis, oder sonstige tatsächliche Schlußfolgerungen[90] gestattet sind, ist noch genauer zu prüfen[91]. Hier genügt es festzuhalten, daß es nur dann, wenn diese Befugnis besteht, sinnvoll ist, die *Sachentscheidungsbefugnis* des Revisionsgerichts *nach Sachdienlichkeit* abzugrenzen[92], wenn darunter eine Erweiterung, nicht aber eine Einschränkung gegenüber § 565 III ZPO verstanden werden soll. Allein aus der sprachlich ein-

---

[85] BGHZ 46, 281 (284) = NJW 1967, 773 (774).

[86] *Rothe,* Ehrengabe für *Heusinger,* S. 257 (266); teilweise abweichend *Rimmelspacher,* ZZP 84, 41 (70).

[87] a. A. BAG SAE 1967, 252 (253); s. u. § 8 I 4 b aa.

[88] Zutreffend deshalb BAG 17, 236 (239 f.) = AP Nr. 2 zu § 276 BGB Vertragsbruch.

[89] *Dräger,* S. 79.

[90] s. o. § 2 VII 2 u. § 3 V 1.

[91] s. u. § 7 IX; § 8 I 4; § 9.

[92] s. o. Fn. 46.

facheren Fassung der verwaltungsgerichtlichen Verfahrensordnungen lassen sich derart grundlegende Unterschiede zur Zivilprozeßordnung nicht überzeugend ableiten. Denn ein sachlicher Grund, in diesen Fällen nur den obersten Verwaltungsgerichten, nicht aber dem Bundesgerichtshof eine Sachentscheidung zu gestatten, ist nicht ersichtlich. Aus den sprachlich unterschiedlichen Fassungen ergibt sich auch nicht notwendig, daß etwa im Zivilprozeß die Interessen der Parteien an einer weiteren Instanz stärker zu beachten wären als im Verwaltungsprozeß[93].

Ein beachtenswertes Parteiinteresse an einer neuen Tatsachenverhandlung besteht nur, soweit der Rechtsstreit noch nicht entscheidungsreif ist. Jeder Prozeß ist auf alsbaldige Sachentscheidung angelegt. Ein Anrecht des Revisionsklägers auf eine dritte Tatsacheninstanz trotz Entscheidungsreife kann daher nicht anerkannt werden. Man mag dies als Erfordernis der Prozeßökonomie umschreiben[94]. Es bedeutet aber nichts anderes, als daß der Prozeß subjektivem Rechtsschutz dienen, über den zu entscheidenden Streit hinaus jedoch — auch im objektiven Interesse — kein „Eigenleben" führen darf. Die Rechtsprechung hat daher § 565 III Nr. 1 ZPO zu Recht dahin erweitert, daß eine Entscheidung in der Sache selbst bei allen Fällen von Entscheidungsreife zulässig ist[95]. Dadurch entsteht auch keine größere Belastung des Revisionsgerichts, da es ohnedies die Entscheidung auf alle Rechtsfehler überprüfen muß[96] und eine Nachprüfung ohne eigene Vorstellungen vom richtigen Ergebnis meist nicht möglich ist. Da der Gesetzgeber die Sachentscheidung des Revisionsgerichts stets als erwünscht ansah[97], ist eine Ausdehnung über den Wortlaut des § 565 III Nr. 1 ZPO hinaus grundsätzlich auch mit dem Wesen der Revision vereinbar[98]. Für die reformatorische Entscheidung des Revisionsgerichts sollte deshalb der gleiche Maßstab tatsächlicher und rechtlicher Entscheidungsreife wie in der Tatsacheninstanz gelten.

Soweit daher bei erschöpfender Sachaufklärung eine Entscheidung mittels tatsächlicher Schlußfolgerungen aus Indizien, durch Anwendung von Beweisregeln etc. zu gewinnen ist, sollte dies auch dem Revisionsgericht gestattet sein[99]. Spruchreife ist dann nach der Prozeßökonomie

---

[93] Vgl. dagegen BSG 25, 251 (254).

[94] Vgl. BGHZ 46, 281 (284 f.); BGH JZ 1954, 325 = LM Nr. 2 zu § 565 III ZPO.

[95] Vgl. BGHZ 10, 351 = LM Nr. 4 zu § 565 III ZPO m. Anm. v. *Johannsen;* BGH JZ 1954, 325 = LM Nr. 2 zu § 565 III ZPO; BGHZ 33, 398 (401); dafür auch in Strafsachen: *Pohle*, S. 101; *v. Kries*, S. 280.

[96] *Pohle*, Revision, S. 101.

[97] s. o. § 3 II; ferner *Arens*, AcP 161, 177 (182 f.).

[98] So *Arens*, AcP 161, 177 (213), der jedoch zugleich davor warnt; vgl. auch *Eike Schmidt*, S. 64 f.

[99] s. o. § 2 VIII 2 und u. § 9; ferner *Reuß*, DVBl 1958, 233 (236).

auch gegeben, wenn der Prozeßstoff um Schlußfolgerungen oder sonstige unstreitige Tatsachen, auf die es bisher nicht ankam, erweitert werden muß[100]. Selbst Stahl hat Schlüsse aus Indizien auf unmittelbar erhebliche Tatsachen „nahezu" als Fall der Subsumtion aufgefaßt[101]. Das Revisionsgericht sollte von dieser Befugnis aber nur im Rahmen seiner *Leistungsfähigkeit* Gebrauch machen, d. h. nur in eindeutigen, klar erkennbaren Endentscheidungsfällen, während bei Bedenken über die tatsächlichen Folgerungen eine Zurückverweisung geboten erscheint. Zweifel verbleiben, weil damit durch Gesetzesauslegung teilweise das erreicht würde, was in § 41 III MSchG als Ausnahme ausdrücklich zugelassen worden war[102]. § 41 III MSchG enthielt aber primär die Befugnis, einzelne Feststellungen nachzuprüfen und dazu Beweis zu erheben. Eine derart weite Befugnis wird von den Revisionsgerichten — jedenfalls für das materielle Sachverhältnis — nicht in Anspruch genommen. Gegen eine Ergänzung und Veränderung des Tatsachenstoffs ohne Beweisaufnahme kann deshalb aus § 41 III MSchG e contrario nichts hergeleitet werden.

Eine derartige Erweiterung der Sachentscheidungsbefugnis des Revisionsgerichts entzieht den Parteien auch nicht unzulässigerweise eine Tatsacheninstanz. Dies wäre nur der Fall, sofern eine sachliche Erörterung des Falles bisher nicht stattfand. Entscheidungsreife ist dann aber nur bei Unschlüssigkeit der Klage oder des Beklagtenvorbringens denkbar. Ist aber verfassungsrechtlich nur eine einzige Tatsacheninstanz geboten[103], so verletzt es weder Rechte noch legitime Interessen der Parteien, wenn eine Klage, die in zwei Instanzen nicht schlüssig dargelegt wurde, in der dritten Instanz ohne Aufklärungsfehler des Gerichts abgewiesen wird, oder wenn eine Klage nach dem in zwei Instanzen vorgetragenen Prozeßstoff entschieden wird. Nur bei erkennbar unvollständigen oder, weil fehlerhaft, ersetzungsbedürftigen Feststellungen ist die Zurückverweisung und damit die Möglichkeit der Ergänzung des tatsächlichen Prozeßstoffs legitim. Ansonsten liegt es aber sowohl im öffentlichen wie im Parteiinteresse, einen Rechtsstreit möglichst bald zum Abschluß zu bringen. Auch die ZPO erkennt ein unentziehbares Recht, daß die Sache in zwei Tatsacheninstanzen erörtert werden kann[104], nicht an. Denn § 540 ZPO läßt die Endentscheidung in der Berufungsinstanz in allen Fällen bei Sachdienlichkeit zu und ebenso ist — unter Be-

---

[100] *Grimm*, Festschrift f. d. BFH, S. 126 (134); abl. *Stein*, Privates Wissen, S. 110.

[101] AcP 67, 94 (117).

[102] s. o. Fn. 89 u. § 1 II 1.

[103] *Pohle*, Gutachten, S. 37; *Maunz*, in *Maunz/Dürig/Herzog*, GG, Art. 92 Rdnr. 67; vgl. auch BVerfG 11, 232 (233); 28, 21 (36).

[104] Vgl. *Thomas/Putzo*, § 537 Anm. 1.

achtung der Bindung nach § 561 I 1, II ZPO — § 565 III ZPO nach der hier vertretenen Auffassung auszulegen.

Wann eine Ergänzung des Prozeßstoffs und eine eigenständige Würdigung durch das Revisionsgericht ohne weiteres in der mündlichen Verhandlung erfolgen kann, die Erweiterung in den Tatsachenbereich der Leistungsfähigkeit des Revisionsgerichts entspricht und damit sachdienlich ist, läßt sich freilich nicht zweifelsfrei festlegen, sondern eröffnet einen gewissen Auslegungsspielraum. Dieser ist aber nicht größer als etwa bei der Beurteilung der Sachdienlichkeit einer Klageänderung und daher nicht zu beanstanden. Damit ist zunächst nur grundsätzlich diese Möglichkeit dargelegt. Die einzelnen Anwendungsfälle sind dagegen noch offen.

2. Ersetzen eines Prozeßurteils durch ein Sachurteil

a) Begründung der Zulässigkeit

Bei Entscheidungsreife kann das Revisionsgericht stets ein Sachurteil erlassen. Daran ist auch festzuhalten, wenn das aufzuhebende Berufungsurteil Prozeßurteil ist: Ein allgemeiner Grundsatz, das Revisionsgericht dürfe nicht auf die Sachfrage eingehen, wenn ein Prozeßurteil angefochten wird, besteht nicht[105].

Reicht der zur Zulässigkeit der Klage festgestellte Sachverhalt auch zur Beurteilung der Sache selbst aus[106] oder ist sachlich nur über von Amts wegen zu prüfende prozessuale Umstände zu entscheiden[107], so kann daran kein Zweifel sein. Eine Zurückverweisung wäre dann in allen Verfahrensordnungen eine leere Förmlichkeit. Denn ohne Veränderung der Entscheidungsgrundlage wäre das Berufungsgericht an die Beurteilung der Prozeßfrage (§ 565 II ZPO) und damit praktisch auch in der Sachentscheidung gebunden. Entscheidet das Revisionsgericht lediglich eine Rechtsfrage hinsichtlich der streitigen Prozeßvoraussetzung positiv, so ist die Sachentscheidung auch nach § 565 III Nr. 1 ZPO ohne weiteres zulässig. Wurde die Tatsachengrundlage für die Prozeßvoraussetzung in der Revisionsinstanz ergänzt oder abweichend gewürdigt[107], so kann nichts anderes gelten. Vielmehr entscheidet, ob die Feststellungen des Revisionsgericht die Endentscheidung rechtfertigen. Dieser Ansatz kann verallgemeinert werden: Das Revisionsgericht kann ein abweichendes Prozeßurteil stets aufheben und in der Sache selbst entscheiden, wenn

---

[105] BGHZ 31, 358 (365).

[106] BSG 25, 251 (254); BGH LM Nr. 10 zu § 565 III ZPO (Legitimation des gesetzlichen Vertreters) = MDR 1962, 374.

[107] BGH VersR 1961, 413 (414) = BB 1961, 494 (Zulässigkeit der Berufung und der Wiedereinsetzung in den vorigen Stand); vgl. *Bötticher*, AP Nr. 11 zu § 565 ZPO.

die Feststellungen zur Sache verfahrensfehlerfrei sind und der Sachverhalt unter zutreffenden rechtlichen Gesichtspunkten als vollständig aufgeklärt erscheint[108].

Die Rechtsprechung urteilt daher zu Recht danach, ob Entscheidungsreife im Einzelfall gegeben ist[109]. Sie besteht vor allem, wenn die Klage aus keinem denkbaren rechtlichen Gesichtspunkt Erfolg haben kann[110] oder trotz ausreichender richterlicher Aufklärung nicht schlüssig ist[111]. Sie ist ferner gegeben, wenn ein Urteil teils Sachurteil, teils Prozeßurteil ist und die Ausführungen zur Teilentscheidung in der Sache wegen unmittelbaren Sachzusammenhangs zwangsläufig den Inhalt der restlichen Entscheidung bestimmen[112]. Dies ist etwa der Fall bei mehreren Streitgegenständen, die den gleichen Anspruchsgrund betreffen, wenn die Zulässigkeit der Klage nur hinsichtlich eines Antrags, z. B. für eine Zwischenfeststellungsklage[113], verneint wurde; auch wenn eine Widerklage über den Gegenstand der sachlich beschiedenen Hauptklage[114] oder eine Anschlußberufung[115] als unzulässig behandelt worden waren; ferner, wenn die Zulässigkeit des Hauptantrags zu Unrecht verneint und über Hilfsanträge zum gleichen Sachverhältnis sachlich erschöpfend entschieden wurde[116] oder wenn der Klage aus irrevisiblen Ansprüchen in jedem Fall stattzugeben ist[117]. Ein Sachzusammenhang besteht auch, wenn das Revisionsgericht entgegen der Vorinstanz das Feststellungsinteresse bejaht[118], da dessen Beurteilung regelmäßig eine sachliche Prüfung des Begehrens erfordert. Liegen Feststellungen vor,

---

[108] *Blomeyer*, § 104 VI 2 b; *Rimmelspacher*, Prüfung von Amts wegen, S. 207; *Baumbach/Lauterbach/Albers/Hartmann*, § 563 Anm. 1C; *Stein/Jonas/Grunsky*, § 565 III 1 a; *Zöller/Karch*, § 559 Anm. a, § 565 Anm. 4; *Eyermann/Fröhler*, § 144 Anm. 4; *Redeker/v. Oertzen*, § 88 Anm. 5, § 129 Anm. 2; *Ule*, Verwaltungsgerichtsbarkeit, § 129 (S. 433); a. A. *Rosenberg/Schwab*, § 147 II 1, III 2 b; *Lent/Jauernig*, § 74 V 3; *Peters/Sautter/Wolff*, § 170 Anm. 2; *Bettermann*, DVBl 1961, 65 (72 f.).

[109] Vgl. BGHZ 46, 281, (284) = NJW 1967, 773 (774).

[110] BVerwG WM 1965, 854 = JR 1966, 431; BVerwG NJW 1972, 172 (174); zust. *Zeiss*, S. 279.

[111] BGH JZ 1954, 325 (m. abl. Anm. v. *Baur*, S. 327) = JR 1954, 182 m. zust. Anm. v. *Lent* = LM Nr. 2 zu § 565 III ZPO; BGHZ 46, 281 (284); vgl. *Arens*, AcP 161, 177 (190 f.); s. o. § 5 I 1 c.

[112] *Thomas/Putzo*, § 565 Anm. 3 Nr. 1; *Bötticher*, AP Nr. 11 zu § 565 ZPO; *Baumbach/Lauterbach/Albers/Hartmann*, § 563 Anm. 1 C.

[113] BAG NJW 1966, 1140 = AP Nr. 11 zu § 565 ZPO m. Anm. v. *Bötticher*.

[114] BGHZ 33, 398 (401) = LM Nr. 9 zu § 565 III ZPO m. Anm. v. *Johannsen* = ZZP 74, 213 m. abl. Anm. v. *Schwab*; krit. auch *Eike Schmidt*, S. 88 f.

[115] BGHZ 4, 58 (60) = LM Nr. 5 zu § 549 ZPO m. Anm. v. *Paulsen*.

[116] BGHZ 46, 281 (284 ff.).

[117] BGHZ 10, 350 (357 ff.) = LM Nr. 4 zu § 565 III ZPO m. Anm. v. *Johannsen*.

[118] BGHZ 12, 308 (316) = LM Nr. 5 zu § 563 ZPO m. Anm. v. *Fischer*; krit. dazu *Arens*, AcP 161, 177 (197 f.) u. *Eike Schmidt*, S. 67.

die die Anträge sachlich erschöpfen und besteht deshalb Entscheidungsreife, so kann das Revisionsgericht die Klage auch ganz oder teilweise zusprechen[119], zumal § 538 ZPO im Verhältnis zwischen Berufungs- und Revisionsgericht nicht gilt. Dies ist selbst dann zulässig, wenn zwar keine (ausdrücklichen) Feststellungen der Tatsachengerichte vorliegen, aber das Parteivorbringen unbestritten oder zugestanden ist. Ob dies der Fall ist, kann das Revisionsgericht selbständig prüfen[120]. Es trifft damit zwar eigene Feststellungen, die ihm grundsätzlich verwehrt sind, aber sie gehen über bloße gesetzlich festgelegte (§§ 138, 288 ZPO) Schlußfolgerungen aus bindend festgelegtem Parteivorbringen kaum hinaus. Eine Würdigung des Vorbringens auf Glaubwürdigkeit dürfte im Zivilprozeß nur selten Bedeutung erlangen[121]. Da der Gesetzgeber eine Zurückverweisung nur wegen der „als Regel aufgestellten Ausschließung der tatsächlichen Würdigung" angeordnet hat, erscheint die geringfügige Grenzüberschreitung durch Erweiterung des „festgestellten Sachverhältnisses" gerechtfertigt. Bleiben Zweifel, ob Vorbringen unstreitig ist, so kann selbstverständlich zur weiteren Klärung zurückverwiesen werden.

Dagegen geht es zu weit, zusätzlich zu verlangen, es müsse als ausgeschlossen erscheinen, daß die Parteien bei einer Zurückverweisung neue relevante Tatsachen vorbringen könnten[122]. Das Revisionsgericht kann wie das Tatsachengericht nur beurteilen, ob der Sachverhalt als vollständig geklärt erscheint, ob also Entscheidungsreife besteht. Darüber hinaus ist eine weitere Prognose nicht möglich[123], aber auch nicht nötig. Tatsächlich scheint es sich bei diesem Verlangen auch nicht um eine selbständige Voraussetzung zu handeln, sondern darum, daß das Revisionsgericht die Entscheidungsreife hinsichtlich sachlich noch nicht entschiedener Ansprüche besonders sorgfältig und zurückhaltend beurteilen soll[124]. Zumindest in einem Teil der Fälle, in denen die Revisionsgerichte sachliche Ausführungen in einem Prozeßurteil als ungeschrieben erklärten[125], dürfte lediglich die Entscheidungsreife gefehlt haben[126].

---

[119] RG HRR 1942, 726; offen gelassen bei BGHZ 11, 222 (227) = NJW 1954, 310 (311); zustimmend *Rimmelspacher*, Prüfung von Amts wegen, S. 210 ff.

[120] *Rimmelspacher*, ZZP 84, 41 (67, c) u. Prüfung von Amts wegen, S. 212 f.; s.o. § 5 I 1 c aa. Für Berücksichtigung im Tatbestand enthaltener, nicht verwerteter unbestrittener Tatsachen bereits *Erythropel*, ZZP 3, 104 (111).

[121] Vgl. *Rosenberg/Schwab*, § 65 VIII 7a.

[122] So BGHZ 46, 281 (284); BGH JZ 1954, 325 = LM Nr. 2 zu § 565 III ZPO; BGHZ 12, 273 = LM Nr. 23 zu Art. 14 GG m. Anm. v. *Pagendarm; Rosenberg/Schwab*, § 147 III 2b; *Zöller-Karch*, § 565 Anm. 4.

[123] *Baur*, JZ 1954, 326 (327 a. E.).

[124] Vgl. *Blomeyer*, § 104 VI 2 b; *Eike Schmidt*, S. 67, 103, 116.

[125] s. o. § 5 I 1 c bb.

[126] Vgl. BGHZ 11, 222 (226 f.) = NJW 1954, 310 (311).

Denn bei bloßen obiter dicta wird dies regelmäßig der Fall sein[127]. Doch kann die Entscheidungsreife im Einzelfall auch in den zweifelhaften Fällen gegeben sein, bei denen Feststellungen zu prozessualen und materiellen Fragen nicht identisch sind oder die materiellen Feststellungen nicht aufgrund Sachzusammenhangs mit Feststellungen zu einem nicht angefochtenen Teil des tatrichterlichen Urteils feststehen.

Sieht man in den Prozeßvoraussetzungen nur Sachentscheidungs-, nicht auch generelle Sachverhandlungsvoraussetzungen, erkennt also nur ein Verbot für den Richter an, ihr Vorliegen bei der Sachentscheidung offenzulassen[128], so sind die zur Hauptsache getroffenen Feststellungen zwar überflüssig, aber nicht prozessual fehlerhaft gewonnen. Bejaht man dagegen ein absolutes Sachverhandlungsverbot, so stellt sich die Frage einer Verwertbarkeit gleichwohl getroffener Feststellungen in der Revisionsinstanz nur, wenn nach Meinung des Revisionsgerichts dieses Verbot in Wirklichkeit nicht besteht, die Feststellungen also doch objektiv nicht fehlerhaft getroffen sind. Nach beiden Meinungen besteht somit kein Hindernis, die Feststellungen zu verwerten.

Zu beachten ist aber, daß aus dem Grundsatz der Gleichwertigkeit von Prozeßurteil und Sachurteil, der Bindung an den festgestellten Prozeßstoff (§ 561 II ZPO) und der Gleichbehandlung der Parteien nicht folgt, daß der Wechsel vom Prozeßurteil zum Sachurteil stets ohne weiteres möglich ist[129]. Denn trotz der Bindung an § 561 II ZPO hat das Revisionsgericht selbständig zu entscheiden, ob Entscheidungsreife besteht.

Diese fehlt, wenn das Tatsachengericht streitige, unter Beweis gestellte Sachbehauptungen nicht gewürdigt hat. Ausführungen zur Begründetheit binden auch nicht, wenn sie — als tragende Urteilsfeststellungen gedacht — nicht den Mindestanforderungen an Form und Inhalt des richterlichen Urteils genügen[130]. Ist die Klage oder sind Einwendungen nicht schlüssig, weil Behauptungen fehlen, so ist die Sache nicht allein deshalb entscheidungsreif, weil die betroffene Partei keine Verfahrensrüge erhebt[131], sondern nur dann, wenn die Klage oder Einwendung nicht durch neue Behauptungen schlüssig gemacht werden können[132].

---

[127] *Böttcher*, AP Nr. 11 zu § 565 ZPO; zweifelhaft etwa BSG 9, 80 (85 f.). Zur mangelnden Richtigkeitsgewähr von obiter dicta vgl. *Schlüter*, Das Obiter dictum, S. 31, 125 ff.

[128] *J. Blomeyer*, ZZP 81, 20 (30); s. u. § 11 I 4 b aa; anders die h. M., vgl. *Wieser*, ZZP 84, 304 (312, 317).

[129] So aber *Rimmelspacher*, Prüfung von Amts wegen, S. 201, 212, 214 u. ZZP 84, 41 (73); zutreffend dagegen BFH 108, 275.

[130] s. u. § 7 III.

[131] s. o. § 6 IV 1.

[132] s. u. § 8 I 3 b aa.

Ob dies der Fall ist, kann möglicherweise ohne Befragen der Parteien nicht entschieden werden[133]. Dies ist aber ohne weiteres möglich. Sofern dabei die Parteien nicht klarstellen, daß weiteres Vorbringen ausscheidet, ist im Zweifel zurückzuverweisen, unabhängig davon, ob die Partei die damit gegebene Chance nützen kann oder wird.

Ob § 563 ZPO bei einer Ersetzung eines Prozeßurteils durch ein abweisendes Sachurteil anwendbar ist[134] oder ob Aufhebung des angefochtenen Urteils und Zurückweisung der Revision im Tenor nötig sind[135], erscheint demgegenüber als nebensächlich. Denn auch § 563 ZPO ist ein Fall (negativer) Sachentscheidung, so daß nur danach zu entscheiden ist, bei welchem Vorgehen der rechtskraftfähige Inhalt der Sachentscheidung eindeutiger bestimmbar ist, ohne daß eine der Lösungen unzulässig wäre[136].

b) *Einwände*

Die Einwände gegen diese „Erweiterung" der Sachentscheidungsbefugnis sind nicht begründet: Einmal führt der *Devolutiveffekt* der Revision — von der Anfechtung von Zwischenurteilen nach § 275 ZPO abgesehen — dazu, daß bei Anfechtung von Prozeßurteilen stets auch der sachlichrechtliche Streit in die Revisionsinstanz gelangt[137]. Denn die Anfallwirkung wird durch die Ausgestaltung des Revisionsverfahrens bestimmt. Die gestellten Anträge bestimmen nur konkret den Rahmen der Entscheidung. Wegen der Ausrichtung des Revisionsgerichts auf die Sachentscheidung kann sich der Revisionskläger nicht mit dem Antrag auf Aufhebung beschränken. Er muß vielmehr angeben, in welchem Umfang er die Sache selbst weiterverfolgt. Insoweit kann er, wie dargelegt[138], keine Zurückverweisung erzwingen und die Sachentscheidung des Revisionsgerichts ausschließen. Macht der Streit um die Rechtmäßigkeit des Prozeßurteils aber nur den kassatorischen Teil des

---

[133] Vgl. *Pohle*, AP Nr. 10 zu § 565 ZPO (zur vollständigen Würdigung bei Prüfung des Mitverschuldens).

[134] So BGHZ 12, 308 (316) (Abweisung einer Feststellungsklage als unbegründet statt wegen fehlenden Feststellungsinteresses) = LM Nr. 5 zu § 563 ZPO m. Anm. v. *Fischer;* BVerwG WM 1965, 854 (855); *Baumbach/Lauterbach/Albers/Hartmann*, § 563 Anm. 1 C; *Gilles*, S. 84 Fn. 224 a; *Rimmelspacher*, Prüfung von Amts wegen, S. 210 ff.

[135] So BAG NJW 1966, 1140 = AP Nr. 11 zu § 565 ZPO m. Anm. v. *Bötticher;* BGHZ 11, 222 (224 ff.); *Lent/Jauernig*, § 74 IV C 2 a.

[136] *Blomeyer*, § 102 I 2 Fn. 3.

[137] BAG NJW 1966, 1140 = AP Nr. 11 zu § 565 ZPO m. Anm. v. *Bötticher; Rimmelspacher*, Prüfung von Amts wegen, S. 202 ff., 207 f., 214; *v. Mettenheim*, S. 89, a. A. *Baur*, JZ 1954, 326 (327); *Schwab*, ZZP 74, 215 (216); *Arens*, AcP 161, 177 (193 ff.).

[138] s. o. Fn. 70.

Verfahrens aus, so muß der Kläger stets auch einen Antrag auf Entscheidung in der Sache, im Zweifel seinen bisherigen Klageantrag, der Beklagte bei seiner Revision den Antrag auf Abweisung stellen. Die „Sache" gelangt daher stets in die Revisionsinstanz, so daß bei begründeter Revision darüber zu entscheiden ist. Ob auch über den gesamten Streit entschieden werden kann, wenn Prozeßreste tatsächlich noch in unterer Instanz anhängig sind, kann dabei offenbleiben[139], zumal die Feststellungen des Urteils grundsätzlich nur für die darin enthaltene Entscheidung binden[140].

Prozeßurteil und Sachurteil haben zwar unterschiedliche Rechtskraftwirkungen, da durch das Prozeßurteil dem Rechtsmittelkläger aber noch keine Rechtsposition, kein „Besitzstand" zuerkannt war, verstößt die Ersetzung des Prozeßurteils durch ein abweisendes Sachurteil auch nicht gegen das Verbot der *reformatio in peius*[141]. Eine andere Entscheidung ist auch wenig zweckmäßig: Wird zwar das Prozeßurteil als fehlerhaft angesehen, die Revision aber gleichwohl wegen Unbegründetheit der Klage (nach § 563 ZPO) zurückgewiesen, die Klage aber nicht abgewiesen[142], so wird der Rechtsstreit dadurch sachlich nicht erledigt und der Prozeß ohne Ergebnis geführt. Wird aber zurückverwiesen, so könnte gleichfalls nicht gegen den Kläger erkannt werden, wenn auch das Berufungsgericht an das angeblich bestehende Verbot der reformatio in peius gebunden wäre[143]. Gestattet man dagegen die Sachabweisung nach Zurückverweisung, so nützt dem Kläger das nur im Revisionsverfahren geltende Verbot der reformatio in peius im Ergebnis nichts; die Zurückverweisung wirkt sich dann lediglich prozeßverzögernd aus.

---

[139] Vgl. dazu BGHZ 12, 273 = NJW 1954, 955; BGHZ 30, 213 ff. = NJW 1959, 1824 m. Anm. v. *Schwab;* BAG NJW 1969, 678; *Mattern,* JZ 1960, 385; *Blomeyer,* § 99 IV; *Zöller/Karch,* § 559 Anm. b; *Grunsky,* JZ 1970, 226; *v. Mettenheim,* S. 76 f., 85 f.; *Hien,* passim. Daß in diesen Fällen ein Sachzusammenhang grundsätzlich nicht zur Abweisung auch des unterinstanzlichen Prozeßrests berechtigt, gestattet nicht den Schluß, der Revisionskläger sei allgemein vor einer Sachabweisung geschützt und müsse stets eine weitere Tatsacheninstanz erhalten (so aber *Rosenberg/Schwab,* § 147 II 1 Fn. 5).

[140] *Schultzenstein,* ZZP 37, 244 (253 f.).

[141] BGH NJW 1970, 1683 (1684); BGHZ 33, 398 (401); 46, 281 (284); BAG NJW 1966, 1140 = AP Nr. 11 zu § 565 ZPO m. zust. Anm. v. *Bötticher; Fischer,* LM Nr. 5 zu § 563 ZPO; *Bötticher,* ZZP 65, 464 ff.; *Stein/Jonas/Grunsky,* § 565 III 1 a, § 536 I 2 a; *Zöller/Karch,* § 559 Anm. a; *Thomas/Putzo,* § 536 Anm. 3 b; *Zeiss,* S. 279; *Arens,* AcP 161, 177 (186 ff., 197); *Berg,* JuS 1969, 123 (126); *Gilles,* S. 96 Fn. 266; *Eike Schmidt,* S. 102; a. A. BAG AP Nr. 23 zu § 2 ArbGG m. abl. Anm. v. *Wieczorek; Baur,* JZ 1954, 326; *Rosenberg/Schwab,* § 147 II 1, III 2 b; *Schwab,* ZZP 74, 215 (217 f.) (jedoch nur für die Revisionsinstanz).

[142] So RG JW 1918, 511 (512) m. abl. Anm. v. *Mendelssohn Bartholdy;* vgl. BGHZ 11, 222 (224 f.) = NJW 1954, 310 (311).

[143] So *Lent,* JR 1954, 183.

Dem Kläger wird auch nicht unzulässig eine Instanz entzogen[144]. In den Fällen, in denen das Ergebnis der Sachentscheidung über einen Streitgegenstand, zu dem in der Vorinstanz nur ein Prozeßurteil ergangen ist, wegen des Sachzusammenhangs zu einer anderen sachlichen Entscheidung des Tatsachengerichts feststeht, ergibt sich daraus ohnedies kein echter Nachteil. Einen Anspruch darauf, einen trotz richterlicher Sachaufklärung unschlüssigen Vortrag[145] durch neues Vorbringen nach Zurückverweisung begründen zu können, erkennt das Revisionsverfahren nicht an. Vielmehr wird der *Instanzverlust* bei Entscheidungsreife in § 565 III ZPO wie in § 540 ZPO für die Berufungsinstanz in Kauf genommen[146].

Das Revisionsgericht ist somit nicht auf „spiegelbildliche“ Entscheidungen beschränkt, sondern kann Prozeßurteil und Sachurteil grundsätzlich gegenseitig austauschen. Auch darin zeigt sich, daß der Prozeßstoff der kassatorischen Entscheidung von dem der reformatorischen abweichen kann.

3. Zwischenurteil in der Revisionsinstanz

Aus der Befreiung des Revisionsgerichts von tatsächlichen Feststellungen wurde früher abgeleitet, das Revisionsgericht dürfe gemäß § 565 III Nr. 1 ZPO nur die Endentscheidung anstelle der Berufungsinstanz fällen, nicht aber ein Zwischenurteil erlassen und für das weitere Verfahren zurückverweisen[147].

Auch dies wurde zu Recht aufgegeben, um den Abschluß des Verfahrens zu beschleunigen. Soweit Entscheidungsreife besteht, kann das Revisionsgericht über trennbare Komplexe gemäß § 565 III Nr. 1 ZPO abschließend entscheiden. Z. B. kann es ein Zwischenurteil gemäß § 275 ZPO, ein Grundurteil entsprechend den §§ 304, 538 I Nr. 3 ZPO (wenn die Klage in der Berufungsinstanz abgewiesen worden war)[148] oder ein Vorbehaltsurteil nach den §§ 304, 599 ZPO[149] erlassen.

---

[144] So BAG AP Nr. 23 zu § 2 ArbGG m. Anm. v. *Wieczorek; Rosenberg/Schwab*, § 147 II 1; *Schwab*, ZZP 74, 215 (217); *Arens*, AcP 161, 177 (196).

[145] s. o. Fn. 132.

[146] *Bötticher*, AP Nr. 11 zu § 565 ZPO; so auch jüngst: *Klaus Lieb*, Das Verbot der Reformatio in peius im Zivilprozeß, im Verfahren der freiwilligen Gerichtsbarkeit und im Verwaltungsstreitverfahren, Diss. Würzburg 1972, S. 103 ff.; dagegen: *Schwab*, ZZP 74, 215 (216); *Rosenberg/Schwab*, § 147 III 2 b; vgl. auch *Dütz*, SAE 1971, 102 (104).

[147] *Planck*, § 150 III 3 (S. 527). Auf den Zwischenurteilscharakter des instanzabschließenden, zurückverweisenden Urteils ist hier nicht einzugehen.

[148] *Dietrich Reinicke*, Zwischenurteile in der Revisionsinstanz, NJW 1967, 513 (515); *Thomas/Putzo*, § 565 Anm. 3 Nr. 1; *Baumbach/Lauterbach/Albers/Hartmann*, § 565 Anm. 3 A; *Rosenberg/Schwab*, § 147 III 2 b.

[149] *Stein/Jonas/Grunsky*, § 565 III 1 a.

Es kann ferner über die Zulässigkeit der Revision[150] oder die Zulässigkeit der Berufung, insb. die Erteilung der Wiedereinsetzung in den vorigen Stand[151] bindend durch Zwischenurteil gemäß § 303 ZPO entscheiden.

Das Revisionsgericht kann aber nicht durch Teilaufhebung das Berufungsurteil mittelbar in ein Zwischenurteil verwandeln, das das Berufungsgericht nicht hätte erlassen können[152].

---

150 BGH LM Nr. 3 zu § 275 ZPO.

151 BAG NJW 1972, 887 (888) = AP Nr. 38 zu § 233 ZPO; *Sydow/Busch/Krantz/Triebel*, § 565 Anm. 7.

152 Vgl. im einzelnen *D. Reinicke*, NJW 1967, 513 (515 ff.).

§ 7. Revisibilität der Tatsachenfeststellungen und materielle Gesetzesverletzung

Die Rechtsmitteleigenschaft der Revision brachte es mit sich, daß unabhängig von dem vorrangig angenommenen Revisionszweck die zunächst angenommenen Grenzen der Revisibilität tatsächlich erweitert wurden und dadurch der Individualrechtsschutz verbessert wurde. Die Tendenz, das beschränkte Rechtsmittel der Revision effektiver zu gestalten, machte auch vor der — wie immer abgegrenzten — Tatfrage nicht halt.

Zur Klärung im einzelnen ist von dem „natürlichen", „logischen", rechtstheoretischen Tatsachenbegriff auszugehen. Als Grundbegriff der Erkenntnis kann der Begriff der „Tatsache" aber nicht eigentlich definiert, sondern lediglich in erläuternder Weise umschrieben werden[1].

So werden Tatsachen positiv als „realer Sachverhalt" oder ausführlicher als physische und psychische Geschehnisse und Zustände begriffen, die in natürlichen oder technischen Begriffen als wirklich erkannt, in Urteilen als wahr gedacht und durch Wahrnehmung, Erinnerung oder Schlußfolgerung dem Bewußtsein gegenwärtig werden[2]. Auf diese Weise vermitteln Tatsachen die Vorstellung des konkreten Falles und ermöglichen die prozessuale Sachverhaltsbildung. Ob diese Momente vergangen, gegenwärtig oder zukünftig sind, ist für die Qualifizierung gleichgültig.

Dieser *logische Tatsachenbegriff* wird selbst da anerkannt, wo er für die herkömmliche Abgrenzung von Tatsachenfeststellung und Rechtsanwendung auch nicht im Grundsatz als maßgebend angesehen wird[3] und bedarf daher keiner weiteren Erörterung.

Im folgenden soll — ausgehend von der in Rechtsprechung und Lehre überwiegend vertretenen „logischen" Revisionsmethode — dargestellt werden, inwieweit das Revisionsgericht im Bereich dieser „natürlichen"

---

[1] *Philippi,* Tatsachenfeststellungen, S. 3 ff.; vgl. auch *Sauer,* S. 60.

[2] *Scheuerle,* AcP 157, 1 (36); *Engisch,* Logische Studien, S. 39 ff.; *Mezger,* AcP 117 Beilage, S. 30 ff.; *Stein,* Privates Wissen, S. 6; *Kilian,* S. 7 ff.; zu den Schwierigkeiten, einen wertungsfreien Tatsachenbegriff aufzustellen vgl. *Kuchinke,* S. 96; *Mitsopoulos,* ZZP 81, 251 (266); gegen einen einheitlichen Tatsachenbegriff: *Rumpf,* S. 196 f.; *Mannheim,* S. 41 ff., 57 f.

[3] *Kuchinke,* S. 63; *Engisch,* Log. Studien, S. 113 ff.; *Stein/Jonas/Grunsky,* § 549 III B; *Hempfling,* S. 13.

Tatsachen gebunden ist und inwieweit es tatsächliche Feststellungen im Rahmen der Prüfung materieller Rechtsverletzungen aufheben kann.

Im einzelnen geübte Kritik richtet sich dabei in erster Linie gegen Inkonsequenzen.

Anschließend sollen die anderen Revisionstheorien daraufhin überprüft werden, ob sie die tatsächlich geübten Revisionsgrenzen zufriedenstellender erklären können.

I. Grenzen der logischen Revisionsmethode

Lassen sich Tatsachen und rechtliches Urteil begrifflich-logisch trennen, so liegt es nahe, daß diese Unterscheidung auch der Grenzziehung von irrevisiblem Tatsachenbereich und revisiblem Rechtsbereich zugrunde liegt oder, wie das Gesetz sagt: den „Feststellungen über tatsächliche Behauptungen" (§ 561 II ZPO) und der Nicht- oder nicht richtigen Anwendung einer Rechtsnorm (§ 550 ZPO). Da das Gesetz angibt, was revisibel und was bindend ist, so muß diese Unterscheidung auch als Grundsatz für die Grenzziehung der Revisibilität dienen. Das Gegenteil ließe sich nur dann vertreten, wenn die begrifflich-logische Unterscheidung in größerem Umfang theoretisch oder praktisch nicht vollziehbar wäre[4].

Die Untersuchungen *Scheuerles* und *Henkes*[5] haben aber gezeigt, daß weder die Gleichheit natürlicher und rechtlicher Begriffe, die Verweisung auf außerrechtliche Wertungen, noch die Möglichkeit des Anscheinsbeweises zu einer theoretischen Untrennbarkeit führen und daß das Zusammenfallen von Tatsachenfeststellung und rechtlicher Würdigung etwa bei der Verwendung „juristischer Tatsachen" oder anderer rechtlich wertender Begriffe im Rahmen der Tatsachenfeststellung regelmäßig nicht zu Mißverständnissen führt und nur als sprachliche Verkürzung problemloser Teilsubsumtionen aufzufassen ist[6].

Auch die Sichtung des Prozeßstoffs selbst führt nicht zur Untrennbarkeit. Die *Sachverhaltsbildung* wird zwar *zweckbezogen* bereits im Hinblick auf die sog. Subsumtion vorgenommen, führt zur „Angleichung des Lebenssachverhalts an die Norm"[7]. Sie baut daher auf einer

---

[4] So bereits zu den Entwürfen der CPO: *Wach*, KritVSchr 15 (1873), 88 (92 ff., 95, 98) u. KritVSchr 15, 339 (354 f.).

[5] *Scheuerle*, AcP 157, 1 (43 ff.); *Henke*, Tatfrage, S. 138 ff., 148 ff., 172 ff.; vgl. auch *Larenz*, S. 243 ff.; *Frisch*, S. 230 f.; *Mitsopoulos*, ZZP 81, 251 (253 ff.) sowie Beschluß des 4. Internationalen Kongresses für Zivilprozeßrecht, Rapports, S. 551.

[6] *Henke*, Tatfrage, S. 148 ff. u. ZZP 81, 196 (212 ff.); vgl. bereits *Wach*, Vorträge, S. 287.

[7] Vgl. *Larenz*, S. 236 ff., 263; *Kaufmann*, S. 302 ff.; *Michaelis*, Festschrift f. d. OLG Celle, S. 117 (138 f.); *Jesch*, AöR 82, 163 (178 ff.); *Scheuerle*, AcP 157, 1 (21, 51 ff.); ferner *Rumpf*, S. 212 ff.; *Sauer*, S. 62 ff.

Art „Grundfrage“ auf, daß ein gewisser Lebensvorgang rechtliche Folgen haben müsse. Welcher Art sie sind und welche Elemente des Geschehens rechtliche Bedeutung haben, bestimmt sich sodann nach den rechtlichen Vorstellungen des Urteilers[8]. Die Auswahl der relevanten Fakten enthält also stets auch voluntative Elemente[9].

Umgekehrt ist auch die Gesetzesauslegung bezogen auf den zu beurteilenden Einzelfall, so daß die Bildung von Fällen, die einem Rechtsbegriff zuzuordnen sind, die Subsumtion bereits vorwegnimmt[10]: Da aber „die Frage, ob etwas tatsächlich geschehen ist“ und „die Beurteilung des Geschehens nach den in der Rechtsnorm aufgestellten Kriterien“ auf logisch verschiedenen Ebenen liegen, lassen sich vorbereitende Stoffsammlung und Rechtsanwendung trotz der rechtlichen Vorformung des Sachverhalts jedenfalls im Grundsatz trennen[11]. Dies gilt auch, soweit Wertmaßstäbe durch Fallvergleichung auszufüllen sind. Daran ändern selbst die schöpferischen, konstitutiven Elemente der Rechtsfindung nichts, die heute fast allgemein anerkannt sind, da sie Tatsachenfeststellung wie Rechts„anwendung“ gleichermaßen, wenn auch jeweils verschieden, beeinflussen, ohne deshalb die Trennung aufzuheben. Lediglich der Begriff der „Gesetzesverletzung“ verliert in diesem Rahmen jeden subjektiven Vorwurf[12].

Tatsachenfeststellung ist danach jede „logisch, begrifflich und erfahrungsgemäß verarbeitete Wahrnehmung“ und Rechtsanwendung der anschließende Vergleich mit dem Gesetz[13]. Damit ist zugleich klargestellt, daß Tatsachen als Tatsachenurteile in den Prozeß eingeführt werden.

In engen Grenzen besteht freilich eine praktische Untrennbarkeit zwischen Tatsachenfeststellung und Rechtsanwendung[14]. Ist z. B. zu entscheiden, ob ein Gegenstand „Kunstwerk“ ist, ein Gebäude „verunstaltend“ wirkt, ob eine Erfindung einen „technischen Fortschritt“ darstellt oder der „Erfindungshöhe“ genügt, so kann sich der Sachverhalt im Einzelfall einer vollständigen Fixierung ohne eine Beschreibung in Rechtsbegriffen entziehen. Damit ist aber nicht zwingend dargetan,

---

[8] *Larenz*, S. 235 ff.; *Esser*, Vorverständnis, S. 50 ff., 57, 208; *Hruschka*, Zur Konstitution des Rechtsfalles, 1965, S. 21 ff.

[9] *Rumpf*, S. 202 ff.

[10] *Jesch*, DÖV 1956, 77 (78) u. AöR 82, 163 (185 ff.); zur logischen Notwendigkeit der Subordination vgl. *Rödig*, S. 167 ff.; ferner *Schöpf*, Die Wechselbeziehung zwischen Sachverhalt und Normenordnung bei der Rechtsanwendung, Diss. Erlangen-Nürnberg 1971.

[11] *Larenz*, S. 243 ff., 249 f.; *Engisch*, Log. Studien, S. 83 ff.; *Henke*, ZZP 81, 196 (211).

[12] Vgl. *Kuchinke*, S. 52.

[13] *Engisch*, Log. Studien, S. 105; vgl. *Stein/Jonas/Schumann/Leipold*, § 282 II.

[14] *Jesch*, AöR 82, 163 (195 ff., 202 f.); *Scheuerle*, AcP 157, 1 (83 ff.); *Henke*, Tatfrage, S. 172 ff., 177 ff. u. ZZP 81, 321 (327 ff.); *Frisch*, S. 235 f., 258 f.

daß gewisse Rechtsfragen in einer derartigen „Gesamtsituation" als irrevisibel behandelt und die §§ 549 I, 550 ZPO eingeschränkt werden müssen. Es läßt sich vielmehr auch umgekehrt vertreten, das Revisionsgericht dürfe insoweit auch tatsächliche Feststellungen korrigieren.

II. Unrichtige Rechtsansicht und Tatsachenfeststellung

Bestimmt man die Grenzen der Revisibilität nur von der Gesetzesverletzung (§ 550 ZPO) her, also der negativen Beschreibung dessen, was „Tatfrage" ist[15], so scheint sich die Möglichkeit der Revisibilität von Tatsachenfeststellungen zu eröffnen.

Ausgangspunkt ist die neuere Lehre, das Revisionsgericht habe nur zu prüfen, ob ein Urteil zur Zeit des Erlasses der Revisionsentscheidung richtig, d. h. wie ohne Fehler an sich jetzt zu entscheiden sei[16]. Gerade wegen der Zweckbezogenheit der Sachverhaltsbildung auf die Subsumtion kann, obwohl diese richtig ist, die unrichtige Rechtsansicht die Tatsachenfeststellung beeinflußt haben. Deshalb soll ein Urteil trotz § 563 ZPO bereits dann aufgehoben werden müssen, wenn nicht auszuschließen ist, daß das Sachverhältnis wegen des Rechtsfehlers falsch festgestellt wurde.

Freilich ist ein Urteil trotz korrekter Subsumtion bei falscher Sachverhaltsfeststellung falsch[17]. Die Frage ist aber, ob eine *revisible Gesetzesverletzung* auch besteht, wenn das Revisionsgericht Anhaltspunkte entdeckt, die Sachverhaltsfeststellung könne falsch sein, *ohne* daß *Fehler bei der Obersatzbildung* und der Subsumtion bestehen. *Rimmelspacher* lehnt dies ab: Er meint, eine richtige Rechtsansicht indiziere keine richtige Tatsachenfeststellung. Folge man daher der neueren Lehre, so müsse das Revisionsgericht das angefochtene Urteil praktisch immer aufheben. Von der Bindung des Revisionsgerichts gemäß § 561 ZPO bliebe dann nichts übrig[18]. Aus der Zweckbezogenheit der Sachverhaltsfeststellung würde also eine weitestgehende „Revisibilität" der Sachverhaltsfeststellung folgen.

Dieser Einwand ist aber nicht zwingend. Eine Entscheidung, die der Meinung des Berufungsgerichts, nicht der des Revisionsgerichts entspricht, könnte das Revisionsgericht praktisch kaum anstreben. Soweit Wertung, Fallvergleich oder Ermessensentscheidungen nötig sind, gibt

---

[15] Vgl. *Wach*, KritVSchr 15, 88 (92).

[16] *Henckel*, ZZP 77, 321 (347); *Blomeyer*, § 104 III 1 b; *Gilles*, S. 79, 81; krit. *Rimmelspacher*, ZZP 84, 41 (43).

[17] Vgl. § 5 I; ferner: *Rimmelspacher*, ZZP 84, 41 (45); *Goldschmidt*, Prozeß als Rechtslage, S. 498.

[18] *Rimmelspacher* (Fn. 17); kritisch wegen § 561 II ZPO auch *Schmid*, ZStW 85, 360 (369 Fn. 20).

es nämlich noch keine zur endgültigen Subsumtion geeignete Norm, sondern diese wird erst ad hoc durch das Revisionsgericht ermittelt[19]. Daher wird richtig gesagt, es sei nicht zu entscheiden, wie das Berufungsgericht ohne Fehler entschieden hätte, sondern wie zur Zeit der Revisionsentscheidung zu urteilen ist.

Grundlage der neuen Entscheidung bleibt aber der vom Berufungsgericht festgestellte Sachverhalt. Ist dieser fehlerhaft festgestellt, so muß die daraus folgende Unrichtigkeit des Urteils nicht nur abstrakt möglich, sondern nach Sachlage zumindest wahrscheinlich sein, soll eine Aufhebung erfolgen. Da § 561 I 1 ZPO neues Vorbringen aber ausschließt, kann das Revisionsgericht bei formell korrekter, d. h. folgerichtiger Rechtsanwendung ohne Verfahrensrüge regelmäßig keine Bedenken gegen die Richtigkeit der Sachverhaltsfeststellung entwickeln[20]. Ferner entsteht nicht allgemein Rechtsunsicherheit, wenn Fehler in der Tatsachenfeststellung, die aus dem Urteil nicht ersichtlich sind, nicht korrigiert werden[21]. Eine nur abstrakt mögliche Unrichtigkeit genügt aber nicht zur Aufhebung, sofern kein absoluter Revisionsgrund vorliegt.

Eine materielle Gesetzesverletzung kommt daher nur in Betracht, soweit das Revisionsgericht trotz der Bindung gemäß § 561 ZPO erhebliche Zweifel an der Richtigkeit der Subsumtion und der Tatsachenfeststellung gewinnen kann. Es ist deshalb zu prüfen, wann dies im einzelnen der Fall ist und ob tatsächlich jede erkennbar fehlerhafte Tatsachenfeststellung als materiellrechtlicher Fehler bzw. auf Sachrüge hin nachzuprüfen ist; anders ausgedrückt, ob die rechtliche Nachprüfung mit einer mittelbaren Nachprüfung der Tatsachenfeststellungen verbunden ist[22].

III. Verstöße gegen Mindestanforderungen an Form und Inhalt eines Urteils

Erhebliche Zweifel entstehen vor allem, wenn das angefochtene Urteil Mindestanforderungen an Form und Inhalt einer richterlichen Entscheidung nicht genügt. Dies ist der Fall, wenn die Feststellungen unzureichend sind, nicht alle wesentlichen Gesichtspunkte beachtet, die Feststellungen nicht schlüssig begründet sind oder gegen Denk- und Erfahrungssätze verstoßen. Anders ausgedrückt: Tatsachenfeststellungen sind revisibel, soweit dabei *gegen methodische Regeln* zu ihrer Gewinnung *verstoßen* wurde[23].

---

[19] *Larenz*, S. 342 ff.; *Jesch*, DÖV 1956, 77 (78).

[20] *Stumpf*, Festschrift f. *Nipperdey* I, S. 957 (968).

[21] *Pohle*, Revision, S. 94.

[22] So *Hempfling*, S. 34; *Geerds*, Festschrift f. *K. Peters*, S. 267 (276); vgl. auch *Hauß*, DRiZ 1962, 163.

[23] *Henke*, ZZP 81, 196 (248).

Ist der Mangel der Sachverhaltsfeststellung und -verwertung klar erkennbar, so wird er überwiegend nicht als Verfahrensfehler, sondern als Rechtsanwendungsfehler behandelt. Dabei lassen sich folgende Fälle unterscheiden:

1. Mangel am Tatbestand

§ 561 ZPO geht ins Leere, soweit das angefochtene Urteil überhaupt keine tatsächlichen Feststellungen[24], nur widersprüchliche[25], undeutliche[26] oder keine zum Verständnis des Rechtsfalles erforderlichen eindeutigen tatsächlichen Ausführungen enthält. Ein derart *unzureichender Tatbestand* ist *ohne Bindungswirkung* nach § 561 II ZPO[27] und führt zur Zurückverweisung.

Entsprechendes gilt, wenn die getroffenen Feststellungen die daran geknüpften Rechtsfolgen nicht ausreichend stützen[28] oder allgemein, wenn nicht erkennbar ist, auf welchen tatsächlichen Feststellungen das Urteil beruht und es daher nicht geeignet ist, Grundlage der weiteren Prüfung, insb. eines Sachurteils des Revisionsgerichts zu sein[29].

Weiter darf das Urteil nicht anstelle eigener Feststellungen *pauschal* auf Schriftsätze oder den sonstigen Akteninhalt *verweisen*[30]. Freilich dürfen bei einer Verweisung Einzelheiten des Tatbestandes aus dem Akteninhalt ergänzt werden[31]. Unbedenklich ist auch eine Verweisung auf eine gleichzeitig zwischen den Parteien ergangene Entscheidung[32]. Erforderlich ist aber, daß aus dem Urteil selbst Anträge sowie Sach- und Streitstand verständlich hervorgehen. Ansonsten ist es weder den Parteien noch dem Revisionsgericht zuzumuten, sich aus den Gerichts-

---

[24] BAG 23, 38 (40) = NJW 1971, 214.

[25] BGH MDR 1969, 133 = LM Nr. 2 zu § 314 ZPO; BAG 10, 204 = NJW 1965, 171; *Stein/Jonas/Grunsky*, § 561 III; *Kopp*, § 137 Anm. 5 c bb; *Meikel/Imhof/Riedel*, § 78 Rdnr. 8; *Eb. Schmidt*, § 337 Erl. 32; *Müller/Sax*, § 337 Anm. 5 a; *Hempfling*, S. 25, 56; zu Widersprüchen infolge Bezugnahme auf Aktenteile s. u. § 8 II 2 a.

[26] BSG NJW 1960, 264 = SozR Nr. 6 zu § 163 SGG.

[27] BAG NJW 1970, 1812 f.; *Grimm*, Festschrift f. d. BFH, S. 131; *Riewald*, in *Becker/Riewald/Koch*, § 118 Anm. 4 (8); *Baumbach/Lauterbach/Albers/Hartmann*, § 313 Anm. 4 E, § 561 Anm. 2 A.

[28] *Hempfling*, S. 56.

[29] BFH 104, 277 (279) (fehlende Feststellungen zu Art, Weise u. Umfang der behaupteten freiberuflichen Tätigkeit); *Rosenberg/Schwab*, § 147 II 2; *Brüggemann*, S. 100, 171; *Sydow/Busch/Krantz/Triebel*, § 557 Anm. 2.

[30] *Rosenberg/Schwab*, § 59 II 2 d; *v. Wallis/List*, § 118 Rdnr. 30; *Haueisen*, DOK 1969, 69 (70); BFH 92, 416 = BStBl 1968 II 610; vgl. auch *Meyer*, in *Löwe/Rosenberg*, § 337 Anm. V 3 b.

[31] s. u. § 8 II 2 a.

[32] BGH GRUR 1971, 86 m. Anm. v. *Bauer*.

und Beiakten selbst den Sach- und Streitstand herauszusuchen und das Aktenmaterial zu ordnen[33].

Doch soll auch die Bezugnahme auf den Tatbestand von Armenrechtsbeschlüssen nicht genügen, da diese nicht nach § 320 ZPO berichtigt werden könnten und mangels Bindung des Gerichts keine Beweiskraft gemäß § 314 ZPO hätten[34]. Nun ersetzt aber das Schriftstück, auf das verwiesen wird, den Tatbestand. Der Text, auf den verwiesen wird, ist daher insoweit ebenso bindend, als wenn er wörtlich abgeschrieben im Urteil stünde. Die Verweisung auf andere, den Parteien bereits bekannte Darstellungen des Tatbestandes ist als Urteilsbestandteil selbständig gegenüber dieser Darstellung. Nachträgliche Änderungen bleiben daher ohne Einfluß auf den Inhalt der Verweisung. Dies führt auch nicht zu praktischen Unzuträglichkeiten, da Berichtigungen nicht berechtigen, die Originalurkunde in unkennbarer Weise zu verändern. Ebenso ist eine Berichtigung gemäß § 320 ZPO möglich. Berichtigt wird nicht der Beschluß, auf den verwiesen wird, sondern der Urteilstatbestand, indem die unklare Verweisung beseitigt wird. Deshalb ist es nicht erforderlich, nochmals abzuschreiben, was die Parteien bereits in Händen haben. Vielmehr ist im Rahmen der §§ 313 II, 543 ZPO jede Verweisung zulässig, soweit trotzdem verständlich dargelegt wird, worum es in dem Rechtsstreit geht.

Schließlich wird ein Mangel am Tatbestand auch angenommen, wenn das Ergebnis einer Beweisaufnahme oder einer Parteianhörung nicht aus dem Urteil oder den Akten, auf die Bezug genommen wird, ersichtlich ist[35].

In allen diesen Fällen wird der *Verfahrensmangel* zu Recht *von Amts wegen beachtet* und keine Rüge der Verletzung des § 313 I Nr. 3 ZPO verlangt[36], da die Grundlagen des Urteils nicht zu erkennen sind und dies nicht dazu führen kann, daß das Revisionsgericht überhaupt von einer Prüfung absieht. Da das Urteil ohne (ausreichenden) Tatbestand aber dennoch richtig sein kann, ist es nicht berechtigt, den Mangel am Tatbestand als materiellrechtlichen Fehler anzusehen, hinter dem der Verfahrensmangel zurücktreten müsse[37].

---

[33] BVerwG 7, 12 (14); *Haueisen*, DOK 1969, 69 (70).

[34] BVerwG 7, 12 (14); *Stein/Jonas/Schumann/Leipold*, § 313 IV 4 c.

[35] BGHZ 40, 84 (85 f.) = NJW 1963, 2070 = LM Nr. 10 zu § 161 ZPO m. Anm. v. *Johannsen; Baumbach/Lauterbach/Albers/Hartmann*, § 554 Anm. 4 D.

[36] BGHZ 40, 84 (85 f.); BAG NJW 1970, 1812 (1813); BAG MDR 1971, 248; BFH BStBl 1972 II 349; *Rosenberg/Schwab*, § 59 II 2 d; *Baumbach/Lauterbach/Albers/Hartmann*, § 313 Anm. 4 E, § 551 Anm. 8 C (anders aber § 554 Anm. 4 D); *Stein/Jonas/Schumann/Leipold*, § 313 IV 6; *Zöller/Karch*, § 551 Anm. 1 zu Nr. 7; *Sydow/Busch/Krantz/Triebel*, § 561 Anm. 2; *Peters/Sautter/Wolff*, § 162 Anm. 3 (Bl. 68); *Haueisen*, DOK 1969, 69 (71); *Kühn/Kutter*, § 118 Anm. 3; *Sellke*, S. 53 f.; zum Verhältnis zu § 551 Nr. 7 ZPO s. u. 4.

[37] So aber *Sauer*, S. 434 (Mangel in der Sachgestaltung).

2. „Unmögliche" Feststellungen

Zweifel an der Richtigkeit der Sachverhaltsfeststellung ergeben sich auch bei „unmöglichen" Feststellungen.

In Betracht kommen Verstöße der Entscheidungsgründe gegen Denkgesetze[38], insbesondere wenn die Feststellungen, vor allem die Beweiswürdigung, in sich widersprüchlich sind[39], wenn sie mit einem eindeutigen (im Tatbestand festgestellten) Ermittlungsergebnis, z. B. dem Inhalt von Sachverständigengutachten, oder mit dem „klaren Wortlaut", dem „erkennbaren Sinn" von Schriftstücken[40] nicht vereinbar sind und die Abweichung nicht ausreichend begründen. Hierzu zählen auch sachlich völlig unergiebige Feststellungen, z. B. wenn sie insgesamt unklar sind[41], wenn konkrete Feststellungen und Wertungen des Gerichts nicht zu trennen sind[42] oder wenn sie reine Phrasen oder Wiederholungen des Gesetzeswortlauts darstellen[43].

Auch Ableitungsfehler führen deshalb zur Aufhebung, z. B. Rechenfehler[44], Verstöße gegen den allgemeinen Sprachgebrauch[45], falsche Wahrscheinlichkeits- und Vermutungsschlüsse bei Widersprüchen gegen Naturgesetze[46], Widersprüche zu allgemeinen Erfahrungssätzen[47], zu allgemeinkundigen[48] oder dem Revisionsgericht bekannten Tatsachen[49], schließlich klare Abweichungen von der Verkehrsauffassung[50], wenn diese Abweichungen nicht im einzelnen plausibel begründet sind.

---

[38] Vgl. *Klug*, Festschrift für *Möhring*, S. 363 (367 ff.) mit Zusammenstellung der möglichen Argumentationsfehler.

[39] BGH MDR 1969, 133 = LM Nr. 37 zu § 561 ZPO; BAG AP Nr. 7 zu § 626 BGB m. Anm. v. *Jesch;* BAG AP Nr. 13 zu § 91 a ZPO; BFH 109, 472 (473 f.); *Sellke*, S. 62 ff.; *Kuchinke*, S. 212; *Hempfling*, S. 25, 56; *Wassermeyer*, S. 56; *Eyermann/Fröhler*, § 137 Rdnr. 14; *Kleinknecht*, § 337 Anm. 6; *Zemlin*, S. 40.

[40] RG JW 1910, 283 Nr. 11; BGH FamRZ 1971, 243 (244); BVerwG MDR 1960, 76.

[41] *v. Wallis/List*, § 118 Rdnr. 32; *v. Wallis*, Rechtsmittel, S. 92; *Kleinknecht*, § 337 Anm. 6; *Jagusch*, in *Löwe/Rosenberg*, § 337 B II 1.

[42] *Mezger*, S. 184; *Unger*, ZZP 42, 104 (162); *Meyer*, in *Löwe/Rosenberg*, § 337 V 3 b.

[43] *J. Blomeyer*, AP Nr. 2 zu § 320 ZPO (Bl. 669 R); zu den revisiblen Verstößen gegen die Anforderungen an die Urteilsbegründung vgl. *Brüggemann*, S. 171; ferner s. o. § 2 VIII 2.

[44] BAG AP Nr. 1 zu § 561 ZPO. Daß Rechenfehler nach § 319 ZPO berichtigt werden können (s. u. § 8 III 2), nimmt ihnen nicht die Eigenschaft als Denkfehler.

[45] RGZ 105, 417; BGH LM Nr. 4 zu § 133 BGB (Fb); *Benkard/Rogge*, § 47 PatG Rdnr. 85; *Müller/Sax*, Vor § 333 Anm. 2 c; *Fasching*, Rapports, S. 512 (513).

[46] s. u. VI 2.

[47] BAG AP Nr. 7 zu § 626 BGB m. Anm. v. *Jesch; Redeker/v.Oertzen*, § 137 Anm. 8 (c); *Berger*, § 288 Anm. 2; *Meyer*, in *Löwe/Rosenberg*, § 337 V 2 d.

[48] RG JW 1932, 420 Nr. 24 m. Anm. v. *Scanzoni;* s. u. § 8 III.

[49] *v. Wallis*, Rechtsmittel, S. 92.

[50] *v. Wallis/List*, § 118 Rdnr. 32.

Denkgesetzwidrig sind auch Fälle mangelnder Prämissen: Das Revisionsgericht ist deshalb nicht gebunden, wenn der Beweis streitiger Tatsachen nur durch in sich lückenhafte Erwägungen belegt wird[51], Feststellungen bei schwankendem Vortrag nicht näher begründet werden[52].

Darüber hinaus ist es ein offenbarer Mangel der Urteilsbildung, wenn sich das Tatsachengericht an Feststellungen eines anderen Urteils, an den Inhalt von Verwaltungsakten oder von Sachverständigengutachten zu Unrecht gebunden fühlt[53].

Soweit in allen diesen Fällen erkennbar fehlerhafte Tatsachenfeststellungen aufgehoben wurden, ist dies im Grundsatz zu billigen, auch wenn die Grenzen dieser Fallgruppen ziemlich unscharf erscheinen und damit teilweise nur de lege ferenda diskutierte Erweiterungen der Revision verwirklicht werden[54].

Zweifelhaft erscheint dagegen, die von der höchstrichterlichen Rechtsprechung abweichende Auslegung typischer Willenserklärungen, wie z. B. allgemeiner Geschäftsbedingungen, als völlig willkürliche und damit „unmögliche" Feststellung anzusprechen[55]. Wollte man nämlich alle „offenbaren Unrichtigkeiten" eines Urteils als unmögliche Feststellungen behandeln, so verlöre diese Fallgruppe jede Kontur. Zudem ist dies als Notbehelf nicht nötig, da die Auslegung von typischen Willenserklärungen unbestritten voll revisibel ist[56].

Der Fehler ergibt sich in allen diesen Fällen nicht aus dem Obersatz oder einer fehlerhaften (irrtümlichen) Subsumtion[57], sondern in erster

[51] OGHZ 1, 161 (166) = NJW 1947/48, 690 (691); BayObLGZ 1951, 17; *Wieczorek*, § 561 A I c 2; *Kleinknecht*, Vor § 333 Anm. 1 A, § 337 Anm. 7 (keine Erwähnung naheliegender Möglichkeiten); *Hempfling*, S. 56; *Geerds*, Festschrift f. *K. Peters*, S. 267 (270); vgl. bereits *Stein*, Privates Wissen, S. 117 f. Wurden trotzdem im Strafprozeß Fälle nicht beanstandet, bei denen das Gericht den Tatbestand nur mit den Gesetzesworten feststellte (vgl. *Alsberg*, Justizirrtum, S. 34 ff.), so ist es ein begrüßenswertes Ergebnis richterlicher Rechtsfortbildung, ein Urteil bei unklaren, nicht erschöpfenden Feststellungen oder dem Fehlen der Beweisgründe wegen eines sachlichen Mangels aufzuheben (vgl. *Meyer*, in *Löwe/Rosenberg*, § 337 V 2 a; *Müller/Sax*, § 337 Anm. 4 a; *Dahs/Dahs*, Rdnr. 70; a. A. für rügepflichtigen Verfahrensfehler nach § 267 I 1 StPO: *Baldus*, Ehrengabe f. *Heusinger*, S. 373 [389]).

[52] BGH WM 1967, 978 (980).

[53] BAG AP Nr. 7 zu § 626 BGB (Ls 2); *Kuchinke*, S. 199 ff., 220.

[54] Kritisch dagegen *Pohle*, Revision, S. 95, 104 und *Henke*, Tatfrage, S. 129 ff., die den Kreis „unmöglicher" Feststellungen wesentlich enger ziehen; auch *Hempfling*, S. 56 f., 65, der in der Aufhebung derart erkennbar fehlerhafter tatsächlicher Feststellungen einen Gesetzesverstoß gegen §§ 550 ZPO, 337 StPO sieht, dessen Prüfung durch „Recht" und Gerechtigkeit gerechtfertigt ist; vgl. neuestens *Fezer*, S. 51 ff., 55 u. passim.

[55] So *Riewald*, in *Becker/Riewald/Koch*, § 118 Anm. 4 (5).

[56] s. u. § 9 I 4.

[57] So *Sarstedt*, S. 213.

Linie daraus, daß die Sachverhaltsfeststellung (Beweiswürdigung) selbst inhaltlich offensichtlich fehler- oder lückenhaft ist, wobei meist ein offensichtlich fehlerhafter Schluß aus konkret festgestellten Tatsachen vorliegt[58]. Die Bereinigung derart offensichtlicher Fehler ist kein Mißbrauch der Gewalt oberster Gerichte[59].

Soweit der Verstoß ohne Neuaufklärung von materiellrechtlichen Tatsachen erkennbar ist, wird angenommen, es handele sich bei der Rechtsanwendung auf nicht oder nur in „unmöglicher" Weise festgestellte Tatsachen *auch* um einen Rechtsfindungsfehler[60], zumindest einen Fehler, der einem Rechtsverstoß gleichstehe[61]. Jedenfalls lasse ein derartiger Verstoß gegen Denkgesetze eine Bindung des Revisionsgerichts nach § 561 II ZPO auch ohne zulässige und begründete Verfahrensrüge entfallen[62].

Dieses Ergebnis, nicht die Begründung ist zutreffend[63].

Abzulehnen ist zunächst mit der h. M., die Prüfung im Rahmen der Sachrüge sei auf grundsätzliche Mängel beschränkt. Deshalb liege bei „unmöglichen" Feststellungen zwar ein materiellrechtlicher Verstoß vor, dieser sei aber unerheblich[64]. Solange die Revision noch Parteirechtsmittel ist und Rechtseinheit durch richtige Einzelfallentscheidung, nicht durch Klärung abstrakter Grundsätze herbeiführen soll, ist dies nicht haltbar.

Im übrigen erweckt die h. M. den Anschein, es handele sich bei diesen Fehlern um einen fest abgegrenzten Kreis, der von Verstößen gegen § 313 I Ziff. 3 ZPO oder die §§ 286, 287 ZPO klar zu trennen sei. Eine Sachverhaltsfeststellung, die gegen Gesetze der Logik verstößt, führt sicher zu einer unrichtigen Rechtsanwendung.

Verstöße gegen Denkgesetze in den Entscheidungsgründen haben aber keinen *Doppelcharakter*[65]. Denn jeder relevante Verfahrensmangel

---

[58] *v. d. Pfordten*, BayZRpfl 1919, 299 (300); vgl. *Sellke*, S. 55 ff.

[59] So aber *A. Weber*, LZ 1929, Sp. 898.

[60] RG JW 1932, 420 Nr. 24; *Jagusch*, in *Löwe/Rosenberg*, § 337 B II 1; *Sarstedt*, S. 105.

[61] *Riewald*, in *Becker/Riewald/Koch*, § 118 Anm. 3 (2), Anm. 4 (5).

[62] BAG NJW 1967, 2226; *Mezger*, S. 181; *Henke*, Tatfrage, S. 136; *Eb. Schmidt*, § 337 Erl. 32, 33; *Sarstedt*, S. 213 f.; *Eyermann/Fröhler*, § 137 Rdnr. 9; *Klug*, Festschrift f. *Möhring*, S. 363 (365 f.); *Sellke*, S. 22 ff., 25, 30, 55 ff., 61 ff.; *Fasching*, Rapports, S. 512 (513); unklar: *Thomas/Putzo*, § 550 Anm. 2 b, c (für Nachprüfung), § 561 Anm. 5 b (Prüfung anscheinend nur auf Verfahrensrüge); dagegen: BayObLGZ 1965, 94 (102); *Schwinge*, S. 198 ff.; *Hempfling*, S. 57; *Manigk*, ZZP 60, 351 (414).

[63] Beides ablehnend: *Kuchinke*, S. 220; *Schwinge*, S. 197 f.

[64] *Sellke*, S. 36, 55; im Ansatz, nicht aber in der Folgerung ebenso *Schwinge*, S. 50; dagegen schon *Mannheim*, S. 30; *Stumpf*, Festschrift f. *Nipperdey* I, S. 957 (970).

[65] So *Klug*, Festschrift f. *Möhring*, S. 363 (366, 381); *Müller/Sax*, § 337 Anm. 5 a,

kann das Prozeßergebnis beeinflussen und damit zu einer unrichtigen Rechtsanwendung führen; nur der für das Ergebnis (möglicherweise) kausale Fehler kann überhaupt gerügt werden[66].

Die Unterscheidung zwischen materiellen Rechtsfehlern und Verfahrensmängeln ist deshalb zwar immer möglich, aber nur solange sinnvoll, als an den primär vorliegenden Verfahrensmangel angeknüpft und grundsätzlich dessen förmliche Rüge verlangt wird.

„Unmögliche" Feststellungen in dem dargelegten weiten Sinn verletzen in erster Linie die Pflicht zur logischen Korrektheit, zur aussagekräftigen freien Beweiswürdigung und Auslegung, zu ihrer „Lebensnähe" oder gegen die korrespondierende Pflicht zur Angabe der „leitenden Gründe" bzw. „aller Umstände" und verstoßen damit gegen die §§ 286 I, 287 I 1 ZPO[67, 68].

Nur mittelbar ergibt sich aus der aus dem Urteil selbst erkennbaren fehlerhaften Untersatzbildung eine möglicherweise fehlerhafte Subsumtion und damit ein error in iudicando[69]. Geht man bei einer ersichtlich fehlerhaften Untersatzbildung davon aus, es liege eine Verletzung materiellen Rechts vor, so wird nur verschleiert, daß „denkgesetzwidrige" Tatsachenfeststellungen, nämlich *offenkundige Fehler* der in den Entscheidungsgründen enthaltenen *Beweiswürdigung* von Amts wegen beachtet werden, obwohl es sich um Verfahrensfehler handelt. Man sollte deshalb auch weniger von einem materiellen Verstoß sprechen, sondern zugestehen, daß eindeutig feststellbare Verfahrensmängel *von Amts wegen zu beachten* sind[70].

---

§ 338 Anm. 8; ebenso *Schweling*, ZStW 83, 435 (459, 461) (der dies bei jedem Verstoß gegen die Erfahrung annimmt); vgl. auch *Baldus*, Ehrengabe f. *Heusinger*, S. 373 (389) (zu § 267 I 1, 2 StPO).

[66] Beschränkt man Verfahrensfehler auf Mängel ohne Einfluß auf die Sachentscheidung (so *Schweling*, ZStW 83, 435 [460]), so wird die Rügepflicht für Verfahrensfehler nach den §§ 554 III Nr. 2b, VI ZPO, 344 II 2 StPO unzulässig unterlaufen, weil jeder kausale Verfahrensmangel dann materieller Fehler wäre. Diese Einteilung läßt sich zudem nicht durchhalten. So verlangt *Schweling* (S. 462) trotz der Zuordnung zu materiellen Fehlern eine Aufklärungsrüge bei Verstößen gegen dem Revisionsgericht unbekannte Erfahrung.

[67] BGH NJW 1951, 481 (mangelnde Sachkunde) m. Anm. v. *H. Schneider*; BAG AP Nr. 2 zu § 286 ZPO m. Anm. v. *Mes*; *Wassermeyer*, S. 58; *Blomeyer*, § 104 III 3 c (S. 573); *Reimer/Nastelski*, § 47 Anm. 134 k; *Tietgen*, S. 91 f. (unklar S. 83, die „als solche" fehlerhafte Beweiswürdigung sei Rechtsfindungsmangel); *Heinsheimer*, Festschrift f. *Franz Klein*, S. 133 (135); bzw. gegen § 267 StPO oder treffender gegen § 261 StPO: *Geerds*, Festschrift f. *K. Peters*, S. 267 (274 f.).

[68] *Sellke*, S. 82 f., nimmt einen Verstoß gegen § 313 I Nr. 4 ZPO an, wenn das Urteil die Auslegung einer wesentlichen Willenserklärung nicht enthält. Beschränkt man § 286 I 2 ZPO nicht auf die Würdigung des Ergebnisses einer Beweisaufnahme, so bedarf es dieser Annahme wohl nicht.

[69] a. A. *Schmid*, ZStW 85, 360 (376).

[70] So zu Recht: *Haueisen*, DOK 1969, 69 (71); *Sarstedt*, Festschrift f. *E. E.*

Im Zivilprozeß läßt sich dagegen nicht einwenden, der Verfahrensfehler sei nicht kausal, weil das Urteil nicht auf der nachträglichen schriftlichen Begründung beruhe; deshalb müsse der Fehler als materieller Mangel angesehen werden[71]. Mit gleicher Begründung ließe sich nämlich auch der materielle Fehler leugnen. Muß aber für die materielle Prüfung die schriftliche Urteilsbegründung mit den wirklichen Erwägungen des Gerichts gleichgesetzt werden, so spricht nichts dagegen, den methodischen Begründungsfehler bereits als kausalen Fehler des Verfahrens der wirklichen Urteilsfindung zu behandeln. Denn er kann wie ein Fehler des Verfahrens vor Urteilserlaß behoben werden, ohne daß sich bei unveränderter Sachlage und unverändertem Obersatz — anders als beim echten materiellen Verstoß — am Ergebnis des Urteils etwas ändern müßte.

Die „Unmöglichkeit“ der Tatsachenfeststellungen läßt sich aber nur in Ausnahmefällen allein aus dem angefochtenen Urteil erkennen. Unabhängig von der Einordnung als materieller oder Verfahrensfehler ist daher zumeist eine § 554 III Ziff. 2 b ZPO genügende Angabe des Revisionsgrundes, wenigstens ein Hinweis der Parteien unentbehrlich.

Die Berücksichtigung von Amts wegen greift nicht unzulässig in die Dispositionsfreiheit des Rechtsmittelklägers ein[72], solange das Verbot der reformatio in peius nicht verletzt wird. Sonst würden die §§ 137 III 1 VwGO, 118 III FGO gegen den Dispositionsgrundsatz verstoßen. Soweit die freie Beweiswürdigung im weitesten Sinne von Amts wegen überprüft wird, sind daher tatsächliche Feststellungen wie Rechtsfragen revisibel. Zu weit geht es jedoch, deshalb zu behaupten, *alle* tatsächlichen Feststellungen unterlägen der Amtsprüfung des Revisionsgerichts, soweit sie unter Rechtsverstößen erfolgt sind, oder: im Rahmen der materiellen Prüfung würden die Tatsachenfeststellungen umfassend auf „Vertretbarkeit“ kontrolliert[73]. Denn § 561 II ZPO bindet das Revisionsgericht regelmäßig, sofern keine Verfahrensrüge erhoben wird. Ferner unterliegt diese Abgrenzung zum großen Teil pflichtgemäßem Ermessen des Revisionsgerichts: sie wechselt mit dessen konkretem Wissensstand und den Anforderungen, die es an die Genauigkeit der Tatbestandsfeststellung und an die Angabe der leitenden Beurteilungsgründe stellt. Und schließlich beschränken die methodischen Anforderungen an die Tatsachenfeststellung zwar die Freiheit des Richters. Die Bindung reicht aber nicht soweit, daß jede lege artis festgestellte Tatsache der Wahrheit in „vertretbarer“ Weise entspricht.

Hirsch, S. 171 (176 ff.); *Sellke*, S. 54; *Zöller/Karch*, § 554 Anm. 2, Nr. 2 (S. 708); vgl. ferner *Sauer*, Allg. Prozeßrechtslehre, S. 267.

[71] Vgl. *Zöller/Karch*, § 551 Anm. 1 zu Nr. 7; *Dahs/Dahs*, Rdnr. 48; dagegen: *Beling*, Festschrift f. *Binding*, S. 87 (123 f., 164).

[72] Anders Denkschrift 1971, S. 33 f.

[73] So aber *Schmid*, ZStW 85, 360 (374).

3. Erschöpfungsgrundsatz

Auch die nicht erschöpfende Sachverhaltswürdigung soll ein materiellrechtlicher Fehler sein, einerlei, ob er sich in der Obersatz- oder Untersatzbildung ausgewirkt hat[74]. Eine Aufklärungsrüge soll insoweit entbehrlich sein[75].

Der Erschöpfungsgrundsatz ist verletzt, wenn das Gericht das erhobene Beweismaterial nicht unter Abwägung aller naheliegenden Lösungsmöglichkeiten verwertet und bewertet, z. B. Behauptungen des Klägers und Zeugenaussagen nicht beachtet[76], ein vorgelegtes Gutachten bei der Schmerzensgeldschätzung nicht berücksichtigt[77], Erfahrungswissen (offenbar) unzureichend verwertet oder mögliche Folgerungen übersieht[78]. Beanstandet wird damit die Art der Vornahme der Beweiswürdigung, eine Mißachtung der Beweisanforderungen und damit ein Verfahrensmangel[79], so daß damit die Beweiswürdigung des Tatrichters begrenzt überprüft wird.

Einer Rüge der Verletzung des § 286 ZPO bedarf es jedoch nicht[80], wenn sich der Fehler aus der Urteilsurkunde ergibt und mit Hilfe der daraus oder allgemein bekannter Tatsachen und Erfahrungssätze vom Revisionsgericht sicher beurteilt werden kann. § 559 S. 1 (2. Halbs.) ZPO wird dadurch erheblich, wenn auch berechtigt umgangen. Verletzungen des Erschöpfungsgrundsatzes enthalten aber nicht allgemein „Denkfehler". Der Schluß des Gerichts kann nämlich nach seinen wirklichen Erwägungen richtig sein; er wird lediglich beanstandet, weil das Gericht nicht schriftlich alle Möglichkeiten erwogen hat[81]. Daß eine in diesem Sinne nicht genügende Begründung Vorwand sein kann, mit dem einem

---

[74] *Henke,* Tatfrage, S. 128 f., 135 f.; *Stein/Jonas/Grunsky,* § 561 III; *Zöller/Karch,* § 550 Anm. 2; OGHZ 1, 166; *Mezger,* S. 183 f.; *Mannheim,* S. 121 f.; *Berger,* § 288 Anm. 2; *Eyermann/Fröhler,* § 137 Rdnr. 13; *Keidel/Winkler,* § 27 Rdnr. 50; krit. dazu *Baur,* Rapports, S. 514 (515).

[75] Vgl. *Dahs/Dahs,* Rdnr. 354; a. A. BAG SAE 1970, 100 m. Anm. v. *Dütz.*

[76] RArbG LZ 1932, 1250; BAG AP Nr. 7 zu § 626 BGB (Bl. 221) m. Anm. v. *Jesch;* BAG SAE 1972, 141 (142 f.); BayObLGZ 1952, 17 (22); 1952, 197 (204); 1966, 8; OLG Hamm NJW 1973, 817; vgl. RGZ 156, 314 (316); *Sellke,* S. 67 ff.; *Kuchinke,* S. 186; *Müller/Sax,* § 337 Anm. 6 d; *Dahs/Dahs,* Rdnr. 71.

[77] BGH VersR 1971, 655 (656).

[78] Der Erschöpfungsgrundsatz muß dagegen hinsichtlich der Anwendung irrevisiblen Rechts weitgehend außer Betracht bleiben, weil sonst die Bindung nach § 562 ZPO umgangen würde, vgl. *Peters/Sautter/Wolff,* § 162 Anm. 5 c (Bl. 84); s. auch o. § 5 III 2.

[79] *Nikisch,* § 125 II 1; *Brackmann,* S. 254 a; *Wunderli,* S. 61.

[80] BAG 2, 4; BAG AP Nr. 7 zu § 626 BGB m. Anm. v. *Jesch;* vgl. BAG AP Nr. 2 zu § 561 ZPO; BGHSt 12, 311; bei völligem Fehlen der Beweiswürdigung auch *Kern/Roxin,* S. 273; a. A. *Wassermeyer,* S. 56; *Kollhosser,* Diss., S. 95.

[81] Vgl. *Sellke,* S. 67 ff.; *Schweling,* ZStW 83, 435 (459 ff.).

sonst fehlerfreien Urteil „der Hals zu brechen ist“[82], sei eingeräumt. Doch schadet eine im Einzelfall zweifelhafte Aufhebung nicht.

Auch ist zu bedenken, daß Art. 103 I GG das Gericht verpflichtet, das Vorbringen der Parteien in Erwägung zu ziehen[83]. Diese Verpflichtung verletzt das Gericht, wenn es nach seiner eigenen Ansicht relevanten Tatsachenstoff in seiner Entscheidung nicht beachtet. Zwar muß nicht jedes Vorbringen in den Gründen ausdrücklich verbeschieden werden, doch bleiben grobe Verletzungen des § 286 ZPO, wie das Übergehen relevanter Beweismittel oder von Tatsachenkomplexen, Verstöße gegen die Pflichten aus Art. 103 I GG und sind damit mittels Verfassungsbeschwerde angreifbar[84].

In allen diesen Fällen sind zumeist neben dem Urteil auch die zugrunde liegenden Feststellungen aufzuheben. Nach den §§ 353 II StPO, 170 II 2 SGG ist dies ohne weiteres möglich, auch wenn man von materiellen Rechtsanwendungsfehlern ausgeht. Dagegen ermöglicht es § 564 II ZPO[85] nur bei begründeten Verfahrensmängeln, die Feststellungen aufzuheben. Als Ausweg bietet sich zwar an, die Bindungswirkung des § 561 II ZPO auch ohne gesetzliche Grundlage entfallen zu lassen[86]. Dies ist jedoch nicht erforderlich, wenn man, wie hier, einen der Amtsprüfung unterliegenden Verfahrensmangel annimmt. Bei bloßen Unklarheiten ausschließlich über die Entscheidungsgründe wäre zwar die Aufhebung auch des Verfahrens nicht stets gerechtfertigt, da nur die Urteilsabfassung, nicht auch das Verfahren fehlerhaft sein muß[87]. Da sich das Revisionsgericht aber an das schriftliche Urteil zu halten hat, um zu beantworten, ob das Verfahren eingehalten worden ist und deshalb grundsätzlich von einer Übereinstimmung von tatsächlichen und schriftlichen Erwägungen des Gerichts ausgehen muß[88], wird ein Mangel bei der Urteilsabfassung im Zweifel als Mangel der Urteilsfindung im Verfahren aufzufassen sein.

Die strafprozessuale Rechtsprechung erfaßt damit aber anscheinend nicht alle offensichtlichen Fehler der Beweiswürdigung. De lege ferenda wird deshalb ein allgemeiner Revisionsgrund der „offenbaren Unrichtigkeit“ gefordert, um in weiterem Umfang und flexibler eingreifen zu

---

[82] *Rintelen*, Materialien zur Novelle 1905, S. 29.

[83] BVerfG NJW 1974, 133 Nr. 3.

[84] Vgl. *Dütz*, SAE 1972, 192.

[85] Gilt gemäß §§ 173 VwGO, 155 FGO auch für verwaltungsgerichtliches u. finanzgerichtliches Verfahren (*Baumbach/Lauterbach/Albers/Hartmann*, § 564 Anm. 2).

[86] So *Redeker/v. Oertzen*, § 137 Anm. 11 m. w. N. (zu § 137 II VwGO).

[87] *Grunsky*, AP Nr. 1 zu § 564 ZPO; *Peters/Sautter/Wolff*, § 162 Anm. 3 (Bl. 43).

[88] Vgl. *Pohle*, AP Nr. 1 zu § 60 ArbGG.

können[89]. Dies liegt jedoch vorwiegend nicht daran, daß mit Hilfe der von Amts wegen oder auf Verfahrensrüge beachteten Fehler nicht jede fehlerhafte tatsächliche Feststellung beseitigt werden könnte, sondern beruht vor allem darauf, daß die Strafgerichte diese Grundsätze teilweise nur zurückhaltend anwenden. Schon Rocholl faßte nämlich diese Möglichkeiten überspitzt dahin zusammen, daß — wenn man wolle — immer ein Weg zu finden sei, ein als unrichtig erkanntes Urteil aufzuheben[90].

Ob die dargelegten Anforderungen an die Begründung ausreichen, um jeden nicht „rational nachvollziehbaren, kontrollierbaren und damit diskutierbaren Begründungszusammenhang"[91] aufheben zu können, mag dahinstehen. Die Tendenz scheint jedenfalls mit Recht dahin zu gehen[92] und gravierende Mängel dürften sich damit sicher korrigieren lassen.

Darüber hinaus können Zweifel an der Richtigkeit der Sachverhaltsfeststellung für das Revisionsgericht nur bei Aktenwidrigkeit entstehen. Ob das Revisionsgericht diese überhaupt beachten kann oder ob sie nicht schon in den angeführten Fallgruppen enthalten ist, soll später geklärt werden[93].

4. Mangelhafte Feststellungen und Fehlen der Entscheidungsgründe

Offen bleibt, wie diese Praxis mit § 551 Ziff. 7 ZPO[94] zu vereinbaren ist. Denn widersprüchliche oder unverständliche Begründungen, formelhafte Wendungen, Wiederholungen des Gesetzestextes, Verweisungen auf andere Urteile statt eigener Gedanken, z. B. die bloße Bezugnahme auf das für richtig gehaltene erstinstanzliche Urteil[95], die bloße „Feststellung", das Gericht sei anderer Meinung[96] und das Übergehen von Anträgen sowie selbständigen Angriffs- und Verteidigungsmitteln sind die klassischen Fälle, in denen ein Urteil „nicht mit Gründen versehen" ist[97]. Dabei erscheint das Fehlen der Entscheidungsgründe als erheb-

---

[89] Denkschrift 1971, S. 40.

[90] ZZP 10, 344. Auch *Kaiser*, ZRP 1972, 275 (277) lehnt den Vorschlag deshalb als überflüssig ab; vgl. *Fezer*, S. 51 ff., 55.

[91] Vgl. *Schlüter*, Obiter dictum, S. 97; *Fezer*, S. 41 ff., 49 f.

[92] Vgl. *Kaiser*, ZRP 1972, 275 (277).

[93] s. u. § 8 II.

[94] bzw. §§ 338 Nr. 7 StPO, 138 Nr. 6 VwGO, 119 Nr. 6 FGO, 202 SGG.

[95] BAG NJW 1970, 1812 (1813). § 543 E der Vereinfachungsnovelle 1973 will dies jedoch wohl zu Recht gestatten.

[96] *Peters/Sautter/Wolff*, § 162 Anm. 3 (Bl. 68).

[97] BGH Mitt. 1970, 120 (zu § 41 p III Nr. 5 PatG); *Brüggemann*, S. 92 ff., 171 f.; sehr ausführlich: *Reimer/Nastelski*, § 41 p PatG Rdnr. 21; *Benkard/Rogge*, § 41 p PatG Rdnr. 24; *Zöller/Karch*, § 551 Anm. 1 zu Nr. 7; *Bernhardt*, § 51 II 4; *Rocholl*, ZZP 10, 285 (326); *Sydow/Busch/Krantz/Triebel*, § 551 Anm. 9; *Keidel/Winkler*, § 27 Rdnr. 41. Dagegen wird § 338 Nr. 7 StPO wörtlich genommen,

licherer Mangel als eine nicht erschöpfende Würdigung oder eine im weitesten Sinne „unmögliche“ Beweiswürdigung sowie als ein dem Fehlen des Tatbestandes gleichwertiger Mangel.

Sind die tatsächlichen Feststellungen des Tatbestandes einwandfrei und ist lediglich die rechtliche Würdigung lückenhaft, so ist das Revisionsgericht auf den ersten Blick an einer Überprüfung des Urteils nicht gehindert. Insoweit liegt ein sachlicher Unterschied vor[98].

Mangel am Tatbestand und Mangel der Entscheidungsgründe gehen aber ineinander über[99]. So soll es ein Fehlen von Entscheidungsgründen (§ 551 Ziff. 7 ZPO) sein, wenn das Urteil in sich unverständlich ist[100], wenn es der Tatrichter unterläßt, die wesentlichen Umstände des Sachverhalts darzulegen, aus denen er seine Folgerungen zieht[101], wenn er anstelle einer sprachlichen Darlegung nur Bilder und Skizzen in das Urteil einfügt[102], allgemein: wenn die Gründe zu unbehebbaren Zweifeln über die tragenden tatsächlichen (oder rechtlichen) Urteilsgrundlagen führen[103]. Allerdings ist dies nur bei Feststellungen zu streitigen Tatsachen der Fall, da dann erst die Beweiswürdigung die tatsächlichen Feststellungen enthält, die die Subsumtion tragen. In diesen Fällen ist aber ebenso wie bei unvollständigen Darlegungen des unstreitigen Geschehens nicht nur ein Nachprüfen, d. h. ein Nachvollziehen der Erörterungen des Berufungsgerichts, sondern auch eine Kontrolle „relativer“ Richtigkeit unmöglich[104].

Deshalb erscheint es als *Wertungswiderspruch*, wenn bloße Verstöße gegen § 313 Ziff. 3 und gegen § 286 I 2 ZPO teilweise von Amts wegen als angebliche Rechtfindungsmängel beachtet werden, nicht aber alle Fälle des absoluten Revisionsgrundes nach § 551 Ziff. 7 ZPO[105]. Unsicherheit entsteht dadurch aber nicht, weil zwischen Verstößen gegen § 286 und § 551 Ziff. 7 ZPO nicht scharf unterschieden wird. Denn § 551 Ziff. 7 ZPO wird in den Grenzfällen allgemein zu einem relativen Revisions-

---

vgl. *Meyer*, in *Löwe/Rosenberg*, § 338 VII 3; *Kleinknecht*, § 337 Anm. 8; vergeblich trat *Alsberg*, Justizirrtum, S. 38 ff. für eine „großzügigere“ Auslegung ein.

[98] Vgl. BAG 23, 38 (40) = NJW 1971, 214; *Pagendarm*, S. 16 ff.

[99] Vgl. *Eiler*, S. 26; für eine klare Abgrenzung aber *Sellke*, S. 51 ff.

[100] *Schönke/Schröder/Niese*, § 88 III 3; BGH Mitt. 1970, 120.

[101] *Kuchinke*, S. 210.

[102] RGSt 41, 19 (20 ff.); vgl. *Schmid*, ZStW 85, 893 (900).

[103] BAG AP Nr. 9 zu § 551 ZPO m. Anm. v. *Schumann; Mes*, SAE 1973, 87 (88); vgl. auch *Kopp*, § 108 Anm. 6, 7.

[104] a. A. wohl *Rimmelspacher*, ZZP 84, 41 (56 Fn. 44).

[105] Besonders deutlich bei *Dahs/Dahs*, Rdnr. 161; *Meyer*, in *Löwe/Rosenberg*, § 338 VII 1 u. *Kleinknecht*, § 267 Anm. 14 B, § 337 Anm. 8 (noch so lückenhafte, unverständliche Gründe fallen nicht unter § 338 Ziff. 7 StPO, führen aber zur Aufhebung auf allgemeine Sachrüge!).

grund abgewertet[106]. Demzufolge wird geprüft, ob das Übergehen eines selbständigen Angriffs- oder Verteidigungsmittels für die Entscheidung tatsächlich kausal war[107]. Gerade dieser Fall soll aber nach anderer Meinung zugleich als Nichtanwendung des zugrundeliegenden materiellen Rechtssatzes und somit als „materieller" Revisionsgrund zu behandeln sein[108]. Die übrigen unter § 551 Ziff. 7 ZPO fallenden Fälle unvollständiger, undeutlicher, lückenhafter oder inhaltsloser Entscheidungsgründe[109] werden ebenfalls weitgehend als „unmögliche" Feststellungen und Rechtsfindungsmangel von Amts wegen beachtet.

Daß dieses Überspringen des primären Verfahrensfehlers an sich nicht zulässig ist und der Klarheit der Begriffsbildung widerspricht, ist bereits dargelegt worden.

Liegt deshalb bei mangelhaften Entscheidungsgründen ein Verfahrensfehler vor, so ist auch § 551 Ziff. 7 ZPO an sich nicht (weitgehend) überflüssig[110]. Nur umgeht die Prüfung von Amts wegen § 551 Ziff. 7 ZPO als Notlösung, um Unzuträglichkeiten, die sich aus den §§ 559 S. 1, 554 IV ZPO ergeben, abzuhelfen. Diese Lösung sollte man nicht bekämpfen. Die entstandene Verwirrung ließe sich aber beseitigen, wenn das Fehlen wesentlicher Teile oder der gesamten substantiierten Entscheidungsgründe de lege ferenda ausdrücklich in die Amtsprüfung einbezogen würde. Zudem ist die Regelung der §§ 559, 554 IV ZPO nicht völlig befriedigend: Denn die Beschränkung der Revisionsinstanz auf die Nachprüfung einzelner Rügen ist zwar vom Gesetzgeber bewußt eingeführt worden. Aber sie harmoniert nicht vollständig mit dem Ziel einer gerechten Sachentscheidung. Im Rahmen der dargestellten Fallgruppen offensichtlich fehlerhafter Tatsachenfeststellungen sollte man deshalb von § 559 ZPO absehen und den Verfahrensfehler auch ohne Rüge beachten. Im Interesse sachgerechter Verfahrensentscheidungen sollten Revisionsgericht und Parteien auch bei der Überprüfung der Tatsachenfeststellungen zusammenwirken. Über die von der Rechtsprechung entwickelten Fallgruppen hinaus ist es jedoch nicht nötig, dem Revisionsgericht die Prüfung nicht ordnungsgemäß gerügter Verfahrensfehler von Amts wegen zu eröffnen[111].

---

[106] Gegen eine Vermengung bereits *Rocholl*, ZZP 10, 285 (326); ähnlich bei § 138 Nr. 3 VwGO (Verletzung rechtlichen Gehörs), vgl. *Redeker/v. Oertzen*, § 138 Rdnr. 2.

[107] Vgl. *Rosenberg/Schwab*, § 144 VII 6.

[108] *Blomeyer*, § 104 VI 3 f. (S. 581); zust. *Rimmelspacher*, ZZP 84, 41 (56).

[109] *Stein/Jonas/Grunsky*, § 551 II 7 a - c; enger *Rosenberg/Schwab*, § 144 VII 6.

[110] So aber *Rimmelspacher*, ZZP 84, 41 (56); für § 338 Nr. 7 StPO: *Dahs/Dahs*, Rdnr. 161; *Meyer*, in *Löwe/Rosenberg*, § 338 VII 1; bereits *Schwinge*, Zur Neugestaltung der Revision wegen verfahrensrechtlicher Verstöße, Festschrift f. *Jung*, 1937, S. 212 (220 f.).

[111] Vgl. Denkschrift 1971, S. 27.

IV. Revisibilität der Subsumtion

Die Befugnis, erkennbar fehlerhafte Tatsachenfeststellungen aufzuheben, wirkt sich auch auf die Grenzen der Revisibilität aus. Rechtsfrage ist dabei zunächst, ob die Vorinstanz die festgestellten Tatsachen richtig unter die Rechtsbegriffe subsumiert hat[112], auch wenn das Tatsachengericht die eigene Rechtsauffassung äußerlich als tatsächliche Feststellung ausgibt[113]. Auch hier besteht wieder der Streit, ob das Revisionsgericht nur die Folgerichtigkeit des Subsumtionssschlusses oder auch seine „relative" Richtigkeit nachprüfen kann.

Dabei lassen sich im wesentlichen drei Meinungen unterscheiden: Nach einer Ansicht ist das Revisionsgericht — unter Einschränkung der logischen Revisionsmethode — auf die Nachprüfung grundsätzlicher Fehler beschränkt und kann bei unbestimmten Rechtsbegriffen nur kontrollieren, ob die Feststellungen methodisch einwandfrei gewonnen sind und den unbestimmten Rechtsbegriff „in abstracto" im Rahmen eines Beurteilungsspielraums „vertretbar" ausfüllen[114]. Die Richtigkeit der Einzelfallsubsumtion ist danach „Tatfrage", genauer: irrevisible Rechtsfrage.

Die Gegenmeinung geht von der vollständigen Revisibilität auch unbestimmter Rechtsbegriffe im Rahmen der Erkennbarkeit von Fehlern anhand der schriftlichen Urteilsgrundlage aus[115].

Vermittelnd wird zwar die Revisibilität der Einzelfallsubsumtion auch unbestimmter Rechtsbegriffe grundsätzlich anerkannt, für alle wichtigen Fälle von Begriffen mit „Grenzzonen", bei denen eine in „vertretbarer" Weise unterschiedliche Bewertung in Betracht kommt, aber wegen des Revisionszwecks der Rechtseinheit — wieder unter Einschränkung der logischen Revisionsmethode — ausgeschlossen und nur eine Prüfung methodischer oder anderer offenbarer Fehler zugelassen[116].

---

[112] *Rosenberg/Schwab*, § 144 IV 2; *Boyens*, S. 154 f.; Jesch, AöR 82, 163 (199).

[113] *Richard Schmidt*, S. 804; *Fuchs*, JW 1917, 504 (506).

[114] *Schwinge*, S. 118 ff., 123, 127, 130 ff.; BAG 9, 247; *Bötticher*, Anm. II zu AP Nr. 1 zu § 23 BetrVerfG; *Schmid*, ZStW 85, 360 (383 ff. m. zahlr. N.); *Dahs/Dahs*, Rdnr. 46; *Kleinknecht*, § 337 Anm. 1 A (bei Prognoseentscheidungen); *Eyermann/Fröhler*, § 137 Rdnr. 9; ähnlich *Peters*, ZStW 57, 53 (69 ff.); vgl. *Keidel/Winkler*, § 27 Rdnr. 31; s. u. § 7 VIII 1.

[115] *Mannheim*, S. 64 ff., 82 ff.; *Jesch*, AöR 82, 163 (197 ff.); *Ule*, Verwaltungsgerichtsbarkeit, § 137 I 1; *Redeker/v. Oertzen*, § 137 Rdnr. 8; *v. Wallis/List*, § 118 Rdnr. 21; *Warda*, S. 76; *Frisch*, S. 254 ff., 260; *ders.*, Ermessen, unbestimmter Begriff und „Beurteilungsspielraum" im Strafrecht, NJW 1973, 1345 (1346 ff.); *Mitsopoulos*, ZZP 81, 251 (258); *Benkard/Rogge*, § 47 PatG Rdnr. 86 ff. (zu „technischen" Fragen).

[116] BAG AP Nr. 1 zu § 23 BetrVerfG m. Anm. v. *A. Hueck* u. *Bötticher;* BAG SAE 1969, 75 m. zust. Anm. v. *Paul Hofmann; Henke*, Tatfrage, S. 207,

Bei allem Streit ist aber nicht zu verkennen, daß die konkrete Subsumtion unter unbestimmte Rechtsbegriffe, die früher als echte tatsächliche Feststellung galt[117], heute durch die verstärkte methodische Kontrolle nach jeder Meinung revisibel ist. Die Furcht, durch volle Nachprüfung der konkreten Subsumtion zu stark in die Beurteilung des Einzelsachverhalts einzudringen und damit Aufgaben des Tatrichters zu übernehmen, besteht aber noch immer[118]. Im Gegensatz zu den Grenzen der Revisibilität unbestimmter Rechtsbegriffe ist unbestritten, daß die zur Beurteilung festgestellten Anknüpfungstatsachen das Revisionsgericht gemäß § 561 II ZPO binden[119]. Ebenso ist nicht zweifelhaft, daß das Revisionsgericht die Bewertungsmaßstäbe der rechtlichen Beurteilung zwar unter Verwertung der Erfahrung, aber letztlich nach eigenem Wissen und eigenem Urteil festlegt, z. B. was die Sorgfalt eines Verkehrsteilnehmers oder eines ordentlichen Kaufmanns erfordert[120].

Hier verdient primär die methodische Prüfung Beachtung, da sie die Bindung gemäß § 561 II ZPO unmittelbar einschränkt:

1. „Verkennung von Rechtsbegriffen"

Ein Subsumtionsfehler liegt sicher vor, wenn das Berufungsgericht die Rechtsbegriffe des gesetzlichen Tatbestandes fehlerhaft erfaßt hat[121].

Zweifel an der Folgerichtigkeit entstehen aber bereits, wenn der Richter juristische Begriffe im Tatbestand ohne weiteres bejaht oder besonders bei unbestimmten Rechtsbegriffen die Anknüpfungstatsachen für die Subsumtion nicht erschöpfend darlegt. Nicht jeder Mangel an einer konkreten Darlegung der Anknüpfungstatsachen kann schon als Mangel am Tatbestand aufgefaßt werden. Mangel am Tatbestand und bloße unvollständige Darlegung der Anknüpfungstatsachen sind logisch gleichwertig[122] und gehen allmählich ineinander über. In beiden Fällen läßt sich für das Revisionsgericht nicht erkennen, ob nur die tatsächlichen Feststellungen unvollständig sind oder ob die rechtliche Würdigung fehlerhaft ist, so daß bereits auf den *„Verdacht"* eines im Ergebnis unrichtigen Urteils aufzuheben ist.

---

258 ff., 280 ff., 288 ff.; *ders.*, ZZP 81, 196 (236 ff., 245) u. ZZP 81, 321 (323 ff., 356 ff.); *Rosenberg/Schwab*, § 144 V 2; *Stein/Jonas/Grunsky*, § 549 III B 3 b; *Zöller/Karch*, § 550 Anm. 2.

[117] Vgl. *Bähr*, Verh. d. 9. DJT, Bd. III, S. 325.

[118] Vgl. *Mitsopoulos*, ZZP 81, 251 (258).

[119] RGZ 58, 219 (220); RG GRUR 1934, 608.

[120] *Boyens*, S. 153.

[121] *Planck*, § 148 V A 2 (S. 517).

[122] *Mitsopoulos*, ZZP 81, 251 (262).

Soweit sich erst aus der fehlerhaften Beweiswürdigung die Vorstellung des Berufungsgerichts von unbestimmten Rechtsbegriffen ergeben würde, ist dem Revisionsgericht eine sachliche Nachprüfung nicht möglich. Eine Aufhebung der Feststellungen bedarf in diesem Fall keiner Aufklärungsrüge nach den §§ 139, 286 ZPO[123]. Nur deshalb kann etwa eine Schätzung eines Sachwertes als minimal aufgehoben werden, weil eine methodische Prüfung einer richtigen Schätzung ausscheidet, wenn keinerlei Anknüpfungstatsachen dargelegt werden, nicht aber weil die Schätzung selbst revisibel wäre[124]. Auch in anderen Fällen sind tatsächliche Schlußfolgerungen nur aufhebbar, wenn es nach Ansicht des Revisionsgerichts an möglichen, konkreten Feststellungen fehlt, die die Darstellung als geschlossen, die Schlußfolgerungen als „vertretbar" erscheinen lassen[125].

Sicherlich verdankt die Revision ihren Erfolg in diesen Fällen vielfach nur der Ungeschicklichkeit des Untergerichts[126]. Aber dies ist auch sonst oft nicht anders.

Aufzuheben ist das Urteil dann, wenn das Revisionsgericht davon ausgehen kann, daß die zur Beurteilung erforderlichen Anknüpfungstatsachen schriftlich niederlegbar, stärker auflösbar sind, die erreichbare Grenze der Mitteilbarkeit ersichtlich nicht erreicht ist[127] und deshalb erhebliche Zweifel an der Richtigkeit des angefochtenen Urteils entstehen.

Die Bindung an die festgestellten Tatsachen wird aber bedenklich eingeschränkt, wenn das Revisionsgericht eine geraffte sachliche Wiedergabe des Geschehens im Urteil nicht als ausreichend ansieht, sondern trotz naheliegender Schlußfolgerungen des Tatsachengerichts zur Überprüfung der Beurteilung unbestimmter Rechtsbegriffe eine übergenaue Darstellung aller Wertungsgrundlagen, aller „Anknüpfungstatsachen" verlangt.

---

[123] BAG AP Nr. 59 zu § 611 BGB Haftung des Arbeitnehmers (Bl. 191); *Johannsen*, LM Nr. 10 zu § 561 ZPO (zu BGHZ 40, 84); vgl. *Mitsopoulos*, ZZP 81, 251 (258, 260 f.) u. Rapports, S. 548 f. (zum „manque de base légale" als Kassationsgrund); a. A. anscheinend BAG AP Nr. 61 zu § 611 BGB Haftung des Arbeitnehmers.

[124] So aber *Mannheim*, S. 86 ff.; s. u. VII 2.

[125] Vgl. *Henke*, ZZP 81, 321 (327); *Riewald*, in *Becker/Riewald/Koch*, § 118 Anm. 3 (2), Anm. 4 (4) („gemeiner Wert", „ordnungsmäßige Buchführung"); s. auch o. § 5 I 1 b. Allgemein zu Sinn und Zweck einer Urteilsbegründung *Schlüter*, Das Obiter dictum, S. 94 ff.

[126] *Wach*, Vorträge, S. 288; *Fezer*, S. 17, 25.

[127] BAG AP Nr. 42 zu § 611 BGB Haftung des Arbeitnehmers m. krit. Anm. v. *Sieg;* BAG AP Nr. 63 zu § 611 BGB Haftung des Arbeitnehmers; kritisch zu dieser „Verdachtaufhebung" auch *Schmid*, ZStW 85, 360 (376); vgl. *Henke*, ZZP 81, 321 (328); *Benkard/Rogge*, § 47 PatG Rdnr. 87; *Mannheim*, S. 90 (der dies als Halbheit kritisiert).

Die Rechtsprechung ist nicht einheitlich. Während der BGH in einem Fall ohne weiteres nach der sehr knappen und stark wertenden Inhaltsangabe des OLG beurteilt hat, ob ein Roman das Persönlichkeitsrecht eines Verstorbenen verletzt[128], ist es in Fragen des gewerblichen Rechtsschutzes oder der Grenzen zulässiger gewerbeschädigender Meinungsäußerungen üblich, die Warenzeichen im Urteil *abzubilden* oder die zu beurteilenden Texte wörtlich wiederzugeben oder als Anlage beizufügen. Entsprechend hat das BayObLG die weitgehende *wörtliche Wiedergabe* einer Schrift verlangt, um beurteilen zu können, ob sie unzüchtig, staatsgefährdend, oder beleidigend ist[129]. In ähnlichen Fällen wurde auch früher schon die zusätzliche Beifügung von Bildern[130] oder anderen Augenscheinsobjekten verlangt.

Genügt das Urteil diesen Anforderungen nicht, so wird aufgehoben, weil der unbestimmte Rechtsbegriff möglicherweise „verkannt" wurde[131]. In diesem Fall kann das Revisionsgericht weder die Folgerichtigkeit des angefochtenen Urteils, noch die „relative" Richtigkeit der gefundenen Lösung beurteilen. Wird das Urteil bereits bei unzureichender Darlegung der Anknüpfungstatsachen aufgehoben, so wird nicht nur geprüft, ob die Subsumtion nach der Lebenserfahrung möglich, in diesem Sinne „vertretbar" ist. Vielmehr wird ein *einheitlicher* methodischer *Prüfungsmaßstab* zugrundegelegt, der gewährleisten soll, daß die Urteile gleichmäßig „relativ" (bezogen auf ein im Prozeß mögliches Ermittlungsergebnis) richtig sind. Und dies, obgleich nach dem Ausschluß der Amtsprüfung von Verfahrensfehlern ein Urteil ohne zulässige und begründete Verfahrensrüge streng genommen nur auf Rechtsfolgenrichtigkeit überprüft werden könnte[132]. Gerade hierin zeigt sich wieder, daß sich hinter der Verkennung von Rechtsbegriffen bzw. dem Verstoß gegen den Erschöpfungsgrundsatz ein *Verfahrensmangel* verbirgt.

Diese Tendenz, die Anforderungen an die Darstellung des Sachverhalts im Urteil zu verschärfen und so die Richtigkeitsgewähr zu verbessern, ist zu billigen, weil durch die stärkere Kontrolle die Rechtseinheit und die Einzelfallgerechtigkeit besser erreicht werden.

---

[128] BGHZ 50, 133 (134) („Mephisto") (wörtlich wiedergegeben ist nur ein Vorspruch zum Roman). Dagegen enthält etwa das Urteil BGHZ 45, 296 („Höllenfeuer") als Anlage zum Revisionsurteil Fotokopien aller streitigen Zeitungsartikel.

[129] BayObLG NJW 1972, 1961 („Mutzenbacher") m. krit. Anm. v. *Heiligmann.*

[130] Vgl. RGSt 61, 379 (Aktfotos — „ohne deren Heranziehung das Urteil nicht ... nachgeprüft werden könnte"); s. u. § 14 III 2.

[131] Vgl. BGHZ 40, 84 (85 f.) („Bindung an die Ehe", „Zumutbare Bereitschaft, die Ehe fortzusetzen"). Zur Praxis einer derart flexiblen „Darstellungsrüge" in Strafsachen vgl. *Fezer,* S. 23 ff., 41 ff., 51 ff.

[132] Vgl. *Rimmelspacher,* ZZP 84, 41 (48, 51). Zur Schwierigkeit, bei einem derartigen Prüfungsmaßstab Subsumtion und Tatsachenfeststellung zu trennen, vgl. nunmehr *Fezer,* S. 25 ff.

Da nur die Kontrolle der konkreten Subsumtion — abgesehen von groben Darstellungsmängeln — Aufschluß über das richtige Begriffsverständnis gibt[133] und richterliche Rechtsfortbildung nur durch konkrete richtige Einzelfallentscheidungen möglich ist, überzeugt die Unterscheidung zwischen revisibler Begriffsverkennung und irrevisibler konkreter Subsumtion jedoch nicht. Ist eine gewisse Mindestform eingehalten, so kann eine weitere Aufgliederung sinnvollerweise nur verlangt werden, wenn das Revisionsgericht nicht nur methodisch prüft, sondern von einem konkreten Inhalt und damit letztlich von der freien Revisibilität des unbestimmten Rechtsbegriffs ausgeht.

Die freie Revisibilität wie die methodische „Vertretbarkeits"-Prüfung dürfen aber nicht die Bindung gemäß § 561 II ZPO unterlaufen, indem die Anforderungen an die Darstellung der Anknüpfungstatsachen und der Beweisgründe derart übersteigert werden, daß die Freiheit der richterlichen Beweiswürdigung beeinträchtigt wird.

2. Falsche Begriffsverwendung in der „Tatfrage"

Die Aufspaltung in rein tatsächliche Wertungsgrundlage und Wertung durch Anwendung des Rechtsbegriffs ist nicht in allen Fällen möglich, zumindest nicht praktikabel[134]. Hier ist jedenfalls darauf zu achten, ob die Begriffsverwendung in der Tatsachenfeststellung und in der rechtlichen Beurteilung voll übereinstimmen. Ob das Tatsachengericht von einem falschen Rechtsbegriff ausgegangen ist, läßt sich allerdings nur durch konkreten Vergleich der festgestellten Tatsachen mit dem zutreffenden Gesetzesbegriff feststellen[135]. Deshalb kann bei unterschiedlicher Begriffsverwendung, insb. bei unbestimmten, „tatsachennahen" Rechtsbegriffen eine falsche Begriffsverwendung in der Tatfrage praktisch wie eine fehlerhafte Rechtsanwendung die Revision begründen[136]. Daraus ergibt sich aber auch, daß es sich nicht um eine selbständige Fallgruppe neben der „Begriffsverkennung" handelt, sondern daß die Besonderheit lediglich darin liegt, daß der Begriff teils scheinbar zutreffend, im Rahmen der Tatsachenfeststellungen aber abweichend gebraucht wird. Daß die Subsumtion bei praktischer Untrennbarkeit von tatsächlicher Feststellung und rechtlicher Würdigung nicht nachprüfbar sei[137], ist deshalb nicht allgemein zutreffend. Worauf diese Begriffsverkennung beruht, ob sie etwa Folge falscher Erfahrungssätze im tatsächlichen Bereich ist[138], ist gleichgültig. Das Revisionsgericht ist

[133] *Mitsopoulos*, ZZP 81, 251 (258 f.).

[134] s. o. Fn. 14.

[135] *Stahl*, AcP 67, 94 (97).

[136] *Esser*, Methodik, S. 3 (31).

[137] s. o. Fn. 14; ferner: *Hempfling*, S. 43 f.

[138] Vgl. *Stein*, Privates Wissen, S. 118 f.

jedenfalls befugt, derartige Subsumtionsfehler zu beanstanden. Die kassatorische Prüfung hat zwar von den Wertungen der tatsächlichen Umstände durch das Berufungsgericht auszugehen. Die daraus folgende Anwendung des unbestimmten Rechtsbegriffs ist aber unbeschränkt überprüfbar[139].

3. Grenzen der Nachprüfung

Im Rahmen gewisser Gruppen unbestimmter Rechtsbegriffe sollen nur offensichtlich fehlerhafte Subsumtionen aufgehoben werden können[140]. Sofern damit eine Einschränkung der Prüfung erkennbarer Fehler angestrebt wird, überzeugt dies nicht.

a) Beschränkung auf Grundsatzfehler

Die Beschränkung der Revisibilität auf Richtlinienfehler soll der freien Revisibilität vorzuziehen sein, weil diese nicht durchgehalten werden könne, sondern das Revisionsgericht zur Selbstentlastung durch Anwendung von „Kurialstil" zwinge[141].

Damit aber ein Fehler beanstandet werden kann, muß eine Unstimmigkeit gesehen werden. Ist danach erkennbar, daß anders zu werten ist, so kann und muß anders gewertet werden, ohne zu überlegen, ob die Frage eventuell *Richtliniencharakter* hat. Denn auch diese Prüfung dient wesentlich nur der Selbstentlastung, wenn die Richtlinienfunktion vorschnell verneint wird. Auch dürfte der Richtliniencharakter einer Frage häufig nicht einfacher oder nur bei vollständiger Prüfung zu beurteilen sein. Daß die Anschauungen sich dazu stark ändern können[142] und eine derartige Abgrenzung damit nicht objektiver und voraussehbarer ist, als wenn auf Erkennbarkeit des Fehlers abgestellt wird, zeigt ein Beispiel bei Schwinge: Die richtige Bemessung des Mietwerts, für die viele wirtschaftliche und politische Gesichtspunkte maßgebend sind, wird deswegen als Frage des Einzelfalles angesehen; prüfe man sie nach, so werden die Grenze zur Berufung verwischt[143]. Heute werden ähnliche Rechtsfragen dagegen als so wichtig für die Rechtseinheit angesehen, daß dafür ein eigenes Vorabentscheidungsverfahren gemäß Art. III 3. MietRÄndG v. 21. 12. 1967 eingeführt wurde.

---

[139] Denkschrift 1971, S. 36.

[140] *Henke,* Tatfrage, S. 269 ff.; *Rosenberg/Schwab,* § 144 V 2; vgl. auch *Reimer/Nastelski,* § 47 Anm. 134 e, f.

[141] *Henke,* ZZP 86, 224 (226).

[142] Vgl. *Pohle,* Revision, S. 87.

[143] *Schwinge,* S. 123 Fn. 35.

b) Beschränkung durch Sachferne

Beschränkungen der Revisibilität wegen der angeblichen Sachferne des Revisionsgerichts[144] bei der Beurteilung örtlicher Verhältnisse hat schon Bähr abgelehnt[145]. Er meinte, es sei reine Illusion zu glauben, ein Richter eines Sprengels von 100 000 Einwohnern sehe in der Sache tiefer als einer mit einer Million Bezirksangehörigen.

Über örtliche Bräuche und Handelssitten muß sich bereits das Berufungsgericht regelmäßig durch Sachverständige unterrichten lassen. Vor allem aber übernimmt das Berufungsgericht häufig die Ergebnisse der Beweisaufnahmen erster Instanz gemäß § 526 I ZPO und darf sie, obgleich doch der persönliche Eindruck entscheidend sein soll, frei würdigen. Dann ist aber die Prüfung eines Gutachtens auf Schlüssigkeit und Glaubwürdigkeit, ist das Urteil, ob bestimmte Sitten rechtlich anzuerkennen sind, auch dem Revisionsgericht möglich. Die persönliche Wahrnehmung verbürgt zudem nicht notwendig die zutreffendere Bewertung. Daß sie das Berufungsgericht im Einzelfall tatsächlich besser vornehmen kann als das Revisionsgericht, sei eingeräumt. Vor allem kann das Revisionsgericht wegen der Bindung nach § 561 II ZPO nicht die Wertungsgrundlage für seine rechtliche Würdigung verschieben. Dies hindert aber nicht, den einmal festgestellten Sachverhalt selbständig rechtlich zu beurteilen. Kommt das Revisionsgericht dabei zu der Ansicht, ein Fehler liege vor, so darf und muß es aufheben. Eine Beschränkung auf offensichtliche Fehler entlastet zudem nur wenig, wenn von jedem Fehler behauptet wird, er sei offensichtlich.

c) Mangelnde Beispielswirkung für künftige Fälle

Ähnlich verhält es sich bei Begriffen des Grades und des Wertes und anderen individuellen Beurteilungsmaßstäben[146]. Sieht das Revisionsgericht die getroffene Einordnung aus *bestimmten* Gründen als fehlerhaft an, so kann es aufheben. Da ein konkreter Maßstab nur durch Fallvergleich zu gewinnen ist, dient ein derartiges Vorgehen auch der Rechtseinheit[147]. Während in typischen Fällen ein konkreter Fallvergleich überflüssig ist, wird er bei individualisierender Bewertung zum entscheidenden Beurteilungsmaßstab. Wollte man in diesen Fällen eine Abstimmung der Bewertungen aufeinander und eine Orientierung an

---

[144] Dafür *Henke*, Tatfrage, S. 273 ff.; *Rosenberg/Schwab*, § 144 V 1; *Schima*, Rapports, S. 508; *Bachof*, ebda., S. 509 f., 521 ff.; *Baur*, ebda., S. 514 (516); *Larenz*, ebda., S. 517 (518 f.).

[145] Verh. d. 9. DJT, Bd. 3, S. 328. Auch *Fasching*, Rapports, S. 512, warnt vor einer Überschätzung der Sachnähe.

[146] Vgl. *Henke*, Tatfrage, S. 279 ff., 294 ff. u. ZZP 81, 321 (337 ff.).

[147] So auch *Mitsopoulos*, ZZP 81, 251 (257); vgl. *Bachof*, Rapports, S. 520 (521).

Leitbildern ausschließen[148], so könnten auch handgreiflich falsche rechtliche Bewertungen nicht korrigiert werden, weil die Prüfung methodengerechten Vorgehens die Prüfung inhaltlicher Richtigkeit gerade dann nicht ersetzen kann.

Das angefochtene Urteil bleibt danach nur bestehen, wenn das Revisionsgericht keinen Fehler finden kann. Gestatten die mitgeteilten Anknüpfungstatsachen keine zuverlässige Nachprüfung, so hat das Revisionsgericht nicht davon abzusehen[149], sondern aufzuheben, damit der „sachnähere" Richter seine Bewertungsgrundlage konkretisiert, soweit dies nach Sachlage möglich ist.

Grenzen des Prüfungsrechts und der Prüfungspflicht ergeben sich damit aus der *Erkennbarkeit* von Fehlern und insoweit aus der *Leistungsfähigkeit* des Revisionsgerichts. Eine weitere Begrenzung auf offensichtliche Fehler ist nicht erforderlich, wenn das Revisionsgericht nicht der Gefahr der Besserwisserei unterliegt. Ein gewisser Beurteilungsspielraum bleibt danach nur praktisch, nicht rechtlich bestehen. Abzulehnen ist jedenfalls ein Ermessen des Revisionsgerichts, ob es einen erkennbaren Fehler beseitigen wolle.

V. Konkretisierung des Rechtssatzes durch Erfahrungssätze

Eine weitere Möglichkeit für das Revisionsgericht, im Rahmen der rechtlichen Überprüfung des angefochtenen Urteils tatsächliche Umstände selbständig zu beurteilen, ergibt sich aus der Verweisung von Rechtssätzen auf die außerrechtliche Erfahrung.

Heute ist es auch allgemein anerkannt, daß das logische Kriterium der Unterscheidung von Tatsachenfeststellung und Rechtsanwendung einer gewissen Einschränkung, aber auch einer Erweiterung durch prozessuale Prinzipien, wie z. B. den Revisionszweck oder die Leistungsfähigkeit des Revisionsgerichts bedarf[150].

So bedarf die logische Methode der Erweiterung der Grenzen der Revisibilität in den tatsächlichen Bereich, da sonst auch Feststellungen zu „generellen" Tatsachen, die sich auf eine Klasse von Menschen oder Sachen — unabhängig vom Einzelfall — beziehen, bindend festgestellt würden[151]. Hierzu gehören etwa die „im Handelsverkehr geltenden Gewohnheiten" (§ 346 HGB) oder die Grundsätze „vernünftiger kaufmännischer Beurteilung" im Rahmen ordnungsgemäßer Bilanzierung (vgl. §§ 155 III Nr. 1, 156 IV AktG).

---

[148] So *Henke*, ZZP 81, 196 (250).

[149] s. o. IV 1; ferner *Mitsopoulos*, ZZP 81, 251 (258); a. A. *Henke*, ZZP 81, 321 (324).

[150] *Henke*, Tatfrage, S. 23 u. ZZP 81, 321 f.; *Engisch*, Log. Studien, S. 83 f.

[151] Vgl. *Philippi*, Tatsachenfeststellung, S. 7.

Generelle Tatsachen sind die stets korrigierbaren, induktiv gewonnenen Sätze der Lebenserfahrung[152]. Auch wenn sie in ihrem Aussagewert über die Zusammenfassung einzelner Wahrnehmungen hinausgehen[153], gelten sie doch unabhängig von Rechtssätzen und der Rechtsanwendung und sind daher trotz ihrer Funktion als Obersätze der Beurteilung insoweit selbst Tatsachen und keine ungeschriebenen Rechtsnormen[154], freilich keine Elemente des konkreten Sachverhalts.

1. „Allgemeine" Erfahrungssätze

Soweit allgemeine Erfahrungssätze als Hilfsmittel bei der Aufstellung von Obersätzen für die rechtliche Beurteilung einzelner Sachverhalte dienen, werden sie heute als revisibel angesehen[155]. Teilweise wird noch versucht, dies dogmatisch mit Hilfe des Auswegs zu begründen, Erfahrungssätze und ethische Grundsätze seien allgemein revisible Rechtsnormen[156].

Dies setzt aber einen sozialen Normbegriff voraus, der im Prozeßrecht fehlgeht, weil nicht die gesamte gesicherte Lebenserfahrung eigenständig normative Geltung beanspruchen kann. Nur soweit Erfahrungssätze zu formellen Rechtssätzen, z. B. Beweis- oder Auslegungsregeln, geworden sind, handelt es sich um Normen[157].

Jede Gesetzesauslegung beruht aber auf Erfahrung. Deshalb ist der Ansatz zu billigen, daß die unrichtige Verwendung von Erfahrungssätzen bei der Normauslegung zu einer fehlerhaften Konkretisierung des gesetzlichen Obersatzes und damit zu einem Rechtsanwendungsfehler führe, daß Erfahrungssätze also nur *unselbständige* Bestandteile der Rechtsnorm seien, soweit diese darauf Bezug nehme[158]. Aus dieser Hilfsfunktion wird abgeleitet, daß sich das Revisionsgericht zu ihrer

---

152 Zur Definition der Erfahrung vgl. *Schweling*, ZStW 83, 435 (436 ff.); krit. zum Begriff der Erfahrungssätze *Sauer*, Allg. Prozeßrechtslehre, S. 188 f.

153 Vgl. *Prölss*, S. 14; *Manigk*, RG-Festgabe, Bd. VI, S. 94 (142); zweifelnd *Engisch*, Logische Studien, S. 58.

154 *Meyer*, in *Löwe/Rosenberg*, § 337 II 1; *Schweling*, ZStW 83, 435 (438); *Wehli*, Festschrift f. *Wach* I, S. 407 (413 ff.); *Sauer*, S. 69; *E. Schneider*, MDR 1964, 106 (107); a. A. *Stein/Jonas/Schumann/Leipold*, § 282 II 3; *Prölss*, S. 14.

155 *Rosenberg/Schwab*, § 144 I 3; *Larenz*, S. 259; *Henke*, ZZP 81, 196 (220 f.); bereits *Oertmann*, S. 479 ff., 492 ff., 516 ff.; *Hellwig*, System I, S. 854.

156 So noch *Eyermann/Fröhler*, § 137 Rdnr. 9; *Baumbach/Lauterbach/Albers/Hartmann*, § 550 Anm. 2 allgemeine Erfahrungssätze; vgl. RGZ 99, 71; *Henke*, Tatfrage, S. 90; *Kuchinke*, S. 187 f. (Fn. 472); *Müller/Sax*, § 244 Anm. 2 c IV, § 337 Anm. 1 c.

157 *Stein*, Privates Wissen, S. 107; *Manigk*, RG-Festgabe, Bd. VI, S. 94 (145); vgl. auch *Sarstedt*, S. 105, 227; *Schweling*, ZStW 83, 435 (438, 457).

158 *Sauer*, S. 67; *Manigk*, a.a.O., S. 94 (136, 144); *Henke*, Tatfrage, S. 90 ff.; *Loeber*, S. 128; zu anderen Lehrmeinungen vgl. *Hainmüller*, S. 47 ff.; ferner *Schweling*, ZStW 83, 435 (452, 458) (Fernwirkung der Erfahrung auf den Subsumtionsschluß).

Feststellung und Prüfung aller geeigneten Mittel bedienen darf und Parteivorbringen nicht beschränkt ist.

Zu prüfen ist, ob es einen Erfahrungssatz des angenommenen Inhalts gibt, ob er richtig angewandt wurde[159] oder ob die Anwendung eines bestehenden Erfahrungssatzes unterlassen wurde. Entscheidend ist, daß das Revisionsgericht — im Rahmen der Obersatzbestimmung — selbst feststellen kann, welcher Erfahrungssatz existiert, z. B. bei einer *Verkehrssitte* Übung, Dauer und Zustimmung der Beteiligten überprüfen[160] und den Parteien unbekannte Erfahrungssätze in den Prozeß einführen darf[161].

Auch hier gibt es Gegenstimmen, die zwar die Kontrolle des Erfahrungsobersatzes zugestehen, nicht aber die Prüfung seiner zweifellos tatsächlichen Grundlage, sondern bei einer Verkehrssitte, die Gegenstand allgemeiner Erfahrung ist, nur nachprüfen wollen, ob sie überhaupt bei der Entscheidung berücksichtigt wurde[162]. So hat das RG Feststellungen über Anschauungen in Jägerkreisen zwar im konkreten Fall als bedenklich, aber gleichwohl als bindend angesehen[163]. Soweit es sich um die tatsächliche Übung, nicht die rechtliche Billigung, handelt, sind Verkehrssitten aber von Erfahrungssätzen nicht zu unterscheiden[164]. Um einer umfassenden Rechtskontrolle willen müssen sie daher voll revisibel sein. Nach dem Sinn der §§ 549, 562 ZPO sind nur Feststellungen zu regional begrenzten oder ausländischen Verkehrssitten bindend[165].

Soweit die Hilfstatsachen zur Ausfüllung des Rechtssatzes dem Revisionsgericht nicht bekannt sind, sind sie gegebenenfalls mit Hilfe von Sachverständigen zu ermitteln und festzustellen. § 561 ZPO ist in diesem Rahmen nicht anzuwenden[166], weder das Novenverbot, noch die Bindungswirkung[167]. Diese Regel ist vielmehr auf Elemente des streitigen Einzelfalles zu beschränken.

---

[159] RGZ 105, 411 (allgemeiner Sprachgebrauch); BSG 12, 1 (4); 18, 180; *Haueisen,* NJW 1969, 1049 (1050) u. DOK 1969, 69 (72); zu den Arten möglicher Verstöße vgl. *Schweling,* ZStW 83, 435 (455 ff.).

[160] *Henke,* S. 127, 163; a. A. BGH LM Nr. 24 zu § 6 PatG = GRUR 1964, 199 (200); BGH BB 1966, 29.

[161] *Danz,* Auslegung, S. 98.

[162] *Boyens,* S. 153 (185).

[163] RGZ 128, 39 (42).

[164] a. A. wohl *Baumbach/Lauterbach/Albers/Hartmann,* § 550 Anm. 2 Verkehrsauffassung.

[165] *Stumpf,* Festschrift f. *Nipperdey* I, S. 957 (968); *Henke,* ZZP 81, 321 (325 ff.); *Oertmann,* S. 517; *Kuchinke,* S. 183 f.; vgl. BGHZ 16, 71 (81) (Rückkehrverbot bei Praxistausch je nach örtlichen Verhältnissen).

[166] *Stein,* Privates Wissen, S. 110; *Haueisen,* NJW 1973, 641 (644 Fn. 47).

[167] Für letzteres auch *Sydow/Busch/Krantz/Triebel,* § 550 Anm. 2, § 561 Anm. 5.

Dagegen soll die Feststellung einer betrieblichen Übung als Frage der Vertragsauslegung tatsächlicher Natur sein und deshalb nach § 561 II ZPO binden[168]. So hat z. B. das BAG die Feststellung, daß eine allgemein verbreitete betriebliche Übung des Inhalts, daß ein Arbeitsverhältnis mit Vollendung des 65. Lebensjahres ende, nicht bestehe, als nach § 561 ZPO bindend angesehen[169]. Nur bei örtlich begrenzten betrieblichen Übungen wäre dies zutreffend. Ansonsten können Verkehrssitte und Erfahrungssätze im Rahmen ergänzender Vertragsauslegung nicht vollständig bindend sein. Das Revisionsgericht muß vielmehr Erfahrungssätze im Rahmen der Auslegung wie diese und im gleichen Umfang wie im Rahmen der bloßen Tatsachenfeststellung auf ausreichende Ermittlung, Überprüfung und Darstellung kontrollieren können[170].

2. Spezielles Fachwissen

Die volle Revisibilität sozialer, technischer und anderer wissenschaftlicher Sätze würde aber bedeuten, daß Parteien und Gericht neue Erfahrungssätze in das Verfahren einführen können und daß bei Streit über das Bestehen und den Inhalt eines Erfahrungssatzes Beweis erhoben werden kann. Da der Bereich der Erfahrungssätze nicht mit dem allgemeinkundiger Tatsachen zusammenfällt, müßte das Revisionsgericht danach befugt sein, Sachverständige aller Art zum Inhalt und Geltungsbereich eines Erfahrungssatzes anzuhören[171].

Vereinzelt ist sogar angenommen worden, die Revisionsgerichte könnten die einzelnen Anknüpfungstatsachen zur Gewinnung des Erfahrungssatzes selbst (umfassend) ermitteln[172].

a) Rechtsprechung

Auch von den Revisionsgerichten ist der Inhalt von Erfahrungssätzen gelegentlich neu ermittelt worden[173]. Freilich ist die Rechtsprechung nicht einheitlich.

---

[168] BGH GRUR 1964, 196 (200); *Oertmann,* S. 492, 501; *Keidel/Winkler,* § 27 Rdnr. 21; *Ziemer/Birkholz,* § 118 Rdnr. 19 (Feststellung des Bestehens und des Inhalts eines Handelsbrauches!).

[169] BAG BB 1961, 1382.

[170] s. o. III. Gegen eine unterschiedliche Behandlung von Rechtssatz- u. Vertragsauslegung: *Fuchs,* JW 1917, 504 (505) (scholastischer Unterschied).

[171] *Stein,* Privates Wissen, S. 137; *Loeber,* S. 20, 130; *Kilian,* S. 9; wohl auch *Bernhardt,* § 51 II 3 (der für Nachprüfung auch der Regeln der Wissenschaft u. Technik sowie der Handels- u. Verkehrssitten eintritt); a. A. *Wieczorek,* § 282 B II a 3.

[172] *Hainmüller,* S. 71 ff., 85 f.; *Möhring,* Mitt. 1959, 241 (245 ff.).

[173] Vgl. BGHSt 19, 82 (84 f.); OLG Braunschweig NJW 1955, 419; RG JW 1896, 257 Nr. 57.

Der BGH hat etwa Feststellungen zu naturgesetzlichen Folgen von Blutgruppen anhand eines zusätzlich von ihm neu eingeholten Gutachtens des Bundesgesundheitsamtes beurteilt[174] sowie selbst neue Sachverständige zur sog. Rückrechnung der Blutalkoholkonzentration angehört[175].

Das BVerwG hat wissenschaftliche Gutachten und amtliche Auskünfte zur Frage eingeholt, ob es eine einheitliche Gruppe Arbeitsunwilliger gebe[176].

Das OLG Hamm hat ein Gutachten über den gesicherten Stand der medizinischen Erkenntnisse zu den Auswirkungen eines „Schluß-Sturztrunks" auf die Fahrtüchtigkeit eingeholt[177]. In zahlreichen Entscheidungen setzen sich die Revisionsgerichte mit allen Details wissenschaftlicher Erkenntnis auseinander und verlangen — jedenfalls in zweifelhaften Fällen — ausreichende Angaben im Urteil, um prüfen zu können, ob die Schlußfolgerungen des Sachverständigen bedenkenfrei sind[178].

Dagegen bejaht der BGH zwar die Frage, ob das „SEP-System" zur Bestimmung der Vaterschaft wissenschaftlich gesichert sei. Zur Frage seines Beweiswertes führt er aber aus, eine Beurteilung der bei den Akten befindlichen Fachgutachten sei eine Aufgabe, die nur dem Richter der Tatsacheninstanz zukomme. Auch gehöre es „nicht zu den Aufgaben des Revisionsgerichts, von Amts wegen oder aufgrund von Beweisanträgen zu ermitteln, ob ... neue Erkenntnisse vorliegen und inwieweit sie die bisherigen Feststellungen erschüttern"[179].

Auch die Zuziehung eines Sachverständigen zur Klärung von technischem Fachwissen in Patentsachen soll wegen § 561 ZPO ausscheiden. Sie sei mit der Struktur des Revisions- bzw. Rechtsbeschwerderechts nicht in Einklang zu bringen, weil sie besonders bei Patentstreitigkeiten zur Einführung einer dritten Tatsacheninstanz führen würde[180]. Wenn aber Ausführungen zum Stand der Wissenschaft, z. B. zu den Möglich-

---

[174] BGHZ 12, 22 (27 ff., 35 f.); ausdrücklich aufgegeben in BGH NJW 1973, 1411 (1412) (beide Entscheidungen betreffen zwar Fragen der Beweiswürdigung, nicht der Konkretisierung des Obersatzes, die Begründungen für die Zulässigkeit der Überprüfung stimmen aber überein). Die Verantwortung des Revisionsgerichts in diesem Bereich betont *Fasching*, Rapports, S. 512 (514).

[175] BGH DAR 1974, 52 (Beschlußverfahren nach Vorlage gemäß § 121 II GVG).

[176] BVerwG DVBl 1968, 882; zustimmend *Haueisen*, DOK 1969, 69 (72), der darlegt, das BSG habe bislang zu allgemeinen Erfahrungssätzen keinen Beweis erhoben.

[177] OLG Hamm NJW 1972, 1529.

[178] Vgl. nur OLG Hamm NJW 1972, 1526 (1527).

[179] BGH NJW 1973, 1411 (1412).

[180] BGH Beschl. v. 10. 11. 1964 — I a ZB 8/64 zitiert bei *Löscher*, GRUR 1966, 1 (18); *Benkard/Rogge*, § 41 w Rdnr. 7, § 47 Rdnr. 87 a. E.; *Reimer/Nastelski*, § 47 Anm. 134 h.

keiten der sicheren Feststellung einer Tollwuterkrankung, mangels Rüge als bindende Tatsachenfeststellung bezeichnet, oder nach sachlicher Auseinandersetzung mit dem Fachwissen gesagt wird, das Revisionsgericht könne nur die Methode seiner Gewinnung, nicht seine Richtigkeit überprüfen, so handelt es sich häufig um eine gewisse übergroße Vorsicht, Feststellungen, gegen die nach mehereren Gutachten keine Bedenken bestehen, nur wegen möglicher abweichender künftiger Erkenntnis als nach dem gegenwärtigen Wissensstand richtig zu bezeichnen[181].

b) *Stellungnahme*

Ob allgemein im Revisionsverfahren kein Sachverständiger vernommen werden kann[182] oder ob dies nur für Wissen zu speziellen Sachbereichen gilt, entscheidet sich danach, welche Bedeutung es hat, daß nur „allgemeine" Erfahrungssätze revisibel sein sollen. Allgemeinwissen und spezielles Fachwissen, das nur mit Hilfe eines Sachverständigen zutreffend erörtert werden kann, ist bereits für die Tatsacheninstanz nicht eindeutig zu trennen. Der Übergang ist vielmehr fließend[183]. Auch darf der Richter eigenes Fachwissen verwerten, soweit ihm eine verbindliche Beurteilung möglich ist[184]. Ähnlich sieht Schweling (im Rahmen der Tatsachenfeststellung) auch den Verstoß gegen die besondere Erfahrung als Revisionsgrund an, wenn sie vom Revisionsgericht anerkannt wird[185].

So gesehen würde die Beschränkung auf „allgemeine" Erfahrungssätze bedeuten, daß das Revisionsgericht zwar detaillierte Fachkenntnisse besitzen soll, um möglichst viele konkrete Einzelfälle selbständig beurteilen zu können[186]. Der Richter muß sich nach dieser Meinung die Sachkunde jedoch durch Selbststudium oder anhand des laufenden Entscheidungsmaterials erwerben, so daß die Revisionsrechtsprechung lediglich durch „Anwachsen der Erfahrung" auf entfernter liegenden Lebensgebieten selbständiger werden kann[187].

Um dies zu erleichtern, soll die Verwertung von Sachverständigengutachten, die sich in anderen Akten befinden, im Wege der Urkundenbeweises von Amts wegen möglich sein[188]. Eine Ergänzung dieses Wis-

---

[181] Vgl BGHZ 43, 196 (198); BGH NJW 1973, 1411 f.

[182] So *A. Weber*, DRiZ 1929, 173 (175).

[183] Vgl. *Stein/Jonas/Schumann/Leipold*, § 282 II 2 b; *Oetker*, GS 107, 32 (37).

[184] *Pieper*, ZZP 84, 1 (12 ff.); *Baumbach/Lauterbach/Albers/Hartmann*, Einf. zu §§ 282 - 294 Anm. 4 D; *Stein/Jonas/Schumann/Leipold*, Vor § 402 III 4 b (Fn. 20).

[185] ZStW 83, 435 (462, 464).

[186] *Fischer*, Ansprache, S. 47 (62).

[187] *Boyens*, S. 164; vgl. *Benkard/Rogge*, § 47 PatG Rdnr. 87 a. E.

[188] *Baumbach/Lauterbach/Albers/Hartmann*, Einf. zu §§ 282 - 294 Anm. 4 D.

sens für besondere Berufszweige, technische Vorgänge oder lokale Einrichtungen durch für den konkreten Fall eingeholte Gutachten oder einfache amtliche Auskünfte soll dagegen ausscheiden. Nur soweit das Revisionsgericht Erfahrungssätze kennt oder ihm sonst bekannt ist, daß die getroffenen Feststellungen unrichtig sind, soll aufgehoben werden können[189].

Eine Beweisaufnahme zum Inhalt „allgemeiner Erfahrungssätze" wäre dann berechtigte Ausnahme; dies jedoch nicht, weil der Richter das zu ermittelnde Wissen als Gegenstand der „allgemeinen" Lebenserfahrung bereits haben müßte, sondern weil es sich um den Stand des „allgemein anerkannten Fachwissens" handelt, ohne dessen Kenntnis eine sachgerechte Überprüfung der Normanwendung durch den Revisionsrichter in einem bestimmten Fachbereich nicht möglich ist.

Im Ergebnis ist wegen der begrenzten Leistungsfähigkeit des Revisionsgerichts von einer gewissen Bindung auch hinsichtlich der Feststellungen zum Inhalt des Obersatzes auszugehen.

Beweisaufnahmen zu Tatsachen zur Konkretisierung des Inhalts von Rechtssätzen sind gesetzlich aber nicht ausgeschlossen, weder zur allgemeinen noch zur besonderen Lebenserfahrung[190]. Soweit es sich um den Inhalt revisiblen Rechts handelt, kann auch aus § 26 I 1 BVerfGG nicht auf das Gegenteil geschlossen werden. Auch aus der Aufhebung von § 295 AO a. F. läßt sich insoweit nichts herleiten. Freilich wäre das Revisionsgericht durch häufigere Beweisaufnahmen zu Erfahrungssätzen überfordert. Dergleichen ist aber generell nicht zu befürchten. Die völlige Irrevisibilität spezieller Erfahrungssätze ist weder notwendig noch gerechtfertigt. Vielmehr lassen sich notwendige Entlastung des Revisionsgerichts und möglichst umfassende Revisibilität etwa in folgender Weise vereinbaren:

Das Revisionsgericht kann die Nachprüfung von Erfahrungssätzen nicht darauf beschränken, ob ein Fehler aufgrund pflichtgemäß gewonnener Sachkenntnis eindeutig erkennbar ist. Es ist jedoch auch nicht verpflichtet, jede verbliebene Unklarheit oder jeden Zweifel durch Sachverständige klären zu lassen. Das Revisionsgericht hat aber neu vorgelegte wissenschaftliche oder technische Gutachten zu berücksichtigen[191]. Kommt es ferner nach dem Vortrag der Revisionsanwälte und eigener Prüfung zu beachtlichen Zweifeln über das Bestehen oder den Inhalt

---

[189] RGZ 145, 396; *Baumbach/Lauterbach/Albers/Hartmann*, § 561 Anm. 2 A; *Wieczorek*, § 282 B II a 3; *Riewald*, in *Becker/Riewald/Koch*, § 118 Anm. 4 (5); vgl. *Sarstedt*, S. 227 ff.; enger *Kleinknecht*, § 337 Anm. 3 (Naturgesetzen gleichstehende Sätze).

[190] *Manigk*, RG-Festgabe, Bd. VI, S. 94 (139); s. auch o. § 5 Fn. 94.

[191] *Scherer*, S. 8.

eines Erfahrungssatzes, so kann es nach seinem *Ermessen* Beweis erheben[192] oder lediglich aufheben und zurückverweisen[193]. Ähnlich meint *Henke:* Reiche das dem Revisionsgericht zur Verfügung stehende Schrifttum zur Klärung nicht aus, so müsse in die Berufungsinstanz zurückverwiesen werden, um Obergutachten einzuholen; nur in Fällen grundsätzlicher Bedeutung könne das Revisionsgericht dies selbst veranlassen[194]. In diesen, besonders aber in Fällen richterlicher Rechtsfortbildung sind die Revisionsgerichte befugt, aber auch verpflichtet, sich die Erfahrungsgrundlagen für wirtschaftlich oder gesellschaftspolitisch weitreichende Entscheidungen selbst zu beschaffen[195]. In den relativ wenigen Fällen dieser Art ist dem Revisionsgericht auch die eigene umfassende Klärung grundsätzlich zumutbar.

Dagegen kann auch ein neu vorgelegtes Gutachten zurückgewiesen werden, wenn es kein von dem zu entscheidenden Fall unabhängiges und insoweit allgemeines Erfahrungswissen vermittelt, also ausschließlich ein grundsätzlich unzulässiges neues Beweismittel in der Sache selbst wäre[196]. Deshalb kann auch technischer Sachvortrag in Patentsachen regelmäßig nicht in der Revisionsinstanz nachgeholt werden[197].

Die Revisibilität der Erfahrungssätze ist daher ähnlich der der unbestimmten Rechtsbegriffe nicht grundsätzlich beschränkt. Denn soweit das Revisionsgericht selbst die nötige Erfahrung besitzt, bestehen keine Schranken. Von der Beschränkung wegen „Sachferne" unterscheidet sich die hier vertretene Beschränkung dadurch, daß sie nicht an eine größere räumlich-gegenständliche Entfernung anknüpft und keine grundsätzliche Beschränkung des Revisionsgerichts anerkennt. Nur die reformatorische Endentscheidungsbefugnis des Revisionsgerichts ist wegen dessen begrenzter Leistungsfähigkeit im Einzelfall einzuschränken. Die Befugnis aufzuheben und zurückzuverweisen, ist dagegen nicht beschränkt, da dazu erhebliche Zweifel an vollständiger und zutreffender Feststellung des Erfahrungswissens genügen, aber keine abschließende Würdigung von neuen Fachgutachten erforderlich ist. Daraus

---

[192] Für die Befugnis Sachverständigenbeweis zu erheben *Hainmüller*, S. 71 f.; abl. *Diederichsen*, ZZP 81, 45 (49 Fn. 32: abwegige Konsequenz).

[193] Für letzteres *Boyens*, S. 164. Zum Versuch, die Zurückverweisung durch Anregung von Vergleichsverhandlungen unter Zuziehung von Sachverständigen und Senatsmitgliedern zu vermeiden vgl. RG JW 1922, 910 u. RGZ 104, 394.

[194] *Henke*, Tatfrage, S. 128; anders *ders.*, ZZP 81, 196 (210 f.): Kontrolle der Anwendung von Erfahrungssätzen im Rahmen der Beweiswürdigung nur auf „offenbare" Unrichtigkeit.

[195] Vgl. *Wiedemann*, SAE 1969, 265.

[196] RGZ 145, 396 f. (Verbandsgutachten zur Möglichkeit Adressen von Hinterbliebenen zu erlangen, beim Streit um sittenwidrige Werbung).

[197] *Benkard/Rogge*, § 47 Rdnr. 87.

ergibt sich in bestimmtem Umfang eine *flexible Grenze* der Revision. Der Ermessensspielraum für das Revisionsgericht, ob es eine Sache klären lassen oder zurückverweisen will, ist aber nicht größer als in anderen Fällen. Im Gegenteil ist damit der Vorteil verbunden, daß das Revisionsgericht schwer klärbare Fragen nicht irgendwie entscheiden muß, wobei es mangels exakter Kenntnisse doch eine Festlegung vermeiden muß, sondern daß erhebliche Zweifel zur Aufhebung und Zurückverweisung genügen.

VI. Erfahrungssätze im Rahmen der Tatsachenfeststellung

Die Befugnisse der Revisionsgerichte, Tatsachenfeststellungen zu korrigieren, erweitern sich schließlich wesentlich, wenn auch die richtige Anwendung von Erfahrungssätzen im Rahmen der Tatsachenfeststellung in Grenzen überprüft werden kann.

Nicht zuletzt deshalb werden verbreitet Erfahrungssätze nur als Hilfssätze bei der Auslegung von Rechtsnormen als revisibel angesehen; bei der Erschließung des Tatsachenmaterials mit Hilfe von Erfahrungssätzen soll der Tatrichter dagegen frei sein[198].

Bindend wären danach z. B. jede noch so willkürliche Feststellung zum Ausschluß eines möglichen Erzeugers, zu Unfallursachen oder zu Wissen und Wollen einer Person. Zur Begründung wird angeführt, diese Bindung müsse bestehen, weil sonst „nach dem Belieben des Revisionsrichters jede Feststellung nachprüfbar" sei, „womit die Freiheit der Beweiswürdigung und die Bindung nach § 561 Abs. 2 aufgehoben wären"[199]. Da Tatsachen in § 561 ZPO nur im Gegensatz zu juristischen Erwägungen aufzufassen seien, setze man sich völlig über das Gesetz hinweg, wenn man alle Erfahrungssätze der Revisionsprüfung unterstelle[200].

Freiheit der Beweiswürdigung ist aber nicht Willkür, sondern verlangt eine erschöpfende Berücksichtigung menschlichen Erfahrenswissens. Sie ist nur sinnvoll, wenn der Richter bei seiner Überzeugungsbildung an (gesichertes) Erfahrungswissen gebunden ist[201] und davon nur

---

[198] *Stein*, Privates Wissen, S. 106 ff., 111; *Richard Schmidt*, S. 804 f.; *Unger*, ZZP 42, 104 (132 Fn. 72); *Mezger*, S. 182; *Pagendarm*, S. 12; *Wassermeyer*, S. 59 ff. u. Referat, S. 11, 18, 21, 23 (außer Naturgesetzen); *Hotz*, S. 25; *Schima*, Festschrift f. d. österr. OGH, S. 252 (264); *Rechberger*, österr. JZ 1974, 113; *Eiler*, S. 19; *Mannheim*, S. 75; *Sauer*, S. 70; vgl. *Hainmüller*, S. 23, 49; *Blomeyer*, Gutachten, S. 44 f.

[199] *Wassermeyer*, S. 60; *ders.*, Referat, S. 18, 23; *Kuchinke*, S. 173; ähnlich *Kisch*, JR 1926, 454 (457).

[200] *Unger*, ZZP 42, 104 (132 Fn. 72).

[201] *Kuchinke*, S. 174 ff., 176, 179 ff.; *Henke*, ZZP 81, 196 (221 ff., 227) u. 321 (374); a. A. *Wassermeyer*, Referat, S. 16. Zur Unsicherheit der auf die bloße

abweichen darf, wenn ernstlich ein anderer Verlauf des Geschehens in Betracht kommt[202]. Deshalb ist auch die Anwendung der Erfahrungssätze als Mittel der richterlichen Überzeugungsbildung bei der Tatsachenfeststellung nicht allgemein irrevisibel.

Wie manche meinen, hat sich die Bindung des Richters bei der Beweiswürdigung an Erfahrungswissen als gewohnheitsrechtliche oder richterrechtliche „Beweisregel" ausgebildet[203]. Andere folgern dagegen aus der Obersatzfunktion der Erfahrungssätze auch im Rahmen der Tatsachenfeststellung, daß ihre Verwendung stets Rechtsanwendung i. S. der §§ 549, 550 ZPO sei und daher — anders als die Feststellung der Tatsachen des konkreten Falles — der Nachprüfung durch das Revisionsgericht unterliege[204]. Am weitesten geht die Meinung, das Gesetz nehme auf die Erfahrungssätze als Beweisregeln Bezug und verleihe ihnen damit Rechtsnormeigenschaft[205].

Erfahrungssätze folgen jedoch aus Wahrnehmungen und Beobachtungen; sie sind also Aussagen über das Sein, nicht über das Sollen und deshalb keine Normen[206]. Auch ändern sie nicht ihre Natur mit der unterschiedlichen Funktion, in der sie verwendet werden. Aber die Funktion bestimmt die Grenzen der Revisibilität.

1. Verfahrensverstoß gegen die §§ 286, 287 ZPO

Die fehlerhafte Anwendung eines Erfahrungssatzes bei der Tatsachenfeststellung verletzt nicht primär den anzuwendenden rechtlichen Obersatz, sondern „das Postulat der Lebensnähe richterlicher Tatsachenfeststellungen", das nicht lediglich in ständigem Gerichtsgebrauch gründet, sondern eine Umschreibung der Wahrheitspflicht des Gerichts darstellt. Eine fehlerhafte Anwendung von Erfahrungswissen führt daher zu einer mangelhaften richterlichen Überzeugungsbildung und fehlerhaften Beweiswürdigung i. S. der §§ 286, 287 ZPO. Solange man das Revisionsge-

---

subjektive Überzeugung gestützten „Lebenserfahrung" als Beweismaßstab vgl. *Martin Klein*, Beweis und Gewissen, 1972, S. 28 ff., 73 ff.

[202] *Blomeyer*, Gutachten, S. 47.

[203] *Kollhosser*, AcP 165, 46 (69 ff.) u. Diss., S. 105 ff. (gewohnheitsrechtliche Beweiswürdigungsregel contra legem); *Stein/Jonas/Schumann/Leipold*, § 282 IV 7a aa (beschränkt auf allg. Grundsätze); *Hainmüller*, S. 59, 61, 72, 85 f. (für Erfahrungsgrundsätze); *Sarstedt*, Festschrift f. *E. E. Hirsch*, S. 171 (172, 178 ff.); a. A. *Prölss*, S. 35; *Rosenberg/Schwab*, § 114, 5; vgl. *Henke*, ZZP 81, 196 (223) u. 321 (377).

[204] RGZ 99, 71; *Danz*, S. 98; *Goldschmidt*, § 66 2 a u. Prozeß als Rechtslage, S. 163, 499 (nicht revisibler Subsumtionsfehler); wohl auch *Förster/Kann*, § 561 Anm. 5; *Sydow/Busch/Krantz/Triebel*, § 291 Anm. 4, § 550 Anm. 2; ferner *Keidel/Winkler*, § 27 Rdnr. 21, 32, 48; krit. dagegen zu Recht *Sauer*, Grundlagen, S. 68 ff.; vgl. *Rosenberg/Schwab*, §§ 144 I 3, 146 II 2.

[205] *Brüning*, S. 82 ff.; *Müller/Sax*, § 337 Anm. 1 c.

[206] *Schweling*, ZStW 83, 435 (457); *Meyer*, in *Löwe/Rosenberg*, § 337 II 1.

richt aber nicht voll zur Tatsacheninstanz macht, kann die Beweiswürdigung nicht unbeschränkt überprüft werden.

Offensichtliche Fehler und Verstöße gegen Erfahrungssätze sind jedoch trotz der Bindung an die festgestellten Tatsachen für das Revisionsgericht erkennbar. Insoweit kann der Revisionsrichter auch ohne eigene Anschauung vom Beweismaterial die Gedankenführung das Tatrichters daraufhin nachprüfen[207], ob Erfahrungssätze richtig erkannt und beachtet, grundsätzlich aber nicht, ob sie tatsächlich richtig verwendet wurden oder ob die tatsächlichen Grundlagen für die Anwendung des Erfahrungssatzes bestehen[208].

Eine derartige Prüfung schaltet die Bindung des Revisionsgerichts an die tatrichterlichen Feststellungen nicht auf einem Umweg aus[209]. Im Gegenteil betont der BGH, daß es grundsätzlich Sache des Tatsachenrichters sei, den Beweiswert eines Erfahrungssatzes zu ermitteln, abzuschätzen und mit sonstigen Indizien abzuwägen. Nur der Verstoß gegen „allgemein anerkannte" Erfahrungssätze, soll konkret nachprüfbar sein[210].

Anders als die fehlerhafte Konkretisierung des Obersatzes wäre danach die mangelhafte Tatsachenfeststellung mittels Erfahrungssätzen grundsätzlich nur auf Verfahrensrüge wegen Verletzung der §§ 286 I 1, 287 I 1, II ZPO zu prüfen[211]. Fehlerhaft ist die Beweiswürdigung dann, wenn das Gericht gesichertes Erfahrungswissen nicht beachtet[212], d. h. einen Erfahrungssatz überhaupt nicht beachtet oder von einem falschen Inhalt ausgeht, aber auch, wenn es sich — obgleich dies möglich ist — kein eigenes Urteil zu Sachverständigenaussagen bildet oder seine Überzeugung sonst offenbar unzureichend bildet und darlegt[213]. Eine Fehlbewertung des Aussagewerts eines Erfahrungssatzes wird aber nur in Ausnahmefällen, etwa bei Verstößen gegen Naturgesetze oder bei willkürlicher Unterbewertung revisibel sein. Die Frage ist jedoch wohl noch nicht abschließend geklärt[214].

---

[207] *Rosenberg/Schwab*, § 114, 3 u. 5; *Kuchinke*, S. 186; Denkschrift 1971, S. 35, 40; *Schweling*, ZStW 83, 435 (459, 467); *Schwinge*, S. 159 ff.; *Heinsheimer*, Festschrift f. *Franz Klein*, S. 133 (140) (zum Indizienbeweis); *Geerds*, Festschrift f. *K. Peters*, S. 267 (275).

[208] Vgl. BVerwG NJW 1972, 1482 (1483).

[209] *Henke*, ZZP 81, 196 (247); a. A. *Wassermeyer*, S. 61, 66; *Rechberger*, österr. JZ 1974, 113 (115, 117 f.).

[210] BGH NJW 1973, 1411 f.

[211] *Rosenberg/Schwab*, §§ 144 I 3; 146 II 2 (anders wohl § 116 II 2); *Blomeyer*, § 104 III 3 c (S. 573); *ders.*, Gutachten, S. 46 ff.; *Kuchinke*, S. 209; *Tietgen*, S. 83; *Henke*, Tatfrage, S. 89.

[212] BayObLGZ 1965, 94 (102).

[213] Vgl. *Kuchinke*, S. 199, 207; *Schmid*, ZStW 85, 360 (374); *Schweling*, ZStW 83, 435 (455, 462).

[214] BGH NJW 1973, 1411 f.; *Tietgen*, S. 95; vgl. auch BGH NJW 1974, 608.

Zur Aufhebung ist nicht erforderlich, daß die Tatsachenfeststellung offensichtlich gegen Erfahrungssätze oder Naturgesetze verstoßen müßte[215]. Nicht jeder Verstoß gegen (gesichertes) Erfahrungswissen ist evident. Es genügt, wenn der Widerspruch zu (allgemeinen) Erfahrungssätzen für das Revisionsgericht erkennbar ist[216]. Eine Grenze, von wo ab keine Überprüfung, sondern eine (unzulässige) eigene Beweiswürdigung untergeschoben wird, läßt sich nicht exakt bestimmen. Denn eine Überprüfung ohne eigene Bewertung ist nicht möglich. Kuchinke hebt daher zu Recht hervor, daß das Revisionsgericht die Grenze weitgehend nach eigenem Ermessen festlegt[217].

Das Revisionsgericht hat auch dann aufzuheben, wenn ein Erfahrungssatz vorschnell angewandt wurde. Denn Erfahrungssätze helfen zwar, einen Einzelsachverhalt zu klären und tatsächlich wie rechtlich einzuordnen. Ihre Anwendung ersetzt aber nicht die mögliche Feststellung der konkreten Einzeltatsachen[218], soweit dies nicht, z. B. nach § 287 ZPO, zulässig ist.

Hat das Gericht alle Umstände zutreffend erkannt, so kann dagegen nicht gerügt werden, sie seien lediglich anders zu werten. Ermittelt z. B. das Gericht eine Person als Halter eines privaten Kraftfahrzeugs und schließt daraus mangels anderer konkreter Anhaltspunkte, sie sei Täter eines Verkehrsdelikts, so kann nicht gerügt werden, der Schluß sei unzulässig, weil ganz allgemein Privatfahrzeuge auch von Dritten gefahren würden[219].

2. Prüfung von Amts wegen

Eine Überprüfung des tatrichterlichen Urteils ist jedoch auch ohne Verfahrensrüge in Grenzen möglich und legitim, wenn die fehlerhafte Anwendung des Erfahrungssatzes klar aus dem Urteil erkennbar ist.

In Betracht kommen dabei Verstöße gegen geschichtliche Fakten, gegen Tatsachen des politischen und wirtschaftlichen Alltags[220], aber auch gegen andere sichere Erfahrungssätze, die nicht zwingend sein müssen[221], z. B. die unrichtige Anwendung betriebswirtschaftlicher Bewertungs-

---

[215] a. A. *Henke*, ZZP 81, 196 (210 f., 247).

[216] Vgl. RG JW 1932, 3618 (Sturz über Kokosmatte); BGHZ 12, 22 (27); *Blomeyer*, Gutachten, S. 48 (grds. unbeschränkte Nachprüfung).

[217] *Kuchinke*, S. 215; deshalb ablehnend: *Wassermeyer*, S. 65 f.; krit. *H. Maier*, NJW 1974, 605.

[218] BFH 102, 512 (515).

[219] OLG Hamm NJW 1973, 159 (160); BGHZ 38, 317 (332); BGH VersR 1971, 856; vgl. *Müller/Sax*, § 337 Anm. 6 b; a. A. jetzt BGH, U. v. 29. 8. 1974 — 4 StR 171/74.

[220] Vgl. *Mannheim*, S. 83.

[221] *Schweling*, ZStW 83, 435 (462 f.); a. A. *Kuchinke*, S. 182.

methoden bei der Wertermittlung eines Unternehmens[222]. Verstöße gegen Erfahrungssätze können gar zu einer unlogischen Urteilsbegründung führen[223]. Das Revisionsgericht ist an die dann im weitesten Sinne „unmöglichen“ Feststellungen nicht gebunden und kann sie wegen des zugleich möglichen Rechtsanwendungsfehlers auch von Amts wegen aufheben[224].

In diesen Fällen ist die Verfahrensrüge nicht notwendig. Ihrer bedarf es vielmehr nur, um einen Verstoß gegen eine nur einzelnen bekannte, gegen eine örtliche begrenzte oder gegen besondere Facherfahrung zu rügen[225]. Ebenso bedarf es keiner formellen Rüge, wenn ein Erfahrungssatz bei der Tatsachenfeststellung und der Obersatzbildung in gleicher Weise fehlerhaft angewendet wurde. In welchem logischen Abschnitt der Rechtsanwendung ein Verstoß gegen Erfahrungssätze unterlief, ist daher solange ohne Bedeutung, als das Gericht den Fehler beim Lesen des Urteils eindeutig erkennen kann. Da es aber damit entscheidend auf den im voraus nicht bekannten Wissensstand der Revisionsrichter ankommt, ist die Verfahrensrüge auch bei (nach Meinung der Partei) eindeutigen Verstößen gegen Erfahrungswissen zweckmäßig.

Eine Amtsprüfung in diesem Rahmen verstößt nicht gegen das Verbot der Prüfung ungerügter Verfahrensfehler (§§ 554 III Nr. 2 b, VI, 559 S. 1 [2. Halbs.] ZPO)[226].

Dieses sollte das Revisionsgericht von der Suche nach Verfahrensfehlern entlasten. Erkennt das Revisionsgericht aber ohne ausreichend begründete Rüge eindeutig einen Mangel aus den Urteilsgründen, so ist der Entlastungseffekt weitgehend ohne Bedeutung. Im Gegenteil erscheint es mit der Rechtsschutzaufgabe der Revisionsgerichte nicht vereinbar, erkannte Fehler unbeanstandet zu lassen. Um seltene, klar erkennbare Feststellungsmängel von Amts wegen beheben zu können, bedarf es auch nicht des Auswegs, Erfahrungssätze als revisible Rechtsnormen oder Obersätze aufzufassen[227]. Die §§ 554 III Nr. 2 b, VI, 559 ZPO sind kein Selbstzweck, sondern dienen neben der Entlastung des Revisionsgerichts der besseren Vorbereitung seiner Prüfungstätigkeit. Beides

---

[222] BGH NJW 1973, 509 ff. (ob die Revisionsangriffe beider Parteien § 554 III Nr. 2 b ZPO genügten, ergibt sich aus dem Abdruck nicht).

[223] *Kuchinke*, S. 182.

[224] s. o. III 2, 3; *Sarstedt*, S. 214; *Kern/Roxin*, S. 273 (Verstoß gegen Lebenserfahrung u. wissenschaftl. Erkenntnis als Verstoß gegen dem Recht vorgelagerte Normen der Gesetzesverletzung gleichzustellen); *Eyermann/Fröhler*, § 137 Rdnr. 9; vgl. auch *Fasching*, Rapports, S. 512 f.

[225] *Schweling*, ZStW 83, 435 (462).

[226] Gilt auch gemäß § 202 SGG (*Brackmann*, S. 254 c); ebenso, jedoch weniger deutlich § 352 I StPO; teilweise anders §§ 137 III 1 VwGO, 118 III 1 FGO.

[227] s. o. Fn. 156; *Kollhosser*, AcP 165, 46 (54) = Diss., S. 99; *Hainmüller*, S. 48 f., 65 ff.

schließt aus, nach weiteren Mängeln zu suchen, nicht aber beiläufig erkannte Mängel zu berücksichtigen.

Dem entspricht die Praxis in Strafsachen, die erkennbare Verstöße gegen Erfahrungssätze bei der Beweiswürdigung als Verletzung einer Beweisregel ansieht, sie aber trotz § 344 II 2 StPO von Amts wegen auf bloßen Hinweis, der den Anforderungen an eine Verfahrensrüge nicht genügt, beachtet[228].

Formlose, verspätete Rügen werden damit nicht beachtlich[229]. Sonst wäre eine weitgehende unzulässige Aushöhlung der abschließenden obligatorischen Begründung für die Verfahrensrevision die Folge. Nur Fehler, die das Revisionsgericht tatsächlich bei der materiellen Überprüfung des Urteils selbst erkennt, sind neben den zulässig gerügten zu beachten. Der Unterschied zu den §§ 137 III 1 VwGO, 118 III 1 FGO wird dadurch zwar verringert, aber nicht beseitigt, da die Revisionsgerichte in diesen Fällen auch nachträglich vom Revisionskläger gerügte, sonst nicht erkennbare Fehler von Amts wegen zu prüfen haben.

Trotz der mehrfach aufgetretenen Abgrenzungsschwierigkeiten ist ein vollständiges Abgehen von der logischen Revisionsmethode aber nur dann gerechtfertigt, wenn sich auf andere Weise ein genauerer und zugleich den Revisionszwecken gerecht werdender Maßstab gewinnen läßt.

Deshalb bedarf es einer Auseinandersetzung mit den Meinungen, die annehmen, der Bereich der bindenden Feststellungen sei nicht vom logischen Tatsachenbegriff her auszugrenzen. Zu prüfen ist vor allem, ob diese Meinungen eine Revisibilität von Tatsachenfeststellungen ermöglichen und daher zu einem Überdenken und einer Ergänzung der logischen Abgrenzung nötigen.

VII. Unterscheidung von Tatsachenfeststellung und „Tatsachenbewertung“

1. Mezger

Definiert man Tatsachen als Gegenstand möglicher Rechtsanwendung, als das, worüber ein rechtliches Urteil zu fällen ist[230], so kann Tatsachenbewertung Rechtsanwendung sein[231]. Freiheit des Revisionsgerichts in der Tatsachenbewertung heißt dann nichts anderes als Freiheit in der Rechtsanwendung.

---

[228] *Sarstedt*, Festschrift f. *E. E. Hirsch*, S. 171 (179); vgl. *Müller/Sax*, § 337 Anm. 6 a (materiellrechtl. Verstoß); bereits *Oetker*, GS 107, 32 (36 f.).

[229] Zu Ausnahmen s. u. § 8 I 3.

[230] *Kuchinke*, S. 64.

[231] *Sauer*, S. 64 f.

Es könnte aber auch daraufhin deuten, daß ein bestimmter Bereich von Tatsachenfeststellungen für revisibel erklärt werden soll, nämlich (teilweise) der Bereich „tatsächlicher Würdigung von Tatsachen", wie z. B. die Schätzung des Wertes eines Gegenstandes. Mezger legt die Unterscheidung zwischen Tatsachenfeststellung und Tatsachenbewertung seiner Untersuchung zugrunde und sieht letztere als eigentliche Aufgabe des Revisionsrichters an[232]. Soweit in den Aussagen des Tatrichters Werturteile enthalten seien, sei das Revisionsgericht daran nicht gebunden[233]. Mezger stellt jedoch klar, daß er alle Tatsachenurteile, durch die lediglich eine Übereinstimmung mit der objektiven Wirklichkeit ausgedrückt werden soll und die nur insoweit Werturteile sind, als dies das Medium der Sprache bedingt, als bindend ansieht und daß er somit keine Tatsachen im logischen Sinn der Revision zugänglich machen will.

2. Mannheim

Mannheim folgt dieser Unterscheidung[234]. Sein Ansatz, in § 561 II ZPO nur eine Sonderregel zu sehen, der für eine grundsätzliche Betrachtung des Wesens der Revision kein entscheidender Einfluß beizulegen ist[235], läßt nun erwarten, er wolle eine Bindung an tatsächliche Feststellungen des Einzelfalles in begrenztem Umfang verneinen und deshalb einen für das Revisionsrecht eingeschränkten Tatsachenbegriff erarbeiten[236]. Zweck seiner Unterscheidung ist jedoch nur, zwischen Tatfrage und Rechtsfrage „Raum für ein Mittelgebiet", den Bereich der Erfahrungssätze zu schaffen[237]; auch dies nur, soweit sie der Konkretisierung der rechtlichen Obersätze dienen[238]. Darüber hinaus will Mannheim trotz seines Ausgangspunktes grundsätzlich nicht gehen. Er setzt zwar Tatsachenbewertung mit rechtlichem Werturteil gleich[239] und verkennt nicht, daß jede Tatsachenfeststellung in der Form des Urteils erfolgt. Mannheim meint aber, der Begriff der Revision erfordere eine Ausscheidung einer Anzahl von Tatsachenbewertungen. Um deshalb „überhaupt ein Gebiet für die irrevisiblen Tatsachenfeststellungen zu retten", nimmt Mannheim alle unmittelbaren Sinneswahrnehmungen aus dem Bereich der Werturteile wieder heraus. Zugleich meint er, diese Ausscheidung habe so sparsam wie möglich zu erfolgen, um die Revisionsmöglichkei-

---

[232] *Mezger*, S. 31, 183; vgl. *Schmid*, ZStW 85, 360 (362).

[233] *Mezger*, S. 178.

[234] *Mannheim*, S. 40, 58 f., 72.

[235] S. 33; ähnlich *Zemlin*, S. 34; dagegen zu Recht *Duske*, S. 30 f.

[236] *Mannheim*, S. 45.

[237] S. 37 f.

[238] S. 75.

[239] S. 59, 61.

ten auszudehnen. Die Schätzung von Sachwerten sieht er daher z. B. noch als revisibel an[240], weil diese anhand von Erfahrungssätzen erfolge.

Schon aus diesen eigenen Ausführungen Mannheims ergibt sich, daß seine Abgrenzung jedenfalls nicht klarer ist als die herkömmliche und daß dabei außer einfachen Sinneswahrnehmungen nach dem Ermessen des Revisionsgerichts jede Tatsachenfeststellung revisibel wäre. § 561 II ZPO würde danach weitgehend leerlaufen. Überdies unterscheidet der allgemeine Sprachgebrauch nicht zwischen „tatsächlicher Würdigung“ und „Tatsachenbewertung“. Nicht zuletzt deshalb ist Mannheims Lehre abgelehnt worden[241].

VIII. Teleologische Abgrenzungen

Wegen der praktischen Schwierigkeit, Tatfrage und Rechtsfrage logisch zu trennen, leugnen andere die Trennbarkeit oder nehmen doch allein den Revisionszweck zum Abgrenzungskriterium und gelangen so — je nach Auffassung davon — zu unterschiedlichen Grenzziehungen, die von der logischen Unterscheidung von Tatsachenfeststellung und Rechtsanwendung teilweise erheblich abweichen[242].

1. Beschränkung auf „grundsätzliche“ Mängel

Hauptaufgabe der Revision ist nach vorherrschender Meinung die Wahrung der Rechtseinheit. Deshalb sollen nach Meinung *Schwinges* nur „diejenigen Teile des Urteilsspruchs, deren Bestehenbleiben für die Gleichförmigkeit der Rechtsprechung nachteilig sein kann“, nachprüfbar sein. Anders ausgedrückt, „nur typische, grundsätzliche Verstöße sind nachprüfbar“, nur diejenigen Teile des Urteils der Vorinstanz, denen „Richtliniencharakter innewohnt“[243]. Das konkrete Tatmaterial ist irrevisibel. Auch Verwaltungsakte sind deshalb als Vorfragen in der Revisionsinstanz nicht nachprüfbar[244]. Sogar offensichtliche materielle Mängel sollen nicht korrigiert werden dürfen, wenn sie ohne Ertrag für die Rechtseinheit oder die Rechtsfortbildung sind[245]. Mit der Ausgestaltung als Parteirechtsmittel sind derart weitreichende Beschränkungen aber nicht zu vereinbaren.

---

240 S. 62 f., 85 ff.

241 *Henke*, Tatfrage, S. 142 ff. u. ZZP 81, 196 (205); *Scheuerle*, AcP 157, 1 (58 ff.); *Schwinge*, S. 53 ff.; *Peters*, ZStW 57, 53 (67 f.); *Frisch*, S. 236 ff.; *Eb. Schmidt*, § 337 Erl. 4, 5; *Mezger*, ZStW 47 (1926), 160 f.; *Eiler*, S. 3; *Hempfling*, S. 3; *Brüning*, S. 45 ff.; vgl. auch *Kuchinke*, S. 88 f., 95.

242 Vgl. zuletzt *Frisch*, S. 238 ff.

243 *Schwinge*, S. 48, 50, 127.

244 *Schwinge*, S. 110.

245 *Sellke*, S. 36, 55, 76.

2. Abgrenzung nach der „Relevanz“ der Entscheidung

Ähnlich wie Schwinge meint *Kuchinke*, man könne „nur im Hinblick auf die ... Aufgaben der Revisionsinstanz ... aus der Summe der richterlichen Feststellungen verschiedene Elemente als irrevisibel bezeichnen“[246]. Die Abgrenzung habe aber nur funktionelle und didaktische Bedeutung; eine unverrückbare Grenze zwischen dem Sachverhalt und der rechtlichen Subsumtion gebe es nicht. Was in einem Fall als Tatsachenstoff für das Revisionsverfahren bindend festgestellt werde, könne in einem anderen Fall Fragen aufwerfen, die wegen ihrer „Relevanz“ eine Entscheidung durch das Revisionsgericht als zweckmäßig erscheinen lassen[247]. Nicht relevant seien Feststellungen, die einen Sachverhalt individualisieren. Sie seien ebenso wie Feststellungen von Indizien und Schlüsse vom Indiz auf den rechtserheblichen Sachverhalt Tatfrage[248]. Die „Tatsächlichkeit“ einer Subsumtion im Grenzbereich eines unbestimmten Rechtsbegriffs sei aber keine unbedingte Sperre, sondern es müsse dem Revisionsgericht aus dem Gesichtspunkt der Opportunität vorbehalten bleiben, die Grenze zu ziehen[249]. Beschränkungen folgten dabei aus dem atypischen oder irrationalen Inhalt normativer Begriffe. Neben Eingriffen des Revisionsgerichts, die die Begriffsbildung fördern, seien aber auch solche zulässig, die auf anderen *offenbaren Fehlern* beruhten[250]. So sei eine „tatsächliche Wertung“, wie sie die Subsumtion im irrationalen Randbereich unbestimmter Rechtsbegriffe darstelle, korrigierbar, wenn ein Begriff vom Tatrichter offenbar mißverstanden worden sei[251].

Alle diese Formulierungen sollen aber nicht dem Revisionsgericht die Feststellung und Bewertung von Einzeltatsachen öffnen, sondern die Revisibilität der *unbestimmten Rechtsbegriffe* aus dem Rechtseinheitszweck der Revision beschränken. Deshalb sind für Kuchinke alle Einzeltatsachen im logischen Sinne irrevisibel. Die Beobachtung, auf die Kuchinke seine These von der Untrennbarkeit stützt, nämlich, daß gleiche Begriffe in einem Fall als sprachliche Kürzel sachverhaltsbeschreibend fungieren, im anderen Fall aber rechtlichen Gehalt haben und weiterer Aufgliederung bedürfen, ist zwar zutreffend. Das Problem wird aber nicht gelöst, wenn man deshalb auf unbestimmte und teilweise mißverständliche, vor allem aber wenig einprägsame Richtlinien ausweicht[252].

---

[246] *Kuchinke*, S. 117.

[247] S. 119 f.

[248] S. 84, 126, 193 f.; *Schönke/Kuchinke*, § 78 II 1.

[249] *Kuchinke*, S. 31, 132.

[250] S. 212.

[251] S. 140.

[252] Vgl. *Henke*, Tatfrage, S. 49 ff., 53; *Frisch*, S. 240 Fn. 65.

Auch *Erfahrungssätze* will Kuchinke weitgehend irrevisibel belassen. Er meint, ihre allgemeine Revisibilität mache eine Begrenzung gegenüber nicht revisiblen Feststellungen unmöglich. Wie die Feststellung individueller Geschehensmomente irrevisibel sei, so müsse es auch ihre Einordnung in die theoretische Ordnung mit Hilfe der Erfahrungssätze sein. Tatsachen und Erfahrungssätze gehörten zusammen. Die Revisibilität der Erfahrungssätze würde die Revision unzulässig ausweiten und die freie tatrichterliche Beweiswürdigung aushöhlen. Soweit der Richter über individuelle Bestandteile des Sachverhalts urteile, sei die Verwertung seines Erfahrungswissens nur nachprüfbar, sofern offenbare Mängel erkennbar seien[253].

Dem Tatrichter derart freie Hand zu lassen, ist aber nicht gerechtfertigt. Denn er soll den Sachverhalt objektiv klären. Die Freiheit des Richters in der Bewertung besteht nur, soweit seine Erfahrungssätze und andere Bewertungsmaßstäbe fehlerfrei sind. Deshalb widerspricht die Revisibilität von Erfahrungssätzen nicht der freien Beweiswürdigung.

Durch die Ausweitung der revisiblen „offenbaren" Mängel auf alle Fälle, in denen gesichertes Erfahrungswissen nicht oder falsch verwertet wird[254], oder ungesicherte Erfahrungssätze ohne weiteres vorausgesetzt werden, relativiert Kuchinke den Ausschluß der Revisibilität der Erfahrungssätze aber selbst erheblich und es bleibt kaum ein Unterschied zu der an der Leistungsfähigkeit des Revisionsgerichts ausgerichteten Abgrenzung.

IX. Leistungsmethode

1. Revisibilität aller erkennbaren Fehler

Vom Vorrang der Gerechtigkeitsaufgabe des Revisionsgerichts her bestimmt eine Reihe von Autoren die Grenzen der Revisibilität für den Strafprozeß nur nach der Leistungsfähigkeit des Revisionsgerichts.

So meint vor allem *Peters*, nicht Rechtliches und Tatsächliches sei der entscheidende Gegensatz, „sondern allgemein und nur in der Besonderheit Erkennbares, Wertbares". Die Revision könne daher in alle Tat-, Rechts- und Ermessenfragen eingreifen. Maßgebend sei nur, „was die Revision leisten kann, und ob Mängel nur aus der Besonderheit des Einzelfalles oder allgemein erkennbar und behebbar sind". Soweit die Revisionsinstanz in der Lage sei, eine bessere und wertvollere Entscheidung herbeizuführen als die Vorinstanz, sei sie zur Überprüfung berechtigt. Bindend seien daher Feststellungen, deren Fehlerhaftigkeit nur bei un-

253 *Kuchinke*, S. 191 ff., 194, 197, 199.

254 *Kuchinke*, S. 207 ff.; *Schönke/Kuchinke*, § 78 II 3.

mittelbar mündlicher Verhandlung feststellbar sei[255]. Stünden aber dem Revisionsgericht die gleichen Erkenntnisquellen offen wie dem Tatgericht, z. B. bei den Akten befindliche Urkunden, so sei eine freie Beurteilung zulässig[256]. „Aus sich heraus erkennbare" Tatsachen, ihr Vorhandensein und ihr Inhalt, oder allgemein bekannte oder feststellbare Tatsachen sowie mit Hilfe von Denk- und Erfahrungssätzen gezogene Schlüsse[257] seien daher in der Revisionsinstanz nachprüfbar.

Peters zieht die Grenze somit nicht aufgrund einer theoretischen Grenzziehung, sondern nach praktischen Zweckmäßigkeiten und Möglichkeiten. Das Besondere daran ist, daß die tatsächlichen Wertungen und Feststellungen des Einzelfalles zwar weitgehend, aber nicht vollständig der Beurteilung des Revisionsgerichts entzogen werden[258].

Überraschend ist auch, daß Peters trotz seines Bekenntnisses zum Rechtsschutzzweck der Revision die Revisibilität von Wertungen und der Anwendung unbestimmter Rechtsbegriffe einschränkt: Soweit die Behandlung im Einzelfall haltbar, die Lösung „Ansichtssache" sei und „nur eine brauchbare, haltbare und mögliche Ansicht durch eine andere gleichwertige" ersetzt werden kann, soll das Revisionsgericht von einer eigenen Entscheidung Abstand nehmen[259]. Diese Einschränkungen sind weder von der logischen Methode noch vom Revisionszweck gefordert. Setzen die Revisionsgerichte einheitliche Wertungen durch, so wird die Einzelfallgerechtigkeit ebenfalls besser gewährleistet, es sei denn, die Wertung des Revisionsgerichts sei falsch. Auch von der Erkennbarkeit des Fehlers her besteht kein Anlaß für diese Einschränkungen. Löst man sich von der Vorstellung, ein Urteil sei nur falsch, wenn dem erlassenden Gericht ein Vorwurf zu machen sei, so besteht wegen der größeren Beispielswirkung und Autorität des Revisionsurteils kein Anlaß, von einer durch den Instanzenzug institutionalisierten „besseren" Wertung Abstand zu nehmen[260].

Klar für die Leistungsmethode als Form teleologischer Grenzziehung sprechen sich *Roxin* und *Zipf* aus: Irrevisibel seien alle Mängel, bei denen die Sache erneut aufgeklärt werden müsse: revisibel aber alle Fehler, die ohne Beweiserhebung erkennbar seien[261].

---

[255] *Peters*, Strafprozeß, § 75 I u. ZStW 57, 53 (69 ff.); ebenso *Warda*, S. 77 f.

[256] *Peters*, ZStW 57, 53 (81); KG JW 1929, 885 Nr. 44 m. abl. Anm. v. *Scanzoni*; vgl. *Hempfling*, S. 26.

[257] *Warda*, Dogmatische Grundlagen, S. 78.

[258] Abl. *Sarstedt*, S. 108 f.

[259] *Peters*, ZStW 57, 53 (71 ff.) u. Strafprozeß, S. 562.

[260] Vgl. *Frisch*, S. 255 ff. u. NJW 1973, 1345 (1348 f.); *Henke*, ZZP 81, 321 (335 f.).

[261] *Kern/Roxin*, S. 274; *Zipf*, Die Strafmaßrevision, 1969, S. 174.

Zurückhaltender wird die Leistungsmethode auch von *Henkel* und *Eb. Schmidt* vertreten. „Offenbar unrichtige" Urteile will Henkel nicht aufrechterhalten müssen[262]. Dagegen will Eb. Schmidt die „Tat" keineswegs der Prüfung des Revisionsgerichts unterstellen. Eine offensichtlich falsche Sachverhaltsfeststellung bei korrekter Subsumtion sei irrevisibel. Nur widersprüchliche oder unklare Feststellungen seien auf materielle Rüge aufzuheben[263].

2. Leistungsmethode und Zivilprozeßrecht

Alle Revisionsmethoden sind gemeinsam bemüht, ein praktikables Ergebnis zu gewinnen. Dafür werden Einschränkungen oder Erweiterungen des grundlegenden Ansatzes in Kauf genommen[264]. Die Leistungsfähigkeit des Revisionsgerichts, die bestimmt ist durch die Beschränkung auf die Rechtskontrolle und durch den grundsätzlichen Ausschluß einer Beweisaufnahme, aber auch durch Größe des Gerichts, Verfahrensdauer usw., spielt dabei stets eine wichtige Rolle, entweder als Korrektur anderweit gewonnener Revisionsgrenzen oder als dominierender Maßstab. Letzteres ist in der Sache auch der Fall, wenn die „Abgrenzung des Faktischen vom Rechtlichen" „einer konsequenten Praxis" überlassen wird[265].

Der einzige erhebliche Unterschied besteht, — abgesehen von Nuancen — darin, daß die Leistungsmethode in recht begrenztem Umfang auch die unmittelbare Revisibilität von Feststellungen zum Einzelsachverhalt de lege lata *offen* anerkennt[266].

Vor allem deshalb wird die Leistungsmethode für den Zivilprozeß abgelehnt. Die vorgebrachten Einwände[267] erscheinen jedoch nicht als stichhaltig.

a) Zuschnitt auf den Strafprozeß?

Die Leistungsmethode soll ganz auf den Strafprozeß zugeschnitten sein und wegen der fehlenden zweiten Tatsacheninstanz eine großzügige Nachprüfung ermöglichen. Bei zwei Tatsacheninstanzen im Zivilprozeß sei dies aber nicht nötig[268].

---

[262] *Henkel,* Strafverfahrensrecht, S. 375, 377.

[263] *Eb. Schmidt,* § 337 Erl. 3, 6, 32, 34.

[264] Vgl. *Stein/Jonas/Grunsky,* § 549 III B; *Henke,* ZZP 81, 321 f. u. Rapports, S. 511.

[265] Vgl. *v. Sternenfels,* 2. DJT, Bd. 1, S. 3 (29).

[266] Vgl. *Frisch,* S. 259.

[267] *Henke,* Tatfrage, S. 24 f. u. ZZP 81. 196 (199 f., 215 ff.); *Schuler,* NJW 1961, 4 (5 Fn. 9); krit. auch *Schmid,* ZStW 85, 463.

[268] *Henke,* ZZP 81, 196 (216).

Die Leistungsmethode gilt aber für jede Art von Revision in Strafsachen, auch soweit sie gegen Berufungsurteile eingelegt wird. Zwei verschiedene Ausformungen der Revision des Strafprozesses werden überwiegend abgelehnt[269]. Das Fehlen einer Berufung bei schwerer Kriminalität ist daher zwar Ausgangspunkt für manche Erweiterungen. Aber diese können trotzdem solange im Zivilprozeß übernommen werden, als nicht abweichende gesetzliche Regelungen oder Wertungen dies ausschließen. Selbst bei einem Übergewicht des Rechtseinheitszwecks für die gesamte Ausgestaltung des Revisionsverfahrens wäre dies nicht der Fall. Denn eine Einschränkung ist nur geboten, sobald die Einzelfallgerechtigkeit auf Kosten der Rechtseinheit verwirklicht würde. Beschränkt man aber die Revisibilität von Tatsachenfeststellungen auf Fehler, die ohne unmittelbare mündliche Verhandlung zweifelsfrei erkennbar sind, so wird das Revisionsgericht nicht nennbar belastet. Die Rechtseinheit kann dadurch keinen Schaden leiden.

b) Verstoß gegen § 561 II ZPO?

Weiter soll die Leistungsmethode § 561 II ZPO widersprechen und deshalb indiskutabel sein[270]. Jedoch korrigieren gerade die Vertreter der logischen Methode ihr Ergebnis anhand teleologischer Kriterien, wie der konkret verstandenen Rechtseinheit, aber auch der Leistungsfähigkeit des Revisionsgerichts. Rechtfertigen diese Gründe eine Revisibilität der Erfahrungssätze und damit eine weitreichende Reduktion von § 561 I 1, II ZPO, so kann die Berechtigung weiterer Ausnahmen nicht einfach mit dem Hinweis auf eine bereits vielfach durchbrochene Regel verneint werden. Hinzuweisen ist wiederum auf die Revisibilität des Fehlens und der Unvollständigkeit der tatsächlichen Feststellungen. Bereits v. Scanzoni wies — trotz seiner ablehnenden Stellungnahme — darauf hin, daß durch Berücksichtigung von Verstößen gegen Denkgesetze und gegen die Pflicht zur einwandfreien Begründung auch bei logischer Unterscheidung letztlich kein Unterschied zwischen logischer Revisionsmethode und Leistungsmethode gegeben sei[271].

c) Unterschiedliche Ausformung der Mündlichkeit

Stärkere Bedenken ergeben sich aus der unterschiedlichen Ausgestaltung der Mündlichkeit des Verfahrens im Straf- und Zivilprozeß. Während sich die Nachprüfung im Strafprozeß im wesentlichen auf das Urteil und das Sitzungsprotokoll beschränke, müsse das Revisionsgericht in dem wesentlich schriftlichen Zivilprozeß wegen der üblichen *Bezugnah-*

---

[269] Vgl. Denkschrift 1971, S. 42; s. o. § 3 IV 2 (Strafprozeß), § 3 V 2 (Verwaltungsprozeß).

[270] *Henke*, ZZP 81, 196 (217).

[271] JW 1929, 885.

men auf praktisch alle Schriftsätze fast die gesamte richterliche Tätigkeit revidieren[272]. Dieses Bedenken scheint sich de lege ferenda zu verstärken, da der Entwurf eines zweiten Gesetzes zur Änderung der Zivilprozeßordnung 1971 eine Verkürzung der Sachverhaltsdarstellung durch eine verstärkte Verweisung auf die Akten vorsieht[273]. Die stärkere Schriftlichkeit des Zivil- und Verwaltungsprozesses öffnet der Revision nach der Leistungsmethode jedoch nur scheinbar einen größeren Tatsachenbereich als im Strafprozeß. Die Leistungsmethode verlangt nämlich nicht, daß das Revisionsgericht den gesamten Akteninhalt über die Lektüre zum konkreten Fallverständnis hinaus (intensiv) nach Fehlern in der Tatsachenfeststellung zu überprüfen hat. Die Leistungsmethode knüpft zwar zu Recht daran an, daß das Revisionsgericht Mängel, die nur in unmittelbarer mündlicher Verhandlung eindeutig zu klären sind, nicht beachtet. Andere Mängel, die aus den Akten grundsätzlich erkennbar sind, werden aber nur beseitigt, wenn sie tatsächlich erkannt werden. Muß der Revisionsrichter zur materiellrechtlichen Überprüfung die Akten ohnedies durcharbeiten, so belastet es nicht weiter, wenn er dabei bemerkte eindeutige Fehler beanstandet. Die Leistungsfähigkeit des Revisionsgerichts beschränkt die Prüfung tatsächlicher Mängel lediglich auf Fälle, in denen der Fehler *erkennbar* ist[274] oder von den Parteien formell gerügt wurde.

Überträgt man die Leistungsmethode derart auf den Zivilprozeß, so scheinen die Ergebnisse eher weniger als im Strafprozeß von der verbesserten logischen Methode abzuweichen. Der Unterschied besteht nur darin, daß das Revisionsgericht auch offensichtliche Fehler der Beweiswürdigung revidieren kann, die nicht ohne weiteres unter eine der erweiterten Gruppen der Prüfung von Amts wegen fallen. Klar erkennbare Mängel jeder Art sollten aber revisibel sein. Der Hinweis auf die gesetzliche Beschränkung der Revision vermag insoweit nicht zu befriedigen. Durch die Ausweitung des error in iudicando bzw. der Lehre vom „Doppelmangel" hat die Rechtsprechung dies jedenfalls im Grundsatz bestätigt. Nur wer die Revision ausnahmslos auf grundsätzliche Fragen beschränken will, wird darin eine Überspannung des Rechtsschutzes und eine Zweckentfremdung der obersten Gerichtshöfe sehen[275].

Peters geht nur weiter, indem er in Grenzen auch *Augenschein* und *Urkundenbeweis* zur Korrektur tatsächlicher Feststellungen zuläßt. Dergleichen billigt aber auch Henke in wenigen Fällen, wenn auch nur indirekt: Wertbegriffe, z. B. die Wiederholungsgefahr, seien voll revisibel,

---

[272] *Henke*, Tatfrage, S. 24 f.

[273] Begründung zum Entwurf, S. 26; ferner *Bender*, DRiZ 1972, 230 (232).

[274] s. o. § 7 III 2, 3.

[275] So *Schuler*, NJW 1961, 4 (5 Fn. 9).

wenn das Revisionsgericht durch Augenscheinsobjekte bei den Akten selbst einen zusätzlichen persönlichen Eindruck gewinnen könne. Der Eindruck soll dann dazu dienen, den für den Einzelfall aufzustellenden bzw. zu konkretisierenden Obersatz zu gewinnen, nicht aber tatsächliche Feststellungen zu korrigieren[276].

Diese Trennung ist aber praktisch nicht möglich. Ein unmittelbarer Sacheindruck ergänzt vielmehr zwangsläufig auch den schriftlich fixierten Untersatz und ändert ihn ab. Denn bei einer derartigen Gesamtsituation sind konkrete rechtliche Beurteilung und Würdigung der Anknüpfungstatsachen untrennbar. Sieht oder hört das Revisionsgericht das verwechslungsfähige Warenzeichen, liest es unsittliche oder fremde Rechte verletzende Texte, die das Urteil wiedergibt, so kann es die rechtlich relevanten Merkmale nicht nur nach der Beschreibung des Berufungsgerichts beurteilen, sondern die eigene Wahrnehmung wird den durch die Beschreibung vermittelten Eindruck beeinflussen. Momente, die das Revisionsgericht bei individueller Rechtsfindung zur Obersatzbildung zur Kenntnis nehmen darf, wirken auch auf die Untersatzbildung ein. Wenn die Revisionsgerichte überdies die Beifügung von Urkunden und Augenscheinsobjekten zur Nachprüfung verlangen[277], so erscheint eine vollständige Bindung an die getroffenen Feststellungen als künstliche Übersteigerung, nur um den Grundsatz des § 561 II ZPO nicht offen einschränken zu müssen.

Deshalb ist die Leistungsmethode auch für den Zivilprozeß anzuerkennen, weil sie umfassend und konsequent die Berücksichtigung derjenigen Mängel in das Revisionssystem mit einbezieht, die die anderen Theorien zwar auch, aber im Grunde systemwidrig beachten[278]. Geht man wegen des klareren begrifflichen und gesetzlichen Ausgangspunktes von der logischen Methode aus, so bestehen keine Bedenken, die Revisibilität der Revisionsgerichte nach ihrer Leistungsfähigkeit nicht nur zu beschränken, sondern auch zu *erweitern*. In welchem Maße dies möglich ist, ergibt nicht zuletzt die weitere Überprüfung der tatsächlich geübten Revisionskontrolle.

---

[276] *Henke*, S. 253; zu Recht kritisch *Schmid*, ZStW 85, 893 (904).

[277] s. o. § 7 IV 1 und u. § 14 III 1 a, 2.

[278] Die Frage, ob die Leistungsmethode zum Kriterium der allgemeinen Verfahrenslehre erhoben werden kann (dafür *J. J. Hagen*, Allgemeine Verfahrenslehre und verfassungsgerichtliches Verfahren 1971, S. 24), muß hier offen bleiben.

§ 8. Zulässige Erweiterung des Prozeßstoffs

I. Verfahrensrügen und neues Vorbringen

Wird der Sachverhalt für die Rechtsprüfung fixiert, so ist es in der Regel nicht Aufgabe des Revisionsgerichts, den Sachverhalt zu verändern. Davon macht § 561 I 2 ZPO eine Ausnahme, wenn an dem festgestellten Sachverhalt wegen der dabei angewandten Methoden nicht festgehalten werden kann.

1. Der Beweis von Verfahrensfehlern

Hat das Instanzgericht seinen Fehler nicht ausnahmsweise selbst bemerkt und festgestellt, so erfordert die Begründung der Verfahrensrügen zumeist neues Vorbringen. Denn ohne Berücksichtigung der gemäß § 554 III Nr. 2 b ZPO vorgebrachten Tatsachen könnte der Fehler nicht geprüft werden[1]. Da nur die begründete Verfahrensrüge die Bindungswirkung nach § 561 II ZPO entfallen läßt und berechtigt, das Urteil (einschließlich Verfahren) aufzuheben (§ 564 ZPO), kann sich das Revisionsgericht auch nicht darauf beschränken, die Schlüssigkeit der Rüge zu prüfen, sondern muß entscheiden, ob sie begründet ist.

Das Revisionsgericht hat daher die behaupteten Tatsachen festzustellen und darüber Beweis zu erheben. Daraus ist zu Recht geschlossen worden, die Revision erstrecke sich insoweit ganz auf die Tatfrage und nehme den Charakter der Berufung an[2]. Soweit eine Verfahrensrüge zulässig erhoben wird, ist das Revisionsgericht daher befugt, vom Tatrichter bereits gewürdigte Momente und Beweismittel abweichend zu würdigen: aufgrund des neuen Vorbringens, aber auch unabhängig von neuen Beweismitteln im Rahmen der erhobenen Rüge[3]. Letzteres kommt vor allem in Betracht, wenn das Tatsachengericht die festgestellten Tatsachen nur unvollständig gewürdigt hat[4]. Ferner kann das Revisionsgericht selbständig Erfahrungssätze anwenden, um eine Rüge zu entkräften[5].

---

[1] *Stahl*, AcP 67, 94 (137).

[2] *Stahl*, AcP 67, 94 (131, 135); *E. Peters*, Freibeweis, S. 94, 175, 177.

[3] *Stahl*, AcP 67, 94 (133); *Wieczorek*, § 561 C I 4 b.

[4] Vgl. BAG SAE 1971, 100 m. Anm. v. *Dütz*.

[5] Vgl. BAG Nr. 2 zu § 70 BAT (Tag der Datierung eines Schreibens nicht notwendig Tag der Absendung).

Nach § 561 II ZPO entfällt die Bindung für weitere Prüfung zwar nur, wenn der Verfahrensmangel besteht. Soweit aber geprüft wird, ob der Mangel besteht, kann das Revisionsgericht notwendigerweise ebenfalls nicht gebunden sein. Für die preußische Nichtigkeitsbeschwerde stellte dies § 16 II VO v. 14. 12. 1833 klar: Der Richter sollte den festgestellten Sachverhalt auch seiner Entscheidung zugrundelegen, sofern er nicht Gegenstand der Nichtigkeitsbeschwerde war. § 561 II ZPO ist daher insoweit ungenau.

Im übrigen besteht bei der Prüfung des Verfahrensfehlers nur eine Bindung im Rahmen der §§ 314, 164 ZPO[6].

Zu entscheiden ist nicht nur, ob das Tatsachengericht aufgrund seiner Annahmen ordnungsgemäß vorging, sondern ob die tatsächlichen Voraussetzungen für ein bestimmtes prozessuales Vorgehen gegeben waren. Deshalb ist es irrelevant, ob der Tatrichter rechtlich oder tatsächlich schuldhaft irrtümlich handelte oder ob er überhaupt die Tatsachen kannte, die den Verfahrensverstoß ergeben. Ein *objektiv* ordnungswidriges Verhalten genügt[7]. Jedoch ist dabei von der Rechtsansicht des Berufungsgerichts zur Sache, nicht von der des Revisionsgerichts auszugehen[8]. Das Verhalten muß nach der damaligen Verfahrenslage geboten gewesen sein. Es ist folglich nicht zulässig, Tatsachen mittels einer angeblichen Verfahrensrüge in den Rechtsstreit einzuführen, um darzulegen, daß das Berufungsgericht bei ihrer Kenntnis hätte anders verfahren müssen[9]. Gelegentlich findet sich auch zu Verfahrensfehlern die Meinung, nur das Verkennen von Rechtsbegriffen oder grobe Ermessensfehler seien nachzuprüfen, nicht aber die tatsächlichen Voraussetzungen des gerichtlichen Vorgehens[10]. Gerade Mißbrauch im Einzelfall läßt sich jedoch nur durch vollständige Überprüfung feststellen. Diese Meinung ist daher abzulehnen. Von der Befugnis zur vollständigen Überprüfung ist aber zu unterscheiden, daß ein revisibler Verfahrensverstoß in manchen Fällen gerichtlichen Ermessens ausschließlich bei willkürlichem Handeln oder grundsätzlichen Verstößen vorliegt. Nur der Fehlerbereich ist dann eingeschränkt, nicht aber die Befugnis zur Überprüfung.

Der Verfahrensverstoß muß tatsächlich vorliegen, wenn das Urteil aufgehoben werden soll. Daher erfolgt die Prüfung der Tatsachen durch

---

[6] Vgl. *Planck*, § 150 I; zur Beschränkung durch § 548 (2. Halbs.) ZPO vgl. BVerwG 39, 319 (323).

[7] *Kern/Roxin*, S. 276; *Meyer*, in *Löwe/Rosenberg*, § 337 IV 1.

[8] *Pakuscher*, DÖV 1971, 217 (222); *Peters/Sautter/Wolff*, § 162 Anm. 3 (Bl. 44); BSG 2, 84; zur objektiven Theorie bei Rechtsänderungen s. u. § 10 I 1.

[9] BGHZ 28, 302 (304); vgl. auch *Sydow/Busch/Krantz/Triebel*, § 561 Anm. 2.

[10] Vgl. *Thomas/Putzo*, § 21 e GVG Anm. 8 b bei mangelhafter Änderung der Geschäftsverteilung.

Beweisaufnahme von Amts wegen[11], und zwar im Wege des Strengbeweises[12] ohne Ausschluß bestimmter gesetzlich vorgesehener Beweismittel[13]. Anders als bei der preußischen Nichtigkeitsbeschwerde[14] führt das Unterlassen einer Entgegnung durch den Revisionsbeklagten nicht dazu, daß die gerügten Mängel als zugestanden anzusehen sind.

Von § 551 ZPO abgesehen muß der Fehler für die angefochtene Entscheidung kausal gewesen sein, d. h. es darf nicht auszuschließen sein, daß die Entscheidung ohne den Verstoß anders ausgefallen wäre[15].

Insoweit besteht kaum ein Zweifel. Streit entsteht erst, wenn gefragt wird, aus welchen Gründen Tatsachenfeststellungen angegriffen werden können und welche Folgen die erfolgreiche Verfahrensrüge hat.

2. Angriffe gegen Tatsachenfeststellungen

Die Verfahrensrüge dient der mittelbaren Kontrolle der Tatsachenfeststellungen[16] und ermöglicht damit im Ergebnis eine Korrektur tatsächlicher Feststellungen. Gälte es nur, das Untergericht zu beaufsichtigen, so entfiele jedes Parteiinteresse an Verfahrensrügen.

a) „Tatsachenrügen"

Verfahrensrügen wegen Verstößen gegen die §§ 139, 286, 287 ZPO bieten nun freilich besonders weitreichende Möglichkeiten, Tatsachenfeststellungen anzugreifen. Ähnlich ist die Rüge, das Berufungsgericht habe die gestellten Anträge nicht sachgerecht ausgelegt und dadurch gegen § 88 VwGO verstoßen[17]. Die dadurch mögliche indirekte Ausdehnung der Revision „auf das rein Tatsächliche" ist durch den Zweck der

---

[11] BFH BStBl 1967 III 558; *Stein/Jonas/Grunsky*, § 561 IV 2; *Blomeyer*, § 104 V 2 c; *Bernhardt*, § 51 IV; *Peters/Sautter/Wolff*, § 162 Anm. 3 (nur ausnahmsweise), § 163 Anm. 3 a; gegen eine Beweisaufnahme ohne Begründung *Wieczorek*, § 561 C I b 2.

[12] *Egb. Peters*, Freibeweis, S. 177 f.; *Stein/Jonas/Grunsky*, § 561 IV 2; *Rosenberg/Schwab*, § 113 II 3; *Bruns*, § 54 V; *Baumbach/Lauterbach/Albers/Hartmann*, § 561 Anm. 3 C; a. A. (für Freibeweis): *Thomas/Putzo*, § 561 Anm. 4 f.; *Zöller/Degenhart*, § 56 Anm. 1 b (2); *Bernhardt*, § 51 IV; *Brackmann*, S. 254 b; *Haueisen*, DOK 1969, 69 (71 f.); *Kleinknecht*, § 337 Anm. 9, § 244 Anm. 3 B; *Meyer*, in *Löwe/Rosenberg*, § 337 IV 2.

[13] *Stein*, Privates Wissen, S. 164; *Riewald*, in *Becker/Riewald/Koch*, § 118 Anm. 5 (10).

[14] § 23 lit. c VO über das Verfahren in Zivilprozessen v. 21. 7. 1846, GS 1846, 291.

[15] Vgl. zur Kausalität des Verfahrensfehlers im Strafprozeß: *J. Blomeyer*, JR 1971, 142; *Alsberg/Nüse*, S. 453 ff.

[16] a. A. *Sauer*, S. 414 Fn. 1.

[17] BVerwG 25, 357 (359).

Verfahrensrügen gerechtfertigt[18]. Von der Ablehnung der Revisibilität der Verstöße gegen § 139 ZPO in den Motiven zur CPO hat man sich zu Recht allgemein entfernt[19].

Diese „Massenrügen" mögen den Parteien als Vorwand dienen, dem Revisionsgericht neues Tatsachenmaterial zu unterbreiten[20], z. B. als Vergleichsmaterial für die mögliche und gebotene weitere Aufklärung[21]. Auch kann eine Aufklärungsrüge nach den Umständen des Einzelfalles darin gesehen werden, daß die Partei die tatsächlichen Feststellungen des angefochtenen Urteils substantiiert bestreitet[22]. Eine Rüge fehlerhafter Feststellungen scheidet aber aus, wenn die Partei diese in der Tatsacheninstanz nicht angegriffen hat, obwohl dies möglich gewesen wäre[23]; vor allem, wenn ein Antrag auf Tatbestandsberichtigung unterlassen wurde[24].

Wegen der Bindung nach § 561 II ZPO kann auch nicht in allgemeiner Form gerügt werden, die tatsächlichen Feststellungen seien unvollständig und stimmten mit der Wirklichkeit nicht überein[25], sie hätten sich z. B. nicht auf rechtshindernde Tatsachen bezogen, für die es damals keine Anhaltspunkte gab[26]. Dagegen kann beanstandet werden, daß unterlassen wurde, über bestimmte Tatsachen Beweis zu erheben. Denn die Freiheit der Beweiswürdigung ist nur möglich bei gleichzeitiger Pflicht, Beweise zu erheben[27].

Auf weitere Einzelheiten soll nicht eingegangen werden. Festzuhalten bleibt nur, daß es sich bei diesen Rügen nicht um einen illegitimen „Umweg" zur Beseitigung tatsächlicher Feststellungen[28] handelt. Ihre relativ hohe Erfolgsquote zeigt, daß sie wesentlich mit zur Gewährung individuellen Rechtsschutzes beitragen[29]. Zum anderen dienen auch die mate-

---

[18] Vgl. *v. Sternenfels*, 2. DJT, Bd. 1, S. 3 (34); a. A. *Sauer*, S. 434; ferner s. o. § 3 III 1 Fn. 52.

[19] *Motive*, S. 133, 134 zu § 130; zustimmend: *Rocholl*, ZZP 10, 285 (317); krit. auch *Rintelen*, Mat. zur Novelle 1905, S. 29 (zur Beachtung von Verstößen gegen § 139 ZPO von Amts wegen).

[20] Vgl. *Möhring*, NJW 1962, 1 (4); *Hauß*, DRiZ 1962, 163.

[21] Vgl. OGHZ 1, 386 (398).

[22] BFH 87, 375.

[23] BGHZ 40, 320 (324) (Rechtswahl).

[24] Vgl. BAG AP Nr. 59 zu § 611 BGB Haftung des Arbeitnehmers; *H. Schneider*, Festschrift f. Heymanns Verlag, S. 197 (200 f.).

[25] *Mezger*, S. 176, 189; *Dräger*, S. 24.

[26] OGHZ 4, 165 (166 f.).

[27] *Brackmann*, S. 254 a.

[28] So die Begründung zur Novelle 1910, JW 1910, 530; kritisch auch Begründung zum Entwurf 1931, S. 363 ff.

[29] Vgl. Kommissionsbericht 1961, S. 150 f.; für Strafsachen *Haddenhorst*, Die Einwirkungen von Verfahrensrügen auf die tatrichterlichen Feststellungen im Strafprozeß, 1971.

riellen Rügen häufig dem Zweck, eine Zurückverweisung zu erzwingen und dadurch neues Vorbringen und neue Tatsachenfeststellungen zu ermöglichen[30]. Sieht man von der als materielle Prüfung dargestellten Amtsprüfung von Verfahrensfehlern ab, so ist dies vor allem bei der Rüge von Verstößen gegen Beweisregeln oder die Beweislastverteilung der Fall[31].

Trotz der damit verbundenen Entlastung des Revisionsgerichts ist deshalb ein erneuter Ausschluß dieser Rügen nicht zu vertreten[32]. Würde die Verfahrensrevision entsprechend manchen Vorschlägen beseitigt und damit die tatsächlichen Feststellungen Angriffen seitens der Parteien entzogen, so bliebe abzuwarten, ob die Revisionsgerichte die bislang praktizierte Amtsprüfung von Tatsachenfeststellungen[33] beibehalten würden. Wie schon Eiler betonte[34], ist es nämlich nicht die Nachprüfung der Tatsachenfeststellungen auf Verfahrensrüge hin, sondern gerade die Amtsprüfung, die die Revision in beschränktem Maße zur Tatsacheninstanz ausweitet.

b) Unrichtige Tatsachenfeststellung und rechtliches Gehör

Die bloße (objektiv) unrichtige Tatsachenfeststellung verletzt nicht den Anspruch auf rechtliches Gehör (Art. 103 I GG)[35], so daß Tatsachenfeststellungen nicht deshalb schlechthin revisibel sind.

3. „Gegenrügen"

a) Meinungsstand

Soweit Verfahrensfehler von Amts wegen geprüft werden, kann diese Prüfung auch durch verspätete, formlose Rügen bis zum Schluß der mündlichen Revisionsverhandlung angeregt werden.

---

[30] *Neidhard,* DRiZ 1967, 106 (107) (für die Rechtsrüge im Strafprozeß).

[31] So bereits *Richard Schmidt,* S. 804 Fn. 3; vgl. BAG SAE 1973, 84 (87) m. Anm. v. *Mes;* zur Rechtsnatur der Beweislastregeln vgl. *Stein/Jonas/Schumann/Leipold,* § 282 IV 3; zur Abgrenzung von Anscheinsbeweis und Beweislastverteilung s. u. § 9 I 3 a.

[32] Vgl. *Henke,* ZZP 81, 196 (246); für absolute Revisionssicherheit der Tatsachenfeststellungen in neuerer Zeit: Entwurf eines Sechsten Gesetzes zur Änderung und Überleitung von Vorschriften auf dem Gebiet des gewerblichen Rechtsschutzes v. 24. 3. 1960 (E § 41 q III), BT-Drucksache III/1749, S. 48, 77; *Dapprich,* Verh. d. 44. DJT, Bd. II E 112 (114); *Kullmann,* ZRP 1972, 231 (233, 235); *Kissel,* S. 93 (für Abschaffung der Verfahrensrevision); krit. auch *Kregel,* Referat f. d. 44. DJT, Bd. II E, S. 11. Gegen eine Entlastung durch die Befreiung vom Begründungszwang bei unbegründeten Rügen (Art. 1 Nr. 4 G. v. 15. 8. 69, BGBl I 1141) bestehen keine Bedenken.

[33] s. o. § 7 III, VI.

[34] *Eiler,* S. 52 ff., 54.

[35] BVerfG 25, 137 (140).

Darüber hinaus sollen entgegen den §§ 554 VI, 556 II ZPO auch Verfahrensrügen des Revisionsbeklagten bis zum Schluß der mündlichen Verhandlung[36], ja selbst noch zusammen mit einem Einspruch gegen ein in der Revisionsinstanz ergangenes Versäumnisurteil[37] zulässig sein. Damit soll der Revisionsbeklagte verhindern können, daß das Revisionsgericht ein eigenes Sachurteil erläßt und dabei nachteilige Feststellungen verwertet, die er mangels Beschwer nicht selbständig angreifen konnte.

Folgende Fälle kommen in Betracht:

Das Revisionsgericht möchte auf nachteilige nach der Ansicht des Berufungsgerichts aber irrelevante, „überflüssige" Feststellungen abstellen[38], obgleich diese fehlerhaft sind, z. B. gegen § 286 ZPO verstoßen.

Das Berufungsgericht kann scheinbar unerhebliches Vorbringen des jetzigen Revisionsbeklagten nicht festgestellt und dadurch ebenfalls gegen § 286 ZPO verstoßen haben[39].

Ein objektiv lückenhafter Sach- und Streitstand ist ferner anzugreifen, wenn der Sachverhalt nach § 139 ZPO weiterer Aufklärung bedurft hätte oder wegen der abweichenden Rechtsauffassung des Revisionsgerichts bedarf und weitere Aufklärung möglich ist oder wenn die Anträge nach Ansicht des Revisionsgerichts nicht sachdienlich sind[40].

Bei einer „Umwertung" der bisherigen Feststellungen durch das Revisionsgericht soll sogar der Revisionskläger nachträgliche, formlose Rügen erheben können[41].

Dagegen wird eingewandt, Feststellungen, die gegen § 286 ZPO verstoßen, seien eben ohne förmliche Verfahrensrüge gemäß § 561 II ZPO bindend. Sinn und Zweck des Revisionsrechts stünden einer besonderen Rügebefugnis des Revisionsbeklagten entgegen. Soweit eine Anschlußrevision zulässig ist, sei eine formelle Rüge möglich, und soweit nicht,

---

[36] BAG SAE 1965, 248 m. Anm. v. *Herschel;* BAG 17, 236 (239 f.) = NJW 1965, 2268 f. = AP Nr. 2 zu § 276 BGB Vertragsbruch m. Anm. v. *E. Wolf;* BAG AP Nr. 3 zu § 611 BGB Akkordkolonne m. Anm. v. *G. Hueck;* BAG 22, 236 (239); BGH WM 1967, 978 (980); BSG AP Nr. 12 zu § 554 ZPO; BFH 99, 21; ferner BGH LM Nr. 2 zu § 1750 BGB = MDR 1953, 950 (953); *Stein/Jonas/Grunsky,* § 559 IV 1; *Baumbach/Lauterbach/Albers/Hartmann,* § 559 Anm. 1 B; *Blomeyer,* § 104 III 3 b (soweit Anschlußrevision nicht möglich); *Zöller/Karch,* § 554 Anm. 2 Gegenrügen; *Thomas/Putzo,* § 561 Anm. 5 b; a. A. *Peters/Sautter/Wolff,* § 162 Anm. 3 (Bl. 44) (Rüge nur innerhalb der Revisionsbegründungspflicht), § 163 Anm. 3 a. E. Von der einfachen Revisionserwiderung bzw. Gegenerklärung sind „Gegenrügen" streng zu unterscheiden.

[37] BGHZ 37, 79 (83).

[38] *Rimmelspacher,* ZZP 84, 41 (62 ff.).

[39] *Rothe,* Ehrengabe f. *Heusinger,* S. 257 (263).

[40] *Rothe* (Fn. 39); *Rimmelspacher,* ZZP 84, 41 (68 ff.); *Spohr,* S. 186.

[41] *Rimmelspacher,* ZZP 84, 41 (65 f.); *Spohr,* S. 188 f.

würde dem Revisionsbeklagten in unzulässiger Weise eine bessere prozessuale Stellung eingeräumt als dem Revisionskläger[42]. Auch müsse der Beklagte unabhängig von der Rechtsauffassung des Berufungsgerichts alle relevanten Umstände vorbringen, weil man sonst zu einem gesetzlich nicht vorgesehenen neuen Tatsachenvorbringen in der Revisionsinstanz käme[43].

Das Revisionsgericht müsse daher stets in der Sache entscheiden, sofern der Sachverhalt nicht erkennbar Lücken oder klärungsbedürftige Punkte aufweise. Eine einschränkende Auslegung von § 561 II ZPO sei mit Wortlaut und Sinn der Regelung unvereinbar[44]. Nur sofern positive Feststellungen fehlten, könne das Revisionsgericht aufgrund neuen Vorbringens die Entscheidungsreife verneinen. Hierbei handele es sich aber nicht um Rügen, um das Berufungsurteil anzugreifen, sondern um „Gegenvorstellungen", um ein „ungünstiges reformatorisches Erkenntnis" zu verhindern, die nützlich, aber grundsätzlich nicht nötig seien, da das Revisionsgericht bei mangelnder Entscheidungsreife ohnehin von Amts wegen zurückverweisen müsse[45].

b) Stellungnahme

Eine Rüge von Feststellungen als verfahrensfehlerhaft, um die reformatorische Entscheidung zu verhindern, nicht um eine Aufhebung des Urteils zu erreichen, scheitert häufig daran, daß kein Verfahrensfehler vorliegt. Gerade in Fällen von Rechtsfortbildung, bei denen nach bisheriger Meinung weitere Tatsachen nicht festzustellen waren, erscheint es als gekünstelt, von einem „objektiven" Verstoß gegen die §§ 139, 286 ZPO zu sprechen. Die Fiktion, daß immer nur das bereits bestehende Recht gefunden wird, muß nicht soweit getrieben werden. Ob ein Verfahrensfehler besteht, ist — wie dargelegt[46] — von der Rechtsansicht des Tatsachengerichts zur Sache, nicht von der des Revisionsgerichts aus zu entscheiden. Ein Aufklärungsmangel liegt deshalb nur vor, wenn das Tatsachengericht von seiner Rechtsansicht aus weitere Behauptungen hätte anregen müssen.

aa) Hinweise auf Feststellungslücken

Ohne begründete Verfahrensrüge ist das Revisionsgericht nach § 561 II ZPO an den festgestellten Sachverhalt gebunden. Unangefochtene Feststellungen sind daher als richtig anzusehen. Soweit Feststellungen

---

[42] *Baumgärtel*, JR 1968, 303.

[43] *Dütz*, SAE 1971, 102 (104, 1 d).

[44] *Rothe*, Ehrengabe f. *Heusinger*, S. 257 (264 f.).

[45] *Rothe*, S. 266 ff.; zustimmend BVerwG ZMR 1970, 375 (377).

[46] s. o. I 1.

vorhanden sind, bedeutet Richtigkeit auch Vollständigkeit. Nur soweit die Unvollständigkeit der Feststellungen aus sich heraus erkennbar ist, darf und muß das Revisionsgericht zurückverweisen. Stellt das Berufungsgericht z. B. in Verkennung der Beweislast die Beweisfälligkeit des Klägers fest, so ist die Sache ersichtlich nicht aufgeklärt und nicht etwa zugleich die Beweisfälligkeit des Beklagten festgestellt. Auf diese vorhandenen, aber u. U. leicht zu übersehenden Lücken hinzuweisen, steht beiden Parteien frei. Einer Verfahrensrüge des Beklagten, um zu einer Zurückverweisung zu gelangen, bedarf es nicht[47]. Dennoch erhobene Rügen sind tatsächlich nur formlose Hinweise[44].

§ 561 I 1, II ZPO schließt sie nicht aus und hindert das Revisionsgericht nicht an einer Zurückverweisung, wenn es die Feststellungen daraufhin als unvollständig erkennt, obgleich auch über einen Sachverhaltstorso entschieden werden kann und muß, wenn weitere Aufklärung nicht möglich ist. Dementsprechend heißt es in einer Unzahl von Revisionsurteilen, daß mangels Feststellungen zurückzuverweisen sei, und war von der Pflicht zur „Gegenrüge" bis vor wenigen Jahren niemals die Rede. Formloses neues Vorbringen genügt aber nur, soweit der Mangel ohnedies erkennbar und von Amts wegen zu berücksichtigen ist. Insoweit liegt in der — zur Vergewisserung erfolgenden — Erörterung der tatsächlichen Seite des Falles mit den Parteien keine unzulässige Sachverhaltsermittlung[48].

Hat das Berufungsgericht den tatsächlichen Parteiwillen nicht festgestellt, etwa nichts darüber ausgeführt, ob der Kläger eine Anmeldefrist gewahrt hat oder gewisse Tatsachen nur unterstellt, auf die es nach der abweichenden Ansicht des Revisionsgerichts entscheidend ankommt[49], so ist auch ohne „Gegenrüge" zurückzuverweisen. Denn der Sachverhalt ist ersichtlich nicht geklärt.

In übersichtlichen Fällen kann aber Entscheidungsreife angenommen werden, wenn die Parteien die Feststellungslücke (zu ihren Ungunsten) gar nicht schließen wollen. Geben sie zu erkennen, sie könnten oder würden vor dem Berufungsgericht nichts zur Ergänzung vorbringen, so wäre es sinnlos, trotzdem zurückzuverweisen. Insoweit ist eine *Fragepflicht* des Revisionsgerichts anzuerkennen, um zu klären, ob eine weitere Klärung möglich ist. Im Zweifel bleibt es jedoch bei der Zurückverweisung.

---

[47] Vgl. BAG SAE 1973, 84 (87); BVerwG 37, 248 (252); *Hempfling*, S. 47 ff.; a. A. *Stein/Jonas/Grunsky*, § 559 IV 1 Fn. 19.

[48] Vgl. BAG AP Nr. 66 zu § 611 Haftung des Arbeitnehmers (Bl. 233); *Bonnet*, JR 1971, 150 (152).

[49] BGH WM 1967, 978 (980); BayObLG NJW 1967, 57; BGHZ 57, 137 (152/53).

bb) Echte „Gegenrügen"

Wollte man den Parteien allgemein gestatten, durch neues Vorbringen darzulegen, es bestehe keine Entscheidungsreife, um die Zurückverweisung zu erreichen, so würde die in § 561 I 1 ZPO geregelte Begrenzung des Prozeßstoffs beseitigt. Auch bedürfte es dann großenteils keiner Aufklärungsrüge, um eine Aufhebung des angefochtenen Urteils zu erreichen und eine Entscheidung in der Sache selbst zu verhindern. Da bei Fehlern des angefochtenen Urteils und mangelnder Aufklärung zurückzuverweisen wäre, so könnten die Parteien auch nach Ablauf der Revisionsbegründungsfrist stets formlos daraufhinweisen.

Ist deshalb *positiv* festgestellt worden, eine bestimmte Tatsache sei gegeben oder fehle[50], so muß diese Feststellung ohne Verfahrensrüge der Sachentscheidung zugrunde gelegt werden, auch wenn sie für die bisherige Entscheidung überflüssig war. Dann handelt es sich um einen Kernanwendungsfall des § 561 II ZPO und es ist zudem nicht erkennbar, ob durch die Feststellung Aufklärungsmängel verdeckt werden. In diesen Fällen ist von einer Rügelast auch des Revisionsbeklagten auszugehen[51], so daß ihn die getroffenen Feststellungen ohne Rüge binden.

Soweit jedoch Verfahrensmängel von Amts wegen beachtet werden, gilt dies zugunsten beider Parteien. Wegen der gebotenen Gleichbehandlung der Parteien schließt die Rügelast die Amtsprüfung klar erkennbarer Mängel auch zugunsten des Beklagten nicht aus[52]. Bei „objektiven Verstößen" gegen § 139 ZPO hat das Revisionsgericht sogar selbst weiteres Vorbringen anzuregen[53].

§ 561 II ZPO steht einer Verfahrensrüge des Revisionsbeklagten nicht entgegen. Diese Bestimmung setzt nur die zulässige und begründete Verfahrensrüge voraus, regelt aber nicht, wann sie zulässig erhoben ist. Einzuschränken ist daher nur § 554 II, VI ZPO.

Die Einschränkung darf aber nur soweit nötig erfolgen. Ist der Revisionsbeklagte daher durch das Berufungsurteil beschwert, so hat er insoweit Anschlußrevision einzulegen. Zur bloßen Änderung der Entscheidungsgründe ist diese aber ausgeschlossen[54]. Soweit nicht ausnahms-

---

[50] So im Fall BSG AP Nr. 12 zu § 554 ZPO (Der „Kläger könne keine Nachweise für Bemühungen um Arbeit erbringen"); ein weiteres Beispiel bei *Herschel*, SAE 1965, 248 (Feststellung einer unerlaubten Handlung — Klageabweisung wegen Verjährung); vgl. *Hempfling*, S. 49 f., der bei allen äußerlich vollständig erscheinenden Urteilen eine förmliche Rüge verlangt.

[51] BAG 17, 236 (239); *Herschel* (Fn. 50), *Wieczorek*, § 554 F II b 2.

[52] a. A. *Rothe*, Ehrengabe f. *Heusinger*, S. 257 (268 f.); s. o. § 7 III.

[53] So BSG AP Nr. 12 zu § 554 ZPO; vgl. auch *Herschel* (Fn. 50); *Möhring*, Mitt. 1959, 241 (243).

[54] *Rosenberg/Schwab*, § 145 I, II 4; *Stein/Jonas/Grunsky*, § 556 II; *Bruns*, § 54 V 3; a. A. wohl für unselbständige Anschlußrevision: *Baumbach/Lauter-*

weise eine Klageänderung in der Revisionsinstanz zulässig ist, ließe sich in letzterem Falle ohne formelle Beschwer auch nur schwer angeben, was der Kläger als Revisionsbeklagter vortragen sollte. Ferner erscheint es zu schwerfällig, die „Gegenrüge" als bloßes Verteidigungsvorbringen an Form und Frist einer Anschlußrevision zu binden. Vor allem kann das Vorbringen erst durch die Rechtsauffassung des Revisionsgerichts, die es in der mündlichen Verhandlung zu erkennen gibt[55], veranlaßt sein.

Deshalb ist eine Gegenrüge formlos und unbefristet zuzulassen[56]. Jedoch unterliegt sie im übrigen den gleichen Grundsätzen wie andere Verfahrensrügen[57].

cc) „Gegenrügen" des Revisionsklägers

Gegenrügen des Revisionsbeklagten sind billigerweise zuzulassen, weil dieser sonst belastende Feststellungen ohne weiteres hinnehmen müßte. Anders verhält es sich mit „Gegenrügen" des Revisionsklägers, sofern dieser nicht zugleich Rechtsmittelgegner einer selbständigen Anschlußrevision ist. Denn der Revisionskläger bestimmt den Revisionsangriff und muß die möglichen Reaktionen des Revisionsgerichts abschätzen. Dazu gehört auch, die Relevanz „überflüssiger" Feststellungen bei anderer rechtlicher Beurteilung zu prüfen und sie hilfsweise mit Verfahrensrüge anzugreifen. Ein praktischer Fall, bei dem der Revisionskläger durch „Umwertung" bisher überflüssiger und fehlerhafter Feststellungen überrascht wurde, ihm aber nicht zumutbar war, die Mangelhaftigkeit dieser Feststellungen rechtzeitig hilfsweise zu rügen, ist nicht ersichtlich.

4. Folgen begründeter Verfahrensrügen

Hebt das Revisionsgericht fehlerhafte Tatsachenfeststellungen auf, so ist damit noch nicht festgelegt, wie die Sache weiter zu behandeln ist. Nach § 561 I 2 ZPO darf es die „Tatsachen, die den Mangel ergeben" berücksichtigen und nach § 561 II ZPO ist es bei begründeter Rüge an die angegriffenen bisherigen Feststellungen nicht gebunden. Dies scheint dafür zu sprechen, daß sich mit der Aufhebung des angefochtenen Urteils, genauer: auf die zu erwartende Aufhebung hin, der Charakter

---

bach/Albers/Hartmann, § 556 Anm. 1, § 521 Anm. 1 B b; *Thomas/Putzo*, § 556 Anm. 2, § 521 Anm. 3; *Baumgärtel*, JR 1968, 303. Auch wer eine materielle Beschwer grundsätzlich genügen läßt (vgl. *Ohndorf*, Die Beschwer u. die Geltendmachung der Beschwer, 1972, S. 109, 115 f.), müßte wohl anders entscheiden.

[55] Zumindest für die Revisionsgerichte ist eine Verpflichtung zum „Rechtsgespräch" anzuerkennen. Nur dann werden „Gegenrügen" möglich und erhält die mündliche Revisionsverhandlung eine echte Funktion. Allgemein für ein „Rechtsgespräch": *Pawlowski*, ZZP 80, 345 (388 f.); *Eike Schmidt*, S. 23.

[56] *Zöller/Karch*, § 554 Anm. 2 Nr. 2 a. E.

[57] *Götz Hueck*, AP Nr. 3 zu § 611 BGB Akkordkolonne.

der Revision insoweit vollständig wandelt und das Revisionsgericht Tatsachengericht, die Revision voll zur *Oberberufung* wird[58]. Es wäre dann nicht nur eine freie Beurteilung der festgestellten Tatsachen, sondern auch eine Ergänzung der Feststellungen durch neues Vorbringen zulässig. Das Revisionsgericht müßte dann selbst eine anderweitige Prüfung des Beweismaterials vornehmen und seiner Entscheidung zugrundelegen[59].

Dagegen führt die begründete Verfahrensrüge nach den §§ 564, 565 III ZPO nur zur Aufhebung und eröffnet den Parteien nach Zurückverweisung eine neue Tatsacheninstanz[60]. Ein eigenes Sachurteil scheint daher nach § 565 III ZPO nur bei materiellen Verstößen, nicht bei Verfahrensfehlern zulässig zu sein[61].

Da die Revision von der tatsächlichen Beurteilung des Vorbringens und der Beweise in der Sache ausgeschlossen sein sollte[62], dürfte das Revisionsgericht also die Tatsachen, die den Verfahrensmangel ergeben, nur berücksichtigen, um deswegen aufzuheben[63]. § 561 I 2 ZPO scheint daher ungenau gefaßt zu sein[64].

Eine andere Auslegung scheidet scheinbar aus. Denn mit der Aufhebung fehlerhaft gewonnener Feststellungen entfällt regelmäßig die Entscheidungsgrundlage[65]. Die Zurückverweisung ist insoweit nur die Konsequenz des Verbots einer Tatsachenverhandlung. Dennoch hat man sich nicht damit begnügt, dies für bedauerlich zu halten, sondern einzelne Fälle entwickelt, bei denen das Revisionsgericht trotz begründeten Verfahrensfehlers in der Sache entscheiden kann[66].

a) Entscheidung in der Sache trotz begründeter Verfahrensrüge

Schon *Erythropel* lehrte: Ergebe das Sitzungsprotokoll unstreitig das Gegenteil einer festgestellten Tatsache und sei diese „selbständiges

---

58 So *Reuß*, JR 1957, 168 (172), DVBl 1958, 233 (235 f.) u. DÖV 1959, 10 (14 f.) m. N. aus dem preuß. Verwaltungsstreitverfahren.

59 Vgl. *Erythropel*, ZZP 3 (1881), 104 (109).

60 Ebenso für verwaltungs- und finanzgerichtliches Verfahren gemäß den §§ 173 VwGO, 155 FGO. In diesen Fällen ist nach dem SGG ein Sachurteil „untunlich" (§ 170 II 2 SGG); zum Strafprozeß vgl. *Batereau*, Die Schuldspruchberichtigung, 1971, S. 27 ff.

61 *Boyens*, S. 200; *Planck*, § 150 III 1; vgl. *Kopp*, § 137 Anm. 5 c aa, d. a..E.

62 Begründung zum Entwurf der CPO, S. 316.

63 So *Ule*, Verwaltungsgerichtsbarkeit, § 137 II; vgl. *Schmid*, ZStW 85, 893 (905).

64 *Erythropel*, ZZP 3, 104 (109) zu § 524 CPO.

65 *Bruns*, § 54 IV 4.

66 Gegen jede Sachentscheidung aufgrund ergänzten Sachverhalts noch *Wach*, Vorträge, S. 294; *Planck*, § 150 III 1.

alleiniges Substrat eines Angriffs- oder Verteidigungsmittels", so sei sie der „Endentscheidung zugrunde zu legen, im wahren Sinn des Wortes zu berücksichtigen". Bei beweisbedürftigen Tatsachen oder Indizien für andere Tatsachen müsse dagegen zurückverwiesen werden[67].

Eine Zurückverweisung ist aber darüber hinaus nur sinnvoll, wenn eine weitere Sachaufklärung und deshalb eine neue freie Beweiswürdigung erforderlich sind, nicht aber, wenn das Ergebnis des neuen Berufungsurteils praktisch schon feststeht: Da die Revision echtes Parteirechtsmittel ist, verbietet sich im Parteiinteresse zur Kostenersparnis und um der objektiven Prozeßwirtschaftlichkeit willen eine Zurückverweisung, wenn das Berufungsgericht seine Entscheidung im Ergebnis nur wiederholen[68] oder eine bereits festgelegte Entscheidung nur aussprechen könnte, etwa weil die übrigen fehlerfreien Feststellungen ausreichen, um eine Entscheidung zu treffen[69].

Zu weit geht es aber, wenn gesagt wird, im Falle einer begründeten Verfahrensrüge dürfe das Revisionsgericht allgemein über die in den Vorinstanzen vorgetragene tatsächliche Behauptung eine andere Feststellung treffen[70]. Denn ob allgemein eine Beweiswürdigung nach Aktenlage durch das Revisionsgericht zulässig ist, soweit infolge der begründeten Verfahrensrüge die Bindungswirkung entfällt, erscheint zweifelhaft. Abgesehen davon, daß diese Beweiswürdigung nicht immer möglich ist, würde dadurch auch das Revisionsgericht zu stark belastet.

Eine abschließende Sachentscheidung ist daher zulässig, wenn z. B. eine im Ergebnis abweichende Entscheidung nicht hätte ergehen dürfen (§ 563 ZPO)[71], sich aus dem angefochtenen Urteil zweifelfrei ergibt, zu welcher Überzeugung der Tatrichter gelangt wäre, wenn er sich die Tatfrage richtig gestellt hätte[72] oder wenn die zur Prüfung von Prozeßvoraussetzungen oder einer Verfahrensrüge festgestellten Tatsachen zugleich den Sachverhalt erschöpfend klären[73], z. B. wenn eine Tatsache unzulässig übergangen war. Ob der Sachverhalt restlos geklärt ist,

---

[67] *Erythropel*, ZZP 3, 104 (110).

[68] BVerwG 17, 16 (19) = MDR 1964, 346 = DÖV 1964, 276; abl. *Rimmelspacher*, Prüfung von Amts wegen, S. 197.

[69] *Peters/Sautter/Wolff*, § 163 Anm. 3; *Ledig*, DRZ 1947, 334 (zur Aufrechterhaltung eines angefochtenen Sachurteils); vgl. auch *Friedrichs*, S. 988.

[70] *Rosenberg/Schwab*, § 146 II 2.

[71] BVerwG 17, 16 (19); 39, 319 (324) (zu § 144 IV VwGO).

[72] *Prölss*, S. 38; *Blomeyer*, Gutachten f. d. 46. DJT, S. 52.

[73] BGH LM Nr. 10 zu § 565 III ZPO (Legitimation des gesetzlichen Vertreters); so auch *Neidhard*, DRiZ 1967, 106 (108) (de lege ferenda für Strafsachen); vgl. auch BAG SAE 1971, 100 (102, III) m. Anm. v. *Dütz* (Verstoß gegen Erschöpfungsgrundsatz; ein Sachurteil unterbleibt wegen weiterer Aufklärungsbedürftigkeit).

hat das Revisionsgericht, wie stets, in eigener Würdigung der festgestellten Tatsachen zu entscheiden.

Die Sachentscheidung ist auch zulässig, wenn der *Verfahrensfehler* vom Revisionsgericht *behoben* werden kann[74], z. B. wenn logisch fehlerhafte Schlußfolgerungen, etwa ein Rechenfehler, behoben werden können, weil die Prämissen fehlerfrei sind; wenn ein „qualifizierter" oder „absoluter" Erfahrungssatz verletzt wurde, der eine bestimmte Feststellung vorschreibt[75], etwa bei Verkennung der Beweiskraft einer Blutgruppenbestimmung[76], weil insoweit keine abweichende freie Beweiswürdigung in der unteren Instanz möglich ist; ferner, wenn in der Berufungsinstanz versagtes rechtliches Gehör in der Revisionsinstanz nachträglich ausreichend gewährt werden kann[77] oder wenn bei einer zu beachtenden Gesetzesänderung die bislang fehlenden Feststellungen unerheblich wurden[78].

Erforderlich ist nur, daß die Anknüpfungstatsachen für die neue Entscheidung in der Sache und für eine dazu nötige Anwendung von Erfahrungssätzen vollständig und fehlerfrei festgestellt sind und dadurch ein Schließen von Feststellungs-„lücken" durch Schlüsse der Logik und Erfahrung möglich ist[79]. Widersprüche des Berufungsurteils dürfen durch eigene Beurteilung der Sach- und Rechtslage gelöst[80], offenkundig falsche Feststellungen durch andere ersetzt werden[81]. Selbst ein Urkundeninhalt soll berücksichtigt werden können[82].

Fehlen nur die Entscheidungsgründe, sind aber weitere Ermittlungen nicht erforderlich, so kann das Revisionsgericht in geeigneten Fällen auch eine Entscheidung nach dem aus dem Tatbestand ersichtlichen Sachverhalt treffen[83].

Unzulässig ist es dagegen, mittels „Auslegung" oder der Unterstellung „stillschweigender" Feststellungen einen neuen Sachverhalt durch das Revisionsgericht einzuführen[84]. Wegen dieser Gefahr ist aber nicht jede Auslegung der getroffenen Feststellungen untersagt.

---

[74] *v. Wallis/List,* § 126 Rdnr. 11; *Martens,* FR 1969, 372 (373).

[75] *Hainmüller,* S 73; vgl. *Kuchinke,* S. 179 f.

[76] Vgl. *Pieper,* ZZP 84, 1 (28 ff.).

[77] Vgl. BFH 102, 207 (212) (beigezogene nicht entscheidungserhebliche Zivilprozeßakten); BayObLGZ 1954, 1 (4).

[78] BGHZ 2, 324 (327) = ZZP 65, 155.

[79] Vgl. *Ledig,* DRZ 1947, 334.

[80] RGZ 80, 172 (174).

[81] s. u. § 8 III.

[82] *Bruns,* § 54 III 4 Fn. 64 (aber wohl nur bei Bezugnahme).

[83] Vgl. BayObLGZ 1955, 34 (39 f.) (bei Verstoß gegen § 25 FGG Entscheidung nach Aktenlage).

[84] Vgl. *Nollau,* DRZ 1948, 88; *Beling,* Festschrift f. *Binding,* S. 87 (145 f.).

Eine Sachentscheidung ist daher zwar regelmäßig ausgeschlossen, wenn neben materiellen Fehlern auch ein Verfahrensfehler entdeckt wird[85], jedoch nicht immer. § 565 III Nr. 1 ZPO ist vielmehr auf alle Fälle von Entscheidungsreife auszudehnen. Ist die Sachentscheidung trotz des Verfahrensfehlers möglich, so ist sie vom Revisionsgericht zu erlassen. Erforderlich ist nur, daß es den Sachverhalt trotz des Verfahrensfehlers als geklärt ansieht. Der Verfahrensfehler hindert die Sachentscheidung nicht, wenn behauptetes Sachverhaltsbild des Revisionsklägers und das Sachverhaltsbild des Berufungsgerichts die gleichen Rechtsfolgen ergeben. Dann beruht die Entscheidung nicht auf dem Verfahrensfehler. Ferner ist die Revision des Klägers zurückzuweisen, wenn die Klage unschlüssig ist[86].

Die Revision des Beklagten ist trotz fehlerhafter Feststellungen des Berufungsgerichts zurückzuweisen, wenn sein Vorbringen gegen den Klageanspruch unschlüssig ist oder wenn er dafür keinen zulässigen Beweis angetreten hat[87]. Das Bundesarbeitsgericht leugnet freilich andererseits, daß es befugt sei, eine Klage z. B. wegen überwiegenden Mitverschuldens abzuweisen, wenn ein Subsumtionsfehler mit einem begründeten Verfahrensfehler zusammentreffe[88]. In dem entschiedenen Fall fehlten jedoch die Anknüpfungstatsachen der Beurteilung des Mitverschuldens.

Stehen die maßgeblichen Umstände fest, so wird dadurch auch der Anspruch der Parteien auf eine Erörterung der Sache in der Tatsacheninstanz nicht eingeschränkt. Ein Anrecht der Parteien wegen eines Verfahrensfehlers stets eine weitere Tatsacheninstanz zu erhalten, ist nicht anzuerkennen. Denn es ist nicht nur zu prüfen, ob der Verfahrensfehler möglicherweise für die angefochtene Entscheidung kausal war (§ 549 I ZPO), sondern auch, ob die Entscheidung im Ergebnis richtig ist (§ 563)[89]. Nur soweit der Verfahrensfehler, wie bei den absoluten Revisionsgründen, die gesamten Feststellungen betrifft und deshalb ein Urteil über das zutreffende Ergebnis nicht zuläßt, scheidet das eigene Sachurteil stets aus. Zudem beurteilt immer das erkennende Gericht, ob die Sache entscheidungsreif ist. Gibt daher das Berufungsgericht einer Klage unter fehlerhafter Anwendung von Naturgesetzen statt, ist sie aber nach Ansicht des Revisionsgerichts unschlüssig, so ist sie trotz der verfahrensfehlerhaften Beweiswürdigung abzuweisen. Ob dabei auch materielle Fehler zu korrigieren sind, kann daran nichts ändern.

---

[85] *Bruns*, § 54 III 4 a. E.

[86] BGH LM Nr. 5 zu § 565 III ZPO m. Anm. v. *Johannsen; Stein/Jonas/Grunsky*, § 565 III 1 a.

[87] BAG AP Nr. 2 zu § 320 ZPO m. Anm. v. *J. Blomeyer*.

[88] BAG AP Nr. 1 zu § 242 BGB Herausgabepflicht (S. 4 R).

[89] Vgl. *Stein/Jonas/Grunsky*, § 563 I 3.

Bedarf das Revisionsgericht zur Entscheidung der Feststellung des Inhalts eines Erfahrungssatzes, so kann es, wenn sonst keine Aufklärung nötig ist, selbst feststellen, wie es sich verhält, muß dies aber nicht tun. Das Revisionsgericht prüft dann nicht als Rechtsmittelgericht, trifft nicht nur die rechtliche Endentscheidung anstelle des Berufungsgerichts, sondern stellt auch den „bereinigten" Untersatz erst selbst fest, insb. kann das Revisionsgericht die Feststellungen anhand von Erfahrungssätzen konkretisieren und vertiefen[90].

Dies gilt nicht nur bei der Beantwortung der Amtsprüfung unterliegender prozessualer Vorfragen[91], sondern auch für den sachlichen Prozeßstoff. In allen diesen Fällen ist daher eine eigene Beweiswürdigung durch das Revisionsgericht zulässig, wenn der erforderliche Tatsachenstoff vollständig vorhanden, die Sache entscheidungsreif ist.

Die erforderliche Verfahrensrüge beseitigt also die Bindungswirkung gemäß § 561 II ZPO, so daß das Revisionsgericht bei Entscheidungsreife aufgrund des Tatbestandes und der übrigen fehlerfreien Feststellungen eine Endentscheidung unter selbständiger tatsächlicher Würdigung erlassen kann.

b) Kein Novenrecht im Rahmen begründeter Verfahrensrügen

Erkennt man dies an, so wird die Revision trotzdem nicht im Rahmen einer begründeten Verfahrensrüge voll zur Oberberufung[92]. Denn während sich eine teleologische Erweiterung der Sachentscheidungsbefugnis bei Entscheidungsreife nach dem „bisherigen Aktenstand" rechtfertigen läßt, weil dann kein vernünftiges Verhältnis zwischen dem Grundsatz der Eigenbeurteilung der Sache durch das Tatsachengericht und der Verlängerung und Verteuerung des Rechtsstreits durch Zurückverweisung besteht, läßt sich aus dem Wegfall der Bindungswirkung nicht allgemein herleiten, im Rahmen der begründeten Verfahrensrüge entfalle allgemein auch das Novenverbot gemäß § 561 I 1 ZPO; der Revisionskläger könne deshalb schon vorsorglich auf die mögliche Aufhebung hin in der Revisionsschrift neue Tatsachen und Beweismittel angeben[93].

Bei grundsätzlicher Sachentscheidungsbefugnis des Revisionsgerichts ist die Grenzziehung im einzelnen zwar nicht vom Streit um Wesen und Zweck der Revision vorbestimmt, sondern vor allem eine Frage

---

[90] *Thierfelder*, JurA 1971, 451 (zur Rechtsprechung des BVerwG); s. o. § 7 V 2 b, VI 2.

[91] Vgl. BAG AP Nr. 54 zu § 233 ZPO (Bl. 425) (Beschäftigung ortsunkundiger Aushilfskräfte durch die Post — zur Frage der Wiedereinsetzung).

[92] So aber *Reuß*, JR 1957, 168 (172), DVBl 1958, 233 (235 f.) u. DÖV 1959, 10 (14 f.).

[93] So *Friedrichs*, S. 980 f., 988 f.

rascher und zugleich sachgerechter endgültiger Streiterledigung[94]. Kann der Rechtsstreit sogleich entschieden werden, so sind Parteiinteresse und Prozeßökonomie wichtiger als die Doktrin, das Revisionsgericht dürfe sich nicht (direkt) mit Tatsachen befassen[95]. Von praktischer Vernunft geleitet hat auch die Rechtsprechung weitgehend vermieden, „liquide" Rechtsstreitigkeiten um des Prinzips willen zurückzuverweisen[96].

Darüber hinaus enthält das Gesetz aber keinen Anhaltspunkt, daß das Novenverbot „nach" Aufhebung entfällt. § 561 ZPO a. F. ordnete zwar wie die §§ 137 II VwGO, 163 SGG, 118 II FGO nur die Bindung an die Tatsachenfeststellungen an und daraus wurde und wird mittelbar das Novenverbot abgeleitet. Aus dem Wegfall der Bindungswirkung könnte man deshalb auch auf den Wegfall des Novenverbots schließen. Die damit verbundene Pflicht zur Beweiserhebung würde aber das Revisionsgericht regelmäßig überfordern und entspricht auch in keiner Weise den Vorstellungen des Gesetzgebers[96]. Das Novenrecht ist daher nach begründeter Verfahrensrüge grundsätzlich ausgeschlossen.

Eine Angabe neuer Tatsachen und Beweismittel ist somit nur sinnvoll zur Begründung der Aufklärungsrüge oder zur Darlegung, daß der Rechtsstreit nach Wegfall der bisherigen Feststellungen noch nicht entscheidungsreif ist[97]. Das Revisionsgericht kann dann jedenfalls beurteilen, ob dieses Vorbringen entscheidungsrelevant sein könnte und, wenn ja, aufheben und zurückverweisen. Beeinflußt das Vorbringen die Sachreife im Rahmen einer Schlüssigkeitsprüfung eindeutig nicht, so kann das Revisionsgericht selbst abschließend darüber befinden. Eine derart begrenzte Beurteilung neuer Tatsachen erscheint aber als Grenze der Belastbarkeit des Revisionsgerichts. Auch fehlt es an einer unmittelbaren gesetzlichen Grundlage für weitergehende Befugnisse, etwa für die Ermittlung einzelner Umstände nach eigenem Ermessen des Revisionsgerichts in besonderen Fällen. Denn das Gesetz zur Wiederherstellung der Rechtseinheit vom 12. 9. 1950 hat die erweiterte Sachentscheidungsbefugnis gemäß § 4 Ziff. 12 der 4. VereinfVO vom 12. 1. 1943, die bei Sachdienlichkeit im Einzelfall auch Beweisaufnahmen zuließ[98], nicht übernommen.

Ob aber unstreitige Tatsachen doch beachtet, ein Augenschein eingenommen oder ein Urkundenbeweis vom Revisionsgericht zum mate-

---

[94] a. A. *Kuchinke*, S. 26.

[95] *Henke*, ZZP 81, 321 (343).

[96] *Reuß*, DÖV 1959, 10 (15).

[97] s. o. § 8 I 3 b aa.

[98] Vgl. *Möhring*, NJW 1962, 1 (5).

riellen Streitverhältnis erhoben werden können, ist damit nicht abschließend verneint[99].

II. Aktenwidrigkeit und Verwertung des Akteninhalts

1. Aktenwidrigkeit als Revisionsgrund

Offen geblieben ist bisher, ob das Revisionsgericht aktenwidrige Feststellungen beanstanden kann. Mit der Aufhebung von § 288 Ziff. 1 AO durch die FGO ist die Aktenwidrigkeit als selbständiger Revisionsgrund des deutschen Prozeßrechts freilich beseitigt[100]. Sie ist heute noch besonders anerkannt in § 503 Ziff. 3 österr. ZPO und sachlich auch bei der Berufung an das schweizerische Bundesgericht, bei der offensichtliche Versehen auf Rüge unter Angabe der Aktenstelle oder von Amts wegen berichtigt werden können[101].

Einerseits wird nun behauptet, Aktenwidrigkeit sei ein systemwidriger Einbruch in die bindenden Tatsachenfeststellungen, um „Fehlentscheidungen tatsächlicher Art" zu korrigieren. Sie öffne dem Mißbrauch, bindende Tatsachenfeststellungen anzugreifen, Tür und Tor; sie sei ein Quell unnötiger Arbeit und Anreiz, den Revisionsrichter seinem eigentlichen Berufe zu entfremden. Nur wo sie besonders gesetzlich geregelt sei, bestehe sie als Rechtsmittelgrund. Was sich dagegen nicht aus dem Urteil ergebe, existiere für das Revisionsgericht nicht. Deshalb sei sie de lege lata nicht anzuerkennen[102] und auch de lege ferenda abzulehnen[103].

Andererseits wird häufig dargelegt, einer besonderen Anerkennung der Aktenwidrigkeit bedürfe es nicht. Durch die Aufhebung von § 288 Ziff. 1 AO habe sich für die Revision zum BFH nichts geändert, da der „Verstoß wider den klaren Inhalt der Akten" wesentlicher Verfahrensmangel sei[104].

Gelegentlich wird sogar von einem von Amts wegen zu beachtenden Verstoß gegen Denkgesetze gesprochen[105]. Zu klären ist daher zunächst, was unter Aktenwidrigkeit zu verstehen ist.

---

[99] s. u. §§ 13, 14.

[100] Zur geschichtlichen Entwicklung vgl. *Mannheim*, S. 182 ff.; *Schultzenstein*, PreußVerwBl 1907, 81 (86); ferner *Schwinge*, S. 245 f.; Denkschrift 1971, S. 37 f.

[101] Vgl. Art. 43 III, 51 I lit. d, 52, 55 I lit. d, 60 I lit. b, 61 I 2 OG; s. o. § 3 III 3.

[102] BGH DRiZ 1973, 98; *Meyer*, in *Löwe/Rosenberg*, § 337 V 3 a; *Hempfling*, S. 44 ff.

[103] *Schwinge*, S. 246 ff.; *Eb. Schmidt*, § 337 Erl. 34; vgl. auch *Eiler*, S. 27, 49 Fn. 6; *Hempfling*, S. 44 f., 56 f., 68.

[104] Entwurf der FGO, S. 57; *v. Wallis/List*, § 118 Rdnr. 19, 25 a; *Riewald*, in *Becker/Riewald/Koch*, § 118 Anm. 5 (11); *Kühn/Kutter*, § 118 FGO Bem. 2; *Birkholz*, S. 71; so bereits *Schultzenstein*, PreußVerwBl 1907, 81 (86 f.).

a) Historische Grundlage

Als selbständiger Revisionsgrund hat die Aktenwidrigkeit ihre historische Wurzel im Zivilverfahren, und zwar in § 18 I 26 der *preuß. AGO* vom 6. 7. 1793. Danach sollte das Obergericht in Bagatellsachen befugt sein, auf Beschwerde „die Ergänzung der Instruktion zu verfügen", wenn wesentliche Mängel dabei vorgefallen oder offenbar erhebliche Tatsachen übergangen waren; oder, „wenn schon aus den Akten erster Instanz sich findet, daß der Unterrichter gegen die klare Lage der Sache oder gegen klare Rechte gesprochen habe", den Beschwerden auf Kosten des Unterrichters abzuhelfen.

Die *preußische Nichtigkeitsbeschwerde* konnte auf die Verletzung wesentlichen Prozeßvorschrift gestützt werden (§ 4 Nr. 2 VO v. 14. 12. 1833), u. a. auch darauf, daß entgegen „dem klaren Inhalt der Akten erkannt worden" war (§ 5 Nr. 10). Dies war der Fall: wenn eine entscheidungsrelevante, ordnungsgemäß unter Beweisantritt behauptete Tatsache in den Urteilsgründen übergangen wurde; wenn eine Tatsache entgegen dem wörtlichen Inhalt einer Parteierklärung, einer Urkunde oder Zeugenaussage festgestellt wurde; wenn nach dem Gesetz untauglichen Beweismitteln Beweiskraft beigelegt wurde; und schließlich, wenn über den Antrag hinaus erkannt wurde. Gemeinsam ist beiden Regelungen damit zunächst nur, daß es sich um einen „klaren" Verstoß gegen die Sach- oder Rechtslage handeln mußte. Im übrigen erscheint die Aktenwidrigkeit aber als Sammelbegriff für unterschiedlichste Fehler des angefochtenen Urteils.

Auch § 554 III Nr. 2 c ZPO a. F. wurde als Anerkennung der Aktenwidrigkeit angesehen. Danach konnte gerügt werden, wenn unter Verletzung des Gesetzes Tatsachen festgestellt, übergangen oder als vorgebracht angenommen waren. Erythropel hielt einen darunter fallenden Verstoß gegen § 286 ZPO nur für denkbar, wenn das Sitzungsprotokoll das Gegenteil des Tatbestandes ergab, weil sonst der Tatbestand gemäß § 314 ZPO vollen Beweis lieferte[106]. Dagegen meinte Wach, diese Rüge entspreche der Aktenwidrigkeit des gemeinen Rechts: Sie ziehe zwar nicht die Beweiswürdigung vor den Revisionsrichter, aber sie liege vor, „wenn in den Gründen im Widerspruch mit dem ‚Thatbestand' die species facti gedacht" sei. Da dadurch die Korrektheit der Urteilsgrundlage „revidiert" werde, nähere sich die Revision einer revisio in facto[107]. Wach erläutert dies nicht näher, so daß seine Bemerkung nur wenig zur Klärung beiträgt.

---

[105] *Ziemer/Birkholz,* § 118 Anm. 11; dagegen *Riewald* (Fn. 104); *Grimm,* Festschrift f. d. BFH, S. 133.

[106] ZZP 3 (1881), 104 (109).

[107] Vorträge, S. 291.

Wie dargelegt, wurde diese Rüge 1910 lediglich gestrichen, weil sie neben der allgemeinen Verfahrensrüge als überflüssig angesehen wurde[108].

b) *Begriffsbestimmung in der Lehre*

In der Lehre wird der Begriff der Aktenwidrigkeit zumeist als bekannt vorausgesetzt. Weil aber die historischen Vorbilder nur vage Fallgruppen enthalten und daran anschließend jede klare Verkennung der Sachlage im Sinne jedweder „offenbaren Unrichtigkeit" als Aktenwidrigkeit bezeichnet wird, gerät der Begriff ins Zwielicht[109]. Denn bei großzügiger Praxis des Revisionsgerichts wäre die Behauptung der Aktenwidrigkeit dann bloßer Vorwand, um von jeder Sachverhaltsfeststellung abweichen zu können, vor allem wenn dem Revisionsgericht ein freier Rückgriff auf die Akten gestattet wäre.

Auch *Mannheim* gelangt bei seiner Begriffsbestimmung nicht zu einer eindeutigeren Abgrenzung als § 5 Nr. 10 der VO vom 14. 12. 1833. Den übergangenen Tatsachen stellt er aber gleich, daß eine Feststellung nicht ausschließlich auf die zulässig in den Prozeß eingeführten Fakten gestützt wird[110].

Dagegen versucht *Fasching* für § 503 Ziff. 3 österr. ZPO zu einer engeren Abgrenzung des Begriffs zu gelangen. Und zwar grenzt er Aktenwidrigkeit von Fällen unrichtiger rechtlicher Beurteilung als auch von Fällen nicht erschöpfender oder sonst fehlerhafter Beweiswürdigung gleichermaßen ab. Aktenwidrigkeit soll danach nur vorliegen, wenn durch „Übertragungsirrtum" oder „Übertragungsdiskrepanz" ein wesentlicher Widerspruch zwischen den aktenkundigen Tatsachenangaben und deren Wiedergabe im Urteil besteht. Sie erfordere danach, daß sich zwei schlichte Tatsachenangaben widersprechen oder daß die getroffene Feststellung keine Grundlage in den Akten hat. Sei der Widerspruch dagegen das Ergebnis von Schlußfolgerungen tatsächlicher Natur, so beruhe er auf einer nicht nachprüfbaren Beweiswürdigung[111].

c) *Rechtslage nach der ZPO*

aa) Verstoß gegen § 286 I 1 ZPO

Für den deutschen Zivilprozeß lassen sich diese Fälle aber nicht von denen fehlerhafter Beweiswürdigung trennen. Das Gericht hat zwar zunächst nur das Vorgetragene zu beurkunden, d. h. ohne Würdigung

---

108 s. o. § 3 III 1; ferner *Eiler*, S. 28.

109 Vgl. *Schultzenstein*, PreußVerwBl 1907, 81 (87); *Oetker*, GS 107, 32 (40 f.).

110 *Mannheim*, S. 183.

111 *Fasching*, § 503 österr. ZPO, Anm. 17 e, 18.

zu referieren, so daß die von Fasching angesprochenen Fälle erfaßt sind. Bereits diese Beurkundung wählt aber aus dem Vortrag das Entscheidungsrelevante aus. Auch wurde unter Aktenwidrigkeit immer verstanden, daß die schließlich vom Gericht getroffenen und allein bindenden Feststellungen, d. h. das Ergebnis der Würdigung, dem Akteninhalt widersprechen, nicht jedoch, daß lediglich das im Tatbestand Referierte den Akten nicht entspricht. Dabei ist zu bedenken, daß das Gericht auch unstreitigen Sachverhalt tatsächlich zu würdigen hat[112] und ihn nicht „mechanisch“ als Urteilsgrundlage übernehmen kann.

Außerdem ist nach § 286 I 1 ZPO[113] „unter Berücksichtigung des gesamten Inhalts der Verhandlungen“ zu entscheiden. Wegen der üblichen und nach § 313 II ZPO zulässigen Bezugnahmen bedeutet dies, daß das Gericht den gesamten Akteninhalt widerspruchsfrei verwerten muß[114]. Bei freier und zugleich umfassender Beweiswürdigung kann das Gericht keine Feststellungen treffen, die Parteierklärungen, Urkunden oder Beweisprotokollen eindeutig widersprechen, ohne diesen Widerspruch durch sachlich mögliche, nicht notwendig überzeugende Erwägungen aufzuheben, noch kann es klar aus den Akten ersichtliche Tatsachen übersehen[115], falsch übernehmen oder Tatsachen feststellen, die darin keine Grundlage haben[116].

So hat das RG als Verstoß gegen § 286 ZPO angesehen, daß das Berufungsgericht auf eine durch Zeugen bestätigte Behauptung nicht eingegangen ist[117], oder wenn das Berufungsgericht infolge Verwechslung einen Brief, der nicht Gegenstand der mündlichen Verhandlung war, berücksichtigte[118], ebenso das RArbG, daß das Berufungsgericht nicht den gesamten Inhalt der Verhandlungen, insb. der Ergebnisse der Beweisaufnahme verwertete[119], und das BAG, daß das Berufungsgericht nicht ausführte, wie es zu einem „aktenwidrigen Ergebnis“ gekommen war[120].

Jedoch kann das Berufungsgericht etwa bei einem Vorgehen gemäß § 161 ZPO Tatsachen prozeßordnungsgemäß feststellen, die weder in den bisherigen Akten noch dem Sitzungsprotokoll enthalten sind, wenn sie

---

[112] s. o. § 5 I 3.

[113] Bzw. nach den §§ 108 I VwGO, 96 I 1 FGO, 128 I SGG; § 261 StPO.

[114] s. u. 2.

[115] BFH BStBl 1966 III 233; RArbG LZ 1932, 1250; *Döllerer*, StbJb 1966/67, 451 (461); *Eiler*, S. 28, 50 ff.; *Brackmann*, S. 254 a; vgl. auch *Rosenberg/Schwab*, § 113 VI 1; anders im Strafprozeß, vgl. *Dahs/Dahs*, Rdnr. 373.

[116] *Heinsheimer*, Festschrift f. *Franz Klein*, S. 133 (137).

[117] RG JW 1911, 454 Nr. 23; vgl. auch *Kilian*, S. 13.

[118] RG JW 1897, 547 Nr. 16 („Aktenwidrigkeit“ nach § 516 II Ziff. 3).

[119] LZ 1932, Sp. 1250.

[120] BAG AP Nr. 60 zu § 611 BGB Haftung des Arbeitnehmers.

erst in der Beweisaufnahme und der anschließenden mündlichen Verhandlung behauptet, bewiesen oder unstreitig geworden sind[121]. Auch in diesem Falle ist eine Erklärung im Urteil nötig, die den Widerspruch zum sonstigen Akteninhalt aufhebt. Der Grundsatz der Mündlichkeit rechtfertigt nur, daß Vorbringen, das vorher nicht schriftlich angekündigt wurde, verwertet werden darf, nicht aber, daß das Gericht „aus der Luft" Feststellungen treffen darf, ohne zu erklären, woraus es sie gewonnen hat[122].

In diesem Sinn hat der Begriff Aktenwidrigkeit auch im geltenden Zivilprozeßrecht seine Bedeutung. Freilich genügt als Rüge die bloße Behauptung der Aktenwidrigkeit nicht. Auch bei der preußischen Nichtigkeitsbeschwerde mußte die Aktenstelle, auf der die Beschwerde beruhte, genau angegeben werden (§ 11 II VO v. 14. 12. 1833). Die unter Verstoß gegen § 286 ZPO getroffenen Feststellungen sind daher grundsätzlich wie bei jeder anderen Verfahrensrüge im Vergleich mit den richtig zu treffenden Feststellungen sowie den Mitteln der Feststellung darzulegen.

bb) Verletzung rechtlichen Gehörs

Deuten besondere Umstände daraufhin, daß das Gericht das zulässige tatsächliche Vorbringen der Beteiligten überhaupt nicht zur Kenntnis genommen oder bei seiner Entscheidung ersichtlich nicht erwogen hat, so verletzt dieses Verhalten auch die Verpflichtung zur Gewährung rechtlichen Gehörs (Art. 103 I GG)[123]. Ebenso verhält es sich, wenn das Gericht Tatsachen verwertet, zu denen sich die Beteiligten vorher nicht äußern konnten[124].

cc) Mängel der Urteilsfindung

Nach den bisherigen Ausführungen wäre zu schließen, Aktenwidrigkeit sei nur auf begründete Verfahrensrüge zu beachten[125]. Jedoch verhält es sich nicht so einfach.

Eine Reihe von Fällen, die gemeinhin als Fälle der Aktenwidrigkeit angesehen werden[126], sollen als Fälle mangelhafter Urteilsfindung anzusehen und der Verstoß damit von Amts wegen beachtlich sein: nämlich, wenn das Berufungsgericht tatsächliche Annahmen trifft oder nicht

---

[121] BGH DRiZ 1973, 98.

[122] Vgl. *Keidel/Winkler*, § 27 Rdnr. 44.

[123] BVerfG 25, 137 (140); 23, 286 (287 f.); 28, 378 (384).

[124] BVerfG 26, 37 (40); *Brüggemann*, S. 154.

[125] So auch BAG AP Nr. 60 zu § 611 BGB Haftung des Arbeitnehmers.

[126] s. o. Fn. 110; a. A. *Fasching*, § 503 österr. ZPO Anm. 17 e, 20 (Feststellungsmangel gem. § 503 Ziff. 4).

trifft, die im Widerspruch zu unstreitigem Sachverhalt, wie er sich aus den Akten ergibt, stehen[127]. So ist von Amts wegen beachtet worden, daß Feststellungen den Vorprozeßakten, die Gegenstand der Verhandlung waren, widersprachen[128]; daß der Zeitpunkt der Eintragung einer Hypothek entgegen unstreitigem Vorbringen festgestellt[129] oder daß entgegen den Akten und der Darstellung im Tatbestand angenommen wurde, daß Rückstellungen nur für bestimmte Ansprüche getroffen wurden[130].

Beide Fallgruppen lassen sich praktisch nur schwer voneinander trennen. Ebenso läßt sich eine Abgrenzung von den oben dargelegten Fällen der unmöglichen, widersprüchlichen, nicht erschöpfenden Feststellungen wegen der zulässigen Verweisungen (anstelle eines vollständigen Tatbestandes) nicht, jedenfalls nicht genau vornehmen. Man wird eher, wie bereits dargelegt[131], beide Gruppen als Fälle unvollständiger Beweiswürdigung anzusehen haben, die mittelbar einen Rechtsfindungsmangel ergeben. Bei unstreitigem Sachverhalt ist der „Aktenverstoß" lediglich eindeutiger erkennbar. Daß krasse, klare Widersprüche — die freilich selten sind — von Amts wegen beachtet werden, erscheint sinnvoll und sollte nicht mißbilligt werden.

Die weit verbreitete These, die Beweiswürdigung könne nur auf Verfahrensrüge hin überprüft werden, ist danach nur im Grundsatz richtig. Falsch ist dagegen die Behauptung, dem Revisionsgericht sei die Beurteilung jeder tatsächlichen Frage entzogen[132] oder die Beweiswürdigung könne überhaupt nicht nachgeprüft werden[133].

Die Prüfung, ob Akten und Erfahrungswissen umfassend berücksichtigt und ausreichend dargestellt sind, kann aber nur gröbere Mängel erfassen. Soweit die Darlegungen „vertretbar", d. h. methodische Fehler nicht klar erkennbar sind, bleibt die Beweiswürdigung nach § 561 II ZPO entsprechend der Aufgabe des Revisionsgerichts und zu seiner Entlastung frei und, von einer ergänzenden Kontrolle durch Verfahrensrügen abgesehen, unangreifbar.

---

[127] RG JW 1910, 283 Nr. 11 (Widerspruch der Auslegung eines Schreibens zum klaren Wortlaut); *Döllerer*, StbJb 1966/67, 451 (460 ff.); *Nikisch*, § 125 II 1; *Grimm*, Festschrift f. d. BFH, S. 133; *Redeker/v. Oertzen*, § 137 Anm. 8; zum Ausschöpfen von Bezugnahmen s. u. 2 a.

[128] RGZ 149, 321 (325).

[129] RGZ 139, 353 (354).

[130] BFH 86, 114 (117); s. u. § 8 II 2 a.

[131] s. o. § 7 III 2.

[132] s. o. § 8 I 4 und u. § 9.

[133] *Kilian*, S. 13.

d) Rechtslage nach der StPO

Im Strafprozeß wird zwar auch die materielle Überprüfung auf Einhaltung der methodischen Regeln der Tatsachenfeststellung vorgenommen. Ergänzende Rügen der Verletzung des § 267 StPO werden aber nur zögernd in engem Rahmen zugelassen. Eingewandt wurde vor allem, im Strafprozeß müsse das Gericht nicht die Beweismittel angeben, aus denen es die Feststellungen des Tatbestands folgere. Enthalte das Urteil gleichwohl Angaben, so sei deren Unvollständigkeit und damit die Aktenwidrigkeit kein Verfahrensfehler[134].

Heute erscheint dies nicht mehr als zutreffend. Vielmehr muß sich auch das Strafgericht mit Tatsachen, die gegen die getroffenen Feststellungen sprechen, auseinandersetzen[135] und begründet die unzureichende Angabe der Beweisgründe den unwiderlegbaren Verdacht für einen Fehler der Beweiswürdigung[136]. Legt der Tatrichter die Beweiswürdigung offen, so ist er zugleich in einer Art „Selbstzwang" verpflichtet, dies in logisch geschlossener, lückenloser Weise zu tun[137]. Welche Anforderungen im einzelnen bestehen, mag offen bleiben. Wird aber ein unvollständiger und ungenauer Tatbestand als Rechtsfindungsfehler behandelt[138], so muß auch die unvollständige Beweiswürdigung zumindest in klaren Fällen Verfahrensfehler sein. So räumt z. B. *Jagusch* ein, auch Aktenwidrigkeit sollte mittels Aufklärungsrüge angegriffen werden können[139] und auch Fälle der Urkundenwidrigkeit seien zurückhaltend wie Verfahrensfehler zu behandeln. Sonstige Widersprüche zwischen Urteilsgründen und Sitzungsprotokoll hinsichtlich materieller Tatsachen hat die strafprozessuale Rechtsprechung dagegen bisher — wegen der fehlenden Protokollierungspflicht — als irrevisibel angesehen[140].

Festzuhalten bleibt hier nur, daß die Zurückhaltung im Strafprozeß im Zivilprozeß nicht erforderlich ist, da hier die Mündlichkeit eine geringere Rolle spielt und der Sachverhalt nicht als geschlossener Tatbestand dargestellt wird, so daß der Beweiswürdigung erhöhte Bedeutung zukommt, weil erst aus ihr endgültig ersichtlich wird, von welchem Geschehen das Berufungsgericht bei seiner Entscheidung ausging.

---

[134] *Mannheim*, S. 196; *Dahs/Dahs*, Rdnr. 43; krit. *Alsberg*, Gutachten f. d. 35. DJT, S. 440 (465 ff., 486).

[135] BGHSt 12, 311; *Kleinknecht*, § 267 Anm. 5; dagegen für den Zivilprozeß: RGZ 8, 14; 74, 143; *Stein*, Privates Wissen, S. 118 Fn. 46.

[136] *Baldus*, Ehrengabe f. *Heusinger*, S. 373 (388 f.).

[137] *Dahs/Dahs*, Rdnr. 69.

[138] s. o. § 7 III 1.

[139] In *Löwe/Rosenberg*, § 337 B II 3 c aa, cc; für Aufklärungsrüge *Dahs/Dahs*, Rdnr. 23.

[140] Vgl. Denkschrift 1971, S. 39.

2. Verwertung des Akteninhalts

a) *Ausschöpfen von Bezugnahmen*

§ 313 II ZPO gestattet anstelle einer eigenen Darstellung die Bezugnahme auf vorbereitende Schriftsätze und das Sitzungsprotokoll, sofern der Tatbestand den sachlichen Streit trotzdem aus sich heraus verständlich wiedergibt. Die Verweisung auf andere bei den Akten befindliche Urkunden, Unfallskizzen, Fotos etc. ist gleichfalls unbedenklich, sofern eindeutig erkennbar bleibt, worauf im einzelnen Bezug genommen wird[141]. Wurde der Inhalt von Beiakten tatsächlich vorgetragen, so genügt aber keine summarische Verweisung, damit Klarheit über den tatsächlichen Gegenstand der mündlichen Verhandlung besteht[142]. Wenn auch die allgemeine Verweisung auf den Akteninhalt nicht allein genügt, so steht dem Revisionsgericht doch durch eine ausreichend bestimmte Verweisung regelmäßig der gesamte Akteninhalt offen[143]. Ist die Bezugnahme zulässig, wird der einbezogene Inhalt von Urkunden und Augenscheinsobjekten auch Prozeßstoff der Revisionsinstanz: die Bezugnahme ist daher grundsätzlich so zu behandeln, als stünde der bezuggenommene Text wörtlich eingesetzt im angefochtenen Urteil.

Die Bezugnahme ist notwendig; aber sie muß nicht unbedingt ausdrücklich erfolgen. Die tatsächliche Erwähnung, die sachliche Auseinandersetzung mit einer Urkunde genügt, wenn kein Zweifel sein kann, daß diese wirklich Gegenstand des Berufungsverfahrens war[144]. Deshalb gehört eine Tatsache auch dann zum Tatbestand, wenn sich das Gericht damit fehlerhafterweise nur in den Entscheidungsgründen befaßt, ohne sie zuvor mitzuteilen[145].

Soweit der Sachverhalt unstreitig ist, bestehen gegen derartige Rückgriffe auf Schriftsätze, Urkunden oder beigezogene Akten zur Ergänzung der bewiesenen Tatsachen keine Bedenken[146]. Dagegen kann nicht allgemein ohne ausdrückliche Verweisung wegen der nach § 137 III 1 ZPO zulässigen Bezugnahme der gesamte Akteninhalt als festgestellt gelten[147]. Dies widerspräche § 313 I Nr. 3, II 1 ZPO, der eine eigenständige

---

[141] Vgl. *Stein/Jonas/Schumann/Leipold*, § 313 IV 4 a.

[142] *Dütz*, SAE 1971, 102 (103 f.).

[143] *Bruns*, § 54 VII 1 a; *Möhring*, Mitt. 1959, 241 (243).

[144] BFH 91, 213 (216) = NJW 1968, 1743 (1744) (Zeitpunkt der Zustellung eines Steuerbescheids und einer Betriebsprüfung zur Prüfung der Verjährung); *v. Wallis/List*, § 118 Rdnr. 26 (Steuer- u. Einspruchsbescheid).

[145] s. o. § 5 I 1 a.

[146] So *Döllerer*, DRiZ 1964, 158 (161) u. StbJb 1966/67, 451 (462); offen gelassen bei BFH 104, 482 (484).

[147] OGH NJW 1950, 696 (697); BAG NJW 1970, 1812 (1813); BAG AP Nr. 59 zu § 611 BGB Haftung des Arbeitnehmers; *Rosenberg/Schwab*, § 59 II 2 d; a. A. *Wieczorek*, § 561 A I b 1, § 137 B II, § 313 B III c.

Sichtung des Prozeßstoffs durch das Tatsachengericht verlangt, würde § 320 ZPO weitgehend aushöhlen und wäre mit § 561 I 1, II ZPO nicht vereinbar, wonach ausschließlich dem Protokoll und dem Urteil zu entnehmen ist, was Gegenstand der mündlichen Verhandlung war.

Nach dem Entwurf eines zweiten Gesetzes zur Änderung der ZPO soll auf die Wiedergabe eines in sich verständlichen Bildes vom tatsächlichen und rechtlichen Streitstoff im Tatbestand ganz verzichtet werden (E § 313 II); alle Einzelheiten sollen nur mittelbar durch Verweisung dargestellt werden. Dadurch wird das Urteil sicherlich von viel unnötigem „Schreibwerk“ entlastet. Andererseits wird die Nachprüfung des Urteils dadurch möglicherweise erschwert. Denn eine fast vollständige Bezugnahme auf die Akten verstärkt die Gefahr unklarer oder widersprüchlicher Tatbestände ganz erheblich, z. B. wenn die Schriftstücke, auf die verwiesen wird, sich inhaltlich widersprechen, ohne daß der Widerspruch — wie dies bei erschöpfender Würdigung erforderlich wäre[148] — in den Entscheidungsgründen gelöst wird. Die textliche Trennung macht die Unklarheit nur weniger deutlich. Stellt das Gericht aber ein Geschehen fest, das den in Bezug genommenen Schriftsätzen oder dem sonstigen Inhalt der Vorprozeßakten widerspricht, so ist der Tatbestand widersprüchlich[149] und das Revisionsgericht ist daran nicht gemäß § 561 II ZPO gebunden.

Freilich wird das Revisionsgericht den Widerspruch zwischen Beiakten und übrigem Tatbestand regelmäßig nur bei formeller Verfahrensrüge erkennen. Wie in anderen Fällen kann aber auch ohne Rüge beachtet werden, wenn das Revisionsgericht von sich aus erkennt, daß der Tatbestand sachliche Widersprüche enthält[150]. Auch dieser Widerspruch führt als Verfahrensfehler nur dann zur Aufhebung des Urteils, wenn er zumindest möglicherweise kausal ist, d. h. nach Beurteilung des gesamten Akteninhalts ein anderes Ergebnis wahrscheinlich erscheint.

Dadurch wird das Problem der Aktenwidrigkeit für den Zivil- und Verwaltungsprozeß bereits weitgehend entschärft. Das Revisionsgericht ist nicht darauf beschränkt, die im Urteil nicht dargestellten, aber in Bezug genommenen Teile einer Aussage bzw. eines Vertrages nur auf

---

[148] Vgl. Begründung zum Entwurf, S. 26 f.; krit. *Bender,* DRiZ 1972, 230 (232) (Verlagerung des ungekürzten Tatbestands in die Entscheidungsgründe). Die Vereinfachungsnovelle 1973 sieht diese Änderung nicht mehr vor.

[149] RGZ 149, 321 (325); BGH LM Nr. 2 zu § 134 ZPO; *Baumbach/Lauterbach/Albers/Hartmann,* § 550 Anm. 1 c, 2 Tatbestand; *v. Wallis/List,* § 118 Rdnr. 19; anders im Strafprozeß, vgl. Denkschrift 1971, S. 40, da Bezugnahme nicht möglich.

[150] BAG NJW 1967, 2226 (L) = AP Nr. 13 zu § 91 a ZPO (Widerspruch zwischen tatsächlichen Feststellungen in den Entscheidungsgründen und in bezug genommenen Schriftsätzen); a. A. *Dütz,* SAE 1971, 102 (104) m. w. N.; s. o. § 7 III 1.

ihre Erheblichkeit zu prüfen und dann zurückzuverweisen[151]. Die Bezugnahme bewirkt vielmehr, daß das Revisionsgericht die einbezogenen Schriftstücke selbst voll beurteilen kann. An fehlerfreie Beurteilungen der Tatsacheninstanz bleibt es zwar gebunden. Es kann aber z. B. auch einbezogene Vertragsklauseln würdigen, die das Berufungsgericht nicht beachtet hatte[152], einerlei, ob das Revisionsgericht die übrigen Feststellungen als unzureichend ansieht oder ob es eine andere Rechtsauffassung vertritt. Das Revisionsgericht würdigt auf diese Weise zwar selbst Tatsachen. Aber es wäre mit einem auf schnellen effektiven Rechtsschutz abgestellten Verfahren unvereinbar, in diesen Fällen zurückzuverweisen, auch wenn ein Spielraum für die tatsächliche Würdigung besteht[153]. Vielmehr besteht auch dann Entscheidungsreife, wenn nur Bezugnahmen neu gewürdigt und gerichtlich festgestellt werden.

Den Beteiligten ist jedoch zu den bisher nicht erörterten Teilen des Sachverhalts rechtliches Gehör zu gewähren[153]. Bedarf die Bedeutung bisher nicht gewürdigter Tatsachen, z. B. von Vertragsklauseln, nach den Stellungnahmen der Parteien jedoch weiterer Aufklärung durch Ermittlung neuer Tatsachen, so ist zurückzuverweisen.

b) *Tatsachenfeststellung unmittelbar aus den Akten*

Damit verbleibt als möglicher Inhalt der Aktenwidrigkeit, inwieweit das Revisionsgericht selbständig — ohne Verfahrensrüge — Akten, die nicht durch Bezugnahme offen stehen, daraufhin überprüfen kann, ob sich darin Tatsachenmaterial findet, das die Tatsacheninstanzen nicht genutzt haben oder das den Verdacht nährt, die Tatsachen seien sonst fehlerhaft festgestellt[154].

Für die *fG-Rechtsbeschwerde* wird dies teilweise vertreten: Vom Beschwerdegericht nicht festgestellte Tatsachen, die sich zweifelsfrei aus den Akten ergeben, dürfe das Rechtsbeschwerdegericht voll berücksichtigen[155]. Auch bei der *Patentrechtsbeschwerde* sollen die aus den Vorinstanzakten ersichtlichen Umstände der unbeschränkten Nachprüfung des Rechtsbeschwerdegerichts unterliegen[156].

---

151 So RGZ 57, 358 (363).

152 BGHZ 8, 130 (131) (Text einer Arbeitsanweisung); BayObLGZ 1954, 1 (5) (Klausel der Prozeßvollmacht); s. u. § 9 I 4.

153 Vgl. BFH 91, 213 (217).

154 Dafür de lege ferenda in Strafsachen: *Alsberg*, Gutachten f. d. 35. DJT, S. 440 (487); *Schwarz*, DStR 1936, 24 (33 f.).

155 *Jansen*, § 27 Rdnr. 38; BGH NJW 1955, 1070 (Zeitpunkt des Erbfalls aus den Grundakten); *Keidel/Winkler*, § 27 Rdnr. 42; *Meikel/Imhof/Riedel*, § 78 Rdnr. 8; krit. *Unger*, ZZP 42, 104 (155 Fn. 118).

156 *Benkard/Rogge*, § 41 w Rdnr. 7; zur Berücksichtigung der Erteilungsakten s. u. § 9 I 6.

In beiden Verfahren gilt zwar die *Offizialmaxime* (§ 12 FGG; § 41 b I 1 PatG); allein wegen der Bindung des Rechtsbeschwerdegerichts nach § 27 S. 2 FGG; § 41 w II PatG an die festgestellten Tatsachen könnte dies keine Bedeutung haben[157]. Soweit aber die aus den Akten entnommenen Fakten unstreitig sind, oder lediglich unscharfe Äußerungen aus den Akten verdeutlicht und geklärt werden sollen, läßt sich von einem stillschweigenden Bezug auf die Akten, wenn auch nicht von Gerichtskundigkeit der Tatsachen[158] ausgehen und beides miteinander vereinbaren[159].

Darüber hinaus kann das Revisionsgericht wegen der Bindung an die getroffenen Feststellungen gemäß § 561 II ZPO nicht allgemein ohne Verfahrensrüge Lücken in den Feststellungen aus den Beiakten schließen[160].

Auch im *Strafprozeß* wird immer wieder gefragt, ob das Revisionsgericht nicht zur Ausfüllung sonst nicht behebbarer Lücken auf „aktenkundige" Tatsachen zurückgreifen und sie, insb. den Inhalt von Urkunden, selbst aus den Akten feststellen dürfe[161]. Das Problem ist dort nicht anders zu lösen. Für Lücken zu Feststellungen eines Urkundeninhalts, z. B. über Rückfallvoraussetzungen, bestehen keine Bedenken auf die Akten zurückzugreifen. Denn hierbei handelt es sich um regelmäßig unstreitige Tatsachen, wenn auch nicht um eine Berichtigung offenbarer Unrichtigkeiten gemäß § 319 ZPO, die ebenfalls in der Revision zulässig ist.

Sobald Tatsachen dagegen streitig sind, ist ein „offener" Rückgriff auf Akten unzulässig und muß es dabei bleiben, da es nicht Aufgabe des Revisionsgerichts ist, den Sachverhalt zu ergänzen[162].

Die Verwertung weiteren Materials, z. B. eines ärztlichen Gutachtens aus beigezogenen Verwaltungs- oder Strafakten, würde zudem gegen Art. 103 I GG verstoßen, wenn diese Tatsachen nicht zum Gegenstand einer mündlichen Tatsachenverhandlung gemacht würden[163], in der deren Inhalt frei erörtert werden kann.

---

[157] s. o. § 5 I 2.

[158] s. u. III 3 b.

[159] Vgl. *Jansen*, § 27 Rdnr. 43; *Riewald*, in *Becker/Riewald/Koch*, § 118 Anm. 4 (8).

[160] BAG AP Nr. 59 zu § 611 BGB Haftung des Arbeitnehmers; *Peters/Sautter/Wolff*, § 163 Anm. 2 (Bl. 91); vgl. *Zöller/Karch*, § 554 Anm. 2 Nr. 2; zum Urkundenbeweis in der Revisionsinstanz s. u. § 14 II 1.

[161] *Willms*, Ehrengabe f. *Heusinger*, S. 393 (403 Fn. 29); vgl. *Sarstedt*, S. 173.

[162] s. o. § 5 I 2.

[163] *Peters/Sautter/Wolff*, § 162 Anm. 3 c (Bl. 64); vgl. BFH 102, 207 (212).

3. Tatbestandsberichtigung durch das Revisionsgericht

Widersprechen die Feststellungen des Gerichts dem Vorbringen der Parteien, so können diese den Mangel durch Antrag auf Tatbestandsberichtigung beheben lassen (§ 320 ZPO). Wer diese Möglichkeit nicht nützt, muß sich damit abfinden, daß die fehlerhaften Beurkundungen und Feststellungen nach § 561 ZPO bindend sind[164].

Das Revisionsgericht darf dagegen auf die Akten zurückgreifen, wenn die Parteien eine Tatbestandsberichtigung beantragen, das Berufungsgericht darüber aber nicht mehr entscheiden kann, weil das Urteil verspätet (vgl. § 320 II 2 ZPO) abgesetzt wurde oder weil alle Richter nach Absetzung des Urteils wegen Besorgnis der Befangenheit abgelehnt wurden.

Während sonst gegen die Berichtigung oder deren Ablehnung grundsätzlich kein Rechtsmittel gegeben ist[165], muß in diesen Fällen dem Revisionskläger Rechtsschutz durch das Revisionsgericht gewährt werden. Deshalb kann der Revisionskläger die Tatsachenfeststellungen entgegen den §§ 314, 320 ZPO mit Verfahrensrüge[166] angreifen. Dazu hat der Kläger den von ihm als richtig angesehenen Tatbestand zu behaupten und das Revisionsgericht hat zu prüfen, ob das Vorbringen, das den Berichtigungsantrag stützen sollte, eine andere Entscheidung rechtfertigen würde[167], ob also die fehlende Berichtigung kausal für die Entscheidung ist. Ist dies der Fall, so kann das Revisionsgericht aber allgemein nicht lediglich aufheben und zurückverweisen[168]. Soweit möglich hat es vielmehr anhand des behaupteten Tatbestandes und der Akten selbst den richtigen Tatbestand zu ermitteln und der neuen Entscheidung in der neuen Fassung zugrundezulegen[169].

Gestatten die Akten keine Entscheidung über den Berichtigungsantrag, so kann der Fehler des Tatbestandes ohne Neuverhandlung nicht behoben werden und es ist deshalb zurückzuverweisen. Eine Beweisaufnahme zur Tatbestandsberichtigung scheidet auch vor dem Revisionsgericht aus (vgl. § 320 IV 1 ZPO).

---

[164] BAG AP Nr. 2 zu § 7 KSchG; BAG AP Nr. 59 zu § 611 BGB Haftung des Arbeitnehmers (Bl. 191 R).

[165] *Baumbach/Lauterbach/Albers/Hartmann*, § 320 Anm. 5 D; vgl. zur Reichsgerichtspraxis kritisch *Rintelen*, Materialien zur Novelle 1905, S. 28.

[166] *Pohle*, AP Nr. 1 zu § 60 ArbGG 1953.

[167] BAG AP Nr. 2 zu § 320 ZPO m. Anm. v. *J. Blomeyer; Fischer*, LM Nr. 4 zu § 551 Ziff. 7 ZPO.

[168] So *Baumbach/Lauterbach/Albers/Hartmann*, § 551 Anm. 8 C, § 550 Anm. 2 Tatbestand; *Fischer* (Fn. 167).

[169] BAG (Fn. 167).

III. Prüfung und Verwertung offenkundiger Tatsachen

1. Kritik des Meinungsstandes

Als letzte Möglichkeit, den Tatsachenstoff durch das Revisionsgericht abzuändern, verbleibt, § 561 ZPO bei offenkundigen Tatsachen einzuschränken.

Häufig wird gelehrt, das Revisionsgericht sei gebunden, wenn das Tatsachengericht die Offenkundigkeit eines Faktums bejaht habe, und zwar daran, daß diese Tatsache dem Gericht offenkundig ist, und an den Inhalt dessen, was als offenkundig bezeichnet wurde[170]. Dies würde auch der Systematik des Gesetzes entsprechen, daß Tatsachenfeststellungen nach § 561 II ZPO ausnahmslos bindend sind. Die sachliche Richtigkeit des Festgestellten dürfte das Revisionsgericht daher nicht nachprüfen, sondern nur, ob der Begriff der Offenkundigkeit verkannt wurde[171].

Bei offenkundigen Tatsachen scheint diese Konsequenz aber vielen als nicht annehmbar. Deshalb werden Ausnahmen zugestanden.

So werden — in offenem Widerspruch zueinander — Feststellungen offenkundiger Tatsachen als bindend, zugleich aber Feststellungen im Widerspruch zu offenkundigen Tatsachen als nicht bindend angesehen[172].

Unscharf ist auch die Meinung, das Revisionsgericht dürfe zwar von sich aus offenkundige Tatsachen berücksichtigen, ihre Behauptung durch die Parteien sei aber wegen § 561 I 1 ZPO unzulässig[173]. Führt das Revisionsgericht nämlich von sich aus neue Tatsachen in das Verfahren ein, so widerspricht dies grundsätzlich § 561 II ZPO[174]. Außerdem ist für ein Verfahren mit Verhandlungsmaxime eine Ausnahme nur zugunsten des Gerichts nicht akzeptabel. Nach Art. 103 I GG ist auch zumindest Gelegenheit zu geben, daß die Parteien darlegen, die Sache sei doch nicht offenkundig oder verhalte sich anders als angenommen. Da zudem das Gericht Parteivorbringen stets als nicht offenkundig zurückweisen, sich aber auch an die offenkundige Tatsache erinnern kann, ist nicht einzusehen, warum die Partei dazu nicht den Anstoß geben darf.

---

[170] *Baumbach/Lauterbach/Albers/Hartmann*, § 291 Anm. 2 B (jedoch für Prüfung, ob Offenkundigkeit hinreichend sicher festgestellt); *Richard Schmidt*, S. 804 Fn. 1; *Stein*, 10. Aufl., § 561 II; *Stein*, Privates Wissen, S. 172; *Mezger*, S. 177; *v. Wilmovsky/Levy*, § 524 Anm. 1; *Kilian*, S. 10.

[171] RGZ 143, 175 (183 f.); *Förster/Kann*, § 561 Anm. 3 a. E.; *Sydow/Busch/Krantz/Triebel*, § 291 Anm. 2; kritisch gegen eine unvollständige Prüfung dieser Frage in Strafsachen *Warda*, S. 79 f.

[172] *Thomas/Putzo*, §§ 291 Anm. 2, 561 Anm. 5 a.

[173] *Rosenberg/Schwab*, 10. Aufl., § 117 I 3 (anders für neue Tatsachen § 146 II 3 h).

[174] s. o. § 5 I 2.

Wenig verständlich ist ferner, daß das Revisionsgericht zwar eine gerichtsbekannte Tatsache neu seinem Urteil zugrundelegen, eine seinem Wissen widersprechende, aufgrund von Offenkundigkeit festgestellte Tatsache aber nur auf Verfahrensrüge ersetzen können soll[175]; anders ausgedrückt: die Feststellungen dürften durch offenkundige Alttatsachen ergänzt werden, das Gericht dürfe aber nicht von den Feststellungen der Vorinstanz abweichen[176]. Dann könnten nämlich nur Lücken oder Unklarheiten, nicht aber offensichtliche Irrtümer und Mißgriffe beseitigt werden.

Alle diese Meinungen zeigen, daß ein Bedürfnis besteht, offenkundige Tatsachen anders als andere Feststellungen zu behandeln, damit nicht offensichtlich falsche Entscheidungen ergehen. Die zugestandenen Ausnahmen vermögen aber nicht zu überzeugen.

In dem meist zitierten Farina-Fall[177] war Verfahrensrüge erhoben worden. Dagegen hat das RG in Strafsachen auf Sachrüge hin erkannt, daß Feststellungen zur Schuldfrage, die in Widerspruch zu offenkundigen, insbesondere allgemeinkundigen Tatsachen stehen, eine in sich widerspruchsvolle Schuldfeststellung beinhalten; damit liege ein materiellrechtlicher Mangel vor, der zur Aufhebung berechtige[178].

Die Berichtigung offensichtlich auf Versehen beruhender Feststellungen, die das schweizerische Bundeszivilprozeßrecht zuläßt, worunter auch die Änderung offenkundiger Feststellungen fällt[179], kennt das deutsche Zivilprozeßrecht nicht.

Dennoch wird wegen der Ungereimtheit der Ausnahmen teilweise angenommen, es widerspreche nicht dem Zweck des § 561 ZPO, das Revisionsgericht von Tatsachenfeststellungen zu befreien, wenn neue offenkundige Tatsachen berücksichtigt werden[180].

Führt das Revisionsgericht aus, das Berufungsgericht habe eine Tatsache zu Unrecht als offenkundig angesehen oder eine Tatsache bedürfe keinen Beweises, so liegt darin allein zwar keine neue Tatsachenfeststellung[181], jedoch eine sachliche Beanstandung oder Bestätigung tatsächlicher Feststellungen. Bei einer Aufhebung ist dann zu fragen, ob die

---

175 *Rosenberg/Schwab*, § 117 I 3 c, § 146 II 2; für Verfahrensrüge auch *Brackmann*, S. 254 b.

176 *Fasching*, § 269 österr. ZPO Anm. 6 (für die Berufungsinstanz); für völlige Bindung dagegen *Petschek/Stagel*, S. 391.

177 RG JW 1933, 1655.

178 RG JW 1932, 420 Nr. 24 m. Anm. v. *Scanzoni;* ebenso: OLG Braunschweig, NJW 1947/48, 353; *Kleinknecht*, § 337 Anm. 6.

179 Art. 55 I lit. d, 63 II 2 OG (auf Rüge o. von Amts wegen); vgl. *Hotz*, S. 20.

180 *Stein/Jonas/Grunsky*, § 561 II 2 g; *Rosenberg/Schwab*, § 146 II 3 h; *Zeiss*, S. 277.

181 *Haueisen*, DOK 1969, 69 (72).

richtige Tatsache auch ersetzend festgestellt werden kann. Für „unmögliche" Feststellungen ist bereits dargelegt worden[182], daß überwiegend eine Bindung des Revisionsgerichts geleugnet wird; dazu werden auch und vor allem offenkundige Tatsachen gerechnet. Für Erfahrungssätze wird, wie dargelegt[183], angenommen, das Revisionsgericht dürfe ihre Anwendung nachprüfen und sie — jedenfalls bei Entscheidungsreife — auch selbst anwenden. Dies muß dann auch für offenkundige Tatsachen gelten, auch wenn beide Gruppen nicht identisch sind, sondern Erfahrungssätze stets Obersätze sind. Offenkundig können Erfahrungssätze aber ebenso wie die Elemente des Einzelgeschehens sein[184]. Auch sind offenkundige Einzeltatsachen Grundlage für die Ableitung von Erfahrungssätzen und gelegentlich besteht zwischen beiden nur ein gradueller Unterschied. So läßt sich etwa die Entfernung zwischen zwei Orten, die als Beispiel für Offenkundigkeit gebraucht wird[185], mit gleichem Recht als Frage der Erfahrung bezeichnen. Daß sich Gerichte nicht in Widerspruch zu aller Welt offenem Wissen setzen, liegt im öffentlichen Interesse an der Erhaltung des Ansehens der Gerichte.

2. Berichtigung offenbarer Unrichtigkeiten

Offenbare Unrichtigkeiten jeder Art können nach § 319 ZPO auch vom Revisionsgericht korrigiert werden, solange der Rechtsstreit bei ihm anhängig ist[186].

3. Freie Prüfung und Verwertung offenkundiger Tatsachen

a) Allgemeinkundige Tatsachen

Da den verschiedenen Ausnahmen die Berechtigung nicht abzusprechen ist, läßt sich eine glatte Lösung nur erreichen, wenn alle Feststellungen zu allgemeinkundigen Tatsachen[187] vom Revisionsgericht frei nachgeprüft werden können[188]. Dies erscheint als gerechtfertigt, weil das Revisionsgericht jedenfalls an der Allgemeinkundigkeit selbst teilhaben muß[189].

---

[182] s. o. § 7 III 2.

[183] s. o. § 7 V, VI; § 8 I 4.

[184] Vgl. *Baumbach/Lauterbach/Albers/Hartmann*, § 291 Anm. 2 A.

[185] *Sarstedt*, S. 233 ff., 237; *Stein*, Privates Wissen, S. 140.

[186] *Rosenberg/Schwab*, § 60 I 3 a; *Stein/Jonas/Schumann/Leipold*, § 319 II 1; *Henke*, S. 131; BVerwG 30, 146; so bereits *Bolze*, ZZP 14, 415 (422); RG Bolze 4, 998, Nr. 1458.

[187] Zum Begriff vgl. *Stein*, Privates Wissen, S. 138 ff., 147 ff.

[188] Dafür: *Wach*, Die Beschimpfung von Religionsgesellschaften, DZfKirchenrecht, II (1892), 161 (186 f.) (Reliquieneigenschaft des „Trierer hl. Rocks"); *Sarstedt*, S. 105, 238; *Kern/Roxin*, S. 273; *Meyer*, in *Löwe/Rosenberg*, § 337 V 2 d, 3 a; *Dahs/Dahs*, Rdnr. 43; *Hegler*, Rechtsgang I, S. 401 Fn. 1; für geschicht-

Allgemeinkundiges berechtigt nicht nur zur *Aufhebung* des Urteils auf Verfahrensrüge, sondern unvollständige tatrichterliche Feststellungen dürfen durch allgemeinkundige Tatsachen *ergänzt*[190] und falsche Feststellungen durch zutreffende allgemeinkundige Angaben *ersetzt* werden[191]. Dies gilt auch, wenn es sich um eine allgemeinkundige Neutatsache, wie die fortschreitende Inflation, handelt[192].

Es wäre auch widersinnig, einen neuen Rechtszug zu verlangen, obgleich über den Inhalt der allgemeinkundigen Tatsachen letztlich kaum Streit sein kann[193] und individuelle Wertungen insoweit nicht anstehen. Wie die Offenkundigkeit einer Tatsache der Bindungswirkung des Geständnisses vorgeht[194], so zwingt die Einordnung des Rechts in die soziale Wirklichkeit auch dazu, daß der Revisionsrichter offenkundige Tatsachen frei beurteilt.

Nur scheinbar auszunehmen sind lokale Verkehrssitten, die der Tatrichter als offenkundig feststellte[195]. Denn an ihnen hat der Revisionsrichter meist nicht teil und ist daher — von Fällen abweichender Gerichtskundigkeit abgesehen — grundsätzlich gebunden. Ebenso ist die „offenkundige" Vorbenutzung einer Erfindung (§ 2 S. 1 PatG) regelmäßig keine allgemein- oder gerichtskundige Tatsache[196].

Offen bleibt allerdings noch, ob auch nachträglich eingetretene allgemeinkundige Tatsachen beachtet werden dürfen[197].

---

liche Tatsachen: *Eyermann/Fröhler*, § 137 Rdnr. 9; vgl. auch *Thierfelder*, JurA 1971, 428 (443); *Alsberg/Nüse*, S. 137 Fn. 107.

[189] KG NJW 1972, 1909; BGHSt 6, 292 (293 ff.); *Müller/Sax*, § 337 Anm. 4 a.

[190] *A. Weber*, DRiZ 1929, 173; *Heiligmann*, NJW 1972, 1961 f.; *Grimm*, Festschrift f. d. BFH, S. 126 (134 f.); *Meyer*, in *Löwe/Rosenberg*, § 337 V 3 b; *Müller/Sax*, § 337 Anm. 5 b, 6 a.

[191] So bereits *Bolze*, ZZP 14, 415 (433/34); BGH MDR 1973, 210 (entgegen Gutachten kein Konstruktions-, nur Bedienungsfehler); OLG Saarbrücken VRS 38, 453 (falsche Ortsbezeichnungen); *Bruns*, § 54 III 4 Fn. 64; *Staudinger/Göppinger*, Anh. § 1666 Rdnr. 196; *Kleinknecht*, § 337 Anm. 6 (für Beachtung geschichtlich erwiesener und allgemein bekannter Tatsachen; Fehler führt zur Aufhebung als materiellrechtlicher Verstoß); *Brackmann* I, S. 254 b; *Peters/Sautter/Wolff*, § 163 Anm. 3; wohl auch *Haueisen*, DOK 1969, 69 (72) (der jedoch meint, es handele sich nicht um Feststellung von Tatsachen); *v. d. Pfordten*, ZRpflBay 1919, 299 (300) (Beseitigung von Rechenfehlern).

[192] Der Ausweg des RG, im Festhalten am bisherigen Antrag einen materiellrechtlichen Verstoß gegen § 242 BGB zu sehen, der ohne weiteres geprüft werden könne, ohne daß dabei die neue Tatsache der Aufwertung beachtet werden müsse (so RGZ 107, 149 [150]), ist ersichtlich fehlerhaft. Denn die Subsumtion unter § 242 BGB setzt voraus, daß der Aufwertungseinwand bereits beachtet ist.

[193] *Grimm*, Festschrift f. d. BFH, S. 126 (134/35).

[194] *Stein*, Privates Wissen, S. 168.

[195] Vgl. *Boyens*, S. 153 (164); *Rosenberg/Schwab*, § 116 II 2 Fn. 4.

[196] Vgl. *Möhring*, Mitt. 1959, 241 (245).

[197] Dagegen: *Lazarus*, Gruchot 52, 636; *Fasching*, § 269 österr. ZPO Anm. 6 (für die Berufungsinstanz); s. u. § 13 III 2.

b) *Gerichtskundige Tatsachen*

Zweifelhaft erscheint dagegen, ob das Revisionsgericht auch bloße gerichtskundige Tatsachen[198] frei verwerten darf. Anders als bei allgemeinkundigen Tatsachen erscheint ihre Berücksichtigung bei der eigenen Sachentscheidung des Revisionsgerichts als gefährlich. Denn Gerichtskundigkeit ist nicht auf einen bestimmten Sachbereich möglicher Feststellungen beschränkt, da nicht zuletzt alle aus früheren Prozessen, vor allem durch Sachverständigengutachten einwandfrei bekannten Tatsachen als gerichtsbekannt gelten[199]. Zudem ist den Parteien eine Kontrolle dieses gerichtlichen Wissens nur schwer möglich[200].

Das öffentliche Interesse an einer wahrheitsgemäßen Rechtspflege berechtigt das Revisionsgericht aber auch bei bloßer Gerichtskundigkeit, entgegenstehende Feststellungen aufzuheben oder Behauptungen des Revisionskläger zurückzuweisen[201] und die tatsächlichen Feststellungen abweichend von denen der Vorinstanz zu treffen[202]. § 561 II ZPO gilt zwar generell, rechtfertigt aber gleichwohl nicht, daß nur die Tatsacheninstanzen ihre Gerichtskunde in das Verfahren einführen dürfen und das Revisionsgericht entgegen seinem Wissen zu urteilen hat. Allerdings gilt diese Freiheit nur, wenn das Revisionsgericht ausnahmsweise *eigenes Wissen* verwerten kann. Vor allem dürfte dies bei mehreren gleichartigen Verfahren bezüglich des Hintergrundgeschehens der Fall sein. Fehlt es daran, so kann das Revisionsgericht die Richtigkeit der als gerichtsbekannt bezeichneten Tatsache nicht nachprüfen[203].

In jedem Fall muß das Revisionsgericht, das gerichtskundige Tatsachen neu verwerten will, dazu *rechtliches Gehör* gewähren[204].

Bestreiten die Parteien die Richtigkeit der als gerichtskundig angesehenen Tatsachen, so sollte ein Durcherkennen nur ausnahmsweise erfolgen, weil ein Irrtum des Revisionsgerichts nicht auszuschließen ist und den Parteien der Nachweis dieses Irrtums jedenfalls dann nicht verwehrt werden darf, wenn das Revisionsgericht eine Tatsache zum erstenmal in das Verfahren einführt.

Gerichtskundigkeit ist ein sachlich nicht begrenzter Einbruch in das allgemeine Beweissystem, berechtigt in Fällen, in denen das Gericht den

---

[198] Zum Begriff vgl. *Stein*, Privates Wissen, S. 157 ff.

[199] Vgl. *Schultz*, Festgabe f. *Richard Schmidt*, S. 283 (294) (zur Anwendbarkeit des § 291 ZPO).

[200] Vgl. *Baumbach/Lauterbach/Albers/Hartmann*, § 291 Anm. 1 b.

[201] OGH NJW 1950, 696 (697) (Übung des OLG Hamburg zur Bezugnahme auf Schriftsätze).

[202] RG JW 1933, 1655 „Farina" m. krit. Anm. v. *Heydt*.

[203] BGHSt 6, 292 (293 ff.).

[204] BayObLGZ 1965, 94 (103).

Beweisstoff tatsächlich (besser) kennt. Dagegen geht es nicht an, Tatsachen, die weder der entscheidende Spruchkörper noch das Gericht als organisatorische Einheit[205] kennt, als gerichtsbekannt zu unterstellen. Würde man von der Fiktion ausgehen, dem Revisionsgericht sei der Stand der Technik, d. h. sämtliche technischen Druckschriften der letzten 100 Jahre, bekannt[206], so würde die Funktion des § 291 ZPO entscheidend gewandelt. Diese besteht darin, daß über allgemein oder doch dem Gericht Bekanntes kein Beweis erhoben zu werden braucht. Geht man vom Prozeßzweck gerechter Sachentscheidung aus, so ist es berechtigt, erweiternd dem Revisionsgericht zu gestatten, Irrtümer über „Offenkundiges" zu korrigieren. Wollte man aber Unbekanntes als gerichtsbekannt behandeln, so würde anstelle eines Beweisantritts durch die Parteien die Amtsermittlung durch das Revisionsgericht treten. Dem steht nicht entgegen, daß das Revisionsgericht befugt ist, Erfahrungssätze von Amts wegen zu berücksichtigen. Denn dem liegt nicht die Fiktion der Gerichtskundigkeit zugrunde, sondern lediglich die Befugnis, das in das Verfahren eingeführte Erfahrungswissen zu vermehren. Es kann aber nicht für bestimmte Prozeßarten zum Regelfall gemacht werden, daß das Revisionsgericht zeitraubende und schwierige Ermittlungen über den gegenwärtigen Wissensstand selbst durchführen läßt. Auch läßt sich das Problem der Aktenwidrigkeit bzw. der Feststellungslücken nicht dadurch lösen, daß der Akteninhalt als gerichtsbekannt anzusehen ist[207]. Wohl aber können aus verschiedenen früheren Urteilen bekannte Tatsachen als gerichtsbekannt behandelt werden[208].

---

205 Für deren Berücksichtigung: BGHSt 6, 292 (294); *Rosenberg/Schwab*, § 117 I 3 b; dagegen *Stein*, Privates Wissen, S. 159/60.

206 So *Möhring*, Mitt. 1959, 241 (245).

207 Vgl. *Stein*, Privates Wissen, S. 158; *L. Müller*, S. 49.

208 BGHSt 6, 292 (294 ff.).

§ 9. Selbständige tatsächliche Würdigung der Feststellungen durch das Revisionsgericht im Rahmen reformatorischer Entscheidung

I. Materielles Sachverhältnis

1. Berechtigung tatsächlicher Würdigung im Rahmen reformatorischer Entscheidung

Die Beweiswürdigung ist Kern der Tatsachenfeststellung. Das Revisionsgericht kann daher zwar die Beweiswürdigung überprüfen: grobe Fehler — bei Verstößen gegen die Denkgesetze oder allgemeine Erfahrungssätze — von Amts wegen, weniger „offensichtliche" auf Verfahrensrüge hin, aber es kann nicht allgemein die tatsächlichen Feststellungen in eigener freier Würdigung verwerfen oder bestätigen[1]. Von einer formell mangelhaften Beweiswürdigung abgesehen, sind daher mögliche, aber zweifelhafte Würdigungen bindend[2]. Die These, die Revisionsgerichte würden im Rahmen der materiellrechtlichen Prüfung jede zweifelhafte, möglicherweise fehlerhafte tatsächliche Würdigung „aufheben" und korrigieren[3], läßt sich allgemein kaum ausreichend belegen. Könnte die Revision auf den Angriff gestützt werden, die Beweiswürdigung als solche sei unrichtig, das Verhandlungsergebnis unrichtig dargestellt, so bliebe von der Bindung des Revisionsgerichts an die festgestellten Tatsachen (§ 561 II ZPO) nur wenig übrig; die Revision wäre dann Berufung unter Ausschluß neuen Vorbringens.

Deshalb wird häufig behauptet, das Revisionsgericht könne zwar Tatsachenfeststellungen aufheben, nicht aber selbst Tatsachen feststellen[4]; eine *drittinstanzliche Beweiswürdigung* sei somit allgemein und damit auch im Rahmen reformatorischer Entscheidung unzulässig[5]. Die Beweis-

---

[1] *Tietgen*, Gutachten f. d. 46. DJT, S. 91; Denkschrift 1971, S. 36 (zulässig nur die mit tatsächlicher Würdigung verbundene konkrete Subsumtion); vgl. BVerwG DVBl 1969, 402 ff. (Gewissensentscheidung eines Kriegsdienstverweigerers).

[2] Vgl. BAG AP Nr. 27 zu § 612 BGB; BAG AP Nr. 3 zu § 580 ZPO m. Anm. v. *Pohle*.

[3] *Hempfling*, S. 31, 34; vgl. bereits o. § 7 III 3.

[4] *Henckel*, Rapports, S. 529 (531); *Bruns*, Rapports, S. 533 (535).

[5] *Kollhosser*, AcP 165, 46 (55, 76) u. Diss., S. 103; *Wassermeyer*, S. 62; für den Strafprozeß: *Jagusch*, in *Löwe/Rosenberg*, § 337 G; *Peters*, ZStrW 57, 53 (80); *Schäfer*, Festschrift f. *Schlegelberger*, S. 139 (150); vgl. *Hempfling*, S. 36 ff.

würdigung sei art- oder wesensfremd für die Revisionsgerichte[6]. Auch bei Aufhebung des angefochtenen Urteils scheide eine über die kassatorische Prüfung hinausgehende selbständige Würdigung des Vorbringens und der Beweise aus. Dieses Problem stelle sich überhaupt nicht. Denn für die reformatorische Entscheidung bedürfe es keiner weiteren Erörterung der Sache, da ohne vollständige Prüfung auch die Aufhebung des Urteils nicht erfolgen könne[7]. Die Einheit des Prüfungsmaßstabes ist sicherlich in vielen Fällen gegeben. Soll die Subsumtion vollständig überprüft werden, so bedarf es vor allem bei unbestimmten Rechtsbegriffen einer ins einzelne gehenden „bestätigenden Nachprüfung" des festgestellten Sachverhalts[8]. Kassatorische und reformatorische Prüfung fallen dann praktisch zusammen.

Aber die Endentscheidung z. B. nach § 563 ZPO setzt bei abweichender Rechtsauffassung nicht nur eine neue Subsumtion, sondern häufig auch eine erneute tatsächliche Würdigung voraus. Schon früh wurde deshalb der Ausschluß der Beweiswürdigung bedauert, weil dadurch der Revisionsrichter stärker als bei der Preußischen Nichtigkeitsbeschwerde gebunden sei[9]. Die Folgerung erscheint daher zwar konsequent, aber in vielen Fällen wenig praktikabel. Eine raschem subjektiven Rechtsschutz verpflichtete Rechtsprechung hat sie auch nicht lückenlos aufrechterhalten. Wenn ihr deshalb vorgeworfen wird, eine *Ergänzung des Sachverhalts für die reformatorische Entscheidung* bedeute einen Eingriff in den kraft Gesetzes unantastbaren Sachverhalt[10], so wird übersehen oder doch unterbewertet, daß die Revisionsgerichte nicht nur Rechtsfehler zu beanstanden, sondern auch den konkreten Fall sachlich zu entscheiden haben.

Ausgangspunkt für eine Lösung, in welchem Umfang Eingriffe in die Beweiswürdigung der Tatsacheninstanz zulässig sind, ist wiederum die *Entscheidungsreife*. Ist der Sachverhalt vollständig aufgeklärt und sind alle ermittelbaren Bewertungsumstände (Anknüpfungstatsachen) mitgeteilt, so erscheint es als Überspitzung der Trennung von Tatsachen- und Revisionsinstanz, dem Revisionsgericht eine eigene Würdigung tatsächlicher Umstände zu versagen, wenn dies ohne weiteres möglich und oft kaum mehr als eine notwendige Schlußfolgerung aus der Nachprüfung der Anwendung des materiellen oder des Verfahrungsrechts ist.

Reduzieren Erfahrungsgrundsätze und andere Indizien den Bewertungsspielraum praktisch auf Null, so ist die bloße Aufhebung und Zurückverweisung sinnlose leere Formalität, weil das Tatsachengericht we-

---

[6] BGHZ 13, 218; BVerwG 4, 151 (152).

[7] *Hahn/Stegemann*, Bd. II/1, S. 371, 373 (Begründung zum Entwurf, S. 327).

[8] s. u. 4; kritisch dagegen *Hempfling*, S. 32 ff.

[9] *Erythropel*, ZZP 3, 104 (111).

[10] *Hempfling*, S. 28 ff., 57 f.

gen der Bindung gemäß § 565 II ZPO letztlich nicht anders werten darf als das Revisionsgericht. Auch wenn eine unbestrittene Tatsache eine unterschiedliche tatsächliche Würdigung zuläßt, steht das Berufungsgericht der Sache nach jahrelangem Streit nicht näher als die Revisionsinstanz, so daß die abschließende Würdigung nicht allein deshalb dem Berufungsgericht zu überlassen wäre.

Zudem vermeidet die endgültige Entscheidung in diesen Fällen, daß die Sache — ohne weitere Aufklärung — zwischen Revisionsgericht und Berufungsgericht mehrfach hin- und hergeschoben wird, weil sich beide z. B. in der Beurteilung von Erfahrungssätzen oder in der Risiko- bzw. Beweislastverteilung nicht einig sind.

In den Motiven zur ZPO ist das Problem nicht klar erkannt worden. Dort wird nur der Fall erörtert, daß eine übersehene unstreitige Tatsache eingefügt werden könnte[11]. Nicht gesehen wurde dagegen, daß ein festgestelltes Sachverhältnis alle Anknüpfungstatsachen zur Ergänzung einer tatsächlichen Würdigung enthalten kann. Zwar wird ausgeführt, das Revisionsgericht könne keine streitigen Tatsachen feststellen, aber an Fälle, bei denen die Anknüpfungstatsachen unstreitig, nur die tatsächlichen Schlußfolgerungen daraus zweifelhaft sind, wurde nicht gedacht.

In allen diesen Fällen ist von einer generalisierenden Betrachtung loszukommen, die in einem einseitig nur an objektiver Rechtseinheit orientierten Revisionszweck ihre Grundlage findet. Stärker auf einzelne Fallgruppen und die Leistungsfähigkeit des Revisionsgerichts bezogen ist vielmehr in begrenztem Umfang auch eine selbständige tatsächliche Würdigung durch das Revisionsgericht zuzulassen.

Die Erschließung neuer nicht konkret festgestellter Tatsachen aus den festgestellten bindet daher zwar — soweit fehlerfrei — den Revisionsrichter[12]. Sind die Schlußfolgerungen aber wegen Verstoßes gegen Denkgesetze, Erfahrungssätze, Auslegungsregeln oder wegen eines sonstigen erkennbaren Fehlers im Ergebnis nicht bindend, so kann das Revisionsgericht bei erschöpfender Sachverhaltsaufklärung die *tatsächliche Würdigung ergänzen*[13]. Es darf die getroffenen Feststellungen nicht nur anhand seines eigenen Erfahrungswissens, auch seines speziellen Fachwissens, kontrollieren, sondern kann in zweifelsfreien Fällen auch selbst die erforderlichen ergänzenden Feststellungen treffen[14]. Ob dies wegen des engen Zusammenhangs mit anderen Feststellungen in der Form geschieht, daß die fehlende Tatsache noch als vom Tatrichter stillschwei-

---

[11] *Hahn/Stegemann*, Bd. II/1, S. 373.

[12] *Mezger*, S. 181.

[13] Für die freiwillige Gerichtsbarkeit s. o. § 2 IV 9; vgl. ferner BVerwG 38, 10 (11 f.).

[14] a. A. BVerwG RzW 1962, 230 (231).

gend mit festgestellt angesehen werden kann, ober ob eine Auslegung, der Tatrichter habe daran gedacht, ausscheidet, ist gleichgültig, solange sich nur die entscheidende Tatsache aus der im Berufungsurteil festgestellten Sachlage ergibt[15]. Jede Schlußfolgerung von festgestellten Indizien auf das Beweisthema erfolgt mit Hilfe von Erfahrungssätzen. Dies ist sicherlich meist kein streng logischer Schluß und die subjektiven Vorstellungen des Tatrichters, die seiner Überzeugungsbildung tatsächlich zugrundeliegen, sind dem Revisionsrichter nur durch die mitgeteilten Entscheidungsgründe zugänglich[16]. Deshalb ist die Bindung gemäß § 561 II ZPO grundsätzlich auch für die reformatorische Entscheidung gerechtfertigt. Aber Tatsachen mit Hilfe von Erfahrungssätzen zu erschließen, ist ein ähnlicher Denkvorgang wie die Gesetzesauslegung und die Subsumtion, die rechtliche Bewertung der festgestellten Tatsachen, die im weiteren Sinn auch Beweiswürdigung ist[17]. Nur so erklärt sich die Meinung des BVerfG, der *Schluß aus Tatsachen* sei *keine bindende tatsächliche Feststellung,* die ausschließlich dem Tatsachengericht vorbehalten sei[18].

Ist weitere Aufklärung möglich und nötig, so sind diese Schlußfolgerungen dem Revisionsgericht zu verwehren[19]; ebenso, wenn der persönliche Eindruck bei der Beurteilung derart dominiert, daß die Mitteilung der Anknüpfungstatsachen nicht vollständig ist und sein kann. Nur in diesen Fällen ist die Wahrheitsfindung, und damit subjektiver und objektiver Rechtsschutz gefährdet, wenn das Revisionsgericht einen klärungsfähigen Sachverhalt aufgrund eigener Würdigung abändert.

Stehen dagegen alle Anknüpfungstatsachen fest, und können daraus eindeutige Schlüsse gezogen werden, so ist die Lage kaum anders als bei rechtlicher Wertung. Ist das Aufklärbare geklärt, so müssen die Parteien stets damit rechnen, daß das Gericht nun seine Schlußfolgerungen zieht, daß der jetzt zur Entscheidung berufene Richter aufgrund *seiner* Würdigung entscheidet. Dies muß auch für die Revisionsinstanz gelten: Denn mit einer weitgehend formfreien Prozeßführung wäre es nicht vereinbar, wenn das Revisionsgericht nur dann in der Sache urteilen dürfte, wenn jede Einzeltatsache des Untersatzes *ausdrücklich* festgestellt wäre.

Bedenken bestehen, wie ausgeführt, nur, soweit die Schlußfolgerung eine Würdigung voraussetzt, die ohne unmittelbaren persönlichen Eindruck nicht möglich ist oder auf nicht näher mitteilbaren Unwägbarkeiten beruht. Um einen Rückfall in Aktenversendungsverfahren bzw. in den

---

[15] Vgl. *Sydow/Busch/Krantz/Triebel,* § 561 Anm. 4.
[16] *Hempfling,* S. 59 f.
[17] Vgl. *Bötticher,* Anm. II, AP Nr. 1 zu § 23 BetrVerfG; *Hempfling,* S. 61.
[18] BVerfG 31, 145 (169); auch *v. d. Pfordten,* BayZRpfl 1919, 299 (300).
[19] Vgl. *Hempfling,* S. 30 f.

schriftlichen Inquisitionsprozeß handelt es sich dabei nicht[20]. Dies wäre nur der Fall, wenn das Revisionsgericht Tatsachen feststellt, ohne die Beweismittel zu kennen.

Die Abgrenzung nach der Leistungsfähigkeit zwingt das Revisionsgericht nur, im Zweifel von der eigenen Würdigung abzusehen und zurückzuverweisen. Die Befugnis „durchzuerkennen“ ist deshalb flexibel zu gestalten, nicht aber grundsätzlich zu beschränken.

Stimmt man dem zu, so ist freilich ein dem Vorschlag *Bolzes* zur Ergänzung des § 524 II CPO (= § 561 ZPO) entsprechender Rechtszustand[21] auch ohne Gesetzesänderung und trotz Ablehnung des (weitergehenden) § 528 a des Entwurfs der Novelle 1898 durch richterliche Fortbildung der Sachentscheidungsbefugnis des Revisionsgerichts erreicht worden. Ohne daß dieser Fragenkreis erschöpfend dargestellt werden kann, lassen sich dabei hauptsächlich folgende Befugnisse des Revisionsgerichts unterscheiden:

2. Schlüssigkeitsprüfung

Nach allgemeiner Meinung steht die Schlüssigkeitsprüfung dem Revisionsgericht zu[22], obgleich sie der Beweiswürdigung im weiteren Sinn ähnlich ist. Denn Schlüssigkeitsprüfung und Prüfung unstreitigen Vorbringens unterscheiden sich insoweit nicht. Die Schlüssigkeit kann gegebenenfalls nur unter Verwendung von Erfahrungssätzen beurteilt werden und auch ein unstreitiger Sachverhalt kann unter Verwendung von Erfahrungssätzen Beweis erbringen[23] und bedarf insoweit der Würdigung.

Die Verzahnung der Schlüssigkeitsprüfung mit der Beweiswürdigung im engeren Sinn wird ferner deutlich, wenn innerhalb der Schlüssigkeitsprüfung der Revisionsbegründung zu entscheiden ist, ob nicht erledigte Beweisanträge zu Recht, z. B. wegen eines entgegenstehenden Beweiserhebungsverbots, als unzulässig angesehen wurden oder ob das Berufungsgericht die Beweislastverteilung verkannt hat[24].

3. Anscheinsbeweis

Die Berechtigung, die Beweiswürdigung in Grenzen zu ersetzen und zu ergänzen, zeigt sich vor allem beim Anscheinsbeweis. Hält man am Verbot drittinstanzlicher Beweiswürdigung ausnahmslos fest, so darf

[20] Vgl. dagegen *Fuhrmann*, ZStW 85, 45 (60); *Rimmelspacher*, Prüfung von Amts wegen, S. 197.

[21] s. o. § 3 III 1 Fn. 32.

[22] s. o. § 6 IV 1, 2 (Fn. 120).

[23] Vgl. *Kegel*, Festschrift f. *Kronstein*, S. 321 (324).

[24] Vgl. BAG AP Nr. 2 zu § 320 ZPO m. Anm. v. *J. Blomeyer*.

das Revisionsgericht nicht selbst entscheiden, ob das Vorliegen einer Tatsache so wahrscheinlich ist, daß sie zur Überzeugungsbildung ausreicht. Es darf also selbst keine Tatsachen mittels Anscheinsbeweises feststellen[25], weil eine Überzeugung des Gerichts auch bei größter Wahrscheinlichkeit nicht verlangt werden könne[26]. Auch könnte es dann einen Indizienbeweis als Tatfrage — von formellen Mängeln abgesehen — nicht nachprüfen[27]. Allenfalls könnte das Revisionsgericht das Berufungsgericht (praktisch, wenn auch nicht rechtlich bindend) anweisen, eine bestimmte Feststellung zu treffen, wenn der zu beachtende Erfahrungssatz nur diese zuläßt[28].

Nun unterliegt aber keinem Zweifel, daß das Revisionsgericht die Frage der Entscheidungsreife selbst beantwortet. Wie dargelegt, erfordert diese Beurteilung stets eine tatsächliche Würdigung des Falles. Nach der hier vertretenen Auffassung besteht Entscheidungsreife allgemein und auch für das Revisionsgericht selbst dann, wenn die (vollständig) festgestellten Anknüpfungstatsachen unter Anwendung von Erfahrungssätzen ermöglichen, den subsumierbaren Untersatz festzustellen[29]. Insoweit obliegt daher auch dem Revisionsgericht die tatsächliche Würdigung.

Es ist aber zu betonen, daß das Revisionsgericht die Beweiswürdigung nicht allgemein an sich ziehen und entgegen dem Berufungsgericht Tatsachen aufgrund von Indizien feststellen kann. Diese Befugnis besteht vielmehr *nur, soweit Entscheidungsreife* besteht und das Revisionsgericht in verfahrensverkürzender Weise die Endentscheidung erläßt. Muß es diese dagegen mittels Zurückverweisung dem Berufungsgericht überlassen, so darf es nicht einzelne Tatsachen inzident reformatorisch feststellen. Da der Tatrichter an Feststellungen, die nicht Aufhebungsgründe sind (vgl. § 565 II ZPO), nicht gebunden ist, setzt das Revisionsgericht durch derartige, im zurückverweisenden Urteil getroffene Feststellungen auch unnötig seine Autorität gegenüber den Parteien aufs Spiel. Hebt das Revisionsgericht ein Urteil wegen Verkennung von Erfahrungssätzen bei der Beweiswürdigung auf, so liegt freilich die ersetzende Feststellung meist nahe. Sofern das Revisionsgericht aber kein Teilurteil in der Sache erlassen kann, muß es sich hier auf *Hinweise* für die weitere Sachbehandlung beschränken, die auch für die Parteien nicht als abschließende Feststellungen erscheinen[30].

---

[25] *Kollhosser*, Diss., S. 96; *Ernst Wolf*, AP Nr. 2 zu § 276 BGB Vertragsbruch (Bl. 73).

[26] *v. Wallis/List*, § 118 Rdnr. 18; vgl. *Meyer*, in *Löwe/Rosenberg*, § 337 V 2 b.

[27] *Pohle*, AP Nr. 3 zu § 580 ZPO.

[28] *Kollhosser*, Diss., S. 103; für rechtliche Bindung nach § 565 II ZPO dagegen *Henke*, ZZP 81, 321 (375).

[29] s. o. § 6 IV 1.

[30] Vgl. *Schumann*, AP Nr. 14 zu § 794 ZPO; s. o. § 1 I 5.

Besteht dagegen nach freier Würdigung der Tatsachen Entscheidungsreife in der Sache selbst, so entfallen diese Bedenken. Das Revisionsgericht ist dann auch zur tatsächlichen Würdigung des Prozeßstoffs befugt.

Wichtigster Anwendungsfall dieser Befugnis ist der revisionsgerichtliche Anscheinsbeweis.

a) Allgemeiner Anscheinsbeweis

Von Naturgesetzen abgesehen erlauben Erfahrungssätze nur Wahrscheinlichkeitsaussagen. Ihre Anwendung ist daher auch bei einem objektiv hohen Grad von Wahrscheinlichkeit nicht völlig frei von einer subjektiven Wertung. Dies würde für eine Zurückverweisung sprechen, wenn die Endentscheidung von dem Inhalt und der Bewertung von Erfahrungssätzen abhängt.

Mit einer vernünftigen Prozeßökonomie, einer Abwägung von Zweck und Aufwand des Verfahrens, auf die allein die §§ 563, 565 III ZPO abstellen, ist es aber nicht vereinbar, die Sache zurückzuverweisen, obgleich das festgestellte Tatsachenmaterial unter Anwendung von Erfahrungssätzen konkret beurteilt werden kann. Sieht man Erfahrungssätze allgemein als revisible Obersätze, so ist diese Folge naheliegend. Aber auch soweit klar zwischen Erfahrungssätzen als unselbständigen Normbestandteilen und als immanenten Schranken der Beweiswürdigung unterschieden wird, kommt es in letzterem Fall zu einer „erfahrungsgemäßen rechtlichen Beurteilung konkreter Verhältnisse“[31].

Wie eine neuere Meinung zutreffend darlegt, geht es bei jedem Beweis um ein Urteil über die *überwiegende Wahrscheinlichkeit*[32]. Sie betont, daß ab einem bestimmten „objektiven“, dem Richter nachgewiesenen Grad von Wahrscheinlichkeit eine Feststellung getroffen werden müsse, auch wenn die rein subjektive Überzeugung wegen der fehlenden Aufklärbarkeit der Einzelumstände gleichwohl fehle[33]. Jedoch lassen sich weder Wahrscheinlichkeitsbeweis und volle richterliche Überzeugung, noch Freiheit der Beweiswürdigung und Pflicht zur Berücksichtigung der Erfahrung gegeneinander ausspielen. Denn die Überzeugung kann sich nur auf durch gemeinsame Erfahrung vermittelte Wahrscheinlichkeit stützen und darf sich diesem Nachweis nicht entziehen. Insoweit ist die

---

[31] Vgl. *Manigk*, RG-Festgabe, Bd. VI, S. 94 (141, 143).

[32] So im Anschluß an die skandinavische Beweislehre: *Bruns*, § 32 II 6 e, III 3 a; *Kegel*, Festschrift f. *Kronstein*, S. 321 (343 f.); zust. *Vollkommer*, Formenstrenge, S. 447; abl. *Wassermeyer*, Referat, S. 14, 17.

[33] *Blomeyer*, Gutachten, S. 16; ähnlich *Schönke/Kuchinke*, § 56 II; *Grunsky*, Grundlagen, S. 392; BGH NJW 1961, 777 (779); vgl. *Wassermeyer*, Referat, S. 8 („Irgendwie-Feststellung“ als Urteilsgrundlage).

Beweiswürdigung nicht irrational, sondern aufgliederbar[34] und damit nachprüfbar.

Entscheidet über das Ergebnis einer Beweiswürdigung aber nicht der rein subjektive Eindruck des Tatrichters, so kann das Revisionsgericht nicht nur prüfen, ob der Tatrichter Erfahrungswissen erschöpfend beachtet hat, sondern er kann Fehler „nach" Aufhebung des angefochtenen Urteils korrigieren und insoweit selbst Beweise würdigen, als eine weitere Sachaufklärung, vor allem eine Wiederholung der Beweisaufnahme, nicht erforderlich ist. Deshalb bestehen keine Bedenken, tatsächliche Feststellungen durch Anwendung von Erfahrungssätzen zu ergänzen, zu vertiefen[35] oder abzuändern, auch wenn rein abstrakt verschiedene Lösungen denkbar sind. Erforderlich ist nur, daß die fehlerfreien Feststellungen eindeutige Schlüsse zulassen, was häufig nicht der Fall ist[36].

Der Anscheinsbeweis ist Indizienbeweis mit Hilfe von Erfahrungssätzen[37]. Die eigene Beweiswürdigung muß daher nicht Folge eines „ersten Anscheins" sein; sie kann vielmehr auch Erfahrungswissen verwerten, das dem Gericht erst durch Sachverständigengutachten bekannt wurde[38]. *Kuchinke* geht deshalb davon aus, daß der Anscheinsbeweis regelmäßig allen Anforderungen genügt, die allgemein an die Beweisführung zu stellen sind und daß er bei typischen Sachverhalten, bei denen eine „Normal"-situation sehr wahrscheinlich ist, *keine Beweiserleichterung* ergibt[39]. Diese wird aber auch in anderen Fällen nicht gewährt. Denn jeder Beweis beruht darauf, das nach der jeweiligen konkreten Sachlage Wahrscheinlichere nachzuweisen[40]. Eines weitergehenden Beweises bedarf es nur, wenn besondere Beweisführungsnormen bestehen.

Soweit daher das Revisionsgericht in der Lage ist, selbständig Erfahrungssätze anzuwenden, ist es auch befugt, aufgrund Anscheinsbeweises eigene tatsächliche Feststellungen zu treffen.

Bei der (verfehlten) ausschließlichen Einordnung als *Beweislastumkehr* oder als Folge bindender materieller Normen wäre die selbständige An-

---

[34] *Liesecke*, Verh. d. 46. DJT, E 62 (68).

[35] Vgl. *Thierfelder*, JurA 1971, 428 (451 ff.) (zur Rspr. d. BVerwG); für den Strafprozeß ablehn. *Volk*, GA 1973, 161 (176).

[36] *Hempfling*, S. 28 f.; vgl. auch *Liesecke*, Verh. d. 46. DJT, E 62 (66).

[37] *Blomeyer*, Gutachten, S. 24; *Stein/Jonas/Schumann/Leipold*, § 282 IV 7 a aa (besondere Art); a. A. *Grunsky*, Grundlagen, S. 451, 453; *Wassermeyer*, Referat, S. 12, 14, 20 (anders als beim Indizienbeweis werde der Richter unabhängig von seiner Überzeugung zu einer Feststellung gezwungen); *Weyreuther*, DRiZ 1957, 55 (57 f.) (Würdigung des Sachverhalts „in seiner Ganzheit" anders als beim Indizienbeweis).

[38] Vgl. *Weitnauer*, Karlsruher Forum 1966, 3 (14).

[39] *Schönke/Kuchinke*, § 56 III 1, 2; vgl. *Weyreuther*, DRiZ 1957, 55 (56).

[40] So zutreffend *Kegel*, Festgabe f. *Kronstein*, S. 321 (327, 334, 343); a. A. *Stein/Jonas/Schumann/Leipold*, § 282 IV 7; s. u. Fn. 67.

wendung des so verstandenen Anscheinsbeweises sogar die naheliegende Konsequenz. Von den Vertretern dieser Meinungen wird diese Befugnis dennoch überwiegend abgelehnt[41].

Führt man die Revisibilität des Anscheinsbeweises auf § 286 ZPO zurück, so scheidet ein Sachurteil zwar grundsätzlich aus. Wie dargelegt, hat das Revisionsgericht aber selbst Erfahrungssätze anzuwenden, wenn über die zu treffenden Schlußfolgerungen kein Zweifel sein kann, weil für andere Möglichkeiten nach den bisherigen substantiierten Behauptungen der Parteien keine ernsthaften Anhaltspunkte bestehen[42].

Soweit angenommen wird, der Anscheinsbeweis ergebe in einzelnen Fällen doch eine Beweiserleichterung, wird die selbständige Anwendung durch das Revisionsgericht zusätzlich damit gerechtfertigt, daß der Anscheinsbeweis letztlich dazu diene, unter Fortbildung des materiellen Rechts die *Risikoverteilung* zu beeinflussen. Deshalb könne und müsse der Revisionsrichter insoweit „Feststellungen" des Tatrichters korrigieren[43]. Inwieweit es berechtigt ist, im Wege des Anscheinsbeweises eine Risikoverteilung vorzunehmen, z. B. durch die Annahme, ein Nichtschwimmer sei infolge der Tiefe des Wassers und nicht wegen eines davon unabhängigen Herzversagens ertrunken[44], kann hier nicht weiter untersucht werden. Denn die meisten Fälle der Beweiswürdigung mittels Erfahrungssätzen enthalten keine Ausbildung neuer Zurechnungsregeln[45].

Deshalb kann das Revisionsgericht nicht nur in anderem Zusammenhang fehlerfrei festgestellte Umstände verwerten, wenn diese für die offene Frage maßgeblich sind und weitere tatsächliche Aufklärung nicht möglich erscheint[46]. Bei vollständiger Sachaufklärung kann es auch den „Normalfall", d. h. den Fall, für den mehr Anzeichen sprechen, der statistisch wahrscheinlicher ist, im Wege des Anscheinsbeweises zugrunde-

---

[41] *E. Pawlowski*, S. 5; *Wassermeyer*, NJW 1954, 1119; anders zutreffend *Diederichsen*, VersR 1966, 211 (217) u. ZZP 81, 45 (64) (abl. aber bei Einordnung als Frage der Beweiswürdigung, Karlsruher Forum 1966, 21 [23]); *Heinsheimer*, RheinZ 13, 1 ff.

[42] s. o. § 8 I 4 a; *Prölss*, S. 38; ferner *Liesecke*, Verh. d. 46. DJT, Bd. II E, S. 62 (64 f.); krit. *Kollhosser*, AcP 165, 46 (51) = Diss. S. 93. Vgl. auch *Kirsch*, Die vorsätzliche Herbeiführung des Versicherungsfalles in der privaten Unfallversicherung, Diss. Köln 1972, S. 126 ff., der § 138 III ZPO auf die durch den Erfahrungssatz vermittelten Tatsachen anwendet.

[43] Vgl. *Hauß*, Karlsruher Forum 1966, 38; *Diederichsen*, ZZP 81, 45 (64 f.); *Liesecke*, Verh. d. 46. DJT, II E 62 (63 f., 67 f.). Soweit es aber eines Wahrscheinlichkeitsurteils bedarf, ist der Anscheinbeweis Teil der Beweiswürdigung, vgl. *Weitnauer*, Karlsruher Forum 1966, 3 (15) u. 46.

[44] BGH LM Nr. 17 zu § 286 (C) ZPO = NJW 1954, 1119 m. abl. Anm. v. *Wassermeyer;* zustim. *Kegel*, Festgabe f. *Kronstein*, S. 321 (332).

[45] a. A. *Diederichsen*, VersR 1966, 211 (219).

[46] BGH VersR 1971, 842 (843).

legen und von den danach feststehenden Tatsachen auf die Rechtsfolge schließen.

Dieses Verfahren des Anscheinsbeweises wird häufig bei der Beurteilung des *Kausalzusammenhanges* oder der *Fahrlässigkeit* relevant. So wurde davon ausgegangen, daß eine falsche Auskunft über die Kreditwürdigkeit kausal war für den Schaden infolge einer daraufhin gegründeten Aktiengesellschaft[47]; daß ein Unfall auf Trunkenheit zurückzuführen sei[48]; daß eine Lues-Infektion auf eine Bluttransfusion zurückzuführen[49], ein Brand die Folge ungenügender Verpackung feuergefährlicher Stoffe[50], das Entgleisen eines Eisenbahnwagens die Folge unterbliebener Räumung eines vereisten Wegübergangs[51] war.

Fahrlässigkeit bzw. allgemein Verschulden wurde aufgrund ersten Anscheins in zahlreichen Fällen angenommen[52]; auch selbst beurteilt, ob leichte oder grobe Fahrlässigkeit vorliegt[53]. Sind die Anknüpfungstatsachen ihrerseits wiederum Folgerungen aus konkreten Feststellungen und Erfahrungssätzen, so kann sie das Revisionsgericht in ihrer endgültigen Form auch erst selbst feststellen. Die Erkennbarkeit einer Tatsache kann deshalb selbständig geprüft und festgestellt werden[54]: so wurde aufgrund konkreter Fakten zu Recht angenommen, ein verunglückter Motorradfahrer habe den Pkw vor dem Zusammenstoß sehen können[55]; oder: aus der Aussage einer Zeugin und dem Vortrag des Klägers abgeleitet, daß der Fahrer eines Pkw abgelenkt wurde[56].

Der Anscheinsbeweis ist aber nicht auf Fragen der Kausalität oder der Fahrlässigkeit beschränkt[57]. So wurden auch *andere Erfahrungssätze* an-

---

[47] RG JW 1931, 3117 Nr. 25.

[48] BGHZ 18, 311 (318 f.) = NJW 1956, 21.

[49] BGHZ 5, 321 (324); 8, 243; 11, 227 = NJW 1954, 718 = LM Nr. 16 zu § 286 (C) ZPO m. Anm. v. *Johannsen;* BGH VersR 1957, 252; zustimmend: *Kegel,* Festgabe f. *Kronstein,* S. 321 (329 ff.); auch *Stein/Jonas/Schumann/Leipold,* § 282 IV 7 a aa Fn. 118.

[50] BGH VersR 1962, 721.

[51] BGH VersR 1959, 670.

[52] BGH VersR 1964, 263 = LM Nr. 53 zu § 286 (C) ZPO (Auffahren bei Dunkelheit) (zu Recht ablehnend: *Blomeyer,* Gutachten, S. 31, 51); BAG 17, 236 (239) (schuldhafte Vollmachtsüberschreitung) = AP Nr. 2 zu § 276 BGB Vertragsbruch m. abl. Anm. v. *E. Wolf*; weitere Nachweise bei *Rosenberg/Schwab,* § 114, 2 u. *Geigel,* Kap. 37 Rdnr. 42 - 60.

[53] BAG 9, 243 (247 f.). Für begrenzte Zulässigkeit des Anscheinsbeweises für grobe Fahrlässigkeit: *Hagel,* VersR 1973, 796; *E. Schneider,* MDR 1971, 535; ganz ablehn.: BAG Betrieb 1973, 1405; *Zöller/Stephan,* § 286 III 3; *Geigel,* Kap. 37 Rdnr. 40.

[54] *Boyens,* S. 153 (161).

[55] BGH VRS 5 (1953), 90 (92).

[56] BGH VersR 1971, 575 (576).

[57] So zu Recht: *Kegel,* Festgabe f. *Kronstein,* S. 321 (332); *Grunsky,* Grund-

gewandt: z. B. daß „ein Buchhalter aus seinem Hauptarbeitsverhältnis ein genügend hohes Einkommen bezieht, um seinen Lebensunterhalt zu sichern“[58]; daß ein rechtskräftig wegen Untreue Verurteilter daraufhin entlassen wurde[59] oder es wurde der Verdacht der Fälschung von Operationsbüchern als „nicht so unabweislich“ gewertet, da an verschiedenen Operationen nach der Erfahrung — entgegen den Eintragungen — mehrere Ärzte beteiligt gewesen sein müßten und sich die Unvollständigkeit der Bücher daher „schon bei erster Durchsicht“ ergab[60].

b) *Individualanscheinsbeweis*

Bei gleichen und zahlenmäßig häufigen (typischen) Geschehensabläufen wird ein selbständiges Urteil des Revisionsgerichts wegen der Beispielswirkung der Entscheidung für die Rechtseinheit überwiegend als berechtigt anerkannt. Deshalb soll dem Revisionsgericht nur die selbständige Anwendung sog. Erfahrungsgrundsätze gestattet sein. Nur dann liege ein „typischer Geschehensablauf“ vor, durch den sich der Anscheinsbeweis vom einfachen, für das Revisionsgericht unangreifbaren Indizienbeweis unterscheide[61].

Bei atypischen Sachverhalten soll daher dem Revisionsgericht die selbständige Würdigung — kassatorisch wie reformatorisch — versagt sein.

aa) Seltene Fälle

Gegen diese Beschränkung spricht, daß die Unterscheidung zwischen Erfahrungssätzen mit unterschiedlichem Erkenntniswert im voraus allgemein nicht vollziehbar ist[62].

Zum anderen wird dem Revisionsgericht damit in Grenzen ein Tätigwerden untersagt, weil kein prinzipieller, die Rechtseinheit gefährdender Fehler vorliegt. Mit der Garantie subjektiven Rechtsschutzes ist es aber nicht vereinbar, erkannte Fehler nicht zu beseitigen, gleichgültig, ob sich daraus eine allgemeine Regel ableiten läßt.

---

lagen, S. 452; auch *Stein/Jonas/Schumann/Leipold*, § 282 IV 7 a bb; *Wassermeyer*, Referat, S. 11 (der Anscheinsbeweis für beliebige Tatsachen u. prima-facie-Schuldbeweis unterscheidet); anders wohl die h. M., vgl. *Rosenberg/Schwab*, § 114, 2; *Baumbach/Lauterbach/Albers/Hartmann*, § 282 Anh. Anm. 3 B.

[58] BAG SAE 1967, 252 (253).

[59] BAG AP Nr. 3 zu § 286 ZPO.

[60] BAG AP Nr. 2 zu § 320 ZPO (Bl. 667 R) m. insoweit abl. Anm. v. *J. Blomeyer*.

[61] BGH NJW 1961, 777 (779); *Stein/Jonas/Schumann/Leipold*, § 282 IV 7 a aa; *Zöller/Stephan*, § 286 III 3; *Blomeyer*, Gutachten, S. 50; *Geigel*, Kap. 37 Rdnr. 31, 41; zu Recht ablehn. *Kegel*, Festgabe f. *Kronstein*, S. 321 (323); vgl. auch *Volk*, GA 1973, 161 (169 f.).

[62] So auch *Diederichsen*, ZZP 81, 45 (55); *Wassermeyer*, Referat, S. 17; *Schweling*, ZStW 83, 435 (449).

Eine derartige Beschränkung versagt bei den Lues-Fällen: Solche Infektionen sind sehr selten, also im Sinne eines an der Gesamtwirklichkeit gemessenen Häufigkeits-Typus nicht „typisch“[63]. Nach der konkreten Lage der Dinge kann aber das Unwahrscheinlichste wahrscheinlich sein. Auch objektiv seltene Vorgänge verlaufen nach bestimmten Gesetzlichkeiten. Das Typische, das den Anscheinsbeweis des Revisionsgerichts legitimiert, ist deshalb relativ auf die jeweils ermittelten Umstände zu beziehen[64]. Konnte in den Lues-Fällen aufgrund der festgestellten Indizien unter Anwendung von Erfahrungssätzen richtig entschieden werden[65], so bestand keine Notwendigkeit, lediglich zurückzuverweisen. Das Revisionsgericht ist daher in klaren Fällen berechtigt, eine abweichende Beurteilung einer „ernsthaften Möglichkeit eines anderen Verlaufs“ durchzusetzen[66] und selbst im Wege des „Individualanscheinsbeweises“ in der Sache zu urteilen, da Anscheinsbeweis wie Vollbeweis gleichermaßen nur ein Wahrscheinlichkeitsurteil verlangen[67]. Das Gegenteil erscheint nicht verständlich, wenn dem Revisionsgericht eine entsprechende Befugnis in „extremen Fällen“ wegen „Begriffsverkennung“ doch zuerkannt wird.

bb) „Tatsächliche Vermutungen“

Bei Fallgestaltungen, bei denen ein unmittelbarer detaillierter Nachweis unmöglich war, etwa bei Prozessen um Lastenausgleich, wurden zugunsten einer Partei „tatsächliche Vermutungen“ durch das Revisionsgericht angewandt. Wie bei den Hauptfällen des Anscheinsbeweises handelt es sich auch hierbei um einen Indizienbeweis aufgrund von Erfahrungssätzen[68], mögen auch die angewandten Erfahrungsregeln objektiv weniger zwingend sein. Für die besonderen Fallgestaltungen ermöglichten sie jedenfalls eine Überzeugungsbildung. Auch die Verkennung der „tatsächlichen Vermutungen“ berechtigt deshalb wie beim gewöhnlichen Anscheinsbeweis zur Aufhebung des angefochtenen Urteils und bei abschließender Sachaufklärung, d. h. bei Entscheidungsreife, zum Erlaß eines abschließenden Urteils in der Sache[69].

---

[63] So *Diederichsen*, VersR 1966, 211 (220); anders *Stein/Jonas/Schumann/Leipold*, § 282 IV 7 a aa Fn. 118 (typischer Ablauf auch ohne Häufigkeit), aber nicht jeder Geschehensablauf nach Erfahrungssätzen ist zugleich typisch.

[64] *Kegel*, Festgabe f. *Kronstein*, S. 321 (328, 333); *Kirsch* (Fn. 42), S. 135.

[65] Dies räumt auch *Blomeyer*, Gutachten, S. 35 f. ein.

[66] *Blomeyer*, Gutachten, S. 51.

[67] *Kegel*, Festgabe f. *Kronstein*, S. 321 (330, 331, 333, 343) u. o. Fn. 32. Ob diese Regel in Teilbereichen, z. B. in Strafsachen für den Schuldbeweis (zugunsten des Angeklagten), nicht anwendbar ist (vgl. *Dahs/Dahs*, Rdnr. 75), ist hier nicht darzulegen.

[68] *Blomeyer*, Gutachten, S. 41; *Tietgen*, S. 56 ff., 64; *Stein/Jonas/Schumann/Leipold*, § 282 IV 7 a aa.

[69] Vgl. *Kuchinke*, S. 186 f.; ablehn. für Verfahren mit Untersuchungsmaxime *Weyreuther*, DRiZ 1957, 55 (59).

Schlüsse auf weitere Tatsachen mittels gesetzlicher Vermutungen erfolgen dagegen nicht nach Überzeugung des Gerichts, sondern sind einfache Folge der Anwendung der Vermutungsregeln[70]. Daher stehen sie dem Revisionsgericht ohne weiteres offen.

Fällt das Revisionsgericht in Einzelfällen ein Indizienurteil, so entsteht keine Gefahr für die Güte der Rechtsprechung. Gefährlich ist nur, wenn das Revisionsgericht dabei zuviel unterstellt, was sich möglicherweise anders zugetragen hat, und vorschnell Entscheidungsreife annimmt, obgleich weitere Aufklärung möglich und nötig wäre[71], sowie dann, wenn es selbst Erfahrungssätze verkennt und typische Gefahren übersieht. Beachtet das Revisionsgericht diese Grenzen, so besteht auch nicht die Gefahr, daß die Entscheidung Umständen widerspricht, die das Revisionsgericht nicht kennen konnte, weil sie im Berufungsurteil nicht oder nicht anschaulich genug festgestellt worden waren[72].

cc) Innere Tatsachen

Da jeder Mensch anders denkt oder fühlt, soll das Revisionsgericht auch den „schließenden Denkvollzug" auf das individuelle Bewußtsein einer Person nicht vornehmen können[73].

Wissen, Absicht und Motive einer Person kann aber auch das Tatsachengericht nur aus ihren Äußerungen gegenüber Dritten oder sonstigen objektiven Beobachtungen erschließen. Weil sie nicht unmittelbar festgestellt werden können, sondern es der Feststellung einer Indizienkette bedarf, sind gerade Feststellungen zu inneren Tatsachen besonders leicht[74] und auch durch das Revisionsgericht[75] nachprüfbar. Ist bei erkennbar fehlerhafter Würdigung der Indizien aufzuheben, so kann bei vollständiger Aufklärung der statistische „Normalfall"[76] neu festgestellt werden.

So wurde die Kenntnis von Schulden daraus abgeleitet, daß der Empfänger der Firmenpost von Kreditaufnahmen seiner Firma Kenntnis

---

[70] *Rosenberg/Schwab*, § 117 I 4 a; *Pohle*, MDR 1956, 414 (415).

[71] Vgl. BAG SAE 1967, 252 (253) m. krit. Anm. v. *Herschel*.

[72] Vgl. dagegen *Stahl*, AcP 67, 94 (116).

[73] *Kuchinke*, S. 184 f.; *Stein/Jonas/Schumann/Leipold*, § 282 IV 7 a bb Fn. 183; *Zöller/Stephan*, § 286 III 3; *Geigel*, Kap. 37 Rdnr. 39.

[74] *Hempfling*, S. 26; *Kirsch* (Fn. 42), S. 130 ff.

[75] Vgl. BVerwG DVBl 1969, 402 (Gewissensentscheidung); *E. Schneider*, MDR 1971, 535 (537); abl. *Pohle*, Revision, S. 71. Innere Tatsachen sind nur dann unangreifbar, wenn man sich — wie früher — mit der Feststellung des bloßen Gesetzeswortlauts zufrieden gibt.

[76] s. o. nach Fn. 46.

erlangt[77]; oder aus der festgestellten Vollmachtsüberschreitung auf schuldhaftes Handeln geschlossen[78].

Sittenwidrige Motive wurden in dieser Weise erschlossen[79]. Und auch sonst gibt es Sätze der Lebenserfahrung in bezug auf individuelles Handeln[80]. Ferner setzt ein Fahrlässigkeitsurteil vielfach voraus, daß das Wissen von einer bestimmten Tatsache festgestellt wird: z. B. wurde aus Indizien vom Revisionsgericht abgeleitet, der Kläger habe gewußt, daß die Geschwindigkeit in der Hauptstraße meist überschritten werde[81].

Ein Unterschied in der Würdigung äußerer und innerer Tatsachen besteht deshalb nur, soweit ein Vorgang so einmalig ist, daß er nicht mittels Erfahrungssätzen beurteilt werden kann. Dazu zählen Fälle, bei denen für den subjektiven Willen einer Person keine objektiven Anhaltspunkte bestehen, etwa wenn aufgrund des subjektiven Eindrucks einer Parteivernehmung entschieden wird. Nur dann ist Zurückverweisung — meist wegen unzureichender Mitteilung der Bewertungsgrundlagen und damit fehlender Entscheidungsreife — geboten.

4. Revisibilität und neue Subsumtion unter unbestimmte Rechtsbegriffe

Lehnt man feste, dem Tatrichter ausnahmslos vorbehaltene Bereiche der Einzelfallsubsumtion ab, so erklärt sich die Zulässigkeit der reformatorischen Subsumtion unter unbestimmte Rechtsbegriffe zwanglos. Bejaht man die volle Revisibilität, d. h. die Nachprüfbarkeit aller erkennbaren Fehler, so gelangt man zu einer einheitlichen Lösung für kassatorische und reformatorische Entscheidung: Erkennbar fehlerhafte „Feststellungen" kann das Revisionsgericht bei vollständiger Sachaufklärung durch eigene Wertungen ersetzen. Dagegen müssen die anderen Meinungen ihre Einschränkungen für die reformatorische Entscheidung aufgeben[82]. Ein derart gestufter Entscheidungsmaßstab mag auch theoretisch möglich sein, allzu praktikabel erscheint er dagegen vor allem bei einer im Ergebnis für den Revisionskläger negativen Prüfung (§ 563 ZPO) nicht[83], da gerade hier kassatorische und reformatorische Entscheidung eng verknüpft sind.

---

[77] BAG AP Nr. 7 zu § 626 BGB (Bl. 220 R) m. Anm. v. *Jesch*.

[78] BAG 17, 236 (239). Entgegen *E. Wolf* (Fn. 52) ist dies ein „typischer" Fall. Eines Schlusses aus der fehlenden Behauptung mangelnder Schuld auf diese bedarf es dazu nicht. Auch Entscheidungsreife war gegeben. Dazu s. o. § 8 I 3.

[79] Vgl. *Blomeyer*, Gutachten, S. 37.

[80] Vgl. BGH NJW 1961, 777 (779) (der Anscheinsbeweis wird trotzdem abgelehnt, aber wegen Verstoß gegen den Erschöpfungsgrundsatz aufgehoben); weitere Beispiele bei *Mannheim*, S. 118 ff.

[81] BGH VRS 5, 90 (92) (im Rahmen der Fahrlässigkeitsprüfung).

[82] So *Henke*, Tatfrage, S. 271 f. u. ZZP 81, 321 (343 f.); *Schmid*, ZStW 85, 360 (391) (bei Ersetzen einer fehlenden o. methodisch fehlerhaften Entscheidung).

[83] Gegen einen gestuften Prüfungsmaßstab bei Gesetzesänderungen s. u § 10 I 1.

Die Wertung, ob Vorsatz oder Fahrlässigkeit gegeben ist, ein Erfolg mit Wissen und Wollen verwirklicht wurde, soll — wie dargelegt — nach h. M. als Frage des Einzelfalles nicht oder nur begrenzt nachprüfbar sein[84]. Sind Beurteilungen der groben Fahrlässigkeit aber offensichtlich fehlerhaft oder ist die Tatsachenwürdigung nicht erschöpfend, so kann das Revisionsgericht die vollständig festgestellten Anknüpfungstatsachen nach allgemeiner Ansicht selbständig bewerten[85].

Hat das Berufungsgericht die Prüfung unterlassen, (was ohne teilweise Nachprüfung nicht feststellbar ist), so soll das Revisionsgericht frei urteilen: z. B. erstmals nachprüfen können, ob Mitverschulden vorliegt, auch wenn das Tatsachengericht entsprechende Wertungen unterlassen hat[86]. Dabei ist die Prüfung des Mitverschuldens sicherlich Subsumtion und damit Rechtsfrage. Aber die Anknüpfungstatsachen können bei eindeutiger Sachlage auch durch tatsächliche Schlüsse dahin gewürdigt werden, daß die Subsumtion unter den Begriff Mitverschulden möglich wird.

Ob die Anknüpfungstatsachen vollständig sind. ist dabei zweckmäßig durch *Befragen der Parteien* zu klären. Diese abschließende Wertung mag nur für den Einzelfall Bedeutung haben. Nur weil deshalb kein Bedürfnis für eine Stellungnahme des Revisionsgerichts besteht, kann sie aber nicht generell dem Tatrichter überlassen werden. Bei Vollständigkeit der Beurteilungskriterien fordert die Pflicht zur eigenen Sachentscheidung vielmehr eine abschließende Beurteilung, auch wenn damit eine Beweiswürdigung verbunden ist. Jedoch kann die Abwägung der tatsächlichen Momente aus „Zweckmäßigkeitsgründen" dem Tatrichter durch Zurückverweisung überlassen werden[87]. Die Anknüpfungstatsachen sind ferner dann vollständig, wenn weitere Imponderabilien zur Abwägung der beiderseitigen Interessen nicht mehr geklärt werden können. Um eines effektiven Rechtsschutzes willen ist die streitentscheidende Würdigung durch das Revisionsgericht auch dann der Zurückverweisung vorzuziehen. So kann etwa in einem solchen Fall vom Revisionsgericht beurteilt werden, ob „die Kürzung einer Leistungszulage der Billigkeit entspricht"[88].

---

[84] s. o. § 7 IV 3 a; BGHZ 10, 14 (16 f.) = NJW 1953, 1139 = LM Nr. 11 zu § 561 ZPO; *Schwinge*, S. 51.

[85] *A. Blomeyer*, Gutachten, S. 52; BGH GRUR 1968, 33 (38).

[86] BAG Betrieb 1964, 996; BAG AP Nr. 36 zu § 242 BGB Verwirkung m. Anm. v. *Schnorr v. Carolsfeld;* BAG AP Nr. 10 zu § 565 ZPO m. Anm. v. *Pohle; Dütz*, SAE 1971, 102 (104); vgl. *Sydow/Busch/Krantz/Triebel*, § 561 Anm. 5, § 565 Anm. 7.

[87] BAG AP Nr. 50 zu § 611 BGB Haftung des Arbeitnehmers; *A. Hueck*, Anm. I zu AP Nr. 1 zu § 23 BetrVerfG.

[88] BAG AP Nr. 5 zu § 611 BGB Lohnzuschläge m. zust. Anm. v. *Bötticher;* ebenso BAG AP Nr. 12 zu § 315 BGB.

5. Auslegung privater Willenserklärungen

Auch die selbständige Auslegung von Willenserklärungen und Verträgen ist nicht frei von „tatsächlicher" Würdigung des Willens der Beteiligten.

Bindende Feststellung ist zweifelsfrei die Festlegung des Wortlauts der abgegebenen Erklärungen, des gegebenenfalls abweichenden subjektiven Willens der Parteien und der sonstigen zur Auslegung erforderlichen Begleitumstände[89].

Die *Deutung des Sinns*, des rechtlichen Inhalts einer Erklärung ist danach *Rechtsanwendung*, nicht Beweiswürdigung und das Revisionsgericht ist darin in allen Fällen frei[90]. Ein Unterschied zwischen der Auslegung als „Feststellung" des rechtlichen Sinns einer Erklärung und der Rechtsanwendung besteht nicht[91]. Jedoch läßt sich die Grenze zwischen Auslegung und Beweiswürdigung im Einzelfall häufig praktisch ähnlich schwer ziehen, wie zwischen der Subsumtion im Grenzbereich eines unbestimmten Rechtsbegriffs und der zugrundeliegenden Tatsachenfeststellung.

Daher will die Rechtsprechung überwiegend nur *„typische" Erklärungen*[92], wie allgemeine Geschäftsbedingungen und Satzungen von Organisationen, die über den Bereich eines OLG hinaus Bedeutung haben, in freier Weise kassatorisch nachprüfen. Diese Sonderstellung wird häufig auch damit begründet, es handele sich insoweit um Normen i. S. des § 549 ZPO[93]. Andererseits wird diese freie Richtigkeitsprüfung der Aus-

---

[89] Vgl. BAG AP Nr. 31 u. 33 zu § 133 BGB; AP Nr. 4 zu § 74 a HGB; *Stumpf*, Festschrift f. *Nipperdey* I, S. 957 (968); *Henke*, ZZP 81, 321 (365 ff.); *Brüning*, S. 76 f.; *Unger*, ZZP 42, 104 (134); *Zöller/Karch*, § 550 Anm. 2.

[90] So auch BVerwG BayVerwBl 1972, 473; BFH 106, 236 („Vereinbarung eines festen Kaufpreises" — keine tatsächliche Feststellung, sondern Auslegung der Vertragsurkunde u. damit Rechtsanwendung); *Bolze*, ZZP 14, 215 ff.; *Stein*, Privates Wissen, S. 125 ff.; *Danz*, S. 196 ff.; *Boyens*, S. 153 (172 ff.); *Mezger*, S. 179; *Mannheim*, S. 75 ff., 81 f., 117 ff., 122 ff.; *May* NJW 1959, 708 (709); *Stumpf*, Festschrift f. *Nipperdey* I, S. 957 (958 f.); *Bernhardt*, § 51 I 3; abl. *Pohle*, AP Nr. 3 zu § 580 ZPO; auch *Schmid*, ZStW 85, 360 (377), der auch die Feststellung des Erklärungsinhalts als Tatsachenfeststellung ansieht; vgl. *Wunderli*, S. 82 ff.

[91] Vgl. *Raiser*, S. 274; a. A. *Uffhausen*, DÖV 1964, 231 (234).

[92] Vgl. RGZ 81, 117 (118 f.) (allgemeine Versicherungsbedingungen); 86, 283 (284) (Satzung einer bergrechtlichen Gewerkschaft); BAG SAE 1972, 32 (33) („Nettolohn"); BAG 13, 256 (261) („Kosten des Rechtsstreits"); BGH NJW 1970, 699 („Verfügung über gelieferte Waren" in AGB); vgl. *Sydow/Busch/Krantz/Triebel*, § 550 Anm. 2.

[93] *Raiser*, S. 275 f.; *Sellke*, S. 80; *Bernhardt*, § 51 II 2; *Kisch*, JR 1926, 454 (458); *Mitsopoulos*, ZZP 81, 251 (265); krit. auch *Kuchinke*, S. 173 f. und jüngst *Mühl*, Festschrift f. *H. Kaufmann*, S. 285 (292 ff.), der die unterschiedliche Behandlung letztlich (im Anschluß an Schwinge) doch mit dem Revisionszweck rechtfertigt. Zur Irrevisibilität ausländischer AGB s. o. § 5 III 3 c.

legung gelegentlich offen als Tatsachenfeststellung bezeichnet[94]. Jedoch zu Unrecht: Denn die freie Auslegung ist sachlich nichts anderes als die freie Nachprüfung der Subsumtion im Bereich von Willenserklärungen. Immerhin sind bereits durch dieses Zugeständnis viele Bedenken, die gegen eine „reine" revisio in iure sprachen[95], gegenstandslos geworden.

Individuelle Erklärungen sollen dagegen nur daraufhin überprüft werden können, ob Auslegungsregeln (§§ 133, 157 BGB), Denkgesetze und der Erschöpfungsgrundsatz beachtet sind; nur die Auslegungsmethoden, nicht das Ergebnis könne das Revisionsgericht vorschreiben[96]. Atypische Erklärungen seien daher nur beschränkt nachprüfbar.

Allerdings läßt sich diese Meinung für die reformatorische Entscheidung nicht voll aufrechterhalten. So ist es zwar auch bindend, wenn das Berufungsgericht aufgrund eingehender Erörterungen feststellt, es sei das Gegenteil dessen vereinbart, worauf der Wortlaut des Vertrages hindeutet[97]. Hat aber das Berufungsgericht die erforderliche Auslegung einer Willenserklärung unterlassen, den Vertragsinhalt nur lückenhaft festgestellt, so müßte wiederum zurückverwiesen werden, obgleich die Lücke unschwer geschlossen werden kann. Die Einheitlichkeit der zu treffenden Entscheidung, die mit der Feststellung einer Lücke häufig vorgezeichnet ist, und die Verfahrensbeschleunigung haben hier jedoch den Vorrang.

Dementsprechend soll das Revisionsgericht eine Erklärung dann selbständig auslegen können, wenn besondere Umstände des Einzelfalles ausscheiden[98]. Wegen des Vertrauensgrundsatzes ist dies besonders bei typischen Willenserklärungen der Fall[99]. Auch „Schemabegriffe" oder -klauseln in Individualverträgen sind danach revisibel. Die eigene Auslegung soll aber auch in anderen Fällen zulässig sein, wenn der Sach-

---

[94] *Eyermann*, NJW 1973, 1031 (1032); *Uffhausen*, DÖV 1964, 231 (234 f.); früher *Friedrichs*, S. 982.

[95] Vgl. *Reuling*, Verh. d. 9. DJT, Bd. III, S. 322.

[96] BAG SAE 1973, 219 m. Anm. v. *Otto;* BGH GRUR 1974, 168; BVerwG Buchholz 310 § 137 VwGO Nr. 5; BFH 91, 236; *Rosenberg/Schwab*, § 144 I 4; *Stein/Jonas/Grunsky*, § 549 III B 4 c, d; *Henke*, ZZP 81, 321 (367 ff.); *Schwinge*, S. 179 ff.; *Oertmann*, S. 508; *Larenz*, S. 282 ff., 287; *Schmid*, ZStW 85, 360 (379); *Baumbach/Lauterbach/Albers/Hartmann*, § 550 Anm. 2 B; *Zöller/Karch*, § 550 Anm. 2; *v. Wallis/List*, § 118 Rdnr. 19 a; *Meyer*, in *Löwe/Rosenberg*, § 337 V 2 e; vgl. *Stumpf*, Festschrift f. *Nipperdey* I, S. 957 (958 f.); *Hainmüller*, S. 61; *Manigk*, RG-Festgabe Bd. VI, S. 94 (161 ff.); *Wunderli*, S. 82 ff.; *Bernhardt*, § 51 II 3; *Mühl*, S. 294; *Keidel/Winkler*, § 27 Rdnr. 48; *Uffhausen*, DÖV 1964, 231 (235).

[97] BAG 20, 261 (262).

[98] BAG AP Nr. 6 zu § 550 ZPO; BAG AP Nr. 21 zu § 611 BGB; BAG AP Nr. 1 zu § 620 BGB; *Peters/Sautter/Wolff*, § 162 Anm. 5 f. (Bl. 87).

[99] *Stumpf*, Festschrift f. *Nipperdey* I, S. 957 (964 f.).

verhalt lückenlos feststeht und nur eine Auslegung als möglich erscheint[100].

Ferner soll das Revisionsgericht, wie ausgeführt[101], bei lückenhaften Feststellungen auch die durch Bezugnahme als Teil des Tatbestandes geltenden Vertragsurkunden frei auslegen[102], z. B. selbständig würdigen können, welcher Verschuldensmaßstab vertraglich vereinbart ist[103]. Das Revisionsgericht entscheidet selbständig, ob ein prozessuales Verhalten als materielle Rechtswahl auszulegen ist, wenn sich diese Frage erstmals in dritter Instanz stellt[104]. Schließlich nimmt das Revisionsgericht eine notwendige ergänzende Vertragsauslegung, die zwar an § 157 BGB anknüpft, aber praktisch tatsächlich würdigende Elemente enthält, selbst vor[105].

Die Zulässigkeit derartiger freier Auslegung durch das Revisionsgericht wird auch damit begründet, daß das Berufungsgericht an die Rechtsauffassung des Revisionsgerichts gebunden und die Zurückverweisung bei vollständig geklärtem Sachverhalt leere Förmlichkeit sei.

Sind diese Erweiterungen richtig, so ist allerdings die Konsequenz zu ziehen: Eine *selbständige Auslegung* durch das Revisionsgericht ist dann stets möglich, wenn der *Sachverhalt vollständig geklärt* ist, und zwar sowohl zur Überprüfung des angefochtenen Urteils[106] wie für die Entscheidung in der Sache selbst[107].

Kann das Revisionsgericht selbst mittels „Individualanscheinsbeweises" entscheiden, so muß es auch Willenserklärungen auslegen können, wenn die Anknüpfungstatsachen für die Auslegung feststehen. Ob dies der Fall ist, ergibt auch bei der Vertragsauslegung die Überprüfung, ob die methodischen Regeln der Tatsachenfeststellung beachtet sind[108]. Aber die verbale Beschränkung auf diese methodische Prüfung bedeutet — wie bei der Nachprüfung der Konkretisierung der Rechtsnorm — häufig nicht mehr als eine gewisse Scheu, schlicht festzustellen, die Auslegung

---

[100] BAG 10, 122 (127) = AP Nr. 1 zu § 164 HGB; vgl. *Bruns*, Rapports, S. 533 (535 f.).

[101] s. o. § 8 II 2.

[102] BGH LM Nr. 2 zu § 133 BGB (A); BFH 92, 298 = BFH-N § 118 Abs. 2 Nr. 3; *Zöller/Karch*, § 550 Anm. 2; für typische Erklärungen ist dies Konsequenz der freien Auslegbarkeit, vgl. *Mannheim*, S. 81.

[103] BGHZ 15, 71 (74).

[104] BGHZ 40, 320 (324).

[105] BGHZ 16, 71 (81) (Rückkehrverbot bei Praxistausch); BGH NJW 1973, 1190 (1192); vgl. *Henke*, ZZP 81, 321 (371 f.).

[106] *Stumpf*, Festschrift f. *Nipperdey*, Bd. I, S. 957 (973).

[107] *Bolze*, ZZP 14, 415 ff. (428); BAG AP Nr. 5 zu § 611 BGB Lohnzuschläge m. zust. Anm. v. *Bötticher; Boyens*, S. 177; *Blomeyer*, § 104 III 1 a (S. 568); jüngst *Mühl*, Festschrift f. *H. Kaufmann*, S. 285 (295).

[108] s. o. § 7 III.

sei richtig[109]. Diese freie Auslegung ist auch geboten. Denn *Stumpf* betont zu Recht, es gebe keinen Rechtssatz, daß das Revisionsgericht Rechtsfragen nicht zu lösen brauche, wenn sie — wie die Auslegung im Einzelfall — ohne Ertrag für die Rechtseinheit sind[110].

In dieser Sicht ist die freie Auslegung typischer, urkundlich fixierter Erklärungen keine Besonderheit, wenn keine Umstände außerhalb der Urkunde zu beachten sind[111].

Eine selbständige Auslegung unterbleibt nur dann, wenn ein abschließendes Urteil ohnehin nicht möglich ist: Besteht etwa ein Sachzusammenhang mit in unterer Instanz anhängigen Prozeßteilen, so ist die Auslegung insgesamt dem Berufungsgericht zu überlassen, um Widersprüche zu vermeiden.

Von dieser Einschränkung abgesehen erscheint die (anzustrebende) Einheit von kassatorischer und reformatorischer Prüfung als wichtiges Argument, die Auslegung auch bei kassatorischer Prüfung frei auf erkennbare Fehler zu überprüfen.

Ist auch die Individualerklärung bei erschöpfender Sachaufklärung frei auslegungsfähig, so ist die Regel beschränkter Auslegung entgegen *Mühl*[112] nicht nur nach Grundsätzen der Prozeßökonomie und der Praktikabilität durchbrochen, sondern überhaupt aufgegeben. Fehlt nämlich Tatsachenmaterial zur endgültigen Auslegung, so ist bereits deshalb zurückzuverweisen, wenn es sich um Tatsachen des Einzelfalls handelt, und kann zurückverwiesen werden, wenn Erfahrungswissen und Verkehrssitten zu ermitteln sind[113]. Es gibt daher nur die Möglichkeiten der vollständigen Prüfung durch das Revisionsgericht oder der Zurückverweisung. Letztere erfolgt, wenn bereits die methodische Prüfung der Auslegung ergibt, daß die Prüfungsgrundlage unbehebbar unvollständig ist; ferner wenn die Zurückverweisung aus anderen Gründen erforderlich oder im Einzelfall sinnvoll erscheint.

6. Auslegung behördlicher Akte

Anders als bei privaten Individual-Erklärungen soll das Revisionsgericht Inhalt und Tragweite behördlicher Akte voll nachprüfen können[114]. Häufig, aber nicht ausschließlich, handelt es sich dabei um Akte

---

[109] Vgl. bereits *Fuchs*, JW 1917, 504 (507); ferner *Otto*, SAE 1973, 221.

[110] S. 957 (970); ebenso bereits *Bolze*, ZZP 14, 415 (447); a. A. *Henke*, Tatfrage, S. 268, der diesen Rechtssatz aus dem Revisionszweck ableitet.

[111] Insoweit ähnlich *Raiser*, S. 274.

[112] Festschrift f. *H. Kaufmann*, S. 285 (295, 297 f.).

[113] s. o. § 7 V 2 b.

[114] RG JW 1934, 2612 (Grundbucheintragung); BSG 7, 53 (56); *Rosenberg/Schwab*, § 144 I 5; *Kuchinke*, S. 169 ff.; *Baumbach/Lauterbach/Albers/Hart-*

der freiwilligen Gerichtsbarkeit oder der Zwangsvollstreckung[115], vor allem um *Grundbucheintragungen* einschließlich der ergänzenden Eintragungsbewilligungen[116], um (urteilsähnliche) *Schiedssprüche*[117] oder einstweilige Verfügungen[118]. Auch *Patent* und Gebrauchsmuster sollen frei ausgelegt werden können, weil ihr Anwendungsbereich über den einzelnen Streitfall hinausgeht[119]. Möhring meint, dies zwinge das Revisionsgericht, auch den Stand der Technik frei zu ermitteln und druckschriftlich vorgelegte Vorveröffentlichungen neu zu beachten[120]. Dies ist jedoch mit Funktion und Leistungsfähigkeit des Revisionsgerichts nicht vereinbar[121].

Verwaltungsakte können vom Revisionsgericht wie andere Willenserklärungen nur aufgrund des in den Tatsacheninstanzen festgestellten Sachverhalts ausgelegt werden. Lediglich bei einer beachtlichen nachträglichen Änderung des Verwaltungsakts[122] sind auch die neuen Gründe mit einzubeziehen.

Ist die Auslegung wegen Zweifeln etwa über den Stand der Technik oder das Können eines Durchschnittsfachmanns unklar, so kommt allenfalls Zurückverweisung wegen mangelnder Sachaufklärung in Betracht[123]. Den technischen Sachverhalt selbst kann das Revisionsgericht dagegen ebenso wie die Feststellung von Handelsgewohnheiten für die Auslegung allgemeiner Geschäftsbedingungen wegen der Bindung nach § 561 II ZPO regelmäßig nicht ergänzen[124]. Insoweit sind der Auslegung eines Patentes wie der allerVerwaltungsakte Grenzen gesetzt. Ein Widerspruch zur Berücksichtigung von Erfahrungswissen besteht nicht, da auch

---

mann, § 550 Anm. 2 A; *Zöller/Karch,* § 550 Anm. 2; *Keidel/Winkler,* § 27 Rdnr. 49 (soweit zur Kenntnis von jedermann bestimmt); *Haueisen,* DOK 1969, 69 (72); a. A. *Schwinge,* S. 110 ff.; *Meyer,* in *Löwe/Rosenberg,* § 337 V 2 e (für Verwaltungsanordnungen).

115 Vgl. *Kuchinke,* S. 170 m. N.; abl. *Sydow/Busch/Krantz/Triebel,* § 561 Anm. 5 m. N.

116 BGH WM 1958, 759; WM 1961, 866; RGZ 142, 156 (159); abl. *Unger,* ZZP 42, 104 (135 f.) (da auch gerichtliche Entscheidung tatsächliches Geschehnis).

117 RGZ 110, 50 (51).

118 RGZ 120, 118 (119).

119 *Reimer/Nastelski,* § 47 Anm. 134 h; *Benkard/Rogge,* § 47 Rdnr. 88.

120 *Möhring,* Mitt. 1959, 241 (244 f., 247).

121 s. o. § 8 III 3 a.

122 s. u. § 13 III 2 b.

123 BGH GRUR 1959, 317; BGH GRUR 1962, 577 (578) — Rosenzüchtung; *Benkard/Rogge,* § 47 Rdnr. 88; *Reimer/Nastelski,* § 47 Anm. 134 b, c; a. A. *Möhring,* Mitt. 1959, 241 (246).

124 BGHZ 40, 332 m. Anm. v. *Moser v. Filseck,* GRUR 1964, 200 u. *Löscher,* LM Nr. 24 zu § 6 PatG.

diese nur im Rahmen der durch Rechtseinheit und Leistungsfähigkeit des Revisionsgerichts gezogenen Grenzen erfolgt[125].

Als Ausnahme läßt sich die freie Auslegung von Verwaltungsakten nur schwer begründen. Die anfängliche Argumentation für den Teilbereich der Patente, diese enthielten gesetzesähnliche Normen, ist heute zu Recht weitgehend aufgegeben.

Die freie Auslegung von Patenten und allgemein von Verwaltungsakten ist aber damit nicht überholt[126]. Während Patente und Grundbucheintragungen als typische Erklärungen aufgefaßt werden können, ist dies bei anderen Verwaltungsakten häufig nicht der Fall. Soweit sie Individualerklärungen gleichstehen, kann man zur Rechtfertigung der freien Revisibilität auch nicht auf die „Kundgabefunktion" jedes Verwaltungsakts abstellen, die ihn als Erklärung einer Behörde erscheinen lasse[127], denn jede Willenserklärung hat Kundgabefunktion. Somit scheint nur die Berufung auf den Gerichtsgebrauch oder auf ein Gewohnheitsrecht zu bleiben[128].

Die Lösung ergibt sich aus folgendem Ansatz: Behördliche Willenserklärungen seien frei von individuell verfolgten, nicht mitgeteilten Zwekken und anderen beachtlichen Nebenumständen; der behördliche Akt könne daher aus sich heraus ausgelegt werden[129]. Dieser Gedanke führt freilich zunächst zu willkürlich anmutenden Grenzziehungen. Besonders deutlich wird dies im Grenzbereich zwischen hoheitlichem und privatrechtlichem Handeln. Bei gleichen Erklärungen können diese nicht zunächst frei ausgelegt werden, ob sie als Verwaltungsakt oder öffentlichrechtlicher Vertrag anzusehen sind, und falls dies zu verneinen ist, nur methodisch geprüft werden, ob die Auslegungsregeln beachtet sind. Denn nur die freie Auslegung des Inhalts gibt Aufschluß über die rechtliche Zuordnung. Bei mitwirkungsbedürftigen Verwaltungsakten und öffentlich-rechtlichen Verträgen Privater erweist sich die unterschiedliche Nachprüfung erst recht als weitgehend undurchführbar[130].

Deshalb bedarf der Ansatz der Verallgemeinerung: *Willenserklärungen können danach stets frei ausgelegt werden, wenn alle dafür maßgeblichen Gesichtspunkte dem Revisionsgericht zugänglich sind.* Je nach Sachlage kann dies auch bei Individualerklärungen der Fall sein und bei Verwaltungsakten ausscheiden. Zur Auslegung ist das gesamte in der Vorinstanz verwertete Material zu berücksichtigen.

---

[125] s. o. § 7 V 2 b, VI.

[126] So *Schramm*, GRUR 1964, 225; *Schwinge*, S. 111.

[127] So aber *Uffhausen*, DÖV 1964, 231 (237).

[128] *Kuchinke*, S. 171; *Stein/Jonas/Grunsky*, § 549 III B 4 f.

[129] *Bruns*, § 54 III 3 b (S. 465); *Rosenberg/Schwab*, § 144 V 2 a; *Henke*, ZZP 81, 321 (371).

[130] Vgl. *Uffhausen*, DÖV 1964, 231 (236 f.).

Bei Patenten ist im Rahmen einer (stillschweigenden) Bezugnahme auch auf bereits beigezogene *Erteilungsakten* zurückzugreifen, um Zweifel oder Widersprüche über den Erfindungsgegenstand, die nach dem übrigen Urteilstext bestehen, zu beheben. Mit Gesetzesmaterialien, die dem Revisionsgericht offen stehen, können Erteilungsakten aber nicht gleichgestellt werden, weil sie nur beschränkt allgemein zugänglich sind (§ 24 III PatG)[131]. Deshalb ist das Revisionsgericht nicht von sich aus verpflichtet, stets auf die Erteilungsakten zurückzugreifen.

II. Prozessuales Streitverhältnis

1. Auslegung prozessualer Erklärungen

Prozessuale Feststellungen darf das Revisionsgericht nach h. M. frei würdigen. Es entscheidet dabei Fragen, die sonst tatrichterlicher Würdigung unterliegen und trifft insoweit selbst „tatsächliche" Feststellungen[132]. Eine von den allgemeinen Grundsätzen abweichende Behandlung von Prozeßhandlungen läßt sich aber, worauf die Kritik an der Rechtsprechung mit Recht hinweist, nicht rechtfertigen[133]. Sie ist aber auch nicht erforderlich, wenn die Nachprüfung allgemein frei ist.

Daher sind die Prozeßhandlungen des Gerichts wie Verwaltungsakte in der Regel frei zu würdigen[134] und prozessuale Erklärungen der Parteien wie andere Willenserklärungen nach den §§ 133, 157 BGB auch unter Beachtung eines Gerichtsgebrauchs frei auszulegen[135]: Darunter fallen Anträge, Beweisantritte, Behauptungen und gerichtliche Anordnungen[136].

So unterliegt ein als gerichtliches Geständnis ausgelegtes Parteiverhalten der freien Auslegung durch das Revisionsgericht[137]. Gleichgültig ist dabei, ob die verfahrensrechtlichen Erklärungen im gleichen oder in

---

[131] *Moser v. Filseck,* Mitt. 1959, 250; a. A. *Möhring,* Mitt. 1959, 241 (246); vgl. auch BGH GRUR 1964, 132 (134).

[132] *Stenglein,* GS 46 (1892), 1 (6 ff., 19); *Stein,* Privates Wissen, S. 104 (aber gegen eine tatsächliche Überprüfung aller Prozeßvoraussetzungen); *Wieczorek,* § 561 A II, II b; *Sydow/Busch/Krantz/Triebel,* § 550 Anm. 2 a. E.

[133] *Stein/Jonas/Grunsky,* § 549 III B 4 e.

[134] RGZ 86, 377 (380); 104, 136; 110, 15; 154, 319 (320); BSG 21, 163 (168); *Baumbach/Lauterbach/Albers/Hartmann,* § 550 Anm. 2 C; *Reimer/Nastelski,* § 41 q Rdnr. 7; *Keidel/Winkler,* § 27 Rdnr. 49; *Kuchinke,* S. 171; *Sydow/Busch/Krantz/Triebel,* § 561 Anm. 5; s. o. I 6.

[135] BAG AP Nr. 26 zu § 11 ArbGG 1953; *Uffhausen,* DÖV 1964, 231 (233).

[136] RGZ 107, 340 (344); vgl. *Sauer,* S. 417 (Tatsachen, die die Verfolgung betreffen).

[137] BGH LM Nr. 8 zu § 419 BGB; BGH LM Nr. 3 zu § 288 ZPO; BAG BB 1971, 1005.

einem anderen (noch nicht abgeschlossenen) Verfahren abgegeben wurden[138].

Vor allem im Verwaltungsprozeß ist die freie Auslegung einer behördlichen Erklärung als Verwaltungsakt unbestritten bei der Beurteilung der Prozeßvoraussetzungen, etwa der Zulässigkeit der Klageart[139].

Nicht nur typische Erklärungen, wie z. B. die internationale Paramount-Klausel werden deshalb vom Revisionsgericht ohne Einschränkung nachgeprüft[140]. Auch die Indizien für die Begründung der internationalen Zuständigkeit durch rügelose Einlassung kann es frei würdigen[141]. Ebenso können atypische Prozeßverträge bei lückenhaften Erwägungen, aber vollständiger Mitteilung der Anknüpfungstatsachen frei ausgelegt werden[142]. Soweit die Prozeßhandlung erst in der Revisionsinstanz vorgenommen, der Prozeßvertrag erst nach Abschluß der Tatsachenverhandlung abgeschlossen wird, ist dies auch nicht anders möglich.

Freilich macht die Rechtsprechung Einschränkungen. Prozeßhindernisse sollen ohne Verfahrensrüge nur eingeschränkt überprüft werden können, z. B. soll die Auslegung eines Schiedsvertrages wie die Auslegung einer Individualerklärung nur auf einen Verstoß gegen Auslegungsregeln nachgeprüft werden können[143]. Sind die Anknüpfungstatsachen aber mitgeteilt, so ist diese Beschränkung ebenso wie im materiellen Bereich nicht gerechtfertigt.

Eine Bindung des Revisionsgerichts gemäß § 561 II ZPO tritt wie sonst auch ein, soweit das Berufungsgericht Feststellungen zum subjektiven Willen der Parteien, etwa einer daraus folgenden beschränkten Bedeutung einer streitigen Schiedsklausel getroffen hat[144].

Nur dann ist auch die Auslegung der materiellen Vereinbarung eines Prozeßvergleichs beschränkt[145]. Eine unterschiedliche Behandlung der materiellen und prozessualen Teile des Prozeßvergleichs ist auch nicht praktikabel, weil die Fälle anfänglicher Unwirksamkeit des Prozeßvergleichs, bei denen das Verfahren nach h. M. fortzusetzen ist, überwiegend Fragen der materiellen Vereinbarung betreffen.

---

[138] BGH LM Nr. 50 zu § 549 ZPO; *Zöller/Karch*, § 550 Anm. 2.

[139] Vgl. *Uffhausen*, DÖV 1964, 231 (234 f.).

[140] BGH VersR 1971, 336 (337).

[141] BGH MDR 1969, 479 Nr. 47.

[142] BGHZ 35, 69 = NJW 1961, 1355 = LM Nr. 76 zu § 13 GVG m. Anm. v. *Kreft*.

[143] BGHZ 24, 16 (19).

[144] BGHZ 40, 320 (325); RG LZ 1924, 88.

[145] RG Warn 1916, Nr. 53; wohl auch *Sydow/Busch/Krantz/Triebel*, § 561 Anm. 5; a. A. Auslegung nur des prozessualen Teils: RGZ 56, 333; 78, 287; 153, 67; 154, 319 (320).

2. Beweiswürdigung

Die Freiheit in der tatsächlichen Würdigung besteht hinsichtlich des prozessualen Streitverhältnisses auch, soweit es sich um Fragen der Tatsachenfeststellung und Beweiswürdigung handelt.

Besonders bei den der Amtsprüfung unterliegenden Sachurteilsvoraussetzungen soll das Revisionsgericht nicht an die Feststellungen des angefochtenen Urteils gebunden sein[146].

Die freie Würdigung der zum Prozeßrechtsverhältnis festgestellten Tatsachen wird häufig mit der Zulässigkeit neuen Vorbringens verknüpft[147]. So wendet *Rimmelspacher* § 561 I 1, II ZPO grundsätzlich auch auf den prozessualen Prozeßstoff der Revisionsinstanz an. Mit der Möglichkeit eigener Beweisaufnahmen zu den Prozeßvoraussetzungen verwirft er auch die eigene Beweiswürdigung durch das Revisionsgericht[148]. Es sei nämlich schwer verständlich, wie die vom Berufungsgericht festgestellten Tatsachen ohne Kenntnis der Umstände, aus denen ihr Wahrheitsgehalt zu erschließen sei, selbständig gewürdigt werden könnten; eine derartige Praxis führe in die Nähe des gemeinrechtlichen Aktenversendungsverfahrens[149].

Stärke und Schwäche des Ergebnisses einer Beweiswürdigung lassen sich aber in Grenzen bereits anhand des angefochtenen Urteils erkennen[150].

Die §§ 554 III Nr. 2 b, 561 I 2 ZPO rechtfertigen die freie Nachprüfung prozessual erheblicher Tatsachen von Amts wegen nicht. Denn sie setzen gerade eine Verfahrensrüge voraus, so daß die Amtsprüfung nicht allein mit dem öffentlichen Interesse an der Einhaltung des Verfahrens gerechtfertigt werden kann[151].

Die Nachprüfung der tatsächlichen Grundlage des prozessualen Streitverhältnisses ist aber gleichwohl nicht ausgeschlossen. Solange keine neuen Tatsachen vorgetragen werden, besteht vielmehr kein großer Unterschied zur Nachprüfung des sachlichen Streitstoffs, denn eine eingehende Richtigkeitsprüfung muß stets durch Rügen oder erkennbare Unstimmigkeiten angeregt werden. Läßt man zu, daß das Revisionsgericht alle erkennbaren Fehler zum materiellen Streitverhältnis nachprüft und bei Entscheidungsreife das vorliegende Tatsachenmaterial selbst abschließend würdigt, so sind auch die prozessualen Tatsachen

---

146 s. o. § 2 II; ferner *Ule*, Verwaltungsgerichtsbarkeit, § 137 II.

147 Vgl. *Kuchinke*, S. 217.

148 *Rimmelspacher*, Prüfung von Amts wegen, S. 185 ff., 190 ff., 192.

149 s. o. § 9 I 1 Fn. 20.

150 Vgl. *Neidhard*, DRiZ 1967, 106 (108) („ohne weiteres").

151 Genauer s. u. § 11 I 2.

in diesem Rahmen auf ihre Richtigkeit zu prüfen. Sind die erforderlichen Feststellungen anhand des in Bezug genommenen Akteninhalts eindeutig zu klären, so darf auch der Revisionsrichter nicht eindeutig Erkennbares ignorieren[152]. Bedenklich wäre nur eine bloße abweichende Würdigung prozessualer Tatsachen, die nicht damit begründet werden kann, daß ein Rechtsfehler vorliegt, etwa gegen Beweisregeln oder Erfahrungssätze verstoßen wurde. Aber dergleichen dürfte nicht vorkommen.

Deshalb kann das Revisionsgericht die streitige Parteifähigkeit aufgrund des in den Vorinstanzen vorgebrachten unstreitigen Materials selbst feststellen[153]. Ebenso kann es selbst darüber befinden, ob die vom Berufungsgericht nicht geprüften, fristgerecht (§ 234 I ZPO) vorgebrachten Tatsachen die Wiedereinsetzung rechtfertigen, wenn das Berufungsgericht aus rechtlich irrigen Gründen Wiedereinsetzung gewährte oder glaubte, die Berufungsfrist sei nicht abgelaufen gewesen[154].

Im Ergebnis unterscheiden sich die Befugnisse des Revisionsgerichts nicht in der Macht, die tatsächlichen Grundlagen materieller und prozessualer Urteilsvoraussetzungen selbständig zu würdigen, sondern nur darin, daß das Revisionsgericht nach h. M. zu streitigen prozessualen Behauptungen neue Tatsachen und Beweismittel berücksichtigen kann[155].

---

[152] *Schlotz*, S. 338 f.

[153] RG JW 1906, 810 Nr. 6.

[154] Vgl. BGH LM Nr. 1 zu § 234 ZPO.

[155] s. u. §§ 11, 13, 14.

Dritter Teil

Offene Erweiterung des Prozeßstoffs in der Revisionsinstanz

Die bisherigen Untersuchungen haben gezeigt, daß der Prozeßstoff mit Schluß der mündlichen Verhandlung nicht absolut endgültig festgelegt ist: Neues Erfahrungswissen (grundsätzlich) jeder Art, allgemeinkundige und gerichtskundige Einzeltatsachen können von Parteien und Gericht in das Verfahren eingeführt und der Revisionsentscheidung neu zugrundegelegt werden. Akteninhalt, der im Grundsatz Gegenstand der mündlichen Berufungsverhandlung war, kann neu verwertet werden.

Neues Vorbringen zur Begründung von Verfahrensrügen kann in geeigneten Fällen in eine abschließende Sachentscheidung eingehen. Die Ausdehnung des Begriffs der „nicht oder nicht richtigen" materiellen Gesetzesanwendung sowie der Prüfung von Amts wegen ermöglichen, erkennbar grobe (mögliche) Fehler der Tatsachenfeststellung zu korrigieren. Und schließlich ist dem Revisionsgericht bei erschöpfender Sachaufklärung in geeigneten Fällen eine eigene, abschließende Beweiswürdigung möglich.

Die Möglichkeiten, den tatsächlichen Prozeßstoff zu verändern, sind damit nicht erschöpft. Vielmehr ist zu untersuchen, inwieweit die verschiedenen im Prozeßzweck verbundenen Prinzipien, nämlich die Garantie effektiven, subjektiven Rechtsschutzes und die Interessen der Allgemeinheit an einem geordneten Verfahren weitere Auflockerungen der Revision erfordern und zulassen.

§ 10. Veränderung der Rechtslage

I. Berücksichtigung neuer Gesetze

1. Revisible Normen

Schon bald stellte sich die Frage, ob das Revisionsgericht neue Gesetze und dadurch relevant gewordene Tatsachen zu beachten hat. Für prozessuale Normen war und ist es allgemeine Meinung, daß sie mit ihrem Erlaß im laufenden Verfahren und damit auch in der Revisionsinstanz anzuwenden sind[1]. Dagegen wurde aus der Funktion des Revisionsgerichts lange geschlossen, materielle Rechtsänderungen seien unbeachtlich. Denn das Revisionsgericht prüfe, ob das Berufungsgericht das Gesetz verletzt (§§ 549, 550 ZPO), also fehlerhaft geurteilt habe *(subjektive Theorie)*[2].

Hieraus ergab sich keine Rechtsschutzlücke. In entsprechender Anwendung der §§ 323 II, 767 II ZPO war nämlich der Schluß der Tatsachenverhandlung auch für die objektive Rechtslage zeitliche Grenze der Rechtskraftpräklusion.

Abgewichen wurde davon anfangs nur, sofern sich ein Gesetz ausdrücklich oder sinngemäß nach dem Zweck seiner Regelung rückwirkende Kraft beilegte[3], etwa weil es das ursprüngliche Gesetz auslegen und seine Durchführung erleichtern und deshalb auch laufende Revisionsverfahren erfassen sollte. Dies wurde angenommen, wenn nach den Übergangsbestimmungen nur rechtskräftig abgeschlossene Sachen unberührt bleiben sollten[4].

---

[1] RGZ 110, 160 (162) (Ausschluß des Rechtsweges); BGHZ 7, 161 (167); BGHZ 10, 266 (282); BGH NJW 1960, 95 (neues Anmeldeverfahren nach dem AKG); *Rosenberg/Schwab*, § 6 I; *Rimmelspacher*, Prüfung von Amts wegen, S. 226; *Keidel/Winkler*, § 27 Rdnr. 23; *Hellwig*, System I S. 24 ff.

[2] RGZ 45, 95 (98); 45, 418 (421 f.); BGHZ 7, 161 (165 ff.); *Riewald*, in *Becker/Riewald/Koch*, § 118 Anm. 3 (5); *Kisch*, JR 1926, 454 (456); *Sydow/Busch/Krantz/Triebel*, § 561 Anm. 4.

[3] RGZ 128, 344 (349 ff.); 140, 35 (41); 142, 52 (53); 142, 389 (394); 144, 96 (98); 151, 19 (24) = JW 1936, 2221; RGZ 152, 86 (89); 154, 1 (3 f.); RG HRR 1942, 726; OGH NJW 1951, 154; BayObLGZ 1952, 306 (311); *Goldschmidt*, § 66, 2 a; *Sydow/Busch/Krantz/Triebel*, § 549 Anm. 3; vgl. BayObLG FamRZ 1971, 467 (469) = NJW 1971, 1464.

[4] RGZ 111, 320 (321); 115, 207.

Rückwirkende Kraft wurde vor allem bei allen zwingenden, zum Schutz öffentlicher Belange erlassenen Bestimmungen angenommen[5], soweit ein Gesetz eine bisher unbefriedigende Regelung (rückwirkend) verbessern sollte[6]. Die Anwendung des neuen Gesetzes wurde dagegen abgelehnt, sofern es eine völlige Neuregelung enthielt[7], seine Folgen nicht zu übersehen waren und erst ein Verwaltungsvorverfahren durchzuführen gewesen wäre[8]. Ein derartiges Gesetz wurde dagegen auch dann beachtet, wenn bereits aus anderen Gründen zurückzuverweisen war[9].

Soweit Rechtsnormen durch Erfahrung zu konkretisieren waren, wurde bereits von der subjektiven Theorie die bis zur Zeit des Erlasses des Revisionsurteils gewonnene Erfahrung berücksichtigt[10].

Weitere Ausnahmen brachte die Überlegung, daß das Berufungsgericht bei einer Zurückverweisung ohnedies das neue Recht beachten müsse, daß das Revisionsgericht bei eigener Sachentscheidung an die Stelle des Berufungsgerichts trete und daß der Prozeß nicht allein deshalb anders entschieden werden könne, weil die Sache bereits geklärt und entscheidungsfrei sei[11]. Neues Recht wurde deshalb bei einer Entscheidung gemäß § 563 ZPO beachtet, wenn das Urteil nur nach neuem Recht richtig war[12] oder wenn die Revision die Verletzung inzwischen aufgehobener Bestimmungen rügte[13], weil dies durch die §§ 563, 565 ZPO zwingend geboten sei[14]. Somit wurden die Ausnahmen die Regel[15]. Deshalb war es nur konsequent, es allgemein für nicht annehmbar zu halten, bei ein und derselben Entscheidung nach § 563 ZPO verschiedenes Recht anzuwenden: bei der kassatorischen Prüfung das alte Recht, bei der reformatorischen das neue[16]. Zudem wurde die Beachtung neuer — milderer — Gesetze für den Strafprozeß 1935 in § 354 a StPO ausdrücklich vorgeschrieben[17].

---

[5] RGZ 101, 162 (165); 108, 139 (143); 137, 109 (111); 168, 175; OGHZ 1, 156 (159) (Währungsgesetze); OGHZ 3, 1 = NJW 1950, 187.

[6] OGHZ 1, 386 (397) = NJW 1949, 502 (Neuer Vertragshilfetatbestand); OGH NJW 1951, 154 (REG).

[7] BGHZ 7, 161 (166 ff.).

[8] BGHZ 7, 346 (362) (neues LAG).

[9] BGHZ 8, 256 (LAG); bereits *Lazarus*, Gruchot 52 (1908), 593 (636 Fn. 102).

[10] Vgl. *Friedrichs*, S. 980.

[11] RGZ 45, 95 (97); BGHZ 2, 324 (326 ff.); 7, 161 (165); *Meiss*, ZZP 65, 114 (117).

[12] RG JW 1927, 1257 Nr. 15; BGHZ 2, 324; 11, 286 (290 f.); vgl. *Zöller/Karch*, § 550 Anm. 3, § 563 Anm. 1.

[13] OGHZ 3, 393 (399).

[14] s. o. § 6 II 2.

[15] *Johannsen*, LM Nr. 17 zu § 549 ZPO; *Meiss*, ZZP 65, 114 (119); vgl. *Friedrich*, S. 55 ff.

[16] BVerwG 1, 291 (300).

[17] Vgl. *Schwinge*, S. 74 ff.; *Friedrich*, S. 58 f.

Als Ergebnis wird aus dem Devolutiveffekt des Rechtsmittels abgeleitet, daß jedes neue Gesetz in der Revisionsinstanz zu beachten ist, wenn es das streitige Rechtsverhältnis nach seinem zeitlichen Geltungswillen erfaßt[18], auch wenn dadurch der Klageanspruch erlischt[19] oder wenn sich der Rechtsstreit in der Hauptsache erledigt[20]. Anders ausgedrückt: Sofern nicht besondere Übergangsregeln bestehen, geht das Revisionsgericht aus Gründen der Prozeßökonomie[21] von dem zur Zeit seiner Entscheidung allgemein geltenden Recht aus[22].

Neue Gesetze werden sowohl bei aufhebenden wie bestätigenden Urteilen beachtet *(objektive Theorie)*. Damit wird vermieden, daß der anhängige Prozeß den Streit nicht entscheidet, sondern einen weiteren Rechtsstreit heraufbeschwört[23].

Dies gilt im Grundsatz für alle Verfahrensarten. Neue Gesetze werden auch in Verwaltungsstreitsachen beachtet[24]. Nur kann dort neues Recht häufiger irrelevant sein, wenn es nur auf die Rechtmäßigkeit des Behördenhandelns ankommt und das neue Gesetz keinen Anspruch auf Änderung noch nicht vollzogener oder abgewickelter Akte gibt[25].

Vom Erlaß eines neuen Gesetzes ist aber zu unterscheiden, daß sich die konkrete Rechtslage durch Neutatsachen geändert hat. Nach § 561 ZPO sind diese grundsätzlich nicht zu beachten[26].

[18] BGHZ 9, 101 = LM Nr. 17 zu § 549 ZPO m. Anm. v. *Johannsen;* BGHZ 10, 266 (282); 11, 286 (290); 18, 325 (326); 19, 253 = LM Nr. 6 zu Art. 3 AHKG 13 m. Anm. v. *Pagendarm;* BGHZ 24, 159; 28, 239 (240); 36, 348 (350); 37, 233 (236); BGH WM 1970, 410 = LM Nr. 84 zu § 549 ZPO; BAG 2, 226; BAG SAE 1972, 83 (84) (Satzungsänderung des VBL); BSG 19, 250 (261); BVerwG 19, 231 (232); 1, 291 (299 f.); 4, 161 (167); BayObLG FamRZ 1971, 467 (469) = NJW 1971, 1464; bereits *Hellwig,* System I, S. 855; *Meiss,* ZZP 65, 114 (120); *Rietschel,* ZZP 66, 299 f.; *Mattern,* JZ 1963, 649 (651); *Schwinge,* S. 72 ff.; *Rosenberg/Schwab,* § 144 VIII; *Kuchinke,* S. 54 f.; *Baumbach/Lauterbach/Albers/Hartmann,* § 549 Anm. 2 A; *Lent/Jauernig,* § 74 IV B 1; *Habscheid,* ZZP 78, 401 (404); *Keidel/Winkler,* § 27 Rdnr. 22; *v. Wallis/List,* § 118 Rdnr. 13; *Zeiss,* S. 279; *Wieczorek,* § 550 D I, § 561 B; *Zöller/Karch,* § 550 Anm. 3; *Peter Bähr,* S. 82.

[19] BGHZ 28, 239 (240).

[20] Vgl. *Fischer,* Festschrift f. *Hedemann,* S. 75 (91); *ders.,* LM Nr. 6 zu § 161 HGB (Bl. 2).

[21] BAG AP Nr. 3 zu § 91 a ZPO m. Anm. v. *Reinhardt.*

[22] BFH 103, 541 (543); BSG 16, 247; *Stein/Jonas/Grunsky,* § 549 III A 1; zur Behandlung von Rechtsänderungen zwischen mündlicher Verhandlung und Revisionsentscheidung vgl. *Rimmelspacher,* Prüfung von Amts wegen, S. 227; *ders.,* Mat. Anspruch, S. 255.

[23] Vgl. *Meiss,* ZZP 65, 114 (120).

[24] BVerwG 1, 291 (298 ff.); *Eyermann/Fröhler,* § 137 Rdnr. 11; *Peters/Sautter/Wolff,* § 162 Anm. 5 g; *Kopp,* § 137 Anm. 7.

[25] BVerwG NJW 1955, 1291 (1292 f.); BSG 5, 238 (241 f.) = NJW 1957, 1693 f.; *Riewald,* in *Becker/Riewald/Koch,* § 118 Anm. 3 (5); vgl. *Peter Bähr,* S. 11, 20 ff., 79 ff., 85 ff.; *Kopp,* § 40 Vorbem. 10.

[26] *Blomeyer,* § 104 V 2 d; s. aber u. §§ 11, 13.

2. Irrevisibles Recht

Wird nur auf die objektive Richtigkeit des angefochtenen Urteils nach der neuen Rechtslage abgestellt, so hat das Revisionsgericht auch neues irrevisibles Recht bereits bei der kassatorischen Prüfung zu beachten[27]. Das Argument, irrevisibles Recht könne die ZPO nicht abändern[28], das zunächst dazu diente, die Berücksichtigung neuen irrevisiblen Rechts abzulehnen, geht dann ohne weiteres ins Leere. Auch hier finden sich bald Ausnahmen: die Berücksichtigung bei einer Entscheidung gemäß § 563 ZPO[29] und bei inhaltlicher Übereinstimmung mit Bundesrecht[30]. Begründet wird dies zusätzlich damit, daß bei neuem räumlich begrenzten oder ausländischen Recht keine Vermutung gegeben sei, das Tatsachengericht habe das irrevisible Recht „negativ berücksichtigt", indem es seine Anwendbarkeit stillschweigend verneint habe[31]. Auch verstoße es gegen berechtigte Interessen der Parteien, dem Revisionsgericht die Anwendung von Rechtsnormen zu untersagen, über die das Berufungsgericht gar nicht entscheiden konnte. Bedenken wegen der Umgehung der §§ 549, 562 ZPO bestünden daher nicht[32]. Ist das neue irrevisible Gesetz nicht isoliert anwendbar, so ist freilich nach dem Sinn der §§ 549, 562 ZPO nur aufzuheben und zurückzuverweisen[33], damit das Tatsachengericht seine Feststellungen zum Inhalt des irrevisiblen Rechts insgesamt überprüfen kann. Bereits die bloße Zurückverweisung setzt aber die Beachtung des irrevisiblen Rechts zu diesem Zweck voraus. Andernfalls wäre die Revision als unbegründet zurückzuweisen, wenn es an anderen Gesetzesverletzungen fehlt.

3. Änderung der Rechtsprechung

Aufgabe der Revisionsgerichte ist es nicht zuletzt, anhand der gerechten Einzelfallentscheidung das Recht fortzubilden. Das Revisionsgericht

---

[27] RGZ 143, 312 (325) (Landesgesetz zur Ergänzung neuen Reichsrechts); RGZ 151, 19; 152, 86 (89 f.); 154, 133 (136 f.) (Deutsches Arzneibuch); BGH ZZP 69, 189 (191 ff.); BGHZ 36, 348 = NJW 1962, 961 = LM Nr. 61 zu § 549 ZPO m. Anm. v. *Johannsen* (ausländisches Recht); BVerwG 19, 204; einschränkend: nur bei hypothetischem Verstoß gegen Bundesrecht: BVerwG NJW 1973, 1014 (neuer Bebauungsplan); *Baumbach/Lauterbach/Albers/Hartmann*, § 562 Anm. 1; *Lent/Jauernig*, § 74 IV B 1; *Kopp*, § 137 Anm. 6; *v. Wallis/List*, § 126 Rdnr. 13; *Leipold*, ZZP 81, 69 (73); bereits: *Stein*, Privates Wissen, S. 188 f.; a. A. RGZ 134, 17 (24); *Zöller/Karch*, § 550 Anm. 3 (regelmäßig nicht).

[28] RG JW 1927, 1257 (1258).

[29] RG JW 1927, 1257 (1258); BGHZ 24, 159 (163 f.) = ZZP 71, 121.

[30] BGHZ 6, 47 (49 ff.) (Berliner UmstG, das inhaltlich mit Bundesrecht übereinstimmt); a. A. RGZ 63, 318 (319).

[31] BGHZ 36, 348 (354 f.) = NJW 1962, 961 (962) = LM Nr. 61 zu § 549 ZPO m. Anm. v. *Johannsen;* a. A. BGHZ 21, 214 (217) (Irrevisibilität auch negativ als allgemeine Sperre zu beachten).

[32] Kritisch *Rimmelspacher*, Prüfung von Amts wegen, S. 236 ff.

[33] BVerwG NJW 1973, 1014; *Johannsen*, LM Nr. 61 zu § 549 ZPO.

hat nicht abstrakte Regeln mit gesetzesgleicher Bindungswirkung zu erlassen, sondern stets den einzelnen Fall zu entscheiden. Aus der besonderen Präiudizienfunktion des Revisionsurteils läßt sich deshalb allein nicht ableiten, daß das Vertrauen auf eine gefestigte Rechtsprechung zu schützen wäre[34]. Eine als fehlerhaft erkannte Rechtsansicht ist daher stets aufzugeben, auch wenn dadurch eine gewisse rückwirkende Änderung des Norminhalts eintritt. Inwieweit dies gewisser Einschränkungen bedarf, um die staatliche Ordnung aufrechtzuerhalten, ist hier nicht näher darzulegen, da diese durch eine Änderung der Auslegung bürgerlich-rechtlicher Normen regelmäßig nicht ernstlich berührt wird.

Soweit durch die neue Rechtsauffassung des Revisionsgerichts das bisherige Tatsachenvorbringen nicht zur Beurteilung der Sache ausreicht, fehlt es an der Entscheidungsreife[35] und ist regelmäßig zurückzuverweisen.

II. Neues Vorbringen wegen Änderung der Rechtslage

1. Alttatsachen

Der bloße Hinweis der Parteien auf die neue Rechtslage ist kein unbeachtlicher Tatsachenvortrag, sondern beachtliche Anregung zur Prüfung der Rechtsfrage von Amts wegen[36].

Ob mit dem neuen Recht auch Tatsachen neu vorgetragen werden dürfen, ist dagegen streitig.

Bruns meint, „für den Begründungstatbestand des streitigen Rechtsverhältnisses" bleiben „die Vorschriften des früheren Gesetzes maßgebend"[37]. Dies ist aber wenig verständlich, wenn das neue Gesetz an andere Tatbestände als das alte anknüpft und zwänge zu kaum vollziehbaren Rechtsangleichungen, um Rechtsfolgen ableiten zu können.

§ 93 EheG sah die Berücksichtigung neuer Alttatsachen, die erst durch das neue Gesetz erheblich geworden sind, auch für ein eigenes Sachurteil des Revisionsgerichts ausdrücklich vor[38].

Gelegentlich nahm das RG die Bedingungen, die das neue Recht für den Anspruch aufstellte, einfach mit in die Urteilsformel auf, ohne zu prüfen, ob sie tatsächlich erfüllt waren[39]. Das Gericht darf aber nicht

---

[34] a. A. *Grunsky*, Grenzen der Rückwirkung bei einer Änderung der Rechtsprechung, 1970, S. 11 ff.

[35] s. o. § 8 I 3 b aa.

[36] BAG AP Nr. 2 zu § 7 Altbankengesetz Berlin (Bl. 684).

[37] *Bruns*, § 54 VII 1 b (S. 471).

[38] Vgl. RGZ 160, 140 (142).

[39] RGZ 101, 141 (148).

die eigentliche Entscheidung dem Vollstreckungsgericht oder einem neuen Verfahren überlassen.

Da der Vorteil, der in der Beachtung des neuen Rechts für die Parteien liegt, sonst nicht genutzt werden kann, muß neues Vorbringen von Alttatsachen, die erst durch die Änderung entscheidungserheblich geworden sind, allgemein zulässig sein[40].

Zu beachten ist auch, wenn bislang fehlende Feststellungen nach neuem Recht unerheblich sind[41].

Nun wird behauptet, diese Durchbrechung des § 561 I 1 ZPO gebiete nicht nur die Prozeßökonomie[42], sondern sie stimme auch mit der Systematik des Revisionsrechts überein. Und zwar beruhe die Zulässigkeit des neuen Vorbringens auf dem gleichen Grundgedanken wie neuer Tatsachenvortrag zur Begründung einer Aufklärungsrüge[43].

Wird ein Verfahrensmangel gerügt, so läßt zwar § 561 I 2 ZPO neues Vorbringen zu. Bei einer nachträglichen Gesetzesänderung ist das Verfahren der Berufungsinstanz aber nicht fehlerhaft. Vielmehr verhält es sich ebenso wie in den Fällen der „Umwertung" der bisherigen Feststellungen durch das Revisionsgericht bzw. Fällen, bei denen das Revisionsgericht eine andere Rechtsauffassung als die Tatsacheninstanzen vertritt und deshalb entscheidungserhebliche Tatsachen weder festgestellt noch behauptet sind[44]. Derartige „Lücken" hat das Revisionsgericht von Amts wegen zu beachten[45].

Gleiches gilt beim Erlaß eines neuen Gesetzes: enthält es neue entscheidungserhebliche Tatbestände, so ist *nachträglich* eine dem Revisionsgericht klar erkennbare *Feststellungslücke* entstanden. Deshalb fehlt die Entscheidungsreife und es ist ohne weiteres von Amts wegen zurückzuverweisen[46], sofern nicht im Einzelfall Entscheidungsreife herbeigeführt werden kann. Wie bei den unechten „Gegenrügen" kann die Partei auf die mangelnde Entscheidungsreife ohne Bindung nach § 561 I 1 ZPO hinweisen.

---

[40] BVerwG RzW 1962, 230 (231) = Buchholz 310 § 137 VwGO Nr. 10; *Rietschel*, ZZP 66, 299 ff.; *Mattern*, JZ 1963, 649 (651); *Rosenberg/Schwab*, § 144 VIII; *Wieczorek*, § 561 B III c; *Redeker/v. Oertzen*, § 137 Rdnr. 12; *v. Wallis/List*, § 118 Rdnr. 14.

[41] BGHZ 2, 324 (327).

[42] So *Beitzke*, MDR 1949, 104 (105); vgl. auch BVerwG DÖV 1962, 508 (509).

[43] Bereits erwogen von OGHZ 1, 386 (398) = NJW 1949, 502; *Rietschel*, ZZP 66, 299 (302 f.).

[44] OGHZ 1, 386 (397 f.).

[45] s. o. § 8 I 3 b aa.

[46] *Wieczorek*, § 561 B III c.

Obwohl das Vorbringen neuer Tatsachen zulässig ist, soll deren eigentliche Feststellung ausnahmslos dem Tatsachengericht vorbehalten sein[47].

Damit bleibt man aber auf halbem Wege stehen. Ist eine Schlüssigkeitsprüfung zulässig, so ist es nur ein kleiner, kaum belastender Schritt zu prüfen, ob das Vorbringen *unstreitig* ist. Ist dies der Fall, so erfordert schneller Rechtsschutz, daß insoweit auch von der Bindung des Revisionsgerichts nach § 561 II ZPO abgesehen wird. Wie bei der Korrektur der Beweiswürdigung und der Heilung sonstiger Verfahrensfehler kann deshalb auch hier eine Feststellungslücke durch unstreitiges Vorbringen geschlossen werden.

Ob eine Tatsache unstreitig ist, ist nach den allgemeinen Regeln zu entscheiden. § 138 III ZPO ist nicht auszunehmen. Gesteht man dem Revisionsgericht in einfachen, klaren Fällen die selbständige Ergänzung des Tatsachenstoffes zu, so besteht keine Veranlassung, die Fiktion des § 138 III ZPO auszunehmen[48]. Im Rahmen des Untersuchungsgrundsatzes ist das Gericht an Unstreitiges zwar nicht gebunden, kann es aber gleichwohl seiner Entscheidung zugrundelegen, wenn für seine Unrichtigkeit keine Anhaltspunkte bestehen[49].

Ist deshalb die Sache im übrigen entscheidungsreif, so sind die neuen unstreitigen Alttatsachen bei der eigenen Sachentscheidung des Revisionsgerichts auch dann zu berücksichtigen, wenn das neue Gesetz an sich irrevisibel ist. Wird lediglich die gefestigte Rechtsprechung geändert, so verhält es sich nicht anders[50].

Ist das neue Vorbringen dagegen streitig oder sind die Auswirkungen des neuen Gesetzes auf den anhängigen Fall nicht eindeutig zu übersehen, so ist die Sache zur vollständigen Klärung zurückzuverweisen.

2. Neutatsachen

Neutatsachen sollen nach überwiegender Ansicht auch dann unbeachtlich sein, wenn sie erst durch das neue Gesetz ausgelöst wurden und Entscheidungsrelevanz erlangten. Denn es bestehe kein Grund, ihnen gegenüber anderen Neutatsachen eine Sonderstellung einzuräumen[51].

Dagegen will *Mattern* in diesen Fällen (und allgemein) auch unstreitige Neutatsachen beachten[52]. Seine Beispiele enthalten aber sämtliche Fälle

---

[47] *Rietschel*, ZZP 66, 299 (302); *Rosenberg/Schwab*, § 144 VIII; *Grimm*, Festschrift f. d. BFH, S. 126 (132); *Kopp*, § 137 Anm. 5 c, dd, d.

[48] *Wieczorek*, § 554 F II a, b 2; a. A. BayObLG NJW 1967, 57.

[49] Vgl. *Redeker/v. Oertzen*, § 86 Rdnr. 6, 11.

[50] s. o. § 8 I 3 b aa.

[51] *Rietschel*, ZZP 66, 299 (305).

[52] *Mattern*, JZ 1963, 649 (651).

der nachträglichen Erledigung der Hauptsache[53] und deshalb mittelbar ein *prozessual* erhebliches Moment. Aus ihnen kann daher nicht allgemein abgeleitet werden, daß durch neue Gesetze relevant gewordene unstreitige Neutatsachen zu beachten sind. Die Frage ist vielmehr für alle Fälle von Neutatsachen einheitlich zu entscheiden und bedarf genauerer Prüfung[54].

---

[53] s. u. § 17 III.
[54] s. u. § 13 III.

§ 11. Berücksichtigung neuer verfahrensrechtlicher Tatsachen

I. Neuvorbringen von „Alttatsachen"

Die Stellung des Revisionsgerichts zu neuen verfahrensrechtlichen Tatsachen ist in den letzten Jahren häufig erörtert worden. Sicher ist, daß auch prozessuale Fragen nach der gegebenen Beweislage entschieden werden. Neues Vorbringen von Tatsachen, die bereits im Zeitpunkt der letzten Tatsachenverhandlung vorlagen (Alttatsachen), kann deshalb die Beweislage verändern und zu einer abweichenden Beurteilung führen. Wird z. B. eine bisher nicht beigebrachte, streitige Parteivereinbarung urkundlich belegt, so kann die internationale Zuständigkeit für das Revisionsgericht anders zu beurteilen sein. Ebenso kann es sich verhalten, wenn zur Frage der Wiedereinsetzung in den vorigen Stand gegen die Versäumung der Berufungsfrist Umstände neu vorgebracht werden.

1. Der Grundsatz der Prüfung von Amts wegen

Die Befugnis, neu vorgetragene Alttatsachen zu Prozeßvoraussetzungen, Prozeßfortsetzungsbedingungen und anderen verfahrensrechtlichen Umständen zu verwerten[1], leitet die h. M. aus der Befugnis zur Prüfung von Amts wegen ab. Diese gelte für alle Instanzen und verleihe die Macht, neue Tatsachen zu berücksichtigen, die die Parteien in den Tatsacheninstanzen und in der Revisionsbegründung nicht vorgetragen haben, die bisherigen Beweise oder den Akteninhalt[2] selbständig zu würdigen und alle Fragen zu beurteilen, die sonst tatrichterlicher Feststellung vorbehalten seien[3], z. B. zu einem Prozeßvertrag Beweis zu erheben, unabhängig davon, ob Bedenken bereits in der Vorinstanz bestanden oder diese erst neu auftauchen. In geeigneten Fällen sei daher auch in der Revisionsinstanz gemäß § 139 ZPO neues Vorbringen anzu-

---

[1] Vgl. BGHZ 31, 279 (282 f.) = NJW 1960, 523 (524) = LM Nr. 26 zu § 561 ZPO m. Anm. v. *Mattern* (Prozeßführungsbefugnis); BGH NJW 1963, 297 (298); zu den Anwendungsfällen vgl. *Haueisen*, NJW 1969, 1049 (1050) u. NJW 1961, 2329 (2330 ff.).

[2] BGH VersR 1961, 413 (414) (abgelehnte Wiedereinsetzung); *v. Wallis/List*, § 118 Rdnr. 33; s. auch o. §§ 2 II, 9 II.

[3] *Kuchinke*, S. 217; *Arens*, AcP 161, 177 (211); *Zöller/Degenhart*, § 56 Anm. 1 a; *Ziemer/Birkholz*, § 118 Rdnr. 22; *Grimm*, Festschrift f. d. BFH, S. 126 (131); BGHZ 31, 279 (283) (freie Testamentsauslegung zur Beurteilung der Prozeßführungsbefugnis eines Erben).

regen[4]. Die Schranke, die § 561 ZPO dem Revisionsgericht ziehe, werde nämlich durch die „höhere Macht", die Recht und Pflicht zur Amtsprüfung verleihe, durchbrochen[5].

Mehr als dieser Hinweis auf die Befugnis zur Amtsprüfung findet sich häufig nicht zur Begründung dieser Sonderbehandlung.

2. Amtsprüfung und Verfahrensrevision

Überwiegend wird aber versucht, die Amtsprüfung prozessualer Fragen der Verfahrensrevision zuzuordnen und damit ihre Sonderstellung zu rechtfertigen.

Schwinge begründet dies damit, daß die Verfahrensrevision schlechthin Ordnungswidrigkeiten des Verfahrens abhelfen soll und daß deshalb die Beschränkung auf die Rechtsfrage wegfalle[6]. Liegt der falschen Beurteilung der Prozeßvoraussetzungen ein Verfahrensfehler zugrunde, so können nach den §§ 554 III Nr. 2 b, 561 I 2 ZPO Alttatsachen neu vorgetragen und geprüft werden[7].

Eine Gleichordnung von Amtsprüfung und Verfahrensrevision wird aber im übrigen nicht durchgeführt. Weder wird eine nach den sonstigen strengen Maßstäben begründete Verfahrensrüge verlangt, noch wird § 554 VI ZPO angewandt. Vielmehr soll es bei dem allgemeinen Grundsatz verbleiben, daß durch das Gericht „auf Bedenken aufmerksam zu machen ist" (§ 139 II ZPO), die Prozeßvoraussetzungen also von Amts wegen zu prüfen sind.

Die Zuordnung zu der Verfahrensrevision ist damit noch nicht widerlegt. Denn erst die Novelle 1905 führte den Begründungszwang für die Verfahrensrevision ein, schloß neue Rügen nach Fristablauf aus und beschränkte die Prüfungsbefugnis auf ordnungsgemäß gerügte Fehler. Zu dieser Zeit wurde die Befugnis zur Amtsprüfung der Prozeßvoraussetzungen unbestritten als Sonderfall gegenüber der allgemeinen Amtsprüfung von Verfahrensfehlern in Anspruch genommen. Auch ist die Begründungspflicht, wie gezeigt wurde[8], in anderen Bereichen wieder aufgelockert worden. Die Zuordnung zur Verfahrensrevision ließe sich daher aufrechterhalten, wenn nachgewiesen werden könnte, daß der

---

[4] Vgl. BAG NJW 1958, 1699 (1700).

[5] *Schultzenstein*, ZZP 37, 244 (278).

[6] *Schwinge*, S. 168 ff., 171 f.; ebenso: *L. Müller*, Freibeweis, S. 3 f.

[7] Darauf berufen sich für die freiwillige Gerichtsbarkeit: KG ZZP 71, 229 ff.; BayObLGZ 1962, 11 = FamRZ 1962, 164 (165) (örtliche Zuständigkeit); *Staudinger/Göppinger*, § 1666 Anm. 392 (örtliche und internationale Zuständigkeit); *Keidel/Winkler*, § 27 Rdnr. 45; für die FGO: *Kühn/Kutter*, § 118 FGO Bem. 2.

[8] s. o. § 7 III, VI; § 8 I 3.

herkömmliche Bereich der Amtsprüfung vom Begründungszwang auszunehmen ist. Dafür spricht, daß — anders als bei den meisten Verfahrensfehlern — eine Überprüfung meist bereits anhand des angefochtenen Urteils möglich ist, soweit sich das Urteil bereits mit der Frage auseindersetzte. Eine eingehende Begründung einer Verfahrensrüge ist deshalb insoweit häufig überflüssig. Man könnte die Prozeßvoraussetzungen daher auch der gelegentlich gebrauchten Kategorie des „materiellen Prozeßrechts" zuordnen[9]. Eine derartige Aufteilung würde aber gerade nicht für eine Sonderstellung der Prozeßvoraussetzungen bezüglich § 561 ZPO sprechen.

Die Zuordnung der Prozeßvoraussetzungen zur Verfahrensrevision scheidet noch aus einem anderen Grunde aus. Verneint nämlich das Berufungsgericht z. B. die wirksame Einlegung der Berufung nach den ihm vorliegenden Tatsachen, werden dem Revisionsgericht aber neue Tatsachen vorgetragen, die eine abweichende Beurteilung rechtfertigen, so zeigt sich nach Ansicht des RG, daß das Berufungsgericht das Gesetz in bezug auf das Verfahren „objektiv" verletzt habe[10]. Eine „objektive" Verfahrensverletzung gibt es aber nicht. Berücksichtigt das Berufungsgericht den ihm vorliegenden Prozeßstoff umfassend ohne Verstoß gegen Beweisregeln, so mag die Entscheidung objektiv falsch sein; ein Verfahrensfehler liegt jedoch nicht vor. *Rimmelspacher* legt daher zu Recht dar, daß die Zulässigkeit neuen Vorbringens nicht auf die §§ 554 III Nr. 2 b, 561 I 2 ZPO gestützt werden kann[11].

Der Beweis, § 561 ZPO beziehe sich nur auf die für die materielle Entscheidung erheblichen Tatsachen, ist damit aber noch nicht erbracht.

3. Prozessuale Fragen und Freibeweis

Vielfach wird dargelegt, neue verfahrensrechtliche Behauptungen seien im Wege des Freibeweises festzustellen[12]. Wegen des Revisionszweckes richtiger Sachentscheidung müsse das Revisionsgericht die im Wege des Freibeweises aufzuklärenden prozessualen Feststellungen des

---

[9] So auch *Rimmelspacher*, Prüfung von Amts wegen, S. 49, 112, 121; *J. Blomeyer*, ZZP 81, 20 (26, 35) (für die „unechten" Prozeßvoraussetzungen); ähnlich *Sauer*, S. 234, 412 ff. (der sie nicht dem Verfahren, sondern den Verfahrensvoraussetzungen zuordnet).

[10] RG SeuffA 47 (1892) Nr. 245.

[11] *Rimmelspacher*, Prüfung von Amts wegen, S. 48 ff., 185 f., 191 (anders aber S. 197, 199 — dazu unter 4.); ebenso *Schlotz*, S. 159, 338 f.

[12] BGH NJW 1951, 441 (442); MDR 1951, 732 (733); FamRZ 1971, 243 (244); BAG NJW 1958, 1699 (1700); *Schönke/Kuchinke*, § 62 II; *Zöller/Degenhart*, § 56 Anm. 1 b (2); *L. Müller*, S. 26 ff., 33; *v. Weber*, ZZP 57, 91 (97); *Mattern*, LM Nr. 26 zu § 561 ZPO; *ders.*, JZ 1963, 649 (650); *Schwinge*, S. 171; *Alsberg/Nüse*, S. 465 ff., 479 ff.; *Brackmann*, S. 254 b; *Haueisen*, NJW 1969, 1049 f.; kritisch *Rimmelspacher*, Prüfung von Amts wegen, S. 36 f.

angefochtenen Urteils beanstanden, soweit es darin mit den ihm gegebenen Möglichkeiten Fehler aufdecken könne[13]. Allgemeiner: An die im Wege des Freibeweises getroffenen Feststellungen sei das Revisionsgericht nicht gebunden, weil die Chance eines anderweitigen Resultats größer sei als bei Feststellungen aufgrund Strengbeweises[14]. Aber für eine derartige Unterscheidung enthält die ZPO nicht den geringsten Anhaltspunkt. Größere „Erfolgs"-aussichten allein rechtfertigen nicht, warum eine revisio in facto gerade bei den Prozeßvoraussetzungen und nur bei diesen zulässig sein soll. Während sich die Revisibilität von Verstößen gegen Erfahrungssätze und Denkgesetze mit der Erkennbarkeit des Fehlers rechtfertigen läßt, ist der Fehler bei Prozeßvoraussetzungen nicht selten erst nach erneuter Beweisaufnahme feststellbar. Setzt man deshalb ohne weiteres voraus, daß zu Prozeßvoraussetzungen vom Revisionsgericht Freibeweis erhoben werden kann, so wird die Befugnis, die bewiesen werden soll, bereits unterstellt.

Auch ist die abschließende Beurteilung der tatsächlichen Grundlage zu den Prozeßvoraussetzungen für den Rechtsschutz ebenso wichtig wie die Feststellung des Sachverhältnisses. Deshalb spricht viel dafür, auch im Rahmen der Amtsprüfung Tatsachen nach allgemeinen Grundsätzen zu beweisen[15]. Die Zulässigkeit des Freibeweises ist damit nicht widerlegt. Wohl aber ist gezeigt, daß es einer Begründung bedürfte, daß er bei Prozeßvoraussetzungen zulässig ist.

4. Prozeßvoraussetzungen und materielle Normen als gleichberechtigte „Maßstabsnormen"

a) Die Meinung Rimmelspachers

Eine Ausnahme von § 561 I 1, II ZPO für Prozeßvoraussetzungen läßt sich weder auf die Verfahrensrevision noch auf die Zulässigkeit des Freibeweises stützen. Daraus zieht Rimmelspacher den Schluß, die Sonderbehandlung im Bereich der Amtsprüfung könne nicht schlüssig begründet werden. Die Rücksicht auf das „öffentliche Wohl" und eine „gesunde Prozeßführung" seien zu allgemein und berechtigten nicht, ein durch § 561 ZPO geordnetes gesetzliches Verfahren zu sprengen. Im Gegenteil würden dadurch die Sicherheit und Berechenbarkeit des prozessualen Geschehens gefährdet[16]. Rimmelspacher legt zwar dar, daß die einzelnen Prozeßvoraussetzungen „Schutzwürdigkeitsvoraussetzun-

---

[13] *Warda,* S. 78 (zum Strafprozeß).

[14] *Beling,* Festschrift f. *Binding,* S. 87 (142, 156) (zum Strafprozeß).

[15] *Baumbach/Lauterbach/Albers/Hartmann,* § 561 Anm. 3 C; *Rosenberg/Schwab,* § 78 V 2 c; *Rimmelspacher,* Prüfung von Amts wegen, S. 39 ff., 171 ff.; *Grunsky,* Grundlagen, S. 439.

[16] *Rimmelspacher,* Prüfung von Amts wegen, S. 48.

gen unter dem Gesichtspunkt der Rechtsfriedenssicherung"[17], seien, die gegeben sein müßten, damit das „ideale Prozeßziel" nicht verfehlt werde. Dieses ideale Prozeßziel liege in der Wahrung des Rechtsfriedens durch realen Schutz subjektiver Rechte[18]. Deshalb müßten die Prozeßvoraussetzungen gegeben sein, damit ein zusprechendes Sachurteil ergehen könne[19]. Da aber die gemeinrechtliche Nullitätslehre[20] aufgegeben sei und die Rechtskraftwirkung von Prozeßurteil und abweisendem Sachurteil nur nach Maßgabe des einzelnen Abweisungsgrundes wirke und daher gleich sei[21], bildeten materielle und prozessuale Voraussetzungen für den Richter *gleichwertige Maßstäbe* bei der Prüfung, ob einem Begehren stattzugeben sei[22].

Ein Vorrang der Prozeßvoraussetzungen ergebe sich weder aus § 275 ZPO noch aus der Schutzwirkung der Prozeßvoraussetzungen zugunsten des Beklagten[23]. Da schließlich die Prozeßvoraussetzungen keine Normen zur Leitung des Verfahrens, sondern Voraussetzungen des stattgebenden Urteils seien, bestehe keine Wertungsdifferenz, um eine Prüfungsreihenfolge zwischen Zulässigkeit und Begründetheit einer Klage zu rechtfertigen[24].

Sei die behauptete Rechtslage nicht schutzwürdig, so sei die Klage abzuweisen, sobald sich nur ergebe, daß eine Urteilsvoraussetzung fehle, sei sie materieller oder prozessualer Art[25].

Rimmelspacher sieht zwar, daß die Parteiherrschaft in der Gestaltung des prozessualen Prozeßstoffs im öffentlichen Interesse beschränkt ist, weil insoweit ein Gegensatz der Parteiinteressen fehlt und die Gefahr besteht, daß der Prozeßzweck verfehlt wird. Dennoch meint er, im Zivilprozeß sei es eben Sache der Parteien, ob Prozeßzweck und Rechtsschutz erreicht würden. Allgemein bestehe dafür keine besondere Verantwortung des Gerichts[26].

Für die Revisionsinstanz sei besonderer Schutz auch unnötig, weil hier nach § 561 ZPO die Parteidisposition über den Prozeßstoff ohnehin

---

[17] S. 53, 54 - 76, 150.

[18] S. 23.

[19] S. 51, 109, 130.

[20] Die von der Urteilsnichtigkeit bei Verstoß gegen „substantialia" ausging.

[21] S. 82 ff., 99 ff.; zustimmend *Zeiss*, S. 112.

[22] *Rimmelspacher*, Prüfung von Amts wegen, S. 112, 117, 142 u. ZZP 84, 41 ff.; für eine Ähnlichkeit von Prozeßvoraussetzungen und materiellem Recht auch *F. Weber*, Studium generale 1960, 183 (188).

[23] *Rimmelspacher*, Prüfung von Amts wegen, S. 112; ebenso *Grunsky*, ZZP 80, 55 (60 f.); *Zeiss*, S. 112; a. A. *Berg*, JR 1968, 257 (258) u. JuS 1969, 123 (124).

[24] *Rimmelspacher*, S. 117, 134 ff., 136.

[25] S. 122 f.; so auch *Hellwig*, System I, S. 258, 744.

[26] S. 146 f., 191.

ausgeschlossen sei. Da die §§ 554 III Nr. 2 b, 561 I 2 ZPO nicht anwendbar seien und die ZPO sonst kein neues Vorbringen zulasse, müsse der in der Tatsacheninstanz festgestellte Prozeßstoff auch für die Prozeßvoraussetzungen maßgeblich bleiben. Auch sei es für den Prozeßzweck ebenso wichtig, daß der materielle Prozeßstoff richtig festgestellt sei. Werde dieser daher auf den Stand der letzten Tatsachenverhandlung fixiert, so könne für den prozessualen Prozeßstoff nichts Abweichendes gelten[27].

b) *Stellungnahme*

aa) Vorrangige Prüfung der „Prozeßvoraussetzungen"

Bereits Niese[28] hatte dargelegt, daß die Prozeßvoraussetzungen primär Urteilsnormen, nicht Verfahrensnormen seien. Die daran anknüpfenden Folgerungen Rimmelspachers sind jedoch nicht zwingend. Der von ihm behauptete Prozeßzweck ist zu einseitig am stattgebenden Urteil ausgerichtet. Das Gericht gewährt auch dann Rechtsschutz, das Verfahren erfüllt auch und gerade dann seinen Zweck, wenn eine Rechtsanmaßung zurückgewiesen und die Klage abgewiesen wird. Deshalb stellt jedes Sachurteil, auch das abweisende, den „Bestand der Rechtslage" fest. Dann ist es aber nicht irrelevant, ob die Klage aus prozessualen oder materiellen Gründen abgewiesen wird. Eine vorrangige Prüfung der Prozeßvoraussetzungen erscheint daher geboten.

Rimmelspacher sieht zwar, daß etwa das Erfordernis der Prozeßfähigkeit beide Parteien vor unsachgemäßem Verhalten des Prozeßunfähigen schützen soll[29]. Dennoch bejaht er letztlich nur eine Schutzwirkung der Prozeßvoraussetzungen zugunsten des Beklagten vor dem stattgebenden Urteil[30]: Der Prozeßunfähige soll nicht verurteilt werden. Weder das stattgebende Urteil noch andere Maßnahmen mit endgültiger Wirkung könnten ohne Prüfung der Prozeßvoraussetzungen ergehen. Dagegen werde dem Prozeßunfähigen Rechtsschutz gewährt, wenn die Klage aus materiellen Gründen abgewiesen werde[31].

Diese Betrachtungsweise vernachlässigt aber wesentliche Aspekte des Rechtsschutzes.

(1) Prozeßfähigkeit

Fehlt die Prozeßfähigkeit des Beklagten, so ist auch der Kläger vor der Sachabweisung zu schützen[32]. Denn beruht die Sachabweisung etwa

---

[27] Prüfung von Amts wegen, S. 190 ff. u. Mat. Anspruch, S. 314; zustimmend: *Grunsky*, SAE 1971, 24 (26, I 4).

[28] Doppelfunktionelle Prozeßhandlungen, S. 61.

[29] *Rimmelspacher*, Prüfung von Amts wegen, S. 70 f.

[30] S. 113 f.

[31] Ähnlich bereits *Hellwig*, System I, S. 258, 744.

auf der Parteivernehmung des Beklagten, so besteht eine erhöhte Gefahr für die Unrichtigkeit der Aussage. Ein Sachurteil nach Mitwirkung eines Prozeßunfähigen gefährdet schließlich auch das Ansehen der Gerichte. Umgekehrt: Ist der Kläger prozeßunfähig, so darf der Anspruch auf seine Klage nicht aberkannt werden[33], denn der Prozeßunfähige soll vor den Folgen seiner Prozeßhandlungen geschützt werden und diese Folgen regelmäßig nicht erst durch Nichtigkeitsklage (§ 579 I Ziff. 4 ZPO) beseitigen müssen. Entsprechendes gilt für andere Fälle mangelnder Vertretung. Auch ist der prozeßfähige Gegner vor den Kosten der Nichtigkeitsklage zu bewahren.

Ferner kann die Sachentscheidung trotz ungeklärter Prozeßfähigkeit den Anspruch auf rechtliches Gehör (Art. 103 I GG) verletzen[34] und damit zur Verfassungsbeschwerde führen.

Es sind deshalb der prozeßunfähige Beklagte vor dem stattgebenden Urteil, der prozeßunfähige Kläger vor dem abweisenden, der jeweilige Gegner vor der Nichtigkeitsklage oder der inhaltlichen Unrichtigkeit wegen der Mitwirkung des Prozeßunfähigen und schließlich das Gericht vor der Beeinträchtigung seines Ansehens zu schützen. Auf die Parteirolle des Prozeßunfähigen und den Inhalt der ergehenden Entscheidung kommt es daher im Grundsatz nicht an. Um diesen Schutzzweck zu erreichen, ist die Prozeßfähigkeit in freier Würdigung des Sachverhalts auch tatsächlich zu prüfen[35].

Die Prozeßvoraussetzungen sollen garantieren, daß der Prozeßzweck subjektiven Rechtsschutzes im Verfahren tatsächlich erreicht wird[36]. Sie sind daher grundsätzlich Hindernisse für ein Sachurteil und deshalb *vorrangig* zu prüfen.

Ob dieser Schutzzweck zugunsten beider Parteien bei allen Prozeßvoraussetzungen nachzuweisen ist und jeweils in gleichem Maße besteht, ist streitig. Einige meinen, die Untersuchung der Grundgedanken und Zwecke der einzelnen Prozeßvoraussetzungen ergebe deutlich Unterschiede, so daß teilweise eine vorrangige Prüfung nicht erforderlich sei[37]. Dies erfordert ein Eingehen auf den besonderen Zweck jeder einzelnen Prozeßvoraussetzung[38], was hier nur in Grundzügen erfolgen kann.

---

[32] Ausführlich BAG NJW 1958, 1699 (1700); ferner: *Olroth*, JurA 1970, 708 (716) (für Zulässigkeit des Rechtsweges und sachliche Zuständigkeit).

[33] *Olroth*, JurA 1970, 708 (717); *Grunsky*, ZZP 80, 55 (73).

[34] *Zeiss*, S. 112.

[35] *Sydow/Busch/Krantz/Triebel*, § 561 Anm. 4.

[36] Vgl. *J. Blomeyer*, ZZP 81, 20 (25); *Rosenberg/Schwab*, § 97 V 1.

[37] Vgl. *Grunsky*, ZZP 80, 55 (70 f., 75) u. Grundlagen, S. 324 ff.; *J. Blomeyer*, ZZP 81, 20 (34 ff.).

[38] Vgl. *Wieser*, ZZP 84, 304 (306); eingehend jetzt *Martin*, Prozeßvoraussetzungen und Revision, S. 61 ff.

(2) Prozeßführungsbefugnis

Die Prozeßführungsbefugnis soll nur „unechte“ Prozeßvoraussetzung sein und einer „liquiden“ Sachabweisung nicht entgegenstehen[39]. Aber auch die Klage des Nichtprozeßführungsbefugten darf nicht sachlich abgewiesen werden, weil der Beklagte sonst keinen Rechtsschutz, sondern nur einen trügerischen Schein von Sicherheit erhält. Wird die gewillkürte Prozeßführungsbefugnis offen gelassen, so kann der Rechtsinhaber trotz der Sachabweisung selbst klagen. Der Beklagte kann sich dann nicht auf die sonst eintretende Rechtskrafterstreckung berufen, weil dies mit dem Schutz des wahren Rechtsinhabers unvereinbar wäre. Zumindest kann Rechtskrafterstreckung erst dann eintreten, wenn im zweiten Prozeß festgestellt wird, daß die Prozeßführungsbefugnis bestanden hat. Die vorschnelle Sachabweisung erleichtert damit insgesamt die Rechtsfriedenssicherung nicht[40]. Wollte man der Spaltungstheorie folgen, d. h. als Grundlage der Prozeßführungsbefugnis ein materielles Verwaltungsrecht oder eine Art Teilzession sehen, so darf aus den gleichen Gründen auf Klage des Nichtbefugten nur dessen Ermächtigung oder Verwaltungsbefugnis, nicht aber der Bestand des Rechts verneint werden. Ein derartiges „Sachurteil“ wäre inhaltlich aber Prozeßurteil im herkömmlichen Sinn.

(3) Parteifähigkeit

Ähnlich verhält es sich mit der Parteifähigkeit: Die Sachabweisung z. B. der Klage einer Vor-GmbH täuscht dem Gegner endgültige Streiterledigung vor, obgleich von oder gegen den tatsächlichen Rechtsinhaber dennoch geklagt werden kann. Die Gefahr der Nutzlosigkeit der Sachverhandlung erfordert deshalb auch hier die vorrangige Prüfung[41].

(4) Zuständigkeitsordnung

Die gesamte Zuständigkeitsordnung bestimmt das geeignete Forum zur sachlichen Streitentscheidung. Dies gilt im Grundsatz gleichermaßen für internationale, sachliche, örtliche und Rechtswegzuständigkeit.

Die Zuständigkeitsordnung knüpft an Sachnähe, Möglichkeit einer einfachen und zumutbaren Rechtsverfolgung für die gesetzlich begünstigte Partei (regelmäßig den Beklagten), an Sachkenntnis des Gerichts oder an Parteivereinbarung an. Diese Anknüpfungstatsachen sollen stets optimalen sachlichen Rechtsschutz gewährleisten. Zuweisungen

---

[39] *J. Blomeyer*, ZZP 81, 20 (34 ff.); *Olroth*, JurA 1970, 708 (714, 721); *Grunsky*, Grundlagen, S. 258, 264.

[40] *Wieser*, ZZP 84, 304 (309). Auch über die Rechtskraftwirkung wird erst im Zweitverfahren entschieden; aber dies rechtfertigt nicht, sie von vornherein bewußt im Ungewissen zu lassen.

[41] *Wieser*, ZZP 84, 304 (310); BAG NJW 1967, 1437.

aus „reiner" Zweckmäßigkeit gibt es praktisch nicht[42]. Das unterschiedliche Gewicht der im einzelnen zu schützenden Belange berücksichtigt bereits das Gesetz, soweit eine Verletzung nicht mit Rechtsmitteln gerügt werden kann (§§ 512 a, 549 II ZPO) sowie durch Prorogation oder Rügeverlust (§ 295 ZPO) unbeachtlich wird. Davon abgesehen soll aber in einem ungeeigneten Forum zum Schutz der Parteien kein Sachurteil ergehen[43]. Ein Sachurteil, das etwa die Rechtswegzuständigkeit des Gerichts offen läßt, ist deshalb keiner materiellen Rechtskraft fähig[44]. Eine willkürliche Annahme der Zuständigkeit, die implizit in einer Sachentscheidung liegt, entzöge die Parteien ihrem gesetzlichen Richter (Art. 101 I 2 GG) und berechtigte die benachteiligte Partei Verfassungsbeschwerde zu erheben[45]. Deshalb ist auch die vorrangige Prüfung der Zuständigkeitsordnung geboten.

(5) Rechtskraft und Rechtshängigkeit

Rechtskraft und Rechtshängigkeit sind wegen der Gefahr widersprechender Urteile und zur Sicherung der Geltungskraft des ersten Urteils im Parteiinteresse und dem des Ansehens der Gerichte willen vorrangig zu beachten[46]. Die Mißachtung führt zur Restitutionsklage (§ 580 Ziff. 7 a ZPO) und damit zu einer vermeidbaren Belastung der zunächst obsiegenden Partei.

Um Unklarheiten über den Umfang der Rechtskraft zu vermeiden, darf auch eine nicht ordnungsgemäß erhobene Klage, z. B. mit unbestimmtem Antrag, nicht sachlich abgewiesen werden.

Die bisher untersuchten Prozeßvoraussetzungen beruhen daher nicht nur auf einem bloßen „prozeßtechnischen oder gerichtsorganisatorischen Interesse"[47].

(6) Rechtsschutzbedürfnis

Von der Klagbarkeit abgesehen ist damit nur der Vorrang von Rechtsschutzbedürfnis, Feststellungsinteresse (§ 256 ZPO) und Besorgnis nicht rechtzeitiger Erfüllung (§ 259 ZPO) zweifelhaft. Hier dominiert die Entlastung der Gerichte von der eingehenden Prüfung nicht rechtsschutz-

---

[42] Vgl. *Zöller/Vollkommer*, § 12 Vorbem. 2.

[43] *Olroth*, JurA 1970, 708 (716) (für Rechtsweg u. sachliche Zuständigkeit); *Wieser*, ZZP 84, 304 (308); vgl. auch *Grunsky*, ZZP 80, 55 (71); a. A. *Naumann*, Die Abgrenzung des Verwaltungsrechtswegs, in: Zehn Jahre Verwaltungsgerichtsordnung, 1970, S. 226 (238) (wegen der Gleichwertigkeit der Rechtswege).

[44] BAG 19, 146 (149 f.).

[45] *Berg*, JR 1968, 257 (258) u. JR 1971, 160; *Zeiss*, S. 112; a. A. *Naumann*, (Fn. 43), S. 226 (239) (da in Zweifelsfällen keine Willkür vorliege).

[46] *Grunsky*, ZZP 80, 55 (74); *Wieser*, ZZP 84, 304 (310); zum Verhältnis von Prozeßzweck und Rechtskraft vgl. *Gaul*, Grundlagen, S. 48 ff., 92 f.

[47] So aber *Sauer*, S. 114, 363, 366.

würdiger Klagen gegenüber Parteiinteressen. Immerhin soll auch das Revisionsgericht über einen entscheidungsbedürftigen Rechtsstreit befinden und weder als bloßer Gutachter beim Fehlen des Rechtsschutzinteresses wegen prozessualer Überholung tätig werden[48], noch soll die Sachentscheidung zu Unrecht ausgeschlossen bleiben. Ferner besteht ein öffentliches Interesse daran, daß die Parteien die Gerichte nicht zu gerichtsfremden Zwecken mißbrauchen[49]. Das Rechtsschutzinteresse dient daher dem Schutz des Beklagten und dem der Gerichte vor nutzloser Inanspruchnahme[50]. Deshalb wird es zu Recht in jeder Lage des Verfahrens in tatsächlicher und rechtlicher Hinsicht überprüft[51]. Vom Mißbrauchsfall abgesehen ergibt sich daraus aber nicht zwingend ein Vorrang der Prozeßabweisung gegenüber dem Sachurteil[52]. Jedoch ist zu beachten, daß die objektive Rechtskraft des klageabweisenden Urteils zur Maßgeblichkeit einer Feststellung für die Parteien führt, die die Prozeßabweisung wegen fehlendem Rechtsschutzinteresse im Einzelfall gerade verhindern sollte. Nur wenn insoweit keine Bedenken bestehen, erscheint es zulässig, bei Streit über das Rechtsschutzbedürfnis usw., aber eindeutiger Sachlage nach Sachdienlichkeit im Einzelfall prozessual oder sachlich zu entscheiden[53].

Wie die angeführten Beispiele zeigen, ist die Rechtskraftwirkung von Prozeßurteil und Sachurteil nur strukturell und dem objektiven Umfang nach gleichartig, da sich der Umfang der Rechtskraft nach dem jeweiligen Subsumtionsschluß bestimmt. Beide Urteilsarten unterscheiden sich dagegen erheblich in der sachlichen Urteilswirkung[54]. Generell verlangt daher die Schutzfunktion der Prozeßvoraussetzungen zugunsten beider Parteien und ihre Beiziehung zum Prozeßzweck eine vorrangige und abschließende Beantwortung[55]. Zwar mögen *im Einzelfall*

---

[48] So BAG SAE 1971, 22 (23) (zum nachträglichen Wegfall) m. insoweit ablehn. Anm. v. *Grunsky*.

[49] *v. Weber*, ZZP 57, 91 (94) (der daraus die Geltung des Untersuchungsgrundsatzes ableitet).

[50] *Olschewski*, NJW 1971, 551 (552); *Johannsen*, LM Nr. 46 zu § 256 ZPO; *Baumgärtel*, AP Nr. 9 zu § 91 a ZPO.

[51] RGZ 160, 204 (208 ff.); BGH NJW 1957, 303 = LM Nr. 22 zu § 546 ZPO; gegen eine Amtsprüfung: *Stein/Jonas/Pohle*, Vor § 128 VII 3 a; *Stein/Jonas/Grunsky*, § 559 IV 2 a.

[52] *v. Mettenheim*, S. 42.

[53] Vgl. *Weiß*, Das Feststellungsinteresse als unqualifizierte Prozeßvoraussetzung, NJW 1971, 1596; *Jauernig*, JZ 1955, 235 (236); *Lent/Jauernig*, § 35 I; *Zeiss*, S. 120; *Stein/Jonas/Schumann/Leipold*, § 259 II; *Zöller/Stephan*, § 256 III (nur bei abweisenden Urteilen); bereits *Sauer*, Grundlagen, S. 255 (der das Rechtsschutzinteresse als Frage der Begründetheit ansieht); s. auch u. 6 c cc, d.

[54] *v. Mettenheim*, S. 41 Fn. 87; *Berg*, JR 1968, 257 (258); *Jauernig*, JZ 1955, 235.

[55] So auch: *Jauernig*, JZ 1955, 235 (236) („funktionelle Vorrangigkeit“); *Baldus*, JurA 1970, 755 (756); *Wieser*, ZZP 84, 304 (311); *Sauer*, Allg. Prozeßrechtslehre, S. 201; a. A. *ders.*, Grundlagen, S. 414 (dort wird die Nachprüfung aus der Zulässigkeit des Freibeweises abgeleitet).

durch einen Vorgriff auf eine Sachentscheidung weder allgemeine noch Parteiinteressen gefährdet werden. Das Prozeßrecht hat aber typischen Gefahren vorzubeugen, um den Prozeßzweck nicht zu verfehlen. Auf den konkreten Einzelfall kann wegen der Bedeutung der Prozeßvoraussetzungen für die Gewährung subjektiven Rechtsschutzes und um ein möglichst einfaches, klares Verfahren zu erhalten, nicht abgestellt werden[56]. Damit ist die Behauptung widerlegt, Prozeßvoraussetzungen und materielle Urteilsvoraussetzungen seien ranggleich.

bb) Neues Vorbringen von Alttatsachen

Daraus ergibt sich aber noch nicht, daß prozessualer Prozeßstoff entgegen § 561 ZPO noch in der Revisionsinstanz nachgebracht werden und das Revisionsgericht ihn frei prüfen kann. Nach heute allgemeiner Meinung erwächst vielmehr auch das Prozeßurteil in materielle Rechtskraft[57]. Teilweise wird sogar jedem Prozeß ein besonderer *prozessualer Streitgegenstand* zugeordnet, über den auch das Sachurteil stillschweigend mit Bindungswirkung entscheidet[58]. In jedem Fall muß auch der prozessuale Sachverhalt auf einen bestimmten Präklusionszeitpunkt bezogen sein. Eine Präklusion nach § 561 I 1 ZPO scheidet deshalb für nur prozessual erhebliche Umstände nicht von vornherein aus[59]. Da das Gesetz keine allgemeine Ausnahme erkennen läßt und dem Revisionsgericht jede Tatsachenfeststellung „im Grunde wesensfremd ist"[60], läßt sich deshalb trotz vorrangiger Prüfungspflicht für alle Instanzen vertreten, die Amtsprüfung der Revisionsinstanz sei durch § 561 I 1, II ZPO eingeschränkt[61].

Läßt sich aber aus dem Prozeßzweck ein Vorrang für die Prüfung der Prozeßvoraussetzungen ableiten, so wird dieser doch nur dann erreicht, wenn das Berufungsgericht richtig geurteilt hat. Sonst verfehlt der Prozeß endgültig den Schutzzweck der Prozeßvoraussetzung, wenn das Revisionsgericht das Berufungsurteil bestätigt oder aufgrund des bisherigen Prozeßstoffs ein Urteil in der Sache selbst erläßt. Doch gilt dies an sich auch für materielle Tatsachen.

Eine Sonderbehandlung der Prozeßvoraussetzungen rechtfertigt sich daher nur, wenn man das Allgemeininteresse an der richtigen Beurtei-

---

[56] Vgl. auch *Sauer*, Grundlagen, S. 153.

[57] a. A. *Sauer*, Allg. Prozeßrechtslehre, S. 202; *Kühn/Kutter*, § 95 Anm. 2, § 110 Anm. 1.

[58] *Blomeyer*, § 40 III 2; *Stein/Jonas/Schumann/Leipold*, § 322 VI 7 b; vgl. *Zöller/Degenhart*, Einl. IV 4 b; abweichend *Habscheid*, Streitgegenstand, S. 147, 151 (Verfahrens- u. Rechtsfolgenbehauptung als ein Streitgegenstand).

[59] Anders *Mattern*, JZ 1963, 649 (650).

[60] *Mattern*, LM Nr. 26 zu § 561 ZPO.

[61] *Grunsky*, SAE 1971, 24 (26); *Stein/Jonas/Grunsky*, § 561 II 2 c.

lung prozessualer Fragen höher bewertet als bei den materiellen Urteilsvoraussetzungen[62]. Für die Tatsacheninstanzen kommt dies im Grundsatz der Amtsprüfung deutlich zum Ausdruck durch die Einschränkung des Dispositionsgrundsatzes. Prüfungsvorrang und Verfahrenseinheit von Tatsachen- und Revisionsverfahren, die durch die hohe Zahl von Zurückverweisungen besonders deutlich wird, sind Indizien, diese *verstärkte Richtigkeitsprüfung* auch in der Revisionsinstanz beizubehalten. Ferner spricht dafür, daß man der Ordnungsmäßigkeit des Verfahrens so große Bedeutung beimißt, daß die Prozeßvoraussetzungen entgegen § 559 ZPO von Amts wegen geprüft werden[63]. Für einzelne Prozeßvoraussetzungen ließe sich zusätzlich anführen, daß Urteilsnichtigkeit und Wiederaufnahmeverfahren nach Möglichkeit zu vermeiden sind. Für die Berücksichtigung neu vorgetragener Alttatsachen spricht daher mehr als für ihren Ausschluß. Daher können die Parteien auch in der Revisionsinstanz Alttatsachen neu vorbringen.

Auch *Rimmelspacher* gesteht dies — was meist übersehen wird — inkonsequenterweise teilweise zu. Und zwar meint er: Enthalte das Berufungsurteil keine Feststellungen zu einer Prozeßvoraussetzung, so könne das Revisionsgericht an sich keinen Fehler feststellen. Es müsse dann ein Sachurteil bestätigen, obgleich die prozessualen Voraussetzungen tatsächlich fehlten. Dies widerspräche jedoch dem mit den „prozessualen Urteilsvoraussetzungen" verfolgten Ziel.

Deshalb dürfe z. B. der Beklagte gegen ein stattgebendes Urteil Revision einlegen und dabei in § 554 ZPO genügender Weise darlegen, daß am Vorliegen einer Prozeßvoraussetzung Zweifel bestünden. Könne dann aus den nach § 561 ZPO zugänglichen Tatsachen nicht auf das Vorliegen einer Prozeßvoraussetzung geschlossen werden, so sei aufzuheben und zurückzuverweisen[64].

Damit gibt Rimmelspacher aber seine These der „Gleichwertigkeit der Urteilserlaßvoraussetzungen" teilweise auf und gesteht den prozessualen Voraussetzungen doch eine Sonderstellung zu. Denn ohne Aufklärungsfehler des Gerichts können materielle Alttatsachen dem Revisionsgericht nicht mehr zur Prüfung unterbreitet werden, sondern sind durch § 561 I 1 ZPO grundsätzlich präkludiert. Es können gerade keine Tatsachen vorgetragen werden, um darzulegen, daß das Gericht bei ihrer Kenntnis hätte anders verfahren oder urteilen müssen. Lediglich der bereits bestehende Mangel der Entscheidungsreife kann durch neues Vorbringen verdeutlicht werden[65]. Rimmelspacher will die „Rüge"

---

[62] Vgl. *Beling*, Festschrift f. *Binding*, S. 87 (156 f.).

[63] *Zeuner*, SAE 1966, 63.

[64] *Rimmelspacher*, Prüfung von Amts wegen, S. 197 ff. (199) u. Mat. Anspruch, S. 313.

[65] s. o. § 8 I 3 b aa.

aber gerade für den Fall zulassen, daß Bedenken in der Berufungsinstanz gar nicht aufgetaucht sind. Zugleich behauptet er auch, durch die Rügepflicht sei gesichert, „daß eine Partei nicht neuen, bisher nicht vorgetragenen Stoff erst in der Revisionsinstanz" vorbringe. Dies ist nicht einmal bei Aufklärungsfehlern zutreffend. Wird z. B. substantiiert vorgebracht, entgegen der bisherigen Vermutung fehle die Parteifähigkeit des Klägers, so wird der Prozeßstoff eindeutig erweitert. Ob das Revisionsgericht dieses Vorbringen nur auf Relevanz oder abschließend auf seine Berechtigung prüft, ist daneben zweitrangig[66]. In jedem Falle ist es bei der Entscheidung neu zu beachten. Ausnahmsweise läßt aber auch Rimmelspacher ein abschließendes Prozeßurteil nach § 565 III ZPO zu, wenn die Zweifel begründenden Umstände so stark seien, daß sie auch nach erneuter Berufungsverhandlung nicht beseitigt werden könnten[67]. Daß der Prozeßstoff jedenfalls in diesem Fall erweitert ist, ist offensichtlich. Im Ergebnis zeigt sich damit, daß Rimmelspacher entgegen seiner Gesamtkonzeption doch ein besonderes öffentliches Interesse anerkennt, daß Prozeßvoraussetzungen tatsächlich richtig beurteilt werden. Deshalb nähert er sich der h. M. letztlich doch an und weicht nur durch formelle Rügepflicht, Ausschluß einer Beweisaufnahme und daraus folgend durch den Zwang zur regelmäßigen Zurückverweisung bei Zweifeln ab.

Die in der Amtsprüfung wurzelnde Pflicht zu verstärkter Richtigkeitsprüfung führt jedoch dazu, daß das Revisionsgericht auch ohne neuen Tatsachenvortrag der Parteien an die Feststellungen des Berufungsgerichts zu Prozeßvoraussetzungen nicht gebunden ist[68].

5. Prozeßvoraussetzungen als Sachurteilsvoraussetzungen und Verfahrensnormen für alle Instanzen

Rimmelspacher meint, der Begriff der Justizförmigkeit beziehe sich nur auf ein sich entwickelndes Verfahren, nicht aber auf Urteilserlaßvoraussetzungen und deshalb gebe es keinen Zusammenhang zwischen der Forderung nach einem justizförmigen, rechtsstaatlichen Verfahren und den Prozeßvoraussetzungen[69].

Nun hat sich aber gezeigt, daß die Prozeßvoraussetzungen dem Gericht zum Schutze beider Parteien vorschreiben, ihr Bestehen vorrangig zu prüfen. Die Prozeßvoraussetzungen enthalten daher durchaus eine Beziehung zum Verfahrensablauf. Deshalb wird zu Recht betont, sie seien

---

66 s. o. § 5 I 1 a.

67 Ohne Beweisaufnahme oder deren Verweigerung durch einen Beteiligten erscheint ein derartiges Urteil aber nicht möglich zu sein.

68 s. o. § 9 II 2.

69 Prüfung von Amts wegen, S. 117.

Verfahrensvorschriften um der Allgemeinheit willen[70]; sie sicherten mit die Rechtsstaatlichkeit des Verfahrens[71]. Bindung nach § 561 I 1, II ZPO und Ausnahmen davon beruhten deshalb auf gleicher Grundlage. Andererseits reicht eine ausschließliche Einordnung der Prüfung der Prozeßvoraussetzungen durch das Revisionsgericht in die Amtsprüfung von Verfahrensfehlern nicht aus, die Sonderstellung der Prozeßvoraussetzungen zu erklären, wenn das Tatsachengericht zwar objektiv fehlerhaft, aber nach Sachlage zutreffend geurteilt hat. Insoweit rechtfertigt tatsächlich nicht die Forderung nach rechtsstaatlichem Verfahren, sondern die zugleich im öffentlichen Interesse liegende Forderung nach Erreichen des Prozeßzwecks subjektiven Rechtsschutzes die Richtigkeitsprüfung[72] und das damit verbundene Novenrecht.

Diese Schwierigkeit versuchen *Rosenberg-Schwab*[73] zu lösen, indem sie verlangen, die Prozeßvoraussetzungen müßten als echte Sachurteilsvoraussetzungen in allen Instanzen und damit auch in der Revisionsinstanz vorliegen. Nach dieser Lehre ist die Prüfung der Prozeßvoraussetzungen weder von einem echten noch von einem „objektiven" Verfahrensfehler abhängig. Im Ergebnis stimmt damit die Lehre *Sauers* überein, der für eine Revisibilität von Tatsachen, „die die Verfolgung und das Verfahren betreffen", eintrat[74].

Zu klären bleibt aber, was in diesem Zusammenhang als Sachurteil in der Revisionsinstanz anzusehen ist. Eine Entscheidung des Revisionsgerichts in der Sache selbst setzt — von § 563 ZPO abgesehen — die Aufhebung des angefochtenen Urteils voraus. Würde man an einer strikten Trennung von Aufhebungsbegehren und Sachentscheidung festhalten, so dürften die Prozeßvoraussetzungen erst geprüft werden, wenn das angefochtene Urteil aus sachlichen Gründen aufzuheben wäre. Auch soweit Prozeßvoraussetzungen zugleich Voraussetzungen einer zulässigen Revision und damit Prozeßfortsetzungsbedingungen sind, ergäbe sich keine Ausnahme. Denn fehlt eine Prozeßfortsetzungsbedingung, so könnte bei absolutem Vorrang des Aufhebungsbegehrens nur dessen Zulässigkeit, d. h. die Zulässigkeit der Revision verneint, nicht aber auf die Klage selbst durchgegriffen und diese abgewiesen werden.

---

70 *Schultzenstein*, PreußVerwBl 1907, 81 (86) u. ZZP 37, 244 (278).

71 *Berg*, JR 1968, 257 (258) u. JuS 1969, 123 (125).

72 Vgl. *Martin*, S. 56 ff., 122 ff.

73 *Rosenberg/Schwab*, § 97 V 4 d; *Martin*, (Fn. 72); ferner: *Wieczorek*, § 561 A II b; *Zöller/Degenhart*, § 50 Anm. 6 a, § 51 Anm. 3 a, 4 e, § 56 Anm. 1 a; *Zöller/Karch*, § 561 Anm. 1 c; *Bettermann*, DVBl 1969, 308 (311, 312); *Kleinknecht*, Einl. 6 F.

74 *Sauer*, Grundlagen, S. 234, 396, 412, 416, 419 u. Allg. Prozeßrechtslehre, S. 202.

Zweck der Prozeßvoraussetzungen ist aber, ein Sachurteil im Verfahren zu verhindern. Deshalb darf das Urteil des Berufungsgerichts — bei sonst zulässiger Revision — nicht sachlich ohne Prüfung der Prozeßvoraussetzungen bestätigt werden. Die Prozeßvoraussetzungen müssen daher als Voraussetzungen jeden Sachurteils, nicht nur eines Sachurteils in der jeweiligen Instanz angesehen werden. Daran zeigt sich deutlich, daß der Prozeß in der Rechtsmittelinstanz nicht streng in einen „Anfechtungsstreit" und eine Erneuerung des eigentlichen Verfahrens aufgespalten werden kann, auch wenn dies strukturell zu einer klaren Lösung führen würde.

6. Einschränkungen

Einschränkungen der Amtsprüfung und der Zulässigkeit neuen Vorbringens ergeben sich vor allem aus den Gesichtspunkten der Zweckerreichung und der Sanktion gegen nachlässige Prozeßführung.

a) Doppelrelevante Tatsachen

Die Überprüfung unterbleibt bei der Prüfung der Gerichtszuständigkeit nach verbreiteter Meinung, wenn mit dieser Prüfung zugleich der Sachantrag steht oder fällt[75]. Dies entspricht der eingeschränkten Rügemöglichkeit bei der Verletzung der Zuständigkeitsordnung.

Jedoch kann dies bei den anderen Prozeßvoraussetzungen nicht gelten. Vielmehr erfordert das öffentliche Interesse an der Beachtung der Prozeßvoraussetzungen in allen anderen Fällen eine erschöpfende Prüfung von Amts wegen, auch soweit dadurch Übergriffe in den materiellen Streitstoff erforderlich sind[76]. Wird zur Feststellung der Prozeßvoraussetzungen Strengbeweis verlangt, so ergibt sich daraus keine Gefahr für die materielle Richtigkeit des Urteils.

b) Irrevisibles Recht

Da § 562 ZPO keinen höheren Rang hat als § 561 ZPO, ist auch eine Bindung des Revisionsgerichts an Feststellungen des Berufungsgerichts zu Prozeßvoraussetzungen, die nach irrevisiblem Recht zu beurteilen sind, nicht gerechtfertigt[77]. Entgegen der h. M. ist deshalb auch insoweit eine Bindung abzulehnen.

---

[75] Vgl. *Stein/Jonas/Pohle*, Vor § 12, III 3 m. N.; BayObLG NJW 1966, 356; a. A. BAG 19, 355 = AP Nr. 30 zu § 2 ArbGG Zuständigkeitsprüfung m. Anm. v. *Bötticher*.

[76] a. A. *Sauer*, S. 422.

[77] s. o. § 5 III 3 b; ebenso *Wieczorek*, § 549 B III c, § 562 A I b.

c) *Sanktion gegen nachlässige Prozeßführung*

aa) Verzichtbare Mängel

Soweit Mängel der Prozeßvoraussetzungen durch Rügeverzicht geheilt werden, kann der nicht gerügte Mangel nicht mehr in der Revisionsinstanz aufgegriffen werden (vgl. § 558 ZPO): Die Zuständigkeit des erstinstanzlichen Gerichts kann nicht erst in der Revisionsinstanz bestritten[78], nicht erst jetzt eine bisher nicht erbetene Nachprüfung der Zuständigkeit des Schiedsgerichts verlangt werden[79]. Ebenso ist es ausgeschlossen, die Einrede mangelnder Sicherheitsleistung für die Prozeßkosten (§ 110 ZPO) neu zu erheben, wenn sie in der Berufungsinstanz fallengelassen worden war[80].

bb) Vorlage der Prozeßvollmacht und Genehmigung der Prozeßführung

Hat der Gegner den Mangel der Prozeßvollmacht des Berufungsanwalts gerügt (§ 88 I ZPO) und legt dieser bis zum Schluß der mündlichen Verhandlung in der Berufungsinstanz keine Vollmachtsurkunde vor, so ergeht Prozeßurteil, wenn auch die Klageerhebung ohne Nachweis der Vollmacht erfolgte, oder es ergeht Versäumnisurteil. Da der Mangel der Vertretung durch Genehmigung der Prozeßführung in jeder Verfahrenslage gemäß den §§ 551 Nr. 5, 579 I Nr. 4 ZPO behoben werden könne, wollen BFH und BVerwG den Nachweis der Vollmacht als Prozeßvoraussetzung in jeder Verfahrenslage beachten; zumal die tatsächliche Sachlage wichtiger sei als die Sanktion wegen nachlässiger Prozeßführung[81].

Dagegen meinen BGH und BAG, aus den §§ 80 I, 89 ZPO ergebe sich, daß die Vollmacht bei Rüge nur schriftlich durch Vorlage in der betreffenden Instanz nachgewiesen werden könne[82].

Im allgemeinen können Alttatsachen zu Prozeßvoraussetzungen auch in der Revisionsinstanz neu vorgetragen werden. Ein Prozeßurteil kann dann aufgehoben werden, wenn das Berufungsgericht ohne Gesetzesverstoß geurteilt hat, nur weil die prozessuale Sachlage tatsächlich anders ist. Der ergebnislose Ablauf einer Fristsetzung gemäß § 89 I 2 ZPO hat aber Präklusionscharakter, um die Schwebelage, die bei unge-

---

[78] BGHZ 8, 16 ff. (sachliche Zuständigkeit als Patentgericht); *H. Schneider*, Festschrift f. *Schima*, S. 367 (374).

[79] RG HRR 1935 Nr. 307 u. 538.

[80] RGZ 155, 239 ff.

[81] BFH NJW 1972, 80 = BStBl 1972 II 792; BVerwG 14, 209 = NJW 1962, 2026.

[82] BGH MDR 1971, 483 Nr. 44 = LM Nr. 3 zu § 80 ZPO; BAG NJW 1965, 1041.

klärter Prozeßvollmacht besteht, rasch und endgültig zu beseitigen. Dies erfordert der Schutz des Gegners und der angeblich vertretenen Partei. Bei wirklich erteilter Vollmacht handelt es sich deshalb um eine zulässige Sanktion gegen nachlässige Prozeßführung. Deshalb kann die Vollmacht nur dann in der Revisionsinstanz vorgelegt, die Prozeßführung nur dann mit Rückwirkung für das bisherige Verfahren genehmigt werden, wenn der Mangel nicht gerügt wurde und das Berufungsgericht ein Sachurteil erlassen hatte[83].

cc) Feststellungsinteresse

Reicht der Sachvortrag des Klägers in den Tatsacheninstanzen nicht aus, um für die Klage auf Befreiung von einer Schuld oder für eine einfache Feststellungsklage die konkrete Möglichkeit einer Inanspruchnahme oder Rechtsverletzung durch den Gegner anzunehmen, so darf der Kläger seinen Sachvortrag nicht zur Darlegung des Feststellungsinteresses ergänzen, das Revisionsgericht ihn nicht dazu anhalten[84]. Diese Rechtsprechung beruht sicher zunächst auf der Ansicht, maßgebender Präklusionszeitpunkt sei Schluß der letzten Tatsachenverhandlung[85]. Wären aber neue Tatsachen zur Rechtfertigung des Feststellungsinteresses in diesen Fällen zulässig, so könnte der Kläger im Ergebnis auch den sachlichen Prozeßstoff der Revisionsinstanz willkürlich verändern und den Prozeß auf eine andere Grundlage stellen. Dies wäre jedoch mit dem Zweck des § 561 ZPO unvereinbar.

Das Feststellungsinteresse baut zwar auf der tatsächlichen Unsicherheit, nicht auf der möglichen oder wahrscheinlichen Begründetheit des Feststellungsantrags auf[86]. Beide Fragen überschneiden sich aber zumindest teilweise hinsichtlich der vorzutragenden Tatsachen. Anders als andere Prozeßvoraussetzungen will das Feststellungsinteresse nicht den Kläger schützen, sondern Gericht und Beklagten vor querulatorischen Klagen und die Gerichte davor, Gutachter über abstrakte Streitfragen zu sein. Der Kläger, der in zwei Instanzen nicht plausibel darlegt, warum er überhaupt einen Titel benötigt, ist nicht schutzwürdiger als derjenige, der den materiellen Streitstoff nicht vollständig vorträgt. Ergänzungen des Vorbringens zum Feststellungsinteresse bei abweichender Beurteilung durch das Revisionsgericht sind jedoch zuzulassen.

---

[83] W. *Schumann*, Kann die Vollmacht im finanzgerichtlichen Verfahren noch im Revisionsverfahren mit heilender Wirkung nachgereicht werden? DStR 1973, 109 (110 f.).

[84] BGHZ 34, 110 (121); BGH Urt. v. 21. 12. 1961 — III ZR 130/60, S. 23.

[85] Vgl. *Thomas/Putzo*, § 256 Anm. 5 e.

[86] BGH NJW 1972, 198.

dd) Besorgnis nicht rechtzeitiger Leistung

Die Besorgnis der Entziehung rechtzeitiger Leistung (§ 259 ZPO) bei der Klage auf künftige Leistung ist Sonderfall des Rechtsschutzbedürfnisses und damit Prozeßvoraussetzung[87]. Eine Bindung des Revisionsgerichts an die festgestellten Alttatsachen würde damit nicht eintreten[88], neues Vorbringen wäre zulässig. Dagegen meint das BAG, es sei an die Tatsachenfeststellungen zur Besorgnis unpünktlicher Zahlung nach § 561 II ZPO gebunden, sofern keine Verfahrensrüge erhoben werde[89].

Aus den gleichen Gründen wie beim allgemeinen Rechtsschutzinteresse ist eine uneingeschränkte Richtigkeitsprüfung, die zur Einschränkung der Parteidisposition und der Bindung des Revisionsgerichts an die bisherigen Feststellungen führt, nicht geboten. Daher kann trotz prozessualer Zweifel bei Entscheidungsreife nicht nur zur Sache entschieden werden. Da sich die Besorgnis aus dem Parteiverhalten zum (sachlichen) Streitgegenstand ergibt und dessen Aufklärung den Parteien bis zum Abschluß der Tatsachenverhandlung obliegt, ist es auch eine berechtigte Sanktion gegen nachlässige Prozeßführung, die Ergänzung des Tatsachenstoffs durch Alttatsachen in dritter Instanz auszuschließen, sofern dem Berufungsgericht nicht (zu rügende) Aufklärungsfehler unterlaufen sind[90]. Und zwar können weder Alttatsachen vorgebracht werden, um die Besorgnis zu rechtfertigen, noch um sie zu zerstreuen. In der rechtlichen Würdigung, ob die festgestellten Tatsachen eine Besorgnis rechtfertigen, ist das Revisionsgericht dagegen frei.

d) Zweckerreichung

Die Amtsprüfung und damit die Zulässigkeit neuen Vorbringens von Alttatsachen findet schließlich eine Grenze in Fällen der Zweckerreichung. Diese tritt ein, wenn der mit der Prozeßvoraussetzung beabsichtigte Schutz trotz des Fehlers voll erreicht wird[91]. Es dürfen also weder die Rechtssicherheit, das öffentliche Interesse an der Einhaltung der Prozeßvoraussetzungen, noch Interessen des Gegners einer Heilung entgegenstehen. Allgemein ist dies kaum möglich. Einige Fälle sind aber praktisch geworden, ohne daß diese die einzigen Möglichkeiten einer Zweckerreichung darstellen dürften.

---

[87] *Rosenberg/Schwab*, §§ 93 II 1, 97 III a; *Baumbach/Lauterbach/Albers/Hartmann*, Grundz. 4 vor § 253 (Klagbarkeit).

[88] *Zeuner*, AP Nr. 2 zu § 259 ZPO.

[89] BAG AP Nr. 2 zu § 259 ZPO m. Anm. v. *Zeuner* = SAE 1962, 55 m. Anm. v. *Baumgärtel*.

[90] *Baumgärtel* (Fn. 89), S. 56; *Rosenberg/Schwab*, § 93 II 1.

[91] Vgl. dazu allgemein: *Hagen*, JZ 1972, 505 (508 f.); *Vollkommer*, Formenstrenge, S. 378 ff., 385 ff.

Ist etwa der Fiskus Beklagter und nimmt, durch eine seiner Behörden vertreten, sachlich am Rechtsstreit teil, so soll es ihm wegen Zweckerreichung verwehrt sein, erst in der Revision Tatsachen vorzutragen, aus denen sich ergibt, daß eine andere Behörde vertretungsberechtigt ist[92]. Im Ergebnis ist dem zuzustimmen. Aber der Schutz des Gegners und die Zurechenbarkeit des Organisationsmangels, mithin die Sanktion gegen nachlässige Prozeßführung dürften den Ausschlag geben.

Hat eine Instanz ausgesprochen, ein Rechtsschutzbedürfnis liege vor, so soll die weitere Amtsprüfung insoweit prozessual überholt sein[93]. Da das Revisionsgericht aber auch eine einheitliche Beurteilung des Rechtsschutzbedürfnisses gewährleisten soll, ist dies abzulehnen.

Zutreffender dürfte es dagegen sein, Zweckerreichung anzunehmen, wenn die Sache selbst entscheidungsreif, das Rechtsschutzbedürfnis aber noch zweifelhaft ist[94].

7. Prozeßfortsetzungsbedingungen

Prüfung der Prozeßvoraussetzungen und Prüfung der Prozeßfortsetzungsbedingungen sind gleichartig. Deshalb hat das Revisionsgericht letztere auch tatsächlich ohne Bindung gemäß § 561 I 1, II ZPO zu prüfen, um Irrtümer zu beseitigen[95]. Jedoch ist die Amtsprüfung in Einzelfällen eingeschränkt. So müssen *Rechtsmittelvoraussetzungen* bis zum Schluß der mündlichen Verhandlung des Rechtsmittelgerichts vorliegen und können nicht erst nach Abschluß des Rechtsmittelzuges in der Revisionsinstanz geschaffen werden[96]. Die Sanktion gegen eine nachlässige Prozeßführung und der Gesichtspunkt der Zweckerreichung führen bei den Prozeßfortsetzungsbedingungen zu einer stärkeren Einschränkung der Amtsprüfung.

---

[92] *Dölle*, Festschrift f. *Riese*, S. 287 ff. gegen BGHZ 40, 197 (203); dem BGH zustimmend aber *Zeiss*, Die arglistige Prozeßpartei, 1967, S. 36 (da das öffentliche Interesse eine unbedingte Einhaltung der prozessualen Norm erfordere); vgl. auch *Baumgärtel*, ZZP 86, 353 (359).

[93] BGHZ 28, 123 (127); BAG 15, 284.

[94] Vgl. *Wieser*, ZZP 84, 304 (311).

[95] RG SeuffA 47 (1892) Nr. 245 (neue Tatsachen zur Urteilszustellung vor Einlegung der Berufung); RGZ 159, 83 (84) (Zeitpunkt der Zustellung von Anwalt zu Anwalt); OGH NJW 1950, 468 (Voraussichtlichkeit der Armenrechtsbewilligung als Wiedereinsetzungsgrund); BGH MDR 1971, 483 = LM Nr. 3 zu § 80 ZPO.

[96] BGH (Fn. 95).

a) Sanktion gegen nachlässige Prozeßführung

aa) Gründe für das Fehlen von Säumnis in erster Instanz

Gegen ein zweites Versäumnisurteil kann nach § 513 II ZPO Berufung eingelegt werden. Diese ist begründet, wenn die Partei tatsächlich nicht säumig war[97]. Inhalt des Berufungsurteils ist die Stellungnahme zu dem angeblichen Verfahrensmangel erster Instanz. Irrt das Berufungsgericht, so ist sein Urteil inhaltlich fehlerhaft, nicht verfahrensfehlerhaft[98]. Deshalb besteht keine Möglichkeit, neue Tatsachen zum Beweis fehlender Säumnis nach § 554 III Nr. 2 b ZPO vorzubringen. Ein Ausschluß der Amtsprüfung folgt daraus aber noch nicht[99]. Jedoch ist die Berufung nur dann zulässig, wenn in der Berufungsbegründung Tatsachen behauptet werden, aus denen sich ergibt, daß das Landgericht Säumnis zu Unrecht angenommen hat[100]. Daraus folgt, daß der Sachverhalt, der die Säumnis ausschließt, in der Berufungsinstanz vorzutragen ist und in dritter Instanz nicht mehr vervollständigt werden kann. Allenfalls Ergänzungen sind zulässig, auf die das Berufungsgericht nach § 139 ZPO hätte hinwirken müssen[101]. Insoweit bleibt es beim Grundsatz des § 561 I 1 ZPO.

Dagegen soll das Revisionsgericht dann eigene Feststellungen treffen können, wenn zwar Tatsachen und Beweismittel vorgetragen waren, aber keine Feststellungen getroffen wurden. Da § 561 II ZPO dann bereits tatbestandsmäßig nicht vorliegt, ist dies legitim. So hat das BAG die unverschuldete Unkenntnis von der Zustellung eines Versäumnisurteils und daraus folgend die Begründetheit eines Wiedereinsetzungsantrags gegen die Versäumung der Einspruchsfrist, (der durch zweites Versäumnisurteil zurückgewiesen worden war), aufgrund eidesstattlicher Versicherung und der Parteivernehmung der Beklagten in der Revisionsverhandlung selbst beurteilt[102]. Dies entspricht der allgemein vertretenen Auffassung, daß Feststellungslücken bei festgestellten Indizien durch eigene Beweiswürdigung geschlossen werden können[103]. Wurde aber eine Feststellung getroffen und vom Berufungsgericht anerkannt, daß die Partei nicht säumig war und in der Sache entschieden, so ist das

---

[97] *Rosenberg/Schwab*, § 136 I 1 b a. E.

[98] *Stein/Jonas/Grunsky*, § 554 III 3 a a. E.

[99] Anders wohl *Schumann*, AP Nr. 3 zu § 337 ZPO.

[100] *Thomas/Putzo*, § 513 Anm. 2 c.

[101] BAG 23, 471 (474 f.) = NJW 1972, 790 (791) = AP Nr. 3 zu § 337 ZPO m. Anm. v. *Schumann;* BGHZ 2, 342 (345) = LM Nr. 1 zu § 234 ZPO; *Baumbach/Lauterbach/Albers/Hartmann*, § 234 Anm. 1 (für Zulässigkeit neuer Tatsachen aber § 561 Anm. 3 B); gegen jegliche Ergänzung RGZ 136, 281 (282).

[102] BAG NJW 1972, 887 = AP Nr. 58 zu § 233 ZPO m. Anm. v. *Schumann.*

[103] s. o. §§ 6 IV 1 b, 9 I 1.

Revisionsgericht an diese Feststellung gebunden. Auch eine Verfahrensrüge gegen diese Feststellung ist nicht zuzulassen[104].

bb) Wiedereinsetzungsgründe bei Versäumung der Berufungs- oder Berufungsbegründungsfrist

Im Rahmen der Zulässigkeit der Revision prüft das Revisionsgericht, ob die Berufung zulässig war. Dabei entscheidet es auch, ob ein Wiedereinsetzungsantrag in tatsächlicher und rechtlicher Hinsicht zulässig und begründet war[105]. Soweit die Wiedereinsetzung versagt, die Zulässigkeit der Berufung verneint wurde, ist dies sachlich geboten (vgl. § 547 ZPO).

Wiedereinsetzungsgründe enthalten zwar prozessuale Tatsachen, so daß § 561 ZPO grundsätzlich nicht anwendbar ist[106]. Dennoch zieht die Berechtigung des Revisionsgerichts, die Entscheidung über die Wiedereinsetzung auch in tatsächlicher Hinsicht nachzuprüfen, nicht das Recht der Parteien nach sich, zur Begründung des Wiedereinsetzungsantrags neue Tatsachen nachzubringen[107]. Nach dem Zweck des § 236 S. 2 Nr. 1 ZPO können Tatsachen, die selbständige Wiedereinsetzungsgründe enthalten, nach Ablauf der Frist (§ 234 ZPO) und damit in der Revisionsinstanz nicht mehr vorgebracht werden[108]. Eine praktisch irrelevante Ausnahme besteht nur für gerichtsbekannte Tatsachen.

Der Sachverhalt kann daher nur selbständig gewürdigt werden, wenn die Entscheidung des Berufungsgerichts fehlerhaft war und der Sachverhalt entweder geklärt ist oder wegen eines Aufklärungsfehlers des Berufungsgerichts ergänzt werden kann. Für die freiwillige Gerichtsbarkeit wird zwar betont, die die Wiedereinsetzung begründenden Tatsachen und die Mittel zur Glaubhaftmachung müßten nicht in der Frist des § 234 ZPO angegeben werden[109]. Aber dies überzeugt nicht. Denn der fristgemäße Antrag muß nach § 236 Ziff. 1 u. 2 ZPO diese Angaben enthalten; andernfalls ist er unzulässig. Auch dient die Frist des § 234 ZPO der Verfahrensbeschleunigung, ohne daß ein Allgemeininteresse nachzuweisen wäre, daß stets Wiedereinsetzung gewährt wird, wenn dazu objektiv ein Grund besteht. Im allgemeinen Interesse liegt nur, daß das Berufungsgericht den vorgetragenen Sachverhalt richtig beurteilt.

---

[104] s. u. Fn. 113.

[105] *Rosenberg/Schwab*, § 70 III 2 c; *Thomas/Putzo*, § 238 Anm. 5 a.

[106] BGHZ 7, 280 (284); *Wieczorek*, AP Nr. 40 zu § 233 ZPO.

[107] BAG AP Nr. 54 zu § 233 ZPO; KG ZZP 71, 229 (230); OLG München RzW 1951, 137 Nr. 22.

[108] RGZ 131, 261 (264); *Conrad*, LM Nr. 5 zu § 580 Ziff. 7 b ZPO; a. A. *Baumbach/Lauterbach/Albers/Hartmann*, § 561 Anm. 3 B (anders: § 234 Anm. 1 u. § 236 Anm. 1 F); *Wieczorek*, § 561 A II a1.

[109] *Keidel/Winkler*, § 22 Rdnr. 38 Fn. 3.

Insoweit ist daher die Entscheidung, die die Wiedereinsetzung versagt, nachzuprüfen[110]. Jedoch können *weder Wiedereinsetzungsgründe noch Mittel zur Glaubhaftmachung* in der Revisionsinstanz *nachgeschoben* werden. Auszunehmen sind wieder ergänzende Tatsachen, die das Gericht nach § 139 ZPO hätte erfragen müssen[111], wenn dies ordnungsgemäß gerügt wird.

b) Zweckerreichung

Anders verhält es sich, wenn Wiedereinsetzung gewährt wurde und ein Sachurteil in der Berufungsinstanz erging.

Die Rechtsprechung meint, es sei von Amts wegen zu prüfen, ob das Berufungsgericht zu Unrecht angenommen habe, eine Rechtsmittelfrist sei eingehalten; auch neue Beweise seien zu erheben. Und zwar verbiete es das Allgemeininteresse an Rechtssicherheit und damit an der Einhaltung der Rechtsmittelfristen sowie das Interesse an der Beschleunigung des Verfahrens ein mit Fristablauf endgültig gewordenes Urteil sachlich zu überprüfen[112].

Hat das Berufungsgericht aber angenommen, die Berufungs- oder Berufungsbegründungsfrist sei eingehalten oder es sei Wiedereinsetzung zu gewähren und wurde daraufhin zur Sache verhandelt, so hat sich die Frage, ob diese Entscheidung richtig ist, grundsätzlich *prozessual überholt* und darf nicht mehr aufgerollt werden[113]. Lediglich Willkürentscheidungen sind wie in anderen Fällen, z. B. bei der Revisionszulassung, nicht bindend. Nach den §§ 60 V VwGO, 56 V FGO, 67 IV 2 SGG, 46 II StPO ist die erteilte Wiedereinsetzung deshalb zu Recht unanfechtbar[114]. Diese Regelungen zeigen, daß — anders als bei der Frage, ob ein Sachurteil trotz fehlender Prozeßvoraussetzung erlassen werden kann — ein berechtigtes Interesse des Gegners, bei objektivem Fristablauf oder fehlendem Wiedereinsetzungsgrund eine Sachentscheidung zu verhindern, nicht anzuerkennen ist. Der Prozeßzweck ist nicht auf zufälligen Prozeß-

---

[110] Ungenau daher BAG 17, 278 (282) = NJW 1966, 74 (75); AP Nr. 1 zu § 244 ZPO m. Anm. v. *Leipold.*

[111] BGHZ 2, 342 (345 f.) = LM Nr. 1 zu § 234 ZPO; BGHZ 5, 157; BGH VersR 1961, 413 (414); a. A. BayObLGZ 1959, 167 = JZ 1959, 492 (493); KG ZZP 71, 229 (231).

[112] BGH LM Nr. 1 zu § 548 ZPO; BGHZ 6, 369 (370 ff.) (ohne Verfahrensrüge!); BAG 17, 278 (282) = NJW 1966, 74 (75) = AP Nr. 1 zu § 244 ZPO m. Anm. v. *Leipold;* zustim.: *Haueisen,* DOK 1969, 69 (71); *Baumgärtel,* ZZP 86, 353 (371 Fn. 68).

[113] Für Zweckerreichung zu Recht: *H. Schneider,* Festschrift f. *Schima,* S. 367 (370 ff.); *Vollkommer,* AP Nr. 25 zu § 519 ZPO u. Formenstrenge, S. 359, 365 ff., 375 ff. (evident rechtsvernichtender Formalismus), 378 ff.

[114] Eine entsprechende Änderung der ZPO sieht der Entwurf eines Gesetzes zur Änderung der ZPO, BT-Drucksache VI/790, S. 47 vor (Art. 1 Nr. 26 a, § 238 III).

gewinn, sondern auf subjektiven Rechtsschutz ausgerichtet. Deshalb kann ein Sachurteil keine Rechte des Gegners verletzen, auch wenn das Rechtsmittel objektiv unzulässig war. Die Fristregelung richtet sich daher primär an das Gericht, das darüber erstmals zu entscheiden hat. Bejaht das Berufungsgericht die Zulässigkeit, so dient die Nachprüfung durch das Revisionsgericht keiner Beschleunigung des Verfahrens und nur äußerlich dazu, die Einhaltung des Verfahrensrechts durch die Berufungsgerichte sicherzustellen: Tatsächlich kann sich dadurch lediglich das Revisionsgericht entlasten. Gewährt das Berufungsgericht Wiedereinsetzung und erläßt ein vom Ersturteil abweichendes Sachurteil, so ist es mit einem berechtigten Vertrauen beider Parteien in einen geordneten Rechtsgang nicht vereinbar, wenn das Revisionsgericht — möglicherweise auf beiderseitige materielle Revision — befindet, die Sache sei in Wirklichkeit mit dem Urteil erster Instanz rechtskräftig entschieden. Ein einleuchtender Grund, warum im Zivilprozeß das berechtigte Vertrauen in den sachlichen Fortgang des Rechtsstreits weniger als in anderen Verfahrensordnungen schützenswert wäre, ist nicht ersichtlich. Auch mit einer vernünftigen Prozeßökonomie ist es nicht vereinbar, das sachliche Bemühen des Berufungsgerichts als unzulässig beiseite zu schieben. Aus diesen Gründen, die letztlich im Rechtsstaatsprinzip wurzeln, ist daher in Analogie zu § 60 V VwGO die *Wiedereinsetzung auch im Zivilprozeß nicht nachzuprüfen*[115]. Daraus folgt, daß insoweit auch keine Alttatsachen mehr vorgebracht werden können, um darzutun, das Berufungsgericht habe zu Unrecht Wiedereinsetzung gewährt.

8. Prozessuale Gestaltungsklagen

Schließlich ist neues Vorbringen zu prozessualen Fragen ausgeschlossen, soweit diese selbst „materieller" Gegenstand des Verfahrens sind. So können etwa bei einer Klage auf Aufhebung eines Schiedsspruchs (§ 1041 ZPO) in der Revisionsinstanz keine neuen Tatsachen vorgetragen werden, die die Aufhebung rechtfertigen sollen[116].

II. Neuvorbringen von Neutatsachen

1. Meinungsstand

Überwiegend wird versucht, von § 561 ZPO auszugehen, ohne daß sich eine einheitliche Meinung gebildet hätte.

Rimmelspacher will als gesetzliche Ausnahme die Genehmigung der Prozeßführung einer prozeßunfähigen Partei durch deren gesetzlichen Vertreter und analog dazu die „Genehmigung" einer zunächst partei-

[115] *Vollkommer*, Formenstrenge, S. 380, 397/98 Fn. 1.

[116] BGHZ 31, 43 (49) (Verletzung rechtlichen Gehörs); s. auch o. § 2 III a. E.

unfähigen Partei beachten[117], weil nach dem Sinn der §§ 551 Nr. 5, 579 I Nr. 4 ZPO der Mangel des Verfahrens ohne zeitliche Begrenzung behoben werden könne[118]. Da die Genehmigung auch nach Abschluß des Verfahrens erteilt werden könne, müsse sie auch während des Revisionsverfahrens erteilt werden können. Allein diese Meinung wird der grundsätzlichen Rückwirkung einer Genehmigung, aber auch den Parteiinteressen und damit der Prozeßökonomie[119] gerecht. Außerdem will Rimmelspacher das Rechtskraftshindernis einer nach Verhandlungsschluß der Berufungsinstanz rechtskräftig gewordenen Parallelentscheidung beachten. Dazu legt er § 580 Ziff. 7 a ZPO so aus, daß dieser Restitutionsgrund auch Neutatsachen erfaßt[120]. Ob Neutatsachen auch dann beachtlich sind, wenn das Urteil sonst nichtig oder wirkungslos wäre, läßt er offen[121].

Die genannten Ausnahmen zu den wichtigsten Prozeßvoraussetzungen lassen es aber zweifelhaft erscheinen, ob der von Rimmelspacher aufgestellte allgemeine Grundsatz überhaupt besteht.

Für das Rechtsschutzinteresse schließt freilich auch *Wieser* Neutatsachen aus[122].

Für Fälle der Urteilsnichtigkeit vertrat *Rosenberg* die Ansicht, der durch § 561 ZPO festgelegte Präklusionszeitpunkt dürfe durchbrochen werden[123]. Ähnlich ist die Meinung, bei einer fG-Rechtsbeschwerde seien Neutatsachen zu beachten, durch welche die Beschwerde zweck- und gegenstandslos werde, weil dadurch das Rechtsschutzbedürfnis entfalle[124].

Die Rechtsprechung in Zivilsachen geht grundsätzlich davon aus, daß nach § 561 ZPO für materielle und prozessuale Tatsachen ein einheitlicher Präklusionszeitpunkt gilt[125]. Ohne erkennbare Systematik läßt sie

---

117 *Rimmelspacher*, Prüfung von Amts wegen, S. 217, 219 (auch soweit sie Alttatsache ist).

118 Vgl. BGH MDR 1951, 732 (733); BAG AP Nr. 3 zu § 56 ZPO m. zust. Anm. v. *Schumann;* BVerwG 14, 210 (212) (beide unter Berufung auf § 89 II ZPO); RGZ 126, 263; *Baumbach/Lauterbach/Albers/Hartmann*, § 56 Anm. 1 C; *Rosenberg/Schwab*, § 97 V 4 c; *Sydow/Busch/Krantz/Triebel*, § 551 Anm. 6, 7.

119 s. u. § 12 I 2 b bb (nach Fn. 34).

120 *Rimmelspacher*, Mat. Anspruch, S. 313 ff., 317.

121 Prüfung von Amts wegen, S. 222.

122 *Wieser*, Rechtsschutzinteresse, S. 218, 228. Für den Konkursfeststellungsprozeß vgl. *Jaeger/Weber*, § 146 Anm. 31 (unstreitige Alttatsachen neu zu beachten).

123 *Rosenberg*, 9. Aufl., § 89 IV 4; ebenso: BGHZ 18, 98 (106); *Wieczorek*, § 561 A II b 1; *Thomas/Putzo*, § 253 Vorbem. III A; *Arens*, AcP 161, 177 (211 ff.); *Blomeyer*, § 104 V 2 d (S. 576 Fn. 3); *Bernhardt*, § 27 II 2 (für deutsche Gerichtsbarkeit, Partei- u. Prozeßfähigkeit, Mangel gesetzlicher Vertretung, Zulässigkeit des Rechtswegs, Rechtsschutzbedürfnis).

124 OLG Karlsruhe FamRZ 1962, 197 Nr. 87.

125 Vgl. BGHZ 31, 279 (283) = NJW 1960, 523 (524).

aber Ausnahmen zu. Gegen sie bestehen — abgesehen von Fällen der Urteilsnichtigkeit — nach *Arens* „schwerwiegende Bedenken“[126].

Teilweise wird freilich behauptet, § 561 ZPO werde überhaupt nicht durchbrochen, wenn die Sache aus anderen Gründen aufzuheben sei und deshalb nach der an sich erforderlichen Zurückverweisung neue Tatsachen vorgebracht werden könnten[127]. Der Ausschluß neuen Vorbringens lediglich bei entscheidungsreifen Sachen würde aber zu einer willkürlichen Unterscheidung führen. Zudem müßte der Gedanke für den materiellen Streitstoff ebenfalls gelten, wodurch § 561 ZPO erheblich ausgehöhlt würde. Auch Arens lehnt ihn schließlich ab, weil § 561 ZPO der Eigenart der Revision Rechnung trage und zu viele Ausnahmen die Funktion der Revisionsgerichte verändern würden. Die bloße Verfahrensbeschleunigung rechtfertige deshalb keine weiteren Ausnahmen von § 561 ZPO.

Im Anschluß an Rimmelspacher wendet *Grunsky* § 561 ZPO allgemein für prozessuale Tatsachen an, weil die Amtsprüfung wie jede andere Kontrolle ihr Ende haben müsse. Jedoch läßt er unstreitige Neutatsachen zu. Diese belasteten das Revisionsgericht nicht mit der sonst mit der Tatsachenfeststellung verbundenen Arbeit. Daher seien sie nach dem Zweck des § 561 ZPO nicht von der Bindungs- und Präklusionswirkung betroffen[128]. Dieser Begründung hat sich der *BGH* in Einzelfällen angeschlossen. So hat er eine in ihrer Echtheit unbestrittene Einbürgerungsurkunde beachtet, die zur nachträglichen Begründung der internationalen Zuständigkeit in Ehesachen führte, dies aber zusätzlich damit gerechtfertigt, daß Ehesachen ganz allgemein im Interesse der Parteien und der Allgemeinheit besonderer Beschleunigung bedürfen[129].

Noch stärker auf den Einzelfall stellt *Haueisen* ab, der neue verfahrensrechtliche Umstände beachten will, „sofern es aus Gründen der Prozeßökonomie geboten erscheint“[130].

Schließlich findet sich die Auffassung, für das Rechtsschutzbedürfnis sei auf den Zeitpunkt der Einlegung des Rechtsmittels abzustellen[131], wohl weil ein späterer Wegfall der Beschwer nicht zur Unzulässigkeit des Rechtsmittels führt. Damit ist aber das Rechtsschutzbedürfnis nicht voll erfaßt.

---

[126] *Arens*, AcP 161, 177 (211 ff.).

[127] BGHZ 18, 98 (106) (Wegfall des Rechtsschutzinteresses nach Abgabe einer Verzichtserklärung); *Thomas/Putzo*, § 253 Vorbem. III A; kritisch dazu: *Arens*, AcP 161, 177 (212); *Rimmelspacher*, S. 221.

[128] *Grunsky*, SAE 1971, 24 (26, I 4); *Stein/Jonas/Grunsky*, § 561 II 2 c, g.

[129] BGH JZ 1970, 327 = NJW 1970, 1007 = LM Nr. 38 zu § 561 ZPO m. Anm. v. *Johannsen* (in BGHZ 53, 128 [132] insoweit nicht vollständig abgedruckt).

[130] *Haueisen*, NJW 1969, 1049 (1050) u. DOK 1969, 69 (71).

[131] BAG AP Nr. 8 zu § 554 a ZPO.

2. Stellungnahme

a) Tatsachen zum Fortgang des Revisionsverfahrens

Nicht nur die Genehmigung der Prozeßführung ist sinngemäß auch in der Revisionsinstanz zu beachten[132]. Zwingender noch ist es, die Eröffnung des Konkursverfahrens mit allen prozessualen Folgen zu berücksichtigen[133], weil sonst die anteilige Befriedigung der Konkursgläubiger gefährdet wäre. Auch der Tod einer Partei, der Verlust der Prozeßfähigkeit, der Wechsel des gesetzlichen Vertreters oder der Partei kraft Amtes sind — vorbehaltlich § 246 ZPO — zu beachten. Zwar handelt es sich um Tatsachen, die nicht nur Prozeßvoraussetzungen sind, sondern auch das Revisionsverfahren selbst betreffen und deshalb insoweit zu beachten sind[134]. Aber dies ist bei Prozeßvoraussetzungen häufig der Fall. Andererseits ließe sich das Revisionsverfahren beenden, ohne diese Veränderungen zu beachten, weil etwa durch Titelumschreibung geholfen werden könnte. Die Unterbrechung des Verfahrens wäre aber sinnlos, wenn sie nicht dazu dienen könnte, das Verfahren der eingetretenen Veränderung anzupassen. Auch ist in der mündlichen Revisionsverhandlung der neuen Partei, dem neuen gesetzlichen Vertreter das Wort zu erteilen (§ 137 IV ZPO; Art. 103 I GG), so daß sich diese Fragen letztlich doch nicht aussparen lassen.

Im übrigen enthalten mögliche Urteilsnichtigkeit oder Unstreitigkeit der neuen Tatsachen jeweils beachtliche Gesichtspunkte. Beide sind jedoch zu eng.

b) Unstreitige Tatsachen

Zunächst scheint es, als ob entscheidend sei, daß eine neue prozessuale Tatsache unstreitig sei. Denn einmal ist die Interessenlage bei der Berücksichtigung von Alt- und Neutatsachen verschieden:

Alttatsachen sind nach Rechtskraft des Urteils endgültig ausgeschlossen, sofern nicht ein Wiederaufnahmeverfahren möglich ist; werden sie nicht beachtet, so wird der Prozeßzweck grundsätzlich endgültig verfehlt.

Dagegen werden Neutatsachen von der *Rechtskraftpräklusion* nicht erfaßt. Entfällt nachträglich ein Prozeßhindernis oder wird der Mangel einer Prozeßvoraussetzung geheilt, so ist eine neue Klage zulässig. Dabei kann auf die Ergebnisse des vorausgegangenen Verfahrens zurückgegriffen werden. Soweit die allgemeinen Prozeßvoraussetzungen Voraus-

---

132 Vgl. BGHZ 40, 197; 51, 27.

133 Vgl. RGZ 11, 398 (401) (Tatsachen zur Aufnahme des Rechtsstreits durch den Konkursverwalter).

134 s. o. § 2 I.

setzungen zulässiger Zwangsvollstreckung sind, führt ihr nachträglicher Wegfall zur Unzulässigkeit der Vollstreckung. Dies wird entweder von Amts wegen beachtet oder kann durch Vollstreckungserinnerung geltend gemacht werden.

In beiden Fällen nachträglicher Änderungen ist das vorausgegangene Verfahren nicht völlig sinnlos geführt worden, wenn die Neutatsache vom Revisionsgericht nicht beachtet wird. Der Prozeßzweck und öffentliche Interessen rechtfertigen daher die Berücksichtigung von Neutatsachen nicht ohne weiteres[135]. Ein Bedürfnis, ein neues Erkenntnisverfahren oder Rechtsbehelfe des Vollstreckungsverfahrens von vornherein zu vermeiden, ist aber nicht zu leugnen. Deshalb scheint die Lösung, Unstreitiges von § 561 ZPO auszunehmen, berechtigte Belange der Parteien und des Revisionsgerichts miteinander zu vereinen.

Jedoch verbürgt die Unstreitigkeit einer Einzeltatsache nicht, daß der gesamte Sachkomplex einfach beurteilt werden kann. Im Gegenteil mag gerade diese Tatsache ein bisher klares Bild zerstören.

Deshalb will *Albers* nicht beweisbedürftige Neutatsachen nur zulassen, „wenn dies der raschen endgültigen Streitbereinigung dient und keine schützenswerten Interessen der anderen Partei entgegenstehen"[136]. Eine derartige Einschränkung vermag aber nach dem Sinn der Prozeßvoraussetzungen, den Prozeßzweck im Verfahren tatsächlich zu erreichen, nicht zu befriedigen. Gerade in den schwierigen Fällen wird dieser dann nämlich nicht erreicht.

c) Allgemeine Beachtung von Neutatsachen

Gelegentlich wird zweifelhaft, ob eine Alt- oder eine Neutatsache vorliegt, etwa wenn neu errichtete Urkunden über Alttatsachen vorgelegt werden, z. B. eine eidesstattliche Versicherung zu einer in der Vergangenheit liegenden Wohnsitzverlegung[137] oder ärztliche Gutachten aufgrund neuer Untersuchungen über die Prozeßfähigkeit während der Berufungsinstanz[138]. Da die neuen Beweismittel Alttatsachen bezeugen sollen, sind sie wie Alttatsachen zu behandeln.

Aber dieser Ausweg ist nicht immer möglich. Wird etwa nicht beachtet, daß der Beklagte während des Revisionsverfahrens *exemt* wurde, so ist

---

[135] Vgl. *Grunsky*, SAE 1971, 24 (26).

[136] In *Baumbach/Lauterbach/Albers/Hartmann*, § 561 Anm. 3 E (Ob die dort genannten „sonstigen" Tatsachen auch prozessualer Art sein können, ist zweifelhaft, da Anm. 3 B zur Amtsprüfung ebenfalls Neutatsachen aufführt, andererseits in Anm. 3 E auf BGHZ 53, 128 [Internationale Zuständigkeit] verwiesen wird).

[137] BayObLGZ 1962, 11 (13) = FamRZ 1962, 164 (165).

[138] BGH NJW 1970, 1683.

das prozeßbeendende Revisionsurteil völkerrechtswidrig und wirkungslos; es beeinträchtigt das Ansehen der Gerichte, unabhängig davon, ob diese Tatsache streitig war. In anderen Fällen, z. B. bei Nichtbeachtung der *Aufhebung des Konkursverfahrens* wäre das Urteil zwar nicht wirkungslos, aber seine Beseitigung und Anpassung an die tatsächliche Rechtslage würde zu einer unverhältnismäßigen Belastung der Parteien und der Gerichte führen.

Ansehen der Gerichte und Parteiinteressen mögen nicht bei allen prozessualen Neutatsachen in gleichem Grade betroffen sein. Aber im Kern treffen diese Argumente, die letztlich auf den Prozeßzweck zurückführen, auf jede relevante Veränderung der Prozeßvoraussetzungen oder anderer prozessualer Tatsachen zu.

So wurde zu Recht geprüft, ob durch ein neu ergangenes ausländisches Urteil in gleicher Sache ein *Rechtskrafthindernis* entstanden ist[139]; zu Recht beachtet, daß das Prozeßhindernis nach Art. 99 des deutsch-österreichischen Vermögensvertrages[140], die *Prozeßführungsbefugnis* der Eltern gemäß § 12 V WpflG mit Eintritt der Volljährigkeit des Kindes in der Revisionsinstanz[141], ferner die Tatsache, daß das Interesse für eine Feststellungsklage durch Verzichtserklärung[142] oder durch eine während des Revisionsverfahrens im parallelen Leistungsprozeß abgegebene Parteierklärung[143] weggefallen sind. Hierher gehört auch der Fall, daß im arbeitsrechtlichen Rechtsbeschwerdeverfahren beim Streit um die Tariffähigkeit mit dem Austritt des Antragstellers aus dem Arbeitgeberverband angenommen wurde, seine *Antragsberechtigung* sei entfallen[144]. Endlich meinte das BAG, beim Streit um die Wirksamkeit einer Betriebsvereinbarung entfalle das *Rechtsschutzinteresse*, wenn die Parteien in der Rechtsbeschwerdeinstanz erklären, daß die streitige Vereinbarung in Zukunft nicht mehr praktiziert werden soll[145]. Gelegentlich nahm das BAG zwar an, ein Wegfall des Rechtsschutzbedürfnisses während des Revisionsverfahrens sei nicht zu beachten, sondern entscheidend bleibe die Sachlage, die bei Rechtsmitteleinlegung bestanden habe[146]. Aber dar-

---

[139] BGHZ 53, 332 (334); zust. *Eike Schmidt*, S. 108 (der aber nur auf die sonst offensichtliche Unrichtigkeit des Urteils abstellt).

[140] BGH LM Nr. 2 deutsch-österr. Vermögensvertrag.

[141] BVerwG MDR 1971, 246.

[142] BGHZ 18, 98 (106) = LM Nr. 2 zu § 423 HGB m. Anm. v. *Lindenmaier*; zust. *Schönke/Kuchinke*, § 40 II 3; krit. dagegen *Eike Schmidt*, S. 76 f.

[143] BGH NJW 1973, 1500.

[144] BAG SAE 1971, 22 m. krit. Anm. v. *Grunsky* (zu §§ 97, 93 ArbGG).

[145] BAG SAE 1966, 60 m. Anm. v. *Zeuner* (m. N. zum Streitstand hinsichtlich des Präklusionszeitpunktes für das Rechtsschutzinteresse); vgl. auch BAG SAE 1967, 78 (80) m. Anm. v. *Dietz*.

[146] BAG AP Nr. 9 zu § 91 a ZPO m. abl. Anm. v. *Baumgärtel*.

in liegt lediglich eine terminologische Vermengung von Rechtsschutzbedürfnis, Beschwer und Begründetheit der Revision, keine sachliche Abweichung gegenüber anderen Entscheidungen.

Folgt man dagegen der Meinung, die Prozeßvoraussetzungen seien Sachurteilsvoraussetzungen für jede Instanz, so ist die Unterscheidung von Alt- und Neutatsachen irrelevant[147]. *Prozessuale Neutatsachen sind* dann *wie Alttatsachen in der Revisionsinstanz von Amts wegen zu beachten, auch wenn sie beweisbedürftig sind*[148]. Damit erreicht man eine einfache klare Lösung, die allen berechtigten Belangen gerecht wird. Die Bedenken dagegen, bei allgemeiner Berücksichtigung prozessualer Neutatsachen wandle die Revision ihren Charakter und werde zur Oberberufung[149], sind nicht berechtigt. Denn ein Wegfall einer Prozeßvoraussetzung oder eine Heilung eines bislang bestehenden Mangels kommen nur in wenigen Fällen vor[150]. Erscheint die eigene, abschließende Beurteilung der prozessualen Lage zudem nicht als sachdienlich, so kann das Revisionsgericht lediglich aufheben und zurückverweisen[151]. Eine Überlastung durch Neuvorbringen im Rahmen der Prüfung von Amts wegen droht daher nicht.

3. Sonderfälle

a) Armenrecht

Nach § 119 I ZPO ist Armenrecht für jeden Rechtszug besonders zu bewilligen. Es muß daher für die Revision besonders beantragt werden. War bisher kein Armenrecht bewilligt, so ist auch dem Revisionsgericht das Unvermögen, die Prozeßkosten zu bestreiten, nachzuweisen (§ 119 II 1 ZPO). Das Revisionsgericht hat deshalb neue Tatsachen zur Armut zu beachten und frei zu würdigen[152].

b) Klageänderung

Ist ausnahmsweise eine Klageänderung in der Revisionsinstanz zulässig[153], so hat das Revisionsgericht auch tatsächlich zu prüfen, ob die

---

[147] So auch *Schumann*, AP Nr. 8 zu § 554 a ZPO (Bl. 399 R).

[148] BGHZ 53, 128 (131) = JZ 1970, 327 (obiter dictum) = NJW 1970, 1007; *Rosenberg/Schwab*, § 97 V 4 d; *Wieczorek*, § 561 A II b; *Ziemer/Birkholz*, § 118 Rdnr. 21 b; *Sauer*, S. 396; *Mattern*, JZ 1963, 649 (II), der aber offen läßt, welcher Präklusionszeitpunkt für die einzelnen Prozeßvoraussetzungen maßgebend ist.

[149] *Rimmelspacher*, Prüfung von Amts wegen, S. 197.

[150] Vgl. im einzelnen *Martin*, S. 137 ff., 150 ff.

[151] s. u. § 14 II 2.

[152] BGH MDR 1951, 732 Nr. 463; *Wieczorek*, § 561 A II a 1.

[153] s. u. § 16 I.

Prozeßvoraussetzungen für den geänderten Antrag bestehen, z. B. ob für den neuen Feststellungsantrag ein Feststellungsinteresse besteht[154]. Auch in diesem Fall folgt die Zulässigkeit des Vorbringens von Neutatsachen nicht einfach daraus, daß es sich um „prozessuale" Tatsachen handelt[155], zumal der Kläger — anders als bei anderen Prozeßvoraussetzungen — auch keine neuen Tatsachen vorbringen kann, um das Feststellungsinteresse für eine in der Tatsacheninstanz erhobene Feststellungsklage darzulegen. Vielmehr ist das neue Vorbringen notwendig zuzulassen, wenn man in diesen Fällen eine Klageänderung zulassen will.

c) Verwaltungsvorverfahren

Wurde nachträglich ein Verwaltungsvorverfahren als Prozeßvoraussetzung eingeführt, so ist zu Recht beachtet worden, daß der ablehnende Bescheid während des Revisionsverfahrens ergangen ist und vorgelegt wurde[156]. Nichts anderes gilt, wenn das Vorverfahren von Anfang an als Prozeßvoraussetzung bestand und erst im Laufe des Revisionsverfahrens abgeschlossen wird[157]. Die gegenteilige Auffassung Rimmelspachers zwänge den Kläger dazu, neu zu klagen, obgleich einer sachlichen Beendigung des Rechtsstreits tatsächlich nichts im Wege steht. Der Zweck eines Vorverfahrens, nach Möglichkeit den Prozeß zu ersparen, würde dann ins Gegenteil verkehrt. Die Verweisung auf ein neues Verfahren wäre vor allem dann ärgerlich, wenn ein internationaler Schlichtungsausschuß — für das nationale Gericht bindend — feststellt, daß im konkreten Fall entgegen der Auffassung des Gerichts gar kein Vorverfahren durchzuführen sei. Die Berücksichtigung entspricht zudem der Praxis im Verwaltungsstreitverfahren, daß der Mangel der erfolglosen Durchführung des Verwaltungsvorverfahrens (§§ 68 ff. VwGO, 78 ff. SGG) noch nachträglich, auch in der Revisionsinstanz, behoben werden kann[158].

d) Einstweilige Einstellung der Zwangsvollstreckung

Auf Antrag kann das Revisionsgericht die Zwangsvollstreckung aus einem für vorläufig vollstreckbar erklärten Urteil gemäß § 719 II ZPO

---

[154] BGHZ 18, 96 (106); 31, 279 (281 ff.); BAG AP Nr. 20 zu § 133 f. GewO (Bl. 784 R) (Rechtskraftwirkung für Folgeprozesse); BAG SAE 1969, 43 (46) m. Anm. v. *Rüthers* (S. 48); *Schumann*, AP Nr. 8 zu § 554 a ZPO (Bl. 400 R) m. w. N.; *Baumbach/Lauterbach/Albers/Hartmann*, § 561 Anm. 3 B.

[155] So aber *Rüthers*, SAE 1969, 48 (I 2 b); s. dagegen o. I 4 b bb.

[156] BGH NJW 1960, 95 (zu §§ 26, 29 AKG).

[157] RGZ 161, 163 (165); BGH LM Nr. 2 deutsch-österr. Vermögensvertrag = NJW 1962, 1251 Nr. 10 (zu Art. 99 des Vertrages); a. A. RG HRR 1929, 1382 (nachträgliche, die Zulässigkeit des Rechtswegs eröffnende Festsetzung einer Abgabe).

[158] *Eyermann/Fröhler*, § 68 Rdnr. 2; *Redeker/v. Oertzen*, § 68 Rdnr. 3; *Bettermann*, DVBl 1959, 308 (312). Eine Sonderregelung enthält § 45 I FGO.

einstweilen einstellen, wenn glaubhaft gemacht wird, daß die Vollstreckung zu einem nicht zu ersetzenden Nachteil führen würde[159]. Der Revisionskläger muß also zur Begründung seines Antrags neue Tatsachen geltend machen, die das Revisionsgericht zwar nicht ermitteln, aber tatsächlich und rechtlich selbständig würdigen muß. Da dabei die Aussichten der Revision nicht berücksichtigt werden dürfen, ist der Sachzusammenhang mit der Hauptsache nicht so eng wie bei einer vom Revisionsgericht angeordneten Aussetzung der Vollziehung gemäß § 80 V VwGO[160]. Diese bei einer Revision häufig auftretende Frage einer Tatsacheninstanz zu überlassen, hätte aber unnötig zu einem zweispurigen Verfahren geführt.

---

[159] Vgl. BAG SAE 1973, 216 m. Anm. v. *Leipold*.

[160] Vgl. BVerwG 1, 45 (46 f.); 4, 151 (154); *Redeker/v. Oertzen*, § 80 Rdnr. 45.

§ 12. Rechtsschutzgarantie und gebotene Auflockerung der Präklusion materieller Tatsachen im Revisionsverfahren

I. Rechtsschutz bei Alttatsachen

1. Rechtsschutzgarantie und Tatsachenvorbringen

Der Prozeß dient subjektivem Rechtsschutz. Deshalb müssen die Parteien den Prozeßstoff so gestalten können, daß die Entscheidung im Einklang mit der materiellen Rechtslage ergeht. In revisiblen Streitigkeiten stehen den Parteien im Zivilprozeß regelmäßig[1] zwei Tatsacheninstanzen, bei Sprungrevision (§ 566 a ZPO) eine Instanz zur Verfügung. Sprungrevision wählen die Parteien einverständlich (§ 566 a II ZPO) nur selten, wenn sie die Sachaufklärung der ersten Instanz als erschöpfend ansehen. Bei einer Klageänderurg in der Berufungsinstanz schützt das Erfordernis der Sachdienlichkeit (§§ 264, 529 IV ZPO) den Gegner davor, daß der Prozeß auf eine völlig neue Grundlage gestellt wird.

Die Ausgestaltung der Tatsacheninstanzen garantiert umfassende tatsächliche Aufklärung: Tatsachenvortrag ist wegen der Einheit der mündlichen Verhandlung innerhalb der Instanz grundsätzlich frei (§ 278 I ZPO). Das Gericht hat die Sache erschöpfend zu erörtern (§ 136 III ZPO), auf Vollständigkeit des Vorbringens einschließlich der Beweismittel und auf sachdienliche Anträge hinzuwirken (§ 139 I ZPO). Die Parteien haben sich vollständig zu erklären (§ 138 I ZPO).

Verspätetes Vorbringen führt primär zu Kostennachteilen (§ 278 II ZPO). Eine Präklusion nach den §§ 272 a S. 2, 279, 279 a, 283 II, 529 ZPO setzt Verschleppungsabsicht oder grobe Nachlässigkeit voraus und erscheint daher als berechtigte Sanktion gegen eine Gericht und Gegner übermäßig belastende Prozeßführung. Soweit der Untersuchungsgrundsatz gilt, ist die Präklusion erheblich eingeschränkt (vgl. §§ 614, 622 I, 626, 640 I, 670 I, 684 IV ZPO). Weitere Präklusionen durch Bindung an Zwischenurteile (§ 318 ZPO) setzen jeweils eine erschöpfende Sachverhandlung des betreffenden Streitkomplexes voraus.

---

[1] Anders im finanzgerichtlichen Verfahren (§§ 2, 35, 36, 37 FGO), im Verwaltungsprozeß bei Ausschluß der Berufung (vgl. § 135 VwGO) oder erstinstanzlicher Zuständigkeit des BVerwG (§ 50 VwGO), in Sonderfällen der freiwilligen Gerichtsbarkeit und überwiegend in Strafsachen (§§ 312, 313, 333, 334 StPO).

Fehler der Sachaufklärung können in zweiter Instanz (§§ 529, 531, 626 ZPO) unter Mitwirkung des Gerichts (§ 139 ZPO) beseitigt werden.

Für eine dritte Tatsacheninstanz besteht daher allgemein kein Bedürfnis. Sie ist auch verfassungsrechtlich nicht geboten. Das Grundgesetz gewährleistet zwar umfassenden, lückenlosen Rechtsschutz im Privatrecht[2], aber nur im Rahmen des vom Prozeßrecht gewährleisteten Instanzenzuges[3]. Gegen eine Präklusion nach § 561 I 1 ZPO, aber auch gegen die Bindung des Revisionsgerichts nach § 561 II ZPO bestehen daher keine Bedenken, zumal richterliche Unabhängigkeit nicht gegenüber anderen Richtern im gleichen Verfahren bestehen muß[4].

Daraus folgt, daß ein *Neuvortrag oder eine Ergänzung von Tatsachen, die bei Schluß der letzten Tatsachenverhandlung bekannt und nach Streitlage entscheidungserheblich waren, ausgeschlossen* sein muß. Denn diese Tatsachengruppe macht den von § 561 I 1 ZPO erfaßten Regelfall aus. Auch ohne eine generelle Präklusion könnten derartige Tatsachen nach den §§ 279, 529 ZPO zurückgewiesen werden.

2. Vorwegnahme einer „dritten" Tatsacheninstanz

Eine dritte Tatsacheninstanz ist trotz der Verfahrensgarantien der ersten Instanzen zwar nicht zwingend geboten, aber doch in besonderen Einzelfällen eine sinnvolle Ergänzung des Instanzenzuges, um den Prozeßzweck subjektiven Rechtsschutzes zu erreichen.

a) Zweites Berufungsverfahren

Ist das Berufungsurteil aufzuheben, der Sachverhalt aber nicht entscheidungsreif, so wird der Rechtsstreit nach § 565 I ZPO zur anderweitigen Verhandlung zurückverwiesen. Die Vollständigkeit des Prozeßstoffs wird nicht fingiert. Während im österreichischen Zivilprozeß der Tatsachenstoff der ersten Instanz für die weiteren Instanzen grundsätzlich auch nach Zurückverweisung durch das Revisionsgericht maßgebend bleibt (§ 482 österr. ZPO), eröffnet die Zurückverweisung nach deutschem Prozeßrecht die Berufungsinstanz mit dem Novenrecht (§§ 529, 531, 626 ZPO) und der freien Beurteilung von Tatsachen wieder neu. Die Präklusion nach § 561 I 1 ZPO wirkt nicht fort, auch soweit das Revisionsgericht einen Streitpunkt bereits abschließend beurteilt hatte[5]. Dies gilt

---

[2] *Dütz*, Rechtsstaatlicher Gerichtsschutz im Privatrecht, 1969, S. 99 ff., 115, 133.

[3] BVerfG 4, 74 (94); 27, 297 (310); 28, 21 (36); *Dieter Lorenz*, Rechtsschutz des Bürgers und Rechtsweggarantie, 1973, S. 189, 245.

[4] *Bettermann*, Die Unabhängigkeit der Gerichte und der gesetzliche Richter, in: Die Grundrechte, Bd. III/2, 1959, S. 523 (538).

[5] RGZ 129, 224 = JW 1930, 2956 m. Anm. v. *Jolly; Stein/Jonas/Grunsky*,

auch bei einer Zurückverweisung nach einer Sprungrevision (vgl. § 566 a V ZPO). Eine Bindung besteht nur, soweit das Revisionsgericht neben der Zurückverweisung durch Zwischen- oder Teilurteil in der Sache selbst entschieden hat. Eine Aufhebung und *Zurückverweisung* lediglich *wegen einzelner Urteilselemente*[6] sieht die ZPO nicht vor. Dies empfiehlt sich auch nicht, weil das Verfahren durch die dabei entstehenden Bindungen nur schwerfälliger und eine einheitliche sachgerechte Entscheidung erschwert wird.

Die Zurückverweisung dient somit dazu, einen tatsächlich oder rechtlich fehlerhaft verlaufenden Prozeß zu korrigieren. Ein Rechtsverlust ist mit der Zurückverweisung deshalb gerade nicht verbunden. Dennoch ist die erneute Eröffnung einer vollen Tatsacheninstanz, verbunden mit eventuell erneut möglicher Revision, häufig ein Ärgernis, wenn nur unbedeutende Lücken der Tatsachenfeststellung oder -würdigung zu schließen sind. Eine absolute Beschränkung der Revision auf Rechtsfragen führt in diesen Fällen zu einem unverhältnismäßigen Aufwand und erscheint häufig mit der Pflicht zu raschem und effektivem Rechtsschutz kaum vereinbar.

In welchem Umfang diese Überlegungen dazu führen, daß Tatsachenfeststellungen in Verbindung mit der rechtlichen Überprüfung ergänzt oder korrigiert werden, ist bereits dargelegt worden[7]. Gerechtfertigt wird dies letztlich damit, daß eine genaue Trennung zwischen Nachprüfung und eigenem Urteil nicht zu ziehen ist.

In welchen Fällen das zweite Berufungsverfahren darüber hinaus durch eine Erweiterung des Revisionsverfahrens vermieden werden kann, bedarf noch genauerer Untersuchung[8]. Lediglich auf die Fälle, in denen Tatsachen erst aufgrund der abweichenden Rechtsauffassung des Revisionsgerichts relevant werden, wurde eingegangen[9].

b) *Restitutionsklage*

aa) Beschränkung der Ausschlußwirkung gemäß § 561 I 1 ZPO aus dem Prozeßzweck

(1) Rechtfertigung der Präklusion

Da der Streit ein Ende haben muß, sind Tatsachen, die bei Schluß der letzten Tatsachenverhandlung vorlagen, in der Revision ausgeschlossen.

§ 565 II 1; *Thomas/Putzo*, § 565 Anm. 2 c aa; *Rosenberg/Schwab*, § 147 IV 1; *Blomeyer*, S. 102 II (S. 545); *Planck*, § 150 III 3 (S. 528); zur abweichenden früheren Rspr. vgl. *Goldschmidt*, § 66, 3 (S. 226).

[6] Dafür *Grunsky*, ZZP 84, 129 (142 ff.).

[7] s. o. §§ 6 - 10.

[8] s. u. § 13.

[9] s. o. § 8 I 3 b aa.

Wird das Verfahren durch das Revisionsurteil beendet, weil das Rechtsmittel unbegründet oder die Sache entscheidungsreif ist, so geht die vorläufige Präklusion gemäß § 561 I 1 ZPO in die endgültige Rechtskraftpräklusion, gegebenenfalls auch in eine zusätzliche rechtskraftfremde Präklusion[10] über. Die Ausschlußwirkung nach § 561 I 1 ZPO rechtfertigt sich deshalb wie die anderer Präklusionsnormen: sie ordnet und gliedert das Verfahren, entlastet das Revisionsgericht von der Tatsachenprüfung, schützt den Gegner vor einer (weiteren) Prozeßverzögerung und beschleunigt das Verfahren auch im Interesse der Allgemeinheit[11].

(2) Einschränkung der Präklusion aus dem Prozeßzweck

Diese Präklusion muß jedoch dann weichen, wenn nachträglich besonders gesicherte und liquide Beweismittel zur Verfügung stehen, die die Unrichtigkeit des rechtskräftigen Urteils offensichtlich machen. Das Vertrauen in die Rechtspflege würde in diesen Fällen stärker erschüttert, wenn das fehlerhafte Urteil Bestand hätte, als bei einer erneuten Überprüfung in einer Art dritten, außerordentlichen Tatsacheninstanz, dem Restitutionsverfahren[12]. Damit fordert letztlich der Prozeßzweck eine Beschränkung der Rechtskraft und der Rechtskraftpräklusion.

(3) Restitutionsgründe als Alttatsachen

Anders als die Nichtigkeitsklage (§ 579 ZPO) betrifft die Restitutionsklage nach den §§ 580, 641 i ZPO tatsächliche Fehler des sachlichen Prozeßstoffs. Dabei sind die Restitutionsgründe Alttatsachen, da sie der abweichenden Beurteilung bereits verhandelter, in der Vergangenheit liegender Tatsachen dienen sollen. Neu ist lediglich das Beweismittel oder die Möglichkeit, es vorzubringen. Auch soweit in Erweiterung des § 580 Ziff. 7 b ZPO nachträglich, nach Schluß der Tatsachenverhandlung errichtete Urkunden zugelassen werden[13], beziehen sie sich nie auf Tatsachen, die nach diesem Zeitpunkt eingetreten, sondern auf vorher entstandene Tatsachen[14]. Da Restitutionsgründe anders als Neutatsachen nur unter den Kautelen der §§ 581, 586 ZPO zum Angriff auf das rechts-

[10] Vgl. *Schwab*, Streitgegenstand, S. 158 ff., 162, 165 ff., 170 ff.; aus der Rspr.: BAG AP Nr. 13 zu § 315 BGB; OLG Hamm OLGZ 1972, 253 (255). Für eine allgemeine Präklusion neben der Rechtskraftwirkung *Habscheid*, Streitgegenstand, S. 291 ff., 297 ff. Auf den Meinungsstreit kommt es hier im einzelnen nicht an (vgl. *Grunsky*, Grundlagen, S. 507; *Otto*, S. 103 f.).

[11] *Otto*, Präklusion, S. 149 ff.

[12] *Gaul*, Grundlagen, S. 80 ff., 92 ff., 209 f.

[13] Vgl. *Baumbach/Lauterbach/Albers/Hartmann*, § 580 Anm. 4 C; *Rosenberg/Schwab*, § 161 II 3 d β; *Lent/Jauernig*, § 76 II; *Gaul*, FamRZ 1960, 320 (321); *ders.*, ZZP 80, 151 (152); *Henke*, JR 1960, 86; *Schuler*, NJW 1953, 1241 (1242).

[14] BGHZ 30, 60 (65); vgl. *Gaul*, Grundlagen, S. 122 f. Dagegen spricht *Mattern*, JZ 1963, 649 (652) von Neutatsachen, weil sie erst jetzt geltend gemacht werden können. Im Hinblick auf die Rechtskraftpräklusion ist aber die objektive Entstehung für die Einteilung maßgebend; a. A. *Rimmelspacher*, Mat. Anspruch, S. 313 (zu § 580, 7 a).

kräftige Urteil berechtigen, ist die Interessenlage bei Kenntnis eines Restitutionsgrundes und beim Eintritt einer Neutatsache nicht vergleichbar[15].

(4) Wiedereröffnung der mündlichen Tatsachenverhandlung

Erfährt die Partei den Restitutionsgrund nach Schluß der mündlichen Verhandlung in der Tatsacheninstanz, aber vor Verkündung des Urteils, so wird aus dem Ermessen des Gerichts regelmäßig die Pflicht, die geschlossene Verhandlung wiederzueröffnen (§ 156 ZPO)[16].

(5) Verbesserung des Rechtsschutzes

Erfährt die Partei den Restitutionsgrund erst später (vgl. § 582 ZPO), so kann er nach dem Gesetzeswortlaut nur ausnahmsweise im Revisionsverfahren geltend gemacht werden, etwa durch Verfahrensrüge oder wenn es sich um einen Wiedereinsetzungsgrund gegen die Versäumung der Revisions- oder Revisionsbegründungsfrist handelt[17]. Die Restitutionsklage bleibt dann offen. Jedoch kann sie erst erhoben werden, wenn das Ausgangsverfahren rechtskräftig abgeschlossen ist (§ 578 I ZPO). Trotzdem die Unrichtigkeit des Berufungsurteils „liquide" bewiesen werden kann, die Sachaufklärung evident fehlgegangen ist[18], müßte die beschwerte Partei versuchen, aus anderem Grunde eine Zurückverweisung zu erreichen, um den Restitutionsgrund vorbringen zu können. Die Zuflucht zu Scheinangriffen liegt dabei nahe. Erweist sich das Berufungsurteil als unangreifbar, so muß die Partei erst ein oder mehrere unrichtige Urteile hinnehmen, ehe sie deren Beseitigung betreiben kann.

Die Einführung des Restitutionsgrundes in das Revisionsverfahren ist in beiden Fällen nicht notwendig[19]. Die Berücksichtigung verbessert aber den Rechtsschutz der betroffenen Partei erheblich. Umgekehrt berührt die Erschwerung des Rechtsschutzes nicht nur Parteiinteressen, sondern auch *Interessen der Allgemeinheit* an der Wahrheitsfindung im Prozeß, da das Vertrauen in die Rechtspflege beeinträchtigt wird, wenn das Revisionsgericht ein behauptetermaßen offensichtlich falsches Urteil ohne Prüfung des Mangels bestätigt oder aufgrund des fehlerhaft festgestellten Sachverhalts selbst zur Sache entscheidet. Ferner entsteht durch die Berücksichtigung keine nennenswerte Belastung des Revisionsgerichts. Schließlich sollte man das Allgemeininteresse an der richtigen

---

15 a. A. *Stein/Jonas/Grunsky*, § 561 II 2 c.

16 *Walchshöfer*, NJW 1972, 1028 (1030); *Henke*, JR 1960, 86 (87); *Eyermann/Fröhler*, § 104 Rdnr. 5; gegen ein Recht auf Wiedereröffnung: *Rosenberg/Schwab*, § 81 III 3; *Stein/Jonas/Pohle*, § 156 I Fn. 5, 8; *Baumbach/Lauterbach/Albers/Hartmann*, § 156 Anm. 2; *Thomas/Putzo*, § 156 Anm. 1 d; *Redeker/v. Oertzen*, § 104 Rdnr. 5; *Gaul*, FamRZ 1960, 320 (322).

17 *Hellwig*, System I, S. 872.

18 Vgl. *Eike Schmidt*, S. 55.

19 Vgl. *Gaul*, FamRZ 1960, 320 (324).

Entscheidung von Prozeßvoraussetzungen, deren fehlerhafte Beantwortung nur in den Fällen der §§ 579 I Nr. 4 und § 580 Nr. 7 a ZPO zur Wiederaufnahme des Verfahrens führt, nicht höher einstufen als das Interesse, Urteile zu vermeiden, bei deren Erlaß bereits erhebliche Bedenken gegen ihre materielle Richtigkeit bestehen.

Um den Prozeßzweck nicht zu gefährden, wird wegen eines Restitutionsgrundes auch der Widerruf sonst bindender Parteiprozeßhandlungen zugelassen. Soweit eine Prozeßhandlung zum Eintritt der Rechtskraft führt, wird ein Widerruf freilich zu Recht abgelehnt[20]. Aber im laufenden Verfahren hat die Präklusion nicht das gleiche Gewicht für die Rechtssicherheit wie nach Eintritt der Rechtskraft.

Grundsätzlich ist daher überwiegend anerkannt, daß Restitutionsgründe zur Abwendung eines im Wiederaufnahmeverfahren anfechtbaren Urteils im Revisionsverfahren berücksichtigt werden können.

Streitig ist lediglich, wie dieses Ergebnis genauer zu begründen ist und welche Voraussetzungen für eine Berücksichtigung der Restitutionsgründe im einzelnen bestehen[21].

bb) Prozeßökonomie als Auslegungsmittel

Sicher läßt sich eine Berücksichtigung nicht aus § 582 ZPO herleiten[22]. Denn die Revision wird darin nicht ausdrücklich erwähnt, so daß gerade zu beweisen ist, ob Restitutionsgründe entgegen § 561 I 1 ZPO im Revisionsverfahren geltend gemacht werden können.

Für die Fälle des § 580 Ziff. 7 a ZPO folgt die Beachtung der Rechtskraft bereits daraus, daß für Prozeßvoraussetzungen die Sachlage zur Zeit der mündlichen Revisionsverhandlung maßgebend ist[23].

Ansonsten wird nun einerseits dargelegt, die Berücksichtigung der Restitutionsgründe beruhe letztlich allein auf Prozeßwirtschaftlichkeit[24], andererseits aber häufig behauptet, diese rechtfertige eine Durchbrechung des § 561 ZPO nicht, sondern höhere Belange der Allgemeinheit und des Ansehens der Rechtspflege müßten hinzukommen[25]. Denn grund-

---

[20] *Gaul*, ZZP 74, 49 (64 ff., 80 f.); vgl. BGH LM Nr. 4 zu § 515 ZPO m. Anm. v. *Johannsen;* a. A. *Hellwig*, System I, S. 872.

[21] s. o. § 2 IV 4.

[22] So aber RG DR 1944, 498; dagegen zu Recht *Gaul*, FamRZ 1960, 320 (324).

[23] *Gaul*, FamRZ 1960, 320 (323); s. o. § 11 I 5, II 2 c.

[24] *Fischer*, Festschrift f. *Hedemann*, S. 75 (91); *Mattern*, JZ 1963, 649 (651); *Johannsen*, LM Nr. 38 zu § 561 ZPO; vgl. auch *Schumann*, Festschrift f. *Larenz*, S. 271 (279 Fn. 43, 283 Fn. 56).

[25] BGHZ 18, 59 (60); BVerwG 10, 357 (358) = NJW 1960, 2020; *Gaul*, FamRZ 1960, 320 (323); *ders.*, Grundlagen, S. 81 Fn. 58.

sätzlich sei die Revisionsinstanz von neuen Tatsachen freizuhalten, um ihre Aufgabe der rechtlichen Nachprüfung schnell erfüllen zu können[26].

Allgemeiner ausgedrückt: Die „Zweckmäßigkeit" sei zwar Auslegungsmittel, der Übergriff der Revisionsinstanz in den Tatsachenbereich sei aber systemwidrig und bloße „Zweckmäßigkeit" dürfe dem *Systemdenken* nicht vorgehen[27], berechtige de lege lata nicht zur Reform des positiven Rechts[28].

Jedes Urteil, das auf Wiederaufnahmeklage hin aufzuheben ist, beeinträchtigt aber, wie dargelegt, das Ansehen der Gerichte. Auf den Grad dieser Beeinträchtigung abzustellen, bedeutet nur, daß dem Revisionsgericht ein Ermessen bei der Beachtung eingeräumt wird, indem auf Sachdienlichkeit der Berücksichtigung und damit doch letztlich auf die Prozeßökonomie abgestellt wird.

Systemdenken und Zweckmäßigkeit lassen sich aber nicht gegeneinander ausspielen. Denn der Grundsatz der Prozeßökonomie ist zwar das Prinzip der Rationalisierung des Prozesses[29], seiner möglichst einfachen Gestaltung. Ebenso wie es aber keine „objektive Zweckmäßigkeit" gibt, ist eine Vereinfachung des Verfahrens ohne Ausrichtung auf Leitziele nicht möglich[30]. Zweckmäßig ist eine Auslegung deshalb, wenn sie den gesetzlich anerkannten Wertvorstellungen entspricht. Das bloße Abstellen auf eine nicht näher definierte Zweckmäßigkeit zeigt nur, daß diese Wertungen noch nicht aufgedeckt sind und das gewünschte Ergebnis einfach als das zutreffende ausgegeben wird[31]. Jedenfalls gilt dies dann, wenn einzelne prozessuale Institute oder die Grenzen eines Rechtsmittels erweitert werden sollen. Anzustreben ist daher eine Auslegung, die gestattet, den Prozeßzweck auf einfachem Wege unter Beibehaltung aller notwendigen Rechtsschutzgarantien zu erreichen[32]. In der Sache meinen dies auch alle, die Prozeßnormen als Zweckmäßigkeitsnormen ansehen[33].

---

[26] *Lent/Jauernig*, § 74 IV A 1.

[27] *Mattern*, JZ 1963, 649 (652); *Otto*, S. 62; *Rimmelspacher*, Prüfung von Amts wegen, S. 191 ff., 197.

[28] *v. Mettenheim*, S. 28; *Hien*, S. 18.

[29] *v. Mettenheim*, S. 17; *Sauer*, Grundlagen, S. 604.

[30] *Eike Schmidt*, S. 8. Diesen Zusammenhang scheint *Fr. Weber*, Studium generale 1960, 183 f., zu verkennen, wenn er Zweckmäßigkeit und Praktikabilität einerseits als sehr wichtige Gesichtspunkte auch in prinzipiellen Fragen des Prozeßrechts ansieht, andererseits in einer kritischen Würdigung nach Zweckmäßigkeit keine Rückführung auf wissenschaftliche Prinzipien und keine wissenschaftliche, methodisch-dogmatische Behandlung sieht.

[31] Vgl. *Schumann*, AP Nr. 3 zu § 56 ZPO; *Fr. Weber*, Studium generale 1960, 183 (193).

[32] Vgl. *Bernhardt*, § 5 VI. Gegen eine Einschränkung der Wahrheitsfindung über gesetzliche Regeln hinaus zu Recht: *Eike Schmidt*, S. 43.

[33] Vgl. *Vollkommer*, Formenstrenge, S. 47 ff., 59 ff.

Das Verfahren genügt dann der Prozeßökonomie, wenn ein ausgewogenes Verhältnis von Verfahrensmittel und Prozeßzweck besteht, m. a. W. wenn der *Grundsatz der Verhältnismäßigkeit* gewahrt ist[34]. Zwischen Prozeßzweck, rechtsstaatlichen Grundlagen des Verfahrens und Prozeßökonomie besteht daher kein Gegensatz, beides hängt vielmehr zusammen. Zu Recht wird die Prozeßökonomie somit als rechtsethisches Prinzip bezeichnet[35], als ein jeder Prozeßordnung immanenter, in der Natur der Sache begründeter Wert[36]. Deshalb ist auch zu billigen, wenn unökonomische Verfahrensweisen als unzulässig angesehen werden[37].

Ein derartiger „topos“ liefert aber noch keine Einzellösungen. Das ideale Verhältnis wird nämlich meist nicht durch das auf den ersten Blick einfachste und kürzeste Verfahren erreicht, sondern verlangt eine genaue Abwägung der betroffenen Belange[38]. Zu Recht wird daher gefordert, Auslegungsfragen dürften nicht vorschnell nach „Zweckmäßigkeit“ entschieden werden. Der Zusammenhang von Prozeßzweck und Prozeßökonomie wird aber verkannt, wenn dieser ein *Wert als Auslegungsmittel* abgesprochen wird[39]. Denn die im Prozeßzweck erfaßten Partei- und Allgemeininteressen bestimmen zwar das Auslegungsziel, die Prozeßökonomie als Relation von Zweck und Mittel gestattet aber eine Kontrolle der möglichen Lösung im Sinne eines idealen Ausgleichs[40]. In diesem Sinne ist Prozeßökonomie im Rahmen einer *teleologischen* Auslegung des Prozeßrechts unentbehrlich. Unter Beachtung der Rechtsschutzgarantie fördert sie nicht nur die größtmögliche Effektivität des gesetzlich gewährleisteten Rechtsschutzes[41], sondern rechtfertigt auch eine Auflockerung ursprünglich fester Verfahrensformen[42].

---

[34] Vgl. *Hassold*, Die Voraussetzung der besonderen Streitgenossenschaft, 1970, S. 89 ff. (92).

[35] Dazu jüngst *Schumann*, Festschrift f. *Larenz*, S. 271 (277 ff.).

[36] *Canaris*, Lücken im Recht, S. 126.

[37] *v. Mettenheim*, S. 169; vgl. auch *Eike Schmidt*, S. 39; *Walsmann*, Die Anschlußberufung, 1928, S. 51 f., spricht insoweit von der „ungeheuren Wucht“ der Prozeßökonomie.

[38] So auch *Schumann*, Festschrift f. *Larenz*, S. 271 (278 f.).

[39] *Gaul*, AcP 168, 27 (42); *Henckel*, Prozeßrecht u. mat. Recht, S. 232; *Schwab*, NJW 1959, 1824; auch *Peter Bähr*, S. 95 (zweifelhafte Dignität); vgl. *Schumann*, Festschrift f. *Larenz*, S. 271 (274); *Eike Schmidt*, S. 42 f., 117 (Interpretationshilfe).

[40] Ein Begriff, der einen Funktionszusammenhang erfaßt, läßt sich zwar durch explizite Abwägung der Determinanten ersetzen. Aber die Erfassung des Zusammenhangs vermag gleichwohl die richtige Erkenntnis zu erleichtern. Die Kritik *Eike Schmidts* (S. 47 ff.) an der Rspr. des BGH ist deshalb teilweise unberechtigt, weil er — anders als der BGH — die Prozeßökonomie nur als Interpretationsvorbehalt zugunsten eines möglichst kurzen, kostengünstigen Verfahrens begreift (S. 39).

[41] Vgl. *Peter Bähr*, S. 95.

[42] Vgl. *Mattern*, JZ 1963, 649 (653); ferner: *Sauer*, S. 604 (der die Frage zwar

cc) Umfang und Grenzen der Berücksichtigung von Restitutionsgründen

Bei der Prüfung der Verhältnismäßigkeit sind die unterschiedlichen Interessen gegeneinander abzuwägen: ein möglicherweise unrichtiges Urteil zu verhindern, aber auch mißbräuchlicher Prozeßverschleppung, dem Hinauszögern von Rechtskraft und Vollstreckung vorzubeugen.

(1) Entscheidungsreife und Prozeßverschleppung

Jedes Urteil, das auf Restitutionsklage aufzuheben ist, beeinträchtigt das Ansehen der Gerichte. Ist dieses Urteil Grundlage für weitere Entscheidungen oder widerspricht es früheren rechtskräftigen Erkenntnissen, so wird dieses Ärgernis verstärkt, jedoch nicht erst geschaffen.

Ist die Revision zulässig[43], so ist der Restitutionsgrund deshalb auch dann im Revisionsverfahren zu beachten, wenn das gesamte Verfahren sonst mit dem Revisionsurteil zunächst einmal abgeschlossen werden könnte[44]. Würde man einen Restitutionsgrund nur beachten, wenn keine (End-)Entscheidungsreife besteht, so hätte die Berücksichtigung von Restitutionsgründen überhaupt keine selbständige Bedeutung, weil nach Zurückverweisung im Berufungsverfahren neues Vorbringen ohnehin zulässig ist.

Ist der Restitutionsgrund unter Beweisantritt schlüssig dargelegt, prüft das Revisionsgericht, ob sich der behauptete Restitutionsgrund auf den Bestand des angefochtenen Urteils auswirken kann[45] und die Kenntnis bzw. Möglichkeit des Vorbringens erst in der Revisionsinstanz entstanden ist, so wird die Verzögerungsgefahr bereits eingeschränkt. Sachgerecht ist es jedoch, eine Berücksichtigung abzulehnen, wenn die vorgelegten Urkunden den Restitutionsgrund oder einen Kausalzusammenhang zwischen Restitutionsgrund und angefochtenem Urteil bei erster Prüfung nicht eindeutig ergeben. Nur in diesen Fällen kann das Vorbringen auch zurückgewiesen werden, weil die Partei nach Überzeugung des Gerichts keine andere Sachentscheidung wünscht, sondern bloße Prozeßverschleppung beabsichtigt[46].

---

stellt, aber nicht beantwortet); a. A. *Eike Schmidt*, S. 42 (wohl in Überschätzung der Eindeutigkeit des Verfahrensrechts).

[43] BGHZ 30, 60 (67).

[44] Vgl. *Eike Schmidt*, S. 75, 115; a. A. BGHZ 18, 59 (60) = NJW 1955, 1359 = ZZP 69, 42 = LM Nr. 11 zu § 580 Ziff. 7 b ZPO m. Anm. v. *Johannsen;* BGH VersR 1959, 616 (617) = BB 1959, 461 (Berücksichtigung bei Revision gegen ein Grundurteil); *Blomeyer*, § 104 V 2 a; *Baumbach/Lauterbach/Albers/Hartmann*, § 561 Anm. 3 D.

[45] BGHZ 5, 240 (248) = NJW 1952, 818 (819); *Johannsen*, LM Nr. 2 zu § 559 ZPO; Götz, S. 63.

[46] BGHZ 5, 240 (250).

Versichern z. B. beklagte Erben eidesstattlich, sie hätten nunmehr Urkunden zufällig im Futter eines alten Koffers gefunden, so kann die Berücksichtigung zwar aus systematischen Überlegungen zur Entlastung des Revisionsgerichts abgelehnt werden, aber kaum mit dem Hinweis, § 561 ZPO solle verhüten, daß der Eintritt der Rechtskraft oder die Vollstrekkung mißbräuchlich hinausgezögert würden[47]. Denn Mißbrauch setzt subjektive Vorwerfbarkeit voraus, an der es hier fehlt. Allenfalls von einer generellen Gefahr ließe sich sprechen.

(2) Analoge Anwendung von § 581 ZPO?

Mißbrauch und Prozeßverschleppung sollen weiter ausgeschlossen werden, indem § 581 ZPO entsprechend angewandt wird[48]. Aber diese Analogie ist verfehlt. Ist nämlich das Verfahren rechtskräftig abgeschlossen, so ist zur Sicherung der Rechtskraft eine Wiederaufnahme erst dann zuzulassen, wenn der Grund rechtskräftig oder doch anderweitig endgültig festgestellt ist. Sonst müßte das Wiederaufnahmegericht eigene Ermittlungen anstellen oder das Verfahren bis zum Abschluß des Strafverfahrens zunächst aussetzen. Ebenso ist zu beurteilen, wenn eine bindende Prozeßhandlung wegen eines Restitutionsgrundes widerrufen werden soll.

Ist die abschließende Entscheidung aber erst zu treffen, so sollte genügen, daß die *strafbare Handlung* durch Vorlage der Anklageschrift *glaubhaft* gemacht werden kann[49]. Eine Parallele zwischen Widerruf bindender Prozeßhandlungen und der Berücksichtigung von Restitutionsgründen im anhängigen Verfahren besteht in diesem entscheidenden Punkte nicht. Durch diese Vorlage entstehen bereits erhebliche Zweifel an der Richtigkeit der Feststellungen, die berechtigen, das Revisionsverfahren bis zur endgültigen Klärung nach § 149 ZPO auszusetzen[50]. Denn die Ermittlung beachtlicher Restitutionsgründe hat auch auf die Entscheidung des Revisionsgerichts Einfluß. Gerade wenn man ein Wiederaufnahmeverfahren nach Möglichkeit vermeiden will, sollte es genügen, daß dessen Einleitung wahrscheinlich ist, und nicht erforderlich sein, daß es unmittelbar eingeleitet werden könnte. Sind strafbare Handlun-

---

[47] So aber BGHZ 18, 59; krit. dazu auch *Eike Schmidt*, S. 75.

[48] s. o. § 2 IV 4 Fn. 147; BGHZ 5, 299 = LM Nr. 4 zu § 688 BGB m. Anm. v. *Pagendarm; Johannsen*, LM Nr. 4 zu § 515 ZPO.

[49] Ähnlich: *Henckel*, Prozeßrecht u. mat. Recht, S. 85; vgl. auch *Schuler*, NJW 1953, 1241 (1242).

[50] So *v. Mettenheim*, S. 168, falls die Restitutionsklage vor dem Berufungsgericht zu erheben wäre (dazu u. dd [2]). Allgemein ablehnend: *Baumbach/Lauterbach/Albers/Hartmann*, § 149 Anm. 2 b; *Wieczorek*, § 149 B I a; *Thomas/Putzo*, § 149 Anm. 1 b.

gen wahrscheinlich, so ist auch dem Gegner die Verfahrensverzögerung zumutbar.

(3) Sonderstellung einzelner Fallgruppen?

Wird § 561 ZPO durchbrochen, um richtige Urteile um der Gerechtigkeit des Einzelfalles und um des Vertrauens in die Rechtspflege willen zu verhindern, so ist es nicht berechtigt, einzelne Wiederaufnahmegründe oder einzelne Fallgruppen aufgrund der „Ordnungsfunktion" des Verfahrensrecht auszunehmen[51].

Eine Beschränkung auf den Bereich der Amtsprüfung[52] überzeugt nicht, da die Unrichtigkeit der Urteilsgrundlage bei Vorliegen eines Restitutiongrundes in anderen Fällen ebenso offenkundig ist. Besteht im Rahmen der Amtsprüfung prozessualer Fragen generell keine Bindung gemäß § 561 I 1, II ZPO[53], so handelt es sich insofern ohnedies nicht um eine besondere Ausnahme.

Sieht man es ferner als zulässig und geboten an, daß das Revisionsgericht nicht nur die Geeignetheit des Vorbringens prüft, sondern auch die Vorlage der nachträglich aufgefundenen Urkunde anordnet, um sich von deren Existenz und Inhalt zu überzeugen[54], so bedarf es auch keiner weiteren Einschränkung der Berücksichtigung im Falle des § 580 Ziff. 7 b ZPO.

Der BGH meint, die Prüfung von Zulässigkeit und Begründetheit des Restitutionsgrundes zwinge zu einer weitgehenden tatsächlichen Würdigung in der Sache selbst. Diese Tatsachenwürdigung habe aber der Gesetzgeber dem Revisionsgericht wohlerwogen vorenthalten, so daß das Revisionsgericht nur in besonderen Ausnahmefällen dem sonst zuständigen Berufungsgericht vorgreifen könne[55]. Wie dargelegt ist dem Revisionsgericht aber eine *Schlüssigkeitsprüfung* nicht verwehrt[56]. Daß das Berufungsgericht nach Zurückverweisung den Restitutionsgrund letztlich verneint, obgleich das Revisionsgericht meinte, er sei schlüssig dargelegt, ist nichts besonderes. So kann das Berufungsgericht bei jeder Zurückverweisung Bedenken des Revisionsgerichts durch weitere Tatsachenfeststellung zerstreuen. Aufhebung und Zurückverweisung sind — abgesehen von der Bindung nach § 565 II ZPO — stets nur vorläufige Entscheidungen, vorbehaltlich neuer, genauerer tatsächlicher und rechtlicher Prüfung.

---

[51] So aber *Johannsen*, LM Nr. 2 zu § 559 ZPO und LM Nr. 11 zu § 580 Ziff. 7 b ZPO.

[52] Dafür *Stein/Jonas/Grunsky*, § 561 II 2 c; dagegen *Eike Schmidt*, S. 58.

[53] s. o. § 11 I 4 b bb, II 2 c.

[54] So auch *Eike Schmidt*, S. 57; *Götz*, S. 64.

[55] BGH ZZP 69, 438 (439); ebenso *Mattern*, JZ 1963, 649 (652).

[56] s. o. § 9 I 2; ferner *Eike Schmidt*, S. 58.

(4) Einfluß der Prozeßmaximen

Eine unterschiedliche Beachtung je nach der das Verfahren bestimmenden Prozeßmaxime, vor allem eine weitergehende Berücksichtigung bei Verfahren mit Untersuchungsmaxime, ist nicht berechtigt[57]. Denn § 561 ZPO gilt unabhängig von Prozeßmaximen. Die verstärkte Richtigkeitsgewähr des Untersuchungsgrundsatzes findet darin bzw. in § 137 II VwGO ihre gesetzliche Grenze. Die Berufung auf den Untersuchungsgrundsatz ist daher bloße petitio principii. Nach der hier vertretenen Meinung bedarf es auch keiner Differenzierung.

dd) Weitere Einwände

(1) Bindung nach § 561 II ZPO

Nicht zutreffend ist, daß das Revisionsgericht Restitutionsgründe wegen der Bindung nach § 561 II ZPO ohne Verfahrensrüge nicht selbständig beurteilen kann[58]. Denn eine teleologische Reduktion von § 561 I 1 ZPO muß eine entsprechende Einschränkung von § 561 II ZPO zumindest in Form einer Schlüssigkeitsprüfung nach sich ziehen, da sonst eine Berücksichtigung von Restitutionsgründen doch ausgeschossen bliebe.

(2) Verkürzung des Instanzenzuges

Bedenken sollen sich schließlich aus der Verkürzung des Instanzenzuges ergeben, wenn die Wiederaufnahmeklage gegen ein Revisionsurteil vor dem Berufungsgericht zu erheben wäre[59] (vgl. §§ 584 I, 641 i III ZPO). Setzt man in diesem Fall das Revisionsverfahren gemäß § 148 ZPO bis zur rechtskräftigen Wiederaufnahmeentscheidung aus[60], so wird dadurch zwar möglicherweise ein falsches Revisionsurteil vermieden. Aber man gelangt zu einer nicht wünschenswerten Zweispurigkeit des Verfahrens, weil das Revisionsgericht für die Entscheidung über die Aussetzung und das Berufungsgericht bei der Prüfung der Zulässigkeit der Restitutionsklage gleichermaßen die Schlüssigkeit des Vorbringens beurteilen müssen.

Beachtet das Revisionsgericht bei eigener Beurteilung § 590 III ZPO und überläßt dem Berufungsgericht zumindest die Entscheidung über die eigentlichen Folgen des Restitutionsgrundes für die Sache[61], so ist gegen das dann ergehende Berufungsurteil in gleicher Weise Revision zulässig, wie bei einer nach Aussetzung des Revisionsverfahrens vor dem

---

[57] a. A. BVerwG 10, 357 (359) = NJW 1960, 2020.

[58] BGH ZZP 69, 438 (439).

[59] Dies klingt auch in BGH ZZP 69, 438 (439) an. Zur Rechtfertigung der Zuständigkeit des Berufungsgerichts vgl. RGZ 68, 334 (338 f.).

[60] Dafür *v. Mettenheim*, S. 167 f.

[61] *Ule*, Verwaltungsgerichtsbarkeit, § 137 II; *Schuler*, NJW 1953, 1241 (1242).

Berufungsgericht erhobenen Klage. Eine Verkürzung des Instanzenzuges tritt deshalb nicht ein, wenn das Revisionsgericht wegen des Restitutionsgrundes zurückverweist. Vielmehr wird das Revisionsgericht entlastet, da der Rechtsstreit dann möglicherweise in der Berufungsinstanz endgültig entschieden werden kann, ohne daß das Revisionsgericht erneut befaßt werden muß[62].

ee) Abschließende Entscheidung des Revisionsgerichts

Gemäß § 565 III Nr. 1 ZPO kann das Revisionsgericht trotz § 590 III ZPO auch bei Berücksichtigung eines Wiederaufnahmegrundes eine abschließende Entscheidung treffen, wenn mit seiner Feststellung (aufgrund unstreitiger Urkunde) zugleich die Endentscheidung feststeht[63].

Ist die Sache tatsächlich ausnahmsweise entscheidungsreif, so ist der Instanzverlust wie bei jeder Sachentscheidung des Revisionsgerichts aufgrund neuen Vorbringens gerechtfertigt.

c) Nichtigkeitsklage

Eine ähnliche Lösung wird auch für die Nichtigkeitsgründe vertreten[64]. Nichtigkeitsgründe (§ 579 I ZPO) sind aber zugleich absolute Revisionsgründe. Sie können daher mittels Verfahrensrüge im Revisionsverfahren vorgebracht werden. Abhilfe bedarf es folglich nur, wenn die Partei den Nichtigkeitsgrund erst nach Ablauf der Revisionsbegründungsfrist erfährt[65]. Das Gesetz sieht eine nachträgliche Einführung von Verfahrensfehlern nicht vor, sondern verweist auf die Nichtigkeitsklage[66]. Die Praxis hilft durch Wiedereinsetzung gegen die Versäumung der Begründungsfrist für die einzelne Rüge[67].

Grunsky meint, die Fälle des § 579 ZPO könnten als von Amts wegen zu berücksichtigende Umstände beachtet werden[68]. Von § 551 Nr. 5 (§ 579 I Nr. 4) ZPO abgesehen werden Fehler nach Nr. 1 - 3 der §§ 551, 579 I ZPO aber nur auf Rüge beachtet. Die Berufung auf die Amtsprüfung allein ist daher zur Abgrenzung ungeeignet. Die Rechtsprechung bestimmt deren Umfang aber zu Recht nicht begrifflich, sondern danach,

---

[62] *Eike Schmidt*, S. 56.

[63] Vgl. RG JW 1924, 908 m. Anm. v. *Krückmann* (Nichtigkeitsgrund gemäß § 579 I Ziff. 4 ZPO).

[64] *Thomas/Putzo*, § 561 Anm. 4 d; *Stein/Jonas/Grunsky*, § 561 II 2 c.

[65] Diese Fallgestaltung übersieht *v. Mettenheim*, S. 165.

[66] Dafür auch *Heußner*, NJW 1961, 1189.

[67] *Thomas/Putzo*, § 554 Anm. 6 a; abl.: *Zöller/Karch*, § 554 Anm. 2 Nr. 2 (S. 708); *Rosenberg/Schwab*, § 144 VII 1.

[68] *Stein/Jonas Grunsky*, § 561 II 2 c.

welche Mängel besonders gravierend sind und auch ohne Rüge einer Prüfung bedürfen, soll das Ansehen der Rechtspflege nicht leiden. Bei schuldlos verspätet vorgebrachten Nichtigkeitsgründen ist dies der Fall. Deshalb hat sie das Revisionsgericht wie Restitutionsgründe zu beachten.

d) Verfassungsbeschwerde

Die Bindungswirkung nach § 561 I 1, II ZPO könnte dazu führen, daß ein Verfassungsverstoß im Revisionsverfahren nicht gerügt und geprüft werden kann. Eine derartige Verletzung kann durch Verfassungsbeschwerde (Art. 93 I Nr. 4 a GG, § 90 BVerfGG) geltend gemacht werden, da das BVerfG den Verfassungsverstoß ohne Bindung an die Feststellungen der Tatsacheninstanzen erforschen kann (vgl. § 26 BVerfGG). Läßt sich deshalb der Verfassungsverstoß glaubhaft darlegen, so ist zu erwägen, ob das öffentliche Interesse an der raschen Beseitigung von Verfassungsverstößen und an der Entlastung des BVerfG in Durchbrechung von § 561 I 1, II ZPO zur Vorwegnahme der Verfassungsbeschwerde berechtigt.

Neues Vorbringen von Alttatsachen zur Prüfung von Prozeßvoraussetzungen wird tatsächlich zusätzlich damit begründet, eine Verfassungsbeschwerde dürfe nicht unnötig provoziert werden[69]. Auch bei der Erörterung von Urteilswirkungen gegen nicht am Verfahren Beteiligte wurde die Meinung vertreten, der Verstoß gegen Art. 103 I GG sei nicht lediglich mit Verfassungsbeschwerde zu beseitigen, sondern Abhilfe sei durch Umgestaltung der Verfahrensgesetze mittels einer Erweiterung der Rechtsbehelfsmöglichkeiten praeter legem zu schaffen[70]. Ferner sind bindende, nicht nachprüfbare Verweisungsbeschlüsse nach verbreiteter Meinung unbeachtlich und nachprüfbar, wenn sie unter Verletzung rechtlichen Gehörs (Art. 103 I GG) oder unter Verstoß gegen Art. 101 I 2 GG ergangen sind und damit der Verfassungsbeschwerde unterliegen würden[71].

Da das Revisionsgericht bei der materiellen Prüfung des angefochtenen Urteils die Verfassung zu beachten hat, kommt ein wegen § 561 ZPO nicht nachprüfbarer Verfassungsverstoß nur bei Verletzung rechtlichen Gehörs (Art. 103 I GG) in Betracht, wenn die Rüge im Revisionsverfahren an der Beweiskraft von Urteilstatbestand und Sitzungprotokoll (§ 314 ZPO) scheitert.

---

[69] s. o. § 11 I 4 b aa.

[70] *Grunsky*, FamRZ 1966, 642 (643); abl. *Schlosser*, Urteilswirkungen u. rechtliches Gehör, JZ 1967, 431 (436); *Henckel*, ZZP 77, 312 (335).

[71] BVerfG 29, 45 (49 f.); OLG Frankfurt NJW 1962, 449; *Thomas/Putzo*, § 276 Anm. 3; *Redeker/v. Oertzen*, § 83 Rdnr. 8; *E. Schneider*, Willkürliche Verweisungen und gesetzlicher Richter, NJW 1968, 96; a. A. *Stein/Jonas/Schumann/Leipold*, § 276 IV 2 Fn. 41; *Eyermann/Fröhler*, § 83 Rdnr. 11.

In Strafsachen liefert das Protokoll vollen Beweis dafür, welche Schriftstücke verlesen wurden (§§ 273 I, 274 StPO), nicht aber für einen bloßen Vorhalt. Verwertet das Berufungsgericht nun den Inhalt eines Schriftstücks, ohne anzugeben, woher es diese Tatsachen gewinnt, so müßte eine Rüge, ein nicht vorgehaltenes Schriftstück sei verwertet worden, scheitern, wenn der Verfahrensfehler nur mittels des Protokolls bewiesen werden dürfte. Da die Verfassungsbeschwerde aber nur voraussetzt, daß der Verstoß objektiv erfolgt ist und im Verfahren nicht beseitigt werden konnte, hätte sie eingelegt werden können. Um dem zuvorzukommen, hat der BGH die Rüge beachtet und durch dienstliche Äußerung klären lassen, ob ein polizeiliches Vernehmungsprotokoll ohne ohne Vorhalt verwertet wurde[72].

In Zivilsachen ließe sich ein derartiger Fehler ohne weiteres als Verstoß gegen § 286 I 2 ZPO rügen[73]. Einer Auflockerung des § 561 ZPO zur Abwendung der Verfassungsbeschwerde bedarf es daher im Zivilprozeß nicht.

3. Abhilfe gegen Härten?

Schließlich ist noch zu erwägen, ob Umstände, die objektiv vor Schluß der Tatsachenverhandlung eingetreten sind, von denen die Partei aber erst später Kenntnis erlangt hat, entgegen § 561 I 1 ZPO auch dann im Revisionsverfahren vorgetragen und berücksichtigt werden können, wenn die Sache ohne sie entscheidungsreif ist.

a) Objektive Präklusion

Teilweise wird dargelegt, nur der dem erkennenden Gericht bekannte Prozeßstoff sei Element der Entscheidung und von der Rechtskraft erfaßt. Als Folge davon müßten neu bekannt gewordene Tatsachen eine neue Klage ermöglichen[74]. Dies wird aber überwiegend aus Gründen der Rechtssicherheit ausgeschlossen[75]. So wird für die Vollstreckungsgegenklage darauf abgestellt, wann die Einwendung objektiv entstanden ist, nicht wann die Partei davon Kenntnis erhielt und sie im Prozeß vorbringen konnte[76]. Ebenso soll ein nachträglich bekannt gewordener Wegfall klagebegründender Tatsachen nicht berechtigen, Abänderungs-

---

[72] BGHSt 22, 26 ff. = JZ 1968, 434 m. Anm. v. *Eb. Schmidt;* vgl. *Peters,* Nachtrag, S. 33; anders RGSt 35, 164; dagegen zu Recht *Sauer,* S. 425 f.

[73] s. o. § 8 II 1 c aa.

[74] Vgl. *Schwab,* Streitgegenstand, S. 161 f.

[75] BGH NJW 1973, 1328; BGHZ 45, 329; *Schwab,* Streitgegenstand, S. 167; *Rosenberg/Schwab,* § 156 II 1; *Grunsky,* Grundlagen, S. 505; *Mattern,* JZ 1963, 649 (654).

[76] RGZ 100, 98 (99 f.); *Baumbach/Lauterbach/Albers/Hartmann,* § 767 Anm. 4 B; *Thomas/Putzo,* § 767 Anm. 6 b (a. A. 5. Aufl.).

klage zu erheben[77]. Die darin liegende Härte, das dadurch endgültig entstehende materielle Unrecht habe der Gesetzgeber aber im öffentlichen Interesse an der Abkürzung der Prozesse und der Rechtssicherheit in Kauf genommen und nur für Restitutionsgründe Abhilfe geschaffen[78].

Sicher läßt sich darüber streiten, ob eine derartige objektive Präklusion gerechtfertigt ist[79]. Auch läßt die h. M. im Gegensatz dazu eine Änderung nach § 268 Nr. 3 ZPO bereits dann zu, wenn die Veränderung nachträglich bekannt wurde[80]. Da aber die Präklusion nach § 561 I 1 ZPO in die Rechtskraftpräklusion übergeht, kommt eine Parallele zur erweiterten Berücksichtigung im anhängigen Verfahren nur insoweit in Betracht, als die an sich ausgeschlossenen Tatsachen auch nach Abschluß der Revisionsinstanz geltend gemacht werden könnten.

b) § 561 ZPO als zwingendes Recht

Andere Attatsachen müssen dagegen in der Revisionsinstanz präkludiert bleiben, auch sofern sie unstreitig sind. Denn § 561 I 1, II ZPO ist ebenso wie § 318 ZPO[81] zwingendes Verfahrensrecht zur Ordnung und Gliederung des Verfahrens im Allgemeininteresse und zur Entlastung des Revisionsgerichts. Wollte man Alttatsachen bei übereinstimmender Erklärung der Parteien neu berücksichtigen, so liefe dies darauf hinaus, das Revisionsgericht durch Parteivereinbarung zur Tatsacheninstanz zu erklären[82].

Deshalb *kann unstreitiges Vorbringen* auch *nicht zugelassen werden, um den Tatsachenstoff zu ergänzen,* wenn das Berufungsgericht für die Parteien überraschend, aber nicht verfahrensfehlerhaft ein Endurteil erlassen hat *oder um* „schiefe" *Entscheidungsgrundlagen einverständlich zu korrigieren.*

Nur wenn man der Mindermeinung folgen wollte, daß nachträglich bekannt gewordene Tatsachen zur Abwehr- oder Abänderungsklage berechtigen, wäre eine Berücksichtigung in der Revisionsinstanz vertretbar, wenn dadurch ein weiterer Prozeß vermieden wird. Ist die Sache ohne die neu vorgebrachte Alttatsache aber bereits entscheidungsreif,

---

[77] *Stein/Jonas/Schumann/Leipold,* § 323 II 4.

[78] RGZ 100, 98 (101); *Hellwig,* System I, S. 807.

[79] Vgl. RGZ 100, 98 (keine Möglichkeit, Ehebruch geltend zu machen).

[80] *Stein/Jonas/Schumann/Leipold,* § 268 IV 5; *Rosenberg/Schwab,* § 102 I 3 b (a. E.).

[81] a. A. *Schlosser,* Einverständliches Handeln, S. 17 f.

[82] Vgl. *Eyermann/Fröhler,* § 137 Rdnr. 14 (jedoch gegen BVerwG 29, 127, wo dadurch eine Zurückverweisung zu Recht vermieden wurde); zur regelmäßig zwingenden Natur von Prozeßnormen vgl. *Rosenberg/Schwab,* § 7 I 1.

so wird das Verfahren nicht verkürzt und die Entscheidung nicht vereinfacht. Die durch § 561 ZPO bezweckte Verfahrensbeschleunigung und Entlastung des Revisionsgerichts verbietet daher regelmäßig eine Berücksichtigung in der Revisionsinstanz[83].

II. Rechtsschutz bei Neutatsachen

Verändert sich die Sachlage nach Schluß der mündlichen Tatsachenverhandlung gegenüber dem den tragenden Entscheidungsgründen zugeordneten Sachverhalt[84], so wird zwar zunächst wegen § 561 I 1 ZPO ein Urteil bestätigt oder neu erlassen, das materiell nicht mehr gerechtfertigt ist. „Im Hinblick auf das Wesen und die beschränkte Aufgabe der Revision" muß dies aber grundsätzlich hingenommen werden[85]. Auch bei einer Entscheidung in der Sache selbst (§§ 563, 565 III ZPO) beziehen sich die tatsächlichen Feststellungen auf den Schluß der Tatsachenverhandlung[86]. Da die neue Tatsache weder von der Rechtskraftpräklusion noch von einer davon unabhängigen Präklusionswirkung erfaßt wird[87, 88], tritt ein Rechtsverlust für die betroffene Partei nicht ein. Auch § 561 ZPO beschränkt den Tatsachenstoff nur für das Revisionsverfahren selbst, schließt aber nicht aus, daß Tatsachen, die während des Revisionsverfahrens entstanden sind, anderweitig berücksichtigt werden[89].

1. Zweites Berufungsverfahren

Wird die Sache vom Revisionsgericht zurückverwiesen, so können im neuen Berufungsverfahren auch Neutatsachen geltend gemacht werden. Die Interessenlage gleicht daher der bei Alttatsachen, so daß in gleicher Weise zu entscheiden ist, in welchen Fällen eine Zurückverweisung

---

[83] *Kühn/Kutter*, § 126 FGO Bem. 4; s. o. § 6 III 3 c und u. § 13 II 1.

[84] Eine neuere Meinung will jedoch bei klageabweisenden Urteilen bereits eine Änderung hinsichtlich eines beliebigen (alternativ) tragfähigen Abweisungsgrundes genügen lassen, damit die Rechtskraftsperre für eine neue Klage entfällt (vgl. *J. Blomeyer*, NJW 1969, 587 ff.; *Henckel*, Prozeßrecht u. mat. Recht, S. 150 ff.; *Rimmelspacher*, Mat. Anspruch, S. 248 ff.).

[85] RGZ 128, 66 (68); 161, 350 (353); *Reinhardt*, JZ 1956, 251 (252); *Peters/Sautter/Wolff*, § 163 Anm. 2 (Bl. 91).

[86] *Hellwig*, System I, S. 807.

[87] BGH NJW 1962, 915 (916) = JZ 1962, 542 m. Anm. v. *Bötticher* = ZZP 75, 253 m. Anm. v. *Schwab*; vgl. *Hellwig*, System I, S. 807 ff.; *Rimmelspacher*, Mat. Anspruch, S. 245 ff.; *Grunsky*, Grundlagen, S. 524; *Mattern*, JZ 1963, 649; *Keitel*, Rechtskräftiges Urteil und neue Tatsachen, Diss. Marburg 1971.

[88] Zur Bindung an den damaligen, von der Änderung nicht betroffenen Subsumtionsschluß im neuen Prozeß vgl. *Rimmelspacher*, Mat. Anspruch, S. 251 ff., 257 f.

[89] BGH NJW 1962, 915 (916).

durch Herstellung der Entscheidungsreife in der Revisionsinstanz vermieden werden kann[90].

2. Neue Verfahrenseinleitung

a) Vollstreckungsgegenklage und Abänderungsklage

Der Eintritt einer neuen rechtsvernichtenden oder rechtshemmenden Tatsache kann durch *Vollstreckungsgegenklage* (§ 767 ZPO) geltend gemacht werden[91]. § 767 II ZPO spricht dies zwar nicht ausdrücklich aus, sondern nennt den Schluß der mündlichen Verhandlung, in der dies spätestens geltend gemacht werden konnte. Durch § 561 I 1 ZPO liegt dieser Zeitpunkt jedoch grundsätzlich fest[92].

Deshalb sei es der Partei bei einem Streit um ein Konkursanfechtungsrecht möglich, die materiell nicht beachtete Aufhebung des Konkursverfahrens, die nach dem Präklusionszeitpunkt erfolgte und zum Erlöschen des Anfechtungsrechts führte, mit Vollstreckungsgegenklage geltend zu machen[93]. Gleiches gilt für ein in der Revisionsinstanz entstandenes Herausgabeverweigerungsrecht[94], für ein Erlöschen der Forderung, auch wenn das Revisionsgericht selbst in der Sache entschieden hatte[95] oder für ein in der Revisionsinstanz abgegebenes Klagerücknahmeversprechen[96].

Eine wesentliche Veränderung des rechtsbegründenden Tatbestandes kann mit *Abänderungsklage* (§ 323 ZPO) geltend gemacht werden, wobei künftige Entwicklungen dann zur Klage berechtigen, wenn sie anders verlaufen, als dies erwogen wurde. Da Neutatsachen in der Revisionsinstanz nicht vorgebracht werden können, soll die Abänderungsklage trotz zulässiger Revision sogar gegen das nicht rechtskräftige Berufungsurteil erhoben werden können[97].

Vollstreckungsgegenklage und Abänderungsklage sind dann neben dem Revisionsverfahren zulässig. Eine derartige Zweispurigkeit des Rechtsschutzes gegen ein und dasselbe Urteil ist aber zum Schutze des Gegners und zur Entlastung der Gerichte nach Möglichkeit zu vermeiden. Als Ausweg bliebe, daß Neutatsachen, die eine Abänderungsklage rechtfertigen, allgemein im Revisionsverfahren vorgebracht werden dürften und dann in der Regel zur Zurückverweisung führten.

---

[90] s. u. § 13.

[91] Vgl. *Rosenberg/Schwab*, § 159 V.

[92] Vgl. *Hellwig*, System I, S. 806; s. u. § 13 I 1 c.

[93] RGZ 128, 66 (68) = JW 1930, 1493 (1494); RGZ 135, 347.

[94] BGH MDR 1959, 652 (653).

[95] RG JW 1912, 802 Nr. 21.

[96] RG SeuffA 77 Nr. 108.

[97] *Stein/Jonas/Schumann/Leipold*, § 323 II 4.

Dadurch würde das Verfahren zwar insgesamt verkürzt und das Revisionsgericht nicht zu stark belastet. Jedoch mutet das Gesetz der bislang siegreichen Partei gerade durch die Regelung des § 561 ZPO nicht zu, den neuen Streit in dem bisherigen Verfahren auszutragen. Ein *Vortrag streitiger Neutatsachen, um eine Zurückverweisung zu erreichen, kommt* deshalb allgemein *nicht in Betracht*[98]. Die Abkürzung des Verfahrens hat jedoch dann Bedeutung, wenn das Verfahren vor dem Revisionsgericht abgeschlossen werden kann. Da die betroffene Partei aber den vollen Instanzenzug verliert, muß ihr die Wahl bleiben, ob sie die Neutatsache im Revisionsverfahren vorbringt oder mit der neuen Klage bis zum rechtskräftigen Abschluß des ersten Verfahrens wartet.

b) *Neue selbständige Klage*

Keine Präklusionsfragen ergeben sich, wenn die Neutatsache zu einem *anderen Streitgegenstand* führt[99]. Entstehen z. B. neue Kündigungsgründe, während eine Kündigungsschutzklage in der Revisionsinstanz anhängig ist, so kann der Arbeitgeber erneut kündigen und der Arbeitnehmer eine neue Schutzklage erheben. Denn Streitgegenstand der anhängigen Klage ist nach h. M. nur die Rechtmäßigkeit der konkret angefochtenen Kündigung[100]. Selbst wenn eine Klageerweiterung in der Revisionsinstanz möglich wäre, wäre der Kläger dazu nicht verpflichtet. Nach der Gegenmeinung wird zwar der Bestand des Arbeitsverhältnisses festgestellt, aber nur für die Zeit der letzten Tatsachenverhandlung.

Eine neue Klage ist aber auch bei gleichem Streitgegenstand zulässig, wenn eine neue Tatsache nach Schluß der letzten Tatsachenverhandlung eintritt, z. B. die Fälligkeit oder eine sog. „sachliche Klagevoraussetzung", wie z. B. ein Generalversammlungsbeschluß, der nach dem Genossenschaftsstatut für eine Klage erforderlich ist[101].

3. Rechtsschutzlücken

Die gesetzlichen Regelungen sind ersichtlich aufeinander abgestimmt. Entsprechend dem verfassungsrechtlichen Rechtsschutzgebot geht die ZPO von dem ungeschriebenen Satz aus, daß jedem (behaupteten) Recht Rechtsschutz zu gewähren ist[102]. Durch die Präklusion nach § 561 I 1 ZPO entstehen dabei grundsätzlich keine Rechtsschutzlücken.

---

[98] BAG SAE 1973, 246 (249) m. Anm. v. *Richardi;* mißverständlich BVerwG 37, 151 (154); *Kopp,* § 137 Anm. 5 c ee.

[99] Vgl. *Schwab,* Streitgegenstand, S. 167; *Habscheid,* Streitgegenstand, S. 296 f.; *Grunsky,* Grundlagen, S. 506.

[100] Vgl. *Peter Bähr,* S. 90 ff. m. w. N.

[101] Vgl. BGH (Fn. 89); *Rosenberg/Schwab,* § 156 I.

[102] *Stein/Jonas/Schumann/Leipold,* Vor § 253 III 1.

Mit dem Rechtsschutzgebot ist der Ausschluß von Neutatsachen vereinbar. Denn er verzögert lediglich den Rechtsschutz, schließt ihn jedoch nicht aus. Zum Ausgleich steht im neuen Verfahren der volle Instanzenzug zur Verfügung. Dagegen erfordert die rechtsstaatliche Garantie lückenlosen Rechtsschutzes, daß einer Partei nicht streiterhebliche Tatsachen abgeschnitten werden, wenn die Möglichkeit des Vortrags *objektiv* nicht bestand. Neutatsachen endgültig zu präkludieren, ist deshalb unerträglich[103] und als Rechtsschutzverweigerung unzulässig.

Problematisch ist deshalb, wie einer Partei Rechtsschutz gewährt werden kann, wenn bei einer Gestaltungsklage der *Gestaltungsgrund* nach der letzten mündlichen Tatsachenverhandlung *wegfällt*. Das RG hat z. B. abgelehnt, im Revisionsverfahren zu berücksichtigen, daß sich Ehegatten nach Schluß der mündlichen Verhandlung versöhnt hätten[104], oder daß die Beklagte nach Erlaß des Berufungsurteils ein (angeblich) im Ehebruch gezeugtes Kind geboren habe[105].

Hellwig[106] und neuerdings *Schlosser*[107] haben dem zugestimmt, weil eben neue Tatsachen nach § 561 I 1 ZPO in der Revisionsinstanz ausgeschlossen seien. Daß in diesen Fällen eine „Rechtsverweigerungslücke"[108] besteht, erscheint indes nicht zweifelhaft. Offen ist nur, in welcher Weise die Regelungslücke zu schließen ist.

Hellwig und Schlosser wollen die Schwierigkeit beheben, indem sie die *Vollstreckungsgegenklage bereits vor Rechtskraft* des Scheidungsurteils, d. h. vor Erlaß eines Revisionsurteils zulassen, um den Eintritt der Gestaltungswirkung zu verhindern. Entsprechendes gilt für andere Gestaltungsklagen oder Klagen auf Abgabe einer Willenserklärung[109].

Führt § 561 I 1 ZPO aber zu Rechtsschutzlücken, so ist der einfachste Weg zu wählen, diese zu beseitigen. Die Erweiterung des Anwendungsbereichs der Vollstreckungsgegenklage auf Gestaltungsurteile erscheint dazu nicht als geeignetes Mittel, denn sie hindert weder den Eintritt der Rechtskraft noch den damit verbundenen Eintritt der Gestaltungs-

---

[103] So *Schlosser*, Gestaltungsklagen, S. 262; *Scherer*, JW 1920, 889 (sinnloses Resultat); vgl. auch *Wieczorek*, § 561 B.

[104] RGZ 44, 354 f.; RG JW 1911, 51 (Tatsache streitig); zustimmend: *Rosenberg/Schwab*, § 146 II 2; *Förster/Kann*, § 561 Anm. 4 c; jedoch wurde mitunter anders entschieden, vgl. die Nachweise bei *Scherer*, JW 1920, 889.

[105] RG WarnJb Erg.Bd. 5 (1912), 301 Nr. 262.

[106] *Hellwig*, DJZ 1903, 284 f.

[107] *Schlosser*, Gestaltungsklagen, S. 261 ff.

[108] Vgl. *Canaris*, S. 144 ff.; *Larenz*, S. 378; dagegen verwendet *Schumann*, ZZP 81, 79 den Begriff „Rechtsverweigerungsverbot" rein materiellrechtlich.

[109] Vgl. *Schlosser*, Gestaltungsklagen, S. 265 f.; zustim. *Rödig*, S. 79. In Vertragshilfesachen will *Brüggemann*, Judex statuor und judex investigator, 1968, S. 319, helfen, indem er einen prozessual relevanten Widerruf der Einwilligung in die Vertragshilfegewährung zuläßt.

wirkung. Auch die Vollstreckung aus einem Leistungsurteil wird nicht bereits durch die Klageerhebung, sondern erst durch das rechtskräftige Urteil oder eine zusätzliche einstweilige Anordnung (§ 769 ZPO) gehindert. Setzt man die Rechtsgestaltung bzw. den Eintritt der Fiktion nach § 894 I 1 ZPO der Vollstreckung gleich, so müßte jedenfalls zusätzlich eine einstweilige Anordnung gegen das Revisionsurteil ergehen. Aber all dies zwingt zu einer Verfahrenshäufung und hat wohl auch deshalb kaum Zustimmung erfahren[110]. *Mitteis* hielt diesen Weg zwar für zulässig[111], meinte aber unzutreffend, wegen des Ermittlungsgrundsatzes in Ehesachen (§ 622 ZPO), hätte die neue Tatsache auch vom Revisionsgericht beachtet werden dürfen[112]. Besser in das Rechtsschutzsystem fügt es sich ein, wenn man § 561 I 1, II ZPO in den Fällen nicht anwendet, in denen seine Beachtung zur Rechtsschutzverweigerung führen würde.

So wird auch für die in der Revisionsinstanz zulässigerweise neu gestellten Anträge nach den §§ 302 IV, 600 II, 717 II, III, 1042 c II ZPO vertreten, daß den Parteien aus Gründen rechtlichen Gehörs gestattet sein müsse, Tatsachen vorzutragen, zu deren Vortrag bisher überhaupt keine Möglichkeit oder doch kein Anlaß bestand[113]. Versteht man die Verpflichtung zur Gewährung rechtlichen Gehörs als Pflicht zur Gewährung tatsächlicher Gelegenheit, alles zum Rechtsschutz notwendige vorzutragen, so muß dies auch in anderen Fällen gelten. Deshalb ist z. B. auch ein Ehebruch des Klägers während der Revisionsinstanz bei einer Scheidungsklage zu berücksichtigen, weil die Beklagte sonst keine Möglichkeit hat, nachträglich einen Mitschuldantrag durchzusetzen. Dies muß jedenfalls gelten, solange zahlreiche Folgeentscheidungen davon abhängen[114].

Da an derartige Fälle bei Erlaß der Bestimmung sicherlich nicht gedacht wurde, ist es berechtigt, § 561 ZPO „teleologisch zu reduzieren"[115] und auf diese Ausnahmefälle nicht anzuwenden. Ist der Wegfall des Gestaltungsgrundes unstreitig, so wird die Tätigkeit des Revisionsgerichts vereinfacht. Ist die Behauptung streitig, so kann das Revisionsgericht ohne weiteres die Relevanz des Vorbringen beurteilen. Ist es erheblich, so ist allein deshalb aufzuheben und zurückzuverweisen. Das Revisionsgericht wird dadurch kaum belastet. Die Partei erhält so zwar eine weitere Tatsacheninstanz. Aber diese Lösung ver-

---

110 Ablehnend RGZ 100, 98 (100 f.).

111 Vgl. *Mitteis*, Zwei Fragen, S. 6 Fn. 9.

112 s. o. § 5 I 2.

113 *Mattern*, JZ 1963, 649 (650, 651).

114 Vgl. *Scherer*, S. 21 (zum nachträglich bekannt gewordenen Ehebruch).

115 Genauer dazu s. u. § 13 I.

meidet die Rechtsschutzlücke und verzögert den Eintritt der Gestaltungswirkung weniger als der Weg über eine vorgezogene Vollstreckungsgegenklage.

Von diesen Ausnahmefällen abgesehen ist eine Berücksichtigung von Neutatsachen im Revisionsverfahren nicht erforderlich, aber sie wäre vielfach der bei weitem einfachere, schnellere und billigere Weg, einen Rechtsstreit endgültig zu bereinigen, während die ausnahmslose Anwendung von § 561 ZPO zu einem weiteren Verfahren nötigt.

§ 13. Berücksichtigung neuer streiterledigender materieller Tatsachen zur Abkürzung des gewöhnlichen Verfahrens

Eine Reihe von Fällen, die wegen einer sonst eintretenden ernstlichen Gefährdung des Prozeßzwecks, sei es vorwiegend im Allgemeininteresse oder zum Schutze der Parteien eine Berücksichtigung neuer materieller Tatsachen gebieten, sind bereits von § 561 ZPO ausgenommen worden. Im folgenden geht es nur noch darum, ob darüber hinaus Tatsachen beachtet werden können, um eine weitere Instanz oder ein neues Verfahren zu vermeiden.

§ 561 ZPO bestimmt nach seinem Wortlaut eindeutig, daß das Revisionsgericht aufgrund des im Zeitpunkt der letzten Tatsachenverhandlung vorgebrachten und vom Gericht festgestellten Sachverhältnisses zu entscheiden hat[1]. Unstreitige Tatsachen fallen daher unter den Tatbestand des § 561 ZPO[2]. Da die Regelung vom Wortlaut her klar sei, für die noch zu prüfenden Fälle nicht zu einer unzumutbaren Erschwerung des Rechtsschutzes führe, Prozeßrecht — voran Rechtsmittelrecht — um eines geordneten Verfahrens willen streng auszulegen sei und die Berücksichtigung neuer Tatsachen der Systematik des Gesetzes widerspreche, wird überwiegend angenommen, für eine weitere Auflockerung des § 561 ZPO aus Gründen der Prozeßökonomie sei kein Raum[3]. Auch zugestandene neue Tatsachen seien daher unbeachtlich[4].

Da § 561 ZPO *zwingendes* Verfahrensrecht ist[5], wurden neue materielle Tatsachen und Beweismittel lange Zeit ausnahmslos als ausgeschlossen angesehen[6] und entsprechend alle Prozeßhandlungen, die darauf gerichtet sind, die getroffenen Feststellungen abzuändern[7].

Zunehmend wird aber die Meinung vertreten, nicht beweisbedürftige Tatsachen könnten allgemein noch in der Revisionsinstanz vorgetragen werden und seien vom Revisionsgericht zu beachten. § 561 I 1 ZPO bezwecke vor allem, das Revisionsgericht von der mit einer Beweis-

---

[1] *Göppinger*, S. 308.

[2] s. o. § 5 I 3.

[3] Vgl. *Rüthers*, SAE 1969, 48 (49).

[4] *Planck*, § 150 I (S. 523).

[5] s. o. § 12 I 3 (Fn. 81).

[6] *Goldschmidt*, § 66, 3; noch heute *Blomeyer*, § 104 V 2 d (S. 576); vgl. auch *Kopp*, § 137 Anm. 5 d.

[7] *Richard Schmidt*, Lehrbuch, S. 804.

erhebung verbundenen Arbeit zu entlasten[8]. Soweit diese Arbeit entfalle, weiche mit dem Zweck auch die Bindung nach § 561 ZPO[9]. Diese vom Gesetzeswortlaut erfaßten Fälle seien also in Wahrheit nicht geregelt.

In der Frage, ob durch teleologische Reduktion eine „verdeckte Lücke" gefunden werden kann, scheiden sich die Geister[10]. Denn Verfahrensvereinfachung und Verfahrensbeschleunigung können Veranlassung sein, das Gesetz zu ändern. Ob sie auch als hinreichende Gründe anzusehen sind, zwingendes Verfahrensrecht im Wege der Auslegung aufzulösen, erscheint dagegen zweifelhaft.

Rechtsfortbildung contra legem wird nur unter strengen Voraussetzungen zugelassen: Das Ergebnis muß durch eine Grundentscheidung in der Gesamtrechtsordnung vorgezeichnet sein, unterschiedliche Möglichkeiten der Regelung müssen ausscheiden und es muß ein als unabweisbar empfundenes Verkehrsbedürfnis befriedigt werden[11].

Ob diese strengen Voraussetzungen für eine Auflockerung der Revision gegeben sind, erscheint zweifelhaft. Der Vorwurf, eine Erweiterung der Revision sei nicht bloße systemimmanente Rechtsfortbildung, sondern erfolge contra legem liegt aber nahe.

Deshalb bedarf die These, unstreitige Tatsachen könnten neu berücksichtigt werden, eingehender methodischer Überprüfung. Ausdrückliche methodische Überlegungen finden sich bei *Rüthers*[12]. In der Sache liegen sie auch allen Stellungnahmen zugrunde, die unstreitiges Vorbringen von § 561 I 1, II ZPO ausnehmen. Die angedeutete Beweisführung erscheint aber nicht erschöpfend. Denn die Entlastung des Revisionsgerichts von der Mühe der Beweiserhebung ist zwar ein wesentlicher, aber nicht der ausschließliche Zweck der Präklusion nach § 561 I 1 ZPO. Da das Revisionsgericht als Folge dieser Einschränkung in begrenztem Umfang selbständig Tatsachen würdigen muß, scheint ein derartiges Vorgehen mit dem Wesen der Revision als einem auf die Rechtsfrage beschränktem Rechtsmittel nicht ohne weiteres vereinbar zu sein[13].

---

[8] *Stein/Jonas/Grunsky*, § 561 II 2 g.

[9] s. o. § 2 IV 5 - 7.

[10] *Hellwig*, System I, S. 10.

[11] *Larenz*, S. 382 ff., 399 ff. (401).

[12] SAE 1969, 48 (49).

[13] s. o. § 4 III.

I. Zulässigkeit einer teleologischen Reduktion des § 561 ZPO

1. Lückenhaftigkeit der Regelung

Eine teleologische Reduktion von § 561 I 1, II ZPO für unstreitige Tatsachen setzt voraus, daß diese Bestimmung zu weit gefaßt ist, eine nach den gesetzlich anerkannten Wertungen und heutigem Rechtsgefühl gebotene Ausnahmeregel fehlt. In diesem Sinne müßte die Revisionsregelung planwidrig unvollständig, d. h. lückenhaft sein[14].

Wer den Lückenbegriff ablehnt und in dem Verfahren der Rechtsfindung einen einheitlichen Vorgang sieht, in dem der mögliche Wortsinn einer Norm keine hinreichende Abgrenzung zwischen Auslegung und Fortbildung gestattet[15], verschiebt nur die Terminologie. Sachlich bleibt aber in gleicher Weise zu begründen, warum Sinn und Zweck des Revisionsrechts einer derartigen „Lückenfüllung" bzw. „Auslegung" nicht entgegenstehen oder sie gar gebieten.

a) Subjektiv-historische Sicht

Vom Standpunkt des historischen Gesetzgebers aus ist zwischen dem Vorbringen neuer streitiger oder unstreitiger Tatsachen nicht zu differenzieren. Die Motive zur CPO sind zwar — wie dargelegt[16] — nicht völlig einheitlich. Für die kassatorische Entscheidung schließen sie jede Ergänzung der tatsächlichen Feststellungen aus, für die reformatorische Entscheidung sehen sie es dagegen als Zweckmäßigkeitsfrage, das Revisionsgericht von tatsächlichen Ermittlungen zu befreien. Unstreitiges schließen sie vor allem aus, weil keine praktikable Abgrenzung zu finden sei. Gerade diese eingehenden Überlegungen zeigen, daß der historische Gesetzgeber mit dem generellen Ausschluß neuen Tatsachenvorbringens eine bewußte Entscheidung getroffen hat. Jeder Übergriff der Revision in den Tatsachenbereich ist deshalb in subjektiv-historischer Sicht systemwidrig und widerspricht dem Wesen der Revision[17].

b) Objektive Auslegung

Nach heute vorherrschender Meinung sind aber der dem Gesetz immanente Sinn, die im Gesetz nach heutigem Verständnis enthaltenen

---

[14] Vgl. *Larenz,* S. 352 ff., 354, 358; *Canaris,* Lücken, S. 16 f., 33 ff., 86, 121, 134; *Engisch,* Einführung, S. 138 f.; *Zippelius,* S. 68 („Wertungslücke").

[15] *Esser,* Vorverständnis, S. 177 ff.; *Mennicken,* S. 46 ff., 100 f.; *Rödig,* S. 297, 300; a. A. *Zippelius,* S. 78.

[16] s. o. § 3 II.

[17] Allgemein zum Zusammenhang von System u. Wesen eines Rechtsinstituts vgl. *Canaris,* Systemdenken, S. 89.

Zwecksetzungen und Wertungen[18] maßgebend. Dadurch entsteht ein Spielraum für die Rechtsfortbildung durch Lückenfeststellung und -ergänzung bzw. durch Auslegung[19]. Objektiver Zweck des § 561 ZPO in Verbindung mit den §§ 549, 550 ZPO ist es, das Revisionsgericht an die gesamte Tatsachengrundlage zu binden[20] und dadurch das Verfahren zu gliedern, um eine gewisse Abstraktion und Konzentration der Revision auf Rechtsfragen und insoweit auf das Grundsätzliche zu erreichen[21]. Deshalb verstößt eine Auflockerung der Revision auch bei objektiver Auslegung scheinbar gegen den Revisionszweck und erscheint insoweit als systemwidrig[22].

c) Verwirklichung vorrangiger gesetzlicher Einzelwertungen

Die Auslegung endet aber nicht am Teilsystem des Revisionsrechts, sondern dieses ist, wie dargelegt[23], im Zusammenhang des gesamten Rechtsschutzsystems zu sehen. Das Teilsystem des Ausschlusses von Tatsachenfeststellungen hindert daher nicht, daß gesetzliche Sonderregelungen oder besondere gesetzlich anerkannte Wertungen eine Durchbrechung von § 561 ZPO anordnen oder sinngemäß verlangen. Eine besondere Pflicht zur Richtigkeitsgewähr, wie bei prozessualen Tatsachen oder zur Vermeidung von Urteilen, die das Ansehen der Justiz gefährden, wie bei Wiederaufnahmegründen, besteht in den zu prüfenden Fällen jedoch regelmäßig nicht. Die Bindung nach § 561 ZPO läßt sich daher nicht wie bei Prozeßvoraussetzungen beiseiteschieben.

Die Beachtung neuer Gesetze und der daraus folgenden Änderung der konkreten Rechtslage ist zwar eine Durchbrechung; aber sie läßt sich damit rechtfertigen, daß das Revisionsgericht das geltende Recht anzuwenden hat und daß in diesem vom Gesetz — anders als bei unstreitigen Tatsachen — nicht eindeutig erfaßten Fall den Parteien kein Nachteil entstehen darf.

Nach Meinung von *Gilles* handelt es sich hier nicht einmal um einen Sonderfall. Aus § 563 ZPO folge nämlich, daß „die für die Richtigkeitsprüfung im Revisionsverfahren maßgeblichen Entscheidungsgrundlagen grundsätzlich die Sach- und Rechtslage sind, wie sie sich dem Revisionsgericht im Zeitpunkt der Verlautbarung der Revisionsentscheidung darstelle (§§ 300, 310, 557)". Die Richtigkeitsprüfung durch das Obergericht

---

[18] Vgl. *Larenz*, S. 296 ff.; für die subj. Theorie dagegen: *Rödig*, S. 277 ff., 290 ff.; *Engisch*, Einführung, S. 94 f., 330 f. (Fn. 106 b).

[19] *Mennicken*, S. 35, 53 ff., 75 ff., 80 ff.; vgl. auch *Kleinknecht*, Einl. 9 D d.

[20] s. o. § 5 I.

[21] Vgl. *Fasching*, Probleme, S. 25; *E. Peters*, Freibeweis, S. 94.

[22] *Otto*, Präklusion, S. 62.

[23] s. o. § 4 II 1.

schließe die Zulassung von nova selbstverständlich ein. Dieser Grundsatz werde lediglich durch § 561 ZPO erheblich eingeschränkt[24].

In dieser Sicht ist § 561 ZPO nicht Ausdruck des Wesens der Revision, sondern systemwidrige Einschränkung zur Entlastung des Revisionsgerichts. Eine teleologische Reduktion einer derartigen Beschränkung in Fällen, in denen dadurch keine Belastung des Revisionsgerichts eintritt, ließe sich sicherlich leichter vertreten, als wenn man darin eine das Wesen der Revision bestimmende Norm erblickt.

§ 561 ZPO ordnet aber eine vollständige Bindung jedenfalls für den materiellen Prozeßstoff an. Die Präklusionsregeln der §§ 323 II, 767 II ZPO knüpfen an diese Bindung an, so daß sich Rechtskraft und rechtskraftfremde Präklusion zunächst einmal auf den Schluß der Tatsachenverhandlung beziehen. Die §§ 300, 310 ZPO regeln nur, daß ein Urteil bei Entscheidungsreife unverzüglich zu erlassen ist. § 563 ZPO stellt nur darauf ab, ob das angefochtene Urteil nach der Rechtsauffassung des Revisionsgerichts im Augenblick seiner Entscheidung richtig ist[25]. Keine dieser Bestimmungen regelt aber, auf welchen Zeitpunkt der Sachlage das Revisionsurteil zu beziehen ist. Dies ergibt sich allein aus § 561 ZPO, der anordnet, daß über die vom Berufungsgericht festgestellte, unveränderte Sachlage zu entscheiden ist. Der von Gilles behauptete Grundsatz besteht daher nur für die Tatsacheninstanzen, nicht für die Revision; § 561 ZPO schränkt ihn nicht nur ein, sondern schließt ihn überhaupt aus.

2. Fortbildung des Systems

a) Zulässigkeit

Die Annahme einer verdeckten „Regelungslücke" ist damit aber nicht ausgeschlossen. Denn wie im materiellen Zivilrecht entscheidet nicht ein durch den Normwortlaut vorgegebenes System über die Mangelhaftigkeit einer Regelung, sondern maßgebend ist das „innere System"[26], ist der Zweck einer Regelung nach heutigem Problemverständnis und Rechtsbewußtsein.

Das Systemargument läßt sich daher nur verwenden, wenn man es als Form teleologischer Begründung erfaßt[27], es die Möglichkeit einer Fortbildung des Systems aus Gründen materieller Gerechtigkeit nicht ausschließt[28], sondern dazu dient, eine aus gesetzlich anerkannten Wer-

---

[24] *Gilles*, S. 63 Fn. 124, 81, 219 Fn. 96; s. auch u. 2 d.

[25] s. o. § 6 II 2.

[26] *Larenz*, S. 450, 459 f.

[27] *Canaris*, Systemdenken, S. 88, 91.

[28] *Canaris*, Systemdenken, S. 106 ff.; *ders.*, Lücken, S. 126 (Ableitung der

tungen gefundene Problemlösung auf ihre Vereinbarkeit mit den übrigen Grundwertungen zu kontrollieren[29]. Die Pflicht zur *Rechtsfortbildung* zwingt daher auch im Prozeßrecht dazu, Wertungen und Systemvorstellungen des Gesetzgebers zu verlassen, wenn sie heutigen Wertvorstellungen widersprechen[30].

Eine exakte Linie, wo die Grenze für eine Weiterbildung des Gesetzesrechts verläuft, läßt sich nicht angeben. In der Praxis stehen zurückhaltende[31] und betont an freier Problemlösung[32] orientierte Entscheidungen nebeneinander. Eine Lösung ist deshalb für jeden Problemkreis selbständig zu suchen.

Überwiegend wird betont, die bloße Prozeßökonomie dürfe dem System nicht vorgehen. Daß damit der rechtsethische Wert der Prozeßökonomie verkannt wird, ist bereits dargelegt worden[33]. Zudem ist damit außer einer gewissen konservativen Tendenz wenig gewonnen, da es ja erst gilt, die zugrundeliegenden Wertungen abzuwägen und daraufhin zu prüfen, ob sie eine Fortbildung des Systems rechtfertigen. Wegen der Bindung des Richters an Recht und Gerechtigkeit und seiner Befugnis zur Rechtsfortbildung, kann deshalb eine Entwicklung der Kasuistik nicht allein deshalb als unzulässig verurteilt werden, weil sie mit dem überkommenen System unvereinbar ist[34].

b) Rechtssicherheit und Formenstrenge

Weiter ist noch zu prüfen, ob die Rechtssicherheit eine derart freie, an der Billigkeit orientierte Auslegung im Prozeßrecht ausschließt.

So wird häufig betont, die Anpassung des Gesetzes an das allgemeine Rechtsbewußtsein dürfe die Rechtssicherheit nicht beeinträchtigen. Gerade im Rechtsmittelrecht sei Zurückhaltung geboten, nähmen Formenstrenge und Rechtssicherheit einen besonders hohen Stellenwert ein[35].

Zulässigkeit des Parteiwechsels aus der Natur der Sache); vgl. BGHZ 3, 308 (315).

[29] Vgl. *Esser*, RabelsZ 33 (1969), 757, 761.

[30] *Adomeit*, Rechtsquellenfragen im Arbeitsrecht, 1969, S. 35; vgl. auch — überspitzt — *Lautmann*, Rechtssoziologie vor den Toren der Jurisprudenz 1971, S. 36 f., 41 (jede Auslegung ein Schritt zur Umbildung des Rechts).

[31] z. B. BGH NJW 1972, 715 (zur formfreien Erwerbsverpflichtung).

[32] Vgl. BVerfG NJW 1973, 1221 (1222, 1225) (Grenzen der richterlichen Rechtsfortbildung; zum Schadensersatz für immaterielle Schäden).

[33] s. o. § 12 I 2 b bb.

[34] So zu Recht *Bruns*, § 56 VIII (zum Verhältnis Wiederaufnahmerecht — Klage aus § 826 BGB); *Leipold*, ZZP 84, 150 ff. (zur Möglichkeit eines Tatsachenprozesses trotz § 256 ZPO).

[35] *Baur*, Summum ius summa iniuria, S. 105; *K. Blomeyer*, ZZP 66, 158 (161); vgl. auch *Stein/Jonas/Pohle*, Einl. M III 2 c; *Thomas/Putzo*, Einl. VI 2;

Jede Ausnahmeregelung brächte nur schwierige Abgrenzungsfragen mit sich, führe zu ständig neuen Grenzfällen, die ihrerseits ermutigten, die einmal gezogenen Grenzen zu sprengen[36].

Diese Betonung der Formenstrenge liefert aber ebenfalls nur ein restriktives Argument, jedoch noch keine inhaltliche Abgrenzung zwischen zulässiger Ausformung und unzulässiger Reform des Prozeßrechts. Auch zwingen Schwierigkeiten einsichtiger Regelbildung allenfalls zur Vorsicht; sie berechtigen aber nicht, sich jeder gebotenen Rechtsfortbildung zu enthalten.

Auslegung und zulässige Fortbildung können auch im Prozeßrecht nur an *allgemeinen Regeln* ausgerichtet sein. Eine Begrenzung der Normauslegung im Prozeßrecht durch den Wortlaut, wie sie aus rechtsstaatlichen Gründen für das materielle Strafrecht geboten[37], aber gelegentlich auch im Verfassungsrecht[38] vertreten wird, ist für das Zivilprozeßrecht abzulehnen[39]. Denn es läßt sich nicht begründen, warum im Bereich der Rechtsverwirklichung Vorhersehbarkeit und Berechenbarkeit stärker erforderlich sein sollten als bei der Gewährleistung des materiellen Rechts selbst. Allenfalls durch eine stärkere Einzelregelung wird der Interpretationsspielraum faktisch stärker beschränkt. Wie im materiellen Recht gebietet die Rechtssicherheit nur, daß sich die Parteien auf die Einhaltung des Verfahrens verlassen können[40]. Dies verlangt, daß eine methodisch nicht abgesicherte und folglich unberechenbar schwankende Normauslegung unterbleibt. Darüber hinaus rechtfertigen Formenstrenge und Vertrauensschutz keine Beschränkungen gegenüber allgemeinen Auslegungsregeln. Eine teleologische Interpretation und Weiterbildung des Prozeßrechts, auch des Rechtsmittelrechts, ist folglich nicht ausgeschlossen, sondern geboten[41]. Wie im materiellen Recht kann sich durch Gerichtsgebrauch Gewohnheitsrecht selbst contra legem bilden[42].

Prozeßrecht ist nach dem *Prozeßzweck* auszulegen: Es fordert Klarheit der Regelung, um leicht anwendbar zu sein. Aber Prinzipien sind

Troller, S. 16, 96; zum Verhältnis von Formenstrenge und Billigkeit umfassend *Vollkommer*, Formenstrenge, S. 10 - 65.

[36] Vgl. BGH NJW 1972, 260.

[37] Vgl. *Larenz*, S. 357; kritisch *A. Kaufmann*, Analogie und Natur der Sache, S. 277 ff.

[38] *Friedrich Müller*, Juristische Methodik, 1971, S. 140.

[39] So auch *Horst Hagen*, JZ 1972, 505 (507).

[40] Vgl. *Eike Schmidt*, S. 40 f.

[41] *Rosenberg/Schwab*, § 7 II 2; *Blomeyer*, § 2 V; *Gaul*, Grundlagen, S. 45 ff., 103 ff.; *Leipold*, ZZP 84, 150 (160). Vgl. andererseits gegen eine teleologische Reduktion („restriktive verfassungskonforme Auslegung") von § 232 II ZPO: OLG Celle FamRZ 1972, 99 (100) u. BVerfG NJW 1973, 1315 m. (wohl zu Recht) abw. M. v. *v. Schlabrendorff*.

[42] *Schönke/Kuchinke*, § 5 III.

nicht um ihrer selbst willen rein durchzuführen[43]. Die klare Regelung soll zum Schutz, nicht zur Vereitelung des materiellen Rechts eine feste Ordnung gewährleisten, damit in „praktischer“, schneller Weise Recht gefunden wird. Dies bedeutet letztlich eine Verpflichtung zu einem „ökonomischen“ Verfahren[44] unter Wahrung aller Verfahrensgarantien für eine gerechte Entscheidung[45]. Eine formalistische Behandlung ist deshalb im Prozeßrecht am allerwenigsten geboten[46].

Die bisherige Untersuchung hat tatsächlich gezeigt, daß die Rechtsprechung die Grenzen der Revision gegenüber den ursprünglichen Vorstellungen des Gesetzgebers ins „Tatsächliche“, zur „Oberberufung“ hin verschoben hat. Dies beruht vor allem darauf, daß der Effektivität und Schnelligkeit des Rechtsschutzes ein höherer Stellenwert eingeräumt wird, als dies der Gesetzgeber von 1877 tat. Auch kann sich ein soziales Prozeßrecht nicht darauf beschränken, überhaupt Verfahrensmöglichkeiten zur Verwirklichung materieller Rechte bereit zu stellen, sondern es hat nach Möglichkeit für eine endgültige Streitbereinigung in einem Verfahren zu sorgen. Deshalb hat auch das Revisionsgericht alle Mittel einzusetzen, damit die Streitsache schnell und endgültig entschieden wird[47].

Im Grunde sind es die gleichen Überlegungen, die zur Zulassung neuen Vorbringens in der Berufungsinstanz führen: Das Verfahren ist aufzulockern und unnütze *Doppelprozesse* sind *zu vermeiden*, wo es mit einer geordneten Rechtspflege und den Interessen des Gegners vereinbar ist[48]. Diese veränderten Grenzen der Revision berechtigen zu der Annahme, der objektive Zweck des Gesetzes schließe neues Tatsachenvorbringen und eine selbständige Tatsachenwürdigung nur grundsätzlich, nicht aber ausnahmslos aus.

Deshalb kann eine sog. *nachträgliche Lücke*[49] möglicherweise dort anerkannt werden, wo der Gesetzgeber eine Ausnahme nur um des Prinzips willen, aus Furcht vor Ausuferung unterlassen hat. Sind die Gerichte insgesamt zu raschem Rechtsschutz verpflichtet, weil allzu langes Hinauszögern der Endentscheidung, z. B. durch Zurückverweisung mit der Möglichkeit erneuter Anrufung des Revisionsgerichts, den Rechtsschutz nicht nur verzögert, sondern möglicherweise verweigert, so er-

---

[43] s. o. § 4 II 3 a.

[44] s. o. § 12 I 2 b bb.

[45] Vgl. *Bernhardt*, § 5 VI.

[46] *Hellwig*, System I, S. 13 f.

[47] Vgl. *v. Wallis/List*, § 126 Rdnr. 14 (zur Reduktion der Wahlfreiheit zwischen Zurückverweisung und Entscheidung in der Sache).

[48] *Nikisch*, § 122 III 2.

[49] *Larenz*, S. 358 f.; *Engisch*, Einführung, S. 141 f.

scheint es tatsächlich als reiner, ungerechtfertigter Formalismus, in leicht ergänzbaren Fällen eine Ergänzung des Sachverhalts abzulehnen, und den Rechtsstreit zurückzuverweisen oder den Betroffenen auf einen neuen Rechtsstreit zu verweisen.

c) Leistungsfähigkeit des Revisionsgerichts

Die Einschränkung des § 561 ZPO darf aber nicht weiter als erforderlich gehen. Sie hat deshalb seine grundlegenden Zielsetzungen zu wahren. Da die Beschränkungen der Revision vor allem der Entlastung des Revisionsgerichts dienen, darf eine Erweiterung der Revision in den Tatsachenbereich die Belastung der Revisionsgerichte nicht in relevanter Weise vergrößern, aber auch den vornehmlichen Charakter der Revisionsinstanz als Rechtsinstanz nicht entscheidend verändern[50]. Wie bei den Grenzen der Revisibilität ist deshalb die Grenze vor allem nach der Leistungsfähigkeit des Revisionsgerichts zu ziehen[51]. Ob danach eine sinnvolle Regelbildung möglich ist, ist im einzelnen zu untersuchen.

Wichtigster Zweck der Präklusionsnorm ist die Entlastung des Revisionsgerichts von der Feststellung der Tatsachen und der Ausformung des Sachverhaltsbildes. Da Erfahrungssätze[52] und offenkundige Tatsachen[53] von einer Bindung bereits ausgenommen wurden, liegt es nahe, dies zu verallgemeinern: Diejenige Sachaufklärung soll in der Revisionsinstanz ausgeschlossen sein, die mit der Erhebung neuer Beweise verbunden ist. Unstreitige neue Tatsachen belasten zwar auch das Revisionsgericht, aber erheblich weniger als eine Beweisaufnahme. Ermöglichen sie die Endentscheidung so tritt möglicherweise sogar eine Entlastung ein gegenüber der Arbeit, die detaillierte Hinweise an das Berufungsgericht bei einer Zurückverweisung erfordern.

d) Rechtsmittelstruktur

Zu klären ist schließlich, ob neue Tatsachen nur bei der Entscheidung in der Sache — gedanklich nach Aufhebung des angefochtenen Urteils — oder bereits als Grund zur Aufhebung des angefochtenen Urteils beachtet werden dürfen. Trennt man streng zwischen Rechtsmittel als Anfechtungsverfahren und eigentlichem Prozeß, so erscheint neues Vorbringen im Rechtsmittelzug schlechthin als systemwidrige Durchbrechung[54]. Eine derartige Trennung geht aber an praktischen Erforder-

---

[50] *Mattern*, JZ 1963, 649 (653).

[51] Vgl. *Henke*, Tatfrage, S. 25 Fn. 29 (offen gelassen).

[52] s. o. § 7 V, VI.

[53] s. o. § 8 III 3.

[54] Vgl. *Nikisch*, § 122 II 1 (für neue Anträge im Berufungsverfahren); bereits *v. Sternenfels*, 2. DJT, Bd. 1, S. 3 (26) (Novenrecht in der Berufungsinstanz

nissen des Verfahrens vorbei, indem sie etwa Anerkenntnis, Verzicht, Prozeßvergleich und Klagerücknahme im Revisionsverfahren „vor“ Aufhebung des angefochtenen Urteils ausschließt[55].

Soweit neue Tatsachen beachtet werden, sind sie zwar primär für die reformatorische Entscheidung von Bedeutung. Ebenso wie beim Novenrecht in der Berufungsinstanz steht ihre Berücksichtigung aber nicht unter dem Vorbehalt, daß das angefochtene Urteil aus anderen Gründen als fehlerhaft aufzuheben ist[56].

Ihre Beachtung setzt lediglich ein zulässiges Rechtsmittel voraus[57]. Ist Neuvorbringen zulässig und führt es zu einer im Ergebnis abweichenden Beurteilung, so ist das angefochtene Urteil allein deshalb aufzuheben und ersetzend in der Sache zu entscheiden oder zur endgültigen Klärung zurückzuverweisen.

II. Unstreitige Alttatsachen

Die Parteien können § 561 ZPO als zwingendes Recht nicht abbedingen. Daher müssen auch unstreitige Alttatsachen ausgeschlossen bleiben, wenn objektiv Gelegenheit und Notwendigkeit bestand, sie im bisherigen Verfahren vorzubringen[58]. *Neue Alttatsachen sind damit auch bei Auflockerung der Revision regelmäßig ausgeschlossen.* Dies gilt auch für Scheidungs- und Eheaufhebungsgründe. Mit der objektiven Präklusion nach § 561 I 1 ZPO wäre eine Berücksichtigung nicht vereinbar.

Nur in Ausnahmefällen sind Alttatsachen beachtlich. Für Umstände, die erst durch eine Gesetzesänderung relevant geworden sind, ist dies bereits dargelegt worden[59]. Praktisch wichtiger ist die Zulässigkeit neuen Vorbringens, wenn fehlerhafte Feststellungen der Untergerichte auf Rüge oder von Amts wegen aufzuheben sind oder wenn das Untergericht infolge eines Aufklärungsfehlers oder wegen abweichender Rechtsansicht eine bestimmte Tatsache nicht festgestellt hat, auf die es nach Meinung des Revisionsgerichts ankommt[60].

Sind die fehlenden Tatsachen unstreitig und schließen sie die offene *Lücke*, so sollten sie beachtet werden können, um eine Zurückverweisung

— im Parteiinteresse unerläßliche Anomalie); a. A. *Gilles*, S. 63 Fn. 124, 219 Fn. 96.

[55] Vgl. *Gilles*, S. 101, 103 (keine Devolution der Sache ohne begründetes Aufhebungsbegehren). Diese Konsequenz zieht er aber nur für Klageänderung und Klageerweiterung (S. 69 Fn. 143).

[56] So auch *Gilles*, S. 65 Fn. 128, 191 Fn. 18; a. A. *Friedrichs*, S. 981, 990.

[57] Zu seltenen Ausnahmen s. o. § 2 II 1 b und u. § 13 III 1 b.

[58] s. o. § 12 I 3.

[59] s. o. § 10 II 1.

[60] *v. Wallis/List*, § 126 Rdnr. 12 (für die eigene Entscheidung in der Sache).

zu vermeiden. Ebenso ist zu beachten, wenn bislang streitige Behauptungen unstreitig werden[61].

1. Beschränkung auf streiterledigende Tatsachen

Nach dem Zweck des § 561 ZPO sind auch unstreitige Tatsachen ausgeschlossen, wenn sie nicht nur die bisherigen Feststellungen ergänzen, sondern umstoßen und zu einer wesentlich abweichenden Darstellung des Sachverhalts führen würden, die nicht einfach zu überblicken ist[62].

Die Parteien können daher nicht eine streitige Tatsache durch übereinstimmenden Vortrag anders darstellen, als dies die Beweisaufnahme und die Beweiswürdigung des Berufungsgerichts nach § 561 II ZPO für das Revisionsgericht bindend festgestellt hat. Bloße *neue Beweisindizien* sind daher einschließlich der Beweismittel zu ihrem Nachweis, abgesehen von Urkunden, die unter § 580 Ziff. 7 b ZPO fallen, regelmäßig *ausgeschlossen*. Die *Beachtung unstreitiger Tatsachen* ist daher *dahin einzuschränken, daß ein noch offener Streit erledigt werden muß*[63] und die Berücksichtigung der abschließenden Sachentscheidung durch das Revisionsgericht dient[64].

Diese Einschränkung erscheint zwar ohne Anwendung auf konkrete Fälle als relativ unbestimmt. Sie ermöglicht aber eine praktikable Abgrenzung im konkreten Einzelfall und gestattet, neue Tatsachen nach der Leistungsfähigkeit des Revisionsgerichts zu beachten.

Soweit es der endgültigen Prozeßbeendigung ohne Beweisaufnahme dient, können die Parteien die Revisionsinstanz somit einverständlich zur Tatsacheninstanz machen. Dies ist jedoch nicht zu tadeln[65]. Denn die Streiterledigung liegt in der Macht der Parteien, ohne daß sie deshalb stets auf die Streitentscheidung verzichten können. Zudem betrifft es Ausnahmefälle, in denen offene Entscheidungselemente unstreitig sind.

Soweit im Verfahren die Untersuchungsmaxime gilt, ist diese Abgrenzung abgelehnt worden, weil es nicht darauf ankommen könne, ob eine Tatsache unstreitig ist[66]. Zutreffend ist, daß das Gericht zusätzlich

---

[61] *Wieczorek*, § 561 B II b 2; *Friedrichs*, S. 990.

[62] Vgl. *Fasching*, § 269 österr. ZPO Anm. 6 a. E. (für neue offenkundige Tatsachen); s. auch §§ 3 II (Fn. 27), 12 I 3 b.

[63] BVerwG 29, 127 (130) = NJW 1968, 2308 (2309) = DVBl 1968, 432 (433); *v. Wallis/List*, § 118 Rdnr. 28; *Ziemer/Birkholz*, § 118 Rdnr. 21 a.

[64] So für Neutatsachen zu Recht *Baumbach/Lauterbach/Albers/Hartmann*, § 561 Anm. 3 E.

[65] So aber *Eyermann/Fröhler*, § 137 Anm. 14.

[66] *Redeker/v. Oertzen*, § 137 Rdnr. 12.

zum übereinstimmenden Parteivortrag von der Richtigkeit der Tatsache überzeugt sein muß, während es unter Geltung der Verhandlungsmaxime nur bei Überzeugung von der Unwahrheit nicht gebunden ist. Aber praktisch sind auch bei Geltung der Untersuchungsmaxime unstreitige Tatsachen häufig nicht zu bezweifeln und deshalb ohne weitere Nachprüfung dem Urteil zugrundezulegen[67].

Da die Tatsachenfeststellung grundsätzlich Sache der Instanzgerichte ist, läßt sich deshalb durchaus danach differenzieren, ob das Vorbringen bestritten oder zu bezweifeln ist und eine besondere Beweisaufnahme erfordert oder nicht.

Diese Auflockerung verwandelt § 561 I 1 ZPO nicht in eine lediglich subjektive Präklusionsnorm. Denn nur eine streiterledigende Tatsache kann vorgebracht werden, nicht eine andere, mag die Partei auch in gleicher Weise beachtliche Gründe gehabt haben, sie nicht vorzutragen.

2. Rechtsschutzinteressen des Gegners

Die Berücksichtigung der Alttatsachen darf nicht Rechte des Gegners verletzen, vor allem die Verfahrensgarantien des Instanzenzuges und das Recht auf den gesetzlichen Richter (Art. 101 I 2 GG).

a) Recht auf vollen Instanzenzug

Ist die Tatsache unstreitig, so ist der Gegner mit der Berücksichtigung und abschließenden Entscheidung regelmäßig einverstanden. Beschränkt man die Beachtung neuer unstreitiger Alttatsachen auf Lückenfüllung und leicht übersehbare Abänderungen des bisherigen Sachverhalts, so ist auch objektiv nicht erforderlich, den Parteien zur rechtlichen Würdigung dieser Tatsachen den Instanzenzug voll zu erhalten, weil die rechtlichen Auswirkungen dieser Tatsachen ebenfalls kaum streitig sein werden. Sind sie es dennoch, so hindert dies eine abschließende Sachentscheidung nicht, weil die rechtliche Würdigung gerade Aufgabe des Revisionsgerichts ist. Doch dürfte auch in diesem Fall eine Zurückverweisung angebracht sein.

b) Tatsachenfeststellung des Revisionsgerichts und gesetzlicher Richter

Auch durch willkürliches Vorgehen des erkennenden Gerichts kann eine Partei dem gesetzlichen Richter (Art. 101 I 2 GG) entzogen werden. So meint das BVerfG, das Gericht verschiebe die gesetzlich vorgesehene Zuständigkeit im Einzelfall, wenn es offenbar willkürlich seine Ent-

---

[67] Vgl. *Eyermann/Fröhler*, § 86 Anm. 3.

scheidungszuständigkeit bejahe oder verneine, und könne dadurch die Art. 3 oder 101 I 2 GG verletzen[68]. Daher sei es denkbar, daß eine Partei ihrem gesetzlichen Richter entzogen werde, wenn das Revisionsgericht neue Tatsachen feststellt, den Sachverhalt selbst erforscht oder eine gebotene Zurückverweisung zwecks weiterer Aufklärung unterläßt[69]. Immer sei aber ein willkürliches Verhalten notwendig, ein bloßer Verfahrensirrtum entziehe niemand seinem gesetzlichen Richter[70].

Aus diesem Grund wurde es nicht als Verfassungsverstoß angesehen, daß der BFH die Steuerumgehungsabsicht selbst ohne erneute Beweisaufnahme entgegen der Annahme des Finanzgerichts „feststellte", genauer: die festgestellten Einzeltatsachen dahin würdigte, die Absicht habe vorgelegen. Ob der BFH sich damit korrekt verhalten hatte, wurde offen gelassen[71]. In einem anderen Fall hatte der BFH aus den den Parteien bekannten (in den Akten befindlichen) Berechnungen der EWG-Kommission über Durchschnittswerte der Umsatzsteuerbelastung inländischen Milchpulvers die Höhe der im einzelnen nicht feststellbaren Belastung der Klägerin für einen anderen Zeitraum abgeleitet. Das BVerfG billigt dies, weil das Urteil „nicht auf eigenen Tatsachenfeststellungen des Revisionsgerichts, sondern lediglich auf Schlußfolgerungen" beruhe und diese dem Tatsachengericht nicht ausschließlich vorbehalten seien[72]. Tatsächliche Schlußfolgerungen gehören aber auch zur Feststellung des Sachverhalts und zur Beweiswürdigung im weiteren Sinn.

Man wird daher davon ausgehen können, daß das Revisionsgericht niemals gegen Art. 101 I 2 GG verstößt, wenn es sich im Rahmen methodisch erweiterter Befugnisse prozeßordnungsgemäß verhält. Das Grundgesetz selbst verbietet ein Übergreifen der Revisionsgerichte in tatrichterliche „Zuständigkeiten" nicht. Erforderlich ist nur, daß die Prozeßordnung dies in generellen Fallgruppen zuläßt und es sich nicht um einen einzelnen, willkürlichen Übergriff handelt.

III. Unstreitige Neutatsachen

Da es gleichgültig ist, ob eine Zurückverweisung oder ein neues Verfahren zu vermeiden ist, sind Neutatsachen in gleicher Weise zu beachten. Überwiegend werden sie deshalb zugelassen, wenn sie nicht beweisbedürftig, d. h. offenkundig oder unstreitig sind[73]. Aber eine

---

68 BVerfG 3, 359 (363 ff.); 3, 255 (256); a. A. BGHZ 6, 178 (182) (Verletzung nur von außen möglich).

69 BVerfG 3, 255 (256); 31, 145 (165 ff.).

70 BVerfG 29, 45 (48); 31, 145 (165).

71 BVerfG 3, 359 (363, 365).

72 BVerfG 31, 145 (169).

73 *Rosenberg/Schwab*, § 146 II 3 h; *Stein/Jonas/Grunsky*, § 561 II 2 g; *Mattern*, JZ 1963, 649 (652 f.); *Rüthers*, SAE 1969, 48 (49); *Eike Schmidt*, S. 77, 108.

derartige teleologische Reduktion geht, wie dargelegt[74], zu weit. Unstreitige Neutatsachen sind deshalb grundsätzlich nur dann zu beachten, wenn der *Streit* dadurch *endgültig bereinigt* wird[75].

1. Willenserklärungen der Parteien

a) Grundsätzlicher Ausschluß

Daraus ergibt sich, daß neue Angriffs- und Verteidigungsmittel, die Ausübung von Gestaltungsrechten oder andere Willenserklärungen der Parteien — obgleich in der Regel selbst unstreitig — grundsätzlich nicht mehr zuzulassen sind. Einmal würden sie den Prozeß auf eine andere Grundlage stellen und im allgemeinen nicht streiterledigend wirken[76]. Zum anderen ist meist *nur die Erklärung selbst eine Neutatsache* und als solche Folge eines willkürlichen Parteiverhaltens, während sich die *Berechtigung* des Angriffs- oder Verteidigungsmittels *aus Alttatsachen* ergibt, die ihrerseits nicht unstreitig sein müssen. Würde man die unstreitige Neutatsache des Angriffs- oder Verteidigungsmittels, auch beschränkt auf Fälle mit unstreitiger Tatsachengrundlage, zulassen, so würde der „Tatsachenstreit" gerade in den Fällen in der Revision fortgesetzt, in denen bereits in der Tatsacheninstanz Gelegenheit bestand, die Einrede oder den Angriff vorzunehmen. Deshalb ist auch die freiwillige Tilgung während des Revisionsverfahrens als solche unbeachtlich[77]. Das gleiche gilt für Anfechtung, Kündigung, Aufrechnung, Verjährungseinrede, Einrede des Zurückbehaltungsrechts und andere Gestaltungsrechte[78].

b) Ohne Parteiwillkür entstehende oder erlöschende Angriffs- und Verteidigungsmittel

Auszunehmen sind die Fälle, in denen sich die materielle Sach- und Rechtslage ohne willkürliches Verhalten der Parteien nachträglich verändert und deshalb ein Angriffs- oder Verteidigungsmittel neu entsteht. Mit der aus Gründen beschleunigten Rechtsschutzes übertragenen Sachentscheidungsbefugnis der Revisionsgerichte wäre es nicht vereinbar, eine derartige Veränderung nicht zu beachten.

---

[74] s. o. § 13 II 1.

[75] *Baumbach/Lauterbach/Albers/Hartmann,* § 561 Anm. 3 E; *Lent/Jauernig,* § 74 IV A 1.

[76] Ausnahmen s. u. b, c.

[77] RG JW 1912, 802 Nr. 21 (trotz Vorlage der Empfangsquittung).

[78] Vgl. BGH NJW 1973, 452 (454) (Verjährungseinrede); *Stein/Jonas/Grunsky,* § 561 II 2 b; *Zöller/Karch,* § 561 Anm. 1 c; *Wieczorek,* § 264 B I a (Aufrechnung), § 561 B I a; a. A. nur *Friedrichs,* S. 990 (für die Verjährungseinrede bei reformatorischer Entscheidung).

Zu Recht wurde deshalb die *Beschränkung der Erbenhaftung* zugelassen, wenn der Erbfall erst nach Einlegung der Revision eintrat oder die Haftungsbeschränkung wegen Nachlaßverwaltung oder Testamentsvollstreckung vorher nicht beantragt werden konnte[79].

Gleiches gilt, wenn ein Verteidigungsmittel nachträglich wegfällt, z. B. ist zu beachten, wenn erst in der Revisionsinstanz Nachlaßverwaltung angeordnet wird und dadurch die bisher gemäß § 780 ZPO vorbehaltene Haftungsbeschränkung (äußerlich) wegfällt[80].

Jedoch kann Revision nicht lediglich zu dem Zweck eingelegt werden, das neu entstandene Verteidigungsmittel geltend zu machen. Insoweit steht die Vollstreckungsgegenklage mit vollem Instanzenzug zur Verfügung und kann der Unterlegene noch frei entscheiden, welchen Rechtsbehelf er ergreift.

Ist die Revision aber bereits zulässig eingelegt, so muß es auch möglich sein, nur eine Haftungsbeschränkung ohne sonstige Änderung des Urteils anzustreben. Sonst sind die Parteien gezwungen, nicht nur die Kosten der Revision (§ 36 I 2 GKG), sondern auch die der anschließenden Vollstreckungsgegenklage zu tragen.

Dagegen läßt sich nicht einwenden, nach den §§ 781 ff., 785 ZPO müsse der Erbe ohnehin Vollstreckungsgegenklage erheben, um die Haftungsbeschränkung durchzusetzen. Lehne es das Revisionsgericht ab, die Haftungsbeschränkung vorzubehalten, so könne sie entgegen § 780 I ZPO auch ohne Vorbehalt geltend gemacht werden; § 767 II ZPO stehe dem ebenfalls nicht entgegen. Denn diese Lösung belastet den Erben unverhältnismäßig. Nur wenn er versucht, die Haftungsbeschränkung im Revisionsverfahren zu erreichen, ist er davor sicher, daß ihm das erstinstanzliche Gericht die Haftungsbeschränkung nicht doch aufgrund der §§ 780 I, 767 II ZPO versagt. Nur der ausgesprochene Vorbehalt warnt auch den Gläubiger vor einer ergebnislosen Vollstreckung. Dabei kann der Vorbehalt gemäß § 780 I ZPO auch ohne Prüfung der Berechtigung ergehen[81]. Zu klären ist allenfalls, ob der Erbe nicht bereits unbeschränkbar haftet.

Auch könnte bei unstreitiger Erschöpfung des Nachlasses (vgl. § 1990 BGB) die Klage sogleich abgewiesen und so die Vollstreckungsgegenklage überhaupt vermieden werden.

Da es für den Erben als Nachfolger des Schuldners in der Stellung des Revisionsklägers ein Zufall ist, ob der Erbfall vor oder nach der Revisionsbegründung eintritt, zwingt man ihn praktisch, das Rechts-

---

[79] s. o. § 2 V.

[80] Vgl. RG JW 1938, 1025 (1027).

[81] *Baumbach/Lauterbach/Albers/Hartmann*, § 780 Anm. 2 A.

mittel zu begründen, auch wenn er daran kein Interesse hat: Bei lediglich unbegründetem Angriff würde nämlich auch nach Ansicht des BGH der Revisionszweck einer rechtlichen Überprüfung des Urteils nicht entfallen und die Haftungsbeschränkung wäre zu gewähren. Der Ausnahmesituation wird dies nicht gerecht. Zum Schutze des Erben ist daher die Haftungsbeschränkung oder die unstreitige Erschöpfung des Nachlasses zu beachten, ähnlich wie in Strafsachen das Verfahren zugunsten des Angeklagten eingestellt werden kann, auch wenn die Revisionsbegründung unzulässig ist[82].

c) *Streiterledigende Wirkung der Erklärung*

Auszunehmen sind ferner Sonderfälle, in denen die Erklärung oder — soweit möglich — die Rücknahme eines Angriffs- oder Verteidigungsmittels streiterledigend wirkt oder Entscheidungsreife herbeiführt[83].

Sollen überhaupt unstreitige Neutatsachen in der Revisionsinstanz beachtet werden, so ist es am ehesten gerechtfertigt, § 561 I 1, II ZPO zugunsten von ein- oder zweiseitigen Parteierklärungen einzuschränken, die streiterledigend sind und eine selbständige Sachprüfung durch das Revisionsgericht entbehrlich machen.

aa) Prozessuale Bewirkungshandlungen

So sollen Willenserklärungen, die den Prozeß oder die Instanz insgesamt beenden, auch in der Revisionsinstanz abgegeben werden können. Als Beispiel werden freilich nur prozessuale Bewirkungshandlungen genannt[84]. Hervorgehoben zu werden verdienen allenfalls Prozeßhandlungen mit Doppelnatur, wie der Prozeßvergleich, oder solche, denen früher Doppelnatur zuerkannt wurde, wie Anerkenntnis und Verzicht[85].

bb) Sonstige streiterledigende Erklärungen

Nach Meinung von *Wieczorek* soll auch ein Geständnis noch für das Revisionsgericht beachtlich abgegeben werden können. Entsprechend kann zu berücksichtigen sein, daß eine bisher streitige Behauptung unstreitig wird[86]. Ein *Geständnis* oder die Erklärung, eine Behauptung nicht mehr zu bestreiten, wirken aber nur streiterledigend, wenn sie

---

[82] s. o. § 2 II 1 b.

[83] Ablehnend: *Sydow/Busch/Krantz/Triebel*, § 561 Anm. 4.

[84] *Stein/Jonas/Grunsky*, § 561 II 2 e.

[85] *Schönke/Schröder/Niese*, § 53 II; vgl. *Blomeyer*, § 62 IV 2; *Stein/Jonas/Pohle*, Vor § 128 XII 3; s. u. § 17 I 2.

[86] *Wieczorek*, § 561 B II b 2; auch *Stein/Jonas/Grunsky*, § 561 IV 2 (für Neutatsachen außerhalb der Amtsprüfung); a. A. RG JW 1899, 92.

Feststellungslücken im Berufungsurteil schließen oder vom Revisionsgericht bezweifelte Feststellungen des Berufungsgerichts bestätigen, nicht aber, wenn sie getroffene Feststellungen umstoßen sollen[87]. Beide Erklärungen sind daher nur in diesen Grenzen für das Revisionsgericht beachtlich.

Wegen der streiterledigenden Wirkung wird auch zu Recht beachtet, wenn der Ehegatte seinen *Widerspruch* gegen eine Scheidung gemäß § 48 II EheG zurücknimmt, ohne daß dem Widerspruch deshalb Doppelnatur zuerkannt werden müßte[88]. Dagegen kann der Widerspruch selbst — weil prozeßverzögernd und zu neuen Tatsachenfeststellungen nötigend — nicht nachgeholt werden[89].

Wegen der damit verbundenen endgültigen Streitbeendigung hat der BGH als Rechtsbeschwerdeinstanz zu Recht beachtet, daß eine Vaterschaftsanerkennung nach Abschluß des Beschwerdeverfahrens formgerecht nachgeholt worden war[90]. Diese Tatsache wurde mittels einer in ihrer Echtheit unbestrittenen behördlichen Urkunde in das Verfahren eingeführt. Entscheidend ist nicht die behördliche Beurkundung, sondern die dadurch ausgelöste Wirkung einer (willkürlichen) Parteierklärung. Der BGH rechtfertigt sein Vorgehen — wenig differenzierend — mit der Berufung auf die „Grundsätze der Prozeßwirtschaftlichkeit".

Gegen diese verstößt eine andere Entscheidung: Dort wurde unter Hinweis auf § 561 ZPO nicht beachtet, daß eine wegen Unbestimmtheit zunächst unwirksame Abtretung rechtswirksam wiederholt worden war[91]. Sicher ist die Revision nicht dazu da, fehlerhafte Parteidispositionen zu heilen. Auch wäre die Entscheidung gerechtfertigt, wenn die Klägerin etwa unterlassen hätte, eine gebotene Aufklärungsrüge zu erheben. Aber so lag der Fall nicht. Vielmehr wurde mit der Klage eine abgetretene Forderung geltend gemacht, wobei der Klageantrag und die Abtretung an demselben Mangel der Unbestimmtheit litten. Während der BGH nun die Präzisierung des erst von ihm als unbestimmt angesehenen Antrags als neue prozessuale Tatsache zuließ, beachtete er dagegen die klarstellende Neuvornahme der Abtretung nicht. Klageantrag und Abtretung waren nicht rechtlich voneinander abhängig. Aber da der Streit sachlich völlig unverändert blieb, hätte eine Berücksichtigung zur *endgültigen Streitbereinigung* doch nahegelegen. Gerade in diesem Fall stand der Schutz des Gegners vor einer Verkürzung des Instanzenzuges nicht entgegen.

---

[87] s. o. § 13 II 1.

[88] s. o. § 2 I (Fn. 18); ferner *Zöller/Karch*, § 561 Anm. 1 c.

[89] *Diederichsen*, FamRZ 1966, 605 (612).

[90] BGHZ 54, 132 (135 f.) = NJW 1970, 2160.

[91] BGH VersR 1957, 753.

Eine Feststellungslücke schloß das BVerwG, indem es die unstreitige Höhe einer Haftpflichtversicherungsprämie neu feststellte[92]. Nur dadurch konnte eine Zurückverweisung vermieden und abschließend zur Sache entschieden werden, ohne daß die bisherigen Feststellungen angestastet wurden.

Streiterledigend wirkte auch die Berücksichtigung neuer Parteierklärungen in zwei Verfahren auf Ausschluß eines Gesellschafters aus einer Personengesellschaft.

In dem einen Fall bestanden noch Schwierigkeiten bei der Durchführung der Übernahme des Gesellschaftsanteils. Durch eine materielle Verpflichtungserklärung des Klägers konnten sie behoben und konnte abschließend entschieden werden[93].

Der andere Fall ist schwieriger zu beurteilen: Aus der Zustimmung des Beklagten und der Ablehnung des Klägers zu einem Vergleichsvorschlag des Revisionsgerichts wurde abgeleitet, daß der beantragte Ausschluß des Beklagten aus der Gesellschaft — entgegen der Ansicht des Berufungsgerichts unzulässig sei, weil der Kläger die Mitwirkung an einer möglichen und zumutbaren milderen Lösung verweigere[94].

Nach den §§ 296 I, 557 ZPO hat auch das Revisionsgericht auf eine gütliche Beilegung des Rechtsstreits hinzuwirken. Dabei verändert die Ablehnung eines Vergleichsvorschlags im allgemeinen nicht die Rechtslage, zumal das Revisionsgericht bei seiner Entscheidung grundsätzlich keine Neutatsachen zugrundezulegen hat. Jedoch rechtfertigen Prozeßbeschleunigung und Prozeßökonomie, daß eine sonst erforderliche Verfahrensfortsetzung vermieden wird, wenn die fehlenden Feststellungen aufgrund unstreitiger Parteierklärungen getroffen werden können.

Da das Berufungsgericht nach Ansicht des Revisionsgerichts eine in Betracht kommende zumutbare Lösung nicht erwogen hatte und deshalb die Zumutbarkeit des Ausschlusses vorschnell und damit fehlerhaft angenommen hatte, war das angefochtene Urteil aufzuheben. Zu der rechtlichen Möglichkeit, diese Lösung zu verwirklichen, fehlten nähere Feststellungen. Deshalb fehlte es an der Entscheidungsreife und war an sich zur weiteren Aufklärung zurückzuverweisen. Dies erübrigte sich aber, weil die Stellungnahme der Parteien zu dem Vergleichsvorschlag des Revisionsgerichts die bestehende Feststellungslücke schloß. Eine Zurückverweisung wäre in diesem Fall unverhältnismäßig und

---

[92] BVerwG 29, 127 (130) = NJW 1968, 2308 (2309) = DVBl 1968, 432 f.

[93] BGH LM Nr. 6 zu § 142 HGB; abl. *Lent*, NJW 1956, 818. Bei der von *Wieczorek*, § 561 B I a genannten Entscheidung BGH BB 1956, 221 handelt es sich dagegen um ein Fehlzitat.

[94] BGHZ 18, 350 (363 f.) = LM Nr. 5 zu § 140 HGB m. Anm. v. *Fischer*, LM Nr. 6 zu § 161 HGB = JZ 1956, 248 (250) m. krit. Anm. v. *Reinhardt;* zustim. *Zöller/Karch*, § 561 Anm. 1 c; abl. *Lent*, NJW 1956, 818.

sinnlos, wenn nicht ein — nicht zu erwartender — Sinneswandel des Klägers eintrat, da das Berufungsgericht nur hätte feststellen können, was bereits feststand. Daher konnte das Revisionsgericht in Ergänzung der tatrichterlichen Beweiswürdigung abschließend zur Sache entscheiden.

Entscheidungsrelevante Neutatsache war dabei primär die Zustimmung des Beklagten zu dem Vergleichsvorschlag und nicht dessen Ablehnung durch den Kläger[95]. Denn allein durch die Zustimmung des Beklagten wurde die mildere Lösung rechtlich möglich, entfiel der wichtige Grund, der eine Ausschließung rechtfertigte und war die Klage abzuweisen. War die vorgeschlagene Lösung zumutbar, so mußte der Kläger ihr aufgrund der gesellschaftsrechtlichen Treuepflicht zustimmen. Deren Ablehnung änderte nichts an dieser Rechtslage, sondern hinderte lediglich den Abschluß des Prozeßvergleichs.

Es bleibt jedoch nochmals darauf hinzuweisen, daß nur die Schließung von Feststellungslücken mit der Aufgabe des Revisionsgerichts und der in § 561 II ZPO angeordneten Bindung vereinbar ist. *Unzulässig* ist es dagegen, daß das Revisionsgericht selbst eine *willkürliche Abänderung* des bereits *fehlerfrei festgestellten Prozeßstoffs* herbeiführt[96]. Denn dies zwänge zu einer vollständig neuen, abweichenden Gesamtwürdigung der Feststellungen, die nicht mehr auf der tatsächlichen Würdigung des Berufungsgerichts aufbauen könnte.

2. Vom Parteiverhalten unabhängige Tatsachen

Auf Parteiverhalten zurückführende Neutatsachen sind nach dem bisher Gesagten nur zu beachten, wenn sie unstreitig sind und zusätzlich streiterledigend wirken. Grund dafür ist, wie mehrfach betont, daß es der in § 561 I 1 ZPO enthaltenen objektiven Präklusion widerspricht, daß die Parteien die Revisionsinstanz übereinstimmend zur Tatsacheninstanz machen und die Entscheidungsgrundlage gegenüber den bisherigen Feststellungen verschieben können. Daneben tritt eine weitere Gruppe unstreitiger Neutatsachen, nämlich die, die unabhängig von willkürlichem Parteiverhalten eintreten[97].

Dies ist anhand der wichtigsten Einzelfälle zu veranschaulichen:

a) Zeitablauf

Soweit der Fristablauf etwa bei Unterlassungsklagen als künftige Tatsache bereits festgestellt ist, handelt es sich zwar insoweit um eine „alte“

---

[95] Anders wohl *Fischer*, LM Nr. 6 zu § 161 HGB; *Mattern*, JZ 1963, 649 (652).

[96] Vgl. *Lent*, NJW 1956, 818 f.

[97] a. A. *Wieczorek*, § 561 B I (für außerprozessuale Willenserklärungen), anders aber B III a.

Tatsache[98]. Doch tritt die materielle Rechtsänderung aufgrund dieser Alttatsache erst nach der letzten Tatsachenverhandlung ein und diese Rechtsverwirklichung ist Neutatsache[99]. Der Prozeßzweck, im Interesse der Wahrung des Rechtsfriedens rasch eine endgültige Streitbereinigung herbeizuführen, zwingt dazu, den *Bedeutungswandel einer bereits festgestellten Tatsache aufgrund offenkundiger Ereignisse*, wie des Zeitablaufs, zu berücksichtigen, und zwar unabhängig davon, ob die Klage deswegen begründet oder unbegründet geworden ist.

Die Tatsache, daß diese Neutatsache beachtet wird, läßt sich nicht dadurch umgehen, daß man erklärt, die Beachtung des Fristablaufs führe weder zur eigenen Tatsachenfeststellung noch zur Tatsachenwürdigung durch das Revisionsgericht[100]. Damit wird verkannt, daß auch Offensichtliches tatsächlicher Feststellung und Würdigung bedarf[101], selbst wenn diese im Einzelfall höchst einfach ist.

Da das Revisionsgericht nicht im Widerspruch zu offensichtlichen Tatsachen urteilen, diese nicht ignorieren darf[102], kann es einem Klageantrag auch nicht mehr stattgeben, wenn er sich durch Fristablauf erledigt hat[103]. Umgekehrt darf eine Klage nicht mehr abgewiesen werden, wenn die Forderung inzwischen fällig wurde[104]. War auf künftige Leistung geklagt, waren aber die Voraussetzungen des § 259 ZPO streitig, so folgt dies bereits aus der Verpflichtung, Veränderungen der Prozeßvoraussetzungen zu beachten[105]. Berücksichtigt man den Zeitablauf, so gelingt es zwar der begünstigten Partei, einer sonst sicheren Prozeßniederlage zu entgehen, z. B. wenn ein Wehrpflichtiger einen „weitgehend geförderten Ausbildungsabschnitt" als Voraussetzung der Zurückstellung (§ 12 IV 2 Nr. 3 WpflG) erst während des Revisionsverfahrens erreicht[106]. Sie wird gewissermaßen dafür belohnt, daß der Prozeß solange gedauert hat.

Daran ändert nichts, daß der Gegner eine Verurteilung in die vollen Verfahrenskosten durch die Erklärung der Erledigung der Hauptsache

---

[98] RGZ 57, 46 (48); 88, 178 f.; BGH LM Nr. 1 zu § 240 BGB (Bl. 99 R); *Schumann*, AP Nr. 8 zu § 554 a ZPO (Bl. 399 R); *Baumbach/Lauterbach/Albers/Hartmann*, § 561 Anm. 2 B.

[99] *Rüthers*, SAE 1969, 48 (49); *Wieczorek*, § 561 B III b.

[100] So *Schumann*, AP Nr. 8 zu § 554 a ZPO (Bl. 399).

[101] s. o. § 5 I 3.

[102] s. o. § 8 III.

[103] BAG NJW 1966, 849; BAG 19, 130 (144 f.) = AP Nr. 1 zu § 268 ZPO m. Anm. v. *Bötticher;* BAG WM 1968, 554; *Schumann*, AP Nr. 8 zu § 554 a ZPO (Bl. 401); unrichtig BAG AP Nr. 1 zu § 74 HGB.

[104] a. A. RGZ 57, 46 (48); 88, 373 (375); *Förster/Kann*, § 561 Anm. 4 c; *Seuffert/Walsmann*, § 561 Anm. 2 c.

[105] s. o. § 11 II 2 c; *Rosenberg/Schwab*, § 93 II 1; *Blomeyer*, § 104 V 2 d (S. 576); *Sydow/Busch/Krantz/Triebel*, § 561 Anm. 4 (die die Berücksichtigung des Zeitablaufs im übrigen ablehnen).

[106] Vgl. BVerwG 37, 151 (154 f.).

oder ein Anerkenntnis abwenden kann[107]. Aber ein Ignorieren wäre ein untaugliches Mittel gegen Prozeßverzögerungen, da es lediglich zu einem vermeidbaren weiteren Verfahren zwingt. Auch Rechtsschutzinteressen des Gegners werden durch eine Berücksichtigung des Zeitablaufs nicht beeinträchtigt.

Läuft ein befristetes Wettbewerbsverbot während des Revisionsverfahrens ab, so entsteht ein Erledigungsgrund i. S. des § 91 a ZPO[108]. Würde man dies nicht beachten, so erhielte der Kläger einen unbrauchbaren Titel, da das in der Vergangenheit liegende Ende des Wettbewerbsverbots im Tenor enthalten ist. Ein gewissermaßen wirkungsloses Urteil ist aber nach Möglichkeit zu vermeiden. Zwar bleibt die präiudizielle Wirkung erhalten, aber sie wird klarer, wenn nach Zeitablauf ausdrücklich festgestellt wird, für welchen Zeitraum eine Unterlassungspflicht bestand. Die neuere Rechtsprechung beachtet den Zeitablauf deshalb zu Recht[109].

Auch der Wegfall eines Patentes wegen Ablaufs der Schutzdauer (§ 10 PatG) oder nicht rechtzeitiger Gebührenzahlung (§§ 11 III, 12 I Nr. 3 PatG) ist zu beachten, weil sich die entsprechenden Daten wenigstens mittelbar aus der Patenturkunde ergeben[110]. Im letzteren Fall wird der Fristablauf zwar erst durch die Nichtzahlung und deren Bestätigung durch das Patentamt beachtlich. Die Tatsache des Erlöschens ist aber streiterledigend und daher zu beachten.

Der Zeitablauf ist nur dann unbeachtlich, wenn er im Einzelfall für die Entscheidung irrelevant ist. Zweifelhaft ist dies bei der Anordnung der Fürsorgeerziehung bis zum 20. Lebensjahr (§ 64 S. 1 JWG). Da die sofortige Beschwerde aufschiebende Wirkung hat (§ 65 IV JWG), kann der Minderjährige die Anordnung vereiteln, wenn er weitere Beschwerde einlegt und dabei die Altersgrenze überschreitet. Da aber nach § 67 JWG vorläufige Fürsorgeerziehung angeordnet und auch nach Vollendung des 20. Lebensjahres in endgültige Fürsorgeerziehung umgewandelt werden kann, besteht keine Veranlassung, den Eintritt des 20. Lebensjahres im Rechtsbeschwerdeverfahren nicht zu beachten[111].

Anderen Fällen möglicher Rechtsvereitelung ist ebenfalls durch Verfahrensbeschleunigung, einstweilen Rechtsschutz oder Anordnung der

---

[107] s. u. § 15 II 7 b.

[108] *Baumgärtel*, SAE 1968, 54.

[109] BGH LM Nr. 1 zu § 240 BGB; BAG SAE 1968, 49 (54) m. Anm. v. *Baumgärtel;* BAG AP Nr. 8 zu § 554 a ZPO m. Anm. v. *Schumann;* BAG SAE 1969, 43 m. Anm. v. *Rüthers; Wieczorek,* § 561 B III b; *Zöller/Karch,* § 561 Anm. 1 c.

[110] Vgl. *Wieczorek,* § 561 B III b.

[111] s. o. § 2 IV 5 Fn. 160; anders auch *Unger,* ZZP 42, 104 (156 Fn. 122).

sofortigen Vollziehung eines Verwaltungsaktes zu begegnen, nicht aber ist die offensichtliche Veränderung der Sachlage zu ignorieren.

b) *Neue Hoheitsakte*

Da § 561 ZPO schlechthin verbietet, neue Tatsachen zu beachten, kann grundsätzlich nicht danach differenziert werden, ob die Tatsache auf einem öffentlich-rechtlichen oder einem privaten Willensakt beruht. Der Erlaß neuer Hoheitsakte ist auch nicht mit einer Änderung der Gesetzgebung gleichzustellen.

aa) Neue vorgreifliche gerichtliche Entscheidungen

Soweit ein neues Urteil zum gleichen Streitgegenstand ergeht, entfällt die negative Prozeßvoraussetzung fehlender entgegenstehender Rechtskraft. Als prozessuale Neutatsache ist das Urteil daher stets zu beachten[112].

Zweifelhaft ist dagegen, ob das Revisionsgericht zu beachten hat, wenn in einem Parallelprozeß nach Verkündung des Berufungsurteils eine Vorfrage abweichend von der Beurteilung des Berufungsurteils rechtskräftig entschieden wird.

Baumgärtel will das neue Urteil nur beachten, sofern es einen Wiederaufnahmegrund nach § 580 Ziff. 6 ZPO abgibt. Aber dies ist nur der Fall, wenn über die Vorfrage bereits anderweitig durch Urteil entschieden war. Ist die neue Entscheidung aber das erste selbständige Erkenntnis über die Vorfrage, so soll die neue Tatsache nach dem Revisionszweck nicht beachtlich sein[113].

Beachtet man aber überhaupt neue Tatsachen, so ist es am ehesten gerechtfertigt, eine neues rechtskräftiges Urteil (bzw. einen unanfechtbaren Beschluß) zu beachten, da seine Feststellungen von Rechts wegen für die Parteien bindend sind. *Bötticher* weist zu Recht daraufhin, daß das Revisionsgericht hinsichtlich der rechtskräftig entschiedenen Vorfrage keine Tatsachen festzustellen habe, sondern an die dem Urteil zugrundeliegenden Feststellungen in gleicher Weise wie nach § 561 ZPO an Feststellungen des Berufungsgerichts gebunden sei[114].

Die Bindung schließt jedoch nicht aus, daß das Revisionsgericht den Sinn des anderen Urteils frei überprüft[115]. Während andere unstreitige Tatsachen u. U. schwer in das übrige Tatsachenbild einzuordnen sein

---

[112] s. o. § 11 II 1, 2 c.

[113] *Baumgärtel*, AP Nr. 1 zu § 148 ZPO; ebenso *Schwerdtner*, GRUR 1968, 9 (15) (für das patentrechtliche Nichtigkeitsurteil).

[114] *Bötticher*, AP Nr. 1 zu § 97 ArbGG 1953.

[115] *Sydow/Busch/Krantz/Triebel*, § 561 Anm. 5.

mögen, ergeht das Urteil stets zu einem selbständigen Element des Subsumtionsschlusses. Die Berücksichtigung wirkt sich daher entweder streiterledigend aus oder dient doch der konkreten Einheitlichkeit der Rechtsprechung, ohne das Revisionsgericht nennenswert zu belasten. Bötticher meint zwar, da das Revisionsgericht keine neuen Tatsachen beachten dürfe, sei lediglich zurückzuverweisen, wenn die neue gerichtliche Entscheidung auf Neutatsachen beruhe. Auch darin liegt jedoch bereits eine Durchbrechung von § 561 II ZPO. Denn ist die Zurückverweisung nur durch die neue Tatsache veranlaßt, so ist auch dies eine Form vorläufiger Beachtung. Einer derartigen Differenzierung bedarf es aber nicht, da das Revisionsgericht neue unstreitige streiterledigende Tatsachen beachten kann. Eine Zurückverweisung würde die Parteien auch unverhältnismäßig belasten, wenn das Ergebnis des zweiten Berufungsverfahrens praktisch feststeht.

bb) Neue vorgreifliche Verwaltungsakte

Weil es vom Gesetzgeber als notwendige Folge der Beschränkung auf die Rechtsprüfung gewollt ist, daß die Entscheidung nicht im Einklang mit der konkreten Rechtslage ergeht, können neue Verwaltungsakte nicht generell im Revisionsverfahren berücksichtigt werden[116].

Sie selbst sind aber regelmäßig unstreitig. Ist auch ihr *Inhalt* und seine *Auswirkung* auf die Entscheidung außer Streit, so wirken sie jedoch streiterledigend und sind folglich wie andere Neutatsachen bereits vor ihrer Unanfechtbarkeit zu beachten.

Fördert der Verwaltungsakt die endgültige Bereinigung des Parteienstreits, so sind keine Gründe ersichtlich, die neue Sachlage in Einzelfällen nicht zu beachten. Läßt z. B. die Arbeitsschutzbehörde die Kündigung einer Schwangeren nach § 9 III MuSchG während des Revisionsverfahrens zu und wird dies vom BAG nicht beachtet[117], so steht die Unwirksamkeit der Kündigung endgültig fest. Eine Vollstreckungsgegenklage gegen ein Feststellungsurteil scheidet aus. Eine nach § 9 III MuSchG genehmigte neue Kündigung beseitigt den erlangten Mutterschutz nicht, weil sie nicht rückwirkend erklärt werden kann. Auch eine Restitutionsklage (§ 580 Ziff. 7 b ZPO) ist nicht möglich, wenn die Urkunde erst nach dem Präklusionszeitpunkt errichtet wurde. Mutterschutz ist sicher notwendig. Aber es scheint nicht berechtigt, ihn nur zu gewähren, weil die Arbeitsschutzbehörde zu langsam arbeitete oder weil der Arbeitgeber die Zustimmung erst während des Revisionsverfahrens rechtskräftig erstreitet. Da § 9 III MuSchG ein Härteausgleich zugunsten des Arbeitgebers ist, ist eine derartige Rechtsschutzlücke abzulehnen.

---

[116] Vgl. RGZ 128, 66 (67 f.); BGHZ 28, 13 (15) = NJW 1958, 1653 = LM Nr. 19 zu § 561 ZPO m. Anm. v. *Rietschel; Mattern,* JZ 1963, 649 (653); *Fasching,* Probleme, S. 25.

cc) Patentrechtsänderungen

Die Berücksichtigung von Patentrechtsänderungen ist lange Zeit mit deren gesetzesähnlichen Wirkung gegenüber jedermann begründet worden. Klarstellungen oder Beschränkungen, die in der Sache rückwirkende Teilvernichtungen sind, seien deshalb wie neue Gesetze, die eine authentische Interpretation enthalten, zu beachten[118]. Nachdem nun Patente allgemein als Verwaltungsakte angesehen werden, wurde die Berücksichtigung von Bestandsänderungen aber ebenso wie die freie Auslegung nicht unzulässig[119]. Vielmehr sind alle möglichen Änderungen zu beachten, sofern sie streiterledigend wirken, vor allem Patentvernichtungen[120], Löschungen von Gebrauchsmustern[121] oder die Versagung angemeldeter Schutzrechte[122]. Auch ein neu erteiltes Patent kann ausnahmsweise berücksichtigt werden, wenn die Klageansprüche davon unstreitig betroffen sind und deshalb ist ein weiterer Rechtsstreit vermieden und der anhängige Prozeß entscheidungsreif wird[123]. Ebenso ist beachtlich, wenn zunächst nur vorläufiger Patentschutz in einen endgültigen[124] oder beschränkter vorläufiger in vollen vorläufigen Patentschutz[125] übergeht.

Bei alledem liegt eine in den Besonderheiten des Patentrechts liegende Ausnahme nicht vor. Wie bei einer nachträglichen Gesetzesänderung[126] führt auch hier die dogmatische Konstruktion einer objektiven Gesetzesverletzung zur Begründetheit der Revision. Die Rechtsprechung folgt ganz dieser Linie, wenn sie — trotz der Betonung der angeblichen Sonderstellung — alle Änderungen der Patentlage in der Revisionsinstanz zurückgewiesen hat, die den Streit nicht erledigten, sondern zu einer in ihrer Auswirkung streitigen Veränderung der Entscheidungsgrundlage und damit zu einer Fortsetzung des Tatsachenstreits in dritter Instanz geführt hätten[127].

---

[117] Vgl. BAG BB 1956, 563 (unvollständiger Abdruck).

[118] BGH GRUR 1955, 572 = LM Nr. 9 zu § 6 PatG; *Reimer/Nastelski*, § 47 Anm. 134 c; *Sydow/Busch/Krantz/Triebel*, § 561 Anm. 4.

[119] Kritisch dazu *Hesse*, GRUR 1972, 675 (676); s. o. § 9 I 6.

[120] BGH GRUR 1962, 577 (578) — Rosenzüchtung; *Reimer/Nastelski*, § 47 Anm. 11; abl. *Förster/Kann*, § 561 Anm. 4 a. E.; *Schwerdtner*, GRUR 1968, 9 (15); in der häufig angeführten Entscheidung RGZ 128, 400 (401 ff.) erlosch das Patent bereits vor der letzten mündlichen Tatsachenverhandlung.

[121] RGZ 155, 321 (326).

[122] RG Warn 1935 Nr. 121.

[123] BGHZ 3, 365 (368) = LM Nr. 4 zu § 561 ZPO u. Nr. 5 zu § 6 PatG m. Anm. v. *Lindenmaier;* vgl. *Reimer/Nastelski*, § 47 Anm. 134 b.

[124] *Reimer/Nastelski*, § 47 Anm. 134 c.

[125] *Benkard/Rogge*, § 47 PatG Rdnr. 89 a. E.

[126] RGZ 63, 140 (141).

[127] Vgl. *Benkard/Rogge*, § 47 PatG Rdnr. 89; s. o. § 2 IV 1.

dd) Neue Verwaltungsakte zum Streitgegenstand

Soweit keine Sonderregelung besteht, gelten diese Grundsätze auch im Verwaltungsprozeß, insb. für öffentlich-rechtliche Streitigkeiten vor den Zivilgerichten. Wird während des Revisionsverfahrens in der Streitsache ein neuer Verwaltungsakt erlassen, so ist dieser vom Revisionsgericht zu beachten, wenn Inhalt, Rechtmäßigkeit und Auswirkungen auf die Streitsache zweifelsfrei sind. Nur in diesen Fällen wird durch eine den neuen Verwaltungsakt beachtende Sachentscheidung weder die Entscheidung des Revisionsgerichts verzögert noch der Rechtsschutz des Betroffenen gegen den neuen Verwaltungsakt ohne Not beträchtlich verkürzt. Ist die Rechtmäßigkeit des neuen Verwaltungsakts streitig, so geht das Recht auf vollen Rechtsschutz dem auf rasche, endgültige Streiterledigung vor. Soweit der neue Verwaltungsakt nur vorgreiflich ist, bleibt es ohnehin bei den dargelegten Grenzen.

Diese Abgrenzung entspricht auch § 171 II SGG und den §§ 68, 123 S. 2, 127 FGO. Aus § 171 II SGG ergibt sich mittelbar, daß das BSG zu beachten hat, ob ein neuer Verwaltungsakt den Kläger in der Hauptsache klaglos stellt oder ob das Revisionsurteil zum ursprünglichen Verwaltungsakt auch gegenüber dem neuen vollen Rechtsschutz gewährt. Nur in anderen Fällen gilt der Verwaltungsakt gemäß § 171 II SGG als vor dem Sozialgericht angefochten.

Nach der FGO kann der BFH wegen eines neuen Verwaltungsakts zurückverweisen; er kann aber über den neuen Verwaltungsakt in der Sache entscheiden, wenn die Sache trotz des geänderten Streitgegenstandes spruchreif ist[128]. Stets steht es dem Betroffenen nach der FGO aber frei, ob er den neuen Verwaltungsakt in das laufende Verfahren einbeziehen will oder nicht. Deshalb ist der Antrag nach § 68 FGO auch dann noch im Revisionsverfahren zulässig, wenn er bereits vor dem Finanzgericht hätte gestellt werden können.

Daraus wird man allgemein den Schluß ziehen können, daß neue Verwaltungsakte zu beachten sind, wenn sie den Streit in der Hauptsache ganz oder in einem selbständigen Teil erledigen. Nur eine weitergehende Befugnis, wie die Zurückverweisung in streitigen Fällen oder die Verfahrensfortsetzung in erster Instanz kraft Gesetzes bedarf besonderer gesetzlicher Anordnung und kann nicht im Wege der Erweiterung der Verfahrensmöglichkeiten de lege lata allgemein zugelassen werden, auch soweit dies zum Schutze des Bürgers geboten wäre.

---

[128] BFH 109, 47; BFH FR 1974, 48; *Kühn/Kutter*, § 127 FGO Bem. 2; *Lothar Woerner*, Die Änderung von Steuerbescheiden während eines gerichtlichen Verfahrens, BB 1973, 515.

De lege ferenda ist jedoch eine § 127 FGO entsprechende Lösung auch für öffentlich-rechtliche Streitigkeiten vor den Zivilgerichten anzustreben.

ee) Besondere öffentliche Interessen

Darüber hinaus ließe sich die Berücksichtigung neuer Verwaltungsakte allenfalls bei Vorliegen eines besonderen öffentlichen Interesses rechtfertigen. In streitigen Fällen dürfte das Revisionsgericht aber lediglich aufheben und zurückverweisen.

Auf einem derartigen besonderen staatlichen Interesse beruhte die Beachtung versagter Devisenverkehrsgenehmigungen[129] sowie von Vermögenssperren und Treuhänderbestellungen[130]. Die Rechtsprechung erreichte dies, indem sie diese Tatsachen der Amtsprüfung unterstellte. Aber deren Umfang liegt nicht fest. Die nötige prozessuale Beziehung ergab vielmehr allein das öffentliche Interesse.

Nach der hier vertretenen Auffassung war diese Konstruktion überflüssig. Da diese Verwaltungsakte unstreitig vorlagen und ihre rechtliche Auswirkung auf den Rechtsstreit zweifelsfrei und streiterledigend war, konnten sie ohne weiteres beachtet werden.

3. Doppelrelevante Tatsachen

Prozeßrechtlich relevante Tatsachen, die verfahrensrechtlich in der Revisionsinstanz frei zu prüfen sind, und die zugleich materiellrechtliche Bedeutung haben, sind stets auch bei der Sachentscheidung zu beachten. Freiheit und Gebundenheit bezüglich der gleichen Tatsache läßt sich nicht aus dem Zweck der Präklusion nach § 561 I 1, II ZPO rechtfertigen. Denn das Revisionsgericht darf nicht zu einem letztlich widersprüchlichen Verhalten gezwungen werden. Ein derartiges Verhalten fordern allgemeine Präklusionsregeln nicht. Die allgemeine Entlastung und Verfahrensgliederung, die sie bewirken sollen, darf nicht dazu führen, eine aus anderen Gründen zulässig in den Prozeß eingeführte Tatsache nur punktuell, nicht aber, soweit entscheidungserheblich, allgemein zu beachten.

Sind doppelrelevante Tatsachen offenkundig, gerichtskundig, unstreitig oder durch Urkunden belegt, so belastet ihre Berücksichtigung weder in bezug auf den Verfahrensablauf noch im Hinblick auf das materielle Streitverhältnis, da die daran geknüpften Rechtsfolgen regelmäßig eindeutig sein werden.

---

[129] RGZ 150, 330 (334) = JW 1936, 1535; BGH Urt. v. 25. 6. 1953 — IV ZR 135/51 (zit. bei BGHZ 28, 13 [15]).

[130] OGHZ 2, 102 = NJW 1949, 669.

Ist die Tatsache streitig, und ermittelt das Revisionsgericht die Sachlage für die prozessuale Amtsprüfung im Wege des Strengbeweises[131], so bestehen auch insoweit keine Bedenken, die ermittelte Tatsache materiell zu verwerten. Führt die Tatsache materiell zu einer Veränderung des Prozeßstoffs, die erneuter umfassender Beweiswürdigung bedarf, so kann wie in anderen Fällen zurückverwiesen werden, weil die Beweiswürdigung die Leistungsfähigkeit des Revisionsgerichts übersteigt.

Die allseitige Berücksichtigung doppelrelevanter Tatsachen soll an Fällen des gesetzlichen Parteiwechsels näher erläutert werden.

a) Einleitung und Beendigung des Konkursverfahrens

Nimmt der Konkursverwalter den in der Revisionsinstanz unterbrochenen Rechtsstreit auf, so ist die Konkurseröffnung auch materiell zu beachten[132]. Insoweit handelt es sich nicht um ein Angriffs- oder Verteidigungsmittel, daß auf der Willkür der Partei beruht und deshalb ausgeschlossen bleiben muß.

Die Konkurseröffnung ist aber auch darüber hinaus zu beachten, soweit zur endgültigen Sachentscheidung nunmehr weitere Tatsachenfeststellungen erforderlich sind. Da die Konkurseröffnung auch materiell zu berücksichtigen ist, entfällt in diesen Fällen — für das Revisionsgericht eindeutig feststellbar — durch die nachträgliche Veränderung die Entscheidungsreife. Dies ist von Amts wegen zu beachten. Sind die neuen konkursbedingten Tatsachen, wie z. B. die Eigenschaft als Konkursforderung, Unentgeltlichkeit der Zuwendung, unstreitig, so hat sie das Revisionsgericht — weil streiterledigend — der eigenen Sachentscheidung zugrundezulegen. Ansonsten ist zurückzuverweisen, um den Sachverhalt aufzuklären und Entscheidungsreife herzustellen[133].

Soweit der Konkurs dazu führt, daß der Streit sich wesentlich auf andere Fragen verlagert, wie bei der Geltendmachung eines Vorrechts oder eines Aussonderungsrechts, nimmt die Rechtsprechung allerdings an, eine Identität der Ansprüche sei nicht gegeben. Deshalb müsse der volle Instanzenzug für diese Fragen zur Verfügung stehen[134], eine Berücksichtigung im Revisionsverfahren sei ausgeschlossen.

b) Tod einer Partei

Beim Tod einer Partei wird das Revisionsverfahren ausgesetzt (§ 246 I ZPO), oder, falls noch kein Anwalt bestellt war, unterbrochen.

---

[131] Vgl. *E. Peters*, Freibeweis, S. 133 ff., 176 ff.; *Rosenberg/Schwab*, §§ 78 IV 2 c, 113 II 3; s. u. § 14 II 2.

[132] a. A. *Rosenberg/Schwab*, § 146 II 2 (obgleich darin eine neue unstreitige Tatsache liegt, die nach § 146 II 3 h zu beachten ist).

[133] Vgl. *Jonas*, Die Konkursfeststellung, S. 61 f.

[134] BGH ZZP 67, 300 (301) = LM Nr. 5 zu § 146 KO; s. u. § 16 I 3 b dd (3).

Wird das Revisionsverfahren von dem Erben aufgenommen, so ist die Rechtsnachfolge nicht nur prozessual für die Parteistellung zu beachten, sondern es ist zugleich zu berücksichtigen, wenn der Anspruch, weil höchstpersönlich, durch den Tod entfällt[135]. Zu beachten ist ferner, wenn der Erbe Gegenrechte geltend macht, die erst durch die Rechtsnachfolge entscheidungserheblich wurden[136].

c) *Beendigung von Gesellschaften*

Wird eine Personengesellschaft während des Revisionsverfahrens endgültig beendet, z. B. durch Übernahme der Anteile (§ 142 HGB), so ist nicht nur prozessual der Wegfall der bisherigen Partei zu beachten, sondern auch materiell die Rechtsnachfolge[137].

---

[135] *Wieczorek,* § 561 B II b 2; zu § 628 ZPO s. u. § 17 III 1.

[136] s. o. § 8 I 3.

[137] a. A. *Förster/Kann,* § 561 Anm. 4 c.

§ 14. Beweisaufnahmen in der Revisionsinstanz

I. Allgemeines

Die ZPO schließt Beweisaufnahmen in der Revisionsinstanz nicht ausdrücklich, sondern nur mittelbar durch § 561 I 1, II ZPO aus: Gemäß § 561 I 1 ZPO können die Parteien keine neuen Tatsachenbehauptungen aufstellen und folglich auch keine neuen Beweise antreten. Andererseits kann das Revisionsgericht eine bereits ausgeführte Beweisaufnahme nicht zur Verdeutlichung oder Ergänzung wiederholen, da es nach § 561 II ZPO an die getroffenen Feststellungen gebunden ist.

Soweit neue Tatsachenbehauptungen nach § 561 I 2 ZPO aufgestellt werden können, ist auch eine Beweisaufnahme zur Prüfung ihrer Wahrheit zulässig und geboten[1].

Nicht ausdrücklich regelt das Gesetz, wie zu verfahren ist, wenn das Tatsachengericht angetretene Beweise nach seiner Rechtsauffassung nicht zu erheben brauchte oder wenn sich die getroffenen Feststellungen als verfahrensfehlerhaft erweisen und deshalb für die weitere Sachentscheidung wegfallen. Daß die Revision im Rahmen einer begründeten Verfahrensrüge nicht zur Tatsacheninstanz wird, ist bereits dargelegt worden[2]. Aus § 565 I 1, III Nr. 1 ZPO ergibt sich auch für andere Fälle, daß *unterbliebene Beweisaufnahmen nicht nachgeholt* werden können. Abgesehen von der Prüfung der Begründetheit von Verfahrensrügen ist deshalb für Beweisaufnahmen in der Revisionsinstanz scheinbar kein Raum.

Nun ist aber unter Beweis ganz allgemein jede Tätigkeit zu verstehen, die darauf abzielt, den zu beurteilenden Sachverhalt zur Überzeugung des Gerichts aufgrund objektiver (genauer: intersubjektiver) Gründe zu rekonstruieren[3].

Es ist deshalb einmal zu untersuchen, welche Stellung das Revisionsgericht einnimmt, wenn die Beweismittel dem Revisionsgericht als Teil des angefochtenen Urteils zugänglich sind.

Zum anderen ist zu prüfen, ob und in welchen Fällen die Einschränkung des § 561 I 1, II ZPO entsprechend der bisherigen Untersuchung dazu führt, daß das Revisionsgericht *neue* Beweismittel verwerten kann.

---

[1] s. o. § 8 I 1.

[2] s. o. § 8 I 4 b.

[3] *Bruns*, § 32 I 1.

Beide Fragen hängen praktisch eng zusammen und sollen deshalb gemeinsam dargestellt werden.

II. Beweisaufnahmen zu prozessualen Fragen

1. Tatsachen zum Fortgang des Revisionsverfahrens

Zu Tatsachenbehauptungen, die das Verfahren nach Erlaß des Berufungsurteils betreffen, hat das Revisionsgericht selbst Beweis zu erheben[4].

Sieht das Gesetz vor, daß nicht der iudex a quo, sondern das Revisionsgericht selbst die Zulässigkeit des Rechtsmittels prüft, so kann diese Prüfung nicht in streitigen Fällen doch der Vorinstanz überlassen werden.

Auch alle anderen Neutatsachen, die den Fortgang des Revisionsverfarens betreffen, wie die Zulässigkeit der Wiedereinsetzung und des Einspruchs, die Voraussetzungen der Armenrechtsbewilligung, der Aussetzung, Aufnahme oder Beendigung[5] des Revisionsverfahrens hat das Revisionsgericht abschließend zu entscheiden. Hierzu eigene Beweiserhebungen des Revisionsgerichts auszuschließen, erscheint nicht nur wegen der größeren Sachnähe des Revisionsgerichts als unangebracht[6]. Es wäre auch mit der Pflicht zu schnellem, effektiven Rechtsschutz unvereinbar, wegen derartiger lediglich den Verfahrensfortgang betreffenden Vorfragen eine weitere Tatsacheninstanz zu eröffnen.

2. Feststellungen zu Prozeßvoraussetzungen

Die Befugnis der Parteien zu neuem Vorbringen und die Macht des Revisionsgerichts, das Vorbringen auf seine Begründetheit zu prüfen und dazu Beweis zu erheben, gehen zwar regelmäßig parallel. Aber die Befugnis zu abschließender Prüfung, die für Prozeßvoraussetzungen überwiegend anerkannt ist[7], folgt nicht zwingend aus der Befugnis zur freien tatsächlichen Würdigung. Der Schutzzweck der Prozeßvoraussetzungen wird vielmehr auch erreicht, wenn das Revisionsgericht streitige Tatsachen nur auf ihre Schlüssigkeit prüft und zur abschließenden Be-

---

[4] *Baumbach/Lauterbach/Albers/Hartmann*, § 561 Anm. 3 C; *Wieczorek*, § 561 A II a 1; *Thomas/Putzo*, § 561 Anm. 4 f; *Nikisch*, § 126 II 3; vgl. auch *Friedrichs*, S. 982.

[5] s. u. § 17.

[6] *Stein/Jonas/Grunsky*, § 561 IV 1; *Mattern*, JZ 1963, 649 (650) (Gegenteil befremdlicher Doktrinarismus).

[7] BGH JR 1971, 159 m. Anm. v. *Berg; Bruns*, § 54 IV; *Blomeyer*, § 104 V 2 c; *v. Wallis/List*, § 118 Rdnr. 25; *Redeker/v. Oertzen*, § 137 Rdnr. 13; *Eyermann/Fröhler*, Vorbem. § 81 Rdnr. 7; *Kleinknecht*, Vor § 333 Anm. 2; *Kopp*, § 137 Anm. 5 d.

urteilung zurückverweist. Die Berechtigung zur eigenen Beweiserhebung folgt also nicht aus dem Schutzzweck der Prüfung von Amts wegen, sondern ausschließlich aus der Prozeßökonomie, d. h. aus dem Verhältnismäßigkeitsgrundsatz.

Während dieser bei Tatsachen zum Verfahrensfortgang stets die eigene abschließende Entscheidung des Revisionsgerichts gebietet, ergibt die Interessenabwägung bei den Prozeßvoraussetzungen einen gewissen *Ermessensspielraum*[8]. Das Revisionsgericht ist deshalb nicht zur abschließenden Entscheidung über eine streitige Prozeßvoraussetzung verpflichtet[9], sondern kann auch zur weiteren Klärung zurückverweisen, wenn dies im Einzelfall sachdienlich erscheint[10]. Dagegen meint *Leipold*, es dürfe nach den §§ 564 I, 565 I ZPO nur zurückverwiesen werden, wenn feststeht, daß die Revision tatsächlich begründet ist, nicht aber, wenn die mögliche Begründetheit erst abschließend zu prüfen ist. Anders sei es nur, wenn das Berufungsgericht verfahrensfehlerhaft gehandelt habe und dies gerügt worden sei. Zumindest sei zu klären, ob eine Beweisaufnahme überhaupt möglich sei. Könne nämlich überhaupt kein Beweis erhoben werden, so sei eine Zurückverweisung sinnlos, weil dann im Ergebnis das alte aufgehobene Urteil wiederhergestellt werden müsse[11].

Dieser letzte Einwand ist berechtigt. Ist zweifelhaft, ob das einzige, mögliche Beweismittel erreichbar ist und kann diese Frage mühelos geklärt werden, so ist es unzulässig, das Verfahren fortzusetzen, obgleich eine weitere Sachaufklärung ausscheidet[12].

Eine Pflicht, zu Prozeßvoraussetzungen und Prozeßfortsetzungsbedingungen (vor Beginn des Revisionsverfahrens) Beweis zu erheben, ist jedoch nicht anzuerkennen. Denn auch in anderen Fällen wird allein aufgrund des neuen, noch nicht abschließend geprüften Vorbringens, also nur wegen der ernsthaften Möglichkeit, daß deshalb eine andere Entscheidung geboten und das Berufungsurteil objektiv unrichtig sein könnte, zurückverwiesen. So verhält es sich bei neuem Vorbringen von Wiederaufnahmetatsachen, von Tatsachen zur Begründung von Schadensersatzansprüchen aus ungerechtfertigter Vollstreckung, bei Verstößen gegen Mindestanforderungen an Form und Inhalt eines Urteils[13], bei Zweifeln über die vollständige Berücksichtigung von Erfahrungswissen[14]; sogar zur Klärung des Inhalts von Rechtsnormen[15] kann zu-

---

[8] *Stein/Jonas/Grunsky*, § 561 IV 1; *Martin*, S. 153 ff., 157.

[9] a. A. *L. Müller*, Freibeweis, S. 49 ff.; Mattern, JZ 1963, 649 (650).

[10] Vgl. BGH FamRZ 1969, 477 (478); BGH FamRZ 1971, 243 (244); BAG 17, 278 (285 f.) = NJW 1966, 74 (76) = AP Nr. 1 zu § 244 ZPO m. krit. Anm. v. *Leipold;* BAG 19, 146 (150).

[11] *Leipold*, AP Nr. 1 zu § 244 ZPO (Bl. 240 R, III).

[12] s. o. § 8 I 3 b aa.

[13] s. o. § 7 III.

rückverwiesen werden. Stets wird in diesen Fällen „auf Verdacht" aufgehoben, weil die Klärung, ob der gerügte Fehler tatsächlich vorliegt, der geltend gemachte Ersatzanspruch besteht, entweder durch § 561 I 1, II ZPO verschlossen ist oder doch zu einer zu starken Belastung des Revisionsgerichts führen würde.

Der Entlastung des Revisionsgerichts von einer an sich möglichen Beweiserhebung dient auch die Zurückverweisung zur Klärung von Prozeßvoraussetzungen. Dabei sind weitere Prozeßverzögerung, Verfahrenskosten und voraussichtliche Möglichkeiten weiterer Aufklärung abzuwägen gegen die Hauptaufgabe des Revisionsgerichts, Rechtsfragen zu entscheiden.

Eine Zurückverweisung liegt deshalb nahe, wenn zwar die prozessualen Zweifel voraussichtlich behebbar sind, in der Hauptsache aber die Entscheidungsreife fehlt. Auch wenn eine von Amts wegen zu prüfende Frage umfangreicher Ermittlungen oder einer diffizilen Beweiswürdigung bedarf, kann sich das Revisionsgericht wie in anderen Fällen darauf beschränken, aufzuheben und zurückzuverweisen[16]. Das Ermessen des Gerichts ist jedoch nicht frei. Vielmehr hat es stets selbst einfache Auskünfte einzuholen und liquide Beweismittel zu verwerten.

Auch Alttatsachen, die in einem zu anderen Zwecken durchgeführten Beweissicherungsverfahren festgestellt wurden, können im Wege des Urkundenbeweises verwertet werden[17].

Auf diese Weise ist nicht zu befürchten, daß das Revisionsgericht durch Tatsachenfeststellungen zu Prozeßvoraussetzungen überlastet wird.

Beweise sind mittels Strengbeweis zu erheben[18]. Da eine bestimmte Form der Beweiserhebung nicht vorgeschrieben ist, kann der Beweis auch durch ein Mitglied des Revisionsgerichts oder durch das Amtsgericht als ersuchten Richter erhoben werden.

III. Beweisaufnahmen zum materiellen Streitverhältnis

Tatsachenfeststellungen sind nach überwiegender Auffassung dem Revisionsgericht wesensfremd. Deshalb werden Beweisaufnahmen zum

---

[14] s. o. § 7 V 2 b (Fn. 193).

[15] s. o. § 5 II 1.

[16] Ebenso *Meyer*, in *Löwe/Rosenberg*, § 337 III 2 a; *Müller/Sax*, § 337 Anm. 4 b.

[17] BGH NJW 1951, 441 (442).

[18] *Stein/Jonas/Grunsky*, § 561 IV 3; *Bruns*, § 54 IV; *Rosenberg/Schwab*, § 113 II 3; *Kopp*, § 40 Vorbem. 3 d; anders die Rspr. vgl. *Zöller/Karch*, § 561 Anm. 1 d; *Meyer*, in *Löwe/Rosenberg*, § 337 III 2 a; *Kleinknecht*, Einl. 6 G; zur Annäherung der Standpunkte durch eine Beweiserhebung von Amts wegen vgl. *Stein/Jonas/Pohle*, Vor § 128 VII 3 d.

materiellen Sachverhältnis allgemein als unzulässig angesehen[19], zumindest sollen dem Revisionsgericht keine Beweisaufnahmen über die gesetzlichen Ausnahmefälle hinaus aus Gründen der Prozeßökonomie zugewiesen werden können[20].

Hinter dieser Ablehnung steht vor allem die Vorstellung von einer förmlichen neuen Beweisaufnahme. Wie der Freibeweis zeigt, sind diese aber nicht bei jeder Beweisaufnahme notwendig. Außerdem bezieht sich diese Aussage in erster Linie auf Tatsachen des Einzelsachverhalts. Und schließlich können die Beweismittel dem Revisionsgericht bereits durch Urkunden, Augenscheinsmaterial oder Sachverständigengutachten vorliegen.

Alle diese Gesichtspunkte haben auch in der Praxis zu Beweisaufnahmen in der Revisionsinstanz geführt.

1. Urkundenbeweis

Läßt man in Grenzen eine selbständige, ergänzende oder ersetzende Beweiswürdigung des Revisionsgerichts zum materiellen Streitverhältnis zu[21], so liegt nahe, daß das Revisionsgericht Sachverhaltslücken auch dann schließen kann, wenn die Beweisurkunde in der Tatsacheninstanz nicht einmal teilweise gewürdigt wurde.

Dagegen wird eingewandt, Urkunden könnten dem Revisionsgericht zwar ohne weiteres vorgelegt werden, aber sie seien häufig nur nach zusätzlichen Erläuterungen durch Parteien oder Zeugen verständlich und deshalb müsse dem Tatrichter jede Beweisaufnahme, auch einfachster Art, überlassen bleiben[22].

a) Selbständige Auswertung bereits beigezogener Urkunden

Dieses Bedenken besteht an sich auch gegen die allgemein geübte Lückenergänzung bei der Feststellung des Urkundeninhalts.

Wird bei jedem Versuch zur Reproduktion des Sachverhalts in der Sache Beweis erhoben, so nimmt auch das Revisionsgericht dadurch Beweis auf, daß es beigezogene Urkunden, auf die das angefochtene Urteil ergänzend verweist, durchliest[23]. Da dies nur dazu dienen soll, die Fest-

---

[19] *Klauer/Möhring/Hesse,* § 41 w Rdnr. 2; *Reimer/Nastelski,* § 41 q Rdnr. 7; *Schmid,* ZStW 85, 360 (366); *Kleinknecht,* Vor § 333 Anm. 2.

[20] *Mattern,* JZ 1963, 649 (651).

[21] s. o. § 9 I.

[22] *Stenglein,* GS 46, 1 (3); *Mannheim,* S. 80.

[23] Dafür *Kleinknecht,* § 337 Anm. 6 (zur Beurteilung umfassender Schriften — trotz Unzulässigkeit der Bezugnahme).

stellungen des Berufungsgerichts zu vergegenwärtigen, nicht aber neuen Beweis zu erheben, sieht man darin allgemein keine Beweisaufnahme[24].

Zwischen der Wiedergabe des vollständigen Urkundenwortlauts im Urteil und der bloßen Bezugnahme auf das Original oder ein Kopie besteht aber doch ein gewisser Unterschied. Denn in letzterem Fall wird dem Revisionsgericht nicht nur der Gedankeninhalt der Urkunde u. U. lückenloser vermittelt, es erhält vielmehr auch zusätzlich einen gewissen unmittelbaren Eindruck über Eigenschaften der Urkunde, wie Schriftform, Textgestaltung, Hervorhebung einzelner Stellen, Streichungen usw., der Augenschein ist[25]. Derart ergänzende Feststellungen zum Inhalt einer bereits verwerteten Urkunde kann auch das Revisionsgericht treffen. Erlauben der dadurch gewonnene Text oder die sonstigen Indizien eine zweifelsfreie Beurteilung, so kann sie das Revisionsgericht dem eigenen abschließenden Urteil zugrundeliegen[26]; sonst verweist es wegen fehlender Entscheidungsreife zurück.

Diese selbständige Lückenergänzung, die in der Sache Beweisaufnahme ist, aber keinen Beweisvorschriften unterliegt, ist äußersten Falles noch möglich, wenn von mehreren inhaltlich zusammengehörigen Schriftstücken bislang ein Teil fehlte und nun nachgereicht wird, weil nach Ansicht des Revisionsgerichts eine Sachverhaltslücke besteht.

Auch kann die Grenze zwischen Nachprüfung und offener Ergänzung der Feststellungen durch eine großzügige Annahme stillschweigender Bezugnahmen verschwimmen[27].

Die Tatsachenfeststellung des Revisionsgerichts aus den Akten darf aber über eine verdeutlichende, Ungenauigkeiten der Wiedergabe im angefochtenen Urteil ausgleichende Funktion nicht hinausgehen. Wie mehrfach dargelegt[28], ist es nicht Aufgabe des Revisionsgerichts, den Sachverhalt von sich aus weiter aufzuklären. Deshalb scheidet eine Ermittlung des Inhalts eines bereits beigezogenen Urkundenpakets, z. B. der Akten vorausgegangener Verwaltungs- oder Gerichtsverfahren, aus, wenn dies nicht zur Verdeutlichung einzelner, bestimmter Umstände erfolgen soll, sondern sich eine Partei allgemein auf den Akteninhalt zum Beweis streitiger Sachverhaltslücken bezieht[29].

---

[24] Kritisch dazu für Augenscheinsobjekte *Schmid,* ZStW 85, 893 (904).

[25] *Rosenberg/Schwab,* § 121 I; krit. *Stein/Jonas/Schumann/Leipold,* Vor § 371 II 2; s. auch u. III 2.

[26] s. o. § 8 II 2 a.

[27] s. o. § 8 II 2 b.

[28] s. o. §§ 5 I 2, 8 II 2 b.

[29] BAG AP Nr. 59 zu § 611 BGB Haftung des Arbeitnehmers.

b) Vorlage neuer Urkunden

Ist die lückenergänzende Würdigung von Urkunden zulässig, soweit weitere nicht aus der Urkunde ersichtliche Auslegungsindizien, die noch nicht festgestellt sind, nach Sachlage ausscheiden, so erscheint auch die Würdigung einer neu vorgelegten Urkunde nicht ganz ausgeschlossen, wenn dadurch bestehender Streit bereinigt und eine sonst erforderliche Zurückverweisung vermieden werden kann.

Trotz der unscharfen Grenzen, die durch Bezugnahme entstehen, besteht aber ein qualitativer Unterschied, ob das Revisionsgericht einen selbständigen Eindruck von einem bereits verwerteten Beweismittel erhält oder ob es neuen Urkundenbeweis erhebt. Denn letzterer soll zu einer dem Revisionsgericht grundsätzlich fremden Sachaufklärung über den bisherigen Prozeßstand hinaus führen. Neuer Urkundenbeweis ist daher regelmäßig ausgeschlossen.

Die bisher entwickelte Auflockerung der Revision führt aber zu gewissen Ausnahmen.

aa) Doppelrelevante Tatsachen

Wird der Inhalt von Urkunden zum Beweis eines Verfahrensfehlers oder zum Nachweis einer prozessualen Tatsache beachtet, so ist dieser Beweis auch für das materielle Sachverhältnis verwertbar und führt gegebenenfalls zur Aufhebung und Zurückverweisung[30].

bb) Beweis streitiger Tatsachen

Streitige Tatsachen zum materiellen Streitverhältnis sind für das Revisionsgericht beachtlich, soweit sie, wie bei den Schadensersatzansprüchen aus ungerechtfertigter Vollstreckung[31], tatrichterliche Zuständigkeiten des Revisionsgerichts betreffen, die kraft Gesetzes mit dem Revisionsverfahren verbunden sind. Darüber hinaus hat sie das Revisionsgericht zu berücksichtigen, wenn es sich um Wiederaufnahmegründe[32] handelt oder wenn bei Gestaltungs- oder Feststellungsklagen der Eintritt oder Wegfall eines Gestaltungsgrundes nach Schluß der Tatsachenverhandlung zu einer Rechtsschutzlücke führen würde[33]. Da der Prozeßzweck in diesen Fällen allgemein eine Berücksichtigung verlangt, läßt sich diese nicht auf unstreitige Fälle beschränken. Andererseits rechtfertigt die bloße Behauptung einer derartigen Tatsache nicht die Zurückverweisung in die Tatsacheninstanz. Hier eignet sich vor

---

[30] s. o. § 13 III 3.

[31] s. o. § 2 VI 1 a (Fn. 221).

[32] s. o. § 12 I 2 b, c.

[33] s. o. § 12 II 3.

allem der Urkundenbeweis zur Glaubhaftmachung der Neutatsache; deren Nachweis ist aber nicht darauf beschränkt.

cc) Unstreitige Tatsachen und bestätigende Vorlage von Urkunden

Soweit Neutatsachen unstreitig und streiterledigend sind und deshalb in der Revisionsinstanz beachtet werden, setzt ihre Berücksichtigung praktisch meist voraus, daß die Urkunde, in der die Neutatsache „verkörpert" ist, dem Revisionsgericht vorgelegt wird[34].

Dies ist vor allem bei neuen Hoheitsakten der Fall[35]. Erst die Vorlage der Urkunden beseitigt hier, vor allem bei Geltung des Untersuchungsgrundsatzes, Zweifel über Existenz und Inhalt des Hoheitsaktes, die auch bei unstreitiger Parteierklärung verbleiben.

Eine Vorlage und eine abschließende Würdigung kommt nach der Leistungsfähigkeit des Revisionsgerichts vor allem bei öffentlichen Urkunden, wie Personenstandsurkunden und Grundbuchauszügen in Betracht.

Gerade diese Fälle zeigen, daß es angebracht ist, allgemein über den Fall anfänglicher Unstreitigkeit hinauszugehen. Handelt es sich nämlich um eine dem Gegner fremde Urkunde, so kann er deren Inhalt in abgeschwächter Weise bestreiten, indem er sich mit Nichtwissen erklärt (§ 138 IV ZPO). Legt die Partei nun die Urkunde vor, so kann sich ergeben, daß weder Zweifel an der Echtheit (§§ 439 I, 138 ZPO) noch über den Inhalt bestehen. Da vom Geger nicht erwartet werden kann, einen Urkundeninhalt unbesehen zu seinen Ungunsten nicht zu bestreiten, so ist es am sinnvollsten, ihm die Kenntnisnahme wie bei der Vorbereitung des Urkundenbeweises (§§ 131, 134, 135 ZPO) zu gestatten, damit sich die Partei erklären kann. Kann die Urkunde erst in der mündlichen Revisionsverhandlung vorgelegt werden, so ist nicht anders zu verfahren. Bestreitet der Gegner nach Kenntnisnahme die Richtigkeit des Inhalts der Urkunde, so kann sie nicht verwertet werden. Bestreitet er nicht, so kann die neue Alt- oder Neutatsache in den bereits dargelegten Grenzen auch bei der Endentscheidung beachtet werden.

Soweit die Parteien die Urkunde nicht in Händen haben, erscheint es auch als zulässig, daß das Revisionsgericht die Vorlage einer Urkunde durch Behörden von Amts wegen veranlaßt (§ 272 b II Nr. 2 ZPO).

Verwertet werden darf die durch die Urkunde belegte neue Tatsache aber nur, wenn eine bestimmte, streiterledigende Tatsache von Anfang

---

[34] Für die Zulässigkeit derartiger Vorlagen *Friedrichs*, S. 990.

[35] s. o. § 13 III 2 b.

an oder doch nach Einsicht durch den Gegner unstreitig ist, also nur, *wenn die Urkunde keinen selbständigen, über die Verdeutlichung der Parteierklärungen hinausgehenden Beweis erbringt.*

Unzulässig ist es daher auch, wenn das Revisionsgericht Akten beizieht, nicht um die Sache weiter aufzuklären, sondern um den Verdacht unzureichender Sachaufklärung zu erhärten oder zu zerstreuen[36]. Zulässig und geboten ist lediglich eine informelle Befragung der Parteien[37].

Kann die Urkunde danach beachtet werden, so ist dem Revisionsgericht wie bei den Urkunden, die bereits das Berufungsgericht mittelbar zu Teilen seines Urteils erklärt hat, wiederum gestattet, den vollen Urkundeninhalt zu verwerten. So kann es etwa die Begründung einer Nichtigkeitsentscheidung des Patentamtes zur selbständigen Auslegung des streitigen Patentes mit heranziehen[38].

2. Augenschein

Ein Augenschein außerhalb des Sitzungszimmers scheidet für das Revisionsgericht von vornherein aus[39]. Dagegen sind ihm Bilder, Unfallskizzen[40], Lagepläne, Warenzeichen usw., die dem Berufungsurteil zur näheren Erläuterung und Vervollständigung des Eindrucks beigegeben sind, ohne weiteres zugänglich.

Soweit die Beigabe von Augenscheinobjekten zur Nachprüfung der Auslegung unbestimmter Rechtsbegriffe verlangt wird[41], muß das Revisionsgericht den dadurch möglichen Augenschein auch tatsächlich zur Beurteilung einnehmen. Der Bindung nach § 561 II ZPO würde zwar streng genommen entsprechen, daß eine Beurteilung auch des bei den Gerichtsakten befindlichen Augenscheinsmaterials unterbleibt[42]. Konsequent ist dieser Standpunkt allerdings nur, wenn es das Revisionsgericht ablehnt, das Augenscheinsmaterial überhaupt zu betrachten[43].

Aber dies erscheint als doktrinäre Übertreibung. Befinden sich Warenzeichen, Gebrauchsmusterproben oder Bilder eines Verletzten bei den Akten, so erfordert die freie Revisibilität unbestimmter Rechtsbegriffe,

---

[36] So aber BAG SAE 1973, 96 (97) m. abl. Anm. v. *Sieg* (s. o. § 2 VII 2).

[37] s. o. § 8 I 3 b aa.

[38] BGH LM Nr. 9 zu § 6 PatG; s. o. § 9 I 6.

[39] *Peters*, Strafprozeß, S. 561 f.

[40] Für deren Berücksichtigung in Verkehrsstrafsachen *Cramer*, ZStW 85, 462.

[41] s. o. § 7 IV 1, IX 2 c; für Strafsachen im einzelnen *Schmid*, ZStW 85, 893 ff.

[42] Dafür *Förster/Kann*, § 561 Anm. 3; *Mannheim*, S. 64 („rote Fahne").

[43] So RG JW 1910, 341 (Abbildung von Warenzeichen); vgl. *Schmid*, ZStW 85, 893 (897).

daß das Revisionsgericht ihm übermitteltes Augenscheinsmaterial betrachtet, wenn sein Urteil nicht unnötig schlechter fundiert sein soll als das des Berufungsgerichts[44]. Daß auch eine bloß unselbständige, verdeutlichende Betrachtung der Sache nach Augenschein ist, wurde bereits dargelegt[45]. Da das Revisionsgericht aber die Richtigkeit der Einzelfallentscheidung so weit wie möglich anzustreben hat, ist diese Einschränkung der generellen Bindungswirkung nach § 561 II ZPO mit Wesen und Zweck der Revision vereinbar[46].

Ist das Augenscheinsmaterial grundsätzlich geeignet, einem Urteil beigefügt zu werden und verlangt das Revisionsgericht seine Beifügung zur Verbesserung der Kontrollmöglichkeit, so bestehen auch keine Bedenken, daß die Parteien Augenscheinsmaterial, das dem Tatrichter vorgelegen hat, dem Revisionsrichter aber nicht mit den Akten übermittelt wurde, auch neu überreichen[47].

Auch der revisionsgerichtliche Augenschein dient somit nicht primär der weiteren Sachaufklärung, sondern der Verdeutlichung, um die Rechtsprüfung zu verbessern und die Nachteile der Beschränkung auf die Rechtsfrage abzumildern. Insgesamt gesehen handelt es sich aber um Ausnahmefälle, die auch Ausnahmen bleiben müssen, soll die Belastung des Revisionsgerichts nicht überhand nehmen.

Ob dem Revisionsgericht Texte nicht nur in Druck oder Schrift, sondern auch andere Nachrichtenträger, wie Tonbänder, Mikrofilme usw. übermittelt werden können, ist hier nicht zu entscheiden[48]. Immerhin erscheint bei fortschreitender technischer Entwicklung und einer verbesserten Büroausstattung der Gerichte ein Wandel denkbar.

3. Amtliche Auskünfte, Zeugen, Sachverständige

Zu Tatsachen des Einzelsachverhalts kommen derartige Beweismittel nur in den Ausnahmefällen in Betracht, in denen das Revisionsgericht neue streitige Tatsachen prüfen kann. Da das Revisionsgericht aber zur abschließenden Klärung zurückverweist, ist eine Zeugenvernehmung wohl stets entbehrlich.

---

[44] OLG Hamm OLGSt § 184 StGB, S. 27; BayObLGSt 1970, 133 (135) (beide zu unzüchtigen Magazinen); *Meyer*, in *Löwe/Rosenberg*, § 337 V 3 b; *Kleinknecht*, § 337 Anm. 6 (falls eine vollständige Beschreibung z. B. zahlreicher Abbildungen praktisch unmöglich ist).

[45] s. o. §§ 7 IV 1, IX 2, 14 III 1 a.

[46] So auch *Schmid*, ZStW 85, 893 (909), kritisch aber S. 911 ff., 914.

[47] So RGZ 76, 339 (341 f.) (von den Parteien neu überreichte Druckproben einer Frakturschrift — zur Beurteilung der Schutzfähigkeit als Geschmacksmuster); vgl. auch RGSt 61, 379.

[48] Ablehn. *Meyer*, in *Löwe/Rosenberg*, § 337 V 3 b.

Das Revisionsgericht ist jedoch nicht befugt, in anderen Fällen den Sachverhalt von sich aus zu klären. Deshalb darf es auch nicht von sich aus durch Einholung einer amtlichen Auskunft klären, ob Verwaltungsakte, z. B. die Patentrechtslage, verändert wurden[49].

Amtliche Auskünfte, Sachverständigengutachten, aber auch Zeugenaussagen kann das Revisionsgericht dagegen zur Ermittlung von Erfahrungswissen in für die Allgemeinheit wichtigen Fällen einholen[50]. Zur Aufklärung lediglich des Einzelfalles ist es dazu nicht befugt. Denkbar wäre aber, de lege ferenda in sachlich begrenzten Fällen amtliche Auskünfte oder Stellungnahmen zuzulassen[51].

---

[49] Dagegen zu Recht *Hesse*, GRUR 1972, 675 (676).

[50] s. o. § 7 V 2 b.

[51] Vgl. *Löscher*, GRUR 1966, 5 (19); *Benkard/Rogge*, § 41 w Rdnr. 7.

§ 15. Folgen begrenzter Zulässigkeit neuen Vorbringens

Können im Revisionsverfahren neue Tatsachen begrenzt vorgebracht werden, so hat dies eine Reihe von Folgen für das Revisionsverfahren selbst und für die Wirkungen der abschließenden reformatorischen Entscheidung des Revisionsgerichts.

I. Behandlung neuen Vorbringens und neuer Anträge

1. Zeitliche Grenzen neuen Vorbringens

Endgültige zeitliche Grenze neuen Vorbringens ist zunächst einmal der Schluß der mündlichen Revisionsverhandlung[1]. Davon sind Tatsachen zur Begründung von Verfahrensrügen auszunehmen, die in der Revisionsbegründung enthalten sein müssen.

Da der BGH gemäß Art. 1 Nr. 2 des Gesetzes vom 15. 8. 1969 (BGBl. I 1141) ohne mündliche Verhandlung entscheiden kann, liegt es aber allgemein im Parteiinteresse, etwaiges neues tatsächliches Vorbringen rechtzeitig anzukündigen. Das Revisionsgericht ist zudem nicht verpflichtet, über neues Vorbringen mündlich zu verhandeln, sondern wird mündliche Verhandlung nur ansetzen, wenn das Vorbringen nach einer Vorprüfung relevant erscheint.

Auch davon abgesehen ist neues Vorbringen nicht uneingeschränkt noch in der mündlichen Verhandlung zuzulassen, wenn es in der Revisionsbegründung, der Erwiderung oder einem weiteren Schriftsatz hätte angekündigt werden können.

Schränkt man § 561 I 1 ZPO ein, so sind über § 557 ZPO zugleich die erstinstanzlichen Präklusionsregeln (§§ 279, 279 a, 283 ZPO) anwendbar. Da aber eine verdeckte Regelungslücke sachgerecht zu schließen ist, wird man auch die weitergehenden Präklusionsregeln des Berufungsverfahrens gemäß den §§ 519 III Nr. 2, 529 III ZPO heranziehen können[2]. Denn ein im Berufungsverfahren zurückweisbares Vorbringen kann nach dem Zweck der Präklusionsregeln erst recht im Revisionsverfahren ausgeschlossen werden. § 566 ZPO steht dem nicht entgegen, weil das Gesetz — von § 561 I 2 ZPO abgesehen — neues Vorbringen nicht zuläßt und folglich auch keine Regelung über Art und Weise

---

[1] *Stein/Jonas/Grunsky*, § 561 IV 1.

[2] So auch *Mattern*, JZ 1963, 649 (655).

des Vorbringens getroffen hat. Auch § 554 ZPO enthält keinen Hinweis auf neues Vorbringen. Läßt man es aber in Grenzen zu, so ist § 554 ZPO durch § 519 ZPO zu ergänzen. Neues Vorbringen ist daher — soweit möglich — in der Revisionsbegründung bzw. der Revisionserwiderung anzukündigen.

Daraus ergibt sich folgendes: Unstreitiges streiterledigendes Vorbringen kann auch in der mündlichen Revisionsverhandlung nicht wegen Prozeßverschleppung oder grober Nachlässigkeit zurückgewiesen werden, denn es verzögert das Revisionsurteil nicht, sondern erleichtert es. Eine Zurückverweisung scheidet ferner in Fällen der Amtsprüfung aus, sofern diese nicht als Sanktion gegen nachlässige Prozeßführung eingeschränkt ist.

Da neues Vorbringen zum materiellen Streitverhältnis ohnehin nur zulässig ist, soweit es die Endentscheidung fördert, ergibt sich kaum ein Anwendungsbereich für eine Zurückweisung verspäteten Vorbringens. Bestreitet der Gegner bis zum Schluß der mündlichen Revisionsverhandlung neu vorgebrachte Tatsachen, so entfällt damit bei materiellen Tatsachen regelmäßig die Möglichkeit, sie zu berücksichtigen. Allenfalls in den Sonderfällen, in denen auch streitige Tatsachen vorgebracht werden können, kommt somit eine Zurückweisung in Betracht.

2. Ermessen des Revisionsgerichts

a) Berücksichtigungspflicht

Bei der Frage nach dem richtigen Prozessieren ist den Gerichten zwar häufig ein echtes, sich auf das Verfahren grundlegend auswirkendes Ermessen eingeräumt, so z. B. bei der Zulassung von Klageänderung und Widerklage. Es ist aber anerkannt, daß das eingeräumte Ermessen nicht frei ist, sondern in Grenzen der Nachprüfung durch das Revisionsgericht unterliegt. Die Fälle, in denen Tatsachen noch in der Revisionsinstanz vorgebracht oder Anträge geändert werden können, zeichnen sich nun dadurch aus, daß sie nur der Anpassung des Prozesses an eine veränderte Sachlage oder zur Vermeidung von Rechtsschutznachteilen dienen. Neues Vorbringen und Klageänderung sind in den untersuchten Fällen stets „sachdienlich" und dürfen daher vom Revisionsgericht nicht zurückgewiesen werden. Der Möglichkeit, neue Tatsachen zu beachten, entspricht deshalb die Pflicht, dies zu tun[3]. Eine andere Lösung wäre mit den Grundforderungen der Rechtsmittelklarheit und Rechtsmittelsicherheit nicht vereinbar. Zwar will die Beschleunigungsnovelle in E § 273 S. 2 ZPO ins richterliche Ermessen stellen, ob nach Fristablauf eingegangenes Vorbringen noch bei der Entscheidung berücksichtigt

[3] *Stein/Jonas/Grunsky*, § 561 II 3 b.

wird. Aber dieser Gedanke läßt sich nicht auf die Revision übertragen. Denn die Zurückweisung setzt voraus, daß in der Instanz Gelegenheit zum Vortrag bestand. Zum anderen können in der Revision überhaupt nur Tatsachen vorgebracht werden, die zu einer sachdienlichen Streiterledigung beitragen. Für ein echtes Ermessen ist deshalb kein Raum.

b) Zurückverweisung des Rechtsstreits im Einzelfall

Die Berücksichtigung muß aber nicht in der Weise erfolgen, daß das Revisionsgericht endgültig über neue Behauptungen urteilt. Hinsichtlich der Art der Erledigung ist das Revisionsgericht vielmehr frei.

So kann es bereits im Rahmen der Prüfung von Amts wegen sich darauf beschränken, aufzuheben und zurückzuverweisen, statt selbst zu Prozeßvoraussetzungen Beweis zu erheben[4].

Ob das Revisionsgericht abschließend entscheidet oder zurückverweist, ist auch sonst nach seiner Leistungsfähigkeit sowie danach zu entscheiden, ob der gesamte Rechtsstreit sachgerecht und einheitlich entschieden werden kann. Eine Zurückverweisung wird vor allem in Betracht kommen, wenn Wiederaufnahmegründe zu beachten sind, wenn bereits aus anderen Gründen zurückzuverweisen ist oder wenn ein Sachzusammenhang mit Prozeßteilen besteht, die noch in der Berufungsinstanz anhängig sind. Ist der Rechtsstreit dagegen entscheidungsreif oder sind nur unstreitige Tatsachen zu berücksichtigen oder werden nur die Anträge bei unverändertem Sachverhalt geändert, so hat das Revisionsgericht entsprechend § 565 III Nr. 1 ZPO selbst in der Sache zu entscheiden.

II. Auswirkungen auf einzelne Verfahrensinstitute

1. Revisionszulassung

Hat sich die Rechtslage nach Abschluß des Berufungsverfahrens geändert, so ist dies allein kein Grund, die Revision auf Zulassungsbeschwerde hin zuzulassen[5]. Denn die Berücksichtigung neuen Rechts soll Unzuträglichkeiten vermeiden, die sich ergäben, wenn ein anhängiges Verfahren nach altem Recht entschieden würde. Dagegen kann eine Rechtsänderung nicht dazu berechtigen, ein rechtskräftig abgeschlossenes Verfahren fortzusetzen. Nur die Verfahrensrevision berechtigt zur Korrektur tatsächlicher Feststellungen. In allen anderen Fällen ist mögliches neues tatsächliches Vorbringen kein Grund, die Revision zuzulassen.

---

[4] s. o. § 14 II 2; ferner BAG AP Nr. 26 zu § 11 ArbGG 1953.

[5] BVerwG 30, 266 (267 f.) = NJW 1969, 153 u. 477.

2. Aufklärungspflicht des Revisionsgerichts

Soweit eine Antragsänderung in der Revisionsinstanz zulässig ist oder neue Tatsachen vorgebracht werden können, hat das Revisionsgericht gemäß § 139 ZPO selbst auf neues Vorbringen oder die Stellung sachdienlicher Anträge hinzuwirken[6].

3. Aussetzung des Verfahrens

Eine Aussetzung des Verfahrens in der Revisionsinstanz ist nur sinnvoll, wenn das Ereignis oder das Ergebnis des vorgreiflichen Verfahrens, weswegen ausgesetzt werden soll, noch im laufenden Verfahren vorgebracht und berücksichtigt werden kann. Andernfalls würde das Verfahren durch das Gericht in unzulässiger Weise verzögert[7].

Da § 561 I 1, II ZPO neues Vorbringen ausschließt und das Revisionsgericht an die bisherigen Feststellungen bindet, sind manche der Meinung, eine Aussetzung sei allgemein unzulässig[8] oder nur theoretisch möglich[9].

Da das Revisionsgericht aber in zahlreichen Fällen neue Tatsachen zu berücksichtigen hat[10], beschränkt § 561 ZPO lediglich Recht und Pflicht zur Aussetzung des Verfahrens, schließt es aber nicht aus[11]. Eine Aussetzung scheidet vor allem wegen der Bindung nach den §§ 554 VI, 569, 561 II ZPO aus, wenn die Tatsachen, die den Aussetzungsgrund ergeben sollen, vom Tatsachengericht als nicht erwiesen angesehen wurden und hiergegen keine Verfahrensrüge erhoben wurde[12].

a) Aussetzung wegen prozessualer Fragen

aa) gemäß § 246 ZPO

Soweit der Rechtsstreit wegen Veränderung einer prozessualen Tatsache nicht unterbrochen wird, weil ein Prozeßbevollmächtigter bestellt ist, kann dieser auch in der Revisionsinstanz eine Aussetzung des Verfahrens gemäß § 246 I (2. Halbs.) ZPO unter Hinweis auf das eingetretene Ereignis beantragen[13].

---

[6] *Schumann*, AP Nr. 8 zu § 554 a ZPO (Bl. 401); bereits *Friedrichs*, S. 990 (zur Revision zum PreußOVG).

[7] Vgl. BVerwG NJW 1965, 832; *Eyermann/Fröhler*, § 94 Rdnr. 10.

[8] BayObLGZ 6 (1906), 412 (417); BGHZ 7, 346 (362); *Baumbach/Lauterbach/Albers/Hartmann*, § 148 Anm. 1 E.

[9] *Redeker/v. Oertzen*, § 94 Rdnr. 5.

[10] s. o. §§ 10 II, 11, 12 II 3, 13.

[11] Ebenso *Stein/Jonas/Pohle*, § 148 I 3 a; *Wieczorek*, § 148 B III a 3. Keine Einschränkung nehmen *Rosenberg/Schwab*, § 128 I 2 vor.

[12] *Stein/Jonas/Pohle*, § 148 II 2 (Fn. 52).

[13] Vgl. RG JW 1938, 1025 (1026) (Anordnung der Nachlaßverwaltung).

bb) Mängel der Prozeßvoraussetzungen.

Kann ein Mangel der Prozeßvoraussetzungen noch behoben werden, etwa durch einen möglichen Eintritt des gesetzlichen Vertreters des Prozeßunfähigen in den Rechtsstreit oder durch Abschluß eines Verwaltungsverfahrens, so ist das Verfahren mit Rücksicht auf die Parteiinteressen auszusetzen. Dafür spricht auch die Prozeßökonomie, da dann das Ergebnis des bisherigen Rechtsstreits voll bei der endgültigen Klärung und Entscheidung die Sache verwertet und ein neuer Rechtsstreit vermieden wird[14].

Keine Bedenken bestehen auch, daß das BAG als Rechtsbeschwerdegericht sein Verfahren gemäß § 97 V 1 ArbGG aussetzt, wenn erst in dritter Instanz Zweifel an der Tariffähigkeit einer Vereinigung auftauchen. Das BAG hebt zu Recht hervor, daß von der Tariffähigkeit die Beteiligtenfähigkeit der Vereinigung abhängt. Diese entspreche aber der Parteifähigkeit im ordentlichen Prozeß[15]. Da die Parteifähigkeit vom Revisionsgericht ohne Bindung nach § 561 I 1, II ZPO von Amts wegen zu prüfen ist, bedarf es keiner Zurückverweisung zur Klärung, sondern muß das Rechtsbeschwerdeverfahren selbst ausgesetzt werden, da § 97 V 1 ArbGG die Entscheidung des Streitpunkts als unselbständige Vorfrage ausschließt. Ob die prozessuale Vorfrage dabei ausschließlich aufgrund von Alttatsachen oder auch von Neutatsachen zu entscheiden ist, ist gleichgültig[16].

b) Aussetzung zur gütlichen Beilegung des Rechtsstreits

Zur gütlichen Beilegung des Rechtsstreits kann auch noch das Revisionsverfahren ausgesetzt werden, etwa um außergerichtliche Vergleichsverhandlungen zu erleichtern.

Auf Antrag des Klägers oder von Amts wegen kann auch eine Scheidungs- oder Herstellungsklage gemäß § 620 ZPO ausgesetzt werden, um im Interesse der Aufrechterhaltung der Ehe eine Aussöhnung zu ermöglichen[17]. Söhnen sich die Ehegatten aus, so kann das Verfahren durch Klagerücknahme oder Erklärung der Erledigung der Hauptsache beendet werden. Auch die Aussöhnung selbst kann als Neutatsache berücksichtigt werden und führt zur Klageabweisung. Dies läßt sich

---

[14] Vgl. BGH NJW 1960, 95; *Bettermann*, DVBl 1959, 308 (314).

[15] BAG SAE 1972, 229 (231) m. Anm. v. *Löwisch;* vgl. auch *Bötticher*, AP Nr. 1 zu § 97 ArbGG.

[16] s. o. § 11 II 2 c.

[17] RG JW 1908, 43 Nr. 18; JW 1910, 69; *Baumbach/Lauterbach/Albers/Hartmann*, § 620 Anm. 2 A; *Wieczorek*, § 620 B I; *Stein/Jonas/Schlosser*, § 620 II 3; *Rosenberg/Schwab*, § 167 III 10 a α.

jedoch nicht aus § 620 ZPO ableiten, sondern folgt aus der Pflicht zu lückenloser Rechtsschutzgewährung[18].

c) *Aussetzung wegen Vorgreiflichkeit*

Da im Revisionsverfahren streiterledigende Neutatsachen zu beachten sind[19], kommt eine Aussetzung nach § 148 ZPO vor allem in Betracht, wenn vorgreifliche Verwaltungs- oder Gerichtsverfahren noch anhängig sind, die zu einer rechtskräftigen oder doch für die Parteien bindenden Entscheidung führen[20].

Anders ist zu entscheiden, wenn die Verwaltungsentscheidung den Streit auf umstrittene Tatbestände ausdehnen würde, die in den Tatsacheninstanzen noch nicht erörtert waren. Dann ist es sinnvoller, den vollen Instanzenzug einer neuen Klage offenzuhalten[21].

Der Streiterledigung diente es dagegen, einen Patentverletzungsstreit nach Versagung des Patents in der Revisionsinstanz bis zur rechtskräftigen Entscheidung über die Beschwerde im Patenterteilungsverfahren auszusetzen[22]. Ebenso wurde zu Recht verfahren, wenn noch in der dritten Instanz eine vorgreifliche Patentnichtigkeitsklage erhoben wurde[23].

In ähnlicher Weise sieht § 11 GebrMG vor, daß ein Rechtsstreit auszusetzen ist, wenn ein Löschungsverfahren anhängig ist. Da die Löschung des Gebrauchsmusters als streiterledigende Neutatsache vom Revisionsgericht nicht ignoriert werden darf, ist auch noch das Revisionsverfahren auszusetzen[24]. Entsprechendes gilt gemäß § 96 II GWB, sofern der Rechtsstreit nicht ohne Entscheidung der kartellrechtlichen Vorfrage entschieden werden kann[25].

Ferner ist das Revisionsverfahren nach der hier vertretenen Auffassung gemäß § 149 ZPO auszusetzen, wenn ein Restitutionsgrund vorgebracht wird, das Strafverfahren aber noch anhängig ist[26].

---

[18] s. o. § 12 II 3.

[19] s. o. § 13 III.

[20] Vgl. BFH (GS) 108, 1.

[21] BGH NJW 1960, 96; BGH GRUR 1964, 606 (611) m. Anm. v. *v. Falck* (neue Klage auf Patentübertragung).

[22] RG Warn 1935 Nr. 121.

[23] Vgl. BGH GRUR 1958, 75 m. Anm. v. *Heine* = LM Nr. 5 zu § 148 ZPO.

[24] *Reimer/Trüstedt*, § 11 GebrMG Anm. 1.

[25] Vgl. BGH GRUR 1960, 33 (35) „Zameh" m. Anm. v. *Droste*.

[26] s. o. § 12 I 2 b cc (2).

4. Verweisung

In einer Scheidungssache hatte es das RG abgelehnt, den Rechtsstreit auf Antrag des Klägers (und Revisionsbeklagten) an das zuständige Gericht zu verweisen. Da § 565 III Nr. 2 ZPO das Revisionsgericht zur Entscheidung in der Sache selbst und damit zur Klageabweisung zwinge, sah es sich an einer Verweisung gehindert[27]. Wäre dies richtig, so würde sich die Befugnis des Revisionsgerichts zur reformatorischen Entscheidung, die ihm zur Verfahrensvereinfachung zusteht, unnötig zum Nachteil der Parteien und prozeßverzögernd auswirken. Die neuere Rechtsprechung ist davon zu Recht — auch ohne Gesetzesänderung — wieder abgegangen[28].

Eine Verweisung ist aber nur möglich, wenn die Sache aus anderen Gründen revisibel und die Revision zulässig eingelegt ist. Eine Revisionszulassung, nur um einen Verweisungsantrag zu stellen, hat das BVerwG zu Recht abgelehnt[29].

5. Versäumnisverfahren

Da neues Vorbringen in der Revisionsinstanz grundsätzlich ausgeschlossen ist, beruht ein Versäumnisurteil im Revisionsverfahren inhaltlich regelmäßig nicht auf der Säumnis[30].

Soweit neue Tatsachen aber zulässig vorgebracht werden können, gelten sie nach den §§ 557, 331 ZPO bei Säumnis des Revisionsbeklagten als zugestanden, sofern der Sachverhalt nicht, wie bei Verfahrensrügen oder Prozeßvoraussetzungen, von Amts wegen zu prüfen ist[31]. Die Zugestehenswirkung kann deshalb sicherlich nur selten eintreten. Sie erlangt vor allem bei einer in der Revisionsinstanz gemäß § 717 III 2 ZPO erhobenen Widerklage Bedeutung[32], kommt aber auch in Betracht, soweit Prozeßvoraussetzungen der Parteidisposition unterliegen, wie z. B. bei der auch in dritter Instanz zu prüfenden internationalen Zuständigkeit.

---

[27] RGZ 130, 53 ff.

[28] RGZ 165, 374 (377, 383 f.); BGHZ 16, 339 (345); BAG NJW 1962, 1125; BAG AP Nr. 25 zu § 2 ArbGG 1953 m. Anm. v. *E. E. Hirsch;* BVerwG 24, 209 (210); vgl. *Zöller/Karch*, § 565 Anm. 4.

[29] BVerwG WM 1971, 514.

[30] BGHZ 37, 79 (81 f.) = LM Nr. 2 zu § 331 ZPO m. Anm. v. *Mattern;* vgl. auch RGZ 3, 193 (196).

[31] *Stein/Jonas/Grunsky*, § 566 III 2; *Thomas/Putzo*, § 557 Anm. 2 d; *Wieczorek*, § 566 D III b 3; *Rosenberg/Schwab*, § 147 V 2; *Schönke/Kuchinke*, § 78 V; *Bruns*, § 54 VII 5.

[32] *Blomeyer*, § 104 VIII 3 (Fn. 3); *Baumgärtel*, JR 1968, 303. Sie wird ganz geleugnet von *Bernhardt*, § 51 V 2 b; *Baumbach/Lauterbach/Albers/Hartmann*, § 557 Anm. 2 b; *Hellwig*, System I, S. 857; *Planck*, § 152 II 1 b.

Dagegen hat das BayObLG angenommen, § 138 III ZPO gelte nicht im Revisionsverfahren[33]. Wäre dies zutreffend, so könnte auch im Versäumnisverfahren § 331 ZPO keine Anwendung finden, da die Zugestehenswirkung in beiden Fällen Folge der Verhandlungsmaxime ist. Der Gegner ist aber in der Revisionsinstanz nicht stärker zu schützen als sonst im Verfahren. Soweit Verfahrensfehler gerügt werden, muß neues Vorbringen — von „Gegenrügen" abgesehen — in der Revisionsbegründung enthalten sein (§§ 554, 559 ZPO). Andere neue Tatsachen können aber auch später vorgebracht werden[34] und gelten als zugestanden, wenn die Schriftsatzfrist (§§ 557, 335 I Nr. 3, 132 ZPO) gewahrt ist.

Als Beispiel für eine mögliche Zugestehenswirkung mag folgender Fall dienen: das Revisionsverfahren war durch Tod des Revisionsklägers unterbrochen, der Revisionsbeklagte nahm das Verfahren gegen den vermeintlichen Rechtsnachfolger auf; dieser erschien nicht im Termin. Nach § 239 II, IV ZPO galt daraufhin die Tatsache der Rechtsnachfolge als zugestanden[35].

Teilweise wird die Meinung, von Amts wegen zu Prüfendes gelte nicht als zugestanden, auf ein Urteil des RG gestützt, das davon jedoch abweicht: bei Säumnis des beklagten Konkursverwalters wurde als zugestanden angesehen, daß der Konkurs durch Zwangsvergleich beendet und damit die Prozeßführungsbefugnis des Konkursverwalters erloschen war[36]. Auf die Revision der Klägerin hob das RG daraufhin auf und verwies zurück. Dem ist zuzustimmen. Gerügte Verfahrensfehler hat das Revisionsgericht ausnahmslos von Amts wegen zu prüfen, so daß insoweit Säumnis stets ohne Bedeutung ist. Bei Prozeßvoraussetzungen und anderen von Amts wegen zu prüfenden Tatsachen kann dagegen differenziert werden. Ist unter Beachtung des neuen Vorbringens aufzuheben, und mangels Entscheidungsreife zurückzuverweisen, so kann das neue Vorbringen (insoweit) als zugestanden angesehen werden, weil mit der bloßen Zurückverweisung für den Beklagten kein endgültiger Rechtsnachteil eintritt. Will das Revisionsgericht die Prozeßvoraussetzung dagegen selbst abschließend klären, so ist für eine Säumniswirkung kein Raum.

---

[33] BayObLG NJW 1967, 57 (58); anders zu Recht *Wieczorek*, § 554 F II a.

[34] a. A. BGH NJW 1967, 2162 = JR 1968, 303 m. Anm. v. *Baumgärtel; Stein/Jonas/Grunsky*, § 566 III 2 (anders § 561 IV 1).

[35] BGH NJW 1957, 1840 = LM Nr. 1 zu § 330 ZPO; zustim. *Zöller/Karch*, § 557.

[36] RGZ 58, 369 (370); abl. *Baumbach/Lauterbach/Albers/Hartmann*, § 561 Anm. 3 C.

6. Beweissicherungsverfahren

Nach § 486 I ZPO ist das Gericht zur Beweissicherung zuständig, vor dem der Rechtsstreit anhängig ist. Dem Wortlaut nach gilt dies auch für die Revisionsinstanz. Jedoch hat der BGH diese Bestimmung nach Sinn und Zweck „teleologisch reduziert“. Soweit das Revisionsgericht die Tatsachen, deren Beweis zu sichern ist, nicht selbst im Hauptverfahren feststellen und würdigen kann, soll das Berufungsgericht an seiner Stelle zur Beweissicherung zuständig sein. Denn soweit noch tatsächliche Feststellungen für die Streitentscheidung erforderlich sind, könne diese grundsätzlich nur das Berufungsgericht nach Zurückverweisung treffen[37].

Soweit das Revisionsgericht aber prozessuale oder materielle Tatsachen selbst feststellen kann, kann bei ihm auch die Beweissicherung beantragt werden und dürfen die dabei festgestellten Tatsachen sogleich in dem anhängigen Rechtsstreit verwertet werden[38]. Freilich dürfte dies kaum jemals praktisch werden.

7. Kosten des Verfahrens

a) bei nachträglicher Gesetzesänderung

Zweifel ergeben sich, wer die Kosten des Verfahrens zu tragen hat, wenn die Revision ausschließlich infolge einer nachträglichen Gesetzesänderung (un-) begründet wurde. Während das RG dem Revisionskläger trotz obsiegenden Urteils in der Hauptsache die Kosten des Revisionsverfahrens nach § 91 ZPO auferlegte[39], verpflichtet der BGH den unterliegenden Teil, die vollen Verfahrenskosten zu tragen, wenn er den Klageanspruch nicht sofort anerkennt[40]. Diese Analogie zu § 93 ZPO erscheint sachgerecht. In gleicher Weise sind die Kosten dem Sieger aufzuerlegen, wenn sich die Klage durch eine nachträgliche Gesetzesänderung erledigt hat[41].

---

[37] BGHZ 17, 117 f.; zust. *Thomas/Putzo*, § 486 Anm. 2 b aa; *Baumbach/Lauterbach/Albers/Hartmann*, § 486 Anm. 2 a; *Rosenberg/Schwab*, § 120 III 1; BVerwG NJW 1961, 1228; *Eyermann/Fröhler*, § 96 Rdnr. 11.

[38] *Wieczorek*, § 561 D I a (anders: B II b 1); a. A. RG JW 1912, 802; *Sydow/Busch/Krantz/Triebel*, § 561 Anm. 4.

[39] RGZ 101, 162 (165); anders bei Patentänderung, die als Gesetzesänderung behandelt wurde: RG JW 1900, 160 Nr. 27; RG JW 1900, 189 Nr. 21.

[40] BGHZ 37, 233 (Ls 7) (246 f.) = LM Nr. 1 zu § 19 BBauG m. Anm. v. *Mattern; Baumbach/Lauterbach/Albers/Hartmann*, § 97 Anm. 1 B a; *Thomas/Putzo*, § 93 Anm. 3 c; vgl. auch *Rosenberg/Schwab*, § 87 III 4 b β; *Wieczorek*, § 93 A II c 1.

[41] *Baumbach/Lauterbach/Albers/Hartmann*, § 91 a Anm. 3 A; vgl. aber BGHZ 28, 239 (241) (zu § 106 AKG).

b) bei Vorbringen neuer Tatsachen

Obsiegt eine Partei wegen neuen tatsächlichen Vorbringens in der Revisionsinstanz, so ist zu fragen, ob § 97 II ZPO entsprechend angewandt werden kann. Da der Grund dieser Regelung für alle weiteren Tatsacheninstanzen zutrifft, ist eine Anwendung, soweit neue Tatsachen in der Revision festgestellt werden können, grundsätzlich möglich[42]. Ein Anwendungsbereich ergibt sich aber nur, soweit Alttatsachen zu beachten sind, die nach den allgemeinen Regeln hätten zurückgewiesen werden können.

Ist die Revision nur wegen einer nachträglichen Änderung der Sachlage erfolgreich, so ist § 97 II ZPO nicht anwendbar[43], sofern die Änderung der Partei nicht zuzurechnen ist[44]. Ansonsten ist eine teilweise Kostenbelastung des Gegners allgemein nicht möglich, wenn die Klage erst wegen eines im Laufe des Verfahrens eingetretenen Umstandes begründet oder unbegründet wird[45]. Der Kläger trägt nur dann die Kosten, wenn der Beklagte gemäß § 93 ZPO anerkennt[46]. Gleiches gilt, wenn die Klage erst durch einen Parteiwechsel begründet wird[47]. Ändert sich die Sachlage zugunsten des Klägers, so ist dessen Verzicht oder Abstandnehmen vom bisheriger Antrag dem Anerkenntnis des Beklagten gleichzustellen[48]. „Sofort" erfolgt das Anerkenntnis, wenn es innerhalb einer angemessenen Zeit zur Prüfung der neuen Tatsachen abgegeben wird. Wurden diese nicht rechtzeitig vor der mündlichen Verhandlung angekündigt, so ist eventuell sogar zu vertagen[49].

Bei einer Änderung der Sachlage zu seinen Ungunsten kann der Kläger auch die Hauptsache für erledigt erklären und dadurch der Kostentragung entgehen. Ob man sein Abstandnehmen vom Klageantrag als „Anerkenntnis" oder als Erledigungserklärung auslegt, ist solange gleichgültig, als auch bei einer Erledigungserklärung die Kosten ganz dem Gegner auferlegt werden.

8. Tatbestandsberichtigung

Allgemein wird dargelegt, § 320 ZPO sei bei Revisionsurteilen nicht anwendbar. Denn dem Tatbestand des Revisionsurteils komme keine

---

[42] BGH VersR 1960, 268 (270); *Wieczorek*, § 97 B I; vgl. auch Vereinfachungsnovelle 1973 (Referentenentwurf) § 97 II.

[43] *Stein/Jonas/Pohle*, § 97 III 1.

[44] *Rosenberg/Schwab*, § 87 IV 2 d.

[45] *Stein/Jonas/Pohle*, § 91 V 1.

[46] *Stein/Jonas/Pohle*, § 93 II 2 (Fn. 24), § 97 I; *Wieczorek*, § 97 A II a 2.

[47] Vgl. *Thomas/Putzo*, § 93 Anm. 3 c.

[48] *Wieczorek*, § 93 C; *Baumbach/Lauterbach/Albers/Hartmann*, § 93 Anm. 4.

[49] *Eyermann/Fröhler*, § 156 Rdnr. 2.

urkundliche Beweiskraft (§ 314 ZPO) zu, weil das Revisionsurteil gemäß § 561 ZPO auf den im Berufungsurteil festgestellten Tatsachen beruhe und deshalb ein Tatbestand an sich überflüssig sei[50]. Soweit aber in der Revisionsinstanz noch zulässig neue Tatsachen vorgebracht werden können, müssen sie auch vom Revisionsgericht in den Tatbestand aufgenommen werden. Denn insoweit hat dieser selbständige Beweisfunktion und muß deshalb in diesem Rahmen auch einer Tatbestandberichtigung zugänglich sein. Für Tatsachen zur Begründung einer Verfahrensrüge hat dies bereits das RG anerkannt[51]. Mangels selbständiger Beweisfunktion scheidet eine Berichtigung jedoch aus, soweit nur der vom Berufungsgericht festgestellte Sachverhalt wiedergegeben wird.

III. Erweiterung der Rechtskraftpräklusion

Folge der Auflockerung der Revision ist schließlich eine Erweiterung der Rechtskraftpräklusion, wenn das Revisionsgericht abschließend in der Sache entscheidet.

1. Rechtskraftpräklusion und Änderung der Rechtslage

Da das Revisionsgericht neue Gesetze zu beachten hat, wenn sie nach ihrem zeitlichen Geltungswillen den anhängigen Prozeß noch erfassen, erstreckt sich die Rechtskraftpräklusion hinsichtlich der Rechtslage auf die Zeit der Entscheidung des Revisionsgerichts[52]. Die Parteien können daher nicht eine neue Klage erheben mit der Behauptung, die Rechtslage habe sich nach Schluß der mündlichen Tatsachenverhandlung, aber vor Erlaß des Revisionsurteils geändert.

Da die Rechtskraftpräklusion den Streit um die Richtigkeit des erlassenen Urteils endgültig abschneiden will, tritt diese Wirkung an sich unabhängig davon ein, ob das Gericht das Recht richtig angewandt hat[53]. Nun kann aber ein Anspruch eingeklagt werden, den das Gericht ausdrücklich ausklammert, obwohl er zum Streitgegenstand gehört[54]. Auch ist das Revisionsgericht an eine „negative" Rechtsanwendung nicht gemäß § 562 ZPO gebunden[55]. Zum Schutze der Parteien tritt deshalb auch keine Präklusion hinsichtlich einer Änderung der Rechtslage nach Schluß der Tatsachenverhandlung ein, wenn sie das Revisionsgericht überhaupt übersieht oder wenn es ablehnt, das neue Gesetz bei

---

[50] RGZ 80, 162 (174); BGH NJW 1956, 1480.

[51] RG JW 1899, 92 Nr. 18.

[52] *Habscheid*, ZZP 78, 401 (405); *Rimmelspacher*, Mat. Anspruch, S. 255.

[53] *Stein/Jonas/Schumann/Leipold*, § 322 XI 1.

[54] *Wieczorek*, § 322 E IV b 4.

[55] s. o. § 5 III 1 (Fn. 121).

seiner Entscheidung zu berücksichtigen[56]. Inwieweit eine nachträgliche Änderung der Rechtslage den rechtskräftig abgeurteilten Sachverhalt überhaupt erfaßt und zu einer neuen Klage berechtigt, ist hier nicht darzulegen[57].

Beachtet das Revisionsgericht zwar das neue Gesetz, nicht aber dadurch relevant gewordene Alttatsachen, so ändert dies an der Präklusionswirkung nichts[58]. Denn die Präklusion tritt auch sonst ein, wenn das Gericht verfahrensfehlerhaft handelte[59]. Ob der Fehler einem Instanzgericht oder dem Revisionsgericht unterläuft, kann keine Rolle spielen.

2. Rechtskraftpräklusion und neue Tatsachen im Revisionsverfahren

Regelmäßig bezieht sich die Rechtskraft auf den Zeitpunkt der letzten mündlichen Tatsachenverhandlung[60]. Neue Alttatsachen sind daher in einem neuen Prozeß ausgeschlossen[61], im Rahmen der besonderen Präklusion zur Verfahrenskonzentration (z. B. gemäß den §§ 616, 767 III ZPO, 54 PatG) auch, soweit sie nicht den Streitgegenstand betreffen. Neutatsachen werden von der Rechtskraft nicht berührt.

a) Rechtskrafterweiterung bei Berücksichtigung von Neutatsachen

Hat das Revisionsgericht dagegen Neutatsachen bei seiner Entscheidung beachtet, so verschiebt sich der maßgebende Zeitpunkt für die Rechtskraftpräklusion auf den Schluß der mündlichen Revisionsverhandlung[62]. Da eine Doppelberücksichtigung von Neutatsachen auszuschließen ist, geht es nicht an, Neutatsachen zuzulassen, als Präklusionszeitpunkt aber am Schluß der Tatsacheninstanz ausnahmslos festzuhalten.

b) Präklusion bei Zurückweisung des neuen Vorbringens

Lehnt es das Revisionsgericht ab, eine neu vorgebrachte Tatsache sachlich zu überprüfen, so kann sie ohne Verstoß gegen die Rechtskraft-

---

56 BVerwG NJW 1963, 267; *Redeker/v. Oertzen*, § 137 Rdnr. 8; *Peters/Sautter/Wolff*, § 162 Anm. 5 g.

57 Vgl. *Stein/Jonas/Schumann/Leipold*, § 322 X 7; *Wieczorek*, § 322 E IV b 3; *Baumbach/Lauterbach/Albers/Hartmann*, Einf. §§ 322 - 327 Anm. 3 C; *Kornblum*, Zum Verhältnis von Gesetzesänderung u. materieller Rechtskraft verwaltungsrechtlicher Entscheidungen, JZ 1962, 654.

58 a. A. *Stein/Jonas/Grunsky*, § 561 II 3 c.

59 *Wieczorek*, § 322 E IV a 1; *Stein/Jonas/Schumann/Leipold*, § 322 XI 1.

60 *Rosenberg/Schwab*, § 156 I; *Zeiss*, S. 235.

61 *Thomas/Putzo*, § 322 Anm. 7 c.

62 *Mattern*, JZ 1963, 649 (651, 654); *Stein/Jonas/Schumann/Leipold*, § 322 X 3; *Rimmelspacher*, Mat. Anspruch, S. 255 Fn. 115.

präklusion in einem neuen Verfahren geltend gemacht werden, wenn es sich um Neutatsachen handelt.

Alttatsachen, die das Revisionsgericht — zu Recht oder fehlerhaft — zurückweist, bleiben endgültig präkludiert[63]. Sie wären es bereits mit Erlaß des Berufungsurteils. Hieran ändert sich solange nichts, als nicht die Berufung durch Zurückverweisung wieder eröffnet wird.

c) *Präklusion berücksichtigungsfähiger, nicht vorgetragener Tatsachen*

aa) Tatsachen zum prozessualen Streitgegenstand

Wie mehrfach dargelegt, ist die Rechtskraftpräklusion objektiver Natur. Sie erfaßt daher alle Tatsachen, die objektiv hätten vorgetragen werden können, selbst dann, wenn die Partei die Tatsachen nicht kannte oder beachtliche Gründe hatte, sie zurückzuhalten.

Dies gilt jedenfalls für prozessuale Neutatsachen, da sie allgemein im Revisionsverfahren geltend gemacht werden können[64]. Freilich kommt dieser Erweiterung nur geringe Bedeutung zu.

bb) Wiederaufnahmegründe

Zweifelhaft ist dagegen, ob § 582 ZPO anzuwenden ist, wenn ein Restitutionsgrund im Revisionsverfahren hätte geltend gemacht werden können, aber nicht vorgetragen wurde. Dafür spricht, daß auch sonst nur darauf abgestellt wird, ob eine Tatsache objektiv vorgebracht werden konnte. Andererseits ist nicht zu übersehen, daß die Restitutionsklage ein gesetzlich vorgesehener Rechtsbehelf mit eigenem Instanzenzug ist. Gerade deshalb wird die Berücksichtigung von Restitutionsgründen im anhängigen Verfahren von der Rechtsprechung stark eingeschränkt. Diese Kautelen lassen sich von vornherein kaum übersehen. Deshalb wäre die Partei nach dieser Meinung praktisch gezwungen, den Restitutionsgrund stets vorzubringen, damit ihr durch die Zurückweisung durch das Revisionsgericht — ähnlich wie bei neuen Klagegründen nach der preuß. AGO[65] — ausdrücklich die Wiederaufnahmeklage vorbehalten wird. Auf diese Weise würde aus der außerordentlichen Befugnis eine Last. Die vorweggenommene Berücksichtigung des Restitutionsgrundes im Revisionsverfahren soll aber ausschließlich den Rechtsschutz der betroffenen Partei verbessern, nicht aber den Interessen des Gegners an einem endgültigen Bestand des fehlerhaften Urteils über die vom Gesetz vorgesehene Klagefrist hinaus (§ 586 ZPO)

---

[63] *Stein/Jonas/Grunsky*, § 561 II 3 c.

[64] s. o. § 11 II 2 c.

[65] s. o. § 3 I.

dienen. Deshalb muß der Partei die Wahl bleiben, ob sie den Restitutionsgrund bereits im anhängigen Revisionsverfahren vorbringen oder ihn einer selbständigen Restitutionsklage vorbehalten will[66].

Entsprechendes gilt für Nichtigkeitsgründe, die nach Ablauf der Revisionsbegründungsfrist bekannt werden.

cc) Sonstige materielle Neutatsachen

Ebenso ist bei anderen materiellen Neutatsachen zu entscheiden; auch hier kann die Partei zwischen der Berücksichtigung im anhängigen Verfahren und der neuen Klage mit vollem Instanzenzug wählen[67].

Auszuschließen ist lediglich eine Doppelberücksichtigung. Dies wird erreicht, wenn alle tatsächlich vorgebrachten Komplexe von Neutatsachen im Zweitprozeß ausgeschlossen sind. Wer anders entscheidet, verlangt dagegen allgemein, daß die Partei *alle* Neutatsachen in der Revisionsinstanz vorträgt. Denn berücksichtigungsfähig sind vor allem streiterledigende, unstreitige Neutatsachen. Wirkliche Sicherheit, daß eine Tatsache nicht bestritten werden wird oder umgekehrt eine bestrittene Tatsache zugestanden wird, besteht nicht bis zum Schluß der mündlichen Revisionsverhandlung. Ist eine Tatsache nun außerprozessual bestritten und trägt sie die Partei deshalb nicht vor, so entstünde neuer Streit, wenn der Gegner behauptet, er hätte in der mündlichen Verhandlung doch nicht bestritten. Außerdem dient es nicht der Entlastung des Revisionsgerichts, wenn alle Neutatsachen in der Revision vorgebracht werden müssen, damit sie — nach Zurückweisung durch das Revisionsgericht — im Zweitprozeß vorgetragen werden können.

Die §§ 323 II, 767 II ZPO stehen der Lösung, nur tatsächlich vorgetragene Neutatsachenkomplexe zu präkludieren, nicht entgegen. Sie schließen im Zweitprozeß nur Gründe aus, die im Erstprozeß hätten geltend gemacht werden *müssen*. Schränkt man § 561 I 1, II ZPO ein, so entsteht aber nicht notwendig die Pflicht, berücksichtigungsfähige Neutatsachen in der Revision vorzutragen. Vielmehr ist es möglich, den Parteien insoweit nur eine außerordentliche Befugnis einzuräumen, nicht aber zugleich die Last des Vorbringens aufzubürden.

Schließlich wäre ein Ausschluß nur abstrakt berücksichtigungsfähiger Neutatsachen auch nicht praktikabel. Denn nicht alle während der Revi-

---

[66] So auch *Schuler*, NJW 1953, 1241 (1242); a. A. *Stein/Jonas/Grunsky*, § 561 II 3 c a. E.

[67] a. A. *Stein/Jonas/Grunsky*, § 561 II 3 c; unklar *Mattern*, JZ 1963, 649: präkludiert sind S. 651 — Neutatsachen, die hätten vorgetragen werden können, dagegen S. 654 — Neutatsachen, die im Erstprozeß berücksichtigt wurden, was anhand des Revisionsurteils zu beurteilen sei.

sion eingetretenen Neutatsachen können präkludiert werden. Ein sicheres Urteil über den Umfang der Präklusionswirkung läßt sich deshalb nur anhand des Revisionsurteils gewinnen. Dieses kann sich aber nur zur Berücksichtigungsfähigkeit tatsächlich vorgetragener Neutatsachen äußern.

Vierter Teil

Parteidispositionen im Revisionsverfahren

§ 16. Veränderung der Klageanträge

I. Klageänderung und neue Anträge

1. Gesetzliche Regelung

a) Zivilprozeßordnung

Parteidispositionsakte sind mit der Änderung des Tatsachenstoffes eng verknüpft. Gleichwohl verbietet die ZPO Klageänderungen in der Revisionsinstanz nicht unmittelbar. Vielmehr verweist § 557 ZPO auf die erstinstanzlichen Bestimmungen. Die §§ 264, 268, 280, 33 ZPO sind jedoch nicht anwendbar, soweit dies § 561 ZPO widerspricht.

Früher wurde angenommen, dies sei ausnahmslos der Fall: Die Klageänderung sei im Revisionsverfahren, das ganz auf die rechtliche Nachprüfung beschränkt sei, bereits begrifflich ausgeschlossen[1]. Auch heute wird teilweise noch jede Klageänderung ausgeschlossen, weil neue Ansprüche nicht mehr erhoben werden könnten[2]. Und dies sei wiederum nicht zulässig, weil neue Ansprüche regelmäßig auf neue Tatsachen gestützt werden müßten[3]. Die Argumentation führt daher stets auf § 561 ZPO zurück. Klageänderungen und andere Antragsveränderungen sind daher nur insoweit untersagt, als dies mit dem Zweck des § 561 ZPO unvereinbar ist und keine gesetzliche Sonderregelung besteht.

Nach neuerer Ansicht schließt nun § 561 ZPO neues tatsächliches Vorbringen zur materiellen Rechtslage nicht ausnahmslos aus[4]. Entsprechend ist ein absolutes Verbot der Klageänderung nicht mehr aufrechtzuerhalten und werden im einzelnen schwierige Abgrenzungen notwendig[5]. Überwiegend wird die Klageänderung generell zugelassen,

---

[1] RGZ 160, 204 (212); 164, 59 (61); BGHZ 11, 192 (195); *Hellwig*, System I, S. 856.

[2] *Schönke/Kuchinke*, § 23 II 3, 4 b; *Bernhardt*, § 51 II 1.

[3] BGHZ 26, 31 (37) = ZZP 71, 410 (411); BGH NJW 1961, 1467 = LM Nr. 27 zu § 561 ZPO; *Lent/Jauernig*, § 74 IV A 3.

[4] s. o. § 13 II 1, III.

[5] Vgl. BGH WM 1957, 1335 (1338); *Fischer*, LM Nr. 20 zu § 561 ZPO.

soweit der neue Antrag nicht über die Feststellungen der Berufungsinstanz hinausgeht und die Klage nicht erweitert[6]. Gerade wegen der Einschränkungen des § 561 I 1 ZPO ist es aber konsequenter, eine Klageänderung im Rahmen der bisherigen Feststellungen und der zulässig neu vorgetragenen Tatsachen — regelmäßig unter Ausschluß eines neuen Angriffs — zuzulassen[7].

b) Verwaltungsgerichtliche Verfahrensordnungen

Dagegen schließen die verwaltungsgerichtlichen Verfahrensordnungen Klageänderungen und Beiladungen in der Revisionsinstanz ausdrücklich aus (§ 142 VwGO, § 123 FGO, § 168 SGG). Diese Regelung soll aus der Beschränkung der Revision auf Rechtsfragen folgen[8]. Trotzdem ist es auch hier allgemeine Meinung, daß Antragsänderungen zulässig sind, soweit die Bindung nach den §§ 137 II VwGO, 118 II FGO, 163 SGG nicht entgegensteht.

Während im Zivilprozeß zu fragen ist, inwieweit § 561 ZPO die allgemeinen Vorschriften über Klageänderungen ausschließt, bedarf es im Verwaltungsprozeß der Prüfung, inwieweit der Zweck der Bindung des Revisionsgerichts einer teleologischen Reduktion der jede Antrags- und Klageänderung ausschließenden Normen nicht entgegensteht. Unterschiedlich ist dabei nur der methodische Weg, eine Lösung zu gewinnen. Die grundsätzlich gleiche Interessenlage führt jedoch — von Sonderfragen abgesehen — zu einer einheitlichen Problemlösung. Nur diese und der Lösungsweg für den Zivilprozeß sollen daher dargestellt werden.

2. Berichtigungen

Offenbare Unrichtigkeiten der Anträge können ebenso wie offenbare Unrichtigkeiten des Berufungsurteils[9] oder der einzelnen tatsächlichen Feststellungen[10] auch in der Revisionsinstanz nach § 319 ZPO von Amts wegen und demnach auch auf Antrag der Parteien berichtigt werden. Die Berichtigung soll gerade nicht die Klage ändern, sondern lediglich das von Anfang an erkennbare Gewollte unmißverständlich klarstellen. Da das Revisionsgericht trotz der Bindung nach § 561 II ZPO die gestellten Anträge selbständig auszulegen und auf deren Klarstellung hinzuwirken hat (§ 139 I 1 ZPO; § 86 III VwGO usw.), bestehen gegen eine Berichtigung keine Bedenken[11].

---

[6] *Blomeyer*, § 104 IV 1; *Stein/Jonas/Schumann/Leipold*, § 264 III (Fn. 17).

[7] *Stein/Jonas/Grunsky*, § 561 II 2 g a. E; s. u. 5.

[8] Vgl. Entwurf der FGO, S. 57 zu § 110 E.

[9] Vgl. BVerwG 30, 146.

[10] s. o. § 8 III 2.

[11] *Stein/Jonas/Grunsky*, § 561 II 1 c.

Zu Recht konnte deshalb ein nicht vollstreckungsfähiger Antrag auf Festsetzung einer Enteignungsentschädigung in einen Zahlungsantrag abgeändert werden[12]. Ebenso kann ein nach Ansicht des Revisionsgerichts unbestimmter Klageantrag hinreichend bestimmt gefaßt, eine unzureichend aufgeteilte Klagesumme in Einzelposten aufgegliedert werden[13]. Freilich folgt dies bereits daraus, daß die Ordnungsmäßigkeit der Klageerhebung Prozeßvoraussetzung ist[14].

3. Klageänderungen aus prozessualen Gründen

a) Veräußerung der streitbefangenen Sache

Bei Veräußerung der streitbefangenen Sache durch den Kläger bleibt dieser zwar nach § 265 II ZPO weiterhin prozeßführungsbefugt. Aber nach der herrschenden Relevanztheorie ist der Klageantrag auf Leistung an den Erwerber umzustellen[15], da das Gericht kein bewußt falsches Urteil erlassen dürfe. Folgt man dieser Meinung, so wäre der Antrag auch in der Revisionsinstanz entsprechend auf Leistung an den neuen Inhaber abzuändern.

Dies ist aber nicht generell möglich. Zu eng ist freilich die Meinung, eine Antragsänderung in der Revisionsinstanz sei nur zulässig, wenn das Berufungsgericht die Abtretung bereits festgestellt habe[16]. Die Antragsänderung wäre dann nur zulässig, wenn das Revisionsgericht anders als das Berufungsgericht der Relevanztheorie folgt oder das Berufungsgericht trotz Feststellung der Abtretung von einer fortbestehenden Sachlegitimation des Klägers ausging. Veränderungen der Sachlage nach Schluß der letzten Tatsachenverhandlung sind jedoch in der Revisionsinstanz zu beachten, wenn sie unstreitig sind und streiterledigend wirken, auch soweit es sich um Folgen willkürlichen Parteiverhaltens handelt[17].

---

[12] BGH NJW 1962, 1441 = MDR 1962, 721.

[13] BGHZ 11, 192 (195); BGH VersR 1957, 753; vgl. aber *Stein/Jonas/Grunsky*, § 561 II 1 b, c (Berichtigung des Antrags zulässig, Konkretisierung unzulässig [?]).

[14] Wer darin nur eine Prozeßhandlungsvoraussetzung sieht (*Rosenberg/Schwab*, § 97 II), muß ebenfalls eine Heilung zulassen. Zweifel bestehen nur über deren zeitliche Rückwirkung (vgl. *Vollkommer*, Formenstrenge, S. 149 ff., 457 ff.).

[15] *Lent/Jauernig*, § 87 III 3; *Blomeyer*, § 47 III 2 a; *Zeiss*, S. 148; a. A. *Rosenberg/Schwab*, § 103 IV 2.

[16] BGHZ 26, 31 (37) = NJW 1958, 98 = ZZP 71, 410 (411); *Baumbach/Lauterbach/Albers/Hartmann*, § 265 Anm. 3 B; *Stein/Jonas/Schumann/Leipold*, § 265 IV 2 a Fn. 57; *Thomas/Putzo*, § 265 Anm. 4 b, § 561 Anm. 2 a; *Zöller/Karch*, § 561 Anm. 2 (ohne diese Einschränkung); ganz ablehnend: OGH HEZ 1, 313 (Nr. 136).

[17] s. o. § 13 III 1 c.

Die Tatsache der Veräußerung der Streitsache ist nun zwar im konkreten Verfahren nicht streiterledigend, aber sie verzögert die Entscheidung des Revisionsgerichts nicht, vermeidet ein Auseinanderfallen von Urteil und wahrer Rechtslage und erleichtert die Vollstreckung für den Rechtsnachfolger.

Eine Antragsänderung ist deshalb zulässig, wenn die Veräußerung unstreitig ist. Entsprechendes gilt für eine Abtretung des Klageanspruchs nach Schluß der mündlichen Tatsachenverhandlung[18]. Ist sie streitig, so scheidet die Antragsänderung aus, weil das Revisionsgericht zu materiellen Rechtsänderungen keinen Beweis erheben darf.

b) Eröffnung und Aufhebung des Konkursverfahrens

Konkurseröffnung und -beendigung sind als doppelrelevante Tatsachen voll zu beachten. Dies zwingt regelmäßig auch zu einer Abänderung der Klageanträge. Die Aufnahme des Rechtsstreits zur Feststellung einer bestrittenen Forderung nach § 146 III KO ist auch notwendig, wenn der Konkurs erst während des Revisionsverfahrens eröffnet wird[19]. Denn § 146 III KO bezweckt, daß der Gläubiger trotz der veränderten Sachlage in jeder Verfahrenslage noch wirksamen Rechtsschutz erlangen und nicht die Gefahr tragen soll, einen nutzlosen Prozeß geführt zu haben[20].

Entsprechendes gilt auch für die Konkursbeendigung. Wird der Konkurs z. B. nach Abschluß eines Zwangsvergleichs aufgehoben (§ 190 KO), oder mangels Masse eingestellt, ist aber ein Verfahren auf Feststellung zur Konkurstabelle anhängig, so muß dies auch in der Revisionsinstanz in einen gewöhnlichen Prozeß gegen den bisherigen Gemeinschuldner umgewandelt und müssen dabei die materiell-rechtlichen Folgen der Konkursbeendigung berücksichtigt werden können[21].

aa) Antragsänderung

Bestreitet der Konkursverwalter die Forderung, so ist der Prozeß mit dem Antrag auf Feststellung zur Konkurstabelle aufzunehmen. Eine entsprechende Antragsänderung muß nach § 146 II, III KO sowie in entsprechender Anwendung von § 268 Nr. 3 ZPO zulässig sein, und zwar auch dann, wenn die bisherigen Klageforderungen gemäß § 69 KO

---

[18] a. A. RG Warn 1930 Nr. 145; *Förster/Kann*, § 561 Anm. 4 c; *Sydow/Busch/Krantz/Triebel*, § 561 Anm. 4.

[19] *Jaeger*, LZ 1915, Sp. 1273 (1276).

[20] *Jonas*, Konkursfeststellung, S. 43, 91; a. A. *Bley*, Feststellung, S. 47.

[21] *Jonas*, S. 91 f.; *Rietschel*, LM Nr. 19 zu § 561 ZPO (zu BGHZ 28, 13 ff.).

in Geldforderungen umgewandelt worden sind[22]. Ist der geschätzte Geldbetrag jedoch streitig, so ist zur weiteren Prüfung zurückzuverweisen[23].

bb) Änderung der Verfahrensart

Nach h. M. ist ein Wechsel in der Verfahrensart im Revisionsverfahren regelmäßig ausgeschlossen. Der Übergang vom Urkundenprozeß in das ordentliche Verfahren wäre nur sinnvoll, wenn der Kläger ein abschließendes Urteil aufgrund der bisherigen Feststellungen erreichen möchte[24]. Ansonsten scheidet er aus, weil keine neuen Tatsachen vorgebracht werden können, um die vorbehaltenen Rechte geltend zu machen. Im allgemeinen ist deshalb ein Übergang auch mit Einwilligung des Gegners in die Abstandnahme vom Urkundenprozeß nicht möglich.

Streitig ist dagegen, wie zu verfahren ist, wenn ein durch die Konkurseröffnung in der Revisionsinstanz unterbrochener Urkundenprozeß aufzunehmen ist. Nach einer Ansicht soll das Revisionsverfahren trotz § 592 S. 2 ZPO und der nach § 146 II, III KO erforderlichen Antragsänderung im Urkundenprozeß beendet werden und sich das Nachverfahren wie üblich anschließen[25]. Andere meinen, ein konkursteilnahmefähiger Titel lasse sich nur erreichen, wenn man annehme, der Prozeß gehe kraft Gesetzes in das ordentliche Verfahren über[26]. *Jonas* schlug vor, den Rechtsstreit in diesem Fall in die Berufungsinstanz zurückzuverweisen, weil das nunmehr erforderliche Tatsachenmaterial nicht erschöpfend vorgebracht und festgestellt sei. Die Zurückverweisung sei deshalb wie in den Fällen der §§ 302, 717 ZPO geboten[27].

Soweit durch die gesetzlich vorgesehene Klage- und Parteiänderung neue Fragen zu klären sind, handelt es sich entweder um Tatsachen zum Fortgang des Revisionsverfahren oder um neu entstandene besondere Prozeßvorausetzungen. Jene hat das Revisionsgericht selbst zu

---

[22] BGH LM Nr. 4 zu § 146 KO; BGH ZZP 67, 300 f. = LM Nr. 5 zu § 146 KO; BGH WM 1957, 1334 (1335); RGZ 65, 132 (133 f.); RG JW 1932, 168 m. Anm. v. *Kleinfeller; Jaeger/Weber*, § 146 Anm. 25; *Stein/Jonas/Pohle*, § 240 II 3; *Thomas/Putzo*, § 561 Anm. 2 b; *Zöller/Karch*, § 561 Anm. 2.

[23] *Förster/Kann*, § 561 Anm. 4 a aa.

[24] *Stein/Jonas/Schlosser*, § 596 II 3; *Wieczorek*, § 596 A II d; vgl. *Jonas*, S. 46; für generellen Ausschluß wegen § 561 ZPO: *Baumbach/Lauterbach/Albers/Hartmann*, § 596 Anm. 1 B; *Thomas/Putzo*, § 596 Anm. 1.

[25] *Rosenberg/Schwab*, § 164 II 1; *Jaeger/Weber*, § 146 Anm. 5; *Stein/Jonas/Schlosser*, § 592 II; *Wieczorek*, § 592 B I a 2.

[26] *Stein/Jonas/Pohle*, § 240 II 3; *Baumbach/Lauterbach/Albers/Hartmann*, § 592 Anm. 2 A; *Thomas/Putzo*, § 592 Anm. 2.

[27] *Jonas*, S. 52, 62.

klären, wegen diesen kann es je nach Sachlage selbst ermitteln oder zurückverweisen[28].

Ginge der Prozeß nun ins ordentliche Verfahren über, so müßte dem Widersprechenden die neue Erhebung sonst dem Nachverfahren vorbehaltener Einwendungen gestattet und bei Streitigkeit zur Klärung an das Berufungsgericht zurückverwiesen werden. Dadurch würde zwar der Prozeß insgesamt verkürzt, aber zu Lasten des Widersprechenden, da für die Tatsachenfeststellungen anders als bei ordentlichem Nachverfahren nur eine Instanz eröffnet würde. Da die Konkurseröffnung keine Verkürzung des Instanzenzuges rechtfertigt, ist das Verfahren deshalb im Urkundenprozeß fortzuführen[29].

cc) Parteiwechsel

Wird die Forderung nur von einem Konkursgläubiger bestritten, so muß die bisher gegen den Gemeinschuldner erhobene Klage auch im Revisionsverfahren gegen den oder die Bestreitenden gemäß § 146 I, III KO aufgenommen werden können. Da dem Gläubiger nur auf diese Weise Rechtsschutz gewährt werden kann, handelt es sich insoweit um einen Fall eines gesetzlich zugelassenen Beklagtenwechsels verbunden mit einer Klageänderung[30].

Nimmt man an, der Konkursverwalter verdränge als Partei kraft Amtes den Gemeinschuldner als Träger der Konkursmasse völlig als Prozeßpartei, so kommt es auch beim bloßen Widerspruch des Verwalters zu einem gesetzlichen Parteiwechsel[31].

dd) Klageerweiterung

(1) Umwandlung einer negativen Feststellungsklage

Hatte der spätere Gemeinschuldner negative Feststellungsklage erhoben und wird der Konkurs während des Revisionsverfahrens eröffnet, so wird das Verfahren unterbrochen (§ 240 ZPO), da die Klage mittelbar die Konkursmasse betrifft. Die Klage kann daher nur gegen den Kon-

---

[28] s. o. § 14 II; vgl. ferner *Jaeger/Weber*, § 146 Anm. 33.

[29] Im übrigen kommt dem Streit kaum Bedeutung zu. Ist im Berufungsverfahren ein Leistungsurteil gegen den Gemeinschuldner ergangen, so ist die streitige Forderung i. S. von § 146 VI KO tituliert, da hierfür jedes Endurteil genügt (vgl. *Jaeger/Weber*, § 146 Anm. 35). Auch ein Übergang ins ordentliche Verfahren vor dem Revisionsgericht könnte nichts daran ändern, daß mit dem Vorbehalts-(berufungs)-urteil ein Titel vorliegt. Deshalb hat der Widersprechende nach jeder Meinung im Hinblick auf die §§ 148 Nr. 1, 152 KO die Last, den Widerspruch zu betreiben (a. A. *Stein/Jonas/Schlosser*, § 592 II).

[30] *Förster/Kann*, § 561 Anm. 4 a aa.

[31] *Jaeger/Weber*, § 146 Anm. 29; *Jonas*, S. 43; vgl. *Rosenberg/Schwab*, § 40 III 2 a.

kursverwalter mit dem Antrag auf Feststellung zur Konkurstabelle aufgenommen werden. Diese Umwandlung der Klage muß dem Gläubiger ermöglicht werden, weil eine bloße Erledigung des Rechtsstreits den Streit offen ließe und den Gläubiger nicht berechtigt, am Konkursverfahren teilzunehmen.

Entsprechend § 146 III KO kann der Gläubiger daher noch in der Revisionsinstanz seinerseits den Antrag auf Feststellung zur Konkurstabelle stellen. Ist er Revisionsbeklagter, so kann er den Antrag auf Zurückweisung des Rechtsmittels zum Sachantrag „erweitern“[32].

Klagt ein Arbeitnehmer auf Feststellung des Bestehens eines Arbeitsverhältnisses und fällt der Arbeitgeber im Revisionsverfahren in Konkurs, so hat es das RArbG ebenfalls zugelassen, das Verfahren mit einem auf Feststellung der letztlich streitigen Lohnsumme zur Konkurstabelle geänderten Antrag aufzunehmen[33].

(2) Neuer Hilfsantrag

Dagegen hat der BGH abgelehnt, einen Hilfsantrag auf Feststellung zur Konkurstabelle neu zuzulassen, wenn der Konkursgläubiger bisher auf Feststellung geklagt hatte, daß zwischen den Parteien keine bestimmte Vereinbarung über eine Nutzungsvergütung geschlossen wurde. Zur Begründung wird ausgeführt, die §§ 10, 11, 144 II, 146 III KO gestatteten zwar eine Anpassung des Verfahrens an die Erfordernisse des Konkurses und die Berücksichtigung von Vorbringen, das durch die Konkurseröffnung notwendig werde. Es könne aber nicht allein deshalb ein völlig neuer Anspruch im Revisionsverfahren zugelassen werden, weil der bisherige Klageantrag im Konkurs nicht weiter verfolgt werden könne. Sei zur Begründung des neuen Antrags nicht nur weiterer Sachvortrag erforderlich, sondern komme auch eine andere Verteidigung in Betracht, so könne auch nicht durch Zurückverweisung an das Berufungsgericht geholfen werden. Die damit verbundene Verkürzung des Instanzenzuges sei nur gerechtfertigt, soweit die neuen Tatsachen nur Folge der Anpassung der Klage an die Erfordernisse des Konkursverfahrens seien. Darüber hinaus sei der Instanzverlust aber mit den Grundsätzen eines geordneten Verfahrens nicht vereinbar[34].

Diese Abgrenzung ist sachgerecht. Denn ein neuer Angriff ist im Revisionsverfahren nicht möglich und auch vom Konkursrecht nicht gefordert.

---

[32] *Jaeger*, Negative Feststellungsklage und Konkurs, LZ 1915, 1273 (1276); *Jaeger/Weber*, § 146 Anm. 23, 25 a. E.

[33] RArbG JW 1933, 1551 Nr. 8.

[34] BGH LM Nr. 4 zu § 146 KO; *Jaeger/Weber*, § 146 Anm. 25.

(3) Streit um Konkursvorrecht und Absonderungsrecht

Zweifelhaft ist deshalb, ob auch ein Konkursvorrecht oder ein Absonderungsrecht noch im Revisionsverfahren geltend gemacht werden können. Überwiegend wird der Berechtigte auf die neue Klage verwiesen und eine Klageänderung nicht zugelassen[35]. Da der Vorrechtsstreit ein selbständiger Streit ist, auch wenn daneben die Forderung selbst bestritten ist[36], ist dem zuzustimmen.

ee) Erledigung der Hauptsache

Keine Bedenken bestehen auch, den durch die Konkurseröffnung unterbrochenen Rechtsstreit in der Revisionsinstanz nur aufzunehmen, um die Erledigung der Hauptsache zu erklären[37], denn der unterbrochene Rechtsstreit muß sachgerecht beendet werden können.

4. Klagebeschränkung nach § 268 Nr. 2 ZPO

a) Allgemeine Klagebeschränkung

Eine erste Ausnahme vom Verbot der Klageänderung gestehen allgemein diejenigen zu, die eine Beschränkung der Klageanträge nach § 268 Nr. 2 ZPO zulassen[38]. Da der Kläger die Klage mit Zustimmung des Beklagten stets und auch noch in der Revisionsinstanz zurücknehmen kann[39], ist diese Ausnahme unumgänglich.

Eine Antragsbeschränkung wird jedoch dann als unzulässig angesehen, wenn sie die Würdigung eines Sachverhalts erfordern würde, der der Beurteilung durch den Tatrichter noch nicht unterlag. Dies ist z. B. der Fall, wenn bei einer Leistungsklage bisher kein Bereicherungsanspruch geprüft wurde und nun statt der Leistung Befreiung von einem Bereiche-

---

[35] BGH ZZP 67, 300 (301) = LM Nr. 5 zu § 146 KO; RG LZ 1912, 400; RG JW 1932, 168 m. Anm. v. *Kleinfeller* (Absonderungsrecht); *Jaeger/Weber*, § 146 Anm. 26, 36 (Vorrecht), Anm. 25 (Absonderungsrecht); *Stein/Jonas/Grunsky*, § 561 II 2 c (Absonderungsrecht); *Förster/Kann*, § 561 Anm. 4 a aa; *Henckel*, Der Gegenstand des Verfahrens zur Feststellung von Konkursforderungen, Festschrift f. *Michaelis* 1972, 151 (170); a. A. BGH NJW 1954, 31 (Vorrecht); *Wieczorek*, § 561 B III a 2 (alle Änderungen zulässig).

[36] *Bley*, Feststellung, S. 46/47.

[37] BAG AP Nr. 7 zu § 91 a ZPO (beiderseitige Erledigungserklärung).

[38] BGH WM 1957, 1335 (1338); BGHZ 29, 28 (33) (wegen Gesetzesänderung); BGH NJW 1961, 1467 = LM Nr. 27 zu § 561 ZPO = ZZP 74, 383; *Baumbach/Lauterbach/Albers/Hartmann*, § 561 Anm. 2 C; *Stein/Jonas/Schumann/Leipold*, § 268 V; *Stein/Jonas/Grunsky*, § 561 II 2 c; *Zöller/Karch*, § 561 Anm. 2; *Kraft*, SAE 1966, 103 (105); *Kühn/Kutter*, § 123 Anm. 2; abl. *Hellwig*, System I, S. 856.

[39] a. A. *Gilles*, S. 69 Fn. 143, der die Klageänderung erst „nach" Aufhebung des Berufungsurteils, also nur bei begründetem „Rechtsmittel" zuläßt. Zur Anwendung von § 271 ZPO neben § 268 ZPO vgl. *Rosenberg/Schwab*, § 102 II 3.

rungsanspruch verlangt werden soll[40]. Etwas anderes muß jedoch gelten, wenn diese Antragsänderung erst jetzt erfolgt, weil das Berufungsgericht seine Aufklärungspflicht verletzt hat. Wegen dieses nicht heilbaren Verfahrensmangels ist dann zurückzuverweisen.

Da die Aufklärungspflicht des Gerichts das Streitrisiko mindern soll, ist besonders zu prüfen, ob nicht etwa die notwendige Anregung eines Hilfsantrags unterblieb. Diese engen Grenzen sollen lediglich dann nicht gelten, wenn die Klageänderung erst durch zwischenzeitliche Änderungen, wie neue Gesetze, Konkurseröffnung oder Zeitablauf veranlaßt sind[41].

Ganz auf dieser Linie liegt es, wenn im Patentverletzungsprozeß zugelassen wird, daß der Unterlassungsantrag wegen einer nachträglichen Patentbeschränkung nach § 36 a PatG auf eine der bisher beanstandeten Verletzungsformen beschränkt wird[42].

b) Veränderung der Rechtsschutzform

Die Feststellungsklage ist im Verhältnis zur Leistungsklage Beschränkung des ursprünglichen Antrags, kein weitergehender Angriff und kein Übergang auf einen anderen Gegenstand nach § 268 Nr. 3 ZPO[43].

Da die bloße Veränderung der Rechtsschutzform nicht zu einer Veränderung des materiellen Sachverhalts führt, ist sie ohne weiteres zulässig, wenn der Leistungsantrag wegen einer beachtlichen Veränderung der Sachlage nicht mehr weiterverfolgt werden kann. Gemäß § 268 Nr. 2 ZPO kann der Kläger daher auch in der Revisionsinstanz vom Leistungsantrag auf den Feststellungsantrag übergehen[44].

Neue Tatsachen müsen für den neuen Feststellungsantrag nicht vorgetragen werden. Auch bei Fristablauf kann die Zulässigkeit der Antragsänderung anhand des bisherigen Prozeßstoffs beurteilt werden[45].

---

[40] BGH Urt. v. 21. 12. 1961, III ZR 130/60, S. 22.

[41] BGH NJW 1961, 1467 (1468); BGHZ 29, 28 (33); RGZ 150, 330 (334) (Anpassung an neue Devisengesetze); a. A. BVerwG 23, 41 (42 f.) (bei neuen Gesetzen nur Zurückverweisung zur Klageänderung o. Bescheidungsurteil (§ 113 IV 2 VwGO) zulässig); zust. *Redeker/v. Oertzen*, § 142 Rdnr. 2.

[42] BGH GRUR 1962, 577 (578) — Rosenzüchtung.

[43] Anders anscheinend BAG SAE 1972, 83 (84).

[44] *Zöller/Karch*, § 561 Anm. 2; a. A. *Göppinger*, Erledigung, S. 308 (zulässig nur bei § 146 III KO). Der Übergang von der Anfechtungs- zur Feststellungsklage gemäß den §§ 113 I 4 VwGO, 100 I 4 FGO, 131 I 3 SGG ist auch im Verwaltungsprozeß zulässig, vgl. *Eyermann/Fröhler*, § 142 Rdnr. 2; *Ule*, Verwaltungsgerichtsbarkeit, § 142; ferner §§ 70 II 2, 75 IV GWB.

[45] BAG SAE 1969, 43 m. Anm. v. *Rüthers; Schumann*, AP Nr. 8 zu § 554 a ZPO (Bl. 400); BAG AP Nr. 20 zu § 133 f. GewO m. zust. Anm. v. *Schumann*.

Weitere Tatsachen, die nötig sind, um das Feststellungsinteresse darzulegen, dürfen als prozessuale Neutatsachen ohnedies beachtet werden[46]. Nicht erforderlich ist deshalb, daß sich das Feststellungsinteresse bereits vollständig aus dem nach § 561 ZPO zugänglichen Prozeßstoff ergibt[47].

Zulässig ist auch, den Feststellungsantrag als zusätzlichen Hilfsantrag in der Revisionsinstanz zu stellen, etwa wenn zweifelhaft wird, ob eine bestrittene Forderung gestundet ist[48].

Entscheidend ist damit stets, ob die Zulassung der Klageänderung mit dem Sinn des § 561 I 1, II ZPO vereinbar ist.

5. Klageerweiterung

Eine Klageerweiterung in der Revisionsinstanz würde regelmäßig erfordern, dem Revisionsgericht neue Tatsachen zur Prüfung zu unterbreiten. Ein neuer Angriff, der in einer Klageerweiterung liegt, würde dazu zwingen, entweder selbst Tatsachen festzustellen oder wegen des neuen Vorbringens aufzuheben und zurückzuverweisen. Beides ist aber mit der Aufgabe des Revisionsverfahrens allgemein nicht vereinbar. Denn nach § 561 ZPO hat das Revisionsgericht grundsätzlich nur den unveränderten, allenfalls einen leicht modifizierten bisherigen Prozeßstoff nachzuprüfen.

a) Neue Anträge

Deshalb sind neue Haupt- oder Hilfsanträge ausgeschlossen, wenn sie nur die Form sind, ein in der Revisionsinstanz ausgeschlossenes Angriffsmittel geltend zu machen[49]. Auch eine bisher unterbliebene Widerklage kann deshalb — von den gesetzlichen Ausnahmen abgesehen — nicht mehr mit Revision oder Anschlußrevision erhoben werden[50]. Sogar ein

---

[46] s. o. § 11 II 2, 3 b.

[47] a. A. BGH WM 1957, 1335 (1338); *Thomas/Putzo*, 561 Anm. 2 a.

[48] BGH WM 1957, 1335 (1338); BayObLGZ 1954, 324 (328); *Jansen*, § 27 Rdnr. 38.

[49] BGH NJW 1962, 1250; BGHZ 10, 88 (Antrag gemäß § 713 II ZPO). Zulässig ist dagegen ein Hinweis auf die Rechtslage, wie z. B. ein „Antrag" auf Zubilligung einer Aufbrauchfrist im gewerblichen Rechtsschutz (BGH GRUR 1966, 495 [498]; 1967, 355 [359]; 1969, 690 [693]) oder ein „Antrag" auf Vorbehalt der Rechnungslegung und Auskunft lediglich an eine Vertrauensperson (BGH GRUR 1963, 640). Eine derart eingeschränkte Verurteilung setzt freilich voraus, daß die Anknüpfungstatsachen bereits in den Vorinstanzen festgestellt wurden.

[50] BGHZ 24, 280 = ZZP 71, 120; OLG Bamberg NJW 1949, 29 (30); *Stein/Jonas/Pohle*, § 33 III 2; *Baumbach/Lauterbach/Albers/Hartmann*, § 253 Anh. Anm. 2 A; *Wieczorek*, § 33 C III b 4; *Rosenberg/Schwab*, § 99 II 2 a; *Eyermann/Fröhler*, § 89 Rdnr. 11.

in der Berufungsinstanz fallengelassener Antrag kann im Revisionsverfahren nicht wieder aufgeriffen werden[51].

Aus dem gleichen Grund kann das Revisionsgericht nicht aufgrund einer vom Berufungsgericht zu Unrecht nicht zugelassenen Klageänderung in der Sache entscheiden, sondern muß den Rechtsstreit an das Berufungsgericht zurückverweisen[52].

Anders verhält es sich nur bei einer zu Unrecht nicht zugelassenen Widerklage mit dem Streitgegenstand der entscheidungsreifen Hauptklage[53].

Zulässig ist es dagegen, wenn der Kläger mit Anschlußrevision den ursprünglichen Klageantrag, den das Berufungsgericht nur teilweise zuerkannt hat, ganz oder teilweise weiterverfolgt. Hierin liegt keine Klageerweiterung, noch wird damit ein neuer Anspruch im Revisionsverfahren geltend gemacht[54]. Es ist nicht anders, als wenn nur der Kläger gegen eine Teilabweisung Revision eingelegt hätte. Deshalb ist es verfehlt, wenn dieser Fall teilweise als zulässige Antragsänderung behandelt wird[55].

Ebenso können die (nur vorläufigen) Revisionsanträge nachträglich erweitert werden[56].

aa) Neue Hilfsanträge

Neue Hilfsanträge sind nach dem Gesagten unzulässig, wenn zu ihrer Begründung neue Tatsachen vorgetragen werden müssen.

Weitergehend hat der BGH einen Hilfsantrag als unzulässig zurückgewiesen, wenn zwar der Klagegrund in der Berufungsinstanz bereits vorgetragen, für die bisherigen Anträge aber nicht entscheidungserheblich war und deshalb nicht geprüft wurde. Ebenso soll es sein, wenn der bisherige Antrag unzulässig war und deshalb vom Berufungsgericht ohne Sachprüfung entschieden wurde. Denn für die tatsächliche Würdigung bisher nicht geprüften Vorbringens ist in der Revisionsinstanz grundsätzlich kein Raum[57]. Ein neuer Hilfsantrag auf Übereignung, statt bisher auf Rechnungslegung ist ebenfalls unzulässig, weil seine Zulas-

---

[51] BGH LM Nr. 11 zu § 91 a ZPO; OHGZ 1, 72 (74 f.); vgl. aber RGZ 141, 185 (192).

[52] BGH LM Nr. 1 zu § 565 III ZPO = LM Nr. 1 zu § 75 AktG (insoweit nicht abgedruckt in BGHZ 3, 90).

[53] BGHZ 33, 398 (400 f.).

[54] BGH LM Nr. 29 zu § 561 ZPO = MDR 1962, 562 (Antrag auf Rechnungslegung).

[55] So bei *Bruns*, § 54 VII 1 a (S. 470 Fn. 86).

[56] BGHZ 12, 52 = LM Nr. 17 zu Art. 14 GG m. Anm. v. *Pritsch*.

[57] BGH NJW 1961, 1467 (1468).

sung in der Revisionsinstanz dem Beklagten den Instanzenzug für eine möglicherweise abweichende Verteidigung abschneiden würde[58].

bb) Zwischenfeststellungsklage

Als unzulässige Klageerweiterung ist auch die Erhebung einer Zwischenfeststellungsklage anzusehen. Sind die Umstände, auf die es ankommt, in der Tatsacheninstanz ungeklärt geblieben, so kann die Klage schon nach § 561 ZPO nicht mehr in der Revisionsinstanz erhoben werden[59]. Aber auch soweit der Tatsachenstoff ausreicht, verlangt der Schutz des Beklagten, daß bloße Urteilselemente im bisherigen Verfahren nicht ohne weiteres Grundlage einer selbständigen rechtskräftigen Entscheidung werden. Zwar handelt es sich nicht um beiläufige Feststellungen, da die Zwischenfeststellung tragende Urteilsgründe betrifft. Es läßt sich aber dennoch nicht ausschließen, daß es der Partei beim Streit um andere Rechtsfragen relativ gleichgültig ist, wie das Gericht vorgreifliche Rechtsverhältnisse beurteilt, solange diese Feststellungen nicht selbständig in Rechtskraft erwachsen. Auch das praktische Bedürfnis der Partei ist in diesen Fällen nicht so groß, daß eine Ausnahme nötig wäre.

b) Antragserweiterung bei unverändertem Sachverhalt

Bleibt der Sachverhalt und der Klagegrund unverändert, so schließt § 561 ZPO eine Klageerweiterung nicht unmittelbar aus. Aus der Aufgabe der Revision, den bisherigen Prozeßstoff rechtlich zu überprüfen, wird jedoch zu Recht abgeleitet, daß ein neuer Angriff und damit grundsätzlich jede Klageerweiterung in der Revisionsinstanz unzulässig ist[60]. Deshalb kann auch ein bisheriger Hilfsantrag nicht mehr zum Hauptantrag erhoben werden[61].

Eine Klageerweiterung bei unverändertem Sachverhalt würde zwar dazu beitragen, einen weiteren Prozeß zu vermeiden. Aber die Klageerweiterung erst in der Revisionsinstanz, etwa der Teilklage auf die volle Summe, würde das Streitrisiko unzulässig zuungunsten des Beklagten verschieben. Dies gilt jedenfalls, solange eine Rechtskrafterstreckung

---

[58] OGHZ 2, 226 (231) = MDR 1949, 679 (680).

[59] BGH NJW 1961, 777 (779); *Baumbach/Lauterbach/Albers/Hartmann*, § 280 Anm. 1 B; *Rosenberg/Schwab*, § 102 II 2.

[60] BGH NJW 1961, 1467 (1468) = ZZP 74, 383 = LM Nr. 27 zu § 561 ZPO; BGH LM Nr. 1 zu § 240 BGB; *Stein/Jonas/Schumann/Leipold*, § 268 V; *Baumbach/Lauterbach/Albers/Hartmann*, § 561 Anm. 2 C; *Förster/Kann*, § 561 Anm. 2 e; anders *Mattern*, JZ 1963, 649 (650 Fn. 10). Zur zulässigen Klageerweiterung wegen der Berücksichtigung neuer Verwaltungsakte s. o. § 13 III 2 b dd. Für die Antragsänderung ergeben sich daraus keine besonderen Fragen.

[61] BGHZ 28, 131 (136 f.) = NJW 1958, 1867 (1868) = LM Nr. 20 zu § 561 ZPO m. Anm. v. *Fischer;* a. A. *Wieczorek*, § 559 D I c.

des Urteils über eine Teilklage auf die Restsumme verneint wird. Würde man dagegen eine Rechtskrafterstreckung billigen[62], so ist in deren Umfang auch eine Antragserweiterung in der Revisionsinstanz nicht mehr auszuschließen, soweit die Restforderung auf dem gleichen Sachverhalt beruht.

Eine gewisse Ausnahme zugunsten des Klägers besteht im Verwaltungsprozeß. Denn dort wird es als zulässig angesehen, daß noch in der Revision gemäß § 113 I 2, 3 VwGO Folgenbeseitigung beantragt werden kann, wenn der angefochtene Verwaltungsakt im Verlaufe des Revisionsverfahrens vollzogen worden ist und dieser Antrag ohne weitere Aufklärung spruchreif ist. Hierin wird wohl wegen des sonst nach § 142 VwGO bestehenden Verbots keine Klageänderung gesehen[63].

c) *Sonderfragen des Eheprozesses*

Im Eheprozeß gilt nichts Abweichendes: § 614 ZPO ist nach allgemeiner Ansicht keine Ausnahme von § 561 ZPO[64]. Ein Übergang von einer auf § 43 EheG gestützten Scheidungsklage zur sog. Heimtrennungsklage gemäß § 48 EheG ist deshalb in der Revisionsinstanz ausgeschlossen, weil zur Begründung neue Tatsachen vorgetragen werden müßten[65] und hierin keine Klagebeschränkung, sondern ein selbständiger Angriff liegt. Auch aus dem sog. Grundsatz der Einheitlichkeit der Entscheidung folgt keine Ausnahme von § 561 ZPO und vom Verbot des neuen Angriffs. Deshalb ist ein Übergang von der Aufhebungs- zur Scheidungsklage oder umgekehrt trotz § 614 I ZPO in der Revisionsinstanz ausgeschlossen[66]. Auch ein Antrag auf Schuld- oder Mitschuldausspruch kann nicht neu gestellt werden, selbst wenn die tatsächlichen Feststellungen zur Beurteilung vorhanden sind[67]. Auszunehmen sind jedoch die Fälle, in denen der Antrag objektiv erstmals in der Revisionsinstanz gestellt werden kann[68]. Von der Klageerweiterung ist aber die zulässige nachträgliche Erweiterung der Revisionsanträge zu unterscheiden[69].

---

[62] Vgl. *Bruns*, § 44 II 1 b; *Zeiss*, S. 232 (für Klageabweisungen).

[63] BVerwG 22, 314 (315 f.); *Redeker/v. Oertzen*, § 113 Anm. 7; *Eyermann/Fröhler*, § 113 Rdnr. 38. Ebenso nach § 100 I 2 FGO u. § 131 I 1, 2 SGG.

[64] RGZ 164, 59 (61); *Baumbach/Lauterbach/Albers/Hartmann*, § 614 Anm. 1 A; *Wieczorek*, § 614 B II b.

[65] *Stein/Jonas/Schlosser*, § 614 II 3; *Rosenberg/Schwab*, § 167 III 5; *Thomas/Putzo*, § 614 Anm. 1 b.

[66] RGZ 164, 59 (61); a. A. *Förster/Kann*, § 561 Anm. 4 a dd.

[67] *Stein/Jonas/Schlosser*, § 615 I 3; *Rosenberg/Schwab*, § 167 III 3; *Diederichsen*, FamRZ 1966, 605 (612).

[68] s. o. § 12 II 3.

[69] Vgl. BGHZ 12, 52 (68) = NJW 1954, 554 (557) = ZZP 67, 289 = LM Nr. 17 zu Art. 14 GG m. Anm. v. *Pritsch*.

6. Forderung des Interesses gemäß § 268 Nr. 3 ZPO

Der Übergang vom Unterlassungsanspruch zum Vertragsstrafenanspruch oder allgemein: vom ursprünglichen Leistungsanspruch zum Anspruch auf Schadensersatz ist nach § 268 Nr. 3 ZPO keine Klageänderung[70]. Deshalb wird der Übergang zum Interesse vereinzelt auch im Revisionsverfahren nicht als unzulässige Klageänderung angesehen[71].

Dennoch ist allgemeine Ansicht, daß der Revisionskläger (Kläger) in einem Unterlassungsprozeß nicht in der Revisionsinstanz nach Ablauf der befristeten Unterlassungspflicht gemäß § 268 Nr. 3 ZPO Schadensersatz verlangen kann.

Denn die Klage sei ohne diese Änderung bereits entscheidungsreif und zur Begründung der Schadensersatzpflicht müßten zum Verschulden und zur Schadenshöhe neue Tatsachen dargelegt werden. Diese könne der Kläger aber nicht mehr in das Verfahren einführen[72],

Entsprechend lassen *Kühn-Kutter* neues Vorbringen nur zu, wenn die Sache noch nicht entscheidungsreif ist[73]. Denn in der Revisionsinstanz soll nur eine Verfahrensbeendigung zulässig sein. Darunter fällt im weitesten Sinne auch, wenn Feststellungslücken geschlossen, streitige Tatsachen unstreitig werden, nicht aber, wenn ein neuer Angriff geführt, das Verfahren zu einem anderen als dem bisher betriebenen Rechtsschutzzweck fortgesetzt wird.

Das BAG hat zwar gelegentlich in einem Leitsatz ausgesprochen, bei zeitlichem Ablauf des Arbeitsverhältnisses während des Revisionsverfahrens könne noch gemäß § 268 Nr. 3 ZPO das Interesse für rechtswidrig nicht geleistete Arbeit gefordert werden. Jedoch lag dem eine besondere Fallgestaltung zugrunde: Bei einer eventuellen Klagehäufung nach § 61 IV ArbGG wurde nach Ablauf des befristeten Arbeitsverhältnisses zugelassen, den Entschädigungsantrag des Arbeitgebers gemäß § 268 Nr. 3 ZPO weiterzuverfolgen. Dem Hauptantrag auf Fortsetzung der Arbeitstätigkeit konnte wegen des Zeitablaufs nicht mehr stattgegeben werden und damit entfiel auch die Zulässigkeit der Eventualhäufung nach § 61 IV ArbGG[74]. Da der Entschädigungsantrag als Hilfsantrag aber bereits rechtshängig war, will *Kraft* in diesem Fall eine analoge, nicht aber allgemein eine unmittelbare Anwendung von § 268 Nr. 3 ZPO zulassen.

---

[70] Vgl. *Bötticher*, AP Nr. 1 zu § 268 ZPO; *Baumgärtel*, SAE 1968, 54.

[71] *Eyermann/Fröhler*, § 142 Rdnr. 2.

[72] *Schumann*, AP Nr. 8 zu § 554 a ZPO (Bl. 400); ebenso: *Stein/Jonas/Schumann/Leipold*, § 268 V; *Göppinger*, Erledigung, S. 308; *Rüthers*, SAE 1969, 48 (49); allgemein ablehnend: *Hellwig*, System, S. 856.

[73] *Kühn/Kutter*, § 126 FGO Bem. 4.

[74] BAG NJW 1966, 849 (850) = SAE 1966, 101 (102) m. Anm. v. *Kraft*.

Zweckmäßiger wäre es freilich gewesen, der Kläger hätte den ursprünglichen Leistungsantrag — nach Hinweis durch das BAG — für erledigt erklärt[75] oder ihn gemäß § 268 Nr. 2 ZPO in einen Feststellungsantrag abgeändert. Im Falle der Erledigungserklärung wäre zugleich das Eventualverhältnis für den Schadensersatzantrag entfallen und über ihn wäre ohne weiteres als Hauptantrag zu entscheiden gewesen. In jedem Fall kann aus diesem Sonderfall nicht abgeleitet werden, das BAG würde eine Klageänderung nach § 268 Nr. 3 ZPO im Revisionsverfahren allgemein zulassen.

Der Übergang zum Interesse rechtfertigt sich auch nicht durch eine Analogie zu den §§ 302 IV, 600 II, 717 II, III ZPO. Wird nämlich ein für vorläufig vollstreckbar erklärtes Urteil nach Vollstreckung aufgehoben, so ist der Ersatzanspruch aus ungerechtfertigter Vollstreckung notwendige Folge, lediglich zur Schadenshöhe ist regelmäßig Beweis zu erheben.

Erledigt sich die Klage auf Unterlassung wettbewerbswidriger Handlungen mit Ablauf des Wettbewerbsverbots, die Klage auf Leistung versprochener Tätigkeit mit Ablauf des befristeten Arbeitsverhältnisses während der Revisionsinstanz in der Hauptsache und wird unbegründet, so steht zwar der Grund des etwaigen Schadensersatzanspruchs ebenfalls nach dem bisherigen Verfahren fest. Aber für die Prüfung der restlichen Anspruchsvoraussetzungen soll der volle Instanzenzug eines neuen Verfahrens zur Verfügung stehen. Die Schadensersatzfälle unterscheiden sich hierin nicht von allen anderen Streitigkeiten, bei denen ein letztinstanzliches Urteil präiudiziell für weitere Ansprüche ist und die „Schlüsselfrage“ beantwortet hat. Wollte man hier stets den Folgestreit vor dem Revisionsgericht oder nach Zurückverweisung vor dem Berufungsgericht austragen, so würde die Zuständigkeitsordnung verschoben und der Instanzenzug in erheblichem Umfang verkürzt. Dem Gesetzgeber stand es frei, für Vollstreckungsschäden, deren Grundlage — anders als in allen sonstigen Fällen — in der wechselnden Entscheidung über denselben Streitgegenstand im Instanzenzug und der vorläufigen Vollstreckbarkeit, mithin im prozessualen Bereich liegt, ein vereinfachtes und verkürztes Verfahren anzuordnen. Auf Schäden ohne einer derart enge Verbindung mit dem gerichtlichen Verfahren läßt sich diese Regelung jedoch nicht ausdehnen.

Sind im Einzelfall wirklich sämtliche Anspruchsvoraussetzungen unstreitig, so belastet auch der Folgeprozeß kaum.

---

[75] *Kraft* (Fn. 74), S. 103 (105).

II. Parteiwechsel

1. Parteiberichtigung

Wie jede lediglich klarstellende, verdeutlichende Berichtigung ist auch eine Parteiberichtigung gemäß den §§ 268 Nr. 1, 319 ZPO noch in der Revision zulässig[76]. Freilich sind im allgemeinen auch bloße klarstellende Tatsachen nach § 561 I 1, II ZPO unbeachtlich und es ist notfalls wegen eines Aufklärungsfehlers oder eines Mangels am Tatbestand zurückzuverweisen. Aber die Parteiberichtigung beschränkt sich auf offenkundige Unrichtigkeiten, die das Prozeßergebnis nicht ändern, nur die Vollstreckung erleichtern. Da das Revisionsgericht in der Beurteilung offenkundiger Tatsachen frei ist, steht ihm auch die Parteiberichtigung zu. Kommt es zu einem Identitätsstreit, so kann im Einzelfall auch lediglich zur Klärung zurückverwiesen werden. Außerdem folgt die Befugnis zur selbständigen Prüfung der Parteibezeichnung aus der Berechtigung, prozessuale Erklärungen frei auszulegen. *Kisch* will dem Revisionsgericht aber nur die freie Auslegung der getroffenen Feststellungen, nicht die Entscheidung eines Berichtigungsbegehrens aufgrund neuer Tatsachen gestatten[77]. Jedoch ist die richtige Parteibezeichnung Teil ordnungsgemäßer Klageerhebung und diese unterliegt als Prozeßvoraussetzung der Amtsprüfung. Deshalb können auch Neutatsachen für ein Berichtigungsbegehren vorgebracht werden. So kann z. B. in der Revisionsinstanz noch statt der Vertretungsbehörde die vertretene Körperschaft als Beklagter angegeben werden[78].

2. Gesetzlicher Parteiwechsel

Ein gesetzlicher Parteiwechsel durch Tod oder andere Rechtsnachfolge ist als prozessuale Tatsache zu beachten[79]. Auch eine Aufnahme der Ehelichkeitsanfechtungsklage durch die Eltern gemäß § 640 g I ZPO ist in der Revisionsinstanz zulässig.

Die Anpassung der Klageanträge an die veränderte Sachlage ist ohne weiteres gestattet[80].

Dagegen ist es weder gerechtfertigt noch erforderlich, den gesetzlichen Parteiwechsel nur in Fällen unstreitiger Rechtsnachfolge zu berücksich-

---

[76] *Kisch*, Parteiänderung, S. 590 f.; *Wieczorek*, § 264 E I; *Stein/Jonas/Schumann/Leipold*, § 268 VI 2.

[77] *Kisch*, S. 604 f.

[78] BVerwG 20, 21 (22); anders noch BVerwG 3, 150 (153) (unzulässiger Parteiwechsel).

[79] *Kopp*, § 142 Anm. 1; ebenso ein Wechsel der zuständigen Vertretungsbehörde, vgl. *Gräber*, StuW 1974, 57 (60).

[80] *Wieczorek*, § 264 E II a.

tigen[81]. Denn der Streit, wer Rechtsnachfolger ist, betrifft den Fortgang des Revisionsverfahrens und kann deshalb nicht offengelassen werden[82]. Er ist prozessualer Zwischenstreit und kann daher durch Zwischenurteil (§ 303 ZPO) oder in den Gründen des instanzbeendenden Revisionsurteils entschieden werden.

3. Gewillkürter Parteiwechsel

Dagegen ist streitig, ob im Revisionsverfahren auch ein gewillkürter Parteiwechsel zulässig ist.

Kisch sieht im Parteiwechsel eine Klagerücknahme verbunden mit neuer Klageerhebung. Da letztere ebenso wie eine Klageänderung mit dem Wesen der Revision unvereinbar sei, scheiden für ihn Kläger- und Beklagtenwechsel, Kläger- oder Beklagtenbeitritt ausnahmslos aus[83].

Dagegen sieht die h. M. den Parteiwechsel als Klageänderung an. Gleichwohl sieht sie den gewillkürten Parteiwechsel im Revisionsverfahren generell als unzulässig an, weil er regelmäßig zu neuen Angriffen und neuem Vorbringen nötige[84] und damit § 561 I 1, II ZPO widerspreche.

Insoweit besteht kein Unterschied zur Meinung, der Parteiwechsel sei eigenständiges Rechtsinstitut[85]: Wenn in zwei Instanzen nicht die richtigen Parteien bestimmt werden könnten, so sei es auch besser, diese begönnen einen neuen Rechtsstreit. Bei einem Klägerwechsel erleide der neue Kläger auch keinen endgültigen Nachteil, wenn er den neuen Prozeß wieder durch alle Instanzen führen muß[86].

Nachdem aber eine Klageänderung begrenzt zugelassen wird, sollte auch ein Klägerwechsel in Grenzen möglich sein. Nach einer neueren Meinung soll deshalb ein Parteiwechsel zulässig sein, soweit auch eine Klageänderung im Revisionsverfahren nicht durch § 561 ZPO ausgeschlossen und damit zulässig ist[87]. Sachlich stimmt dies mit dem Vorschlag des Entwurfs 1967 (§§ 566, 530 ZPO) überein. Denn nur in diesen

---

[81] So aber *Stein/Jonas/Grunsky*, § 561 II 1 c.

[82] s. o. § 14 II 1.

[83] *Kisch*, Parteiänderung, S. 110 (Beklagtenwechsel), 191 (Klägerwechsel), 296 (Beklagtenvermehrung), 500 (Klägerbeitritt), 504 (Beitritt nach § 856 IV ZPO).

[84] *Richard Schmidt*, S. 797; *Stein/Jonas/Grunsky*, § 561 II 2 c; *Schönke/Kuchinke*, § 23 II 2 b.

[85] *de Boor*, S. 109; *Rosenberg/Schwab*, § 42 III 1; *Blomeyer*, § 115 V 1 b (Fn. 6); *Baumbach/Lauterbach/Albers/Hartmann*, § 264 Anm. 2 C; *Thomas/Putzo*, § 50 Vorbem. IV 3 c, 4 b; *Gofferjé*, S. 118 f. (Klägerwechsel), 155 (Beklagtenwechsel), 221 f. (Klägerbeitritt), 255 f. (Beklagtenbeitritt).

[86] BAG NJW 1967, 1437 (1438).

[87] *Wieczorek*, § 264 E II (anders aber § 559 D I b); *Pohle*, Gedanken zum gesetzlich nicht geregelten, gewillkürten Parteiwechsel, Festschrift f. *Fragistas*, 1967, S. 133 (154); *Stein/Jonas/Schumann/Leipold*, § 268 II 2 i, 3 b.

Fällen ist ein Parteiwechsel sachdienlich. Bleibt der Prozeß trotz des Parteiwechsels und der damit verbundenen Antragsänderung im Rahmen der bisherigen tatsächlichen Feststellungen und wird lediglich gestattet, mit Einwilligung beider Parteien eine Übereinstimmung von formeller Parteistellung und Sachlegitimation herbeizuführen, so bestehen keine Bedenken gegen einen Parteiwechsel. Da alle Beteiligten zustimmen müssen, werden deren Interessen ausreichend berücksichtigt. Vor allem der neue Kläger oder Beklagte wird nur zustimmen, wenn er bereits bisher sachlich am Rechtsstreit teilgenommen hat, sei es als Vertreter oder als Streitgehilfe, sei es, daß er der Inhaber des Rechts ist, über das ein Dritter mit oder ohne Prozeßführungsbefugnis prozessierte. Unbedenklich ist es daher, wenn der Erwerber einer nach Schluß der Tatsachenverhandlung veräußerten streitbefangenen Sache den Prozeß mit Zustimmung der bisherigen Parteien noch in der Revisionsinstanz übernimmt.

Dagegen war das RG wohl zu streng, als es einen Wechsel der Parteirollen von Partei und Streitgehilfe in der Revisionsinstanz für unzulässig erklärt hat[88].

Auch in folgendem Fall war die Ablehnung des Parteiwechsels nicht berechtigt: Für einen mitgliederlosen und damit erloschenen eingetragenen Verein klagte ein „Liquidator" Forderungen ein. In der Revisionsinstanz wurde für die Anfallberechtigten des Vereinsvermögens ein Pfleger gemäß § 1913 BGB bestellt. Dieser trat in den Prozeß ein und genehmigte die bisherige Prozeßführung. Dennoch wies das BAG die Revision des „Vereins" gegen das abweisende Prozeßurteil zurück. Und zwar meinte es, genehmigt werden könne nur die Prozeßführung einer bestehenden, nicht ordnungsgemäß vertretenen Partei, nicht aber die einer „Nichtpartei" durch die wahre Partei. Ein Klägerwechsel sei aber im Revisionsverfahren unzulässig[89]. Hätte das BAG den Parteiwechsel zur Korrektur eines Fehlers in der Vermögensabwicklung zugelassen, so wäre das Prozeßurteil des LAG ohne weiteres aufzuheben und zur Sachentscheidung — je nach Sachdienlichkeit in die erste oder zweite Instanz (§§ 538 I Nr. 2, 540 ZPO)[90] — zurückzuverweisen gewesen. Der Feststellung neuer Tatsachen entgegen § 561 I 1, II ZPO hätte es nicht bedurft. Die Interessen des Gegners konnten bei der abschließenden Kostenentscheidung ausreichend berücksichtigt werden[91]. Wäre der Irrtum über die richtige Vermögensabwicklung erst vom BAG, aber nicht in den Tatsacheninstanzen bemerkt worden, so wäre der Parteiwechsel

---

[88] BGZ 160, 204 (212 f.); zustimmend: *Gofferjé*, S. 118, 120.

[89] BAG NJW 1967, 1437 f.

[90] Vgl. *Stein/Jonas/Grunsky*, § 565 III 1 b.

[91] s. o. § 15 II 7 b.

in gleicher Weise sachdienlich gewesen; möglicherweise hätte dann das Revisionsurteil den Streit endgültig beenden können.

Es finden sich aber auch Fälle, in denen ein Parteiwechsel zugelassen wurde: Endet etwa das elterliche Erziehungsrecht mit Eintritt der Volljährigkeit während der Revisionsinstanz, so wird der Volljährige bei einer Klage der Eltern gemäß § 19 V WpflG nach Ansicht des BVerwG nicht kraft Gesetzes Rechtsnachfolger der Eltern im Prozeß. Aber sachlich wurde um sein Recht gestritten und der Prozeß wäre nutzlos geführt, könnte der Volljährige den Rechtsstreit in der Revision nicht anstelle seiner Eltern übernehmen[92]. Aus diesem Fall leitet das BVerwG ab, daß ein Parteiwechsel stets in der Revision zulässig ist, wenn sich dadurch der „Streitgegenstand" nicht ändert[93].

Wird eine Personengesellschaft nach Schluß der mündlichen Tatsachenverhandlung voll beendet, so soll ein Parteiwechsel zum Schutze eines Gesellschaftsgläubigers in der Revisionsinstanz noch indirekt ermöglicht werden. Da die Sachentscheidung gegen eine nicht mehr bestehende Partei nicht bestätigt werden könnte, solle das Revisionsgericht aufheben und zurückverweisen, damit vor dem Berufungsgericht die neuen (sachdienlichen) Anträge gestellt werden könnten. Eine sachgerechte Beendigung des anhängigen Verfahrens aus diesen „rein praktischen", „prozeßökonomischen" Gründen dürfe an einer überspitzten Berücksichtigung der Besonderheiten des Revisionsverfahrens nicht scheitern[94]. Sind außer dem Parteiwechsel und der damit verbundenen Antragsänderung keine weiteren Antragsänderungen und tatsächlichen Feststellungen nötig, so ist aber auch die Zurückverweisung in die Berufungsinstanz noch ein unverhältnismäßiger und unnötiger Umweg.

4. Beteiligung Dritter am Rechtsstreit

a) Beiladung im Verwaltungsprozeß

Die §§ 142 VwGO, 168 SGG, 123 S. 1 FGO schließen eine Beiladung durch das Revisionsgericht aus. Zur Begründung dieser Regelung wird ausgeführt, die Beiladung weiterer Personen solle zu neuen tatsächlichen Gesichtspunkten beitragen. Wegen der Bindung des Revisionsgerichts an die tatsächlichen Feststellungen wäre sie deshalb wenig sinnvoll[95].

---

[92] BVerwG 7, 325 = NJW 1959, 736; *Ule*, Verwaltungsgerichtsbarkeit, § 142; für gesetzlichen Parteiwechsel: *Eyermann/Fröhler*, § 142 Rdnr. 1.

[93] BVerwG MDR 1971, 246.

[94] *de Boor*, S. 38 (113); *Fischer*, Festschrift f. *Hedemann*, S. 75 (90 f.) u. RGRK-HGB, Bd. II/1, 3. Aufl., 1967, § 124 Anm. 33; *U. Huber*, Die Parteifähigkeit der Personalgesellschaft des Handelsrechts, ZZP 82, 224 (234, 248).

[95] *Eyermann/Fröhler*, § 142 Rdnr. 3; *Kühn/Kutter*, § 123 Anm. 1.

Zugelassen wird aber die Beiladung nach Erlaß des Berufungsurteils zum Zwecke der Einlegung der Revision[96]. Erhebt der neu Beigeladene keine Verfahrensrüge, so kann er freilich nur die Rechtsanwendung angreifen, nicht anders, als wenn er erst während des Revisionsverfahrens beigezogen worden wäre.

Auch ist die notwendige Beiladung erst nach Erlaß des Berufungsurteils vor Einlegung der Revision oder ihr Fehlen wesentlicher Verfahrensmangel und führt zur Zurückverweisung durch das Revisionsgericht[97].

Dem gesetzlichen Ausschluß eigener Beiladung durch das Revisionsgericht kommt damit keine große Bedeutung zu. Im Gegenteil schließt er eine Heilung des Verfahrensmangels in der Revisionsinstanz unnötig aus, die denkbar ist, wenn der notwendig Beigeladene die Tatsachenfeststellungen nicht bestreiten will[98].

b) Nebenintervention, Streitverkündung, Beiladung nach § 856 ZPO

Da der Nebenintervenient, der selbst erst in der Revisionsinstanz beitritt, regelmäßig keine Angriffs- oder Verteidigungsmittel geltend machen und keine neuen tatsächlichen Behauptungen aufstellen kann, hat die Nebenintervention praktisch keine Interventionswirkung nach § 68 ZPO zur Folge.

Deshalb hat auch eine Streitverkündung in der Revisionsinstanz, wenn keine Zurückverweisung erfolgt, kaum praktische Bedeutung[99].

Trotzdem § 561 ZPO die Wirkung von Nebenintervention und Streitverkündung weitgehend ausschließt, werden beide doch allgemein auch im Revisionsverfahren als zulässig angesehen[100].

Gleiches gilt für eine Beiladung gemäß § 856 III ZPO, die erst nach Schluß der Berufungsverhandlung erfolgt. Entsprechend § 68 (2. Halbs.) ZPO ist auch hier die Wirkung des § 856 IV ZPO einzuschränken, soweit der Beigeladene durch § 561 ZPO an neuem Vorbringen gehindert war[101].

---

[96] Vgl. *Redeker/v. Oertzen*, § 132 Anm. 3.

[97] Vgl. *Redeker/v. Oertzen*, § 142 Anm. 3; *Eyermann/Fröhler*, § 65 Rdnr. 39, 45.

[98] Vgl. zur Heilung einer unterlassenen Beteiligung im Verfahren für Baulandsachen in dritter Instanz BGHZ 60, 34 (36 f.) (s. o. § 2 I).

[99] RGZ 158, 133 (134); *Stein/Jonas/Pohle*, § 72 III; *Baumbach/Lauterbach/Albers/Hartmann*, § 74 Anm. 3; *Rosenberg/Schwab*, § 47 IV 6 d α, § 48 II 1.

[100] *Rosenberg/Schwab*, § 47 II 1 c.

[101] *Wieczorek*, § 856 B II a 2.

c) *Beteiligung des Staatsanwalts*

Bei einer Nichtigkeitsklage (§§ 631 ff. ZPO) kann der Staatsanwalt gemäß § 634 ZPO auch Revision einlegen oder sich erst in der Revisionsinstanz am Rechtsstreit beteiligen. § 561 ZPO schränkt nur die prozessualen Möglichkeiten nach der Beteiligung ein.

Entsprechendes galt für das inzwischen aufgehobene Beitrittsrecht im Ehelichkeitsanfechtungsprozeß[102].

---

[102] Vgl. RGZ 160, 369 (370); 163, 156 (164); OGHZ 3, 198 (199 ff.); BGH VersR 1960, 268.

§ 17. Verfahrensbeendigung und Streit um deren Wirksamkeit

Abschließend ist darzulegen, inwieweit das Revisionsgericht Prozeßhandlungen entgegennehmen kann, die das Verfahren beenden, und in welchem Rahmen der Streit um deren Wirksamkeit vor dem Revisionsgericht ausgetragen werden kann.

I. Prozeß- oder streitbeendende Prozeßhandlungen

1. Klage- und Revisionsrücknahme, Revisionsverzicht

Entsprechend dem Dispositionsgrundsatz kann auf die Revision verzichtet (§§ 566, 514 ZPO), die eingelegte Revision (§§ 566, 515 ZPO) oder die Klage (§§ 557, 271 ZPO) zurückgenommen werden[1].

Tatsächlicher Feststellungen des Revisionsgerichts bedarf es dabei, um zu klären, ob und welche Erklärungen wirksam abgegeben wurden. Gelegentlich wurde zwar erwogen, ob § 561 I 1 ZPO einer Beachtung dieser Erklärungen entgegenstehe. Das RG hat das aber zu Recht verneint, weil sich § 561 I 1, II ZPO nicht auf Verfahrensvorgänge nach Erlaß des Berufungsurteils beziehen könne[2]. Sind deshalb Auslegungsindizien streitig, so hat das Revisionsgericht, wie dargelegt, dazu selbst Beweis zu erheben[3].

2. Anerkenntnis, Verzicht

Der Kläger kann noch in der Revisionsinstanz den Erlaß eines Anerkenntnisurteils, der Beklagte den eines Verzichtsurteils beantragen.

Grundlage können in früherer oder in der Revisionsinstanz[4] abgegebene Erklärungen sein. Da die Erklärungen zum Abschluß des Rechtsstreits durch unstreitiges Urteil ohne weitere Sachprüfung führen, bestehen keine Bedenken gegen eine Abgabe dieser Erklärungen in der dritten Instanz. Dies gilt ganz besonders, seitdem der BGH — in berech-

---

[1] *Rosenberg/Schwab*, § 146 II 3 c; *Stein/Jonas/Grunsky*, § 561 II 2 e; *Baumbach/Lauterbach/Albers/Hartmann*, § 561 Anm. 2 C; *Zöller/Karch*, § 561 Anm. 1 c.

[2] RGZ 161, 350 (352 f.).

[3] *Baumbach/Lauterbach/Albers/Hartmann*, § 561 Anm. 3 C; s. o. § 14 II 1.

[4] BGHZ 10, 333 (334) (Anerkenntnis); BGHZ 49, 213 (214) (Verzicht); RG JW 1924, 965 Nr. 7 = SeuffA 78 Nr. 54; *Sydow/Busch/Krantz/Triebel*, § 561 Anm. 4; *Zöller/Karch*, § 561 Anm. 1 c.

tigter Rechtsfortbildung — auf besondere Anträge verzichtet, weil Anerkenntnis und Verzicht unmittelbar zur Entscheidungsreife führen. Die Zulässigkeit beider Erklärungen ist auch nicht davon abhängig, ob ihnen unmittelbare verfahrensbeendende Wirkung beigelegt wird[5] oder nicht.

Wie bei allen Prozeßhandlungen kann auch hier ein Streit über die wirksame Abgabe der Erklärungen entstehen, der vom Revisionsgericht selbst zu entscheiden ist[6].

3. Prozeßvergleich und Verfahrensfortsetzung

Als verfahrensbeendender Prozeßvertrag kann der Prozeßvergleich nach allgemeiner Ansicht auch in der Revisionsinstanz abgeschlossen werden[7]. Ein Streit über die Wirksamkeit des Vergleichs ist aus Zweckmäßigkeitsgründen grundsätzlich unter Fortsetzung des Revisionsverfahrens, nicht in einem neuen Prozeß auszutragen[8].

Da die Wirksamkeit der Verfahrensbeendigung und damit der Fortgang des Revisionsverfahrens in Streit ist, ist das Revisionsgericht berechtigt und verpflichtet, zur Prüfung der Unwirksamkeitsgründe selbst Tatsachen festzustellen und Beweis zu erheben.

a) Materielle Einwendungen

Da dem Prozeßvergleich Doppelnatur zukommt[9], sind davon materiellrechtliche Einwendungen gegen den Prozeßvergleich nicht auszunehmen. Dagegen wurde eingewandt, sie seien — anders als prozessuale Unwirksamkeitsgründe — in einem neuen Prozeß zu klären, weil das Revisionsgericht sonst zu umfangreichen tatsächlichen Feststellungen und Beweiserhebungen zur Sache selbst genötigt sei und dies seiner Stellung widerspreche[10]. Wegen der damit verbundenen Rechtskraftwirkung sei es zudem sachgerechter, die Frage der Unwirksamkeit des Vergleichs zum echten Streitgegenstand zu machen. Dies sei aber in der Revision nicht

---

[5] Dafür *Manfred Wolf*, Das Anerkenntnis im Prozeßrecht, 1969, S. 19 ff., 36.

[6] Vgl. *Manfred Wolf*, S. 37 ff., 39.

[7] *Stein/Jonas/Münzberg*, § 794 II 2 a.

[8] BAG NJW 1960, 2211 = AP Nr. 8 zu § 794 ZPO m. krit. Anm. v. *Zeuner; Rosenberg/Schwab*, § 132 IV 1 b; *Stein/Jonas/Münzberg*, § 794 II 7; *Blomeyer*, § 65 III 3; *Bernhardt*, § 41 II (S. 253 ff.); *Bonin*, Prozeßvergleich, S. 108; *Lüke*, Die Beseitigung des Prozeßvergleichs durch Parteivereinbarung, JuS 1965, 482 (484); allgemein zum Anhangsverfahren vgl. *v. Mettenheim*, S. 122 ff.

[9] Vgl. *Rosenberg/Schwab*, § 132 III 1 c; *v. Mettenheim*, S. 114 ff. (der aber eine Verfahrensfortsetzung selbst bei wirksamem Vergleich zulassen will, S. 138 ff.).

[10] *Nikisch*, § 70 IV 2; allgemein *Baumgärtel*, Prozeßhandlung, S. 200 f.; vgl. *Gerhardt*, S. 63.

möglich[11]. Entscheidet das Revisionsgericht über die Wirksamkeit des Vergleichs nur ohne rechtskraftfähigen Ausspruch als Vorfrage der Verfahrensfortsetzung, so werde es außerdem in gleicher Weise wie bei einem ausgeschlossenen neuen Sachantrag belastet[12].

Demgegenüber wies das BAG daraufhin, daß das Gericht, vor dem der Vergleich geschlossen sei, am besten beurteilen könne, ob tatsächliche Gründe gegen seine Wirksamkeit bestünden. Dies rechtfertige auch, daß den Parteien für den Streit um die Wirksamkeit des Vergleichs nur eine Instanz zur Verfügung stehe und das Revisionsgericht insoweit auch materiellrechtliche Tatsachen feststellen könne[13]. Außerdem würde es der Prozeßökonomie widersprechen, nach drei Instanzen zur Hauptsache für eine Vorfrage erneut einen vollen Instanzenzug zu eröffnen[14].

Ist der Prozeßvergleich unwirksam und die Hauptsache selbst nicht entscheidungsreif oder erscheint es aus anderen Gründen zweckmäßig, so kann das Revisionsgericht über die Frage der Wirksamkeit des Prozeßvergleichs auch selbst ein Zwischenurteil gemäß § 303 ZPO erlassen[15].

Darüber hinaus ist die sonst übliche Amtsprüfung von Tatsachen zum Fortgang des Revisionsverfahrens[16] bei materiellen Unwirksamkeitsgründen nicht anzuwenden. Andernfalls ergäbe sich die eigenartige Folge, daß das Revisionsgericht trotz Verhandlungsgrundsatz Fragen des materiellen Streitverhältnisses als Vorfragen für die Fortsetzung des Revisionsverfahrens von Amts wegen aufklärt.

b) Unwirksamkeit mit ex-nunc-Wirkung

Dem Einwand, die Beweiserhebung zu materiellen Fragen, sei es auch nur zur Klärung prozessualer Vorfragen, „verbiege" die Revision, trägt die Rechtsprechung aber dadurch Rechnung, daß sie materiellen Einwänden, die schuldrechtlich zu keiner ex-tunc-Nichtigkeit führen, ebenso wie die Lehre vom Doppeltatbestand einen Einfluß auf die Prozeßbeendigung abspricht und den Streit darüber in einen neuen Prozeß verweist[17].

Gegen eine derartige Differenzierung zwischen den einzelnen Nichtigkeitsgründen wird eingewandt, wegen der Doppelnatur des Prozeßver-

---

[11] s. o. § 16 I 5 a.

[12] *Zeuner*, AP Nr. 8 zu § 794 ZPO.

[13] BAG NJW 1960, 2211; ebenso *E. Peters*, Freibeweis, S. 175.

[14] *Blomeyer*, § 65 III 3 (S. 325); *Gerhardt*, S. 69.

[15] BAG NJW 1960, 2211.

[16] Vgl. *Thomas/Putzo*, § 561 Anm. 4 g.

[17] BGHZ 16, 388 (389 ff., 393); BGH NJW 1966, 1658 (1659) = AP Nr. 11 zu § 794 ZPO; BAG AP Nr. 16 zu 794 ZPO (Geschäftsgrundlage) m. krit. Anm. v. *Münzberg; Pikart*, Die Rechtsprechung des BGH zum außergerichtlichen und gerichtlichen Vergleich, WM 1967, 590 (598 f.); vgl. BGHZ 41, 310 ff.

gleichs müsse mit jedem Wegfall der materiellen Regelung auch der prozeßbeendende Tatbestand entfallen. Auch würden meist zugleich anfängliche wie nachträgliche Unwirksamkeitsgründe behauptet, so daß es sinnvoller und einfacher sei, über alle Gründe in einem Verfahren zu entscheiden[18].

Beruht der Streit über die Wirksamkeit des Prozeßvergleichs auf einer nachträglichen Veränderung der Sachlage, wie beim gesetzlichen Rücktritt oder dem vollständigen Wegfall der Geschäftsgrundlage, so läßt sich eine Verfahrensfortsetzung nicht allgemein unter Hinweis auf die Rechtsnatur des Prozeßvergleichs rechtfertigen. Denn diese ist selbst nur begrifflich verkürzte Aussage über die erwünschten Rechtsfolgen des Prozeßvergleichs. Beruht der Streit auf nachträglichen streitigen Veränderungen der Sachlage, so läßt sich auch nicht ohne weiteres unterstellen, die Inzidententscheidung durch die letzte Instanz werde den Parteiinteressen an einem raschen Ende eines prozessualen Zwischenstreits am ehesten gerecht.

Begrenzt man die Auflockerung der Revision durch die Garantie effektiven Rechtsschutzes und die Prozeßökonomie, so erscheint es sachgerecht, Fragenkreise, die nicht nur zur Prüfung der prozessualen Vorfrage der Unwirksamkeit des Prozeßvergleichs, sondern zur Prüfung eines veränderten materiellen Prozeßstoffs führen, nicht zur Entscheidung des Revisionsgerichts zu stellen. Wenn die Revisionsgerichte den Streit um die Unwirksamkeit eines gesetzlichen Rücktritts (§§ 325, 326 BGB) oder um den Wegfall der Geschäftsgrundlage allgemein in einen neuen Prozeß verweisen[19], so gehen sie jedoch zu weit. Entscheidend ist, welche Rechtsfolge als Konsequenz des Wegfalls des Prozeßvergleichs behauptet wird. Soll nach Wegfall des Prozeßvergleichs über den bisherigen Streitgegenstand entschieden werden, so wird der materielle Prozeßstoff in der Revisionsinstanz nicht unzulässig erweitert; die neu vorgebrachten Tatsachen betreffen nur die prozessuale Vorfrage. Das Revisionsgericht hat daher in diesem Fall stets das Verfahren fortzusetzen[20].

Eine Sachverhalts- oder Klageänderung als Folge des nichterfüllten Prozeßvergleichs ist dagegen in der Revisionsinstanz ausgeschlossen. Ein Streit über den Inhalt der Vergleichsverpflichtung oder über die

---

[18] *Rosenberg/Schwab,* § 132 IV 3 - 5; *Arens,* Willensmängel, S. 101 ff., 113; *Lüke,* JuS 1965, 482 (485); *Bernhardt,* Die Aufhebung des Prozeßvergleichs, JR 1967, 4; *Stötter,* Die Abänderung des Prozeßvergleichs beim Wegfall der Geschäftsgrundlage, NJW 1967, 1111 (1112); *Gerhardt,* S. 66 ff.

[19] Zustim. *Zeiss,* S. 207; *Schönke/Kuchinke,* § 72 VI; *Thomas/Putzo,* § 794 Anm. 7 c; *Eyermann/Fröhler,* § 106 Rdnr. 16; krit. *Grunsky,* Grundlagen, S. 99 ff.

[20] *Henckel, Prozeßrecht* u. mat. Recht, S. 90 f., 92; vgl. *ders.,* Festschrift f. *Wahl,* 1973, S. 465 (472), der den Rücktritt mit diesen Folgen als Verfallklausel auslegt.

Rückforderung von Leistungen, die aufgrund des Vergleichs erbracht wurden, ist damit stets in einem neuen Verfahren auszutragen[21].

Beim Streit um die Folgen der Nichterfüllung des Prozeßvergleichs hat die Partei die Wahl zwischen Schadensersatz und Rücktritt. Schadensersatz kann sie stets nur in einem neuen Prozeß verlangen, weil eine Klageerweiterung in der Revision unzulässig ist. Klagt der Gläubiger zunächst auf Schadensersatz, tritt dann aber doch zurück, was nach allgemeiner Meinung zulässig ist, so wäre es aber trotz der nun an sich wieder auflebenden Rechtshängigkeit des alten Verfahrens ein Unding, die Klageänderung auszuschließen und stattdessen eine Fortsetzung des Revisionsverfahrens zu verlangen[22].

Beim Wegfall der Geschäftsgrundlage ist der Prozeßvergleich regelmäßig an die veränderte Interessenlage anzupassen. Dies kann nur in einem neuen Verfahren erreicht werden[23]. Eine Fortsetzung des Revisionsverfahrens kommt daher nur in Betracht, wenn eine Anpassung als ausgeschlossen erscheint und die Partei daher die Unwirksamkeit des Vergleichs behauptet. Über diese Behauptung hat das Revisionsgericht als Tatsacheninstanz zu entscheiden; trifft sie zu, so ist das Verfahren über den alten Streitgegenstand fortzusetzen, andernfalls wird das Anhangsverfahren beendet.

II. Außerprozessuale Verpflichtungen

1. Klage- oder Revisionsrücknahmeversprechen

Nach älterer Ansicht sind außerprozessual abgegebene Klage- oder Revisionsrücknahmeversprechen rein materiellrechtliche Neutatsachen[24]. Da sie den bisherigen Rechtsstreit erledigen, könnten sie nach der hier vertretenen Auffassung beachtet werden, wenn sie unstreitig sind[25].

Dies dürfte aber selten der Fall sein, weil der Gegner bei unstreitiger Sachlage regelmäßig die versprochene Prozeßhandlung vornehmen wird. Bei rein materieller Einordnung ließe sich dagegen eine Prüfung streitiger Erklärungen nicht rechtfertigen.

Überwiegend wird heute derartigen auf den Prozeß bezogenen Verträgen aber wenigstens mittelbar eine prozessuale Bedeutung beigemessen.

---

[21] Vgl. *Zeuner*, SAE 1961, 247; *Kopp*, § 106 Anm. 6.

[22] *Bernhardt*, JR 1967, 4 (5) will hier mit § 263 II Nr. 2 ZPO helfen.

[23] *Rosenberg/Schwab*, § 132 IV 5.

[24] RGZ 44, 354 (355); RG JW 1912, 802 Nr. 21; JW 1916, 424; JW 1924, 965; RGZ 161, 350 (353); *Barz*, S. 65, 70 f.

[25] s. o. § 13 III 1 c.

Eine Meinung hält zwar daran fest, daß es sich — weil außerprozessual geschlossen — um materielle Vereinbarungen handelt, will aber auf prozessuale Arglisteinrede oder richtiger auf exceptio pacti in den unteren Instanzen das Rechtsmittel für unzulässig erklären bzw. die Klage durch Prozeßurteil abweisen[26] oder für zurückgenommen erklären[27].

Eine neuere Meinung bezieht derartige auf das Verfahren bezogene Vereinbarungen in den Bereich der Prozeßverträge mit ein und gelangt im Ergebnis ebenfalls zur Prozeßabweisung auf Einrede[28].

Vereinzelt wird Klage- oder Revisionsrücknahmeversprechen sogar unmittelbar prozeßbeendende Wirkung zugesprochen[29].

Daß über die Einrede oder die ipso-iure-Wirkung bei streitiger Sachlage Beweis zu erheben ist, wird zwar nirgends unmittelbar ausgesprochen, ist aber zu unterstellen.

Wer eine unmittelbar prozeßbeendigende Wirkung annimmt, müßte einen Streit über die bereits eingetretene Prozeßbeendigung auch in der Revisionsinstanz zulassen, da die Versprechen ihre Rechtswirkung nicht in dritter Instanz verlieren können. Die Frage wird von den Vertretern dieser Meinung aber nicht erörtert.

Dagegen wollen diejenigen, die auf Arglisteinrede zur Prozeßabweisung gelangen, überwiegend die Arglisteinrede in der Revision als neues Verteidigungsmittel nach § 561 I 1 ZPO ausschließen[30]. Sieht man Klage- oder Revisionsrücknahmeversprechen aber als Prozeßverträge an oder legt ihnen doch mittelbare prozessuale Bedeutung für den Fortgang des sachlichen Rechtsstreits bei, so ist ihr Vorbringen nicht durch § 561 I 1, II ZPO eingeschränkt, sondern das Revisionsgericht hat sie als Tatsachen

---

[26] BGH NJW 1961, 460; BGHZ 41, 3 (5) = BGH NJW 1964, 549 (550); *Baumbach/Lauterbach/Albers/Hartmann*, § 271 Anm. 2 B; *Thomas/Putzo*, § 271 Anm. 1; *Baumgärtel*, Prozeßhandlung, S. 260 ff., 263; *Schumann*, Die abredewidrige Erledigungserklärung, JuS 1966, 26 (27); dagegen für Unwirksamkeit: *Hellwig*, System I, S. 393; *Wieczorek*, § 271 B V; vgl. auch *Zeiss*, Die arglistige Prozeßpartei, 1967, S. 100 ff.

[27] *Bonin*, JZ 1958, 268 (270); *Eyermann/Fröhler*, § 93 Rdnr. 27, in Abkürzung einer teilweise für zulässig gehaltenen Widerklage.

[28] *Stein/Jonas/Pohle*, Vor § 128 XI 5 c; *Stein/Jonas/Schumann/Leipold*, § 271 I 3; *Rosenberg/Schwab*, § 131 I 2; *Blomeyer*, § 63 IV; *Nikisch*, § 69 III 2; *Schönke/Kuchinke*, § 70 III; vgl. *zur Hausen*, Die Verpflichtung zur Vornahme oder Unterlassung von Parteihandlungen im Zivilprozeß, Diss. Saarbrücken, 1972, S. 76 ff.

[29] *Schiedermaier*, Vereinbarungen im Zivilprozeß, 1935, S. 118; *Schlosser*, Einverständliches Parteihandeln, S. 71 f., 82; ablehnend: *Baumgärtel*, Prozeßhandlung, S. 266; *Schumann* (Fn. 26); differenzierend *zur Hausen* (Fn. 28), S. 82.

[30] BGHZ 41, 3 (6) (bei zusätzlich unzulässiger Revision); *Stein/Jonas/Grunsky*, § 561 II 2 e Fn. 41; *Wieczorek*, § 561 A II b 1, B I a; *Baumgärtel*, Prozeßhandlung, S. 271 Fn. 529; vgl. *Gerhardt*, S. 97.

zum Fortgang des Revisionsverfahrens zu prüfen und dazu Beweis zu erheben[31].

2. Außergerichtlicher Revisionsverzicht

Auch ein außergerichtlich einseitig oder vertraglich erklärter Verzicht auf Revision betrifft das Revisionsverfahren. Er ist daher trotz § 561 ZPO zu beachten[32] und führt zur Unzulässigkeit des Rechtsmittels. Falls nötig hat das Revisionsgericht Beweis zu erheben, ob der Verzicht wirksam abgegeben wurde[33].

Davon zu unterscheiden ist die außerprozessuale Verpflichtung zur Erklärung des Rechtsmittelverzichts[34]. Führt die einredeweise Geltendmachung auch hier zu Unzulässigkeit des Rechtsmittels, so kann ebenso wie beim Klagerücknahmeversprechen in der Revision nichts anderes gelten.

Unbeachtlich, weil rein materielle Neutatsache, ist dagegen regelmäßig der Verzicht auf den sachlichen Anspruch[35].

3. Außergerichtlicher Vergleich

Soweit in einem außergerichtlichen Vergleich ein Klage- oder Revisionsrücknahmeversprechen enthalten ist, kann nichts anderes gelten, als wenn diese Erklärungen isoliert abgegeben wurden. Da es sich auch insoweit um eine neue, den Verfahrensfortgang betreffende Tatsache handelt, ist der Vergleich zu berücksichtigen und notfalls zu seinem Inhalt Beweis zu erheben[36]. Der Annahme, der Vergleich führe zum Wegfall der Beschwer und damit zur Unzulässigkeit der Revision bedarf es dazu nicht[37].

Ob der Vergleich auf Einrede zur Erledigung der Hauptsache führt[38], hängt davon ab, ob die Partei auf einen Vollstreckungstitel verzichten

---

[31] *Bonin*, Prozeßvergleich, S. 108 u. JZ 1958, 268 (270); *Rosenberg/Schwab*, § 146 II 2.

[32] *Baumgärtel*, Prozeßhandlung, S. 211.

[33] RG Warn 1938 Nr. 113.

[34] Vgl. *Baumgärtel*, Prozeßhandlung, S. 206, 271.

[35] s. o. §§ 12 II 3; 13 III 1 a.

[36] *Erythropel*, JW 1912, 991; *Jonas*, Anm. zu RG, JW 1936, 3543; *Rosenberg/Schwab*, § 146 II 2; *Stein/Jonas/Münzberg*, § 794 II 9; *Kopp*, § 106 Anm. 7; a. A. RG SeuffA 77 Nr. 108; RG ZZP 60, 346 = JW 1936, 3543; RGZ 161, 350 (353 f.); zum Meinungsstand vgl. *Richard Vogel*, Die prozessualen Wirkungen des außergerichtlichen Vergleichs und seine Abgrenzung vom Prozeßvergleich, Diss. Köln 1971, S. 36, 51, 60 f., der den Vergleich für nichtig gemäß § 306 BGB ansieht.

[37] s. o. § 2 I Fn. 16; ferner RGZ 161, 350 (353); zur Beschwer vgl. *Stein/Jonas/Grunsky*, Allg. Einl. II 2d vor § 511.

[38] Vgl. BGH WM 1964, 270 (272); *Stein/Jonas/Münzberg*, § 794 II 9; *Bonin*, JZ 1958, 268 (271 f.).

wollte. Da der außerprozessuale Vergleich als solcher beachtlich ist, kann ihn auch der Beklagte vorbringen, obgleich er den Rechtsstreit nicht selbständig für erledigt erklären kann.

Außerprozessuale Vergleiche mit anderem Inhalt sind dagegen nur dann beachtlich, wenn sie unstreitig und streiterledigend sind, d. h. ihre Berücksichtigung zur Entscheidungsreife führt und das Revisionsgericht vollständig der Sachprüfung enthebt[39]. Es kann dann ein dem Vergleich entsprechendes Sachurteil ergehen. Soweit die Berücksichtigung des Vergleichs nur nach Klageänderung möglich ist[40], darf diese nicht zu einem zusätzlichen Angriff führen[41].

III. Erledigung der Hauptsache

1. Feststellung von Amts wegen

Im Zivilprozeß ist die Erledigung des Rechtsstreits von Amts wegen nur in Statussachen beim Tod einer Partei zu beachten (vgl. §§ 628, 636, 640 g I, III ZPO) und eventuell Beweis darüber zu erheben. Das gilt auch in der Revisionsinstanz[42].

In welcher Weise die materielle Erledigung in das Verfahren eingeführt wird, ist gleichgültig.

2. Übereinstimmende Erledigungserklärungen

Beiderseitige Erledigungserklärungen vor dem Revisionsgericht begegnen keinen Bedenken[43]. Tritt die Erledigung in der Revisionsinstanz ein, so kann auch das Revisionsgericht nicht gezwungen sein, in der Sache zu entscheiden, wenn beide Parteien dies wegen der nachträglichen Veränderung der Sachlage nicht mehr wünschen. Die Zulässigkeit der Erledigungserklärungen ist somit Folge der im gesamten Verfahren gelten-

---

[39] *Schlosser,* Einverständliches Parteihandeln, S. 101, will die aufgrund des Vergleichs unbegründete Klage abweisen. Es besteht aber keine Notwendigkeit, andere Vergleiche nicht zu beachten, wenn sie das Revisionsgericht der Sachprüfung entheben.

[40] Vgl. *Stein/Jonas/Münzberg,* § 794 II 9.

[41] s. o. § 16 I 5 b.

[42] *Baumbach/Lauterbach/Albers/Hartmann,* § 628 Anm. 1; *Lazarus,* Gruchot 52, 593 (653); vgl. BGH NJW 1974, 368 = ZZP 87, 347 m. Anm. v. *Grunsky.*

[43] BGH NJW 1965, 537; BGH Warn 1972 Nr. 110; BGH GRUR 1971, 516 „Brockhaus Enzyklopädie"; BAG AP Nr. 2 zu § 91 a ZPO m. Anm. v. *Pohle;* BAG AP Nr. 16 zu § 256 ZPO; BAG AP Nr. 9 zu § 91 a ZPO m. Anm. v. *Baumgärtel;* RG JW 1936, 3543; *Stein/Jonas/Pohle,* § 91 a II 1 a; *Zöllert/Degenhart,* § 91 a Anm. 4; *Wieczorek,* § 91 a C; *Schumann,* AP Nr. 8 zu § 554 a ZPO (Bl. 400 R); *Baumbach/Lauterbach,* 30. Aufl., § 561 Anm. 2 B; *Göppinger,* S. 312 ff.; *Ruppel,* S. 89; *Maetzel,* DÖV 1971, 613 (617); a. A. *Lazarus,* Gruchot 52, 593 (636) (weil das Erledigungsereignis als Neutatsache nicht geprüft werden könne).

den Dispositionsfreiheit der Parteien und entspricht allein der Prozeßökonomie. Insoweit ist die Parallele zur unbestritten zulässigen Klagerücknahme in der Revisionsinstanz berechtigt[44]. Da durch die Erledigungserklärungen als prozessuale Bewirkungshandlungen die Rechtshängigkeit des geltend gemachten Anspruchs erlischt und zugleich die untergerichtliche Entscheidung vollständig wirkungslos wird[45], wäre die gegenteilige Ansicht mit der Eingliederung der Revision in den Parteirechtsstreit nicht vereinbar.

Ob ein Erledigungsereignis tatsächlich eingetreten ist, ist nach h. M. nicht nachzuprüfen[46]. Wer trotzdem die Angabe eines Erledigungsgrundes verlangt, vor allem um zu prüfen, ob nicht eine bloße Klagerücknahme mit Zustimmung des Gegners vorliegt, muß dieses neue Vorbringen ebenfalls in der Revision zulassen und prüfen[47]. Daran ändert nichts, daß das Erledigungsereignis primär materiellrechtliche Tatsache ist, die nach § 561 I 1, II ZPO unbeachtlich wäre, und erst durch die Prozeßhandlungen der Parteien prozessualen Bezug erhält. Aber der Erledigungsgrund ist in diesen Fällen regelmäßig unstreitig und wirkt streiterledigend und kann deshalb beachtet werden.

Nach beiden Meinungen ist es gleichfalls unbedenklich, wenn Grundlage der Erledigungserklärungen ein außergerichtlicher Vergleich ist[48].

Ist der Rechtsstreit in der Hauptsache beendet, so liegt eine § 565 III ZPO entsprechende Lage vor und der Rechtsstreit ist in der Revisionsinstanz voll zu beenden, auch wenn zur Kostenentscheidung nach § 91 a ZPO eine umfassende tatsächliche und rechtliche Würdigung erfolgen muß. Lediglich zur Kostenentscheidung zurückzuverweisen, wird allgemein zu Recht als unzweckmäßig und unverhältnismäßig angesehen, weil damit der Zweck des § 91 a ZPO, das Verfahren einfach und beschleunigt zu beenden, vereitelt würde. Trotz der grundlegenden Bedeutung von § 561 ZPO geht § 91 a ZPO daher vor[49].

---

[44] Vgl. *Stein/Jonas/Pohle*, § 91 a II 4 (privilegierte Klagerücknahme, dem Prozeßvergleich vergleichbar).

[45] BGH Warn 1972 Nr. 110 (einschl. einer Verurteilung nach § 717 II ZPO).

[46] *Stein/Jonas/Pohle*, § 91 a II 1 c; *Baumbach/Lauterbach/Albers/Hartmann*, § 91 a Anm. 3 A; *Rosenberg/Schwab*, § 133 II 1; *Eyermann/Fröhler*, § 161 Rdnr. 8; *Habscheid*, JZ 1963, 579 (581); *Grunsky*, Grundlagen, S. 106 f.

[47] *Göppinger*, S. 312 f.

[48] *Vogel* (Fn. 36), S. 37.

[49] BGH LM Nr. 2 zu § 91 a ZPO; BGH GRUR 1971, 516; BAG AP Nr. 2 zu § 91 a ZPO; *Göppinger*, S. 313 f.; *Habscheid*, Rpfleger 1955, 33 (35); *ders.*, Die Rechtsnatur der Erledigung der Hauptsache, Festschrift f. *Lent*, 1957, S. 153 (161); *Furtner*, MDR 1961, 188 (191, II 2).

3. Einseitige Erledigungserklärung

Zweifelhaft ist dagegen, ob die Hauptsache auch einseitig im Revisionsverfahren für erledigt erklärt werden kann. Denn die einseitige Erklärung beendet nicht unmittelbar den Streit, sondern leitet nur einen neuen Zwischenstreit über die Frage der nachträglichen Erledigung ein[50]; falls diese zu verneinen ist, ist der alte Streit fortzusetzen.

Dieser Zwischenstreit ist nur zu entscheiden, wenn das Revisionsgericht das Erledigungsereignis als materielle Neutatsache beachten und dazu den regelmäßig nötigen Beweis erheben darf.

a) Begründung der Zulässigkeit

Manche meinen, die (einseitige) Erledigungserklärung könne als Prozeßhandlung stets auch noch in der Revisionsinstanz abgegeben werden[51]. Teilweise wird dargelegt, es handele sich um eine gemäß § 268 Nr. 2 ZPO stets zulässige Antragsbeschränkung[52]. Aber damit ist die Frage nicht gelöst, ob das Revisionsgericht entgegen § 561 I 1, II ZPO zumindest den Erledigungsgrund feststellen kann, der selbst zweifellos materielle Neutatsache ist. Deshalb ergibt auch das richtige Verständnis des Wesens der einseitigen Erledigungserklärung nicht bereits zwingend, ob die Erklärung stets noch in der Revisionsinstanz abgegeben werden kann. Wer § 561 I 1, II ZPO wörtlich nimmt, hält eine einseitige Erledigungserklärung in der Revisionsinstanz für unzulässig und kann die Erklärung allenfalls als Klage- oder Rechtsmittelrücknahme auslegen[53].

Göppinger will die einseitige Erledigungserklärung als „Abstandnahme" vom bisherigen Klageantrag entsprechend einer nach § 268 Nr. 2 u. 3 ZPO zulässigen Klageänderung behandeln. Nachdem er Klageänderungen in der Revision für unzulässig hält, sieht er auch die volle oder teilweise einseitige Erklärung der Erledigung der Hauptsache in dritter Instanz allgemein für unzulässig an[54]. Er läßt aber Ausnahmen zu, wenn die Klage wegen neuer beachtlicher Tatsachen unbegründet wurde, z. B. wegen einer Gesetzesänderung, wegen Erlöschen eines Patentes oder Wegfalls des Feststellungsinteresses in der Revisionsinstanz[55].

---

[50] Zum Meinungsstand vgl. *Habscheid*, JZ 1963, 624 (625 ff.); gegen eine einseitige Erledigungserklärung neuerdings *Grunsky*, Grundlagen, S. 112.

[51] *Schönke/Kuchinke*, § 71 III 1.

[52] *Zöller/Degenhart*, § 91 a Anm. B; *Zöller/Karch*, § 561 Anm. 2.

[53] *Furtner*, MDR 1961, 188 (191); *Vollkommer*, AP Nr. 7 zu § 91 a ZPO; *Thomas/Putzo*, § 91 a Anm. 7 e; *Habscheid*, Rpfleger 1955, 33 (36); *Lazarus*, Gruchot 52, 593 (644).

[54] Erledigung, S. 308.

[55] S. 309; vgl. RGZ 128, 66 ff.

Dagegen soll die einseitige Erklärung der Erledigung der Hauptsache nach Ansicht Göppingers unzulässig sein, wenn die Klage auf Rückgewähr gemäß den §§ 30, 31, 36 KO mit Aufhebung des Konkursverfahrens unbegründet wird[56]. Dies erscheint indessen inkonsequent, weil das Institut der Erledigung der Hauptsache gerade Fälle nachträglicher Unbegründetheit einer Klage befriedigend regeln soll und die Aufhebung des Konkursverfahrens überdies als doppelrelevante Tatsache bereits durch die Feststellungen zum gesetzlichen Parteiwechsel bzw. dem Wechsel der Prozeßführungsbefugnis feststeht. Ist die Sache ohne Beachtung des Erledigungsgrundes entscheidungsreif, so würde § 565 III ZPO auch praktisch ins Gegenteil verkehrt. Die „verfahrensvereinfachende" Entscheidung des Revisionsgerichts in der Sache würde dann gerade nicht den Rechtsstreit schnell beenden, sondern dazu nötigen, Vollstreckungsgegenklage zu erheben.

Von diesen Ausnahmen abgesehen soll die einseitige Erledigungserklärung jedoch unbeachtlich sein. Damit ist aber nicht vereinbar, daß Göppinger zugleich annimmt, der Kläger halte bei einseitiger Erledigungserklärung seinen Klageantrag nicht mehr aufrecht[57]. Denn dann wäre die unzulässige Erledigungserklärung immerhin ein beachtliches Fallenlassen des Klageantrags. Dies entspricht aber nicht den Interessen des Klägers.

Walchshöfer meint unzutreffend, das Erledigungsereignis sei als neue Tatsache, von der der Fortgang des Revisionsverfahrens abhänge, zu beachten[58]. Denn das Erledigungsereignis ist — von § 628 ZPO abgesehen[59] — nicht von Amts wegen zu beachten. Der Verfahrensfortgang ist durch die Erledigung der Hauptsache grundsätzlich nicht betroffen. Vielmehr wird zur Sache entschieden, wenn sich die Parteien nicht auf die Erledigung berufen. Ein Revisionsurteil, das die Erledigung nicht berücksichtigt, ist nicht fehlerhaft. Im Gegenteil kann das Erlöschen des Anspruchs ggf. nach Abschluß des Verfahrens mit Vollstreckungsgegenklage geltend gemacht werden. Das Erledigungsereignis wird auch nicht dadurch zum Hindernis für den Verfahrensfortgang, daß der Kläger den Zwischenantrag stellt, die Erledigung der Hauptsache festzustellen. Denn da ohne Berücksichtigung der Erledigung fehlerfrei entschieden werden kann, bedarf es erst der Begründung, daß der neue Zwischenantrag zulässig ist und daß neue Tatsachen zu seiner Begründung vorgetragen werden können.

---

[56] S. 310.

[57] S. 311.

[58] ZZP 79, 296 (299); zustimmend *Rosenberg/Schwab*, § 133 III 4 a; vgl. dagegen *Bock*, Das Rechtsschutzbedürfnis im Verwaltungsprozeß, Diss. Göttingen 1971, S. 80 ff.

[59] s. o. III 1.

Nicht anders verhält es sich, wenn man die Erledigungserklärung als Bewirkungshandlung ansieht[60]; auch dann ist zu begründen, daß sie noch in der Revisionsinstanz vorgenommen werden kann, obgleich über ihre Berechtigung nur aufgrund materieller Neutatsachen zu entscheiden ist.

Der BFH meint, bei einer Erledigung der Hauptsache entfalle das Rechtsschutzbedürfnis und da Prozeßvoraussetzungen von Amts wegen zu prüfen seien, müsse der Wegfall ohne jede Bindung des Revisionsgerichts beachtet werden[61]. Für den Prozeß völlig gleichgestellter Parteien trifft dies jedoch nicht zu, da hier der Beklagte grundsätzlich einen Anspruch auf Entscheidung des ursprünglichen Streits hat.

Die Zulässigkeit der einseitigen Erledigungserklärung folgt regelmäßig auch nicht daraus, daß Klageänderungen im Rahmen des bisherigen Prozeßstoffs zuläsisg sind[62]. Denn bei Abgabe der Erklärung kann offen sein, ob die Klage bislang zulässig und begründet war, und zusätzlich herrscht bei einseitiger Erklärung regelmäßig Streit, ob das erledigende Ereignis tatsächlich vorliegt. Faßt man die einseitige Erledigungserklärung als Klageänderung auf, so liegt insoweit vielmehr eine weitere Ausnahme von § 561 I 1 ZPO vor.

Die Zulässigkeit dieser Ausnahme folgt daraus, daß es dem Kläger nicht zumutbar ist, an einer nachträglich gegenstandslos gewordenen Klage festzuhalten[63] und insoweit eine Gesetzeslücke vorliegt. Außerdem ist es Aufgabe der Gerichte, Rechtsschutz zu gewähren, nicht aber über einen erledigten Rechtsstreit nachträglich zu entscheiden, sofern nicht an der Feststellung der bisherigen Rechtslage ein besonderes Interesse besteht. Allein deshalb kann der Kläger die Tatsache der Erledigung aufgrund alter[64] wie neuer Tatsachen auch in der Revisionsinstanz darlegen. Daran ändert sich nichts, wenn man die Erledigung der Hauptsache als selbständiges prozessuales Institut ansieht[65]. Auch eine hilfsweise Erledigungserklärung ist zulässig[66].

Bei der einseitigen Erledigungserklärung geht es also allein darum, ob eine nachträgliche Veränderung der Sachlage dann zu beachten ist, wenn sich dadurch der Streit insgesamt erledigt. Bisher ist nur dargelegt, daß der Kläger die Erledigung grundsätzlich vorbringen kann, nicht

---

[60] So *Blomeyer*, § 64 I 3 a.

[61] Vgl. *Ruppel*, S. 89 m. N.

[62] s. o. § 16 I 4 - 6.

[63] LG Essen NJW 1972, 294 (295) (Streitwertentscheidung); *Stein/Jonas/Pohle*, § 91 a III.

[64] *Schumann*, AP Nr. 8 zu § 554 a ZPO (Bl. 400 R).

[65] Dafür *Schwab*, ZZP 72, 127 (133); *Rosenberg/Schwab*, § 133 III 2.

[66] *Schumann* (Fn. 64).

aber welche Voraussetzungen bestehen, damit die Erledigung vom Revisionsgericht festgestellt werden kann.

b) Voraussetzungen der Erledigungserklärung

Manche sehen die Entscheidung über den Antrag auf Feststellung der Erledigung der Hauptsache stets als zulässig an, gleichgültig, ob die Klage bisher zulässig und begründet war[67].

Aber da bei der Entscheidung über den Zwischenantrag die Entscheidung über die Veränderung des sachlichen Prozeßstoffs dominiert, kann darüber nur entschieden werden, wenn die Klage und die Revision[68] zulässig sind. Der Schutzzweck der Prozeßvoraussetzungen ergibt auch hier ein Vorgriffsverbot auf die modifizierte Sachprüfung. Und ebenso kann das Revisionsgericht nicht mehr eine Erledigung des Rechtsstreits feststellen, wenn die Revision unzulässig und die Sache damit an sich bereits rechtskräftig abgeschlossen ist.

Darüber hinaus entscheidet die h. M. zu Recht nicht nur nach dem bisherigen Sach- und Streitstand, ob die Klage zulässig und begründet war[69]. Denn der Beklagte hat Anspruch auf Rechtsschutz durch Sach- oder Prozeßabweisung und ist nach Möglichkeit vor einer Kostenbelastung zu schützen. Daran kann sich nichts ändern, wenn eine bereits unzulässige oder unbegründete Klage durch ein weiteres Ereignis vollends gegenstandslos wird. Beiderseitige und einseitige Erledigungserklärungen können deshalb nicht gleich behandelt werden[70].

Wird etwa ein Gesetz für verfassungswidrig oder ein Patent für völlig nichtig erklärt, so war die Klage wegen der ex-tunc-Wirkung von Anfang an nicht begründet und die Erledigungserklärung des Klägers ist nicht zulässig[71].

---

[67] *Rosenberg/Schwab*, § 133 I; *Schwab*, ZZP 72, 127 (129); *Manfred Wolf* (Fn. 5), S. 37; a. A. *Blomeyer*, § 64 I 2; *Baumbach/Lauterbach/Albers/Hartmann*, § 91 a Anm. 2 C; *Stein/Jonas/Pohle*, § 91 a III 2.

[68] BAG AP Nr. 15 zu § 91 a ZPO; *Renck*, Hauptsacheerledigung bei nicht zulässigem Verfahren, BayVerwBl 1973, 431.

[69] BGHZ 37, 137 (142, 146); BGH NJW 1965, 537 m. krit. Anm. v. *Putzo*, NJW 1965, 1018 (1019); *Stein/Jonas/Pohle*, § 91 a II 3 a; *Grunsky*, Grundlagen, S. 114; *Eyermann/Fröhler*, § 161 Rdnr. 14 a; anders die h. M. im Verwaltungsprozeß, weil der Staat als Beklagter insoweit nicht schutzwürdig sei, vgl. *Maetzel*, DÖV 1971, 613; *Kopp*, § 161 Anm. 4.

[70] Vgl. *Habscheid*, JZ 1963, 624 (630); a. A. *Schwab*, ZZP 72, 127 (140); *Rosenberg/Schwab*, § 133 III 5 a.

[71] BGH NJW 1965, 296 (Nichtigerklärung eines Gesetzes); *Reimer/Nastelski*, § 47 Anm. 134 d.

c) Beweiserhebung zur Feststellung der Erledigung der Hauptsache?

Nach anfänglichem Zögern wird dazu auch in der Revisionsinstanz Beweis erhoben[72]. Gerade dagegen bestehen aber Bedenken. Denn dadurch wird über eine streitige nachträgliche Veränderung des materiellen Streitverhältnisses entgegen § 561 I 1, II ZPO Beweis erhoben. Die Bedeutung von § 561 I 1, II ZPO besteht gerade darin, daß streitige materielle Neutatsachen ausgeschlossen werden und die Entscheidung zu einem in der Vergangenheit liegenden Sachverhalt ergeht[73]. Ob der Kläger aufgrund der Veränderung der Sachlage mehr oder weniger als bisher beantragt verlangen kann, ist danach irrelevant. Deshalb kann die Veränderung der Sachlage auch mit Hilfe eines Zwischenantrags bzw. einer Bewirkungshandlung nicht allgemein zu prüfen sein, wenn der Kläger gar nichts mehr verlangen kann oder sein Begehren sonst gegenstandslos wird.

Ruppel meint zwar, die Bindung an den Sachverhalt und die bisherigen Sachanträge habe zur „unausgesprochenen gesetzlichen Voraussetzung", daß die angefochtene Entscheidung rechtlich überprüft werden solle. Würden dagegen Vorgänge behauptet, die eine jetzt eingetretene sachliche Prozeßbeendigung betreffen, so verliere die Bindung nach § 118 II FGO, (der § 561 I 1, II ZPO entspricht), ihren Sinn und könne entfallen[74].

Dem ist nur teilweise zuzustimmen. Denn bei einseitiger Erledigungserklärung wird zwar um eine sachliche Streitbeendigung gestritten, nicht aber wegen eines besonderen Beendigungstatbestandes, sondern wegen einer nachträglichen Veränderung der Sachlage. Ist diese streitig und zudem die bisherige Zulässigkeit und Begründetheit der Klage zu klären, so entfällt die Pflicht zur rechtlichen Überprüfung auch beim Streit um die Prozeßbeendigung durch ein erledigendes Ereignis nicht allgemein. Im Gegenteil müßte das Revisionsgericht sonst mehr ermitteln und entscheiden als im Regelfall, in dem bei begründeter Revision mangels Entscheidungsreife zurückzuverweisen ist.

Deshalb kann über die einseitige Erledigungserklärung in der Revisionsinstanz nur entschieden werden, wenn die dazu erforderlichen Tatsachen nach dem allgemein entwickelten Maßstab dem Revisionsgericht zugänglich sind oder neu geprüft werden können[75].

Die einseitige Erledigungserklärung ist deshalb in der Revisionsinstanz vor allem dann zulässig, wenn der Erledigungsgrund unstreitig ist

---

[72] BGH NJW 1969, 237; zust. *Baumbach/Lauterbach/Albers/Hartmann*, § 91 a Anm. 2 C.

[73] s. o. § 12 II.

[74] *Ruppel*, S. 89.

[75] s. o. §§ 12 II 3; 13 II, III.

oder ausnahmsweise der Prüfung von Amts wegen unterliegt[76]. Daneben treten Veränderungen der Sachlage durch offenkundige Ereignisse oder Gesetzesänderungen. Ist die Neutatsache als solche beachtlich, so ist es sinnvoll, daß diese nicht nur — auch vom Beklagten — vorgebracht werden kann, sondern daß der Kläger darauf auch prozessual selbständig reagieren und einer Abweisung der Klage zuvorkommen kann. Dagegen rechtfertigt die Erledigung der Hauptsache nicht, daß das Revisionsgericht darüber hinaus streitige Tatsachen zum Sachverhältnis prüft und ermittelt, die nicht einen vom materiellen Streitverhältnis getrennten, besonderen Tatbestand der Prozeßbeendigung betreffen. Auch die bisherige Begründetheit der Klage kann nur anhand des bereits festgestellten Prozeßstoffs, allenfalls ergänzt durch lückenschließende, unstreitige Alttatsachen[77] beurteilt werden.

4. Erledigung der Revision

Überwiegend wird angenommen, eine Erledigung allein des Rechtsmittels sei nicht möglich[78]. Eine in Einzelfällen mögliche Differenzierung sei unnötig und schaffe nur Rechtsunsicherheit. Dagegen meint Gilles, das Aufhebungsbegehren als eigentliches Rechtsmittel könne sich unabhängig von der Sache selbst erledigen[79]. Seine Beispiele, Klagerücknahme oder beiderseitige Erledigungserklärung bezüglich der Klage in höherer Instanz, zeigen aber, daß die Rechtsmittelerledigung regelmäßig bloße Folge der Klageerledigung ist. Deshalb ist es allgemein nicht nötig, eine besondere Rechtsmittelerledigung der Erledigung der Hauptsache vorzuschalten.

In Ausnahmefällen ist eine selbständige Erledigung des Rechtsmittels dagegen sinnvoll; etwa bei einer unmittelbar wirkenden Gesetzesänderung oder einer beachtlichen Veränderung der Sachlage, die das ergangene Urteil nachträglich als richtig erscheinen lassen, ohne daß ein Vollstreckungstitel überflüssig wäre, oder bei übereinstimmender Erledigungserklärung der Parteien, wenn — was im Zivilprozeß ohne Bedeutung ist — ein selbständig handelnder Dritter Revision eingelegt hatte[80].

---

[76] *Baumbach/Lauterbach*, 30. Aufl., § 561 Anm. 2 B; *Stein/Jonas/Pohle*, § 91 a III 1 Fn. 62 a; *Wieczorek*, § 561 A II a 1; *Zöller/Degenhart*, § 91 a Anm. B 4; ferner *Kannengießer*, Der Antrag, die Hauptsache für erledigt zu erklären, Diss. Würzburg 1972, S. 101 ff.

[77] s. o. § 13 II.

[78] Vgl. *Ruppel*, S. 92 m. N.; *Stein/Jonas/Pohle*, § 91 a V 2; *Heintzmann*, ZZP 87, 199 (200 f.).

[79] *Gilles*, S. 46 (Fn. 64), 100, 102 (Fn. 282).

[80] Vgl. *Baumbach/Lauterbach/Albers/Hartmann*, § 91 a Anm. 4; *Ruppel*, S. 92 (Beispiel 2); *Heintzmann*, ZZP 87, 199 (201 f., 205, 213).

Ein weiterer Fall liegt vor, wenn die Revision vor Zustellung des vollständigen Berufungsurteils begründet wurde und nachträglich Entscheidungsgründe durch das Berufungsgericht „nachgeschoben" werden, die dem Revisionsangriff die Grundlage entziehen[81].

In diesen Fällen selbständiger Rechtsmittelerledigung geht die Erklärung vom jeweiligen Rechtsmittelkläger aus, was auch der Beklagte sein kann[82].

---

[81] Vgl. BAG AP Nr. 15 zu § 9 ArbGG m. krit. Anm. v. *Grunsky*.

[82] Vgl. *Stein/Jonas/Pohle*, § 91 a IV, V 2; *Heintzmann*, ZZP 87, 199 (212).

§ 18. Zusammenfassung der Ergebnisse

1. Zahlreiche Ansätze in der Rechtsprechung und in der Literatur (§ 2) zeigen das Bedürfnis, daß die Revisionsgerichte bereits de lege lata nicht in absoluter Weise an den festgestellten Tatsachenstoff gebunden sind, sondern unzureichende Feststellungen aufheben und Lücken in den tatsächlichen Feststellungen in geeigneten Fällen durch Alt- und Neutatsachen schließen können.

2. Dieses Bedürfnis tritt auch bei einem historischen Rückblick und in der rechtspolitischen Diskussion seit Erlaß der ZPO deutlich zutage: Neben der entgegengesetzten Tendenz, die Revision generell auf Grundsatzfragen zu beschränken, zeigt sich bis in die jüngste Zeit immer wieder das Bestreben, die Endentscheidungsbefugnis der Revisionsgerichte zu erweitern, um — gemessen an dem geringen Anlaß — ärgerliche Zurückverweisungen und damit verbundene Verfahrensverzögerungen zu vermeiden. Klagen entstehen nur dort nicht, wo das Revisionsgericht — wie etwa das PreußOVG — den Begriff der Spruchreife selbst großzügig auslegt (§ 3).

3. Eine derartige Auflockerung wird weder vom Wesen der Revision noch vom Revisionszweck gefordert. Der Zusammenhang des Revisionszwecks mit dem Prozeßzweck und die konkrete gesetzliche Ausgestaltung des Revisionsverfahrens zeigen aber, daß für das Revisionsverfahren selbst Rechtseinheit und subjektiver Rechtsschutz grundsätzlich gleichwertige Ziele sind. Das Ideal gerechter Sachentscheidung kann freilich Auflockerungen der Revision nahelegen. Solange dabei die rechtliche Nachprüfung das eindeutige Schwergewicht des Rechtsmittels bildet, stehen dieser Auflockerung weder das Wesen der Revision noch der Revisionszweck entgegen (§ 4).

4. Grenzt man die nach § 561 ZPO bestehenden Bindungen ein, so zeigt sich, daß § 561 I 1 ZPO neues Parteivorbringen und eine selbständige Erweiterung des Prozeßstoffs durch das Revisionsgericht ausschließt. Entgegen der ungenauen Textfassung bindet § 561 II ZPO das Revisionsgericht an die gesamte streitige oder unstreitige Tatsachengrundlage. Bindend sind auch bislang überflüssige Feststellungen; andererseits ist dem Revisionsgericht auch lediglich beurkundeter, nicht verwerteter Parteivortrag zugänglich.

Aus der Freiheit der Rechtsanwendung folgt ferner, daß Hilfstatsachen zur Ermittlung revisibler, auch ungeschriebener Rechtssätze von Amts wegen beachtlich sind.

Die Bindung an Feststellungen zum Inhalt irrevisiblen Rechts nach § 562 ZPO hat mit der Bindung an den festgestellten Tatsachenstoff dagegen sachlich kaum etwas gemeinsam (§ 5).

Trotzdem das Revisionsverfahren keine förmliche Gliederung kennt, gilt § 561 ZPO uneingeschränkt nur für die kassatorische Prüfung des materiellen Streitverhältnisses, dagegen weitgehend nicht für die Revisionszulässigkeit. Im Rahmen der positiven wie der negativen reformatorischen Entscheidung (§§ 565 III, 563 ZPO) beurteilt das Revisionsgericht trotz § 561 II ZPO selbständig wie ein Tatsachengericht, auch aufgrund von neuen Hinweisen der Parteien, ob Entscheidungsreife gegeben oder weitere Sachaufklärung nötig und möglich ist. In erweiternder Auslegung von § 565 III ZPO liegt Entscheidungsreife auch dann vor, wenn die konkrete Sachaufklärung erschöpfend ist, ein subsumierbarer Untersatz aber erst durch weitere eindeutige tatsächliche Schlußfolgerungen gewonnen werden kann. Ist Entscheidungsreife in diesem Sinne gegeben, so kann auch ein Prozeßurteil durch ein Sachurteil ersetzt oder ein teilweise abschließendes Zwischenurteil erlassen werden (§ 6).

5. Da Tatsachenfeststellung und rechtliche Würdigung trennbar sind, geht § 561 ZPO nicht durch die Revisibilität materieller Rechtsverletzungen ins Leere. Tatsachenfeststellungen sind jedoch indirekt revisibel, soweit gegen methodische Regeln zu ihrer Gewinnung verstoßen wurde. Verstöße gegen Mindestanforderungen an Form und Inhalt eines Urteils werden dabei nicht wie Verfahrensfehler, sondern als Verletzungen materiellen Prozeßrechts behandelt. Damit werden aber praktisch ohne Verfahrensrüge eindeutig erkennbare Fehler der Urteilsfindung, vor allem der Beweiswürdigung, unter Durchbrechung von § 559 ZPO von Amts wegen beachtet. Dadurch werden zwar grobe Mängel korrigiert, eine umfassende Kontrolle der Tatsachenfeststellungen auf „Vertretbarkeit" wird aber wohl nicht erreicht.

Daran ändert auch nichts, daß das Revisionsgericht Erfahrungswissen in das Verfahren einführen darf, und zwar sowohl zur Konkretisierung des Rechtssatzes wie zum Zwecke der Überprüfung und Ergänzung von tatsächlichen Feststellungen. Schranke der Nachprüfung ist dabei nicht die „Allgemeinheit" der Erfahrung, sondern ausschließlich die Leistungsfähigkeit des Revisionsgerichts. Eine Bindung tritt daher ein, sobald dieses einen Fehler nicht mehr eindeutig zu erkennen vermag. Ob das Revisionsgericht selbst neue Fachgutachten einholt, liegt in seinem Ermessen. Ein derartiges Vorgehen ist nicht unzulässig, kommt aber wohl nur in Fällen von grundsätzlicher Bedeutung, d. h. hier mit besonders großer Beispielswirkung, in Betracht. Beanstandet das Revisionsgericht klar erkennbare Verstöße gegen Erfahrungswissen auch im Rahmen der Tatsachenfeststellungen, so werden dadurch Verfahrensrügen nicht überflüssig, noch werden unzulässige Rügen beachtlich.

Diese in der Revisionspraxis entstandene Grenzziehung sollte auch theoretisch Anlaß sein, die logische Revisionsmethode durch die Leistungstheorie zu ergänzen: denn nur sie bezieht die Berücksichtigung aller erkennbaren und von Amts wegen beachtlichen Fehler der Tatsachenfeststellung offen in die Revisionstheorie mit ein, die die logische Revisionsmethode, aber auch die anderen Theorien, im Grunde nur systemwidrig zugestehen (§ 7).

6. Die Verfahrensrüge ermöglicht in legitimer Weise eine Korrektur tatsächlicher Feststellungen, wenn diese methodisch und im Ergebnis fehlerhaft gewonnen sind, der Fehler aber nicht bereits aus dem Urteil heraus erkennbar ist. In besonderen Fällen kann auch der Revisionsbeklagte formlose Gegenrügen erheben. Unabhängig davon können beide Parteien formlos auf vorhandene Feststellungslücken hinweisen. Im Rahmen einer begründeten Verfahrensrüge ist neues Vorbringen aber nicht zulässig. Eine begründete Verfahrensrüge schließt die Endentscheidungsreife jedoch nicht stets aus.

Offenkundige Aktenwidrigkeit kann im Zivilprozeß von Amts wegen beachtet, andere Verstöße gegen § 286 ZPO können nur auf Verfahrensrüge hin beseitigt werden. Feststellungslücken können aus den Akten nur bei Bezugnahme oder bei Unstreitigkeit ergänzt werden. Allgemein- und gerichtskundige Tatsachen kann das Revisionsgericht dagegen stets ohne jede Bindung verwerten (§ 8).

7. Das Revisionsgericht beurteilt die Entscheidungsreife auch im Rahmen eines derart korrigierten Sachverhalts selbständig. Dies schließt die Befugnis zur Schlüssigkeitsprüfung und zur Tatsachenfeststellung mittels tatsächlicher Schlußfolgerungen ohne weitere konkrete Sachaufklärungsmöglichkeit (Anscheinsbeweis) ein, wenn ein abschließendes Urteil gefällt werden kann. Stehen die Anknüpfungstatsachen fest, so ist auch eine endgültige neue Subsumtion unter unbestimmte Rechtsbegriffe und eine freie Auslegung von Willenserklärungen jeder Art zulässig (§ 9).

8. Diese Möglichkeiten, tatsächliche Feststellungen aufzuheben und abzuändern, machen weitere Auflockerungen der Revision nicht überflüssig. Die Verpflichtung aller Gerichte, in effektiver Weise Rechtsschutz zu gewähren, führt vielmehr dazu, daß das Revisionsgericht neue Gesetze und dadurch relevant gewordene Alttatsachen beachtet. Sind diese unstreitig, so kann es sogar selbst abschließend entscheiden (§ 10).

9. Prozeßvoraussetzungen und Prozeßfortsetzungsbedingungen sind nach ihrem Schutzzweck vorrangig zu prüfen und grundsätzlich in allen Instanzen tatsächlich richtig zu beurteilen. Deshalb ist insoweit entgegen § 561 ZPO neues Vorbringen von Alt- und Neutatsachen auch in

streitigen Fällen beachtlich. Bei einzelnen Fallgestaltungen kann neues Vorbringen aber vor allem bei Prozeßfortsetzungsbedingungen wegen Zweckerreichung oder zur Sanktion nachlässiger Prozeßführung unbeachtlich sein (§ 11).

10. Eine Ergänzung des materiellen Sachverhalts durch nach dem bisherigen Streitstand entscheidungserhebliche Alttatsachen ist in der Revisionsinstanz ausgeschlossen. Auch einverständlich können die Parteien die bindend festgestellte Entscheidungsgrundlage nicht abändern.

Die Garantie lückenlosen, effektiven Rechtsschutzes rechtfertigt aber, Restitutionsgründe und nach Fristablauf bekannt gewordene Nichtigkeitsgründe im Revisionsverfahren uneingeschränkt zu beachten. Um Rechtsschutzlücken zu schließen sind auch Neutatsachen bei nachträglicher Veränderung von Gestaltungsgründen zu berücksichtigen. In beiden Fallgruppen ist regelmäßig allein deshalb aufzuheben und zurückzuverweisen (§ 12).

11. Um ein neues Berufungsverfahren oder eine neue Klage zu vermeiden, sind neue Tatsachen schließlich im Rahmen der Leistungsfähigkeit des Revisionsgerichts zu beachten. Dies ist der Fall, soweit unstreitige Alttatsachen jeder Art oder auf Parteiwillkür beruhende Neutatsachen den Streit erledigen oder sonstige unstreitige Neutatsachen Feststellungslücken schließen und einen endgültigen Verfahrensabschluß ermöglichen. Insoweit ist § 561 ZPO teleologisch zu reduzieren und das Revisionsrecht fortzubilden (§ 13).

12. Beweisaufnahmen sind im Revisionsverfahren zum Fortgang des Revisionsverfahrens geboten. Zu Prozeßvoraussetzungen kann das Revisionsgericht selbst jegliche Beweise erheben, aber auch lediglich zur Klärung zurückverweisen, sofern ernstliche Zweifel an der Richtigkeit der bisherigen Feststellungen bestehen.

Zum materiellen Streitverhältnis kann das Revisionsgericht bereits beigezogene Urkunden und beigefügtes Augenscheinsmaterial zur Gewinnung eines selbständigen Eindrucks verwerten. Zur Bestätigung unstreitiger Tatsachen können auch neue Urkunden vorgelegt werden. Darüber hinaus ist dem Revisionsgericht eine auf den Einzelfall bezogene Sachaufklärung verwehrt (§ 14).

13. Tatsachen, die danach neu vorgebracht werden können, hat das Revisionsgericht regelmäßig zu beachten. Eine Zurückverweisung kommt nur in Sonderfällen in Betracht. Jedoch kann sich das Revisionsgericht im Einzelfall darauf beschränken, die Sache zur abschließenden Prüfung an die Tatsacheninstanz zurückzuverweisen.

Soweit neue Tatsachen beachtlich sind, hat das Revisionsgericht diese aufzuklären (§ 139 ZPO) und das Verfahren ggf. auszusetzen. Beruht die Endentscheidung auf neuen Tatsachen, so ist die Kostenentscheidung gemäß den §§ 97 II oder 93 ZPO zu erlassen.

Im Revisionsverfahren beachtete Neutatsachen werden von der Rechtskraftpräklusion erfaßt. Bei Wiederaufnahmegründen oder materiellen Neutatsachen haben die Parteien aber die Wahl, ob sie diese im anhängigen Revisionsverfahren vorbringen wollen oder nicht (§ 15).

14. Klage- und Parteiänderungen sind im Revisionsverfahren zulässig, soweit dadurch der aus anderen Gründen relevante Prozeßstoff nicht erweitert wird. Klageänderungen kommen danach meist aus prozessualen Gründen in Betracht. Zulässig sind weiter Klagebeschränkungen und der Übergang zur Feststellungsklage, nicht aber neue Anträge und grundsätzlich auch keine Antragserweiterungen bei unverändertem Sachverhalt. Ein Übergang zum Interesse (§ 268 Nr. 3 ZPO) ist stets unzulässig (§16).

15. Der Streit um die wirksame Verfahrensbeendigung ist auch in der Revisionsinstanz uneingeschränkt auszutragen. Im Rahmen eines derartigen prozessualen Zwischenstreits ist das Revisionsgericht Tatsacheninstanz. Das Revisionsgericht entscheidet dabei vor allem über die ex-tunc-Unwirksamkeit eines Prozeßvergleichs, über die Wirksamkeit außerprozessualer Klage- oder Revisionsrücknahmeversprechen oder -verzichte, über außerprozessuale Vergleiche, wenn sie einen derartigen Inhalt haben oder als materielle Neutatsachen beachtlich sind.

Schließlich entscheidet das Revisionsgericht über die Wirksamkeit übereinstimmender Erledigungserklärungen und gemäß § 91 a ZPO über die Verfahrenskosten. Eine Entscheidung über eine einseitige Erledigungserklärung kann nur ergehen, wenn das Erledigungsereignis vom Revisionsgericht aus anderen Gründen berücksichtigt werden kann, vor allem wenn es unstreitig ist oder der Amtsprüfung unterliegt (§ 17).

Literaturverzeichnis

Adickes, Franz: Grundlinien durchgreifender Justizreform, Berlin 1906.

Allgemeine Gerichtsordnung für die preußischen Staaten, 1. Theil, Prozeßordnung, neue Aufl., Berlin 1842.

Alsberg, Max: Justizirrtum und Wiederaufnahme, Hamburg 1913.

— Mit welchen Hauptzielen wird die Reform des Strafverfahrens in Aussicht zu nehmen sein?, Gutachten f. d. 35. DJT, Bd. I/2, Berlin u. Leipzig 1928, S. 440 - 488.

Alsberg, Max, Karl-Heinz *Nüse:* Der Beweisantrag im Strafprozeß, 4. Aufl., Köln, Berlin, Bonn, München 1969.

Arens, Peter: Die Befugnis des Revisionsgerichts im Zivilprozeß zur Entscheidung in der Sache selbst, AcP 161 (1962), 177 - 214.

— Willensmängel bei Parteihandlungen im Zivilprozeß, Bad Homburg v. d. H., Berlin, Zürich 1968.

Arndt, Herbert: Gedanken zur Zulassungsrevision, Ehrengabe f. Heusinger, München 1968, S. 239 - 255.

Bähr, Otto: Das Rechtsmittel zweiter Instanz im deutschen Civilprozeß, Jena 1871.

— Diskussionsbeitrag, Verhandlungen des 9. DJT, Berlin 1870, Bd. III, S. 323 bis 331.

Bähr, Peter: Die maßgebliche Rechts- und Sachlage für die gerichtliche Beurteilung von Verwaltungsakten, Köln, Berlin, Bonn, München 1967.

Bärmann, Johannes: Freiwillige Gerichtsbarkeit und Notarrecht, Berlin, Heidelberg, New York 1968.

Baldus, Jens Peter: Besprechung von Rimmelspacher, Zur Prüfung von Amts wegen im Zivilprozeß, Juristische Analysen 1970, 755 - 757.

Baldus, Paulheinz: Versäumte Gelegenheiten; zur Auslegung des § 338 Nr. 8 und des § 267 Abs. 1 Satz 2 StPO, Ehrengabe f. Heusinger 1968, S. 373 - 391.

v. Bar, L.: Gutachten über den Entwurf einer Prozeßordnung in bürgerlichen Rechtsstreitigkeiten für den Norddeutschen Bund, Verh. d. 9. DJT, 2. Bd., Berlin 1870, S. 3 - 50.

Baring, Martin: Empfiehlt es sich, die Revision (Rechtsbeschwerde) zu den oberen Bundesgerichten (außer in Strafsachen) einzuschränken und ihre Zulässigkeit in den einzelnen Gerichtsbarkeiten einheitlich zu regeln? Gutachten f. d. 44. DJT, Bd. I 3 A, Tübingen 1962.

Barz, Carl Hans: Das Klagerücknahmeversprechen, Mannheim, Berlin, Leipzig 1933.

Baumbach, Adolf, Wolfgang *Lauterbach*, Jan *Albers*, Peter *Hartmann:* Zivilprozeßordnung, 32. Aufl., München 1974.

Baumgärtel, Gottfried: Wesen und Begriff der Prozeßhandlung einer Partei im Zivilprozeß, Berlin u. Frankfurt a. M. 1957.

— Anm. zu BAG (Beschl. v. 12. 12. 1956), AP Nr. 1 zu § 91 a ZPO.

— Anm. zu BAG (Beschl. v. 17. 8. 1961), AP Nr. 9 zu § 91 a ZPO.

— Anm. zu BGH (U. v. 28. 11. 1966), SAE 1968, 54 - 56.

— Anm. zu BGH (U. v. 14. 7. 1967), JR 1968, 303 - 304.

— Anm. zu BAG (U. v. 16. 2. 1968), AP Nr. 1 zu § 148 ZPO.

— Treu und Glauben im Zivilprozeß, ZZP 86 (1973), 353 - 372.

Baur, Fritz: Anm. zu BGH (U. v. 16. 11. u. 10. 12. 1953), JZ 1954, 326 - 327.

— Freiwillige Gerichtsbarkeit, 1. Buch, Allgemeines Verfahrensrecht, Tübingen 1955.

— Die dritte Instanz im künftigen Zivilprozeß, ZZP 71 (1958), 161 - 187.

— Richtermacht und Formalismus im Verfahrensrecht, in Summum ius summa iniuria, Tübingen 1963, S. 98 - 116.

Becker / Riewald / Koch: Reichsabgabenordnung, Bd. III Finanzgerichtsordnung, bearb. v. Alfred Riewald, 9. Aufl., Köln, Berlin 1968.

Beitzke, Günter: Anm. zu OGH (U. v. 26. 11. 1948), MDR 1949, 104 - 105.

Beling, Ernst: Revision wegen „Verletzung einer Rechtsnorm über das Verfahren" im Strafprozeß, Festschrift f. Karl Binding, 2. Bd., Leipzig 1911, S. 87 - 182.

Bender, Rolf: Das Urteil in Zivilsachen, DRiZ 1972, 230 - 235.

— Zur Änderung des Revisionsrechts aus der Sicht des Tatrichters, DRiZ 1973, 377 - 379.

Benkard, Georg: Patentgesetz und Gebrauchsmustergesetz, bearbeitet u. a v. Rüdiger Rogge, 6. Aufl., München 1973.

Berg, Hans: Die Vorrangigkeit der Sachurteilsvoraussetzungen, JR 1968, 257 bis 259.

— Zulässigkeitsvoraussetzungen im Zivilprozeß, JuS 1969, 123 - 129.

— Anm. zu BGH (U. v. 16. 6. 1970), JR 1971, 160 - 161.

Berger, Emil, Der Steuerprozeß, Handbuch m. Kommentar zum Rechtsmittelverfahren, München, Berlin 1954.

Bernhardt, Wolfgang: Die Aufklärung des Sachverhalts im Zivilprozeß, Festgabe f. Rosenberg, München, Berlin 1949, S. 9 - 50.

— Das Zivilprozeßrecht, 3. Aufl., Berlin 1968.

Bettermann, Karl August: Anm. zu BSG (U. v. 27. 7. 1956), NJW 1957, 479 - 480.

— Das erfolglose Vorverfahren als Prozeßvoraussetzung des verwaltungsgerichtlichen Verfahrens, DVBl 1959, 308 - 315.

— Die Zurückverweisung durch das Berufungsgericht im Verwaltungs- und Zivilprozeß, DVBl 1961, 65 - 75.

— Die Sprungzurückverweisung des Revisionsgerichts, NJW 1969, 170 - 173.

Birkholz, Hans: Die Revision im finanzgerichtlichen Verfahren, Stuttgart 1968.

Bley, Erich: Die Feststellung des Konkursgläubigerrechts (KO § 146), Leipzig 1914.

Blomeyer, Arwed: Zivilprozeßrecht, Erkenntnisverfahren, Berlin, Göttingen, Heidelberg 1963.

— Beweislast und Beweiswürdigung im Zivil- und Verwaltungsprozeß, Gutachten f. d. 46. DJT, Bd. I 2 A, München, Berlin 1966.

Blomeyer, Jürgen: Die Unterscheidung von Zulässigkeit und Begründetheit bei der Klage und beim Antrag auf Anordnung eines Arrestes oder einer einstweiligen Verfügung, ZZP 81 (1968), 20 - 45.

— Schadensersatzansprüche des im Prozeß Unterlegenen wegen Fehlverhaltens Dritter, Köln, Berlin, Bonn, München 1972.

Blomeyer, Karl: Besprechung v. Adolf Schönke, Lehrbuch des Zivilprozeßrechts, 7. Aufl., ZZP 66 (1953), 158 - 164.

Bode, Karl Heinrich: Die Entscheidung des Revisionsgerichts in der Sache selbst, Berlin 1958.

Böhle-Stamschräder, Aloys: Konkursordnung, 10. Aufl., München 1971.

Bötticher, Eduard: Reformatio in peius und Prozeßurteil, ZZP 65 (1952), 464 bis 468.

— Anm. II zu BAG (Beschl. v. 2. 11. 1955), AP Nr. 1 zu § 23 BetrVerfG.

— Anm. zu BAG (Beschl. v. 2. 11. 1960), AP Nr. 1 zu § 97 ArbGG 1953.

— Anm. zu BAG (U. v. 10. 12. 1965), AP Nr. 11 zu § 565 ZPO.

— Anm. zu BAG (U. v. 28. 11. 1966), AP Nr. 1 zu § 268 ZPO.

Bolze, Albert: Über die Zulässigkeit der eigenen Auslegung von Rechtsgeschäften durch den Revisionsrichter im Civilprozeß, ZZP 14 (1890), 415 - 450.

— Zur Reform des Rechtsmittels der Revision, AcP 84 (1895), 358 - 373.

Bonin, Paul: Der Prozeßvergleich, Stuttgart 1957.

— Über die Wirkung außergerichtlicher Vereinbarungen auf den schwebenden Rechtsstreit, JZ 1958, 268 - 272.

Bonnet, Hans-Jürgen: Zum Verfahren der weiteren Beschwerde nach dem FGG, JR 1971, 150 - 153.

de Boor, Hans Otto: Zur Lehre vom Parteiwechsel und vom Parteibegriff, Festschrift f. Siber, Bd. II, Leipzig 1943, S. 39 - 183.

Boyens, Johannes: Grenze zwischen Tatfrage und Rechtsfrage in der Rechtsprechung der Zivilsenate des Reichsgerichts, Sonderheft des SächsArchivs f. Deut. Bürg. Recht z. 25jährigen Bestehen des höchsten Deutschen Gerichtshofs, Leipzig 1904, S. 153 - 202.

Brackmann, Kurt: Handbuch der Sozialversicherung, Bd. I, Allgemeiner Teil, 7. Aufl., Bonn-Bad Godesberg 1970 ff.

Brecher, Fritz: Scheinbegründungen und Methodenehrlichkeit im Zivilrecht, Festschrift f. Nikisch, 1958, S. 227 - 247.

Brettner: Über das beneficium novorum bei den Rechtsmitteln des Entwurfs einer deutschen Civilprozeßordnung, Gruchot 15 (1871), 751 - 757.

Broß, Siegfried: Untersuchungen zu den Appellationsbestimmungen der Reichskammergerichtsordnung von 1495, Berlin 1973.

Brüggemann, Jürgen: Die richterliche Begründungspflicht — Verfassungsrechtliche Mindestanforderungen an die Begründung gerichtlicher Entscheidungen, Berlin 1971.

Brüning, Berthold: Die Revisibilität der Erfahrenssätze im Rahmen der Tatsachenfeststellung, Diss. Mainz 1953.

Bruns, Hans-Jürgen: Erweiterung der selbständigen Strafzumessungsbefugnis des Revisionsgerichts?, ZAkDR 1941, 143 - 144.

Bruns, Rudolf: Zivilprozeßrecht, Berlin, Frankfurt a. M., 1968.

Canaris, Claus-Wilhelm: Die Feststellung von Lücken im Gesetz, Berlin 1964.

— Systemdenken und Systembegriff in der Jurisprudenz, Berlin 1969.

Conrad: Anm. zu BGH (U. v. 14. 2. 1952), LM Nr. 5 zu § 580 Ziff. 7 b ZPO.

Dahs, Hans, Hans *Dahs:* Die Revision im Strafprozeß, München 1972.

Danz, Erich: Die Auslegung der Rechtsgeschäfte, Zugleich ein Beitrag zur Rechts- und Tatfrage, 3. Aufl., Jena 1911.

Dapprich, Gerhard: Diskussionsbeitrag, Verh. d. 44. DJT, Bd. II E, Tübingen 1964, S. 112 - 115.

David, Albert: Der Entwurf einer Zivilprozeßordnung, Das 3. und 4. Buch des Entwurfs: Rechtsmittel und Wiederaufnahme des Verfahrens, DJZ 1932, 131 - 136.

Denkschrift zur Reform des Rechtsmittelrechts und der Wiederaufnahme des Verfahrens im Strafprozeß, erarbeitet u. vorgelegt vom Strafrechtsausschuß der Bundesrechtsanwaltskammer, Tübingen 1971 (zit. Denkschrift 1971).

Diederichsen, Uwe: Zur Rechtsnatur und systematischen Stellung von Beweislast und Anscheinsbeweis, VersR 1966, 211 - 222.

— Die Revision in Ehesachen, FamRZ 1966, 605 - 613.

— Fortschritte im dogmatischen Verständnis des Anscheinsbeweises, ZZP 81 (1968), 45 - 69.

Dölle, Hans: Bemerkungen zu § 293 ZPO, in Festschrift f. Nikisch, Tübingen 1958, S. 185 - 203.

— Über die Anwendung fremden Rechts, in Jahrbuch 1956 der Max-Planck-Gesellschaft zur Förderung der Wissenschaften e. V., Göttingen 1956, S. 34 bis 61.

— Pflicht zur redlichen Prozeßführung?, in Festschrift f. Otto Riese, Karlsruhe 1964, S. 279 - 294.

Döllerer, Georg: Die Bezugnahme auf Schriftstücke im Zivilurteil (§ 313 Abs. 2 ZPO), DRiZ 1964, 158 - 161.

— Von der Rechtsbeschwerde zur Revision, Steuerberaterjahrbuch 1966/67, 451 - 472.

Dörner, Norbert: Die Prüfung von Rechtsweg- und Zuständigkeitsvoraussetzungen, Diss. Göttingen 1968.

Dräger, Dieter: Die Rechtsbeschwerde gegen Entscheidungen des Mieteinigungsamtes, Köln, Berlin, Bonn, München 1964.

Duske, Klaus: Die Aufgaben der Revision, Diss. Marburg 1960.

Dütz, Wilhelm: Anm. zu BAG (U. v. 27. 2. 1970), SAE 1971, 102 - 105.

Eiler, Klaus Erimar: Die Abgrenzung der Tat- von der Rechtsfrage in der Rechtsprechung des Reichsfinanzhofs, Münster i. W. 1937.

Eller: Diskussionsbeitrag, Verh. d. 9. DJT, Bd. 3, Berlin 1871, S. 305 - 307.

Endemann, Wilhelm: Der Deutsche Civilprozess, 2. Bd., Berlin 1879.

Engisch, Karl: Logische Studien zur Gesetzesanwendung, 3. Aufl., Heidelberg 1963.

— Einführung in das juristische Denken, 5. Aufl., Stuttgart, Berlin, Köln, Mainz 1971.

Entwurf eines Gesetzes zur Änderung des Rechts der Revision in Zivilsachen und in Verfahren vor Gerichten der Verwaltungs- u. Finanzgerichtsbarkeit, hrsg. v. Bundesminister der Justiz, Az. 3700/6 — 63929/71, 1971 u. BT-Drucksache VI/3252 sowie VII/444.

Entwurf eines Gesetzes zur Änderung der Zivilprozeßordnung, BT-Drucksache VI/790, 1971.

Entwurf der Finanzgerichtsordnung, BT-Drucksache IV/1446, 1965.

Entwurf eines Verwaltungsgerichtsgesetzes zur Vereinheitlichung der VwGO, der FGO und des SGG, Schriftenreihe der Hochschule Speyer Bd. 40, Berlin 1969 (zit. Speyerer Entwurf).

Entwurf einer Zivilprozeßordnung (veröffentlicht durch das Reichsjustizministerium) Berlin 1931.

Erythropel: Zur Lehre von der Revision, ZZP 3 (1881), 104 - 142.

— Kann in der Revisionsinstanz noch geltend gemacht werden, der Prozeß sei nach Revisionseinlegung verglichen?, JW 1912, 991.

Esser, Josef: Not und Gefahren des Revisionsrechts, JZ 1962, 513 - 517.

— Vorverständnis und Methodenwahl in der Rechtsfindung, Frankfurt a. M. 1970.

— Bspr. v. Canaris, Systemdenken und Systembegriff in der Jurisprudenz, RabelsZ 33 (1969), 757 - 761.

— Methodik des Privatrechts, Methoden der Rechtswissenschaft, Teil I, München, Wien 1972, S. 3 - 37.

Elster, Alexander: Ist der Ausschluß der Revisibilität tatsächlicher Feststellungen (§ 561 Abs. 2 ZPO) heute noch haltbar? DGWR 1937, 382 - 387.

Eyermann, Erich: Justizreform in der Verwaltungsgerichtsbarkeit, NJW 1973, 1031 - 1033.

Eyermann, Erich, Ludwig *Fröhler:* Verwaltungsgerichtsordnung, Kommentar, 6. Aufl., München 1974.

Fasching, Hans W.: Kommentar zu den Zivilprozeßgesetzen, Wien 1962/71.

— Probleme des Revisionsverfahrens, Berlin 1971.

Féaux de la Croix, Ernst: Das Reichsgericht als Zivilgericht erster Instanz, Deutsche Rechtspflege 1936, 238 - 240.

— Zurückverweisungen des Revisionsgerichts oder endgültige Sachentscheidungen? Deutsche Rechtspflege 1937, 145 - 147.

Fehr, Hansjörg: Das Novenrecht, Diss. Zürich 1949.

Fezer, Gerhard: Die erweiterte Revision — Legitimierung der Rechtswirklichkeit? Tübingen 1974.

Fischer, Otto: Die Reform des Rechtsmittels der Revision im Civilprozeß, JheringsJb 38 (1898), 265 - 358.

— Die Entlastung des Reichsgerichts und die Verbesserung der Revision in Zivilsachen, JW 1904, 307 - 322.

Fischer, Robert: Die Personenhandelsgesellschaft im Prozeß, in Festschrift f. Hedemann, Berlin 1958, S. 75 - 94.

— Zur Revisibilität unbestimmter Rechtsbegriffe, Ansprachen zur Verabschiedung von Bruno Heusinger, Karlsruhe 1968, S. 47 - 64.

— Anm. zu BGH (U. v. 27. 10. 1955), LM Nr. 6 zu § 161 HGB.

— Anm. zu BGH (U. v. 18. 9. 1958), LM Nr. 20 zu § 561 ZPO.

— Anm. zu BGH (U. v. 25. 1. 1960), LM Nr. 4 zu § 551 Ziff. 7 ZPO.

Förster, A., Richard *Kann:* Die Zivilprozeßordnung für das Deutsche Reich, 3. Aufl., 2. Bd., Berlin 1926.

Freisler, Roland: Der Volksgerichtshof — das Reichsstrafgericht? ZAkDR 1935, 90 - 94.

Freitag, Werner: Revision und Kassation unter besonderer Berücksichtigung der Rechtsprechung des Reichsgerichts, Diss. Heidelberg 1933.

Friedrich, Horst: Der Begriff des Gesetzes im Sinne des Revisionsrechts, Diss. Marburg 1960.

Friedrichs, Karl: Verwaltungsrechtspflege, 2. Bd., Berlin 1921.

Frisch, Wolfgang: Revisionsrechtliche Probleme der Strafzumessung, Köln, Berlin, Bonn, München 1971.

Fuchs, Ernst: Zur juristischen Neuorientierung, II. Vertragsauslegung, gute Sitten und Revisionsfeindschaft, JW 1917, 504 - 507 u. 633 - 635.

— Gegen die Revisionsverstümmelung, LZ 1928, 731 - 742.

Fuhrmann, Hans: Die Appelation als Rechtsmittel für eine beschränkte Tatsachennachprüfung in einem dreistufigen Gerichtsaufbau, ZStW 85 (1973), 45 - 75.

Furtner, Georg: Die Erledigung der Hauptsache im Rechtsmittelverfahren, MDR 1961, 188 - 192.

— Das Versäumnisurteil im Rechtsmittelverfahren, JuS 1962, 253 - 256.

Gaul, Hans Friedhelm: Die Grundlagen des Wiederaufnahmerechts und die Ausdehnung der Wiederaufnahmegründe, Bielefeld 1956.

— Die Wiedereröffnung der Verhandlung gemäß § 156 ZPO und das Restitutionsrecht, FamRZ 1960, 320 - 326.

— Der Widerruf der Rechtsmittelrücknahme nach rechtskräftigem Verfahrensabschluß unter Berücksichtigung des gleichen Problems beim Rechtsmittelverzicht, ZZP 74 (1961), 49 - 81.

— Bspr. der Festschrift f. d. 45. DJT 1964, ZZP 80 (1967), 151 - 154.

— Zur Frage nach dem Zweck des Zivilprozesses, AcP 168 (1968), 27 - 62.

— Willensmängel bei Prozeßhandlungen, AcP 172 (1972), 342 - 355.

Geerds, Friedrich: Revision bei Verstoß gegen Denkgesetze oder Erfahrungssätze, Festschrift f. Karl Peters, Tübingen 1974, S. 267 - 283.

Geigel, Reinhart u. Robert: Der Haftpflichtprozeß, 15. Aufl., München 1972.

Gerhardt, Walter: Fälle und Lösungen nach höchstrichterlichen Entscheidungen — Zivilprozeßrecht, Karlsruhe 1971.

Gilles, Peter: Rechtsmittel im Zivilprozeß, Frankfurt/Main 1972.

Gofferjé, Wilhelm: Die gewillkürte Parteiänderung im Zivilprozeß, Diss. Erlangen-Nürnberg 1970.

Goldschmidt, James: Der Prozeß als Rechtslage, Berlin 1925.

— Zivilprozeßrecht, 2. Aufl., Berlin 1932.

Göppinger, Horst: Die sachliche Voraussetzung der Volljährigkeitserklärung (§ 5 BGB) — Zugleich ein Beitrag zum Problem des richterlichen Ermessens und zum Rechtsbeschwerdeverfahren (§ 27 FGG), FamRZ 1960, 253 - 260.

— Die Erledigung des Rechtsstreits in der Hauptsache, Stuttgart 1958.

Götz, Heinrich: Urteilsmängel und innerprozessuale Bindungswirkung, Diss. Frankfurt a. M. 1956.

— Die innerprozessuale Bindungswirkung von Urteilen im Zivil-, Arbeits- u. Verwaltungsprozeß, JZ 1959, 681 - 690.

Gneist, Rudolf: Kann die Berufung gegen die tatsächlichen Feststellungen des Collegialgerichts erster Instanz aufgegeben und demnach auf eine revisio in iure beschränkt werden? Verh. d. 9. DJT, 3. Bd., Berlin 1871, S. 295 - 300.

Graeber, Fritz: Das finanzgerichtliche Revisionsverfahren, Deutsches Steuerrecht 1971, 620 - 623.

— Zur Nachprüfung der Revisionszulassung durch den BFH, Deutsches Steuerrecht 1969, 129 - 134.

Grave, Helmut: Bietet das verwaltungsgerichtliche Revisionsverfahren ausreichende Rechtsgarantien? VerwArch 64 (1973), 51 - 80.

Grimm, Claus: Bundesfinanzhof und Finanzgerichte, in Festschrift des Bundesfinanzhofs, Bonn, München 1968, S. 126 - 141.

Grunsky, Wolfgang: Anm. zu BayObLG (Beschl. v. 2. 9. 1966), FamRZ 1966, 642 - 644.

— Prozeßurteil und Sachurteil, ZZP 80 (1967), 55 - 78.

— Anm. zu BAG (Beschl. v. 17. 2. 1970), SAE 1971, 24 - 27.

— Grundlagen des Verfahrensrechts, 2. Aufl., Bielefeld 1974.

— Beschränkungen bei der Einlegung eines Rechtsmittels und bei der Aufhebung des angefochtenen Urteils, ZZP 84 (1971), 129 - 149.

Grussendorf, W.: Die Neuregelung der Revision, NJW 1960, 10 - 13.

Habscheid, Walther J.: Die Erledigung der Hauptsache und ihre Rechtsfolgen, Rpfleger 1955, 33 - 37.

— Der Streitgegenstand im Zivilprozeß und im Streitverfahren der freiwilligen Gerichtsbarkeit, Bielefeld 1956.

— Die Rechtsprechung zum Eheprozeßrecht, FamRZ 1960, 310 - 320.

— Der gegenwärtige Stand der Lehre von der Erledigung des Rechtsstreits in der Hauptsache, JZ 1963, 579 - 582 u. 624 - 631.

— Urteilswirkungen und Gesetzesänderungen, ZZP 78 (1965), 401 - 461.

— Freiwillige Gerichtsbarkeit, 5. Aufl., München 1971.

Hagen, Horst: Formzwang und Formzweck im Zivilprozeß, JZ 1972, 505 - 510.

Hahn, C., Eduard *Stegemann*: Die gesamten Materialien zu den Reichsjustizgesetzen, Bd. II, Materialien zur CPO, 2. Aufl., Berlin 1881.

Hainmüller, Dietmar: Der Anscheinsbeweis und die Fahrlässigkeitstat im heutigen deutschen Schadensersatzprozeß, Tübingen 1966.

Hamm, Oskar: Empfiehlt sich eine Änderung des Rechtsmittels der Revision in Zivilsachen, Verh. d. 29. DJT, Bd. III, Berlin 1908, S. 39 - 50.

Hanack, Ernst-Walter: Der Ausgleich divergierender Entscheidungen in der oberen Gerichtsbarkeit, Hamburg, Berlin 1962.

— Der dreistufige Aufbau der Strafgerichtsbarkeit im Entwurf eines Ersten Justizreformgesetzes, Festschrift f. Schwinge, Köln, Bonn 1973, S. 183 - 199.

Haueisen, Fritz: Wichtige Fragen im Revisionsrecht des sozialgerichtlichen Verfahrens, NJW 1956, 1089 - 1092.

— Die Beachtung nicht gerügter Verfahrensmängel durch das Revisionsgericht, NJW 1961, 2329 - 2333.

— Zur Zulässigkeit tatsächlicher Feststellungen durch das Revisionsgericht, Die Ortskrankenkasse (DOK) 1969, 69 - 72.

— Der Freibeweis in der Sozialgerichtsbarkeit, NJW 1969, 1049 - 1052.

— Zahlenmäßige Konkretisierung („Quantifizierung") unbestimmter Rechtsbegriffe, NJW 1973, 641 - 645.

Hauß, Fritz: Methode und Technik höchstrichterlicher Rechtsfindung, DRiZ 1962, 162 - 164.

— Diskussionsbeitrag, in Beweisfragen im Schadensersatzrecht, Karlsruher Forum 1966, Beilage z. VersR, S. 38.

Hegler, August: Mündlichkeit und Unmittelbarkeit im Prozeß, Der Rechtsgang Bd. 1, 1913, S. 193 - 219 u. 385 - 423.

Heiligmann, K.: Anm. zu BayObLG (Beschl. v. 24. 5. 1972), NJW 1972, 1961 - 1962.

Heinsheimer, Karl: Die Freiheit der richterlichen Überzeugung und die Aufgaben der Revisionsinstanz, Festschrift f. Franz Klein, Wien 1914, S. 133 bis 146.

Heintzmann, Walther: Die Erledigung des Rechtsmittels, ZZP 87 (1974), 199 bis 228.

Hellwig, Karl: Erlöschen des Scheidungsrechts in der Revisionsinstanz (Vollstreckungsgegenklage gegen konstitutive Urteile), DJZ 1903, 284 - 286.

— Die Notlage des Reichsgerichts, JW 1910, 305 - 308.

— System des Deutschen Zivilprozeßrechts, Erster Teil, Leipzig 1912.

Hempfling, Helmut: Die Tatsachen in der Rechtsprechung der Revisionsgerichte in Strafsachen, masch. Diss. Münster 1956.

Henckel, Wolfram: Sanktionen bei Verletzung des Anspruchs auf rechtliches Gehör, ZZP 77 (1964), 312 - 371.

— Vom Gerechtigkeitswert verfahrensrechtlicher Normen, Göttingen 1966.

— Prozeßrecht und materielles Recht, Göttingen 1970.

Henke, Horst-Eberhard: Urkundenauffindung als Restitutionsgrund, JR 1960, 86 - 87.

— Die Tatfrage, Berlin 1966.

Henke, Horst-Eberhard: Rechtsfrage oder Tatfrage — eine Frage ohne Antwort? ZZP 81 (1968), 196 - 251 u. 321 - 379 (= Rapports, S. 197 - 322).

— Besprechung v. Fasching, Probleme des Revisionsverfahrens, ZZP 86 (1973), 224 - 226.

Henkel, Heinrich: Strafverfahrensrecht, 2. Aufl., Stuttgart, Berlin, Köln, Mainz 1968.

Herschel, Wilhelm: Anm. zu BAG (U. v. 14. 7. 1965), SAE 1965, 249 - 250.

Hesse, Hans Gerd: Die Beweislast im Patentverletzungsprozeß, GRUR 1972, 675 - 682.

Heusinger, Bruno: Überlastung der Zivilsenate des Bundesgerichtshofes und Mittel zur Abhilfe, ZZP 76 (1963), 321 - 341.

Heußner, Hermann: Die Nachprüfung der fehlerhaft besetzten Richterbank durch die Revisionsinstanz, NJW 1961, 1189 - 1191.

Hien, Heinrich Michael: Die Miterledigung unterinstanzlicher Verfahrensreste durch das Rechtsmittelgericht im Zivilprozeß, Diss. Heidelberg 1970.

v. Hippel, Fritz: Zur modernen konstruktiven Epoche der „deutschen Prozeßrechtswissenschaft", ZZP 65 (1952), 424 - 464.

Hoffmann, Fritz: Gedanken zum Entwurf einer Finanzgerichtsordnung, Steuer u. Wirtschaft 1963, 677 - 684.

Holste, Heinrich: Zur Frage der Umgestaltung des Rechtsmittels der Revision in Zivilsachen, AnwBl 1958, 1 - 8.

Hotz, Peter: Die Trennung von Tat- und Rechtsfrage in immaterialgüterrechtlichen Streitigkeiten letzter Instanz, Diss. Freiburg/Schweiz 1965.

Hueck, Alfred: Anm. I zu BAG (Beschl. v. 2. 11. 1955), AP Nr. 1 zu § 23 BetrVerfG.

Hueck, Götz: Anm. zu BAG (U. v. 9. 9. 1965), AP Nr. 3 zu § 611 BGB Akkordkolonne.

Jaeger, Ernst: Konkursordnung, Kommentar, 8. Aufl., Bd. II/1, bearb. v. Friedrich Weber, Berlin, New York 1958/73.

Jagusch, Heinrich: Grundsatzrevision in Zivilsachen? Ausweg oder Irrweg? NJW 1963, 1 - 4.

— Nachteile der Grundsatzrevision, NJW 1963, 565 - 567.

— Die Revision in Strafsachen — ausreichende Rechtsgarantie? NJW 1971, 2009 - 2012.

Jansen, Paul: FGG, Kommentar, 2. Aufl., 1. Bd., Berlin 1969.

Jauernig, Othmar: Warum keine Verbindung von Prozeß- und Sachabweisung? JZ 1955, 235 - 237.

Jesch, Dietrich: Zur Revisibilität unbestimmter Rechtsbegriffe, DÖV 1956, 77 bis 80.

— Anm. zu BAG (U. v. 8. 3. 1956), AP Nr. 7 zu § 626 BGB.

— Unbestimmter Rechtsbegriff und Ermessen in rechtstheoretischer und verfassungsrechtlicher Sicht, AöR 82 (1957), 163 - 249.

Johannsen, Kurt: Anm. zu BGH (U. v. 6. 3. 1952), LM Nr. 2 zu § 559 ZPO.

Johannsen, Kurt: Anm. zu BGH (U. v. 26. 2. 1953), LM Nr. 17 zu § 549 ZPO.

— Anm. zu BGH (U. v. 15. 2. 1954), LM Nr. 4 zu § 515 ZPO.

— Anm. zu BGH (U. v. 29. 6. 1955), LM Nr. 11 zu § 580 Ziff. 7 b ZPO.

— Anm. zu BGH (U. v. 27. 11. 1957), LM Nr. 46 zu § 256 ZPO.

— Anm. zu BGH (U. v. 19. 3. 1958), LM Nr. 43 zu § 549 ZPO.

— Anm. zu BGH (U. v. 21. 2. 1962), LM Nr. 61 zu § 549 ZPO.

— Anm. zu BGH (U. v. 26. 6. 1963), LM Nr. 10 zu § 161 ZPO.

— Rechtfertigung und Begrenzung der Wiederaufnahme des Verfahrens nach § 580 ZPO, in Festschrift f. d. 45. DJT, Karlsruhe 1964, S. 81 - 122.

— Anm. zu BGH (U. v. 17. 12. 1969), LM Nr. 38 zu § 561 ZPO.

Jonas, Martin: Die Konkursfeststellung in ihrer prozessualen Durchführung, Berlin 1907.

Josef, Eugen: Anm. zu KG (Beschl. v. 23. 12. 1926), JW 1928, 1943.

Kaiser, Eberhard: Zur Reform der Rechtsmittel im Strafverfahren, ZRP 1972, 275 - 278.

Kaufmann, Arthur: Analogie und „Natur der Sache", in Rechtsphilosophie im Wandel, Frankfurt a. M. 1972, S. 272 - 320.

Kegel, Gerhard: Der Individualanscheinsbeweis und die Verteilung der Beweislast nach überwiegender Wahrscheinlichkeit, Festgabe f. Kronstein, Karlsruhe 1967, S. 321 - 344.

— Kommentierung in Soergel-Siebert, Bürgerliches Gesetzbuch, Bd. 7, Einführungsgesetz, 10. Aufl., Stuttgart, Berlin, Köln, Mainz 1970.

Keidel, Theodor, Karl *Winkler:* Freiwillige Gerichtsbarkeit, 10. Aufl., München 1972.

Keim, Benno: Reichsgericht und Bundesgerichtshof, masch. Diss. München 1955.

Keitel, Burkhardt: Rechtskräftiges Urteil und neue Tatsachen im Zivilprozeß, Diss. Marburg 1971.

Kern, Eduard, Claus *Roxin:* Strafverfahrensrecht, 12. Aufl., München 1974.

Kilian, Georg: Tatsächliche Feststellungen und Behauptungen im Sinne des § 561 ZPO, Diss. Erlangen 1935.

Kisch, Wilhelm: Parteiänderung im Zivilprozeß, München 1912.

— Zum Nachprüfungsrecht des Revisionsgerichts, JR 1926, 454 - 459.

Kissel, Otto Rudolf: Der dreistufige Aufbau in der ordentlichen Gerichtsbarkeit, Frankfurt a. M. 1972.

Kleinknecht, Theodor: Strafprozeßordnung, 31. Aufl., München 1974.

— Anm. zu BGH (U. v. 21. 2. 1968), JR 1968, 467 - 468.

Klinger, Hans: Kommentar zur VwGO, 2. Aufl., Göttingen 1964.

Klug, Ulrich: Die Verletzung der Denkgesetze als Revisionsgrund, in Festschrift f. Ph. Möhring, München, Berlin 1965, S. 363 - 384.

Koch, C. F.: Der preußische Civilprozeß, Berlin 1848.

Kollhosser, Helmut: Der Anscheinsbeweis in der höchstrichterlichen Rechtsprechung, Diss. Mainz 1963.

Kollhosser, Helmut: Anscheinsbeweis und freie richterliche Beweiswürdigung, AcP 165 (1965), 46 - 83.

Kopp, Ferdinand O.: Verwaltungsgerichtsordnung, München 1974.

Kraemer, Wilhelm: Das Gesetz zur Entlastung des Reichsgerichts in der Praxis, ZZP 53 (1928), 117 - 128.

— Berufung und Revision im Entwurf einer Zivilprozeßordnung von 1931, ZZP 57 (1933), 395 - 420.

— Bspr. v. Schönke, Die Bindung des Berufungsgerichts an das Urteil des Revisionsgerichts, ZZP 59 (1935), 314 - 320.

— Ziele und Wege einer Reform des Revisionsverfahrens im Zivilprozeß, ZZP 60 (1936/37), 49 - 73.

— Das Revisionsverfahren in Zivilsachen nach dem Rechtsvereinheitlichungsgesetz, ZZP 64 (1950/51), 131 - 146.

Kraft, Alfons: Anm. zu BAG (U. v. 2. 12. 1965), SAE 1966, 103 - 105.

Kregel, Wilhelm: Referat f. d. 44. DJT, Bd. II E, Tübingen 1962, S. 5 - 27.

v. Kries, August: Die Rechtsmittel des Civilprozesses und des Strafprozesses, Breslau 1880.

Krumme, Elisabeth: Die Grenzen der Revisionsprüfung im Zivilprozeßrecht, NJW 1950, 321 - 324.

Kuchinke, Kurt: Grenzen der Nachprüfbarkeit tatrichterlicher Würdigung und Feststellungen in der Revisionsinstanz, Bielefeld 1964.

Kühn, Rolf, Heinz *Kutter:* Abgabenordnung, Finanzgerichtsordnung, 11. Aufl., Stuttgart 1974.

Kullmann, Hans Josef: Der Rechtsmittelzug in einem dreistufigen Gerichtsaufbau der ordentlichen Gerichtsbarkeit, ZRP 1972, 231 - 235.

Kummer, Max: Grundriß des Zivilprozeßrechts, Bern 1970.

Langkeit, Herbert: Anm. zu BSG (U. v. 26. 7. 1956), NJW 1957, 765.

Larenz, Karl: Methodenlehre der Rechtswissenschaft, 2. Aufl., Berlin, Heidelberg, New York 1969.

Lazarus, Johann: Die Erledigung der Hauptsache im Zivilprozeß, Gruchot 52 (1908), 593 - 659.

Ledig: Behelfe gegen den Leerlauf der Strafjustiz, DRZ 1947, 334.

Leipold, Dieter: Anm. zu BAG (U. v. 18. 8. 1965), AP Nr. 1 zu § 244 ZPO.

— Ausdrückliche und stillschweigende Entscheidung, ZZP 81 (1968), 69 - 79.

— Wirksamer Ehrenschutz durch gerichtliche Feststellung von Tatsachen, ZZP 84 (1971), 150 - 162.

Lent, Friedrich: Anm. zu BGH (U. v. 16. 11. 1953), JR 1954, 183.

— Tatsächliche Grundlagen der Revisionsprüfung, NJW 1956, 818 - 819.

Lent, Friedrich, Othmar *Jauernig:* Zivilprozeßrecht, 17. Aufl., München 1974.

Levin: Der dritte Rechtszug, DJZ 1930, 27 - 33.

Liesecke, Rudolf: Diskussionsbeitrag, Verh. d. 46. DJT, Bd. II E, München, Berlin 1967, S. 62 - 69.

Lindacher, Walter F.: Anm. zu BAG (U. v. 28. 11. 1966), NJW 1967, 1389 - 1390.

Lobe, Adolf: Beweiswürdigung eines tatsächlichen Vorbringens in der Revisionsinstanz, DJZ 1936, 428 - 429.

Löscher, Otto: Vier Jahre Rechtsbeschwerde in Patent-, Muster- und Zeichensachen, GRUR 1966, 5 - 26.

Loeber, Dietrich: Die Verwertung von Erfahrungssätzen durch den Richter im Zivilprozeß, Diss. Kiel 1972.

Löwe/Rosenberg: Strafprozeßordnung, 21. Aufl., Bd. I, (Revisionsrecht bearb. v. Heinrich Jagusch), Berlin 1963; 22. Aufl., Bd. I u. II, bearb. u. a. v. Karl Schäfer u. Karlheinz Meyer, Berlin, New York 1971 ff.

Maetzel, Wolf Bogumil: Zum Erledigungsstreit im Verwaltungsprozeß, DÖV 1971, 613 - 618.

Manigk, Alfred: Die Revisibilität der Auslegung von Willenserklärungen, in Die Reichsgerichtspraxis im Deutschen Rechtsleben, Festgabe d. jur. Fak. z. 50jähr. Bestehen des Reichsgerichts, Bd. VI, Berlin, Leipzig 1929, S. 94 bis 210.

— Beiträge zum Revisionsrecht, ZZP 60 (1936/37), 351 - 414.

Mannheim, Hermann: Beiträge zur Lehre von der Revision wegen materieller Verstöße im Strafverfahren, Berlin 1925.

Martens, Joachim: Die Zurückverweisung durch den Bundesfinanzhof, Finanzrundschau 1969, 372 - 380.

Martin, Rainer: Prozeßvoraussetzungen und Revision, Köln, Berlin, Bonn, München 1974.

Materialien zu den Reichs-Justiznovellen 1897/98, 1. Band: Die Materialien zur Civilprozeßordnung, Berlin 1898.

Materialien zu dem Gesetz vom 5. Juni 1905 betreffend Änderungen der Zivilprozeßordnung, Beihefte zu OLGZ, Erstes Heft, Leipzig 1905.

Materialien zu den österreichischen Civilprozeßgesetzen, hrsg. v. k. k. Justizministerium, Bd. I, Wien 1897.

Mattern, Friedrich: Anm. zu BGH (U. v. 14. 12. 1959), LM Nr. 26 zu § 561 ZPO.

— Miterledigung von vorderinstanzlichen Prozeßresten, JZ 1960, 385 - 391.

— Neues Vorbringen in der Revisionsinstanz, JZ 1963, 649 - 655.

May, Arthur: Die Auslegung rechtsgeschäftlicher Willenserklärungen im Revisionsverfahren, NJW 1959, 708 - 709.

Meikel/Imhof/Riedel: Grundbuchrecht, Kommentar zur Grundbuchordnung, 6. neubearb. Aufl., bearb. v. Wilhelm Imhof u. Hermann Riedel, Bd. III, Berlin 1970.

Meiss, Wilhelm: Die Berücksichtigung von Gesetzesänderungen in der Revisionsinstanz, ZZP 65 (1962), 114 - 124.

Menger, Anton: Die Zulässigkeit neuen tatsächlichen Vorbringens in den höheren Instanzen, Wien 1873.

Mennicken, Axel: Das Ziel der Gesetzesauslegung, Bad Homburg v. d. H., Berlin, Zürich 1970.

Mes, Peter: Anm. zu BAG (U. v. 13. 7. 1972), SAE 1973, 87 - 88.

v. Mettenheim, Christoph: Der Grundsatz der Prozeßökonomie im Zivilprozeß, Berlin 1970.

Meves: Das Rechtsmittel der Revision, sein Wesen und seine Bedeutung, Goltdammers Archiv (GA) 45 (1897), 1 - 11.

Meyer-Ladewig, Jens: Grundsatzrevision oder Zugriffsrevision? DRiZ 1974, 121 - 123.

Mezger, Edmund: Der psychiatrische Sachverständige im Prozeß, AcP Beiheft zu Band 117, 1918.

Michaelis, Karl: Über das Verhältnis von logischer und praktischer Richtigkeit bei der sog. Subsumtion, in Göttinger Festschrift f. d. OLG Celle, Göttingen 1961, S. 117 - 149.

Mitsopoulos, Georg: Die Unterscheidung zwischen Tatfrage und Rechtsfrage im Kassationsverfahren, ZZP 81 (1968), 251 - 270 (= Rapports, S. 65 - 86).

Mitteis, Ludwig: Zwei Fragen aus dem Bürgerlichen Recht, Leipzig 1905.

Möhring, Philipp: Das oberste Bundesgericht in Zivil- und Strafsachen — ein Revisionsgericht! NJW 1949, 1 - 4.

— Das Verfahren in Patent- und Gebrauchsmusterstreitsachen vor dem Revisionsgericht, Mitt. (d. Patentanwälte) 1959, 241 - 250.

— Vorschläge zur Reform des Revisionsrechts, NJW 1962, 1 - 5.

Moser v. Filseck, Richard: Die Bedeutung der Erteilungsakten im Patentverletzungsprozeß, Mitt. (d. Patentanwälte) 1959, 250 - 253.

Mühl, Otto: Zur Geltung und Auslegung der Allgemeinen Geschäftsbedingungen der Banken und zum Grundsatz ihrer einheitlichen Auslegung durch das Revisionsgericht, in Festschrift f. Heinz Kaufmann, Köln-Marienburg 1972, S. 285 - 306.

Müller, Dierck: Länderbericht Deutschland, Die Anwendung ausländischen Rechts im Internationalen Privatrecht, Berlin, Tübingen 1968, S. 66 - 80.

Müller, Gerhard: Die Auslegung des normativen Teils eines Tarifvertrages nach der Rechtsprechung des Bundesarbeitsgerichts (II), Betrieb 1960, 148 bis 150.

Müller, Hermann, Walter *Sax:* KMR — Kommentar zur Strafprozeßordnung, 6. Aufl., Bd. 1 StPO (§§ 333 ff. bearb. v. Walter Sax), Darmstadt 1966.

Müller, Ludwig: Der Freibeweis im Zivilprozeßrecht, Diss. Halle-Wittenberg 1936.

Neidhard, Hans: Das Rechtsmittel im Strafverfahren nach den Vorstandsbeschlüssen des Deutschen Richterbundes zur Großen Justizreform, DRiZ 1967, 106 - 110.

Neukamp, Ernst: Das Rechtsmittel der Revision im Zivil- und im Strafprozeß, in Festschrift f. Wach, Bd. II, Leipzig 1913, S. 153 - 199.

Niemann, Ursula: Bericht über das Seminar: Das Revisionsrecht der FGO, Steuerberaterjahrbuch 1970/71, S. 101 - 112.

Niese, Werner: Doppelfunktionelle Prozeßhandlungen, Göttingen 1950.

Nikisch, Arthur: Zivilprozeßrecht, 2. Aufl., Tübingen 1952.

Oertmann, Paul: Rechtsordnung und Verkehrssitte, Leipzig 1914.

Oetker: Die Revision im künftigen Strafverfahren, Gerichtssaal 107 (1936), 32 - 47.

Olroth, Charles: Zur neueren Kritik der Lehre von den Prozeßvoraussetzungen, JurA 1970, 708 - 723.

Olschewski, Bernd-Dietrich: Zurückverweisung durch das Berufungsgericht bei fehlendem Feststellungsinteresse, NJW 1971, 551 - 552.

Otto, Hansjörg: Die Präklusion, Berlin 1970.

— Anm. zu BAG (U. v. 14. 9. 1972), SAE 1973, 221 - 222.

Nollau, Günter: Rechtswidrigkeit als Behelf gegen den Leerlauf der Strafjustiz? DRZ 1948, 88 - 89.

Pagendarm, Kurt: Verstöße gegen die Denkgesetze, die Erfahrungssätze und das Ermessen als Revisionsgründe, Diss. Marburg 1928.

Pakuscher, Ernst Karl: Gedanken zur Beschleunigung der Revisionsverfahren in Verwaltungsstreitsachen, DÖV 1971, 217 - 223.

Paulus, Gotthard: Die Beschränkungen der Revisionszulässigkeit, ZZP 71 (1958), 188 - 222.

Pawlowski, Enka: Der Prima-facie-Beweis bei Schadensersatzansprüchen aus Delikt und Vertrag, Göttingen 1966.

Pawlowski, Hans-Martin: Aufgabe des Zivilprozesses, ZZP 80 (1967), 345 - 391.

Peters, Egbert: Der sogenannte Freibeweis im Zivilprozeßrecht, Köln, Berlin 1962.

Peters, Karl: Tat-, Rechts- und Ermessensfragen in der Revisionsinstanz, ZStW 57 (1938), 53 - 85.

— Strafprozeß, Ein Lehrbuch, 2. Aufl., Karlsruhe 1966, m. Nachtrag: Der Strafprozeß in der Fortentwicklung 1970.

Peters/Sautter/Wolff: Sozialgerichtsgesetz, Kommentar, bearb. v. Buss, Horst Peters u. Theodor Sautter, 4. Aufl., Stuttgart 1974.

Petersen, Julius: Weitere Mittel zur Entlastung des Reichsgerichts, DJZ 1898, 33 - 35.

Petschek, Georg, Friedrich *Stagel:* Der österreichische Zivilprozeß, Wien 1963.

Pfeiffer, Gerd, Eckart *v. Bubnoff:* Zur Neuordnung des Rechtsmittelsystems im Strafrecht nach dem Referentenentwurf eines ersten Justizreformgesetzes, DRiZ 1972, 42 - 51.

v. d. Pfordten, Theodor: Der Denkverstoß als Revisionsgrund, ZRpflBay 1919, 299 - 301.

Philippi, F.: Zur Reform des Zivilprozesses, Judicium 1 (1928/29), 103 - 146.

— Berufung und Revision im Zivilprozeßentwurf, Judicium 4 (1932), 1 - 20.

Philippi, Klaus-Jürgen: Tatsachenfeststellungen des Bundesverfassungsgerichts, Köln, Berlin, Bonn, München 1971.

Pieper, Helmut: Richter und Sachverständiger im Zivilprozeß, ZZP 84 (1971), 1 - 40.

Pinckernelle, Hans: Änderung von Tatsachen und Rechtslage während des Verfahrens, BB 1950, 767 - 769.

Planck, Julius Wilhelm: Lehrbuch des Deutschen Civilprozeßrechts, Bd. II/2, München 1896.

Pohle, Rudolf: Revision und neues Strafrecht, Leipzig 1930.

— Anm. zu BAG (U. v. 15. 9. 1955), AP Nr. 1 zu § 60 ArbGG 1953.

— Anm. zu BGH (U. v. 12. 12. 1955), MDR 1956, 414 - 416.

— Anm. zu BAG (U. v. 20. 3. 1958), AP Nr. 3 zu § 580 ZPO.

— Empfiehlt es sich, die Revision (Rechtsbeschwerde) zu den obersten Bundesgerichten (außer in Strafsachen) einzuschränken und ihre Zulässigkeit in den einzelnen Gerichtsbarkeiten einheitlich zu regeln? Gutachten f. d. 44. DJT, Bd. I 3 B, Tübingen 1962.

— Anm. zu BAG (U. v. 14. 2. 1964), AP Nr. 10 zu § 565 ZPO.

Prölss, Jürgen: Beweiserleichterungen im Schadensersatzprozeß, Karlsruhe 1966.

Protokolle der Commission zur Beratung einer allgemeinen Civilprozeßordnung für die deutschen Bundesstaaten, Hannover 1866 (zit. Protokolle H. E.).

Rapports et Procès Verbaux du IV Congrès international d'Athènes pour la procedure civile du mois de septembre 1967, Athen 1972 (zit. Rapports).

Raiser, Ludwig: Das Recht der Allgemeinen Geschäftsbedingungen, 2. Aufl., Bad Homburg v. d. H. 1961.

Rau: Diskussionsbeitrag, Verh. d. 9. DJT, Bd. 3, Berlin 1871, S. 300 - 305.

Rechberger, Walter: Die Überprüfung von Erfahrungssätzen in der Revisionsinstanz, österr. JZ 1974, 113 - 118.

Redeker, Konrad, Hans Joachim *v. Oertzen:* Verwaltungsgerichtsordnung, 4. Aufl., Stuttgart, Berlin, Köln, Mainz 1971.

Reimer, Eduard: Patentgesetz und Gebrauchsmustergesetz, 3. Aufl., bearb. v. Karl Nastelski, Rudolf Neumar, Ernst Reimer u. Wilhelm Trüstedt, Köln, Berlin, Bonn, München 1968.

Reinberger, Willy: Zur Reform des Revisionsverfahrens in Zivilsachen, DGWR 1940, 284 - 286.

Reinhardt, Rudolf: Anm. zu BGH (U. v. 27. 10. 1955), JZ 1956, 251 - 253.

Reuling: Diskussionsbeitrag, Verh. d. 9. DJT, Berlin 1871, Bd. III, S. 321 - 323.

Reuß, Hermann: Revisionsgründe für das Verfahren vor dem Bundesverwaltungsgericht, JR 1957, 168 - 172.

— Zum verwaltungsgerichtlichen Revisionszulassungs- und Revisionsverfahren, DVBl 1958, 233 - 236.

— Zur Neuordnung des Revisionsrechts, insb. im verwaltungsgerichtlichen Verfahren, DÖV 1959, 10 - 16.

Rietschel, Georg: Die Berücksichtigung neuer Tatsachen bei Gesetzesänderungen während der Revisionsinstanz, ZZP 66 (1953), 299 - 306.

— Anm. zu BGH (U. v. 19. 6. 1958), LM Nr. 19 zu § 561 ZPO.

Rimmelspacher, Bruno: Zur Prüfung von Amts wegen im Zivilprozeß, Göttingen 1966.

— Zur Systematik der Revisionsgründe im Zivilprozeß, ZZP 84 (1971), 41 - 73.

Rimmelspacher, Bruno: Materiellrechtlicher Anspruch und Streitgegenstandsprobleme, Göttingen 1971.

Rocholl, C.: Die Revision in bürgerlichen Rechtsstreitigkeiten und ihre Grenzen, ZZP 10 (1887), 285 - 349.

Rödig, Jürgen: Die Theorie des gerichtlichen Erkenntnisverfahrens, Berlin, Heidelberg, New York 1973.

Rosenberg, Leo: Zu dem Entwurf einer Zivilprozeßordnung, ZZP 57 (1933), 185 - 339.

— Lehrbuch des Deutschen Zivilprozeßrechts, 9. Aufl., München, Berlin 1961.

Rosenberg Leo, Karl Heinz *Schwab*: Zivilprozeßrecht, 11. Aufl., München 1974.

Rothe, Gerhard: Revisionsrügen des Rechtsmittelgegners? Ehrengabe f. Heusinger, München 1968, S. 257 - 269.

Rüthers, Bernd: Anm. zu BAG (U. v. 2. 2. 1968), SAE 1969, 48 - 50.

Rumpf, Max: Der Strafrichter, Bd. I, Die tatsächlichen Feststellungen und die Strafrechtstheorien, Berlin 1912.

Ruppel, Alfred: Die Erledigung des Finanzrechtsstreits in der Hauptsache, Köln-Marienburg 1972.

Salinger, Max: Die Änderung des Rechtsmittels der Revision, Berlin 1909.

— Diskussionsbeitrag, Verh. d. 29. DJT, Berlin 1909, Bd. V, S. 749 - 755.

Sarstedt, Werner: Die Revision in Strafsachen, 4. Aufl., Essen 1962.

— Beweisregeln im Strafprozeß, in Festschrift f. E. E. Hirsch, Berlin 1968, S. 171 - 186.

Sauer, Wilhelm: Grundlagen des Prozeßrechts, 2. Aufl., Stuttgart 1929.

— Allgemeine Prozeßrechtslehre, Berlin, Detmold, Köln, München 1951.

v. Scanzoni, G.: Anm. zu KG (U. v. 10. 12. 1928), JW 1929, 885.

Schäfer, Ernst: Die Stellung der Revision im künftigen Strafverfahren, in Festschrift f. Schlegelberger, Berlin 1936, S. 139 - 164.

Schäfer, Ludwig: Bedeutung und Aufgabe revisionsgerichtlicher Tätigkeit, BayVerwBl 1968, 373 - 375.

Schaffstein, Friedrich: Revision und Berufung im künftigen Strafverfahren, Deutsches Strafrecht (Goltd.A.) 1935, 465 - 483.

Scherer, M.: Wie kann der Vergleich, welcher erst in der Revisionsinstanz oder nach Erlaß eines bedingten Endurteils, gegen welches keine Berufung oder Revision zulässig ist, geltend gemacht werden? JW 1920, 889.

— Das Rechtsmittel der Revision in Zivilsachen, Zweite Ausgabe, München, Berlin, Leipzig 1930.

Scheuerle, Wilhelm A.: Beiträge zum Problem der Trennung von Tat- und Rechtsfrage, AcP 157 (1958/59), 1 - 85.

Schima, Hans: Vom System der Revisionsgründe der Zivilprozeßordnung, in Festschrift zur Hundertjahrfeier des Österreichischen Obersten Gerichtshofes, Wien 1950, S. 252 - 265.

Schlosser, Peter: Gestaltungsklagen und Gestaltungsurteile, Bielefeld 1966.

Schlosser, Peter: Einverständliches Handeln im Zivilprozeß, Tübingen 1968.

Schlotz, Karlheinz: Die Ermessensentscheidung im Zivilprozeß, Diss. Frankfurt a. M. 1969.

Schlüter, Wilfried: Das Obiter dictum, München 1973.

Schmid, Werner: Der Revisionsrichter als Tatrichter, ZStW 85 (1973), 360 - 398.

— Der revisionsgerichtliche Augenscheinsbeweis, ZStW 85 (1973), 893 - 915.

Schmidt, Eberhard: Lehrkommentar zur Strafprozeßordnung und zum Gerichtsverfassungsgesetz, Teil II, Göttingen 1957, mit Nachtragsband I, 1967.

Schmidt, Eike: Der Zweck des Zivilprozesses und seine Ökonomie, Frankfurt a. M. 1973.

Schmidt, Richard: Lehrbuch des Deutschen Zivilprozeßrechts, 2. Aufl., Leipzig 1906.

Schneider, Egon: Die Tatsachenfeststellung, MDR 1964, 17 - 18 u. 106 - 108.

— Der Anscheinsbeweis grober Fahrlässigkeit, MDR 1971, 535 - 538.

Schneider, Herbert: Die Befreiung der Revisionsinstanz vom Ballast der Tatsachenrügen, Festschrift f. Heymanns Verlag, Köln, Berlin, Bonn, München 1965, S. 197 - 205.

— Die Anwaltschaft beim Reichsgericht und beim Bundesgerichtshof, Ehrengabe f. Heusinger, München 1968, S. 101 - 118.

— Vertrauensschutz im deutschen Zivilprozeß, Festschrift f. Schima, Wien 1969, S. 367 - 375.

— Wandlungen der zivilrechtlichen Revision, Almanach 1974, Köln, Berlin, Bonn, München 1973, S. 27 - 51.

Schneider, Uwe H.: Die Vorbereitung der Revision durch den Anwalt der Berufungsinstanz, NJW 1972, 1304 - 1309.

Schönke, Adolf: Lehrbuch des Zivilprozeßrechts, 8. Aufl., bearb. v. Horst Schröder u. Werner Niese, Karlsruhe 1956.

Schönke, Adolf, Kurt *Kuchinke:* Zivilprozeßrecht, 9. Aufl., Karlsruhe 1969.

Schoppe, Günter: Revision und Kassation unter besonderer Berücksichtigung der Rechtsprechung des Reichsgerichts und des Kassationshofes, Diss. Halle-Wittenberg, Berlin 1935.

Schramm, Carl: Anm. zu BGH (U. v. 28. 11. 1963), GRUR 1964, 225 - 226.

Schröder, Horst: Die Bindung an aufhebende Entscheidungen im Zivil- und Straßprozeß, in Festschrift f. Nikisch, Tübingen 1958, S. 205 - 224.

Schrutka v. Rechtenstamm, Emil: Über das Ius Novorum in der Berufungsinstanz, Stuttgart 1898.

Schütze, Rolf A.: Die Rechtsprechung des BGH zur Verbürgung der Gegenseitigkeit (§ 328 Abs. 1 Nr. 5 ZPO), NJW 1969, 293 - 296.

— Zur Revisibilität ausländischen Rechts, NJW 1970, 1584 - 1586.

Schuler, Hans: Restitutionsgründe als Revisionsgründe, NJW 1953, 1241 - 1243.

— Tatfragen und Rechtsfragen im zivilen Revisionsverfahren, NJW 1961, 4 - 7.

Schultz, Rudolf: Die Gerichtskundigkeit von Tatsachen, Festgabe f. Richard Schmidt (Straf- und Prozeßrecht), Leipzig 1932, S. 283 - 294.

Schultzenstein, Max: Zur Revision wegen Verfahrensmängel im preußischen Verwaltungsstreitverfahren, PreußVerwBl 29 (1907), 81 - 87.

— Revision und festgestellte Tatsachen, ZZP 37 (1908), 244 - 278.

Schulz, Karl: Ein Vorschlag zur Umgestaltung des Rechtsmittels der Revision, Festschrift f .Wach, Bd. I, Leipzig 1913, S. 383 - 404.

Schumann, Ekkehard: Anm. zu BAG (U. v. 23. 10. 1965), AP Nr. 8 zu § 554 a ZPO.

— Anm. zu BAG (U. v. 19. 5. 1967), AP Nr. 20 zu § 133 f GewO.

— Anm. zu BAG (U. v. 7. 5. 1968), AP Nr. 14 zu § 794 ZPO.

— Anm. zu BAG (U. v. 30. 9. 1970), AP Nr. 3 zu § 56 ZPO.

— Anm. zu BAG (U. v. 19. 10. 1971), AP Nr. 3 zu § 337 ZPO.

— Die Prozeßökonomie als rechtsethisches Prinzip, Festschrift f. Larenz, München 1973, S. 271 - 287.

Schwab, Karl Heinz: Der Streitgegenstand im Zivilprozeß, München, Berlin 1954.

— Die einseitige Erledigungserklärung, ZZP 72, (1959), 127 - 141.

— Anm. zu BGH (U. v. 16. 6. 1959 u. 3. 7. 1959) NJW 1959, 1824 - 1826.

— Anm. zu BGH (U. v. 23. 11. 1960), ZZP 74, 215 - 218.

Schwarz, Otto: Der Strafrichter als Rechtsschöpfer, DJZ 1936, 209 - 216.

— Berufung oder Revision, DStR (GA) 1936, 24 - 40.

— Das Reichsgericht als Tatsacheninstanz, ZAkDR 1940, 139 - 141.

Schweling, Otto: Die Revisibilität der Erfahrung, ZStW 83 (1971), 435 - 467.

Schwerdtner, Peter: Das patentrechtliche Nichtigkeitsurteil und seine zivilprozessualen und zivilrechtlichen Auswirkungen, GRUR 1968, 9 - 24.

Schwinge, Erich: Die Fortbildung des Revisionsrechts durch die Rechtsprechung des Reichsgerichts, JW 1938, 769 - 773.

— Grundlagen des Revisionsrechts, 2. Aufl., Bonn 1960.

Sellke, Siegfried: Die Revisilibität der Denkgesetze, Diss. Marburg 1961.

v. Seuffert, Lothar, Hans *Walsmann:* Kommentar zur Zivilprozeßordnung, 12. Aufl., München, Berlin 1932/34.

Siegert, Karl: Berufung und Revision im Strafverfahren, Festschrift f. Graf Gleispach, Berlin, Leipzig 1936, S. 138 - 172.

Sonnenschmidt: Was ist von den Rechtsmitteln der Revision und der Oberrevision in dem Entwurfe einer deutschen Civilprozeßordnung von 1872 zu halten? Berlin 1874.

— Über das Rechtsmittel der Revision nach der Civilprozeßordnung für das deutsche Reich vom 30. Januar 1877, ZZP 2 (1880), 421 - 469.

Spohr, Tilman: Die richterliche Aufklärungspflicht (§ 139 ZPO) im Zivilprozeß, Diss. Göttingen 1969.

Stahl: Zur Lehre von der Revision, AcP 67 (1884), 94 - 153.

v. Staudinger, J.: BGB, Kommentar, 10./11. Aufl., Bd. IV, Teil 3 a, Anh. zu § 1666, bearb. v. Horst Göppinger, Berlin 1966.

Stein, Felix: Der Sachverhalt vor der Revisionsinstanz, (österr.) JBl 1900, 387.

Stein, Friedrich: Das private Wissen des Richters, Leipzig 1893.

— Die Zivilprozeßordnung für das Deutsche Reich, 10. Aufl., Tübingen 1913.

— Anm. zu RG (U. v. 7. 7. 1921), JW 1922, 225.

Stein/Jonas: Kommentar zur Zivilprozeßordnung, 19. Aufl., bearb. v. Rudolf Pohle, seit 1967 fortgeführt v. Wolfgang Grunsky, Dieter Leipold, Wolfgang Münzberg, Peter Schlosser u. Ekkehard Schumann, Tübingen 1964 ff.

Stenglein, Melchior: Anfechtbare und unanfechtbare Feststellungen im deutschen Strafprozeß, Gerichtssaal 46 (1892), 1 - 26.

v. Sternenfels: Gutachten über die fünf Vorschläge des Ober-Tribunalraths Dr. Waldeck, 2. DJT, Bd. 1, Berlin 1861, S. 3 - 35.

Stötter, Viktor: Zur Noven-Beschränkung in der ZPO-Beschleunigungsnovelle, AnwBl 1970, 245 - 249.

Struckmann, J., R. *Koch:* Die Zivilprozeßordnung für das Deutsche Reich, Kommentar, 9. Aufl., Berlin 1910.

Stumpf, Hermann: Zur Revisibilität der Auslegung von privaten Willenserklärungen, Festschrift f. Nipperdey, Bd. I, München, Berlin 1965, S. 957 bis 973.

Sydow, R., L. *Busch,* Walter *Krantz,* Franz *Triebel:* Zivilprozeßordnung, 22. Aufl., Berlin 1941.

Syring: Empfiehlt sich eine Änderung des Rechtmittels der Revision in Zivilsachen, Gutachten f. d. 29. DJT, Bd. III, Berlin 1908, S. 129 - 186.

Thierfelder, Hans: Tatsachenprobleme in der Revisionsrechtsprechung des Bundesverwaltungsgerichts, JurA 1971, 428 - 454.

— Zur Tatsachenfeststellung durch das Bundesverfassungsgericht, JurA 1970, 879 - 903.

Thomas, Heinz, Hans *Putzo:* Zivilprozeßordnung, 7. Aufl. München 1974.

Tietgen, Walter: Beweislast und Beweiswürdigung im Zivil- und Verwaltungsprozeß, Gutachten f. d. 46. DJT, Bd. I 2 B, München, Berlin 1966.

Troller, Alois: Von den Grundlagen des zivilprozessualen Formalismus, Basel 1945.

Uffhausen, Horst: Die Nachprüfung der Auslegung von Willenserklärungen in der Revisionsinstanz der allgemeinen Verwaltungsgerichtsbarkeit, DÖV 1964, 231 - 237.

Ule, Carl Hermann: Verwaltungsgerichtsbarkeit, in M. v. Brauchitsch/Ule, Verwaltungsgesetze des Bundes und der Länder, Bd. I/2, 2. Aufl., Köln, Berlin, Bonn, München 1962.

— Diskussionsbeitrag, Verh. d. 44. DJT, Bd. 2, Tübingen 1964, E 108 - 112.

— Verwaltungsprozeßrecht, 5. Aufl., München 1971.

Unger, A.: Die Rechtsmittel im Verfahren der freiwilligen Gerichtsbarkeit nach Reichsrecht, ZZP 42 (1912), 104 - 190.

Volk, Klaus: Anscheinsbeweis und Fahrlässigkeit im Strafprozeß, Goltdammers Archiv (GA) 1973, 161 - 177.

Vollkommer, Max: Anm. zu BAG (U. v. 2. 11. 1959), AP Nr. 7 zu § 91 a ZPO.

Vollkommer, Max: Anm. zu BAG (U. v. 20. 7. 1971), AP Nr. 25 zu § 519 ZPO.

— Formenstrenge und prozessuale Billigkeit, München 1973.

Wach, Adolf: Der Entwurf einer deutschen Civilprozeßordnung, KritVJSchr 15 (1873), 88 - 106.

— Die Tat- und Rechtsfrage bei der Revision im Zivilprozeß, JW 1881, 73 - 81.

— Vorträge über die Reichszivilprozeßordnung, 2. Aufl., Bonn 1896.

Walchshöfer, Alfred: Anm. zu BGH (U. v. 25. 11. 1964), ZZP 79, 296 - 299.

— Die Berücksichtigung nachgereichter Schriftsätze im Zivilprozeß, NJW 1972, 1028 - 1034.

v. Wallis, Hugo: Das Rechtsmittel im Steuerrecht, Herne, Berlin 1960.

v. Wallis, Hugo, Heinrich *List:* FGO, in Hübschmann/Hepp/Spitaler, Kommentar zur Abgabenordnung, Bd. V, 1. - 6. Aufl., Köln 1951/71.

Walsmann, Hans: Prozeßzweck und Verfahren im Zivilprozeß, RheinZ 12 1922/23), 414 - 427.

— Instanzenzug, Iudicium II (1929/30), 58 - 76.

Warda, Günter: Dogmatische Grundlagen des richterlichen Ermessens im Strafrecht, Köln, Berlin, Bonn, München 1962.

Wassermeyer, Heinz: Der prima-facie-Beweis und die benachbarten Erscheinungen, Münster 1954.

— Anm. zu BGH (U. v. 14. 12. 1953 u. 3. 2. 1954), NJW 1954, 1119.

— Beweislast und Beweiswürdigung im Zivil- und Verwaltungsprozeß, Referat f. d. 46. DJT, Bd. II E, München, Berlin 1967, S. 7 - 24.

Weber, Alfred: Revisibilität der Beweiswürdigung, DRiZ 1929, 90 - 94.

— Die Verletzung der Logik, der allgemeinen Wertungsgesetze und des Erfahrungswissens als Revisionsgrund, DRiZ 1929, 173 - 175.

— Die Unantastbarkeit der tatsächlichen Feststellungen im Lichte der Reformbestrebungen, LZ 1929, 898 - 907.

Weber, Friedrich: Zur Methodik des Prozeßrechts, Studium generale 1900, 183 - 193.

v. Weber, Hellmuth: Die Prüfung von Amts wegen, ZZP 57 (1933), 91 - 99.

Wehli, Albert: Beiträge zur Analyse der Urteilsfindung, in Festschrift f. Wach, Bd. I, Leipzig 1913, S. 407 - 448.

Weitnauer, Hermann: Wahrscheinlichkeit u. Tatsachenfeststellung, Karlsruher Forum 1966, S. 3 - 20.

Wetzell, Georg Wilhelm: System des ordentlichen Zivilprozesses, 3. Aufl., Leipzig 1878, Neudruck Aalen 1969.

Weyreuther, Felix: Die höchstrichterliche Rechtsprechung zum Anscheinsbeweis, DRiZ 1957, 55 - 60.

Wieczorek, Bernhard: Zivilprozeßordnung und Nebengesetze, Berlin 1957.

— Um die Einschränkung der Revision, JR 1962, 282 - 285.

— Anm. zu BAG (U. v. 14. 2. 1964), AP Nr. 40 zu § 233 ZPO.

— Zivilprozeßordnung, Handausgabe, 2. Aufl., Berlin 1966.

Wiedemann, Herbert: Anm. zu BAG (GS, Beschl. v. 28. 11. 1967), SAE 1969, 265 - 268.

Wieser, Eberhard: Das Rechtsschutzinteresse des Klägers im Zivilprozeß, Bielefeld 1971.

— Zulässigkeit und Begründetheit der Klage, ZZP 84 (1971), 304 - 318.

Willms, Günter: Wesen und Grenzen des Freibeweises, in Ehrengabe f. Heusinger, 1968, S. 393 - 412.

Wolf, Ernst: Anm. zu BAG (U. v. 14. 7. 1965), AP Nr. 2 zu § 276 BGB Vertragsbruch.

Wunderli, Ernst: Die Trennung von Tat- und Rechtsfrage bei den zivilrechtlichen Rechtsmitteln oberster Instanz im französischen und deutschen Recht, Diss. Zürich 1947.

Zajtay, Imre: Die Lehre vom Tatsachencharakter und die Revisibilität ausländischen Rechts, in: Die Anwendung ausländischen Rechts im Internationalen Privatrecht, Berlin, Tübingen 1968 S. 193 - 213.

Zeiss, Walter: Zivilprozeßrecht, Tübingen 1971.

Zemlin, Hans: Die Grenzen der Nachprüfbarkeit bei der weiteren Beschwerde in der freiwilligen Gerichtsbarkeit, Diss. Halle-Wittenberg 1934.

Zeuner, Albrecht: Anm. zu BAG (U. v. 14. 7. 1960), AP Nr. 8 zu § 794 ZPO.

— Anm. zu BAG (U. v. 16. 3. 1965), SAE 1966, 63 - 64.

Ziemer, Herbert, Hans *Birkholz:* FGO — Kommentar, 2. Aufl., München 1970.

Zippelius, Reinhold: Einführung in die juristische Methodenlehre, München 1971.

Zöller, Richard: Zivilprozeßordnung mit Gerichtsverfassungsgesetz und Nebengesetzen, bearb. v. Max Degenhart, Reinhold Geimer, Peter Gummer, Walter Karch, Josef Mühlbauer, Franz Scherübl, Dieter Stephan u. Max Vollkommer, 11. Aufl., München 1974.

Zweigert, Konrad: Anm. zu BGH (U. v. 19. 3. 1958), JZ 1959, 412.

Sachregister

FSC
www.fsc.org
MIX
Papier | Fördert
gute Waldnutzung
FSC® C083411

Kolibri 360 GmbH
Ferdinand-Jühlke-Straße 7
99095 Erfurt, Deutschland
produktsicherheit@kolibri360.de

Druck:
CPI Druckdienstleistungen GmbH
im Auftrag der
Kolibri 360 GmbH
Ferdinand-Jühlke-Str. 7
99095 Erfurt